北京理工大学"985 工程"国际交流与合作专项资金资助图书

智能运输系统

高利（Gao Li） 吴绍斌（Wu Shaobin）
赵亚男（Zhao Yanan）
［英］朴基男（J. Piao）

编著

北京理工大学出版社

BEIJING INSTITUTE OF TECHNOLOGY PRESS

图书在版编目（CIP）数据

智能运输系统／高利等编著 . —北京：北京理工大学出版社，2016.3（2024.7 重印）

ISBN 978 - 7 - 5682 - 1568 - 8

Ⅰ . ①智…　Ⅱ . ①高…　Ⅲ . ①智能运输系统　Ⅳ . ①F502

中国版本图书馆 CIP 数据核字（2016）第 049954 号

出版发行／北京理工大学出版社有限责任公司

社　　址／北京市海淀区中关村南大街 5 号

邮　　编／100081

电　　话／（010）68914775（总编室）

　　　　　（010）82562903（教材售后服务热线）

　　　　　（010）68948351（其他图书服务热线）

网　　址／http：//www. bitpress. com. cn

经　　销／全国各地新华书店

印　　刷／北京虎彩文化传播有限公司

开　　本／710 毫米 × 1000 毫米　1/16

印　　张／29.75　　　　　　　　　　　　责任编辑／钟　博

字　　数／575 千字　　　　　　　　　　　文案编辑／钟　博

版　　次／2016 年 3 月第 1 版　2024 年 7 月第 2 次印刷　　责任校对／周瑞红

定　　价／78.00 元　　　　　　　　　　　责任印制／王美丽

前　言

　　智能运输系统（Intelligent Transportation Systems，ITS）是全面有效解决交通运输领域问题的根本途径，是现代交通运输管理和建设的发展方向。智能运输系统是以信息化为基础，以现代通信和计算机为手段，以安全、高效、服务为目标的新型现代交通运输系统。智能运输系统以交通运输为对象，已成为现代信息技术与传统交通运输系统紧密融合的综合性新型应用学科，是当前交通运输工程学科的一个热点和前沿领域。

　　自20世纪80年代起，发达国家在解决日益严重的交通拥堵、交通安全、交通污染等诸多问题的过程中，投入了大量的人力、物力、财力，将各种先进的信息技术应用到交通运输领域，对ITS的诸多领域进行了广泛的研究与开发，取得了显著的阶段性成果。中国在20世纪90年代开始关注世界智能交通的发展并进行了一些前期项目准备，国家科技部将智能交通系统的关键技术开发和示范工程作为工业领域的重大专项课题列入"十五"国家科技攻关计划，并确定了北京、上海等10个城市作为ITS示范城市。"十一五"期间，国家在战略政策和技术实施等方面大力推动中国智能运输系统的发展，智能运输系统在中国进入实质性的应用和建设阶段，《国家中长期科学和技术发展规划纲要（2006—2020年）》将交通运输业列为"重点领域及其优先主题"，其中智能交通管理系统是交通运输业的优先发展主题。对中国这样经历了马车时代和乘轿时代的历史悠久的国度，面临汽车时代、高速公路时代及智能运输时代所带来的交通拥堵、环境污染、人口等"城市病"的巨大压力，只有通过智能化手段做好人－车－路（环境）协调，逐步实现智能运输系统保障安全、提高效率、节约能源、改善环境的综合目标。

　　中国是世界上历史悠久的国家之一。远古时期，中国人就用木棒作为运输工具进行觅食、狩猎等生产活动。在畜牧时代，人们通过对某些野兽如牛、羊、驴、马、骆驼、大象等进行驯化，使其成为家畜，供人役使，成为人类的运输动力，同时人类发明了橇作为运输工具。中国是最早使用车辆的国家。早在4 600多年前的黄帝时代中国人就已发明了舟车，夏朝设有掌管车辆制造的机构，即"车正"。商代中国的车工已能制造出相当精美的两轮车。在古代人们用马、牛、骆驼或人来牵引车轮进行运输。在周秦汉代的殉葬品中，不断发现车和马。三国时马钧发明指南车，科学家张衡发明了计里鼓车，明代时人们制成了帆车，清朝时人们发明了铁甲车。中国也是最早重视道路规划与设计的国家。《诗经》中记述"国道如砥，其直如矢"以说明道路的几何设计很好，平整、笔直。春秋战国时期齐桓公、晋文公在黄河和长江流域建有四通八达的车道，在秦岭地区修筑了"金牛道"。秦始皇统一六国后，修建了全国性的"驰道"和"驿道"，将春秋战国时期各诸侯所修筑的道路连接成网，实现了"十里设亭三十里设驿"。汉代的丝绸之路成为中国对外交流的重要通道。唐代初步建成以长安为中心的四通八达的驿道网，此外唐代还采取上下分行，靠左行走的交通规则。《礼记》中也有"道路男子由右，妇人由左，车从中央"的记载。

中国交通的发展与世界交通发展的历程基本相同，但由于近代发展的曲折，世界交通发展的高速公路阶段与智能运输阶段几乎同时发生在近20余年。这样，中国交通工程的发展大致经历了步行、马车、汽车、高速公路及智能运输共同发展这四个阶段，可以说在中国汽车机动化时代、高速公路时代及智能运输时代几乎同时到来，这就给中国交通运输领域的工作者带来了前所未有的机遇和挑战。

智能运输系统包括诸多方面，本书以 ITS 的基础理论和关键技术为线索，介绍了 ITS 的主要应用系统的基本原理、结构特征和功能，基本上涵盖了 ITS 领域的主要研究成果。全书共分为12章，第1章由北京理工大学机械与车辆学院高利教授编写，第2、3章由北京理工大学高利教授和总装备部装甲兵某研究所刘向前高工及陶益工程师共同编写，第9、10章由北京理工大学机车学院吴绍斌副教授编写，第5、12章由英国南安普顿大学朴基男研究员编写，第4、8章由北京理工大学机车学院赵亚男副教授编写，第11章由北京理工大学机械与车辆学院张照生博士编写，第6章由北京理工大学机械与车辆学院杨莉博士编写，第7章由北京理工大学机械与车辆学院成英博士编写。

北京理工大学交通运输工程学科研究生李肖含、李凤娇、张昕、张晨霞、张海潮、董芳、田赓、于晓婷参加了部分章节的编写，在此向他们表示感谢。

本书的出版得到了北京理工大学"985 工程"国际交流与合作专项资金的资助和国家外国专家局"外国文教专家项目"的大力支持，在此表示衷心的感谢。

智能运输系统是国内外交通运输领域不断深入研究与开发的前沿领域，尽管本书介绍了 ITS 领域的一些理论和技术的最新研究成果，但由于作者水平有限，书中难免有疏漏之处，敬请读者批评指正。

编　者

于北京理工大学

2015 年 9 月

目　录

第1章　绪论 …………………………………………………………………… 1

1.1　智能运输系统 ITS 概述 …………………………………………………… 1

1.1.1　智能运输系统 ITS 的研究开发背景 …………………………… 1

1.1.2　智能运输系统 ITS 的内涵 ……………………………………… 5

1.2　智能运输系统 ITS 的发展历程及趋势 ………………………………… 7

1.2.1　美国 ITS 的发展历程 …………………………………………… 8

1.2.2　欧洲 ITS 的发展历程 …………………………………………… 28

1.2.3　日本 ITS 的发展历程 …………………………………………… 34

1.2.4　其他国家和地区 ITS 的发展历程 ……………………………… 47

1.2.5　中国 ITS 的发展历程 …………………………………………… 49

1.2.6　ITS 的发展趋势 ………………………………………………… 62

1.3　小结 …………………………………………………………………… 81

第2章　智能运输系统的基础理论和技术 ………………………………… 82

2.1　系统工程理论 ………………………………………………………… 82

2.1.1　系统工程的基本理论 …………………………………………… 82

2.1.2　交通运输系统工程 ……………………………………………… 88

2.2　智能控制理论 ………………………………………………………… 92

2.2.1　智能控制理论简介 ……………………………………………… 92

2.2.2　智能控制理论在 ITS 中的应用 ………………………………… 99

2.3　智能协同理论 ………………………………………………………… 101

2.3.1　协同论的产生及其研究对象 …………………………………… 101

2.3.2　交通流系统车 - 路协同特征分析 ……………………………… 104

2.3.3　交通控制管理的协同理论 ……………………………………… 108

2.3.4　车队协同驾驶技术与公共交通协同理论 ……………………… 111

2.4　交通地理信息系统 …………………………………………………… 117

2.4.1　交通地理信息系统的组成及功能 ……………………………… 118

2.4.2　导航数字地图 …………………………………………………… 121

　2.4.3　地理信息系统在智能运输系统中的应用 ·················· 142

　2.5　小结 ·· 148

第3章　智能运输系统的信息采集及通信技术·················· 149

　3.1　信息采集技术 ·· 149

　　3.1.1　传感器技术概述 ·· 149

　　3.1.2　交通中常用的传感器 ···································· 151

　3.2　信息显示技术 ·· 158

　　3.2.1　信息显示技术概述 ······································ 158

　　3.2.2　信息显示产品的主要种类 ································ 159

　3.3　定位与识别技术 ·· 166

　　3.3.1　定位技术概述 ·· 166

　　3.3.2　全球卫星导航系统 ······································ 170

　　3.3.3　其他卫星定位系统 ······································ 181

　3.4　通信技术 ·· 185

　　3.4.1　通信技术的发展及分类 ·································· 185

　　3.4.2　分组交换通信技术 ······································ 204

　　3.4.3　第三代移动通信技术（3G）和第四代移动通信技术（4G）··· 212

　　3.4.4　智能运输系统中的通信技术 ······························ 220

　3.5　信息处理和融合技术 ·· 221

　　3.5.1　信息处理技术 ·· 221

　　3.5.2　信息融合技术 ·· 238

　3.6　小结 ·· 241

第4章　智能运输系统的体系框架与标准·················· 242

　4.1　智能运输系统体系框架的定义和作用 ·························· 242

　　4.1.1　智能运输系统体系框架的定义和组成 ······················ 242

　　4.1.2　智能运输系统体系框架的研究方法与开发过程 ·············· 243

　4.2　国外智能运输系统的体系框架 ································ 247

　　4.2.1　美国智能运输系统体系框架 ······························ 247

　　4.2.2　日本智能运输系统体系框架 ······························ 252

　4.3　中国智能运输系统体系框架 ·································· 256

　　4.3.1　发展过程 ·· 256

　　4.3.2　用户服务 ·· 257

　　4.3.3　逻辑框架 ·· 258

　　4.3.4　物理框架 ·· 259

　4.4　智能运输系统标准化 ·· 261

4.4.1 ITS 标准化的意义及发展途径 ·············· 262

4.4.2 ITS 标准化的发展现状 ·············· 263

4.4.3 中国智能运输系统标准体系的研究 ·············· 267

4.5 小结 ·············· 271

第5章 先进的交通管理系统 ·············· 272

5.1 先进的交通管理系统简介 ·············· 272

5.2 先进的交通管理系统结构框架 ·············· 273

5.2.1 先进的交通管理系统的组成 ·············· 273

5.2.2 先进的交通管理系统的功能 ·············· 274

5.2.3 先进的交通管理系统的特点 ·············· 275

5.3 城市交通信号控制系统 ·············· 275

5.3.1 TRANSYT 系统 ·············· 276

5.3.2 SCOOT 控制系统 ·············· 282

5.3.3 SCATS 系统 ·············· 289

5.3.4 先进的交通信号控制系统 ·············· 293

5.4 城市交通需求管理 ·············· 295

5.4.1 交通需求管理的基本理论 ·············· 295

5.4.2 交通需求管理的典型措施及技术模式 ·············· 296

5.4.3 交通拥堵收费 ·············· 298

5.5 高速公路交通管理 ·············· 306

5.5.1 高速公路交通概述 ·············· 306

5.5.2 交通事故管理 ·············· 309

5.5.3 事件管理系统国内外现状 ·············· 314

5.6 小结 ·············· 316

第6章 先进的出行者信息系统 ·············· 317

6.1 出行者信息系统的含义与发展历程 ·············· 317

6.1.1 出行者信息系统的含义 ·············· 317

6.1.2 出行者信息系统的发展历程 ·············· 318

6.2 出行者信息系统的作用、特点与效果 ·············· 318

6.2.1 出行者信息系统的作用 ·············· 318

6.2.2 出行者信息系统的特点 ·············· 319

6.2.3 出行者信息系统的效果 ·············· 320

6.3 出行者信息系统的服务内容与技术进步 ·············· 320

6.3.1 出行者信息系统的服务内容 ·············· 321

6.3.2 出行者信息系统的技术进步 ·············· 322

6.4 车载路径诱导系统 ··· 323

6.4.1 车载路径诱导系统的内容 ··· 323

6.4.2 车载路径诱导系统的关键技术 ··································· 324

6.4.3 车载路径诱导系统实例 ··· 325

6.5 停车诱导信息系统 ··· 326

6.5.1 停车诱导信息系统的内容 ··· 326

6.5.2 停车诱导信息系统的关键技术 ··································· 326

6.5.3 停车诱导信息系统实例 ··· 329

6.6 小结 ··· 330

第7章 先进的车辆运营管理系统 ··· 331

7.1 先进的车辆运营管理系统概述 ··· 331

7.2 先进的公共交通运营管理系统 ··· 331

7.2.1 先进的公共交通系统的概念 ······································ 331

7.2.2 先进的公共交通系统结构 ··· 332

7.2.3 先进的公共交通系统应用的典型技术 ·························· 333

7.2.4 智能化调度系统 ··· 335

7.3 危险品车辆运营管理系统 ·· 341

7.3.1 危险品车辆运营管理系统的功能分析 ·························· 342

7.3.2 危险品车辆运营管理系统的结构组成 ·························· 344

7.4 出租车运营管理系统 ··· 348

7.4.1 出租车运营管理系统的构成 ······································ 348

7.4.2 出租车运营管理系统的特点及功能 ····························· 350

7.5 小结 ··· 352

第8章 电子收费系统 ··· 353

8.1 电子收费系统概述 ··· 353

8.1.1 电子收费系统在国内外的发展 ··································· 354

8.1.2 电子收费系统的基本构成 ··· 356

8.1.3 电子收费系统的分类 ·· 358

8.2 电子收费系统的应用技术 ·· 359

8.2.1 专用短程通信 ··· 359

8.2.2 自动车辆识别和自动车型分类 ··································· 360

8.2.3 视频稽查系统 ··· 361

8.3 电子收费系统应用实例 ·· 362

8.3.1 高速公路不停车收费系统 ··· 362

8.3.2 德国高速公路电子收费系统 ······································ 363

8.4　小结 ·· 367

第9章　智能车辆与先进驾驶辅助系统 ··· 368

9.1　智能车辆与先进驾驶辅助系统概述 ·································· 368

9.2　智能车辆的研究意义 ··· 368

9.3　智能车辆的发展状况 ··· 370

9.3.1　国外智能车辆的发展状况 ·································· 370

9.3.2　我国智能车辆的发展状况 ·································· 375

9.4　智能车辆的关键技术 ··· 377

9.4.1　环境感知技术 ··· 378

9.4.2　规划决策技术 ··· 379

9.4.3　车辆控制技术 ··· 380

9.4.4　智能车辆的体系结构 ······································· 380

9.5　智能车辆的发展方向 ··· 382

9.6　智能车辆比赛 ·· 383

9.6.1　美国DARPA的比赛 ·· 383

9.6.2　欧洲机器人汽车试验赛 ····································· 385

9.6.3　中国智能车比赛 ··· 386

9.7　先进驾驶辅助系统 ·· 388

9.7.1　自适应巡航控制系统 ······································· 389

9.7.2　车道偏离预警系统 ·· 392

9.7.3　换道辅助系统 ··· 395

9.7.4　驾驶疲劳预警系统 ·· 397

9.8　小结 ·· 399

第10章　车联网及车-路协同系统 ·· 400

10.1　车联网及车-路协同系统概述 ······································ 400

10.2　车载信息服务系统 ·· 401

10.2.1　Telematics的产生与发展 ································· 401

10.2.2　Telematics的系统构成及业务功能 ····················· 404

10.3　车-路协同系统 ·· 407

10.3.1　车-路协同系统的产生与发展 ··························· 407

10.3.2　车-路协同系统的关键技术 ······························ 410

10.3.3　车-路协同系统的体系结构 ······························ 413

10.3.4　车-路协同系统的应用 ···································· 416

10.4　小结 ·· 418

第11章　综合智能运输系统 ··· 419

11.1 铁路智能运输系统…………………………………………………………… 419
　11.1.1 铁路智能运输系统概述………………………………………………… 419
　11.1.2 铁路智能运输系统的国内外研究现状………………………………… 420
　11.1.3 铁路智能运输系统的组成……………………………………………… 421
　11.1.4 铁路智能运输系统的工作原理………………………………………… 423
　11.1.5 铁路智能运输系统案例………………………………………………… 425
11.2 航空智能运输系统…………………………………………………………… 427
　11.2.1 航空智能运输系统概述………………………………………………… 427
　11.2.2 航空智能运输系统的国内外研究现状………………………………… 427
　11.2.3 航空智能运输系统组成………………………………………………… 428
　11.2.4 航空智能运输系统的工作原理………………………………………… 429
　11.2.5 航空智能运输系统案例………………………………………………… 429
11.3 水运智能运输系统…………………………………………………………… 430
　11.3.1 水运智能运输系统概述………………………………………………… 430
　11.3.2 水运智能运输系统的国内外研究现状………………………………… 430
　11.3.3 水运智能运输系统的组成……………………………………………… 432
　11.3.4 水运智能运输系统的工作原理………………………………………… 433
　11.3.5 水运智能运输系统案例………………………………………………… 433
11.4 管道智能运输系统…………………………………………………………… 434
　11.4.1 管道智能运输系统概述………………………………………………… 434
　11.4.2 管道智能运输系统的国内外研究现状………………………………… 434
　11.4.3 管道智能运输系统的组成……………………………………………… 435
　11.4.4 管道智能运输系统的工作原理………………………………………… 435
　11.4.5 管道智能运输系统案例………………………………………………… 435
11.5 智能型综合运输系统………………………………………………………… 436
　11.5.1 智能型综合运输系统概述……………………………………………… 436
　11.5.2 中国智能型综合运输系统的组成……………………………………… 436
　11.5.3 智能型综合运输系统的功能…………………………………………… 437
　11.5.4 智能型综合运输系统案例……………………………………………… 437
11.6 小结…………………………………………………………………………… 438
第12章 智能运输系统的评价 ………………………………………………… 439
12.1 智能运输系统的评价概述…………………………………………………… 439
12.2 智能运输系统评价的目的和意义…………………………………………… 440
　12.2.1 评价的目的……………………………………………………………… 440
　12.2.2 评价的意义……………………………………………………………… 441

12.3　智能运输系统评价的内容···441

12.3.1　智能运输系统的评价指标··441

12.3.2　智能运输系统的评价方法··442

12.4　智能运输系统项目评价···447

12.4.1　智能运输系统经济评价··447

12.4.2　智能运输系统的技术评价··450

12.5　小结···456

参考文献···457

第1章

绪　　论

1.1　智能运输系统 ITS 概述

运输系统包括铁路、公路、水路、航空、管道等运输方式和城市交通，各种运输方式的主要设备、设施和建设技术都与智能运输系统有关，各运输系统、综合运输及多式联运的运输能力、组织与管理、规划与评价、配置与协调也与智能运输密切相关。下面从智能运输系统的研究开发背景进行简单回顾。

1.1.1　智能运输系统 ITS 的研究开发背景

智能运输系统，简称 ITS（英语全称为 Intelligent Transport Systems，美式英语全称为 Intelligent Transportation Systems），作为一个概念性名词出现于 20 世纪 90 年代初，但其思想早在 20 世纪 30 年代已有萌芽。当时美国通用汽车公司和福特汽车公司倡导和推广过"现代化公路网"的构想，而在 20 世纪 60 年代出现的静态路径诱导、计算机交通控制技术等都可谓 ITS 的雏形，不过当时其重要性并不明显，没有受到人们的足够重视。进入 20 世纪 80 年代中期，特别是 1990 年以来，ITS 却突然以惊人的速度发展，许多发达国家争先恐后地投入巨资进行 ITS 的研究与开发。

在交通问题日益严峻促使人们寻求新的解决途径、经济竞争日益激烈促使人们寻求新的经济增长点以及冷战结束促进军用高新技术民用化的大背景下，经过 30 余年的发展，美国、欧洲、日本成为世界 ITS 研究的三大基地。目前，另外一些国家和地区的 ITS 研究也有相当规模，如澳大利亚、韩国、新加坡、中国香港等。可以说，全球正在形成一个新的 ITS 产业，难以计数的大小项目正在开展，其发展规模和速度惊人，起着减少交通事故、解决交通拥堵、节约能源、降低环境污染的作用，以"保障安全、提高效率、改善环境、节约能源"为目标的 ITS 概念和产业正逐步在全球形成。

20 世纪 60—70 年代是世界各主要国家经济发展的黄金时期，但伴随经济高速发展的负产物之一即交通状况的不断恶化。尤其是近二十多年来，无论是发达国家还是发展中国家，都毫无例外不同程度地受到交通问题的困扰，交通事故、交通拥挤、能源短缺、环境污染已成为最难消除的现代社会公害之一。

20 世纪 60 年代，世界经济发展进入了一个高速增长期。发达国家的汽车保有量急剧增加，这导致已有的道路远不能满足经济发展的需要。交通状况日益恶化，人们开始直接想到的解决方法是铺筑大量的道路，包括城市道路与乡村公路网。而当汽车保有量的增长速度超过了道路的修建速度，交通阻塞仍然存在，而且首先在城市中存在。在 20 世纪中叶的几十年中，城市地区的交通发展都是通过控制车辆进入，修建多车道道路来避免交通阻塞，例如美国，前后共花了 30 年修建州际高速公路网。在高速公路的乡村地区网络中，车速得到提高，出行时间相对减少。但是，在大城市，这些高速公路网的优点却由于交通阻塞而被大大减少。许多大都市通过修建环形公路，使过境车辆绕过被阻塞地区来缓解问题。环形公路的修建重新确定了地区发展模式，新建公路沿线随着商业机构和居民的增加，交通阻塞与土地费用也将增加，从而导致通过扩展现有公路来提高道路通行能力的费用迅速增加。

面对单纯通过增加道路难以解决交通阻塞日益严重问题的困境，除了修建必要的道路网以外，人们还尝试了很多新的方法来解决问题，包括：改进道路信号控制、采用道路可变信号、在交通高峰期增加进出车道、在大城市成立交通控制中心等。这在一定程度上缓解了交通拥挤状况。这些措施的实施规则是针对预先建立的日常重复的交通模式而制定的，并不能对交通阻塞作出动态反应，也不能根据具体情况迅速改变交通处理准则。

20 世纪 70 年代以来，车载电子元件发展很快，除了常见的收音机及磁带录音机之类的产品外，更显著的是那些能感应车辆运行情况以提供更好的车辆运行与控制的元器件。同时，电子技术也被大量应用在交通信号控制与交通控制中心的核心部分。交通控制中心用来处理与显示整个公路网的交通信息，其能给正在接近阻塞地区的驾驶人提供适当的交通建议，以提醒他们改变路线与降低车速。

20 世纪 70—80 年代的一系列项目，在一定程度上显示了车辆–道路系统中的部分新技术，许多国家都从事了相关研究工作，包括政府、企业、学术机构以及某些商业与专业组织。这些不同的组织通过合作逐渐把车辆和道路作为一个整体系统来认识。随着计算机系统中人工智能的发展，从 20 世纪 80 年代后期开始，美国、日本和欧洲开始研究智能车路系统（Intelligent Vehicle Highway Systems，IVHS）。

在 20 世纪 80 年代，计算机技术和软件技术的发展，使得人们能用计算机收集并处理大量数据，并按一定的规则给出结论，而这些规则是建立在相似的人类经验的基础上的。人工智能应用在各类行业，包括银行、金融、飞机导航以及电子系统的快速诊断。微电子技术也促进了传感器与通信设施的极大发展。1980 年便携式摄像机的出现为交通信息采集提供了工具，红外成像传感器技术方面取得了同样的进展，这种红外传感器能够显示黑暗中的图像。同时在汽车和货车上使用的移动电话得到快速增长，人们从而具备了通过车辆与交通控制中心传输交通信息的能力。基于计算机的机器成像通过军事研究也取得了进展，这种技术可以通过车载计算机处理传感器传来的数据确定前方是道路还是障碍物。在这一时期，工业化国家的军事装备与国防领域集中应用了当代的高新技术，如卫星导航技术、信息采集与提供技术、计算机控制与管理系统、电子技术等。从 20 世纪 80 年代后半期开始，世界范围内冷战结束，苏联解体，国际形势趋于缓和，美国等国的国防经费减少，这促使国防工业企业考虑向非军事领域投入其技术，高新技术民用化便成了发展趋势。由于同期工业化国家的交通问题日趋恶化，也正需要新的解决手段和技术，国防高新技术的民用化正好为其创造了条件。在这一时期，国外发达国家大规模交通基础设施建设已基本结束，它们重点研究提高运输效率。实践经验与教训证明，单纯依靠修建道路设施和采用传统的管理方式来解决交通问题，不仅成本昂贵、环境污染严重，而且其缓解交通拥挤等的效果也是十分有限的，甚至可以说是不可能的。美国、欧洲、日本等发达国家和地区开始探讨智能化交通管理方法。

在 20 世纪 90 年代，大部分车辆都装配了收音机，可收听预定频道的有关交通信息。在美国和欧洲，人们都热衷于地面运输现代化，包括现有车辆和道路的新技术应用。日本也在从事一系列革新以期带来车辆与道路系统相互作用方式的极大改变。这些措施的目标都是通过使用先进技术，求得到更高水平的运输效率及安全性。在现有道路系统中，交通控制中心的计算机用于处理并显示各种数据，这些数据来源于交通信号控制机、道路两侧的探测器等。交通控制中心并不知道每一辆车的目的地，而有关交通建议或者咨询又必须基于实际或期望的道路情况，因此这就要考虑每日或每周的交通模式。在严重的交通阻塞形成前，交通控制中心也许不能及时预测交通事故或其他道路障碍。当时的车辆也没有装配仪器来探测前方道路的危险情况，例如路障。此外，车上也没有设备把道路情况报告给交通控制中心。换句话说，车辆和道路系统还是被当成两个独立实体来运行。当时的车辆道路系统通过双向通信系统来交流信息。车载传感器将提醒驾驶员前方有路障或者在黑暗和大雾中提醒驾驶员前方存在一些不安全的运行情况。而这些传感器的数据被直接传送到交通控制中心，以提供了有关道路障碍的实时信息。通过车载计算机终端，驾驶人键入他们的当前位置和目的地，便可得到对他们各自路线的特定指引。道路系统将知道车辆的目的地和计划路线，相应的交通建议则被传送给驾驶人以求最大限度地降低交通阻塞。人们在此系统中应用功能更强大的计算机，它们能对交通情况的改变作出迅速反应，从而使系统智能化。

在 20 世纪 90 年代，人们曾试图采取各种手段解决日益严重的交通问题，但是这些手段或受到投资及其他资源的制约，或存在见效面窄、见效期短等局限性，特别是在城市建成区难以靠大量拆迁来增建、拓建道路交通设施。发达国家的公路网早已建成，不可能再靠多修路来解决问题。同时，人们越来越多地从保护环境、节约能源、谋求社会可持续发展的角度来考虑问题。而且随着计算机技术、信息技术、通信技术、电子控制技术等的飞速发展，人们意识到利用这些新技术可以把车辆、道路、使用者紧密结合起来，不仅能够有效地解决交通阻塞问题，而且对交通事故的应急处理、环境保护、能源的节约等都有显著的效果。于是，人们充分利用系统的观点，对运输系统进行重新审视，从而基于美国提出的智能车路系统产生了智能运输系统的理念。为了解决现代交通问题，推进智能运输系统的研究、开发和应用，1994 年 11 月在法国巴黎召开了第一次 ITS 世界会议（当时称为"ATT&IVHS 世界会议"）。近年来，ITS 年会议每年按照欧洲、亚洲及太平洋、北美的顺序每年改变会场举办一届，从此，ITS 开始进入了快速发展时期，从欧、美、日三极扩展到全世界，有力地推动了世界各国智能运输系统的发展。至今已开了 21 次 ITS 世界会议。在中国迄今也已先后召开过多次 ITS 多国会议或 ITS 世界研讨会。

为了加强国际的交流与合作，美国在 1993 年召开的 IVHS 年会上提出于 1994 年召开 IVHS 世界大会，当时欧洲积极响应美国的提议，把大会名称改为 ATT（远程通信在交通中的应用）——IVHS 世界大会。1994 年春，为了筹备在日本横滨召开的第二次智能运输系统世界大会，日本道路交通车辆智能化推进协会（Vehicle Road and Traffic Intelligence Society，VERTIS）提出采用简洁、更加准确的名称"ITS（Intelligent Transportation Systems）"的建议，得到了欧美的赞成。美国 IVHS 组织（IVHS America）也于 1994 年 9 月更名为 ITS America。

实践证明，智能运输系统是解决交通拥堵、交通事故频发和环境污染严重等矛盾的有效途径。研究发现，仅美国的主要都市每年由于交通拥挤而造成的浪费就已超过 475 亿美元，每年因交通拥挤浪费了多达 143.5 亿升（37.9 亿加仑）的燃料和 27 亿工作小时。20 世纪 90 年代以来，这些数字以每年 5% ~10% 的速度递增。交通管理部门越来越多地借助当今科学发展的新技术来保障交通舒畅、改善道路安全、减少交通拥挤和空气污染对生态环境造成的恶劣影响。由于计算机、信息和通信技术的广泛应用，将来的道路和车辆会有很大改变。ITS 提出了解决交通问题的新思路，即不仅应该修建更多的交通基础设施，而且更应该采用先进技术对高速公路网络或城市交通进行更有效的控制与管理，提高交通的机动性、安全性，最大限度地发挥现有道路系统的交通效率。智能运输系统的主要目标就是比以往在更广泛的形式上将信息技术运用到公路运输系统，以及利用最新的有用信息将驾驶者、车辆、道路设施集合成为一个广泛的综合系统。这类信息技术的运用如今在航空、铁路和海运领域已相当平常。

20 世纪末，日本开始研究自动化公路运输系统（Automated Highway System，AHS）。AHS 是通过车辆与道路之间连续的信息通信来保证车辆的自动驾驶的。AHS 是 ITS 在技术上难度最大的系统。该系统是由公路信息设施和装于车辆上的电讯设备之间的"路－车通信"以及车辆之间的"车－车通信"支持的。美国和日本在 AHS 方面做了大量的研究工作。美国当时修建了 11km 的 AHS 试验路,初步实现了车辆的自动驾驶。

进入 21 世纪,智能运输系统得到稳步发展,大致的研究方向包括:交通控制与管理,车辆安全和控制,旅行信息服务,交通中人的因素,交通模型的开发,行政和组织问题,通信与广播技术,系统、研究框架,通信协议,使用周波范围和不法行为处理等。这些主要研究的目的是希望通过 ITS,用系统的观点来对待运输系统,使现在独自存在的车辆和道路设施及使用者能结合成一个整体,协同作用,最终形成一个快速、安全、方便、舒适、准时的大交通运输体系。Markets and Market 公司的一份市场研究报告表明,智能交通市场整体在 2012 年的价值约为 267 亿美元,预计到 2018 年将达到 1 023.1 亿美元,从 2013 年到 2018 年的复合年增长率为 23.6%。尤其值得注意的是,交通解决方案市场的复合年增长率达 22.5%,到 2018 年预计价值达到 666.2 亿美元。拉丁美洲、中东和非洲、东欧和独联体国家的增长最快,在 2013 年到 2018 年的增长率分别达到 45.8%、39.1% 和 31.4%。

智能交通是缓解城市的交通拥堵问题的有效手段,也是实现节能减排的重要方式。2007 年,斯德哥尔摩智能交通系统实施以来,市中心的交通拥堵量降低了 25%,市中心的零售店也因此实现了 6% 的业务增长。在美国,广泛使用的交互式导航系统使车辆废气排放量减少了 5%~16%。欧洲在 2012 年实现新车平均每千米 CO_2 排放 120g,与过去相比降低 25%,其中,使用技术手段就可以将 CO_2 的排放量降低到每千米 130g,而另外 10g 主要应用信息和通信技术即智能化和创新的运输系统解决,包括智能化引擎管理、智能化车辆安全系统、智能化实时交通管理、驾驶人信息系统、集成化的物流系统等。在日本,智能交通实行后,有望在 30 年内将 CO_2 产生量减少 15%,NO_x 排出量减少 20%,燃料消费量降低 25%。从国内已经实施的部分智能交通系统看,智能交通在城市内部交通方面可以减少 10%~20% 的交通拥堵量,在高速公路方面可以增长超过 30% 的交通流量。

30 余年来,中国交通基础设施建设快速发展,已具较大规模且逐步缓解了交通在经济建设中的瓶颈制约,提高了道路的通行能力,减少了交通事故,控制了交通污染。由于经济的迅猛发展,交通量持续增加,交通拥挤阻塞状况仍十分严重,特别是大中城市交通拥堵及污染问题非常严重,这也是"城市病"的主要内容之一。

1.1.2　智能运输系统 ITS 的内涵

智能运输系统 ITS 是将先进的信息技术、数据通信技术、计算机技术、自动控制理论、传感器技术、电子控制技术、人工智能、运筹学等有效地综合运用于交通运输、服务控制和车辆制造,加强了使用者、车辆、道路三者之间的联系及配合协同，从而形成和谐统一的，在大范围内、全方位发挥作用的实时、准确、高效的综合运输系统，极大地提高交通运输效率、保障交通安全、改善环境质量和提高能源利用率。简言之，ITS 是对通信、控制和信息处理技术在运输系统中集成应用的通称，这种集成应用产生的综合效益主要体现在挽救生命，节省时间和金钱，降低能耗以及改善环境。ITS 是灵活的，并且可以用广义和狭义的方式进行解释，在欧洲支撑 ITS 的技术群被定义为运输的远程信息处理（Transport Telematics）。

从 ITS 的内涵可以看出，ITS 的核心是利用新技术和新手段，确定新思路，实现新目标。所用新技术是高新技术基础，包括电子、通信、计算机等信息技术，自动化、传感器、人工智能等控制技术，运筹学、管理学等系统工程技术；新手段体现在用信息技术将驾驶者、车辆、道路基础设施有机集成；确定的新思路是采用先进技术对交通进行有效的控制与管理，而不是单纯依靠修建道路基础设施；新目标是最大限度地发挥现有道路系统的交通效率。

智能运输系统是"智能系统"和"运输系统"的结合。"智能系统"是智能运输系统区别于传统的运输系统的最重要的特征。"智能的"是"有推理能力的""有理解力的"的意思。具体地说，"智能"具有以下特征：

（1）从人工智能学的角度来说，其原理上应是基于知识的系统。

（2）智能运输系统的最终目的是要通过模拟人的智能，使运输系统变得更加有效率，更加人性化，即它要模拟出人的一些重要能力，如记忆与思维能力、感知能力、自适应能力和表达与决策能力等，所以其功能上应具有感知、判断、推理和学习能力。

（3）结构上应具有智能核，其中输入为来自过程的各种有用信息，输出为提供给决策、评价等的知识。

智能运输系统就是使交通运输系统整体模拟人类智能，具有上述各种能力，能思维、能感知、会学习、会推理判断和自行解决问题。它能感觉出周围环境的变化和自身状态的变化，能针对这些变化主动采取相应对策。

在智能运输系统中，车辆靠智能在道路上安全、自由地行驶，道路靠智能将交通流调整至最佳状态，驾驶员靠系统的智能对道路交通情况了如指掌，交通运输管理人员靠系统的智能对道路上的车辆行驶情况和交通状态一清二楚，这使传统的被动式交通管理转变为主动的交通管理，这种相互作用就是以人、车、路间通信为主的人－车－路（环境）系统相互作用关系，如图 1－1 所示。ITS 的最大特点是信息化、数字化、智能化，信息不仅包括车辆的信息，还包括交通与交通出行者有关的时间、空间、心理、生理、气候、地理、图像、语言等信息，并对这些信息进行检测和识别，成为数字化信息，从而实施智能化管理；另外 ITS 还有系统化、集成化、一体化的特点，它采用人工智能方法和系统工程方法，对构成 ITS 的各个系统本身以及系统之间进行技术和方案的集成，并实施各种交通方式之间以及整个运行系统的集成，从而实施信息共享及一体化的综合交通运输管理。

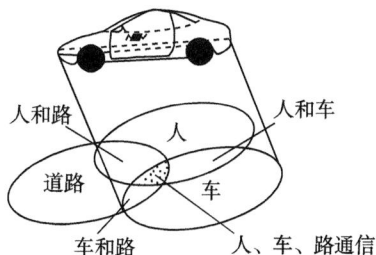

图 1 - 1　人 – 车 – 路（环境）系统相互作用关系

ITS 的成功已经对我们的生活起着不可估量的重要作用，其发展已经影响世界上的每一个人。ITS 是一个开放的复杂巨系统，是新兴的交叉学科研究领域。ITS 将先进的信息处理技术、数据通信技术、电子控制技术以及计算机处理技术等有效地综合运用于整个运输管理体系，从而建立起大范围内、全方位发挥作用的实时、准确、高效的运输综合管理系统。形象地说，ITS 使车辆有"头脑"，使道路"聪明"起来，将驾驶者、车辆、交通基础设施（港口、道路、机场）集合成为综合系统，结合成一个整体，起协同作用，最终形成一个快速、安全、方便、舒适、准时的大交通运输体系。

ITS 研究框架比较认同的是如下六个方面的系统：

（1）先进的交通信息系统（Advanced Travellers Information Systems，ATIS）；

（2）先进的交通管理系统（Advanced Traffic Management Systems，ATMS）；

（3）先进的车辆控制系统（Advanced Vehicle Control Systems，AVCS）；

（4）先进的公共交通系统（Advanced Public Transportation Systems，APTS）；

（5）商用车辆运营系统（Commercial Vehicle Operation Systems，CVOS）；

（6）先进的乡村交通系统（Advanced Rural Transportation Systems，ARTS）。

对于 ITS 这样的复杂巨系统，必须通过标准化实现，发达国家在智能交通的建设中，普遍重视对行业规范与标准的制定。1992 年 9 月通过 ISO 理事会批准的 ISO/TC204（Transport Information and Control Systems，TICS）工作组正式成立，国际标准化组织于 1993 年成立了 ISO/TC204 技术委员会，负责制定交通信息与控制系统标准，ISO/TC204 已有 18 个工作组，详见第 4 章。

1.2　智能运输系统 ITS 的发展历程及趋势

如前所述，20 世纪 60 年代末期，美国就开始了智能运输系统方面的研究。20 世纪 70 年代，欧洲、日本等也相继加入这一行列。20 世纪 90 年代，包括澳大利亚、韩国、新加坡、中国香港等另外一些国家和地区的 ITS 研究也有相当规模。20 世纪 70 年代以前，世界上发达国家应用计算机技术实施交通信息自动控制，这是 ITS 的孕育期；20 世纪 80 年代前后，美国的电子路径诱导系统、欧洲的路线诱导系统、日本的汽车综合控制系统等项目推动 ITS 进入初创期；20 世纪 90 年代全世界的广泛关注及参与引导 ITS 进入发展期。

进入 21 世纪，ITS 逐步成为现代运输管理体系的模式和发展方向。通过不断的发展，智能车辆能在道路上自由行驶，智能公路能使交通流运转达到最佳状态，两者结合能使驾驶员对其周围环境了如指掌，使管理人员对交通状况和所有车辆的行踪一清二楚，两者相互通信，共同减少交通阻塞。另外人们还尝试了很多新的方法来解决问题，包括改进道路信号控制，采用道路可变信号，在交通高峰期通过道路改线增加进出车道，在城市建立交通控制中心来监控与显示公路网络的全部交通情况。

这里分别以美国、欧洲和日本为例较详细地说明智能运输系统的发展历程，同时也对中国智能运输系统的发展进行梳理和总结。

1.2.1 美国 ITS 的发展历程

根据美国有关部门的报告，美国 ITS 的发展大致包括 1991 年—2001 年的 ITS 起步阶段和 2001 后的 ITS 成熟阶段。下面分别按 20 世纪和 21 世纪介绍美国 ITS 的发展历程。

1.2.1.1 20 世纪美国 ITS 的发展

美国 ITS 研究建设始于 1967 年的电子路径诱导系统（Electronic Route Guidance System，ERGS），该系统由联邦公路管理局负责研究，按照驾驶者在车上设定的目的地，在车载机的显示屏上表示前进方向，取代了以往的路侧道路引导标识的方法，是一种车载动态路径诱导系统。ERGS 系统包括车载显示器、路侧单元、车载设备与路旁单元的双向通信，这项研究为现在 ITS 的动态路线诱导系统提供了最初、最基本的经验。

20 世纪 70 年代，联邦公路管理局还组织研究了给驾驶员提供安全超车的信号系统，这种系统与 ITS 自动公路系统 AHS 有关，由于从政府方面得不到继续开发的政策和资金支持，1971 年该项目中止。在后来的十余年中，美国没有明显的关于 ITS 的研究开发动向，但联邦公共交通局开展了一系列自动车辆控制的研究试验，其主要目的是评价各种定位技术，以便及时准确地获得公交车辆离开调度中心的位置与轨迹。1978 年美国发射了第一颗全球定位系统（Global Positioning System，GPS）卫星。

1984 年美国开发的第一台数字地图汽车导航器和一些财团资助的重型车辆电子牌照项目与实验，都为 ITS 的发展打下了基础。

1986 年，美国开始了名为"公路先进技术研究计划"（Program on Advanced Technology for the Highways，PATH）的综合性研究计划，这是美国第一个把汽车导航与交通信息系统集成在一起的公路实际运营试验项目。PATH 项目是由美国加利福尼亚州支持的一个技术研究项目。从系统集成的角度出发，PATH 项目的研究工作分为两类：纵向行驶控制系统的研究和横向行驶控制系统的研究。对于每一个系统，研究项目都包括系统概念分析、系统配置、操作测试与演示和发展完善三个方面。对于横向控制，PATH 研究者主要设计了由路面参考线和车辆传感器组成的横向控制系统。路面参考线包括一系列安装在车道中间每隔一定距离（PATH 项目中间距为 1m）的永久性磁钉。车上安装了四个磁性传感器，两个放在纵轴上，另外两个传感器放在保险杠下面，一边一个，离中间的传感器大约 30cm。这四个传感器测得的数据被传输给计算机处理中心，处理结果将被作为横向控制的依据。横向控制系统的作用是：在保证行驶质量的情况下，保证驾驶员和乘客的舒适性，使车辆运行尽量靠近路中线。

在 PATH 系统中，放在中间的两个磁性传感器检测路中央永久磁钉产生的水平和竖直方向的磁场，由此测定车辆中心线的位置。另两个在保险杠上的传感器测量磁场竖直方向的成分。它们读取一系列磁场的极性，以提供道路几何信息，包括前方道路的半径和曲率等，从而帮助控制系统获得一个平稳的行驶状态。PATH 项目的纵向控制基于车队的综合联动控制的研究。车队联动运用了车辆之间的纵向最小距离的概念，PATH 项目的设计者对其进行了模拟和试验。综合联动控制系统包括一台电脑、一个通信系统、一个雷达系统、传感器和传动设备。传感器测车速、加速度、油门角度、制动压力和入口常压温度。这些传感器测得的数据在经过处理后，产生制动和油门传动的控制信号。在一段 11km 的路上，试验车以匀速行驶，领头车通过巡航控制，中间尾随车辆进行联动控制，分别以车间距 21m、15m 和 9.14m 进行测试。在领头车从 25m/s 到 34m/s 进行加减速时，还进行了其他的一些试验。此项试验表明，先进的车辆控制系统能保证平稳行驶，并能用于标准化生产的小汽车。

1987 年，美国各地一些对智能车辆和道路的研究工作感兴趣的人自发地成立非正式团体 Mobility 2000，1988 年 6 月美国科学系统会议决定成立一个 ITS 发展计划协调研究机构，定名为 Mobility 2000，Mobility 2000 的成员来自政府、大学、研究机构以及包括汽车、电子、信息、交通等企业在内的有关产业部门。Mobility 2000 会议使得一些大学科研人员、咨询者、企业专家，以及联邦交通委员会权威人士走到一起来，其中一部分则与电子及先进的计算机科学相联系，另一部分则与土木工程相联系。在 Mobility 2000 的推动下，1989 年智能车路系统（Intelligent Vehicle and Highway System，IVHS）计划全国工作小组的成立，IVHS 受到美国政府的重视，被列入 1987 年开始组织起草的美国未来公路计划框架中。美国交通部（the United States Department Of Transportation，USDOT），通过它的联邦公路管理局（Federal Highway Administration，FHWA）动员联邦政府对全国合作计划进行支持，IVHS 全国工作小组的成员包括联邦政府和各州政府机构的代表、企业和学术机构的代表，有关参加企业则包括一些来自各主要汽车、通信、信息系统、交通装备等的生产商及一些咨询公司的代表，学术机构则由一些大学交通研究中心选取的代表组成。

Mobility2000 也导致了 1990 年 8 月美国智能车路系统协会 IVHS America 的诞生，其宗旨是协调和促进公众与私人机构之间的合作，从此在全美开始了协调、统一的智能车路系统 IVHS 的研究、开发和部署，从而实现了为车辆道路系统的开发与实施融合各个分散组织与所需技术的目的。IVHS America 也因此成为美国运输部 USDOT 的一个顾问委员会。由于处于这种地位，协会的主要任务之一是向交通部提供有关 IVHS 计划的需求、目标、计划及进展等。这些不同专业的融合对于认识 IVHS 计划的目标是很必要的。IVHS America 向美国运输部 USDOT 提供了一份有关完成 IVHS 的战略计划，联邦政府在 IVHS 计划上的合作与支持则在法律上加速了"综合陆上运输效率化法"（Intermodal Surface Transportation Efficiency Act，ISTEA）文件的签署，美国根据法律开始制定 ITS 规划和标准、建设示范工程和保证财政拨款。

1991 年美国提出"综合陆上运输效率化法"ISTEA（即"冰茶法案"），它被美国交通运输界誉为确立美国交通运输新政策的一部划时代的交通运输建设法案。在这部法案中，美国把 IVHS 的研究开发置于交通建设政策的中心项目的位置，制定了政策并提供了委托的基金，同时阐明了从事一系列计划的特殊要求，这些计划力求在美国建立一个全国性的智能车路系统，其制定了研究开发 IVHS 的巨大投资计划。这使得联邦政府得以被授权出资 6 亿美元来支持 IVHS 计划的实施，后来，这笔资金增加到 9 亿美元。IVHS 项目包括洛杉矶的智能交通走廊（SMART Corridor）和奥兰多的出行技术（Travel Technology，TRAVTEK），它提供交通阻塞信息、汽车服务信息、旅行信息、线路诱导信息等。这些项目主要在州政府一级或地方政府一级进行，美国 IVHS 得到快速发展。汽车制造商、道路提供者、货车制造商一直在资助这些研究。而当这些工作主要通过 USDOT 资助与合作时，却一直没有得到联邦政府的支持。这种情况直到通过了 ISTEA 法案才改变。ISTEA 法案除了使这些研究工作为国家政策服务外，还授权联邦政府提供主要资金。当美国政府降低国防开发时，IVHS 得到加速发展。防卫部门注意到把他们在计算机、传感器及通信方面的技术应用到 IVHS 中，具有极佳的机会。IVHS 从政府国防费用的变化中受益。这些因素都极大地促进了 IVHS 事业的发展。IVHS 不仅是综合目标，也是一个根据特定道路与车辆的变化而不断改进的动态过程。

美国的重型车辆电子许可牌照（Heavy Vehicle Electronic License Plate，HELP）及新月工程（Crescent）在 1989 年开始启动。HELP 应用新的电子技术对公路上运行中的大型商用汽车自动识别和称重。重型车辆电子许可牌照的概念发展成一些州的联合项目，它的第一阶段包括车辆自动识别技术（Automated

Vehicle Identification，AVI），动态称重（Weight In‒Moving，WIM）和自动车辆分类（Automated Vehicle Classification，AVC）技术的实现。AVI 定义一个自动感知和证实车辆标识的系统，车辆带有一个在运动中可读的标签，在公路和货车条件下，采用编码的无线频率（RF）异频雷达收发器作为标签较合适。当货车从埋设在公路路面的传感器上通过时，WIM 确定车辆的轴重和毛重，AVC 通过处理 WIM 获得的传感数据而计算出轴间距，从而确定车辆种类。新月工程是 HELP 项目在 1989 年到 1993 年的可用性试验阶段，其名字来自参加这个项目的州及其公路的地理位置。从北面的加拿大哥伦比亚向南，通过华盛顿州、俄勒冈州与加利福尼亚州，折而向东，经过亚利桑那州与新墨西哥州直至得克萨斯州，其连线像一轮新月。人们对已开发的车辆自动识别技术 AVI，动态称重 WIM 与自动车辆分类 AVC 进行场地实验。这一项目的目标是：在自加利福尼亚的哥伦比亚 I‒5 号路以及向东折转至得克萨斯的 I‒5 号路上配备 40 个站点，使一辆汽车从一个站点获准进入系统后，就可以通行于整个试验道路网络，而不必在任何其他称重站或任何一个入口再停车接受核查遵守州和联邦规章的情况。HELP 是一个于 1993 年 10 月成立的非营利性组织，HELP 计划将一个叫"Pre‒Pass"的规范性服务继续下去，在 1995 年 3 月，HELP 与加利福尼亚州之间达成协议，自此 Pre‒Pass 服务由政府运营。1996 年 7 月，这一服务在加利福尼亚、新墨西哥、亚利桑那州的 8 个站点投入使用，另外人们还设计了 25 个站点，车辆每次通过站点时，大约只需交纳 1 美元。

美国运输部 USDOT 根据 1991 年的 ISTEA 实施了美国优先通道工程，指定休斯敦 ITS 优先通道、I‒95 东北通道、中西部（葛里‒芝加哥‒密尔瓦基）ITS 优先通道、南加利福尼亚通道四条干道为优先通道进行 ITS 示范建设，计划 6 年完成，投资 5 亿美元。

I‒95 东北通道是州际 95 号干道的大部分，它将南部的马里兰州、东北部的康涅狄格州的公路连接起来。都市圈诱导信息与控制（Metropolitan Area Guidance Information and Control，MAGIC）是新泽西的 ATMS 的主要项目。MAGIC 项目的目标是减少整个 I‒95 东北通道的交通拥挤，从而减少车辆废气排放。I‒95 东北通道环绕新泽西州的大部分地区，它连接 5 个主要的都市圈：波士顿、纽约、费城、巴尔的摩和华盛顿。新泽西东北部是美国人口最稠密的地区，5 个主要都市都有港口。这些因素使得这一通道的交通流密度很大，交通条件在渐渐地恶化。I‒95 东北通道包括一些纽约、新泽西和宾夕法尼亚的收费道路、桥梁和隧道，10 个不同的收费部门年收费为 15 亿美元，占全国总道路收费的 37%。因此，非常需要应用电子收费和交通管理（ETTM）技术进行公路干道的交通管理。MAGIC 包括监测公路条件、支持交通管理和为旅行者提供咨询的一系列分量，其结构如图 1‒2 所示。

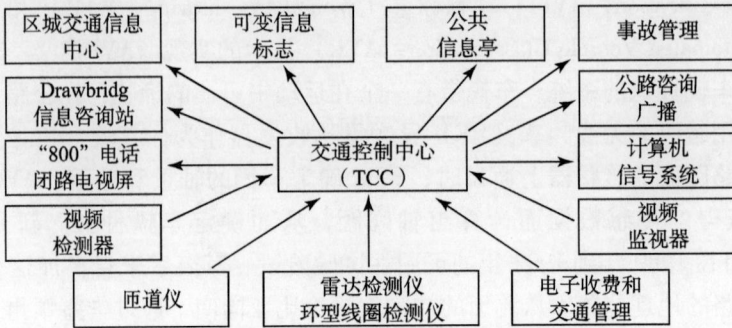

图 1 - 2　美国都市圈诱导信息与控制系统的构成

　　商业化视觉系统使用能够完成与检查、部分排序、定位遥控装置等相关的任务。在这些应用中，物体轮廓从黑白图像中分离出来，并与存储在记忆体中的模型进行比较。在交通控制中，结合来自其他传感器系统的信号，自动车辆控制系统的研究也得到发展。美国大城市规划组织（Metropolitan Planning Organization，MPO）提供了比较系统的基础结构，该结构要求与各州交通部门在联邦投资的公路建设和改进项目上进行协调，并在规划过程中强调运输管理地区，这一结构是为那些人口超过 20 万的地区设计的。

　　1993 年夏天，美国开始制定自动化公路运输系统（Automated Highway System，AHS）的研究开发计划，同年 12 月联邦运输局和联邦政府批准了这一计划，1994 年 10 月成立了相关团体——全美自动公路系统协会（National Automated Highway System Consortium，NAHSC）。

　　1994 年春，为了筹备在日本横滨召开的第二次智能运输系统世界大会，日本道路交通车辆智能化推进协会（Vehicle，Road and Traffic Intelligence Society，VERTIS）提出采用简洁、更加准确的名称"ITS（Intelligent Transport Systems）"的建议，这得到了欧美的赞成。美国 IVHS（IVHS America）组织也于 1994 年 9 月更名为 ITS America，其组织机构如图 1 - 3 所示，相应的美国运输部 ITS 规划

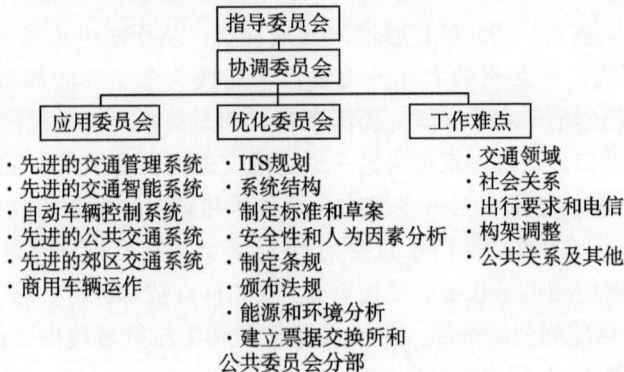

图 1 - 3　ITS America 的组织机构

协调机构如图 1-4 所示。美国组织了大量专家进行国家智能交通系统框架结构体系的研究，在制定框架时，逐步发现标准化在智能交通系统中的重要性，于1995 成立了标准化促进工作组，致力于加速智能交通系统领域标准的制定和实施。

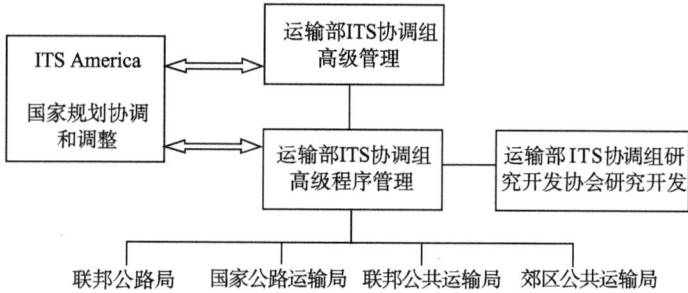

图 1-4 美国运输部 ITS 规划协调机构

为协调美国 ITS 的开发和利用，美国国会于 1991 年批准组织了 ITS 推进体制 ITS America（www. itsa. org），它的成员包括联邦政府、州政府、地方政府和外国政府机构，与 ITS 开发有关的国家和国际公司，大学，独立研究机构，对 ITS 感兴趣的公共团体及其他从事 ITS 活动的团体，有 60 000 多个成员单位，其中有近 50% 为私人所有公司或团体。美国 ITS 推进体制如图 1-5 所示。

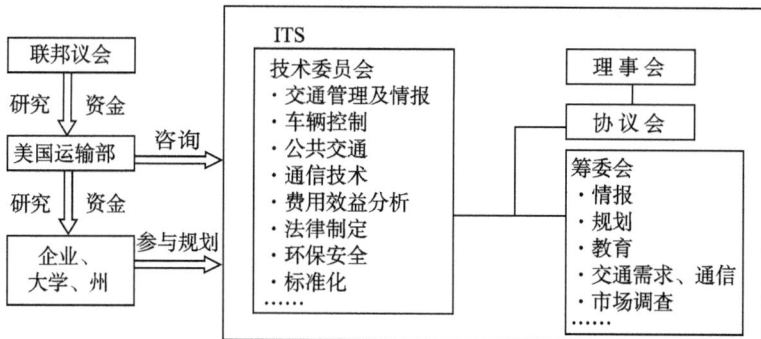

图 1-5 美国 ITS 推进体制

美国 ITS 结构体系分为中心系统（Central System）、外场设备系统（Roadside System）、车载系统（Vehicle System）和远程访问系统（Remote Access System）四个部分。中心系统包括商用车辆管理系统（Commercial Vehicle Administration System, CVAS）、快速货运管理系统（Fleet and Freight Management System, FFMS）、收费管理系统（Toll Administration System, TAS）、公交管理系统（Transit Management System, TMS）、应急管理系统（Emergency Management System, EMS）、排放管理系统（Emission Management System, EMS）、规划系统（Planning System, PS）、交通管理系统（Traffic Management System, TMS）、服务

信息提供系统（Information Service Provider System，ISP）9 个子系统。外场设备系统包括外场设备、收费、停车管理和商业车辆检查 4 个子系统。车载系统对一般车辆实现确定车辆的位置、提高车辆运行的可靠性以及避免车辆碰撞的功能；公交车辆向公交管理系统传送车辆的信息，驾驶员可以实时了解交通网络，出行者可以通过公交管理系统了解出行信息；对于商用车辆可存储安全信息、身份识别信息以及货物信息，还存储车辆的检查信息；对应急车辆可向应急管理系统提供车辆信息和事故信息。远程访问系统包括有线广域通信系统、无线广域通信系统、局域通信系统、车车通信系统 4 个子系统。

1994 年美国根据 IVHS 的实际研究项目，认为 IVHS 的名称已不能覆盖其全部内容，在把 IVHS 易名为 ITS 的同时，也在原 IVHS 的 4 大分系统（ATMS、ATIS、CVO、AVCS）的基础上再加上 2 个分系统：APTS 和 ARTS，又加上 AHS，形成现在 ITS 研究开发的领域框架。与此同时，原 IVHS America 也随之更名为 ITS America（Intelligent Transportation Society of America）。美国的 ITS 研究从过去的以州政府或地方政府为主的方式进入到以联邦政府宏观指导调控、共同投资的方式。美国联邦公路管理局在全美建立了 3 个 ITS 研究中心，中心的经费由联邦政府和地方政府共同提供，当时美国共有 ITS 的现场试验场近百个，总投资达 7 亿多美元。图 1 - 6 和图 1 - 7 所示为美国国家 ITS 的逻辑体系结构（顶层）和物理体系结构（顶层）。

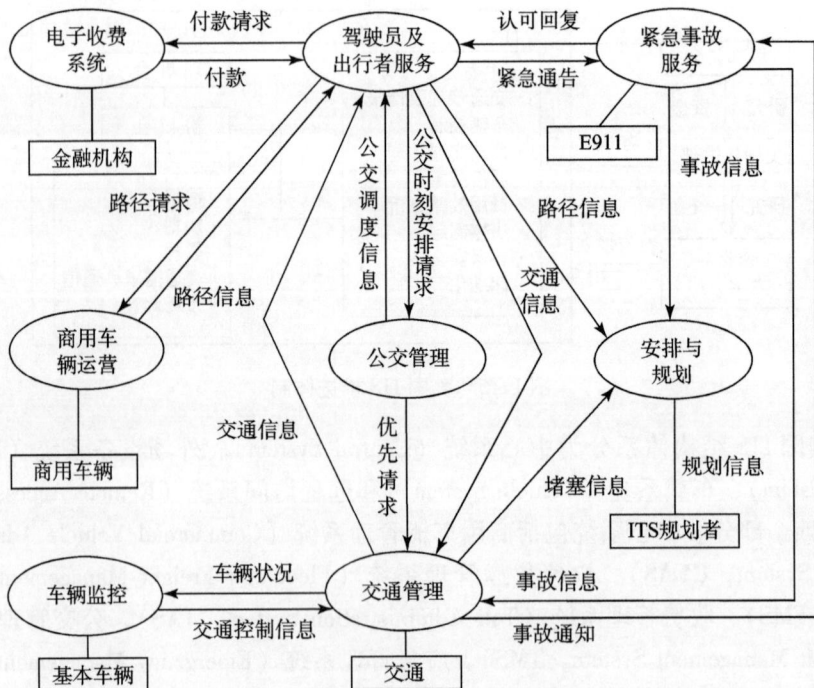

图 1 - 6　美国国家 ITS 的逻辑体系结构（顶层）

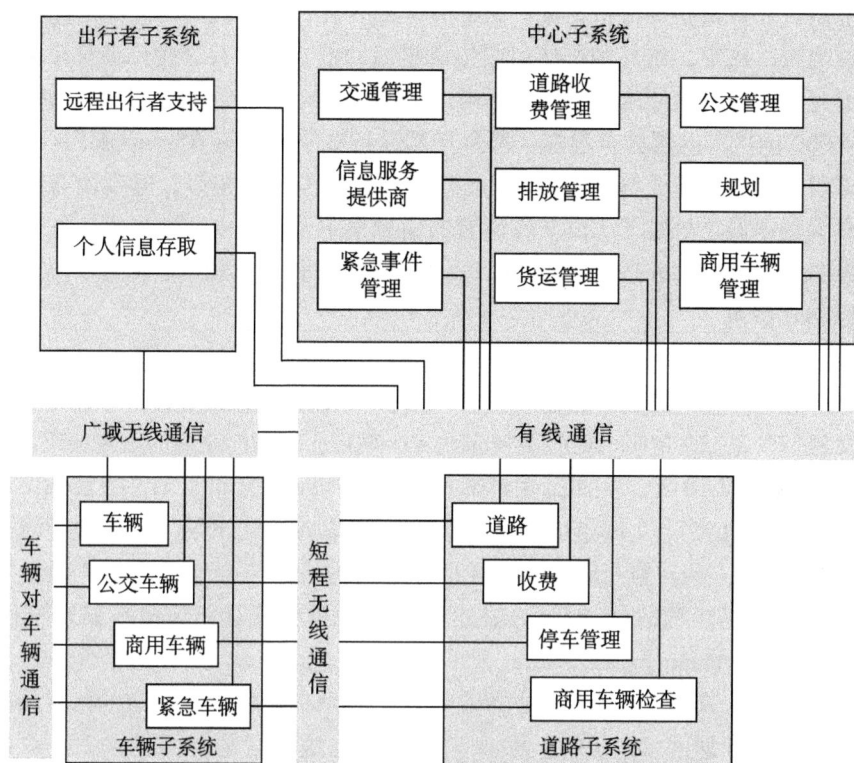

图 1-7　美国国家 ITS 的物理体系结构（顶层）

　　美国州际 I-75 号公路项目 Advantage I-75 于 1995 年 12 月 7 日开始正式运营，它是世界上最浩大的 ITS 工程之一。这一工程在州际 75 号公路上实施。这条公路途径六个州（佛罗里达、佐治亚、田纳西、肯塔基、俄勒冈与密执安），在安大略省北接加拿大 401 公路，处于迈阿密的公路南端是衔接美国和南美之间的航空、水运的主要运输中心，因此，它是美国货车运输最繁忙的干道之一。Advantage I-75 和 HELP/Crescent 不同，它不是一个实验性项目，而是要实施一个投入实际运营的系统。项目的第一阶段目标是配置车辆自动识别技术。1991年进行了系统概念设计，这个设计概念以应用 AVI 技术的主线自动放行系统 MACS 为中心。MACS 包括下列关键元素：安装在每辆参与的卡车上的异频雷达收发机、配置在每一个称重站的路边阅读器、一个旅行数据包、一个驾驶员通信子系统、一个称重站计算机系统、一个通道计算机、一个连接称重站点和通道计算机的通信网络。大约 30 个称重站上安装了主线自动许可系统的组件。装有 AVI 异频雷达收发机的货车在其路程的第一个称重站时停车，其重量、类型、驾驶员证件、通过时间等会被检查并存入货车的旅行数据包中。一个旅行数据包是一个小型的格式化的数据库，它被顺序向前传输到下一个称重站进行预先旅行登记。这样，当货车接近每一个称重站时，旅行数据包会将其数据传送给路旁阅读器。然后，计算机立即分析数据，判断货车是否在一个合理的时间到达站点，做出通过与否的决定，给驾驶员通过或停车进站的信号，所有这些是在货车以常速行驶时完成的。若被要求停车，这意味着原先的放行信息失效，需要重新检查。大约 4 500 辆货车的驾驶员参加了两年期的运行试验。虽然 Advantage I-75 的运作与 HELP 及其以前的 HELP/Crescent 的运作看上去非常相似，但实质有很大不同。最大的不同之处在于 HELP 将所有的信息集中于一个中心数据库，然后提供给各参与州，而在 Advantage I-75 中，每个参与州都有自己的数据库，即它是一个分布式系统。

美国在 1991—1997 年的 7 年时间投入 6.6 亿美元，旨在利用高新技术和合理的交通分配提高整个路网的运输效率。1996 年，美国运输部部长 Federico Pena 宣布把凤凰城、圣安东尼奥、西雅图及纽约 4 个城市作为智能交通的试点城市。

1996 年 1 月 10 日，美国运输部部长 Federico Pena 公布了 ITS 的目标，要在十年内，在美国 75 个大城市加强智能运输系统基础设施建设，实现旅行时间缩短 15% 的计划。Pena 曾在华盛顿特区举行的运输研究年会上提出了"时间节约战略"的"缩短运营时间计划"，在这个战略中提出了智能运输基础设施（Intelligent Transportation Infrastructure，ITI）的新概念。Pena 还承诺将改进郊区公路和州际公路上其他 450 个地区的基础设施。在与以前美国所确定的修建州际公路系统和登月计划进行比较时，Pena 说，现在是地面运输方面建立下一个新领域的时候了，既然成千上万的美国人能通过信息高速公路利用信息，为什么 1.75 亿美国公民不能在技术先进的公路上驾车呢？针对由交通阻塞所造成的时间和金钱的浪费，Pena 指出，"缩短运营时间计划"将减少美国公民至少 15% 的出行时间，而无论他们驾驶轿车或乘坐公共汽车、火车还是地铁。在 1997 年，上述目标被新上任的运输部部长 Slater 再次认可并且扩张至 78 个大都市。

开始于 1998 年 12 月的美国国家 ITS 发展战略计划（National ITS Development Strategy Project）代表了美国更新其 ITS 发展战略的第一步，第二步将是美国 ITS 长期研究日程的更新。主题为"运用智能交通系统挽救生命、节省时间和金钱"的计划报告共分为两个部分，第一个报告的标题为"推广应用的机遇"，其目标是针对州和地方官员；第二个报告的标题为"推广应用的机遇和行动"，其针对推广应用 ITS 的专业人士。该计划是美国交通部 USDOT 与 ITS America 合作的成果，旨在推广 ITS 在全美国的应用。美国选择了 7 个 ITS 项目做国家级评价，这 7 个项目是美国 ITS 集成计划的一部分，它们分别包括位于加州邻近 Sanjose 的硅谷、加州的 Riverside、华盛顿的 Seattle Spokane、新泽西州、宾州的 Delaware River Port Authority、佛罗里达州的 Dade 等。该项计划得到美国联邦经费的资助，旨在加速 ITS 设备在都市和乡村集成和协同的工作能力。

1998 年美国在 ISTEA 法案到期后，人们对 ITS 的开发与应用进行了全面的评估，结果是积极的。1998 年 6 月 9 日美国总统克林顿签署了面向 21 世纪的运输权益法案 TEA – 21（Transportation Equity Act for the 21st Century）。TEA – 21 和 1991 年的 ISTEA（即冰茶法案）这两部道路交通建设法案对其 ITS 的发展具有划时代意义，两部法案从立法的高度统一规划 IVHS/ITS 的发展并制定了投资计划。在 ISTEA 中把 IVHS/ITS 的研究开发置于交通建设政策的中心项目的位置，为 IVHS/ITS 立法并规定美国政府 6 年内用 6.6 亿美元资助 IVHS 研究活动，IVHS 还从 USDOT 一般财务计划中得到资助。在 ISTEA 实施期间，美国交通部组织进行了包括 ITS 技术研发及运营测试的各种 ITS 项目，仅 1994—1995 年就确定了 104 项研究项目。美国国会在通过 ISTEA 法案时，要求在 1998 年之前实现一条试验自动公路，目的是突破交通工程理论中交通量与速度之间的制约。为此，美国开展了大量的工作，1997 年 8 月，人们在南加州圣地亚哥 15 号州际公路 7.6 英里①长的试验路段上对自动公路进行了试验，实现了预定的目标。TEA – 21 则将 ITS 的重点转移为 ITS 基础设施实施、ITS 集成项目、关键标准的开发、ITS 框架的一致性、ITS 标准的一致性。TEA – 21 再次肯定了美国交通部在推进 ITS 开发和实施中的作用，制定了明确的 ITS 目标，这就是加速 ITS 实施、将 ITS 融入交通规划过程、改善区域性合作、促进私有资源的创新性利用、培养精通 ITS 技术的劳力资源、商用车辆信息系统和网络（Commercial Vehicle Information System and Networks，CVISN）的全面实施。图 1 – 8 反映了 TEA – 21 确定的 ITS 项目结构和与 ISTEA 实施期间项目领域的对应关系，项目的侧重点由 ISTEA 实施期间以研究开发为主转变为以 ITS 研究开发和实施并举。相比而言，两部法案中定义的项目领域也有所改变，在 ISTEA 生效期间的七大系统领域 [先进的交通管理系统（ATMS）、先进的公共运输系统（APTS）、先进的出行者

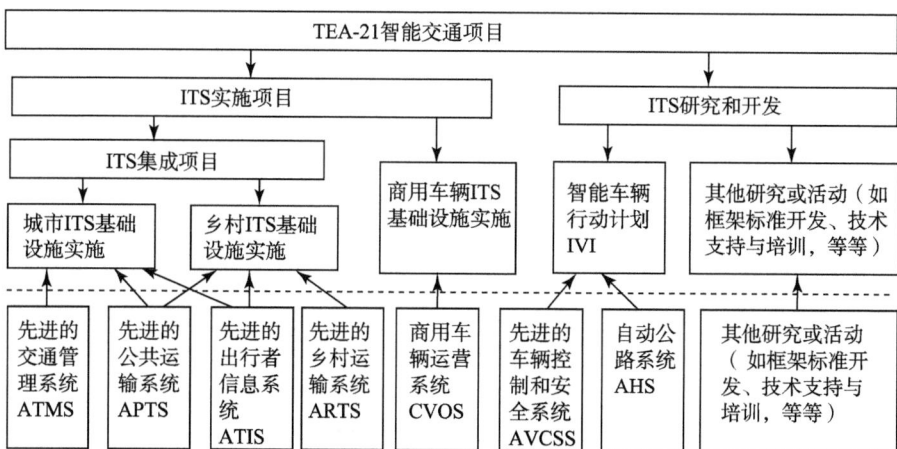

图 1 – 8　TEA – 21 中的 ITS 项目结构

————————————

① 1 英里 = 1 609.344 米。

信息系统（ATIS）、先进的乡村运输系统（ARTS）、商用车辆运营系统（CVOS）、先进的车辆控制和安全系统（AVCSS）、自动公路系统（AHS）]转变为 TEA-21 颁布后的四大项目领域，即城市 ITS 基础设施、乡村 ITS 基础设施、商用车辆 ITS 基础设施、智能车辆行动计划（Intelligent Vehicle Initiative，IVI），转变的根本宗旨是为促进 ITS 的实施，使其切实成为现有交通系统的一部分，因此两种项目领域的定义在本质上是一致的。TEA-21 作为指导美国 21 世纪交通建设的蓝本，也为美国公路系统的持续发展和重建带来了创纪录的投资，法案跨度为 6 个财政年度（1998—2003），拨款总金额为 2 178.9 亿美元，国会拨款12.82 亿美元用于发展 ITS，支持 ITS 的进一步研究与开发。

1.2.1.2 21 世纪美国 ITS 的发展

TEA-21 的确定在 20 世纪末，但 TEA-21 的有效实施主要在 21 世纪。TEA-21 生效期间是加速实施 ITS 的一段时期，美国是世界上在 ITS 开发领域发展最快的国家，美国根据其 ITS 开发的经验与技术支撑的展望，将 ITS 发展划分为出行信息管理时代（1997—1999 年）、运输管理时代（2000—2005 年）、增强型车辆时代（2006—2010 年）三个阶段。

TEA-21 生效期间，人们跟踪和评价了各种 ITS 技术及其应用状况，以及美国交通部下属的联邦公路管理局的 ITS 联合项目办公室（Joint Program Office，JPO）资助进行的都市 ITS 实施、商用车辆信息系统和网络 CVISN 实施等方面的动态调查，主要从城市 ITS 基础设施实施、乡村/州际 ITS 基础设施实施、商用车辆 ITS 基础设施实施和智能车辆行动计划 IVI 研发状况四方面概述了美国 ITS 的实施水平和研发状况。下面重点从这四个方面讲述 21 世纪美国 ITS 的发展。

（1）城市 ITS 基础设施实施

为了解 1996 年和 1997 年美国运输部部长 Pena 和 Slater 宣布的于 2006 年在美国 78 个大都市实施综合的城市 ITS 基础设施的目标的完成情况，美国交通部 ITS 联合项目办公室 JPO 开发了一套都市 ITS 设施调查方法。通过该方法跟踪调查构成 ITS 基础设施的 9 个关键部分的实施状况，包括高速路管理、事件管理、主干道管理、电子收费、电子售票、公共交通管理、铁路-公路平交道口、紧急事件管理和区域多方式出行者信息。通过向具有以上构成功能的各州及地方机构进行调查，收集有关 ITS 设施的实施情况和设施运营主体机构之间的集成方面的信息，设定指标及协作的高、中、低临界值，将两种临界值组合结合调查结果即可得出总的集成化实施水平。调查结果表明：在最初的 75 个大城市中，1997 年 ITS 集成化实施水平为高、中、低的城市分别为 11 个、25 个、39 个，2000 年分别为 24 个、28 个、23 个，而设定 2005 年的目标分别为 50 个、25 个、0 个，可见，美国城市 ITS 的集成化实施水平呈现稳步提高的趋势。

（2）乡村/州际 ITS 基础设施实施

美国村镇地区尽管人口很少，却拥有全美 80% 的公路里程数和 40% 的出行车公里数。乡村/州际环境下的交通服务有许多不同于城市环境的特点和需求，面临的主要挑战在于乡村出行条件的多样化、出行者种类和需求的多样化及维护系统的费用。尽管有些解决城市交通问题的 ITS 技术在乡村/州际环境下也是有效的，但是乡村/州际 ITS 实施的市场结构、应用部署和驱动因素却与城市 ITS 实施大不相同。1995 年制定的 ARTS 战略计划定义了乡村 ITS 的 7 个主要项目领域：旅客的安全保障、突发事件服务、旅客及旅行信息服务、公交出行者服务/公交出行服务、基础设施运作和维护、车队运行组织、商用车辆运营。

总的来说，美国乡村/州际 ITS 实施还处于有限的水平，目前还主要以研究和运营测试为主，1999 年所提交的项目申请中城市 ITS 项目和乡村 ITS 项目各占80% 和 20%。乡村/州际 ITS 项目主要集中于出行者信息、公共安全、天气与冬季行车、交通事故预防、公交协作等方面。乡村地区，如华盛顿州的 Spokane，在 ITS 项目中运用道路天气信息系统（Roadway Weather Information Systems，RWIS）和其他包括视频摄像机、公路广播（Highway Advisory Radio，HAR）在内的系统来改善乡村地区恶劣气候条件下的道路安全，这不仅为一般驾车者带来了安全效益，也为各州道路维修人员撒盐、除雪和关闭有冰层路面带来了方便。此外，这些系统还有利于各州管理旅游性交通，向驾车者提供某些线路是否拥挤或关闭、替代线路选择和道路路况方面的信息。

（3）商用车辆 ITS 基础设施实施

商用车辆 ITS 基础设施实施的重点是商用车辆信息系统和网络 CVISN 的实施。TEA－21 提出的目标是到 2003 年 9 月在美国大多数州实施 CVISN。

CVISN 是指支持商用车辆运营的一系列信息系统和通信网络的集合，这些信息系统分别由政府部门、承运商和其他相关团体所拥有和运营。它包括三种构成：安全信息交换、电子认证管理和电子检查，其中安全信息交换是 CVISN 最重要的功能。通过促进商用车辆凭证状态和安全状况信息的自动收集，能够改善对以上信息的获取并能及时更新这些信息，达到改善公路安全的目的。电子认证管理则集中于基于 IN－TERNET 的电子凭证发放、处理和自动报税，税收文件归档，有利于提高运输公司和政府部门的管理效率。电子检查则主要支持商用车辆自动路旁检查、称重站处不停车称重和边界上的电子通关。能够提供 CVISN最初运营能力的实施水平被定义为一级实施水平，随着 CVISN 的进一步实施，人们将会定义更高级的实施水平。

CVISN 项目的宗旨是在减少商用车辆运营和管理费用的同时提高商用车辆及其驾驶员的安全和生产率，它提供了一套标准化的通信设施来保证商用车辆信息收集和管理的有效性。由于 CVISN 的目标是在全美范围内实施统一的数据交换设施，因此它的实施与其他的 ITS 集成项目有所不同。CVISN 的实施需要各州的规划和实施具有更强的统一性。因此美国交通部推荐各州遵照统一的实施途径，定义了实现 CVISN 一级水平实施的规划、系统设计和实施三个步骤。当时美国有 42 个州参与实施 CVISN。

美国的商用车辆信息系统和网络 CVISN 吸纳了美国州际商用车运输业参加，包括约 300 000 个从业者（使用大约 160 000 辆货车牵引车与 360 000 辆挂车）、4 000 个供租用的旅客运输业，以及 660 000 名商用车辆驾驶员。这一行业的业务很复杂，包括从一辆车的运营到几千辆车的客货运输。1995 年货车与长途客车运营超过 100 亿英里。为了确保这些车辆能在北美大地上安全畅通地运行，必须建立一个系统，使得在全国范围的数据/信息系统的帮助下能够电子化地显示运输情况。CVISN 系统支持商业车辆在称重站与边界上的电子通关、自动路旁安全检查、电子化一次停车取得资格、里程与燃料报告、车载安全监控系统、国际电子边界通行许可、危险货物事故响应与集装箱运输费用交纳。对于 CVO 标准化，目前主要是专用短程通信（DSRC）与电子数据交换（EDI）的进程缓慢，同时存在很多制度上的问题，但很明显，将来 ITS/CVOS 设备的成功安装的最具有挑战性的障碍将来自不同的州、联邦机构以及运输公司的领导阶层以及这些部门之间的协作关系，因为所有这些部门有着不同的利益与目标。CVISN 是约翰斯·霍普金斯大学的应用物理研究所（APL）从 1994 年起开发的，其目的是把不同的数据源与数据库连接起来，实现 CVOS 规章与管理数据交换。信息系统中的数据来自州或联邦政府、运输经营人以及其他有关部门。这些数据包括对单个车辆货物装载、路况、驾驶员以及安全与交费记录等的描述。有了 CVISN 后，驾驶员通过一张电子卡将自己的数据传递给路边检查站或车队检查站，就可以不必中断旅程而提供所需要的数据。除了便利路边操作以外，系统允许被授权的用户在网络上进行车辆注册、燃料税、安全信息咨询等。但 CVISN 不包括 ITS/CVOS 的传感与控制元素。

CVISN 的开发需要 CVOS 的电子数据交换（EDI）功能的支持，而这一点需要广泛的协调与同步的建设。因而，联邦公路管理局 FHWA 与 ITS America 正致力于同有关方面，如州政府、学术部门、私人企业等广泛地合作，以期在 CVISN 的使用上达成通用数据交换的定义。CVISN 将增加商用运营的安全性与生产能力，并就 CVOS 的先进技术及其效益成本进行评估，为主要的州、企业决策者以及公众提供培训。CVISN 策略有五个阶段。第一阶段完成各阶段的计划与技术框架的制定；第二阶段完成技术的原型化，在现场环境下演示满足需求的可操作性方案；第三阶段是模型的部署。1996 年，FHWA 花了 600 000 美元，准备在接下来的 12 个月内，按计划在弗吉尼亚和马里兰两州境内测试 CVISN 标准技术。这项实验内容包括：测试用安全信息来存储和融合证件信息以及将此信息发布到路边设备的能力，计算机检查，一个用于特定证件申请的电子传输的接口，用于优先通行证的随时优先权核实，以及弗吉尼亚和马里兰的固定电子通关设点。八个州已经为安全导向、证件及通行证检查设施设立了基金，与此同时开展有关的技术标准化工作。在第四阶段，此领域的技术将会扩展到其他州，而在第五阶段所有感兴趣的州将会全面部署此技术。到1997年，系统的技术、概念、费用，以及经济利益都得到了很好的证明和理解，为直接部署CVISN和有关技术奠定了基础。这样分阶段地研究、开发、试验和实施，公共部门和私人就几乎不会有什么风险。

（4）智能车辆行动（IVI）研发状况

1997年美国加州的自动公路AHS演示DEMO97结束后，美国运输部认为日益严重的交通事故是最迫切需要解决的问题，于是就调整研发重点并于1998年开始组织实施了智能车辆行动（IVI）计划，而且TEA-21批准智能车辆先导计划IVI为美国交通部ITS项目的一部分。IVI计划的基本宗旨和目标是通过加速开发、引进、商业化驾驶辅助产品来预防和减少交通事故（特别是碰撞事故）及其引起的人员伤亡，以人为因素为基础防止驾驶员分神，加强碰撞防止系统的研发应用，提高安全性。IVI致力于改善三种驾驶条件、四种车辆类型、八个主要领域的交通安全问题。三种驾驶条件包括正常条件、驾驶条件恶化（能见度差、天气恶劣、驾驶员疲劳等）、撞车极易发生条件（交叉口碰撞、追尾碰撞、偏离道路碰撞、变换车道/汇流碰撞）；四种车辆类型包括轻型车辆、商用车辆、公交车辆、专用车辆；八个主要领域包括防止追尾碰撞、防止变换车道/汇流情况下的碰撞、防止偏离道路情况下的碰撞、防止交叉口碰撞、提高能见度、车辆可靠性、驾驶员状况警告、一些服务的安全影响评价（如路线诱导和导航系统、自适应驾驶系统、自动事故警告、无线电话、车内计算和商用车辆诊断系统等的安全影响评价）。IVI计划的研发项目包括轿车追尾警告、轿车偏离车道警告；重型货车驾驶员瞌睡提醒电子控制制动系统、车辆侧翻警告及控制、重型货车追尾警告、重型货车偏离车道警告；特殊车辆（扫雪车或扬雪车）偏离车道预防系统；交叉路口碰撞预防的信号（停车信号）警告、左转路线建议、侧向间距建议。

2001年，在车内信息系统安全影响评价方面，IVI开始调查研究手机、可上网的车内计算机、综合信息系统三种车内设施对驾驶员分神和工作负荷的影响。美国交通部与戴姆勒-克莱斯勒汽车公司、福特汽车公司、通用汽车公司和日本日产汽车公司合作，共同开发驾驶员工作负荷测量系统以提供对车内系统设计的支持。维吉尼亚运输技术研究所（Virginia Tech Transportation Institute，VTTI）收集了300名驾驶员在自然状态条件下的驾驶状态信息以进行自然状态下驾驶行为、交通事故致因的研究。在驾驶条件恶化方面，针对能见度下降、天气恶劣、驾驶员疲劳等驾驶条件恶化状况，IVI项目研究已开发出一些交通安全解决方案，进而对这些解决方案进行展示和评价，如美国交通部对大型货车和公共汽车驾驶员瞌睡状况警告设施、凯迪拉克夜视系统、电控制动系统正在进行评价和测试。在防撞技术方面，人们结合轻型车辆、商用车辆、公交车辆、专用车辆四种车型正在进行防撞系统、防翻车系统等方面的测试，如Volvo北美货车公司和美国Xpress公司与美国交通部合作进行了防追尾碰撞系统的实地测试；Mack货车公司和 McKenzie 罐车公司与美国交通部合作进行了货车驾驶员警告系统、碰撞自动通告系统和车道线偏离警告系统的测试评价；Freightliner 货运公司、Praxair 公司、密歇根大学交通研究所与美国交通部合作进行了防翻车控制系统的测试；明尼苏达交通部、Navistar 国际交通公司、明尼苏达大学、3M 公司与美国交通部联合进行铲雪车驾驶员辅助技术的测试；通用汽车公司、DelphiDelco 电子系统公司与美国交通部合作测试客车追尾碰撞系统；美国交通部联合密歇根大学交通研究所、Visteon 公司和 AssistWare 技术公司进行防车道线偏离系统的测试；美国交通部开发了防车道变换碰撞系统，通过收集驾驶员车道变换驾驶行为的信息，确定盲区探测系统（该系统能够部分地解决车道变换防撞问题）不足的探测范围在相对高速条件下是否危险；美国交通部开发的车辆运行环境评价系统（SAVME）在俄亥俄州哥伦布市的交叉口收集数据以支持交叉口防撞技术的研究开发；美国交通部联合加利福尼亚、明尼苏达、弗吉尼亚三州交通部支持交叉口防撞警告系统道路部分的研究；美国交通部联合宾夕法尼亚、加利福尼亚、密歇根三州的公交部门进行公交车辆防撞系统的野外测试等。该领域研究由政府、公司、大学多方参与，体现了良好的公私合作关系。

IVI 的目标是在 2010 年 10% 的新小汽车装备 IVI 设备、25% 的商用小汽车装备 IVI 设施、25 个大都市路口装备辅助安全道路设施、事故减少 20%。21 世纪初，市场化的安全技术包括夜间视觉辅助装置、驾驶员状态监测、自适应车速自动控制、防撞报警和车辆限速、自动转向辅助驾驶、全自动辅助驾驶、DPS 安全辅助系统、交通管理和监测等。

2001 年美国"9·11"恐怖事件的发生也引起了美国交通界人士的反思，政府、交通协会成立了相应的交通安全防御管理部门及委员会，同时就交通安全防御问题展开了探讨，就 ITS 在预防和侦察恐怖袭击，尤其是有预谋的恐怖袭击中的重要地位达成了共识。ITS 技术可以有效地预防恐怖袭击，加强基础设施和出行者的安全。此外，ITS 技术、通信技术还可评价灾难的程度和加速交通的恢复，实现快速疏散和隔离。

进入 21 世纪，美国 ITS 的一个发展重点是研究 ITS 在美国安全体系中维护地面交通安全的作用。美国 ITS 协会和美国交通部组织力量开展这方面的研究，在 2002 年 1 月发布了美国十年 ITS 项目计划的更新版中加入了该部分的研究成果，"9·11"事件的爆发突出了美国更广泛地应用 ITS 技术的需求，实现了美国 ITS 项目由 20 世纪最后十年的集中于技术和系统的开发和实施向 21 世纪头十年集中于安全保安、车辆装载物品监控、用户服务、系统性能和交通安全管理的转变，重点被放在信息服务、通信和安全上。

进入 21 世纪，美国政府调整了 ITS 开发和应用的重点，组织研发和实施了 511 出行信息系统、运营管理系统、专用短程通信（Dedicated Short Range Communication，DSRC）、交叉口协调避撞系统以及车辆道路设施集成（Vehicle Infrastructure Integration，VII），其依托互联网的交通信息服务以及汽车厂商在车上安装的各种小型辅助装置。从美国的 7 个服务领域看，开发和应用的重点是出行信息服务系统、运营车辆管理系统、应急管理系统和车路集成系统。

面临大城市的交通事故问题，为了提高交通效率和安全，美国联邦公路管理局 FHWA、美国国家公路运输协会（The American Association of State Highway and Transportation Officials，AASHTO）、各州运输部、汽车工业联盟、ITS America 等组成特殊联合机构，在 2003 年提出了车辆道路设施集成（Vehicle Infrastructure Integration，VII）。VII 以道路设施为基础，通过信息与通信技术实现汽车与道路设施的集成，能够有效减少路口碰撞、变换车道碰撞和追尾，并提供实时交通信息服务和收费服务。VII 系统可以让驾驶者得到天气恶劣或者路面结冰等风险的预知信息，从而选择合理的出行时间。VII 计划于 2006 年推出可以实施的产品，各州采用统一的实施模式，采用浮动车获取实时交通数据信息，支持动态的路径规划与诱导，提高安全和效率。通过车路自动化系统协同（Cooperative Vehicle - Highway Automation Systems，CVHAS）计划提供驾驶辅助控制或全自动控制。信息获取方式为车载传感器与车 - 路或车 - 车间通信，研究重点是快速公交系统（Bus Rapid Transit，BRT）、交叉路口安全支持系统等。VII 计划主要包括智能车辆行动（IVI）计划、车辆安全通信（VSC）计划、增强型数字地图（EDMap）计划等，并且通过美国联邦通信委员会（Federal Communications Commission，FCC）为车路通信专门分配了 5.9GHz 的专用短程通信（DSRC）频段，为驾驶员提供安全辅助控制。

VII 系统采用高度分布式体系结构。系统中的车载单元（On - Board Equipment，OBE）采集的数据通过 DSRC 方式与路边设备（Road Side Equipment，RSE）通信。RSE 将数据转发到 VII 信息交换处。这些数据用来支持 VII 网络应用程序。VII 信息交换处对数据作少量的处理后将数据发送给订阅了该数据的网络用户。该架构可以被描述为一个网络中心，其主要功能是在用户与数据源之间建立一个干预最小的连接。

美国国会在 2004 年通过了新的交通法案，并于 2005 年 8 月 10 日由总统签署了"安全、负责任、灵活、有效率的交通平等 - 使用者遗赠法案"SAFETER - LU（Safe，Accountable，Flexible，Efficient Transportation Equity Act：A Legacy for Users）。在总结经验的基础上，SAFETER - LU 对 ITS 提出了新的要求，主要内容是部长应实行一项包括智能车辆和智能基础设施的智能交通系统研究、开发与运行试验，并为实现这些课题所必要的其他类似行动制定全面的计划。优先领域包括改善交通管理、事件管理、公交管理、货运管理、道路气象管理、费用征收、出行者信息、公路营运系统以及远程传感器产品。计划到 2010 年降低大城市拥挤不小于 5%；保证到 2010 年 9 月 30 日，出行者可全面使用 511 系统和全国交通信息系统；乡村紧急事件响应时间平均减少到 10 分钟；改善紧急事件处理方与伤员救护中心间的通信；综合利用多学科制定交通管理策略，开发交通管理工具，致力于并发的交通拥堵影响。研究重点是环境和气象的影响，包括寒冷气候的影响；增强多式联运，使用多样的智能交通系统，包括用于与紧急事件和健康有关的服务；通过避免碰撞与改善保护、碰撞信息发布、商用车辆运行以及基于基础设施或合作的安全系统来增强安全；推进智能基础设施、车辆和控制技术的集成。

自进入 21 世纪以来，美国除了努力减少道路拥堵、提高安全外，更加注重保护环境的技术。

2005 年美国因为交通拥堵而使每个驾驶员浪费了 60 个小时的时间，政府投入了 7 800 万美元来减少道路拥堵，从而进一步减少了燃油的浪费。美国交通部与纽约、迈阿密以及洛杉矶等大城市的相关部门合作来推动技术的发展。旧金山作为一个重要的枢纽城市，已经利用了很多 ITS 技术来减少交通拥堵，帮助城市的管理人员来提高管理水平，把私人交通同公路交通进一步连接，进一步加快道路交通运输的速度，这比建更多的道路更加合算。

2005 年，在纽约的住户每个人要在交通拥堵中消耗 46 个小时以及 29 加仑①的燃油，为此有关部门在每天早上和晚上上下班高峰时，对进入曼哈顿的车流量收进城和出城的费用，同时还使用先进的技术在收费站提高收费的效率，以缓解拥堵的状况。人们还建设了机动车信息系统，如果进入交通拥堵的地区，实时信息将被发送到 GPS 的显示屏上以通知驾驶员哪些道路可以作为备选项，还可以将有关的信息传送到个人的日历规划电子设备上。

自 1997 年加州自动公路 AHS 演示（DEMO97）项目后，相关部门组织实施了 IVI 计划，促进了基于车路协同的避碰系统的研发与实际应用。IVI 计划的设想是在美国所有生产的车辆上装备通信设备以及 GPS 模块，以能够与全国性的道路网进行数据交换。其中 CVHAS 计划旨在通过车载传感器以车－路或车－车间通信等信息获取方式提供驾驶辅助控制或全自动控制。

2009 年美国交通部 USDOT 将 IVI 更名为 IntelliDrive 并开始启动 IntelliDrive 长期规划，旨在充分利用物联网、互联网等技术进一步扩展其应用功能。为了实现更安全、更智能、更环保的驾驶，相关部门更加强调了交通安全的重要性。IntelliDrive 项目具有安全、移动、环保的特点。安全是通过使用车－车、车－路无线通信技术感知车辆周围 360°范围内的危险；移动是使用多种信息技术向出行者和运输管理者提供多种实时交通信息；环保是通过提供实时交通拥堵和其他信息，帮助出行者选择合适的路线，减少环境污染。

IntelliDrive 为美国道路交通提供了更好的安全性能和驾驶效率，它通过开发和集成各种车载、路侧设备以及通信技术，使得驾驶者在驾驶中能够作出更好、更安全的决策。当驾驶员没有作出及时的反应时，通过与自动车辆安全系统结合

---

① 1 加仑 = 3.785 411 8 升。

使车辆能够自动作出响应来避免碰撞，这样明显提高了预防和减轻碰撞的能力，运输系统管理者、车辆运营商、出行者都能得到所需的交通信息，以便在机动性、效率、运输成本、安全方面作出动态的决策，实现高效的客货运输。

Intelli Drive 的目标主要有六个方面。目标 1 是通过汽车和基础设施的连接使交通安全转型，具体目标包括：①启用主动和被动安全应用程序；②通过提供车辆公告改善安全状况；③有必要执行测试以支持管理和咨询活动、对系统性能的有效性评价以及开发和验证标准；④提供技术基础使部分或全部车辆得到控制；⑤启用以车辆为基础的应用，使其实现计划目标，这对驾驶员的焦点没有负面影响；⑥协调国际标准和建筑物周围的车辆平台。目标 2 是在所有的道路和所有的模式下捕获完整的实时信息以支持执行系统转换，包括：①从连接的车辆、移动设备和基础设施中捕获实时数据；②在所有的模式下，捕获实时信息系统成本；③开发一个技术框架，使用交通管理和绩效考核中的所有来源实现实时数据集成。目标 3 是通过车辆和基础设施的连接应用，实现交通管理和执行系统转型，包括：①使用实时的流动性和运输管理者的成本数据创建应用程序和策略，以确保安全、高效以及人员和货物的安全运动；②利用实时流动性和成本数据辅助运输用户的动态决策。目标 4 是实现下一代电子支付系统以支持执行系统转换，包括：①创建跨模式的电子支付系统（互用性停车、运输、定价、收费等）；②定义技术框架以支持国家政策性的金融运输。目标 5 是通过汽车和基础设施的连接实现环境管理，包括：①从车辆移动捕获实时环境数据；②通过在交通管理和性能改进方面的所有来源的数据使用，来整合实时环境数据；③使用运输管理人员对环境影响的实时数据，创建应用程序；④使用旅客的环境影响信息创建信息的实时数据信息。目标 6 是应用基于车辆和基础设施的连接为部署的安全性、流动性建立的制度基础及环境方面的改善，包括：①确定和研究解决方案来解决国内和国际上的体制基础，治理、隐私问题，潜在法规和政策，以落实运输技术；②在所有目标领域解决社会公平，以确保所有的用户在运输解决方案中受益。

IntelliDriver 计划现更名为车联网（Connected Vehicle Research，CVR）项目。CVR 项目是美国交通部组织开展的为交通系统运行提供全新解决方案的大型 ITS 研发计划，是在车辆道路设施集成（VII）项目的基础上深化研究车路协同控制的项目，旨在建立车辆与车辆、车辆与基础设施之间的无线通信网络，并在此基础上实现增强交通安全、提升交通运行效率以及改善交通环境等方面的应用。该研究计划从 2009 年开始启动，第一阶段确定为 2009—2014 年的 5 年，确立的主要研究方向包括：车 - 车通信、车 - 基础设施通信、人因要素研究、交通机动性、环境影响及相关政策制度研究。项目远期规划中，将与互联网连为一体，扩展进一步的应用功能。

随着物联网和云计算等技术的迅速发展，基于交通物联网技术的智能交通解决方案得到了初步的应用，美国交通部发布 2010—2014 年智能交通战略研究计划。

2010—2014 年为 IntelliDrive 长期规划的第一阶段，计划建立一个全国范围的、多种交通方式联运的地面交通系统。该系统的特色在于构建一个交通网络环境，使车辆、基础设施和公众便携式设备之间能够相互通信，从而最大化地实现交通安全性、移动性和环保性。计划主要集中研究实时交通数据的采集和管理以及动态移动应用这两个方面，实时交通数据采集和管理研究项目旨在构建一个开发环境来支持对实时交通数据的采集、管理、集成和应用；实时交通数据包括安全状况、环境因素、拥堵信息、运输成本等。实时交通数据的源头不仅可以是交通管理中心、车辆定位系统、移动设备、IntelliDrive 应用等，还可以是收费站、停车场和车站等。这些数据经过处理后得到的交通拥堵、天气、速度限制、封闭道路等信息将被传送给个人车辆。该研究项目在提高物流效率、公众信息服务能力以及整个交通系统的效率方面都将发挥重要作用。动态移动应用研究的重心在对实时交通数据的应用方面，即通过无线技术充分利用采集的数据针对公共部门管理者开发有价值的多模式应用程序。近年来美国 ITS 项目又制定了新的五年规划（2015—2019），详见第 1.2.6.2 节。

美国的 ITS 发展远景已经制定到了 2025 年，目标是提高发展能力保护环境，降低温室气体排放。2025 年大城市所有的交通设施即使在恶劣的环境下，也可以实现无缝的流动。到那时，很多机动车都没有尾气装置，在主要的高速公路上都会提供实时信息让驾驶者不再担心潜在的风险，主要的商业区大都可提供实时的出行信息而不需要设置各种各样的循环停车或者驾驶路线，在不同的交通运输方式中都可以实现无缝的连接。

目前美国第 6 版 ITS 架构包括以下 8 个部分：

①出行交通管理（Travel and Traffic Management）；

②公共交通管理（Public Transportation Management）；

③电子收费（Electronic Payment）；

④商用车辆运营（Commercial Vehicle Operations）；

⑤应急管理（Emergency Management）；

⑥先进的车辆安全系统（Advanced Vehicle Safety Systems）；

⑦信息管理（Information Management）；

⑧维护及建设管理（Maintenance And Construction Management）。

美国 ITS 的发展历程可总结为表 1-1。这些项目是由美国 ITS 发展的特点决定的，即国家统一规划、投入充足、发展迅速、重视基础设施建设。

表 1-1 美国 ITS 的发展历程

时间	ITS 项目或其相关组织	项目或组织的英文名称
1967 年	电子路径诱导系统（ERGS）	Electronic Route Guidance System
1978 年	美国发射了第一颗 GPS 卫星	—

时间	ITS 项目或其相关组织	项目或组织的英文名称
1984 年	第一台数字地图汽车导航器	—
1986 年	公路先进技术研究计划（PATH）	Program on Advanced Technology for the Highways
1988 年 6 月	ITS 发展计划协调研究机构 Mobility 2000 成立	Mobility 2000
1989 年	重型车辆电子许可牌照/新月工程（HELP/Crescent）	Heavy Vehicle Electronic License Plate/Crescent
1989 年 5 月	智能车路系统（IVHS）	Intelligent Vehicle and Highway Systems
1990 年 8 月	美国智能车 – 路系统组织（IVHS America）诞生	Intelligent Vehicle – Highway Systems of America
1991 年 12 月	制定综合陆上运输效率化法（ISTEA，即冰茶法案）	Intermodal Surface Transportation Efficiency Act
1992 年 5 月	制定 IVHS 的 20 年战略规划	IVHS 1992—2010 Strategic Plan
1993 年	自动化公路运输系统（AHS）研究开发计划	Automated Highway System
1994 年 9 月	IVHS America 改名为 ITS America	Intelligent Transportation Society of America（www. itsa. org）
1995 年 3 月	标准化促进工作组成立	—
1995 年	商用车辆信息系统和网络（CVISN）	Commercial Vehicle Information System and Networks
1996 年 1 月	智能运输基础设施（ITI）计划	Intelligent Transportation Infrastructure
1998 年 6 月	面向 21 世纪的运输权益法案（TEA – 21）	Transportation Equity Act for the 21st Century
1998 年	智能车辆行动（IVI）	Intelligent Vehicle Initiative
2003 年	车辆道路设施集成（VII）	Vehicle Infrastructure Integration
2005 年 8 月	安全、负责任、灵活、有效率的交通平等 – 使用者遗赠法案（SAFETER – LU）	Safe, Accountable, Flexible, Efficient Transportation Equity Act: A Legacy for Users
2009 年	美国交通部 USDOT 将 VII 更名为 Intelli Drive	—
2009 年	车联网（CVR）项目	Connected Vehicle Research

时间	ITS 项目或其相关组织	项目或组织的英文名称
2010 年	美国 ITS 发展战略规划（2010—2014）	ITS 2010 – 2014 Strategic Plan
2012 年 8 月	安全领航模型部署计划（SAFE-TY PILOT）	Safety Pilot Model Deployment
2015 年	美国 ITS 发展战略规划（2015—2019）	ITS 2015 – 2019 Strategic Plan

1.2.2　欧洲 ITS 的发展历程

1.2.2.1　20 世纪欧洲 ITS 的发展

在欧洲，20 世纪 70 年代德国开展了驾驶员引导和信息系统（Autofahrer Leit and Information System，ALI）项目工作。20 世纪 80 年代初，德、英、法等国先后还各自研究了自己的路径诱导系统。由于各国的诱导系统彼此独立而不相容，对过境车辆和道路交通管理带来了不便，因此经济合作与发展组织 OECD 决定努力促进这一领域的发展并协调全欧进行有效的国际合作。1985 年，欧洲从电子信息技术在交通运输领域的应用开始介入 ITS 的研究，欧洲共同体的专家经过论证，制定了最有效、最安全的欧洲交通系统发展计划 PROMETHEUS。

1986 年，欧洲 19 个国家的政府和企业开始了一项名为 EUREKA（European Research Coordination Agency）的联合研究计划。计划旨在建立贯通欧洲的智能化道路网，全部投资高达 50 亿美元，包括开发自动道路和驾驶系统、汽车自动导航和通信系统、交通信息预测系统等。1986 年以奔驰汽车公司为主的 11 家欧洲汽车制造商进行了民间主导的欧洲汽车产业界欧洲高效率和安全交通计划（Program for a European Traffic with Highest Efficiency and Unprecedented Safety，PROMETHEUS）项目，这项为期 8 年的计划致力于使用先进的信息、通信、汽车技术改进欧洲的交通系统和交通问题，主要目的是改善道路交通安全、提高道路交通运行效率和经济性、有效地减少环境污染。PROMETHEUS 计划的主要研究内容包括：①扩展视野的研究；②应急管理系统；③车辆的运行系统；④商业车队的管理系统；⑤避免碰撞系统；⑥交通管理试验场地；⑦驾驶的协调系统；⑧两种模式的道路引导系统；⑨智能的巡航控制；⑩出行信息系统。该计划包括对公路系统的改进和把公路交通与其他形式的交通合成一体，其中各个项目的重点还是被放在汽车技术上，即对车辆的改进。PROMETHEUS 计划确定了 4 个基础研究领域和 3 个应用研究领域。基础研究领域包括：①车载人工智能处理器的开发（Pro – ART，法国负责）；②实时模式识别的各种传感器和处理装置等硬件的开发（Pro – CHIP，德国负责）；③数字通信技术的开发（Pro – COM，意大利负责）；④系统的综合运用方法及评价模型的开发（Pro - GEN，英国负责）。应用研究领域包括：①先进的车辆系统开发（Pro - CAR）；②车 - 路、车 - 车通信等研究的开发（Pro - ROAD、Pro - NET）；③奔驰公司开发维塔牌的智能车辆。PROMEHEUS 计划取得了巨大的成功并于 1994 年在巴黎召开的世界 ITS 大会上得到了演示，这标志着该计划的完成。

1988 年，由欧洲共同体发起，欧盟委员会批准了以提高服务质量为主的欧洲道路交通安全设施（Dedicated Road Infrastructure for Vehicle safety in Europe，DRIVE）计划，DRIVE 计划共安排了 72 个项目，包括分类别的研究工具的开发、建模和评价，安全，人的行为，交通控制，远距离通信和数据库，出行规划，多功能路边设备的开发，通信标准，实施的经济与财政问题等。DRIVE 工程是目前世界上交通运输界规模最大的合作研究计划，共有 12 个国家的 700 多个单位参加，经费达 5 亿欧元。DRIVE 计划的目的是完善道路设施，提高服务水平。其主要的研究内容有：需求管理、交通和旅行信息系统、集成化城市交通管理、集成化城市间交通管理、辅助驾驶、货运和车队管理、公共交通管理，该计划到 1994 年已完成。从研究的结果看，其研究领域和系统功能与美、日大致相同。DRIVE 计划后来成为 DRIVE - Ⅰ计划，这个计划的第一阶段是致力于研究、规划、试验、尝试实施人工智能与公路系统一体化，该工作已在 1991 年完成。在 1988—1991 年间，DRIVE - Ⅰ被作为欧盟"第二骨干计划"的一部分，研究内容集中于基础研究与标准研究，分成总体问题和建模、人因行为分析和交通安全、交通控制以及服务、通信与数据库 4 个方面展开研发工作。这次尝试以及后来的工作都在欧洲交通部长会议中得到肯定。

1991 年，DRIVE - Ⅱ计划的实施使得 DRIVE 计划得以持续下去。DRIVE - Ⅱ计划又称 ATT（Advanced Transport Telematics）计划，是欧盟"第三骨干计划"的一部分。计划成员由 57 个项目组成，主要致力于运行测试与评价研究，并继续支持科研与发展研究。DRIVE 计划面向道路与交通控制技术，包括道路运输信息技术（Road Transport Information，RTI）和先进的运输远程通信（Advanced Transport Telematics，ATT），在 1992—1994 年间，实施 DRIVE - Ⅱ计划的基本目标是 使 DRIVE - Ⅰ的研究成果付之使用，建立通用系统规范。期间成立了由私人、公共团体组成的欧洲道路运输通信信息实施协调组织（ERTICO），成立这个组织的目的就是对欧洲的智能道路与车辆计划的科研、发展与实施进行检查并提供合作。欧盟委员会又组织进行远程信息处理（Telematics）的开发工作，计划在全欧洲范围内建立专门的道路交通无线数据通信网，ITS 的主要功能如交通管理、导航和电子收费等都围绕远程信息处理和全欧洲无线数据通信网来实现。由于欧盟国家有着不同的文化背景和法律，因此，为了实施统一的 ITS，标准化就成为欧洲的首要任务，同时欧洲十分重视综合运输和安全。

1991 年，欧洲的 ITS 推进组织 ERTICO（www. ertico. com）成立，ERTICO

是欧洲道路运输通信信息实施协调组织（European Road Transport Telematics Implementation Coordination Organization）的简称，是一个基于比利时条约的联合公司，其成员包括公共机构、公共/私有基础设施经营者、产业、用户和其他五个不同类别的组织，在管理委员会中，成员作为股东施加影响。ERTICO 由信息技术、汽车制造、道路运营、通信、道路管理等部门的学者和企业的 50 个成员组成，该组织负责 DRIVE 计划的实施，协助欧盟理事会推进研究产业化，实施跨国家、跨地区的试验项目，制定统一的项目规划。

与 PROMETHEUS 计划类同，由欧洲民间企业主导的、为提高欧洲汽车竞争力和改善欧洲运输机动性的 PROMOTE（Program for Mobility in Transportation in Europe）计划从 1995 年开始，计划 4 年完成。PROMOTE 包括研究各种不同交通方式的智能化措施。PROMOTE 绝非 PROMETHEUS 的简单继续，该计划的主要目的是提高道路交通基础设施的高度智能化，研究重点是车辆的交通管理系统和安全系统。研究内容从车辆技术转向交通管理系统与安全系统，参与者不仅有汽车制造商，还包括计算机公司和交通管理者。

欧盟在 1994—1998 年实施的 T - TAP 计划实际是 DRIVE - Ⅲ 计划，或称交通运输远程通信应用计划（Transport - Telematics Application Programme，T - TAP），是欧盟"第四骨干计划"的一部分。它是一项包括道路交通运输、航空运输、铁路和水路运输及多式联合运输的综合性研究计划。其目标也是通过对道路交通与环境相互关系的研究，运用先进的信息技术提高道路交通的安全性和运输效率并改善环境，预定研究成果的效益目标是到 2000 年欧洲交通死亡事故减少 50%，从而极大提高欧洲工业的竞争力，提高交通运输水平。T - TAP 的研究涉及全交通方式，主要研究内容有旅行者多方式的公共交通、货运运营管理、道路交通、航空交通、铁道交通、水上交通、横贯交通、交通公共设施服务、对欧盟政策的贡献。

1998 年 4 月，欧洲运输网络体系结构（Keystone Architecture Required for European Networks，KAREN）项目正式启动，计划两年完成。

TEN - T 是 1995—1999 年欧盟委员会推进的以实现多方式信息服务为目的的、横贯欧洲的交通信息服务网络，这是欧洲 ITS 持续发展的关键所在。TEN - T 覆盖了交通运输的各个方面，包括高质量的公路、铁路、港口、机场和内陆航运。TEN - T 划分为欧洲规模、欧洲地域、国家及区域三个层次。欧洲规模项目用于提供整个欧洲范围的 ITS 服务，欧洲地域项目是通过可共同操作的调配、国境地带的无缝服务来促进国家之间的合作，国家及区域这一层次是研究、开发并实行对欧盟 ITS 的发展有重大贡献的项目。

欧洲 ITS 体系框架包括先进的交通信息系统 ATIS、先进的公共交通系统、商用车辆运营系统 CVOS、先进的车路系统 AVHS 和先进的交通管理系统 ATMS。欧盟 ITS 的推进体制如图 1 - 9 所示。

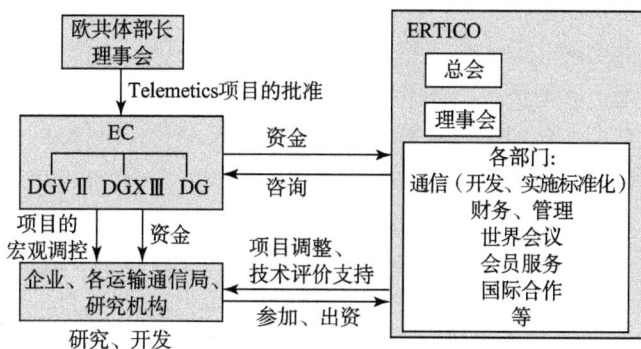

图 1-9 欧盟 ITS 的推进体制

1.2.2.2 21 世纪欧洲 ITS 的发展

在 2003 年的第 10 届 ITS 世界大会上，欧洲 ITS 组织 ERTICO 最先提出 eSafe-ty 的基本概念，其于 2003 年 9 月得到欧盟委员会的认可并被列入欧盟的计划。欧盟在其第 6 框架计划（FP6）中，准备启动 77 项与 eSafety 相关的研究开发项目，重点研究安全问题，更加重视体系框架和标准、交通通信标准化、综合运输协同等技术的研究，并推动综合交通运输系统与安全技术的实用化。这些项目大部分都建立在车载通信的基础上，都将车路通信与协同控制作为研究重点，其中具有代表性的项目有 SAFESPOT、CVIS、PreVENT、COOPERS、I-way、Car2car、SeVeCom 等，共投资约 16 亿欧元。SAFESPOT 项目是为驾驶者提供安全辅助信息。CVIS 项目的主要目的是解决车路间多种方式混合通信。PreVENT 项目关注驾驶安全技术集成，利用先进的信息、通信和定位技术，开发自主式和协调式主动安全系统，降低事故发生率和减小事故严重性。COOPERS 项目关注道路监测设备、网络信息提供。I-way（Intelligent Cooperative System in Cars for Road）项目是通过提供实时的周围车辆信息和路旁设备信息，来增强驾驶员的感知能力和对危险状况的反应能力。Car2car 项目是推动车-车、车-路通信技术及其接口的标准化，发展战略和商业模式，推进车-车通信技术市场化。SeVeCom 项目关注无线自组网信息安全问题。欧洲通过利用 CVIS、COOPERS、SAFESPOT 系统以及其他无线通信系统来实现车辆与道路基础设施以及车与车之间的通信，从而提高交通效率和安全性。

eSafety 项目旨在充分利用先进的信息与通信技术（Information and Communication Technology，ICT），加快道路安全系统的研发与集成应用，为道路交通提供全面的安全解决方案。除自主式的车载安全装置外，还需考虑车路协调合作方式，即通过车-车及车-路通信技术获取道路环境信息，从而更有效地评估潜在危险并优化车载安全系统。eSafety 重点研究安全问题，更加重视体系框架和标准、交通通信标准化、综合运输协同等技术的研究，并推动综合交通运输系统与安全技术的实用化。2004 年，欧洲进行了 ITS 整体体系框架的研究（FRAME 计划），将各国的体系框架统一，在统一的体系框架下，实现 ITS 开发国家之间、城市部门之间的协同开发，形成技术标准，为用户提供全方位、无缝连接的交通信息服务。同期，欧盟委员会还推荐了 28 项行动计划，可归纳为 3 类：①社会公共基础设施建设，包括道路交通基础设施及体系架构、电信基础设施等；②车辆预防与保护系统，包括车载智能终端系统、事故前安全辅助驾驶系统、事故中车内人员保护系统、事故后紧急救援系统等；③事 – 故原因分析、人因研究、成本效益分析等。

2006 年，欧盟提出了车 – 路协同系统（Cooperative Vehicle – Infrastructure System，CVIS），主要目的是基于无线通信、传感探测等技术进行车路信息获取，通过车 – 车、车 – 路信息交互和共享，实现车辆和基础设施之间的智能协同与配合，达到优化利用系统资源，缓解交通拥堵，提高道路交通安全、旅客和货物的移动性以及道路交通运输系统的效率。2006 年 1 月开始的 SAFESPOT 综合项目，旨在通过研发安全距离助手来避免交通事故。安全距离助手通过提前检测车辆旁的潜在信息、扩展驾驶员在时间和空间上对周围环境的感知能力来提高道路交通的安全性，是一个基于车与车（V2V）和车与基础设施（V2I）通信的智能协作系统。2006 年 2 月开始的智能道路安全协作系统（COOPERS），通过实现车辆与高速公路道路基础设施之间不间断的双向无线通信来提高交通的安全性。欧洲CVIS 信息平台可实现车辆直接与路况"对话"。只需要通过一个简单的红绿灯、十字路口或者其他基础设施上的接收器模块，就能直接获得最新路况，了解潜在的危险。

在 2007 年的第 14 届 ITS 世界大会上，欧洲 ITS 协会首席执行官对欧洲的现状进行了概括：经过十几年的发展，欧洲的 ITS 仍然处在各个国家独立安排解决方案的状态，远没有形成欧洲的系统，各国普遍建立了交通管理与信息服务系统，建设了速度告警系统和基础设施使用付费系统（如 ETC 和城市拥堵收费系统），开发了路侧紧急呼叫系统（eCall）。欧洲对 ITS 的发展提出了 ITS 和服务的概念（Intelligent Transportation Systems and Services），欧洲 ITS 协会提出要将道路、车辆、卫星和计算机利用通信系统进行集成，远景是将各国独立的系统逐步转变为车与车（V2V）、车与路（V2I）、车与 X（V2X）的合作系统，实现人和物的移动信息互操作和一票移动（Single Mobility Invoice）。实现的服务有：路侧紧急呼叫、车内和路侧速度提示、通过浮动车和蜂窝电话检测交通和道路状态、危险货物车辆和被盗车辆跟踪系统、客户关系管理等。

2007 年，欧洲开始了 EasyWay 计划以整合交通道路系统。EasyWay 持续了七年时间，到 2013 年结束，旨在促进欧洲交通物联网的发展，主要应用服务包括旅行者信息服务、交通管理服务以及货运和物流服务等。EasyWay 在之前的发展基础上，提出了新的综合性框架来改善交通拥堵、减少事故和对环境的影响，通过改善现有的基础设施和系统、填补网络覆盖缺口和确保走廊服务的连续性来提高服务水平。

欧洲从 2010 年开始对智能车进行道路测试，计划在欧洲道路上对 1 000 辆以上安装了各种智能化车载设备的各种品牌汽车进行试验，测试 8 种不同的高新技术，通过大量的采集数据来检验安全、效能和舒适的程度，进而研究智能车辆对安全、能源与效率以及社会的影响。

欧洲地理数据提供商 Navteq 作为该项目的其中一个主导，与德国航空航天中心一同开发这种创新的定位平台，以解决交通通信问题，而这项新技术将结合几种不同的定位技术，包括欧洲伽利略卫星导航系统和全球定位系统，以及 WLAN 无线局域网、车辆传感器和基础设施等技术。

目前欧洲 ITS 架构包括以下 8 个方面：

①提供电子收费设施（Provide Electronic Payment Facilities）；

②提供安全及应急设施（Provide Safety and Emergency Facilities）；

③管理交通（Manage Traffic）；

④管理公共交通运营（Manage Public Transport Operations）；

⑤提供先进的驾驶辅助系统（Provide Advanced Driver Assistance Systems）；

⑥提供出行在途辅助（Provide Traveller Journey Assistance）；

⑦提供执法支持（Provide Support for Law Enforcement）；

⑧管理货运及车队运营（Manage Freight and Fleet Operations）。

欧洲 ITS 的发展历程和现状可总结为表 1 - 2。这些项目的实施是由欧洲 ITS 发展的特点决定的，即强调国际（主要是洲际）合作和标准化、强调综合运输系统智能化。

表 1 - 2　欧洲 ITS 的发展历程表

时间	ITS 项目或其相关项目	项目的英文名称
20 世纪 70 年代	ALI（驾驶员引导和信息系统，德国）项目	Autofahrer Leit und Information System
1985 年	Ali Scout（德国）	Ali Scout
1986 年	Autoguide（英国）	Autoguide
1986 年	欧洲联合研究计划（EUREKA，欧洲 19 个国家的政府和企业参加）	European Research Coordination Agency
1986 年	欧洲高效率和安全交通计划（PROMETHEUS，由民间 14 家汽车公司组织）	Program for a European Traffic with Highest Efficiency and Unprecedented Safety
1988 年	欧洲道路交通安全设施（DRIVE - I，由 EC 联合组织开发，第二骨干计划的一部分，1991 年结束）	Dedicated Road Infrastructure for Vehicle Safety in Europe

时间	ITS 项目或其相关项目	项目的英文名称
1991 年	欧洲道路运输通信信息实施协调组织（ERTICO，统一协调全欧 ITS 的研究）成立	European Road Transport TELEMATICS Implementation Coordination Organization（www. ertico. com） 1991 年，DRIVE－Ⅱ 计划的实施使得 DRIVE 计划得以持续下去，DRIVE－Ⅱ 计划又称 ATT（Advanced Transport Telematics）计划
1992 年	DRIVE－Ⅱ 又称 ATT（先进的运输远程通信，是第三骨干计划的一部分，于 1994 年结束）	Advanced Transport Telematics
1994 年	运输远程通信应用计划（T－TAP，相当于 DRIVE－Ⅲ，是第四骨干计划的一部分，1998 年结束）	Transport－Telemetics Application Programme
1994 年 11 月	第一届 ITS 世界大会于在法国巴黎举行	—
1995 年	欧洲运输机动性计划（PROMOTE）	Program for Mobility in Transportation in Europe
1998 年 4 月	欧洲运输网络体系结构（KAREN）项目	Keystone Architecture Required for European Networks
2003 年	eSafety（欧洲 ITS 组织 ERTICO 提出，于 2003 年 9 月得到欧盟委员会的认可并被列入欧盟的第 6 框架计划 FP6 中）	代表性项目有 SAFESPOT、CVIS、PreVENT、COOPERS、I－way、Car2car、SeVeCom 等
2004 年	FRAME 计划（欧洲进行了 ITS 整体体系框架的研究，将各国的体系框架统一）	—
2006 年	车路协同系统（CVIS）	Cooperative Vehicle－Infrastructure System
2010 年	欧洲开始用对智能车进行道路测试	—
2015 年	英国开始在真实道路环境下进行无人驾驶车辆测试	—

1.2.3 日本 ITS 的发展历程

日本从 20 世纪 70 年代就开始了对交通信号控制系统的研究和应用，并成立了全国性的 ITS 推进组织，是对 ITS 进行研究最早、实用化程度最高的国家。20世纪日本 ITS 的发展可以分成各省厅积极推进和联合开发两个大阶段。各省厅积极推进阶段的特点是各有关省厅由分别推进 ITS 的研究开发项目，到逐渐联合开发，但还没有制定整个国家的 ITS 发展战略。发展过程可分为起步阶段、实用阶段、拓展阶段、国际化阶段四个小阶段。进入 21 世纪后，日本 ITS 的发展可分为 2000 年前后的综合集成阶段、2005 年前后的用户服务阶段、2010 年前后的高级功能开发阶段和 2010 年之后的成熟发展阶段。经过多年的发展，日本 ITS 技术在框架结构、先进的安全车辆和新交通管理系统方面处于世界领先地位。

1.2.3.1　20 世纪日本 ITS 的发展

日本在 20 世纪的 ITS 研究开发发展过程可分为起步阶段、实用阶段、拓展阶段、国际化阶段四个小阶段。

1）起步阶段

日本 ITS 发展的起步阶段是在 20 世纪 70 年代，其属于日本 ITS 的黎明时期。

1973 年开始的日本通产省项目综合汽车交通控制系统（Comprehensive Automobile（traffic）Control System，CACS），除了仿效美国的 ERGS 采用感应线圈作为车载设备与路旁单元的通信设备并由双向个别站点通信提供路径诱导外，还由单向站点通信提供行驶信息、由单向声音通信提供紧急信息、由可变信息板提供路径信息的综合系统。1977—1978 年在东京中心西南部含约 90 个交叉点、高速公路出入口的道路网，1 330 台车进行了试验。1977 年日本开始了基于车辆自动识别技术的旅行时间估计研究。日本政府授权它的国家政策机构（NPA）来组织、管理、经营所有城市交通系统中有关地面交通的部分，因此 NPA 成了指导日本智能道路系统革新的关键机构。

1973 年，日本的国际贸易与企业省开始了有关综合汽车交通控制系统项目的研究。综合汽车交通控制系统的主要精力被放在开发和测试一种车载动态路线指示系统上。近年来，一些计划已开发、测试、评价了智能车辆道路系统以及在运营环境中车辆与道路系统的有机组合。

2）实用阶段

20 世纪 80 年代前半期，研究试验取得切实的成果，日本交通管理技术协会的先进车辆交通信息与通信系统（Advanced Mobile Traffic Information and Communication System，AMTICS）以先进技术的研究为目标，对交通信号控制、交通信息的收集和提供、交通数据库、路径诱导和交通疏导等课题展开全面研究。建设省对 CACS 利用通过车路通信的自动车辆定位功能计测旅行时间的技术很重视，20 世纪 80 年代初在首都圈进行了旅行时间的监测试验。为了改善和普及 CACS 开发的技术，通产省成立了汽车电子技术协会，研制新的车 - 路通信装置，并开始研究车 - 车通信。1981 年本田、丰田和日产公司开始引进开发汽车导航技术。

3）拓展阶段

20 世纪 80 年代后半期，日本 ITS 应用迅速展开。比 CACS 进一步的建设省主导的路 – 车通信系统（Road/Automobile Communication System，RACS）设置了传送位置静态信息的位置信标、传送交通堵塞动态信息的信息信标和双向传送消息的通信信标。警察厅 1987 年主导的 AMTICS 能将全国交通控制中心收集的交通信息通过远程终端系统传送到车辆，与建设省的 RACS 不同的是它采用了类似蜂窝式的远程通信设备。1984 年日本建设省成立了公路工业发展组织（HIDO），并成立了汽车通信委员会。

1986 年，日本建设省的公共研究厅联合 25 家私人公司开始了有关道路、通信系统的研究，开始研究路 – 车通信系统 RACS。1987 年，日本交通管理技术协会在 NPA 的指导下联合一些企业，开始研究更先进的移动交通通信系统。1989 年 RACS 将 9 个不同的车载导航系统与无线电传输连在一起做试验，在建设省的指导下负责提供日本标准化数字道路地图，并确定了数字道路地图在 ITS 中的重要性，同时成立了日本数字道路地图协会，在建设省的指导下负责提供日本标准化数字道路地图。20 世纪 80 年代后期，日本建设省在 RACS 的基础上又启动了先进的道路交通系统（ARTS），其目的是到 2000—2010 年实现车辆同道路设施之间的智能协调。

4）国际化阶段

20 世纪 90 年代前半期，日本的 ITS 技术走向国际化。1990 年通产省制定了新的试验项目——超级智能车辆系统（SSVS）。同年，日本警察厅、邮政省、建设省集成 RACS 和 AMTICS 这两个研究项目，将其合并成一个项目，也就是所谓的车辆信息与通信系统（Vehicle Information and Communication System，VICS），把快速道路和地面交通数据合并成经过统一处理的信息提供给车载系统，VICS 选择了调频载波（FM）和微波信道以及远程终端的方案，并在警察厅研究的基础上又加上光学信道作为第四种通信媒体。在 VICS 研究中，由六家日本汽车制造商引进了商业化的车载导航系统，这些系统分别由四家公司提供，重点是转向汽车的装备。到 1993 年年底，大约售出了 40 万辆这种类型的汽车。这极大促进了车辆装备 VICS，因为没有 VICS，那些装备了导航系统的汽车就没有办法得到最新交通信息。

1991 年日本开始了 VICS 项目，警察厅、邮政省、建设省、运输省主导的通用交通管理系统（Universal Traffic Management System，UTMS）也在 1991 年开始，其开发了一种新的远红外车辆检测器，形成了 SSVS（Super Smart Vehicle System）、ASV（Advanced Safety Vehicle）、ARTS（Advanced Road Transportation System）一齐推进的局面。运输省负责车辆安全标准，1991 年以通过驾驶员监控、障碍检测和保持车距来改善汽车性能、提高安全为目的，启动了先进安全车辆（ASV）项目。日本于 1991 年 12 月开始智能交通标准的全面制定工作，日本汽车委员会被指定制定标准的秘书单位。1993 年警察厅成立了全方位的交通管理学会（UTMS japan），以便协调各个方面在规划、建设和使用新的全方位交通管理系统的要求，使新系统能够体现 ITS 的大多数特征。

1993 年 4 月由国家警察署（NPA）发起，由新交通管理系统推进协会以官民合作的形式，开始实施新型的交通管理系统计划，即新交通管理系统 UTMS 的研究、开发与实用化，然后又把 UTMS 升级为 21 世纪交通管理系统 UTMS21（Next Generation Universal Traffic Management System）。新的系统致力于实现"安全、舒适、有利于环境的交通社会"。它对交通流进行全面的管理，以先进的控制系统为中心，以现有的交通控制系统为基础发展而成。UTMS 的中心目标是在车辆与控制中心之间实现交互式双向通信。通信系统使用红外线信号标杆，它是系统的关键设施。UTMS 的最终目标是实现主动管理，将管理中心对交通需求和交通流的措施准确无误地传给车辆的驾驶者，以避免交通阻塞，实现先进的管理信息系统 AMIS。UTMS 以集成的交通控制系统为中心，由智能交通控制系统（ITCS）、先进的交通信息系统（AMIS）、动态路径诱导系统（DRGS）、公共运输优先系统（PTPS）、车辆行驶管理系统（MOCS）、环境保护管理系统（EPMS）6 个子系统组成。

日本警察厅主持开发的 21 世纪交通管理系统 UTMS21 也是日本 ITS 的主要组成部分之一。UTMS21 系统应用了红外线感应器和光信标等现代传感器，通过红外车辆检测装置与车辆进行双向通信，完成对数据的及时采集、传输，高速图像处理及分类功能，以实现实时信号最佳控制和信息服务。UTMS21 系统由智能交通控制系统（Intelligent Traffic Control System，ITCS）和 8 个子系统组成，包括先进的车辆信息系统（Advanced Mobile Information System，AMIS）、公交优先系统（Public Transportation Priority System，PTPS）、车辆运行管理系统（Mobile Operation Control System，MOCS）、动态路线诱导系统（Dynamic Route Guidance System，DRGS）、紧急救援与公众安全系统（Help system for Emergency Life saving and Public safety，HELP）、环境保护管理系统（Environment Protection Management System，EPMS）、安全驾驶支持系统（Driving Safety Support System，DSSS）、智能图像处理系统（Intelligent Integrated ITV System，IIIS）。

日本的先进的安全汽车（Advanced Safety Vehicle，ASV）是以安全技术为中心并谋求汽车智能化的国家性项目。1991 年，由运输省、学者和汽车制造商组成的 ASV 推进研讨会发起了这个联合项目，1991—1995 年完成了它的第一期研究开发计划，之后进行了第二期计划。第一期的 ASV 计划项目进行了 4 个领域20 个系统的技术开发，例如"事故预警技术"中的轮胎气压警报系统和瞌睡中驾驶警报系统，"事故规避技术"中的车间距离自动控制系统，"冲突时的被害减轻技术"中的车辆冲击吸收结构，"冲突后的防止灾害扩大技术"中的灭火、解除门锁装置等系统。主要研究包括轮胎气压警报系统、瞌睡中驾驶警报系统、车间距自动控制系统。日本 ASV 计划的项目包括：①检测路面及环境状况系统；②打瞌睡警告及唤醒系统；③高适应性定速巡航系统；④紧急制动先期警告系统；⑤火灾隐患或轮胎气压警报系统；⑥改善驾驶员视野的新技术；⑦主动行驶安全系统；⑧卫星定位导航系统；⑨防碰撞系统；⑩安全的行驶方向控制系统和转弯减速调节系统。

此外，NPA 着手开始一项更通用的交通管理系统的研究。这种通用的交通管理系统的主要部分是一体化的交通控制系统。它包括车载传感器，以及收集实时交通信息的移动通信设施。建设省与其合作组织也已开始了先进的道路交通系统的研究，它通过扩展道路汽车通信系统来开发有关辅助驾驶系统的道路与汽车技术。交通省目前也开始它的车辆安全项目的研究，这是通过开发和显示智能汽车的原型来强调驾驶系统的安全。通过一系列不同的活动，日本已在许多领域走在世界 ITS 研究的前沿。

1994 年，借助 ITS 世界大会，日本将各种系统纳入 ITS 体系。日本由政府部门倡导成立了建设省、运输省、通产省、邮政省、警察厅、大学和科研机构以及民间企业参加的全国统一的车辆、道路、交通智能化推进协会（VEhicle Road Traffic Intelligent Society，VERTIS）。VERTIS 类似欧洲的 ERTICO 和美国的 IVHS America 组织，其主要工作是推动和协调 ITS 各组织的开发、研究和标准的制定，赞助 ITS 世界和亚太会议，并制定了一个投资预算为 7.8 兆亿日元、为期 20 年的发展计划。1995 年 11 月在横滨召开了第二次 ITS 世界大会。

VERTIS 的四省一厅联合制定总体构想，提出加速推进日本的 ITS 建设，主要包括导航仪、电子收费系统、安全驾驶辅助系统、自适应交通管理、高效道路管理、公共交通支持、运营车辆效率化、步行者支持和紧急车辆管理等系统。同时，日本提出用十年时间实现各种实用化服务，主要是车辆信息和通信系统 VICS 的实用化、ETC 的开发和实用化、先进辅助巡航公路系统以及公共汽车运行控制系统的实用化。

从 1994 年开始，建设省组织了以丰田公司为首的 25 家公司进行了自动高速公路无人驾驶系统（AHS）的研究与开发。无人驾驶系统除了对车辆的加速、减速、制动和转向等一系列操作进行自动驾驶外，还考虑到临近车辆和行人，做到既能够超车又不会导致交通事故。1996 年 9 月人们在正式投入使用的高速公路上进行了往返 11km 的 AHS 系统试验，试验内容包括连续自动驾驶和防撞、防离线等安全行驶系统，取得了令人满意的效果。

1995 年 6 月有关部门通过了"推进高度情报通信社会"的基本方针，决定推进 ITS 的进展，并组成五省厅（警察厅、通产省、运输省、邮电省、建设省）联席会议，制定了"推进 ITS 总体构想"和"ITS 发展框架"。1995 年，日本开始车辆信息与通信系统（VICS）演示性试验。VICS 是一个数字信息通信系统，该系统利用安装在道路上的指示灯或 FM 多重播放系统将驾驶员所需的信息，如交通阻塞情况、管制情况、道路方向以及停车场信息等迅速传给车辆导向系统。VICS 与互联导航系统（INS）、汽车自动收费系统（EPS）、辅助安全驾驶系统、先进的安全汽车（ASV）和无人驾驶系统（AHS）、交通管理控制系统（AMCS）等统一协调。日本于 1996 年制定了综合计划，由建设部、国际贸易与工业部、运输部、邮电通信部及国家警察署共同着手开发智能化运输系统。传送的方法首先是利用路边的指示灯将所需信息详细传送给车辆，另外，使用 FM 多重播放为更大区域提供信息。

1996 年，日本为解决城市交通拥堵、提高车辆的运行效率等问题，开始了世界上第一个基于实时道路信息及诱导方式的车辆信息与通信系统 VICS。VICS 系统作为一个日本全国性的交通资讯系统，是由警察厅、邮政省（现已改为总务省）、建设省和运输省（两省现已改为国土交通省）等与民间部门合作共同推动开发而成，由 VICS 中心负责运营。VICS 中心的交通信息由交通管理者（公安委员会、警察厅）和道路管理者（道路公团等）双方提供，通过在道路上布设红外、微波、视频等传感器等装置来采集车流量、车速、路段的堵塞程度，交通事故等信息。这些装置将采集到的信息通过无线或有线方式传送给 VICS 中心。经过分析和处理后，VICS 中心将交通流量、路段的堵塞程度、交通事故、道路施工等信息通过广播电台、路侧信标等方式向社会发布，与此同时将道路交通信息、预计行驶时间、诱导信息等发送到装有 VICS 的车辆上，使驾驶员可根据这些信息对行车路线进行选择和判断。1996 年 4 月，VICS 系统在东京都市圈和东名、名神高速公路全线正式投入运营。VICS 的系统结构示意如图 1 - 10 所示。

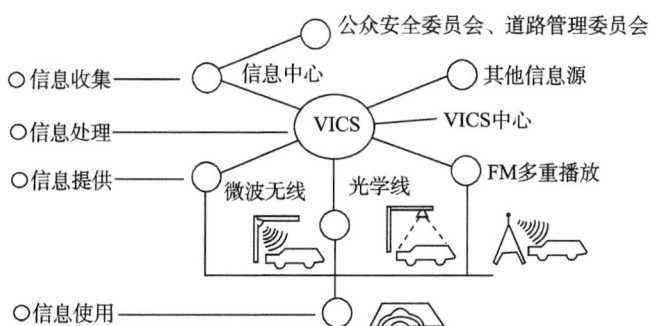

图 1 - 10 VICS 的系统结构示意

作为 ITS 系统的重要组成部分，电子收费系统（Electronic Toll Collection，ETC）的研究与开发工作受到了广泛的关注。1995 年 6 月，日本建设省开始组织 ETC 的试验并于 1996 年 3 月完成。1997 年春季，一些收费道路开始进行不停车收费的试运行。日本 ETC 采用的是微波技术，当装有 ETC 卡的车辆进入收费站时，车内的通信装置与收费站的检测装置进行双向无线通信，收费站控制系统自动从 IC 卡账户中扣除有关费用，这样既减少了收费站的交接手续，又减少了停车时间，并且消除了车辆在收费站减速、怠速、加速所产生的环境污染。根据试验数据的统计，收费站的通行能力提高为原来的 4 倍以上。

第一期 ASV 计划完成之后，1996 年 3 月 14—15 日在琦玉县熊谷市的运输省交通安全公害研究所的汽车试验场举行了 ASV 的试制车演示会。一共 16 台车参加了演示，向公众披露了 ASV 的各种新技术。在这个汽车制动系统中，毫米波雷达和 CCD 摄像机识别前方障碍物并预测冲突的危险性，以警报声和屏幕显示通知驾驶员，当驾驶员没有响应警报并采取相应的预防冲突的措施时，该系统就会自动制动。关于车辆侧向控制，ASV 计划采用了多种方法，包括检测车上磁性传感器与道路上磁钉的磁场变化、用 CCD 摄像机检测车辆与路面白色参考线的偏离和用陀螺仪检测车辆的横向摆动。ASV 计划是在车上装备电子导航系统、车辆间通信设备、自动驾驶装置等先进的电子仪器，使之能了解行车路途上的交通状况、不断选择最佳行车路线，依靠车道白线、车辆间通信等信息进行自动或半自动驾驶，如在转弯时可测出普通汽车侧后方视觉死角位置的车辆、行人，进行自动制动或自动驾驶。

1997 年春，日本建设省开始在一些收费道路上实施电子收费系统（ETC）技术，进行试验性运营，目标是实现不停车收费的技术系统。日本的统计资料表明，传统的人工费用征收平均每辆车需 14s，而如果采用 ETC 技术，当每辆车以 40km/h 的速度行驶通过收费口时，只需要 3s 的时间。这种新型系统的原理是将安装于车辆上导航系统的无线信号与安装在收费口的雷达进行交换，并将数据存在车辆上的导向仪中，在到达终点时即时算出费用。费用征收不使用现金，它使用一种基于 IC 卡的信用卡系统。

1997 年，日本开始研制先进公路巡航 - 辅助系统（Advanced Cruise - Assist Highway System，ACAHS）。ACAHS 能够提供道路交通及路面情况，可以向驾驶者发出警报，并让控制中心按需提供紧急处理支持。ACAHS 的主要作用包括预告前方可能出现的突发意外，还包括预告可能出现的急弯、偏离行车线警告、十字路口防撞警告、右转车辆防撞警告、行人防撞警告、报告路面最新状况（如积雪、淹水、破坏等）。

20 世纪末，日本建设省的土木工程研究所也修建 AHS 试验场，并在公路上装置了 LCX 缆线和磁钉，在车辆上装置了传感器、摄像机和通信天线，同时车辆上还配有可将信号转为操作行动的机械装置。车辆可以识别路上的标志标线，并通过传感器来感知道路表面的磁帽以保持平衡。车辆前后的状况通常用车间传感器来探知，并且在紧急制动时，前车的制动动作可以通过车 - 车通信传递给后车，前进方向的导向将由 LCX 缆线传来的数据控制，从而控制整个行车道上的车辆速度和传递交通事故信息等。日本试验车的性能达到保持 15m 车距，以 60km/h 的速度自动与连续行驶。新型货运系统的自动连续驾驶技术也正在试验之中。试验中一队货车一起运行，除第一辆车外，后面的车辆为无人驾驶车辆。

同样在 20 世纪末，日本开始研究开发突发事故探测系统（Incident Detection System，IDS）。IDS 主要是通过电视画面的即时分析和事故信息的自动传输达到及时处理事故和避免连带事故的发生。这一系统常用于监视隧道等事故多发地带，通过电视摄像机摄像，并传输回处理中心，由计算机对突发事故和当前的状况作出实时的分析判断，传送必要的信息并作出记录。IDS 已经在日本阪神高速公路事故多发地带试验使用。在事故发生后的 2s 内，事故就被探知，有关信息被显示在显著位置的信息板上。该系统有效地防止了尾随车辆再次发生类似事故。IDS 系统将来可与通信系统和灾害求援系统进行连接使用。

日本还研究特殊车辆量测与行驶轴载监测系统（Automated Measuring System for Special Vehicles，Weight – in – motion System）。该系统对车辆进行瞬时测量和对颠簸或超重违章车辆发出警告，并读取违章车辆的牌号，同时将量测数据进行记录。由于交通控制所造成的时间损失将直接影响货物运输，该系统能从众多特殊车辆中迅速确认违章车辆，从而降低物资运输的费用。这种系统已在日本中部地区的 23 号国道上建立，该条国道上的日交通量超过 10 万辆，其中将近一半是大型车辆，该系统大约以 0.5s 的时间间隔对行驶车辆进行重量计测。1997 年 3 月该系统又被进一步改进，对速度不超过 80km/h 车辆的车重计测达到 0.3t 的精度。

1999 年 11 月，日本组织了无人驾驶系统（AHS）公开试验。2000 年，车辆信息与通信系统的开发覆盖日本全国范围，先进的巡行辅助公路系统和电子收费系统已进入实用阶段。

1.2.3.2　21 世纪日本 ITS 的发展

进入 21 世纪，日本 ITS 的发展可分为 2000 年前后的综合集成阶段、2005 年前后的用户服务阶段、2010 年前后的高级功能开发阶段和 2010 年之后的成熟发展阶段。

1）综合集成阶段

2000 年前后，日本 ITS 的发展进入综合集成阶段。在这一阶段，交通信息主要提供给已经运行的 VICS 和相关系统，交通拥堵信息和最佳路线信息将提供给车载导航系统，以使驾驶员能够减少出行时间并提高旅行的舒适性。在这一阶段的后半段，通过使用电子收费系统，达到减少收费站拥堵的目的。

从 2001 年 3 月开始，ETC 技术在日本整体上投入运营。在实际应用中，ETC 技术相对于传统收费技术来说有两大优势：一是更加适应多个不同主体运营管理多条收费道路的情况；二是对非法行为、人为破坏和逃费行为有着更强的防范性。从 ETC 的功能来讲，可以根据条件实现收费费率的灵活设定和调整，从而提高了收费道路的利用率，最大限度地减少了收费口的拥堵。一般来说，高速公路的拥堵 30% 由收费站造成，使用 ETC 后效率提高了 2 ~ 3 倍。此外，ETC

还改善了路侧的环境，对于解决一些地区接口或不同管理体制下的特殊问题也十分有帮助。

到 2003 年 6 月末，日本装有汽车导航系统的车辆已达 1 200 多万辆，同时装有汽车导航系统以及车辆信息与通信系统（VICS）接收器的车辆也达 700 多万辆，以上装置可以为驾驶员或其他机动车使用者提供即时道路信息。因此，日本的道路车多而不乱。路上诸多监测器和雷达，随时监控道路情况和采集信息，驾车人可通过情报信息板获取即时道路信息。车载电子地图已广泛使用，有多家公司开发新产品，用户可在网上下载购买。电子地图可通过卫星天线、微波、电视载波机、电话地址等多种渠道接收信息，使用电子地图，人们可以准确查询地址、气候、环境及计算拥堵时间等。

到 2003 年 10 月末，大约 175 万辆车已经装备了 ETC 车载装置，约为 2002年同期的 3 倍，增速非常快，这标志着 ETC 已进入普及阶段。到 2003 年年末，超过 1 000 条 ETC 收费车道被安装在收费站，几乎遍及日本所有的高速公路，关东高速已全部实现了 ETC 收费，只保留部分车道进行 ETC 和半自动混合收费。绝大部分的商业运营车辆已经装备了 ETC 车载单元，一般驾驶员都使用 ETC 收费卡。此卡分为两种，一种为储值卡或借记卡，另一种可与信用卡通用。日本最早出售的收费卡是高速公路卡，后来则采取措施鼓励 ETC 卡的销售和使用。2004 年日本推出"ITS 推进指南"，在提高安全性、便利性和实现畅通化及国际化方面进行推进。

2）用户服务阶段

2005 年前后，日本 ITS 的发展进入用户服务阶段。在用户服务阶段，通过逐步引入用户服务的思想开始交通系统的革命，ITS 将有关目的地的服务信息和公共交通信息直接提供给用户。在这一阶段，通过驾驶员安全驾驶系统和行人安全保护系统来减少交通事故的发生，另外，公共交通的舒适性和便利性也得到了极大的提高。

日本政府的多项政策推动着日本交通物联网的发展。2006 年，日本制定"新 IT 改革战略"，重点推进车路协同系统，旨在实现世界上最安全的道路交通环境。2009 年，日本制定"i－Japan 战略 2015"，在实现交通电子政务的同时，致力于通过物联网技术减少交通拥堵、提高物流效率和减少 CO_2 的排放。2010年，日本制定了新 IT 战略，推动绿色出行，短期计划目标是通过利用车辆探测技术来保证交通的畅通，提高物流效率，利用公共汽车优先系统和公共汽车定位系统等增强公共交通系统使用的便利性，从而提高其使用率。

遵循 ITS 的理念，利用 VICS、ETC、DSRC、AHS、ACAHS 等 ITS 相关技术以及信息通信技术进行道路基础设施的整合实现智能道路，即 Smartway 理念。从 2007 年起，日本的 ITS 开发和应用的重点主要有两方面。一是依托各种先进的通信系统和车载系统，集成现有的应用系统，为出行者提供更加全面和便利的服务，同时提升道路管理、物流和安全驾驶的水平。这里特别值得注意的是依托通信技术和车载设备开发新的服务。二是通过车路协调改善道路安全，其具有代表性的开发项目有国土交通省的 Smartway、警察厅的驾驶安全支持系统（Driving Safety Support System，DSSS）以及进入到第 4 阶段的先进的安全汽车（Advanced Safety Vehicle，ASV）研发项目。其中 Smartway 已经达到很好的试验应用效果，日本从 2005 年 3 月起在东京高速公路 4 号新宿线参宫桥转弯处实施了交通异常告警系统，不但在路侧情报板上发布信息，而且通过车路通信系统传输到车载机上，实施后交通事故大量减少，效果十分突出。

　　2007 年，政府与民间 23 家知名企业共同发起 Smartway 计划，该计划用于促进土地、道路基础设施、交通运输、旅游和先进的安全汽车（ASV）等方面的发展。Smartway 的发展重点是将现有的各项 ITS 功能如 ETC、网络支付和 VICS 等整合于车载单元 OBU 上，建立车上单元的共同平台，使道路与车辆实现双向传输而成为 Smartway 与 Smartcar。为推行 Smartcar 计划，日本专门组织了 ASV 的研究开发项目推进研讨会，通过推广 Smartway 及 Smartcar 计划，从而大大提高道路的安全性、畅通性，扩大安全、舒适的活动空间，以减少交通事故、缓解交通拥堵，构建包括智能车辆、智能公路、紧急救援系统的智能道路，实现安全、高效、便利、舒适、低环境负荷的社会。Smartway 计划的目的是实现车路联网，道路设有先进的通信设施，不断向车辆发送各种交通信息，所有的收费站都不需停车交费，车辆能以较快的速度通行，道路与车辆可高度协调，道路提供必要信息以便车辆进行自动驾驶。安装在车辆内的车载单元 OBU 具有数据处理和通信功能，能提供应用程序运行的环境，是车辆之间以及车辆与其他实体进行通信的接口，并支持定位等功能。RSU（路边单元）分布于公路沿线、交叉点和任何需要即时通信的地方，其主要功能是通过 DSRC 无线链路与 OBU 以及与其他远离互联网服务的网络实体通信。2007 年日本初步完成 Smartway 在 Tokyo Metropolitan Expressway 部分公路的试验计划，自 2009 年起在日本三大都会区进行试验。

　　根据 2007 年日本国土交通省的资料，已安装 ETC 车载机 1700 多万台，近 70% 的收费交易实现了不停车收费；VICS 导航仪达到 1 800 多万台，加上其他的导航仪共计 2600 多万台。日本取得的成绩举世瞩目，应用效果突出且商业化取得成功。ETC 的应用缓解了收费站的拥堵，同时减少了由拥堵造成的 CO_2 排放量。在总结发展经验的基础上，日本提出了第 2 阶段 ITS 的发展内容，主要是将已经大量应用的车载系统进行集成并提供综合服务，应用范围扩大到停车场、便利店。同时，将各种地面信息系统和道路基础设施系统进行集成，形成智能道路，不但提供交通信息服务，更要改进交通安全。

　　基于统一与协调一致的行为方针，日本 Smartway 示范系统还向用户提供以下 5 个方面的信息服务：①辅助安全驾驶信息服务，通过路侧架设的一系列传感器检测前方道路转弯处或视线死角区域是否发生交通阻塞或存在路面障碍物等，并通过车–路通信系统向驾驶者提供实时道路信息；②静止图像信息服务，通过闭路电视（CCTV）摄像机采集的道路环境状况信息，将以静止图像的形式提供给驾驶者，例如在隧道入口处可以清楚地了解到出口处的车流情况等；③浮动车信息采集服务，基于浮动车技术实现实时交通信息的获取，并通过车路通信系统，连同天气、路面情况以及高危地段等信息迅速提供给临近的车辆；④道路汇集援助服务，通过专用短程通信（DSRC）天线检测行驶于主干道上的车辆，当车辆接近道路汇集处时，将通过车路通信系统向有关驾驶者发出警示信息；⑤停车场电子付费服务，通过路–车通信系统实现停车场电子付费服务；⑥宽带互联网连接服务，通过车–路通信系统实现宽带互联网连接服务。

为推广应用 ITS 的研究成果，引进先进技术，实现 ITS 的多元化，发挥先进技术的优越性，日本先后制定了智能道路（Smartway）计划和先进安全型汽车 Smartcar ASV（Advanced Safety Vehicle）计划。日本的 Smartway ASV 计划也采用了被动安全性的新技术，项目包括：①能承受碰撞吸收能量的车身及车门；②侧面安全气囊；③乘员保护系统；④紧急门锁释放装置；⑤灭火系统；⑥行车记录仪；⑦紧急事故自动通报系统。通过该系统车辆与负责交通管理的无线电台及时联系，电台可以获知发生事故的车辆的位置、事故及乘员受伤害的主要情况，可以通知有关部门及人员及时前往事故地点，进行救援工作。

3）高级功能开发阶段

2010 年前后，日本 ITS 的发展进入高级功能开发阶段，实施了 ITS 综合战略，实现可持续发展的移动社会。高级功能开发阶段将日本的 ITS 推进到一个更高的水平，基础设施、车载装置、法律和社会系统促使 ITS 成为一个稳固的社会系统，ITS 的作用是全国性的，通过对 ITS 更多更高级功能的认识，自动驾驶全方位地发挥作用，汽车成为一个安全和舒适的处所。

4）成熟发展阶段

2010 年之后，日本 ITS 的发展进入成熟发展阶段。成熟发展阶段促进 ITS 的所有系统都投入使用，ITS 已经进入到了一个成熟的时期。由于 ITS 布设了的大量光纤网和建立了多个服务系统，整个社会将进入到高度信息和通信的时代。自动驾驶的需求在这一阶段将会大大增加，ITS 作为一个基本的系统将会被整个社会所接受，尽管交通量在不断增加，但交通事故将极大地减少。道路已经不再拥堵，道路环境与整个地球环境更加和谐。

目前，日本 ITS 的框架结构包括路–车通信系统（Road/Automobile Communication System，RACS）、先进的车辆交通信息与通信系统（Advanced Mobile Traffic Information and Communication Systems，AMTICS）、通用交通管理系统（Universal Traffic Management System，UTMS）、先进的道路交通系统（Advanced Road Traffic Systems，ARTS）、超级智能车辆系统（Super Smart Vehicle System，SSVS）、先进的安全汽车车（Advanced Safety Vehicle，ASV），如图 1-11 所示。

网络

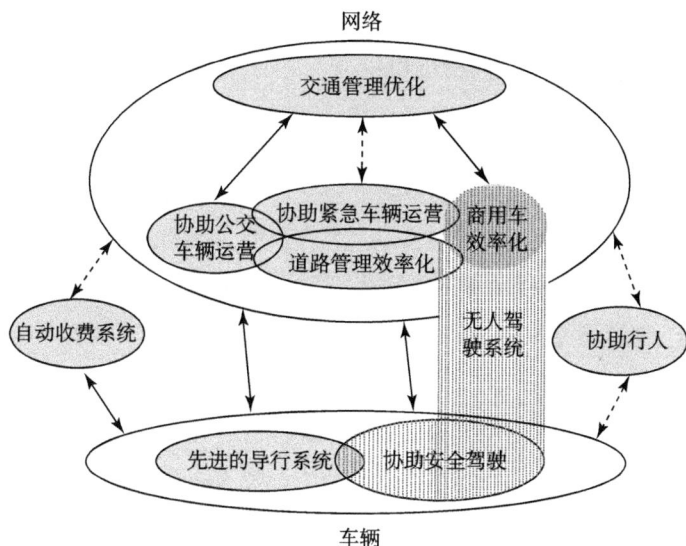

图 1 - 11 日本的 ITS 系统框架

日本的 ITS 推进体制如图 1 - 12 所示。日本的 ITS 推进组织 VERTIS 是智能车辆、道路和交通智能化推进协会（Vehicle，Road and Traffic Intelligence Society）的简称（www. vertis. or. jp），于 1994 年 1 月成立，受日本警察厅、通产省、运输省、邮政省和建设省联合支持。VERTIS 由各种与智能道路、运输和车辆相关的公司、技术领域、学术界、政府机构的代表组成，也是一个政、产、学、研一体的组织。

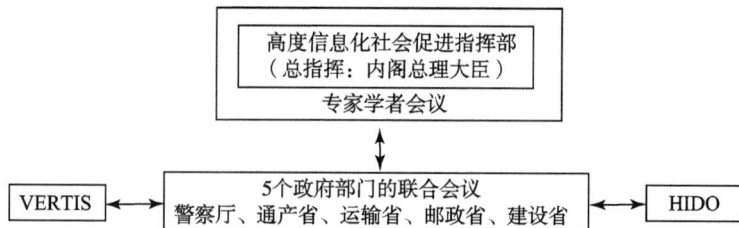

图 1 - 12 日本的 ITS 推进体制

日本 ITS 的发展历程和现状可总结为表 1 - 3。这些项目的实施是由日本 ITS 发展的特点决定的，这就是众多政府部门参与，重视技术、产品开发和场地试验。

表 1 - 3 日本 ITS 的发展历程

时间	ITS 项目或其相关项目	项目的英文名称
1973 年	综合汽车交通控制系统（CACS）	Comprehensive Automobile traffic Control System
1980 年	先进的车辆交通信息与通信系统（AMTICS）	Advanced Mobile Traffic Information and Communication System

时间	ITS 项目或其相关项目	项目的英文名称
1986 年	路 – 车通信系统（RACS）	Road/Automobile Communication System
1987 年	警察厅主导的先进的车辆交通信息与通信系统（AMTICS）	Advanced Mobile Traffic Information and Communication Systems
1988 年	先进的道路交通系统（ARTS）	Advanced Road Transportation Systems
1990 年	超级智能车辆系统（SSVS）	Super Smart Vehicle System
1991 年	先进的安全汽车（ASV）	Advanced Safety Vehicle
1991 年	车辆信息与通信系统（VICS，集成 RACS 和 AMTICS 这两个研究项目）	Vehicle Information and Communication System
1993 年	通用交通管理系统（UTMS）	Universal Traffic Management System
1994 年	21 世纪交通管理系统（UTMS21）	Next Generation Universal Traffic Management System
1994 年 1 月	智能车辆、道路和交通智能化推进协会（VERTIS）成立	Vehicle, Road and Traffic Intelligence Society（www. vertis. or. jp）
1994 年	自动公路系统（AHS，无人驾驶系统）	Automated Highway System
1995 年	横滨第二届 ITS 世界大会	—
1995 年 6 月	制定了"ITS 总体构想"和"ITS 发展框架"	—
1995 年	车辆信息与通信系统（VICS）演示性试验及 ETC 试验	—
1996 年 7 月	推进日本智能交通系统（ITS）总体规划（VERTIS 总体设计）	Comprehensive Plan for ITS in Japan
1997 年	电子收费系统（ETC）技术试验性运营	Electronic Toll Collection
1997 年	先进公路巡航 – 辅助系统（ACAHS）研制	Advanced Cruise – Assist Highway System
1998 年	突发事故探测系统（IDS）研究开发	Incident Detection System
1999 年 11 月	自动公路系统（AHS）公开试验	—
2001 年	ETC 技术在日本整体上投入运营	—
2005 年	日本 ITS 发展进入用户服务阶段	—

时间	ITS 项目或其相关项目	项目的英文名称
2007 年	智慧道路（Smartway，政府与民间 23 家知名企业共同发起）计划	Smartway
2010 年	日本 ITS 的发展进入高级功能开发阶段	—
2010 年之后	日本 ITS 的发展进入成熟发展阶段	—

1.2.4 其他国家和地区 ITS 的发展历程

世界上其他国家和地区在 ITS 方面也进行了大量研究并进行了实际应用，一些国家和地区的 ITS 的发展历程见表 1 – 4。

表 1 – 4 其他国家和地区 ITS 的发展历程

国家	ITS 及其相关项目的发展情况
加拿大	先进的城市交通信号系统 高速公路管理系统（COMPASS） 电子收费系统（ETC）
澳大利亚	城市交通控制系统（SCATS）和自动驾驶系统（ADS）
新西兰	先进的交通管理系统（ATMS）
新加坡	高速公路监视和通信系统 公共汽车旅客信息系统
马来西亚	电子收费系统（ETC）
菲律宾	引进澳大利亚的 SCATS
韩国	ATMS、ATIS、APTS、AHS、AVCS 以及 FTMS

澳大利亚是世界上较早从事智能交通控制技术研究的国家之一，著名的 SCATS（Sydney Coordinated Adaptive Traffic System）系统由澳大利亚新南威尔士州道路交通局（RTA）研究开发，在澳大利亚几乎所有的城市都有使用，目前上海、深圳等城市也采用这一系统。SCATS 系统的优点是其自动适应交通条件变化的能力，通过大量设在路上的传感器以及视频摄像机随时获取道路车流信息。SCATS 的重要子系统是 NTTS 系统，NTTS 通过几千辆出租车所装有的 ANTTS 电子标签与设在约 200 个交叉路口处的询问器通话，通过对出租车的识别，SCATS 系统能够计算旅行时间并对交通网的运行情况进行判断。SCATS 的另一个重要子系统是交通控制与通信中心（TCCC），它不仅使用 SCATS 系统进行交通信号灯控制，而且还采用其他系统进行事故检测和信息的收集发布工作。

其中较重要的是交通拨号系统，该系统通过普通的电话线，能够连接 50 个偏远的受控交通灯，可以监测这些信号灯的状态和改变它们的参数，为偏远路口的信号控制提供了便利。

韩国和新加坡政府在 20 世纪末都投入巨资研究智能运输系统。韩国把光州市作为 ITS 的试点城市，首次投入 1 250 万美元。

新加坡建立了先进的城市交通管理系统，主要包括交通流的检测、动态信息诱导等。为了提高高速公路的使用效率和行车安全，新加坡建设了高速公路监控及信息诱导系统（Expressway Monitoring & Advisory System，EMAS）。EMAS 作为智能交通实施的一部分，改善了高速公路交通管理的社会效果，使得各个交通子系统更好地协调工作，达到人、车、路协调运行的目的，提高了道路利用率，改善了交通秩序，加强了交通管理者的执法力度和管理效果。EMAS 系统采用了先进的信息技术，实时监控高速公路上的交通情况，并对汽车驾驶员提供秒级的交通信息，达到以下目标：①提高道路安全，减少交通事故，缩短由交通事故（包括车辆故障）所引起的延误；②提高高速公路的通行能力，优化交通流量，提供一个更有效的交通道路系统；③提高车辆通行的速度，降低机动车车辆排气污染，改善汽车驾驶员对行驶环境产生的感受，提高交通运输效率。

EMAS 的主要功能包括提供实时的交通信息、对交通事故快速响应、将交通拥挤减小到最低限度、提高道路安全性等。提供实时的交通信息是用三种可变电子情报板形式提供前进方向的交通状况或者事故警告。在进入高速公路之前，以及在高速公路出口前的路段，驾驶员能够接收到前方实时的最新交通资料，允许在必要时改变行驶路线，即使不改变路线，驾驶员也至少能掌握所选择路线上产生延误的原因和情况。对交通事故的快速响应是通过对监控的道路进行 24 小时检测，以对交通事故地点进行快速定位并报警，交通控制中心可以快速派出处警人员到达事故现场，在最短时间内使交通再次恢复正常。将交通拥挤减小到最低限度是指系统能在交通事故发生的初期就有响应，大大缩短从事故检测到事故处理完的时间，使交通拥挤减小至最低限度；同时，电子信息板及时提供交通信息，使驾驶员有机会避开事故地点，选择其他道路行驶，从而进一步降低交通拥挤。提高道路安全性是指汽车驾驶员在道路上遭遇困难时即可引起系统的注意，系统可以以最快的方法移去道路上的障碍并清理事故现场，直到交通再次恢复自由畅通。

EMAS 系统的组成按照中央设备层次划分，高速公路监控和信息诱导系统由热备份中央计算机系统组成，主要包括先进的交通管理系统（ATMS）、车辆检测系统（VDS）、自动事故检测系统（AIDS）、交通信息诱导系统（VMS），另外也包括应急电话系统（ETS）、闭路电视监控系统（CCTV）、隧道机电管理系统（PMCS）等。

ATMS 是 EMAS 的心脏，其采用先进的通信、计算机、自动控制、视频检测/监控技术，按照系统工程的原理进行系统集成，将交通工程规划、交通信号控制、交通检测、交通电视监控、交通事故救援以及信息系统有机结合在一起，通过计算机网络系统，实现对交通的实时控制和指挥管理。ATMS 根据高速公路上检测到的交通流量、速度、道路占有率等实时交通信息，采用先进的算法，处理检测到的交通数据，判断是否有交通事故以及道路拥挤情况和程度。同时，其通过可变电子情报板发布各种动态交通信息，也可发布市政施工等交通静态信息。ATMS 的主要任务是接收交通数据/信息、运用复杂算法进行事故检测分析并产生报警信号、对高速公路进行各种路段行驶时间的计算、为分析决策系统提供历史数据，发布交通信息等。

VDS 包括若干个图像处理系统和视频检测点，安置在高速公路和隧道的关键位置。其主要完成交通数据采集（如车辆总数、车辆分类、速度、车辆出现排队的长度等），切换视频检测电视图像到中央控制中心，以证实交通情况以及交通事故检测（回放事故前十二个画面）等功能。

AIDS 采用两层检测方法来检测交通事故。第一层运用设在现场的视频检测设备，根据检测到的区域交通情况进行判断；第二层设在中央控制室，通过交通数据分析，运用人工智能算法，对视频检测区域外的道路情况进行判断，分析是否有交通事故发生。来自视频检测和电视监控的数据和图像通过传输网络被送到中央控制中心，系统对交通事故报警信号自动检测。交通控制中心的管理人员只需关心受到交通突发事件影响的路段，在派遣处警人员到达事故现场之前，控制中心可事先利用闭路电视监控系统确认事故的性质，从而在规定时间内拖走事故车辆或救护伤员。

VMS 的可变情报板设置在高速公路进口周围，可以显示文字和图形。情报板每分钟作修改，通知驾驶员前方的交通情况和行驶时间。交通信息从中央设备通过无线网络传输到可变电子情报板，实时通知驾驶员前面的交通拥挤状况。同时，公众可以通过 Internet 观察到实时监控系统的视频图像。

1.2.5 中国 ITS 的发展历程

与美欧、日本等发达国家相比，中国的交通状况比较复杂，在智能运输系统的研究、开发和实践方面起步较晚，但发展非常快。如何学习、借鉴发达国家在智能运输系统方面的经验，取长补短，结合国情，加速中国智能运输系统的研究、开发和实施，是当时中国面临的一个新课题。下面仍以 20 世纪和 21 世纪两个阶段进行介绍。

1.2.5.1 20 世纪中国 ITS 的发展

20 世纪 70 年代中期至 80 年代初期，中国的 ITS 研究工作主要是进行城市交通信号控制试验研究。

进入 20 世纪 80 年代，中国也加快了对智能交通技术的研究。一方面，北京、上海、沈阳等大城市陆续从国外引进了一些较为先进的城市交通控制、道路监控系统；另一方面，国家加大了自主开发的步伐，如当时国家计委、科技委组织开发的实时自适应城市交通控制系统 HT – UTCS、上海交通大学与上海市交警总队合作开发的 SUATS 系统等。20 世纪 80 年代中期至 90 年代初期，一些大城市引进了城市交通信号控制系统；实现了一些公路监控系统、高等级公路电子收费系统和路边信息服务系统，国家科技攻关项目"津塘疏港公路交通工程研究"在高等级公路上把计算机技术、通信技术和电子技术用于监控和管理系统。

在 20 世纪 90 年代初期，在修建了中国大陆第一条高速公路——沪嘉高速公路后，又建成了沈大、宁合、沪宁、沪杭、西临等高速公路，中国开始了大规模建设高速公路的新时代。从这时起，中国开始关注国际上 ITS 的发展，当时的交通部也将 ITS 列入"九五"科技发展计划和 2010 年长期规划中，并从 1995 年开始组织代表团参加 ITS 世界会议，并且参加了 ITS 世界会议的指导委员会和国际标准化组织的部分工作。1995 年之后，ITS 的研究、试验、国际交流活动日益频繁。同时，交通部公路科学研究所成立了智能运输系统（ITS）工程研究中心，该中心是一个跨学科的研究机构，一直从事 ITS 项目的研究、工程设计与开发和工程实践工作。随后一些科研院所也利用多学科优势成立了 ITS 研究中心，进行 ITS 研究。20 世纪 80 年代中期至 90 年代初期，一些大城市引进消化了城市信号控制系统，如英国的 SCOOT 系统（北京市、大连市）、澳大利亚的 SCATS 系统（天津市、上海市、沈阳市、广州市）、日本的 CACS 系统（深圳市、无锡市）。国内也有一些城市使用了国内厂家和科研院所开发的产品。

20 世纪 90 年代中期，中国开始研究 ITS 发展战略和 GIS、GPS、EDI 在交通中的应用，重视交通信息网络的建设，一些大城市逐渐建设交通监控系统，一些高速或高等级公路建设监控及电子收费系统，GIS、GPS 等技术也在管理、运营等领域应用。公路和桥梁管理用基础数据库和道路交通量和气象数据采集等经过多年的努力，也已取得明显的进展。特别是自 1997 年以来，由当年国家科委、电子工业部、交通部等国家部委组织了多次关于 ITS 的国际性（学术）研讨会和产品展示会。研讨会和产品展示会表明中国已经有了许多自己生产的新产品；在不停车电子收费、停车场管理、公共交通智能调度指挥等方面已有多个示范项目投入运行或试运行；路径诱导系统方面的理论和应用基础研究也在进行；制定了部门和国家 ITS 发展战略计划。

1986 年到 1995 年，国家在交通管理系统方面开展了一系列科学研究和工程实施，制定了一系列标准和规范，无疑这些工作是进行 ITS 研究和开发的基础，这个阶段开展的智能运输系统工作的重点有：①制定中国 ITS 发展标准；②改造和完善城市的交通管理系统；③发展公共交通系统；④汽车安全和事故预防系统；⑤快速货运系统；⑥监控、通信收费；⑦交通信息服务。

1995 年，在关于加快科学技术进步的决定中相关部门明确指出要加快信息技术在交通、通信等领域的应用。交通部门也在公路、水运交通信息化的"九五"规划和 2010 年发展概要规划中把 ITS 作为以后建设的重点。交通部从"九五"至 2010 年期间把中国 ITS 规划分成三步：第一步完成总体规划和体系框架研究；第二步开发具有国际先进水平的成套技术与装备，并在高等级公路网上应用；第三步大量应用先进的通信电子技术，提高整个路网的效率与安全性。1995年，交通部 ITS 工程研究中心进行了 GPS 与导驾系统研究、基于 GPS 的路政车辆管理系统等一系列项目研究，交通部还与各省厅开展了"网络环境下不停车收费系统"的联合攻关。

1998 年交通部公路科学研究所正式成立国家智能交通系统工程技术研究中心（ITSC），并投资 1 400 万元建设中心实验室作为中国发展 ITS 规划的机构。国家质量技术监督局专门批准成立了 ISO/TC204 中国委员会，秘书处设在交通智能运输系统工程研究中心，代表中国参加国际智能运输系统的标准化活动，负责制定相关标准。国内的一些科研院所也从事这方面的研究并取得了阶段性的成果，为中国智能运输系统打下了一定的基础。当时我国已开发研究了区域性交通安全管理地理信息系统、全球定位系统、城市交能控制系统、高速公路自动收费系统等。从 1998 年年初开始，交通部就组织开展了"网络环境下的不停车收费系统研究"，并在 4 个省市进行了示范工程。1999 年 1 月 1 日，广州市"一卡通"不停车收费系统投入运行，开通了不停车收费车道 40 余条。同时，围绕交通监控、汽车智能导航等的系统，以及一大批科研成果及技术产品得到实际应用，这对提高社会和公交出租车辆通行效率，改善城市整体交通状况都起到了极大的推动作用。

1999 年，由交通部、科技部、建设部等十多个相关部门组成了国家智能交通系统工程技术研究中心，对未来交通建设和发展的优先领域予以重点支持。由于世界各国把不停车收费系统作为 ITS 领域最先投入应用的系统来开发，以此来扩大道路建设资金来源，缓解收费站交通堵塞，减少环境污染，所以中国也把联网收费、不停车收费系统的开发和应用列为国家 ITS 领域首先启动的项目。

为推动中国 ITS 的发展，2000 年 2 月 29 日，科技部与当年的国家计委、经贸委、公安部、交通部、铁道部、建设部、信息产业部等部委的相关部门充分协商和酝酿，建立了发展中国 ITS 的政府协调领导机构：全国智能运输系统（ITS）协调指导小组及办公室，并成立了 ITS 专家咨询委员会，从而改善了中国交通运输科技多头管理、工作交叉等问题，积极推动了中国智能运输系统的建设。之后，全国智能运输系统（ITS）协调领导小组及办公室加强了对国内智能运输系统研究与发展的组织协调，并结合"十五"计划及 2010 年远景规划的编制工作，组织研究和制定中国智能运输系统发展的总体战略、技术政策和技术标准及相关的扶持政策，积极支持有关部委、地方、产业和科研院所，根据行业、地区的特点进行研究开发和应用示范工作，促进智能运输系统的产业化，推动与国际组织、机构的交流与合作，开展宣传和科普工作。随后，确定了"中国 ITS 体系框架"、"中国 ITS 标准体系框架研究"、"智能运输系统发展战略研究"等一批关系到中国 ITS 发展的重点项目，还完成了国家科技攻关计划"ITS 关键技术开发和示范工程"重大项目，启动了 12 个研究项目，促进了中国智能交通系统从技术研究到工程示范应用在全国的开展。交通部、建设部、公安部联合全国各大科研院所和多家高校制定了符合中国国情的"国家 ITS 体系框架"，规定中国 ITS 发展主要集中在不停车收费、出行者信息服务、城市交通管理、公共交通系统、智能公路系统等 9 个方面。此外，中国在全国 36 个城市实施以实现城市交通智能控制为主要内容的"畅通工程"，并逐步将之推广到全国 100 多个城市。

1.2.5.2　21 世纪中国 ITS 的发展

21 世纪中国 ITS 的发展可按各个"五年计划"分别总结。

1）"十五"期间中国 ITS 的发展

进入 21 世纪，"十五"期间，科技部将"智能交通系统关键技术开发和示范"作为重大项目列入国家科技攻关计划。该项目包括共性关键技术、关键产品和技术开发、ITS 工程示范和相关基础研究四大类 16 个课题。通过研究，制定企业标准 7 项，建立跨省市国道主干线联网电子收费、高等级公路综合管理、城市交通信息采集与融合等示范点 15 个，车载安全装置等中试线 3 条，生产线 4 条，成果转让合同 27 项。应该说，"十五"期间，中国 ITS 的发展取得明显成效，但各城市 ITS 建设子系统尚无法有效协同整合，集成度较低，技术上处于分隔独立状态。"十五"期间，国家对 ITS 的投入逐渐加大，据科技部统计，对示范工程专项调动项目参与单位的投入资金达 15 亿元以上，但投资主体主要是中央政府和地方政府。中国的一些企业积极性也较高，但因缺乏总体协调机构和投资机制，政府与企业间沟通不够，ITS 尚未成为 IT 业中的重要产业。

"十五"期间，中国智能交通系统的重点研究领域及关键技术被列入"十五"重点科技攻关项目。项目以交通管理、运营智能化、系统集成和人－车－路协调整合为切入点，依托部门及地方的资源攻克交通智能控制、集成信息服务、专用短程通信、标准规范和智能车路等关键技术难点，探索适合中国国情和智能交通系统发展的模式和技术体系，为中国智能交通系统的开发、应用及产业化奠定基础，促进中国通过高新技术改造传统产业，以信息化带动工业化的进程。项目包括 10 个课题：

课题 1：智能交通系统项目评价方法的研究；

课题 2：快速路系统通行能力研究；

课题 3：基础交通信息采集与融合技术研究；

课题 4：城市公共交通系统优化技术；

课题 5：智能交通系统数据管理技术研究；

课题 6：具有中国自主知识产权的面向 ITS 领域的应用软件开发；

课题 7：汽车安全辅助装置开发；

课题 8：车载信息装置开发；

课题 9：专用短程通信设备开发；

课题 10：交通信息采集设备开发。

"十五"期间中国智能交通系统的研发、应用、学术研究取得长足进展。2000 年由科技部主办，全国 ITS 协调指导小组办公室协办的第四届亚太地区智能交通（ITS）年会在北京举行。2002 年 4 月科技部正式批复"十五"国家科技攻关"智能交通系统关键技术开发和示范工程"重大项目正式实施，北京、上海、天津、重庆、广州、深圳、中山、济南、青岛、杭州十个城市作为首批智能交通应用示范工程的试点城市。2002 年 9 月，由中国科技部和交通部共同举办的"第二届北京国际智能交通系统（ITS）技术研讨暨技术与产品展览会"在北京举行。2003 年 11 月，科技部马颂德副部长第一次率中国政府代表团参加在西班牙马德里举办的第十届 ITS 世界大会，科技部联合交通部、建设部、公安部和北京市政府联合申办"2007 年第十四届 ITS 世界大会"获得成功，这标志着中国的智能交通系统建设将在更加开放、竞争与合作并存的环境中加速发展。2004 年 10 月，科技部第一次大规模组团参加在日本名古屋举办的第十一届 ITS 世界大会，中国政府展览团在 ITS 大会的首次展览获得成功。在国家"十五"科技攻关重大专项"智能交通系统关键技术开发和示范工程"10 个示范城市中，北京和广州走在前列。

北京市结合奥运交通建设建成 4 大类 ITS 系统：道路交通控制、公共交通指挥与调度、高速公路管理、紧急事件管理，约 30 个子系统分散在各交通管理和运营部门。北京市颁布的《北京交通发展纲要》明确提出到 2010 年初步实现智能化交通管理的近期目标，并将建立以智能交通系统为技术支持的"新北京交通体系"作为北京城市交通发展的长远目标。"十一五"期间，北京市投资 2 000 亿元用于交通基础设施建设，其中智能交通在交通总投资中占有 1.5% 的比例。

广州的智能交通系统构建包括广州市交通信息共用主平台、物流信息平台、静态交通管理系统等智能交通系统的主框架，其中共用信息平台已初具规模。广州市对智能交通系统的需求一方面是满足广州市城市发展和交通发展的要求，另一方面是满足 2010 年亚运交通的要求。公路智能交通技术主要应用于高速公路监控系统、收费系统、安全保障系统等，人们开发生产了车辆检测器、可变情报板、可变限速标志、紧急电话、分车型检测仪、监控地图板等多种专用设备，并制定了一系列标准和规范。

上海市结合世博会采用高新技术改善交通状况的尝试经历了导入阶段、课题研究阶段和系统化研究三个阶段，取得了一定的成果。上海的 ITS 体系结构包括交通管理与交通信息系统、公交调度与服务系统、车内自主导行系统，交通管理方面研究实施了地面主要道路智能交通管理系统、快速道路系统的智能交通管理工程、公交/出租车辆交通信息化管理工程，依据"分散采集，按需共享，多级集成，统一发布"的原则建立了 ITS 信息平台。

21 世纪初中国建立了智能运输系统框架，2002 年国家科技部启动了 10 项 ITS 示范项目。这标志着中国 ITS 事业在政府的发动和推进下，正进入一个新的历史时期。

中国"十五"期间建立并使用的智能运输系统包括以下 10 个方面：

（1）交通控制系统。

具有对信号周期、绿信比和相位差实时优化的功能，不仅能够适应不断变化的交通量，还具有智能化的自学习功能。

（2）交通监视系统（CCTV）。

在城市建立以电视摄像为主题的交通监视系统，通过该系统监视突发交通事件，以及处理交通事故、交通堵塞和记录交通违章，有些城市的监视系统还能够根据交通量的变化来控制摄像机镜头自动指向各道路拥挤或发生突发交通事件的路段，具备了一定的智能化功能。

（3）交通管理系统。

利用网络技术实现车辆档案、驾驶员档案、交通事故及交通违章的综合管理，建立盗抢机动车信息库、车辆与驾驶员信息库，并实现数据共享，1999 年全国已有 400 多个车辆管理机构实现了数据共享。

（4）交通信息动态显示系统。

利用交通控制系统和交通信息系统，以及 122 报警台采集突发交通事件信息，通过道路交通显示屏发放信息，引导道路使用者合理地参与交通，已经有一些城市安装了该系统。

（5）交通疏导系统。

利用交通广播电台或交通寻呼台实时发送交通信息，利用调频附加信道和广播信息交换网，实现跨地区长途运输的交通信息传送。

（6）交通运输安全报警系统。

利用 GPS 和 GSM 功能，监管长途客车安全运行，及时制止意外情况发生。

（7）闯红灯违章监测系统。

利用照相、摄像、视频检测等手段，记录闯红灯车辆所在路口、车牌号码、发生时间等信息。

（8）驾驶员考试系统。

利用激光技术、摄像检测技术以及计算机信息技术自动记录学员的驾驶过程，实施场地考试自动监测，利用检测技术、信息技术自动记录学员的道路行驶过程，实现道路考试自动监测。

（9）交通事故快速勘查系统。

利用立体摄影、计算机信息和数据传输等技术，对事故现场进行快速勘查、制图和事故现场图像的及时传送，使指挥控制中心对交通事故进行实时的处理和指挥。

（10）电子收费系统（ETC）。

电子收费系统利用电子技术、计算机技术以及信息通信技术，通过安装在汽车上的电子标识卡与安装在收费车道旁的读写收发器，以微波或红外线进行快速的数据交换，实现车辆的不停车收费。

2004 年中国规划了国家高速公路网，目标是在近 20～30 年内修建 8.5 万 km "国家高速公路网"，简称 "7918 网"，这个高速公路网在 2013 年又有了新的规划拓展。国家高速公路网的建设促进了 ITS 在中国的进一步发展。中国 ITS 研究和开发的主要领域包括：①根据中国国情制定 ITS 的近期发展战略，以城市为中心、以交通干线为纽带，逐步将现有的 ITS 各子系统集成联网，实现数据和信息共享；②道路交通综合管理，关键技术为交通事故管理技术、机动车信息管理技术、驾驶员档案信息管理技术及应用软件；③城市交通诱导系统，关键技术为城市快速环路及干道交通的诱导和监视技术、停车诱导技术以及系统集成技术；④高速公路联网收费和不停车收费系统，关键技术为自动车辆识别技术、专用短程通信技术和收费安全技术；⑤智能控制和管理，关键技术为智能算法、交通事件自动识别和系统集成技术；⑥交通信息服务，关键技术为交通信息采集与处理技术、交通信息发布技术；⑦货物运输信息化，关键技术为货运信息系统、货物踊跃调度系统；⑧车载路径导航系统；⑨安全事故预防系统；⑩提高商用车辆综合效率的管理系统。与此同时，许多企业参与了国家计划并自主开发 ITS 系统，如海信自适应交通信号控制系统解决方案和交通运输部设立的 "基于物联网的公路网运行状态监测与效率提升技术" 科技重大专项等。

2）"十一五" 期间中国 ITS 的发展

"十一五" 期间，中国成立了中国智能交通协会，项目实施更加注重结合实际需求展开研发应用。配合北京奥运会、上海世博会以及广州亚运会开展的科技支撑计划项目 "国家综合智能交通技术集成应用示范"，在完成重要活动交通保障的同时，加快了特大城市综合交通信息系统的规模应用；为解决中国道路交通事故率居高不下的问题，科技部、公安部及交通部联合实施了 "国家道路交通安全科技行动计划"，交通部配合组织了科技支撑计划项目 "重特大道路交通事故综合预防、处置集成技术开发与示范应用"；"863" 计划在现代交通技术领域中设立了 "综合交通运输系统与安全技术" 专题；2009 年重大咨询项目 "物联网及其在重要领域的应用" 子课题 "物联网在交通运输领域的应用" 设计了交通运输物联网发展框架。

"十一五" 期间，中国智能交通系统已从探索进入实际开发和应用阶段。从公路智能交通系统看，其主要应用在城市交通和高速公路两方面。在城市交通方面，北京实施了科技奥运智能交通应用试点示范工程，广州、中山、深圳、上海、天津、重庆、济南、青岛、杭州等作为智能交通系统示范城市也各自进行了有益的尝试。在高速公路方面，2007年年底，中国已有27个省区实现了省区内不同范围的收费系统联网。京津冀、长三角地区正逐步展开跨省区的收费系统的建设，其中北京市已经基本完成了有关建设任务。在民航和铁路方面，智能化建设也形成了较完善的体系。

"十一五"期间，中国在汽车安全辅助驾驶、车载导航设备、驾驶员状态识别、车辆运行安全状态监控预警、交通信息采集、车辆自组织网络等方面进行了研究，并开展国家科技攻关专题"智能公路技术跟踪"、国家"863"课题"智能道路系统信息结构及环境感知与重构技术研究"和"基于车路协调的道路智能标识与感知技术研究"等，"863"计划"现代交通技术领域"围绕提高中国道路交通安全保障水平的重大需求，设立了"智能车路协同关键技术研究"主题项目，重点研究其关键技术，建立中国车-路协同技术体系框架。

为了对2008年北京奥运会提供交通保障，北京建设了奥运智能交通系统。围绕奥运期间的社会面交通控制和赛事交通保障两大中心任务，北京市在智能交通管理方面采用了自动报警的交通事件检测系统、自动识别"单双号"的交通检测系统、公交优先的交通信号控制系统等技术手段，在奥林匹克中心区、奥运场馆周边、行车路线及五环路以内全部实现科技手段覆盖，交通整体控制能力明显提升。奥运会期间，由安装在道路上的142台交通事件检测器等组成的交通事件检测系统，可在第一时间发现交通事故、路面积水等9种意外事件，自动报警并对意外过程全程录像，在指挥中心实时显现，大大提高对交通意外事件的快速反应和处置能力。自动识别"单双号"的交通检测系统，能够对每天上路的数百万车辆进行自动检测，抓拍多种违法车辆，为保证道路畅通，创造良好的大气环境提供强有力的技术支持。在数十辆交通巡逻警车上，安装使用车载交通监测系统，可以对过往车辆进行实时检测，自动识别交通违法行为。根据北京路网结构和行人、机动车、非机动车混合的交通特点，人们建成了智能控制的区域信号系统，对路口交通信号实施优化，其可以实现单点的感应优化控制、干线绿波协调控制和区域优化协调控制，使路网综合通行能力提高了15%。根据优先级别，自动延长通过路口的绿灯信号的时间，充分满足大容量、高速度的客运需求，为奥运大家庭成员、观赛人群提供了高效、快捷的交通服务。分布在全市主干路、环路的228块大型路侧可变情报信息板，以红、黄、绿三种颜色分别表示拥堵、缓行和畅通，每两分钟一次将本区域个性化的适时路况信息提供给道路交通参与者，实现对奥运车辆和社会车辆的全程连续诱导。

北京奥运搭建的奥运综合交通信息平台整合了公交、地铁、一卡通、高速公路、长途客运这5大交通行业共20类交通信息。北京奥运还搭建了奥运公共交通运营管理系统，包括奥运公交运营组织与调度系统、奥运公交运力资源优化配置系统、奥运公交应急联动系统、奥运场馆公交运输仿真系统、奥运公交抢修救援调度系统等，实施中规划建设了 1 个总调度指挥中心、6 个分调度中心、34 条奥运公交专线，为奥运公共交通提供了保障。

人们为上海世博会建设了上海世博智能交通技术综合集成系统，该系统包括城市道路交通监控系统、交通枢纽出行信息服务系统、世博交通诱导控制系统、世博专线车优先通行系统、世博交通紧急事件管理系统。上海市交通综合信息平台在世博会期间及以后发挥了重要作用并取得了良好的经济社会效益。

3）"十二五"期间中国 ITS 的发展

在"十二五"期间，中国初步进入了物联网时代。中国交通物联网研究的重点主要是城市交通管理、交通信息采集与服务、不停车收费和智能化公交等方面。虽然目前在交通电子政务、物流运输、智能交通和交通信息服务方面也取得了一定的成绩，但是城市交通的拥堵现象仍然严重，人们对交通信息的需求也没有得到满足。

交通运输发展战略的需求以改善道路安全与提高交通效率为重点，兼顾节能、环保。人们通过一系列关键技术攻关，建立车 - 路智能协同系统，实现车 - 路协同控制，改善交通安全，提高通行效率。通过提高通行效率，提高单位能耗的运输效率，在满足交通运输需求的条件下，达到节能、环保的目的。

近年来，交通物联网系统的案例主要有 2008 年北京奥运会所采用的奥运智能交通管理与服务综合系统、2010 年上海世博会集成应用的交通综合信息平台和道路交通信息采集发布系统、2011 年广州亚运会期间应用的集成交通管理指挥系统 GZ - ITMS、交通闭路电视监控系统、车牌识别系统等，以及 2011 年开始采用的全国铁路网计算机联网售票和旅客服务系统（TRS）。其中 2008 年北京奥运会所采用的奥运智能交通管理与服务综合系统是中国国内规模最大的智能交通管理综合系统，它集成了交通信息采集与处理、交通信号控制、交通指挥与调度、交通信息服务、应急管理等 22 个子系统。TRS 是目前世界上规模最大的智能交通管理综合系统覆盖了包括近 7 000km 高速铁路在内的联网售票和旅客服务系统。

中国车联网或车 - 路协同系统作为物联网的具体领域在"十二五"计划期间得到快速发展。车 - 路协同技术在国内外都是近几年才发展起来的新型技术，其对缓解交通拥堵以及改善交通安全有很大的帮助，因此得到了世界各国的广泛关注，部分发达国家更为其制定了长期发展路线。中国的车 - 路协同实施起步较晚，但随着中国交通流量的迅速增加，交通拥堵、交通事故等现象越来越严重，推行车 - 路协同技术势在必行。中国在引进、开放车路协同技术的同时，也结合中国城市发展的需求与国内车 - 路协同系统，发展符合中国国情的车路协同系统。"十二五"计划中车 - 路协同的研究重点：①车 - 路协同系统安全及与商业服务相关的应用示例标准；②车－路协同相关信息的数据库结构和接口，通信协议标准及数据安全技术；③车－路协同信息采集技术及软硬件系统；④基于车－路协同的交通优化控制，交通系统仿真技术；⑤基于车－路协同的智能车路技术；⑥基于车－路协同的城市公交运行控制技术。

目前，北京、厦门、深圳、郑州、青岛、成都、杭州等城市都已经建立了基于浮动车技术的城市交通实时路况信息网，其他交通物联网系统如交通综合信息平台、交通诱导系统、车辆动态管理系统、交通事件采集系统等也已经或者正在建立。目前这些系统绝大部分是相对独立的，为了促进资源和信息共享，福建省已经开始对这些独立系统进行集成。2011年福建省开始了交通运输行业物联网应用整合与服务工程。该项目基于交通运输云计算平台，面向公众用户的出行需求，通过建设交通运输行业物联网应用服务中心，高度集成交通运输管理系统、营运车辆卫星定位安全服务系统、公众出行交通信息服务系统、交通视频监控系统、道路运输车辆运营管理系统、全球眼系统、智能停车场系统、公交智能系统、交通事件采集系统、车载信息服务系统、主动交通信息服务系统、交通地理信息系统等，同时进行交通运输行业物联网应用标准体系建设，推进基础设施（采集传感网络、传输通信网络、发布终端）的平台建设。"十二五"交通信息化将朝着"智慧交通"的目标推进，通过借助交通物联网技术的可感知与可交互的特点，促进交通管理的精细化、行业服务的全面化、出行体验的人性化，推动安全、畅通、便捷、高效、绿色的交通运输业的发展，实现交通运输业从传统产业向现代服务业的转型，进一步带动信息制造业和信息服务业的升级。中国将围绕交通运输领域的创新需求，构建产、学、研、用相结合的交通科技创新联盟平台，立足国情，运用新技术手段，构建具有中国特色的新一代物联网系统。

为了更好地发挥科技对交通运输行业发展的支撑和引领作用，进一步提升交通运输行业的管理和服务能力，2011年交通运输部设立了"基于物联网的公路网运行状态监测与效率提升技术"科技重大专项，组织34个科研院所、大学和信息化高新企业，围绕物联网在公路运行监管与效率提升应用的关键技术，开展系列交通信息感知、传输、智能处理装备、软件系统及平台和技术标准等研发工作，为充分借助先进的信息化手段建立"畅通、高效、安全、绿色的交通运输体系"奠定基础。重庆市通过集成应用"基于物联网的公路网运行状态监测与效率提升技术"重大科技专项的核心研究成果，利用物联网技术整合示范路网已有信息系统的软硬件资源，在实现对边坡、桥梁等基础设施、既有交通设施状态、交通运行状态等实时监测的基础上，提供公路网运行监管与控制辅助决策支持、路网信息综合发布以及服务区综合信息查询等功能，以达到有效提升重庆公路运行管理与服务水平的实施目的。

基于物联网的公路网运行状态监测与效率提升技术集成应用总体框架结构如

图 1-13 所示。图中感知层是集成应用的基础，通过在交通流监测、气象条件监测、基础设施监测三个方面布设传感设备，增强对路网运行状态的感知能力；传输层是集成应用的纽带，以路网已有的光纤传输网络为基础，参考专项成果中的路网监测信息传输组网方案，增设无线网络传输基站，并综合应用高速公路和国省干线公路的传输设备，为大数据量的路网信息的可靠传输提供条件；应用层是集成应用的核心，构建了高速公路运行状态监管及服务平台，以高速公路监控中心 SOA 动态数据交换平台和高速公路网 GIS 服务平台为中心，集成应用桥梁安全远程监控与评估系统、边坡变形监测和预警系统、公路网交通运行状态评估与预测系统、公路网运行监管与反馈控制系统、高速公路网运行效率评价系统、公路网传感设备在线监测诊断系统、基于既有信息的交通设施状态影响评估系统；发布层是集成应用的目标，依托信息中心的统一发布平台，增加智能手机、车载终端、路侧短程通信设备、可变情报板和服务区综合信息查询系统等发布终端设备和系统，从而提升公路网运行状态监测效率，为经济社会发展助力。

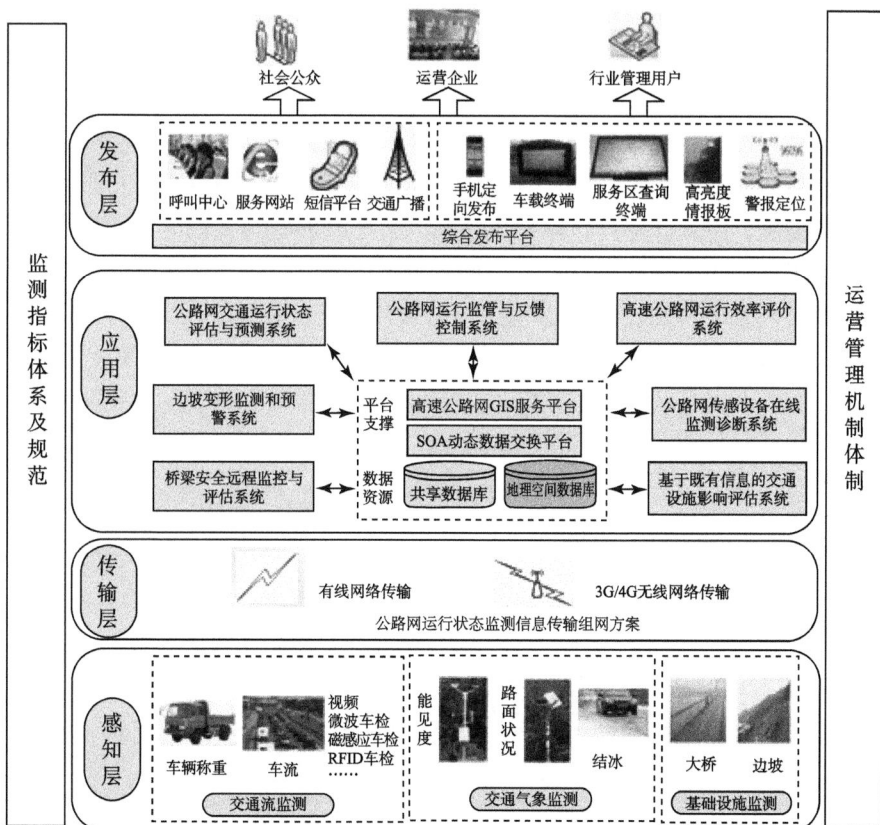

图 1-13 基于物联网的公路网运行状态监测与效率提升技术集成应用总体框架结构

公路网传感设备在线监测诊断系统的应用是基于物联网的公路网运行状态监测与效率提升技术集成应用的特色之一。公路网传感设备在线监测诊断平台包括设备维护和故障诊断用数据库、B/S 在线诊断管理信息系统，其用于管理和设置相关参数和配置信息。C/S 诊断后台服务用于分中心机电管理维护人员的设备在线诊断系统的应用客户端软件。整体系统通过统一的接口进行数据采集，不对原有数据采集和系统工作展现造成影响。在便携式诊断设备方面人们主要研究开发了便携式公路网传感设备监测及诊断装置，即公路网传感设备便携式监测诊断及现场检定系统，系统由公路网传感设备标准源集成系统和公路网传感设备便携式监测诊断仪组成，主要功能是实现在设备安装、使用现场，采用便携式装置进行设备状态的巡检故障诊断及监测校准；对公路网传感设备监测诊断软件给出的故障类型进行确认及细化；为传感设备故障的养护或维修等提供支撑。公路网传感设备在线监测诊断平台软件和便携式诊断设备系统能够快速分析出可疑或故障设备，并给出判定原因并提供便捷的操作方式，以便于机电管理维护人员确认故障，同时给出历史故障和设备运行状况等信息的统计图表，以便于管理人员进行数据挖掘并提供相应的决策支持。系统的工作流程如图 1-14 所示。设备在线诊断系统通过多种诊断方法，直接提示路段监控人员进行维修处理，同时将报警信息传送到监控系统，由监控系统对该设备的数据进行标记，以表示数据的可信度，以便后期进行数据分析和筛选数据。从实际数据流来看，由于网络安全性的要求，设备诊断系统的输出数据包括设备当前的置信度、相对应历史时间内采集数据的置信度，以及故障分析结论都将写入分中心的中间数据库，随后由总中心业务系统主动同步所需数据进入总中心数据库，供分析和其他系统使用，而且便携式公路网传感设备通过 WiFi 及 3G 等采集并上传设备数据可信度。另一方面，输出数据将直接用于监控人员的日常工作，并提供统计图表以便于监控人员使用。

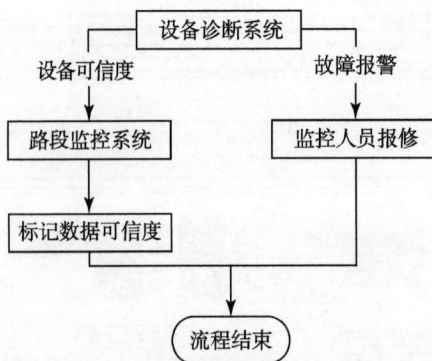

图 1-14　公路网传感设备在线监测诊断系统的工作流程

进入 21 世纪，国务院发展研究中心提出了中国智能交通发展的思路和目标：紧密围绕国家经济发展和交通运输发展的总体目标，以行业标准为先导，以资源整合为关键，以出行者的需求为导向，以技术研发为支撑，以做大做强本国企业为依托，立足国内交通特点，坚持政府推动和市场培育相结合，基础研究和项目建设共推进，打破体制约束，构建信息平台，努力研究和开发具有自主知识产权的技术和系统，加快推动产业发展壮大，努力使智能交通领域成为中国高技术开发和新兴产业成长的重要领域，为国民经济社会环境健康、持续、较快的发展做出积极的贡献。根据中国交通运输业的总体发展水平和智能交通的发展状况，有关部门提出中国智能交通的发展可分为三个阶段，各阶段的具体目标为：到 2015 年年底，建成覆盖全国高速公路、国道、干道和省道的道路信息监测体系，监测道路的交通流信息，以及周边的气象条件、污染排放等交通环境信息；到 2018 年底，开发包括电视、广播、影视、GPS、车辆诱导等多种功能于一体的车载终端产品，结合北斗卫星系统的建设，形成完善的交通信息利用平台；到 2020 年年底，利用完善的交通信息平台，实现智能交通的出行决策功能，为人们提供基础的公交信息公益性服务，同时开展针对个人出行的个性化服务，将市场机制引入智能交通行业，使智能交通系统成为人们生活的必要组成部分，进入智能交通发展的成熟期，接近发达国家水平。

自 2009 年以来，中国就开展智慧城市建设。2009—2011 年可作为独立探索阶段，主要是一些城市开始进行智慧城市建设的探索和试验，涌现出一些优秀的实践成果；2012—2013 年为部委指导阶段，住建部、工信部、科技部等国家部委确立了试点城市并进行智慧城市的指导和推广，2013 年住建部两批确定 193 个国家智慧城市试点，成立了中国智慧城市产业联盟，推动制定智慧城市产品技术标准、服务标准和评价体系；自 2014 年，智慧城市建设进入顶层统筹阶段，主要标志是《国家新型城镇化规划（2014—2020）》提出推进智慧城市建设，统筹城市发展的物质资源、信息资源和智力资源，国家发改委等八部委联合下发《关于促进智慧城市健康发展的指导意见》，并于 2015 年 2 月建立了由 26 个部门和单位组成的"促进智慧城市健康发展部际协调工作组"，正式开始了对智慧城市的统筹。

结合智慧城市建设、"十三五"规划及国家相关建设，国务院出台了"关于促进信息消费扩大内需的若干意见"，2014 年交通运输部与公安部及安监局颁布"道路运输车辆动态监督管理办法"。这些意见和办法都提出要利用移动互联网、物联网、云计算、大数据、空间地理信息集成等新一代信息技术，促进城市规划、建设、管理和服务智慧化，智能交通和智慧物流对智慧城市的建设也起到支撑作用，以期建成宽带、融合、安全、泛在的下一代信息基础设施，突显运行管理精准化、协同化、一体化。

2015 年初，在发达国家开展脑计划的大背景下，中国脑计划获得国务院批示，确定以认知脑、保护脑、模拟脑三个方向为"一体"的脑认知原理的基础研究和"两翼"的脑重大疾病和类脑人工智能研究，中国脑计划的实施将为语言表达、自动驾驶、公共安全等应用带来新的产业革命。

1.2.6 ITS 的发展趋势

ITS 在美、欧、日发展迅猛并且取得了较好的效益，已由美、欧、日三极走向世界并成为 21 世纪的发展方向。本书把美、欧、日 ITS 的主要项目总结列于表 1 – 5 中。美、欧、日对 ITS 的研究侧重点都不完全相同。美国依靠雄厚的经济实力和有效的推进机制，通过国家的统一规划和资金投入的充足推动了美国 ITS 的迅速发展，其重视系统的集成性，探求有效的各级政府间及其与私有部门的合作关系，建立 ITS 教育培训网络，美国智能交通研究的重点是智能车辆，如增加轿车、公交车和货车的自身安全、车辆信息智能化；欧洲则侧重汽车本身的智能化问题，利用红外和激光等传感器对道路进行识别并增加汽车驾驶的舒适度以减少驾驶压力；日本侧重道路设施智能化建设，如自动公路系统利用磁钉和路边通信装置建立车路间的短程通信。

表 1 – 5　美、欧、日 ITS 的主要项目

国家和地区 时间	美国	欧洲	日本
20 世纪 70 年代	1967 年，电子路径诱导系统（ERGS）；1978 年，美国发射了第一颗 GPS 卫星	20 世纪 70 年代，驾驶员引导和信息系统（ALI）项目（德国）	1973 年，综合汽车交通控制系统（CACS）
20 世纪 80 年代	1984 年，第一台数字地图汽车导航器；1986 年，公路先进技术研究计划（PATH）；1988 年 6 月，ITS 发展计划协调研究机构 Mobility 2000 成立；1989 年，重型车辆电子许可牌照/新月工程（HELP/Crescent）和智能车路系统（IVHS）规划	1985 年，Ali Scout（德国）；1986 年，Autoguide（英国）、欧洲联合研究计划（EUREKA）及欧洲高效率和安全交通计划（PROMETHEUS）；1988 年，欧洲道路交通安全设施（DRIVE – Ⅰ）	1980 年，先进的车辆交通信息与通信系统（AMTICS）；1986 年，路 – 车通信系统（RACS）；1987 年警察厅的先进的车辆交通信息与通信系统（AMTICS）；1988 年，先进的道路交通系统（ARTS）

国家和地区 时间	美国	欧洲	日本
20 世纪 90 年代	1990 年 8 月，美国智能车路系统组织（IVHS America）诞生；1991 年 12 月，制定综合陆上运输效率化法（ISTEA），即冰茶法案；1992 年 5 月，制定 IVHS 20 年战略规划；1993 年，自动化公路运输系统（AHS）研究开发计划；1994 年 9 月，IVHS America 改名为 ITS America；1995 年，商用车辆信息系统和网络（CVISN）；1996 年 1 月，智能运输基础设施（ITI）计划；1998 年，制定面向 21 世纪的运输权益法案（TEA - 21）并提出智能车辆行动（IVI）	1991 年，欧洲道路运输通信信息实施协调组织（ERTICO）成立；1992 年，DRIVE - Ⅱ 又称先进的运输远程通信 ATT 计划；1992 年 9 月 ISO/TC204 正式成立；1994 年，运输远程通信应用计划（T - TAP，相当于 DRIVE - Ⅲ）；第一届 ITS 世界大会于 1994 年 11 月，在法国巴黎举行；1995 年，欧洲运输机动性计划（PRO-MOTE）；1998 年 4 月，欧洲运输网络体系结构（KAREN）项目	1990 年，超级智能车辆系统（SSVS）；1991 年，先进的安全车辆系统（ASV）和车辆信息与通信系统（VICS）；1993 年，通用交通管理系统（UTMS）；1994 年，21 世纪交通管理系统（UTMS21），车辆、道路和交通智能化推进协会（VERTIS）成立，自动公路系统（AHS）；1995 年，横滨第二届 ITS 世界大会，制定了 ITS 发展框架；1996 年 7 月，推进日本 ITS 总体规划；1997 年，ETC 技术试验性运营和先进公路巡航 - 辅助系统（ACAHS）研制
21 世纪	2003 年，车辆道路设施集成（VII）计划；2005 年 8 月，安全、负责任、灵活、有效率的交通平等 - 使用者遗赠法案（SAFETER - LU）；2009 年，美国交通部 USDOT 将 VII 更名为 Intelli Drive 并提出车联网（CVR）项目；2010 年，美国 ITS 发展战略规划（2010—2014）；2012 年 8 月，安全领航模型部署计划 SAFETY PILOT；2015 年，美国 ITS 发展战略规划（2015—2019）	2003 年，欧洲 ITS 组织 ERTICO 提出 eSafety；2004 年，欧洲进行了 ITS 整体体系框架的研究（FRAME 计划）；2006 年，车 - 路协同系统（CVIS）；2010 年，欧洲开始对智能车进行道路测试；2015 年英国开始在真实道路环境下进行无人驾驶车辆测试	2001 年，ETC 在日本整体上投入运营；2005 年，日本 ITS 发展进入用户服务阶段；2007 年，智慧道路（Smart-way）计划；2010 年，日本 ITS 发展进入高级功能开发阶段；2010 年之后日本 ITS 发展进入成熟发展阶段

20 世纪欧、美、日 ITS 的主要项目的时间发展如图 1 - 15 所示。

通过图 1 - 15，可以初步分析出国际上 ITS 发展的经验，就是从以车 - 路为

1970 1975 1980 1985 1990 1991 1992 1993 1994 1995 1996 1997 1998 1999 2000 2001

欧洲

ALT　PROMETHEUS　PROMOTE
DRIVE I　DRIVE II　TELEMATICS

美国

ERGS
MOBILITY 2000　IVHS　ITS

日本

CACS　RACS
VICS
AMTICS
ARTS　ITS
SSVS
ASV
UTMS

真正开始应用

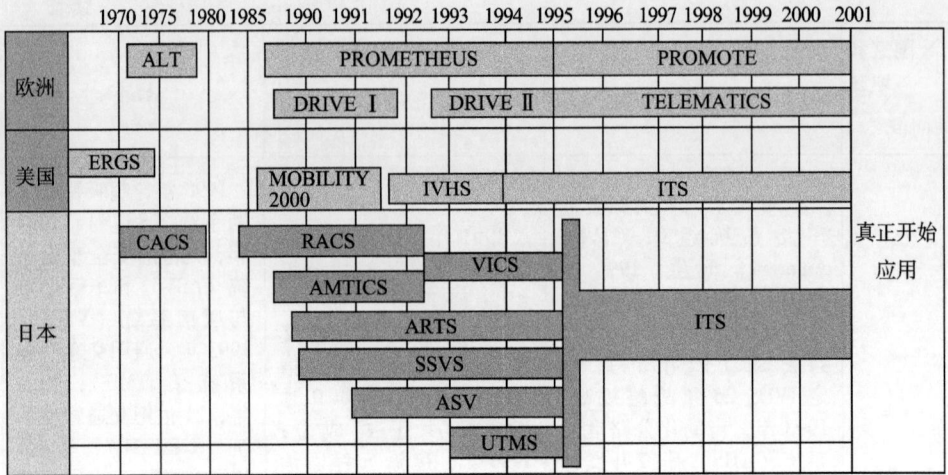

图 1-15　欧、美、日 ITS 的主要项目的时间发展

核心的局部系统开始逐步集成拓展应用范围，而且通过产、学、研、用结合及多方式及多模式研究与开发实现综合目标。下面重点对 ITS 的总体发展趋势、先进的交通管理系统的发展、先进的车辆控制系统的发展和智能车辆的发展状况进行梳理。

1.2.6.1　ITS 的总体发展趋势

进入 21 世纪，智能运输系统得到稳步发展，大致的研究方向包括：交通控制与管理、车辆安全和控制、旅行信息服务、交通中人的因素、交通模型开发、行政和组织问题、通信与广播技术、系统、研究框架、通信协议、使用周波范围和不法行为处理等。人们确定这些主要的研究方向是希望通过 ITS 的研究开发，用系统的观点来对待运输系统，使现在独自存在的车辆和道路设施及使用者能结合成一个整体，协同作用，最终形成一个快速、安全、方便、舒适、准时的大交通运输体系。

ITS 的发展不但在交通方面取得了很大的成功，而且对社会经济发展也起到了很大的作用。ITS 的开发和应用大致与世界能源问题和环境问题的时间脉络重合，发达国家已经不仅仅将 ITS 看成解决交通拥堵的工具，更将其看作解决能源和环境问题的重要内容。发达国家开始强调出行者的权利，认为 ITS 应为低收入者提供服务，而不仅仅为小汽车使用者服务。人们认为 ITS 是提高交通安全的重要手段，其目标是实现"零死亡"，应用更科学的视角研究交通信息服务。

在发达国家，最近政府在智能交通系统领域的活动进一步被日益受到重视的国土安全所驱动，许多拟议的智能交通系统还涉及公路监控，这是国土安全的首要任务。此外，在由因自然灾害或威胁所造成的大的伤亡事故中，智能交通系统可以发挥重要作用，帮助迅速大规模地疏散市中心的群众。智能交通系统涉及的大部分基础设施和规划都与国土安全系统匹配。2012 年 8 月，美国运输部宣布计划进行世界上最大的真实世界的智能车辆测试，包括车辆对车辆（V2V）和车辆对基础设施（V2I）的通信。测试包括在密歇根州安娜堡地区的近3千辆通用和福特的小汽车、公共汽车和货车。这些努力旨在推动安全技术的进步，从而帮助车辆避免碰撞，同时改善交通通信。英国也组织实施了无人驾驶汽车在真实交通环境中的测试。

在发展中国家，从农村到城市的迁移进展不同，故城镇化的程度有所不同。发展中国家许多地区的城市化并未伴随显著的机动化和郊区的形成，汽车大大增加了这些多式联运的交通系统的拥堵。同时，它们也产生大量的空气污染，构成了重大的安全风险并加剧了社会中的不平等感。高人口密度可以由步行、自行车交通、摩托车、公交车和火车构成的多式联运系统来支持。而发展中国家的其他地区仍然主要是正在飞速地城市化和工业化的农村，在这些地区，随着人口的机动化，机动化的基础设施也在开发建设中，交通安全及局部拥堵问题也随之而来。财富的巨大差距意味着只有一小部分人口可以机动化，因此贫困人的高度密集的多式联运交通系统与富人的高度机动化的交通系统交叉在一起。

智能交通能通过使用分析工具帮助预测需求并优化可用容量，交通运输提供商可以预测需求，调整能力和部署资产，不断适应跨整个网络的运营。比如通过与IBM合作，瑞典首都斯德哥尔摩从2007年开始使用拥堵计费系统，经过一年的使用，早晨通往斯德哥尔摩市的车辆的排队时间减半，城市交通量下降了18%，内城二氧化碳排放减少了14%～18%。在新加坡，智能卡系统使陆路交通管理局制定出最优路线和班次，减少了交通堵塞，提高公共交通的吸引力。

智能运输大大提高了端到端的旅行者的体验。不论交通运输提供商是为城市交通、长途旅行还是货运业务服务，智能运输技术都可以按照客户喜好的方式和频率，向他们提供需要的信息和服务，从而提高满意度并最终加强客户的忠诚度。加拿大航空开发的智能手机应用程序能让旅客下载电子登机牌、办理登机、获取飞行状态、预订租车等。这一应用使得手机办理登机增加了60%，并且有93%的加拿大航空的旅客说自助服务提升了他们的旅行体验；另外，该应用程序还可以节省80%的办理登机的成本。

智能运输能在提高运营效率的同时降低交通对环境的不良影响。目前交通运输基础设施的很大一部分已经有几十年了，交通官员往往需要管理这些复杂老化的设备与较新资产的混合体。通过分析来自智能运输系统的数据，就可以知道何时设备需要维修；在任何给定的时刻，都可以知道资产的具体位置和状况。法国国营铁路公司（SNCF）管理客运和货运铁路以及城市公共汽车和电车，公司每天经营1.4万辆列车，包括高速TGV和部分巴黎及区域过境系统。通过使用智能传感器的预测性维修系统，法国国营铁路公司预防事故的发生、减少延误并降低了大约30%的维修成本。

智能运输具有安全保障作用。安全仍然是所有交通运输公司关注的首要问题。事实上，航空公司每年在安全上的花费约为 59 亿美元，而机场将它们的营运成本的 60% 以上用于安保。敦豪航空货运公司（DHL）通过使用基于无线射频技术（RFID）的系统监控药品从出发到抵达目的地时各点的温度，以帮助客户保持产品的新鲜度并产生新的收入增长源。

智能运输还可以帮助国家复苏经济。信息技术与创新基金会最近的一项研究发现，在美国，每在交通基础设施建设上投资 12.5 亿美元，就会创造并支持3.5 万个就业机会。

总而言之，智能运输意味着对空中、陆地和海上的先进的交通管理。它围绕旅客进行优化，连接整个系统中的所有元素并实时传达状态信息。

在未来，城市、交通运营商和其他交通运输资产的业主将智能运输技术作为工具，来帮助他们提高流动性、减少燃油消耗、降低碳排放量、改善安全性并加强经济竞争力。目前，交通运输中的许多组件和子系统还没有被装备起来，或者各地的装备不同使人们无法确定地知道它们的当前状态。这不仅是大量的时间和金钱的浪费，还会造成质量的不一致和多个错误机会。显而易见，需求只会增长，特别是随着人口的增长和城市化进程的不断扩大，交通工具和城市的装备化以及个人移动设备的赋权将继续呈指数级增长。人们需要从交通运输网络中得到更多的物理和数字化能力。将来，更智能的交通甚至会将先进的建模应用到以前不可预知的情景中，比如跨大西洋的火山灰流动，从而更好地安排全球交通。

在未来，发展智能运输应从以下几个关键点着手：①加强智能运输的标准化，必须建立达成一致的交通运输数据标准，只有如此才能将整个系统中的流程和数据互相联系起来；②设计综合智能运输系统网络，旅客的时间、安全和经历应该是智能运输系统的设计出发点，出行需要多种方式接驳完成，这就需要通过设计，综合考虑，将互联互通、系统认知、分析和安保等重要标准从一开始就嵌入系统网络中；③合作研究，由于智能运输系统的广泛综合性及深度交叉性，单单一个部门或一个领域完成智能运输系统目标是不可能的，必须多部门及多系统合作，一个多样化的、有多方利益相关者的世界需要所有各方在日常基础上并肩合作；④考虑政策与伦理因素，从技术的新模式，到不断变化的合作形式，到现代生活中个人角色的变化，再到对可持续生活的新期望，都表明，人们正在进入一个非常不同的世界，必须从伦理和社会的角度出发，明确如何经营管理组织和行业的指导方针，并围绕此方针共同努力。

智能运输并不是宏伟的、未来的理想，相反，智能运输很实用。不可否认，许多影响交通运输的、有争议的问题的辩论（从能源、安全到气候变化、经济）仍将继续，但无论最终哪个观点占上风，其结果都会让系统更聪明，即更透明、更高效、更方便、更有弹性、更具创新性，让交通运输更聪明地符合所有人的利益。

智能交通的未来技术将从单个交通要素的智能化向交通要素一体化的方向发

展，牵引未来智能交通向更高的层次发展，这主要体现在：①运用车－路协同提升交通安全水平；②运用信息技术提升交通管理水平；③基于信息共享实现多种运输方式协同和效能提升。

1）运用车－路协同提升交通安全水平

车－路协同系统基于无线通信、传感探测等技术进行车－路信息获取，通过车－车、车－路信息交互和共享，实现车辆和基础设施之间的智能协同与配合，从而达到优化利用系统资源、提高道路交通安全、缓解交通拥堵的目标。车－路协同是对传统智能交通技术的一次整合与提升，是当前智能交通领域研究的技术热点和前沿。车－路协同系统的成功实施将为交通安全带来革命性变革，基于车－路协同系统实现的主动安全保障技术能有效减少各种碰撞事故的发生。典型应用场景如下：交叉口车－路协同技术的应用，包括交通信号信息发布系统、盲点区域图像提供系统、过街行人检测系统、交叉口通行车辆启停信息服务、先进的紧急救援体系；危险路段车－路协同技术的应用，包括车辆安全辅助驾驶信息服务、路面信息发布系统、前方障碍物碰撞预防、弯道自适应车速控制。

从美国的 VII 到 IntelliDrive，都更加强调交通安全的重要性，欧盟的 eSafety 计划也旨在为道路交通提供全面的安全解决方案，日本的 Smartway 计划把主要目标放在减少交通事故和缓解交通拥堵上，而这些计划的研究重点都是发展车－路协同系统。无论是美国的 IntelliDriver、欧洲的 eSafety，还是日本的 Smartway，它们都将车－路协同作为当前智能交通系统发展路线图中的关键环节。车－路协同系统充分利用先进的信息与通信技术，通过车－车、车－路信息的交互和共享，有效地评估潜在危险、提高道路交通安全和缓解交通拥堵。车－路协同系统是引领未来智能交通发展的前沿技术及交通物联网发展的技术热点，对提高交通系统的安全性和通行效率具有十分重要的作用，同时可以培育智能交通产业发展的新的增长点。

2）运用信息技术提升交通管理水平

随着新型检测传感技术、高清视频技术、移动通信技术的发展，大范围进行交通动态信息获取和交互成为可能。物联网、云计算、智慧地球等新的信息理念和技术的进步，将进一步提升交通信息的处理和服务水平。低成本、高可靠性的基础交通信息获取和交互、更为先进的网络化交通信息系统的建设和服务，将是未来的发展方向。

人们充分应用智能网络化新型传感器技术和新一代信息网络技术，构建国家公路交通基础设施状态感知和动态监管体系；建立公路交通基础设施、运载工具和交通运行环境的三大感知网络，使国家高速公路网和重要国省干线公路可视、可测和可控；动态掌握路网的运行状态，对特大桥梁、隧道、枢纽、重点路段等关键设施实施状态感知、实时监管，为公路网的协调运行提供有效手段，以在出现灾害和突发事件时，能够对路网实现动态调度管理和应急处置。人们综合应用新一代通信技术，如传感网络技术、电子身份识别技术、卫星定位技术、云计算技术，构建营运车辆实时状态感知网络，包括实现对集装箱运输供应链和甩挂运输的智能化、可视化监管和信息服务；实现对危险品运输车辆、农副产品运输车辆、长途客运车辆的全过程安全监管；实现面向运输企业和公众的运输信息服务；通过多部门协调联动遏制超载超限运输。

电子不停车收费（ETC）应用功能和规模拓展，包括基于 ETC 的交通数据采集和信息服务、开展 ETC 功能扩展研发与示范应用、发展 DSRC 交互平台并引入新一代移动通信技术、探索城市道路与公路收费的技术一致性；扩大 ETC 应用规模和范围，包括实施跨省区域乃至全国 ETC 联网、搭建统一的全国跨省市联网电子收费结算体系等。

人们基于新一代信息技术拓展新型出行信息服务，开发用于信息服务的多元化车路通信设备，如专用短程通信、无线电数据广播通信、车辆自组织网络通信；开发基于实时路况信息的动态路径导航服务以及基于车－路信息交互的多元化、个性化定制信息服务。

3）基于信息共享实现多种运输方式协同和效能提升

基于信息共享实现多种运输方式协同和效能提升是智能交通科技发展的重要趋势。以往国际上智能交通技术比较侧重于道路交通管理和服务，随着交通运输的发展和信息技术的广泛使用，建立综合交通信息的共享机制和平台、促进综合交通系统的协同服务、利用综合交通信息平台进行多种运输方式间的有效协同已经成为综合信息数据处理与集成技术的一个发展趋势。

近年来，人们更加注重效能提升和节能环保。在 2007 年第 14 届 ITS 世界大会的部长论坛和 2020 年 ITS 展望论坛上，很多政府部长、专家和工业界人士都谈到 ITS 与节能减排的关系。欧盟委员会信息总司主任左贝尔女士在发言中重点谈了欧洲计划在 2020 年之前减少 30% 的汽车 CO_2 排放量。她谈到在 2007 年 2 月欧洲提出了一个全新的战略，即到 2012 年，实现新车平均每千米 CO_2 排放 120g，降低 25%，其中，使用技术手段就可以降低到每千米 130g，而另外 10g 可用其他的改进措施解决，主要是应用信息和通信技术，即智能化和创新的运输系统，包括智能化引擎管理、智能化车辆安全系统、智能化实时交通管理、驾驶人信息系统、集成化的物流系统等。日本各方面的人士也谈到了节能减排。日本IT S 协会副主席 Masao Sakauchi 谈到日本要利用 ITS 实现运输和物流系统的换代，远景是减少一半 CO_2 的排放量并实现交通"零死亡"。

智能运输的发展领域及方向很多，下面只从先进的交通管理系统的发展、先进的车辆控制系统的发展、智能车辆的发展状况三个方面进一步说明 ITS 的发展趋势。

1.2.6.2 先进的交通管理系统的发展

先进的交通管理系统（ATMS）是应用计算机和通信技术将交通管理系统和车辆作为一个整体的系统。首先要建立现代化的交通工程设施，包括交通控制设备、交通检测器与监视系统、通信网络，增强车路系统运行的可视性。其基础是分析软件的发展、快速探测公路交通事故的设备的发展，感知并预测未来交通拥塞并且给出交通管理最佳策略的专家系统的发展。其目标是增强出行者出行的便利性，改善现有的路网运行状况，提高管理效率，提高道路的有效利用率和交通流量，减少交通拥挤、交通事故及出行时间延误，降低油耗，减少废气排放。随着新一代互联网技术、物联网技术、大数据处理技术的不断进步和发展，ATMS也将成为交通运输发展及区域管理的中心。

ATMS一般由以下6个部分组成：①信息采集系统：采集各种交通、道路、气象信息，包括车辆检测器（环线圈、磁性、雷达、超声、红外）、紧急电话、交通探测车、气象检测器、视频监测系统；②轴重计及超重录像系统；③电子收费系统；④信息传输系统（综合业务交换、通信传输、移动通信）；⑤信息提供系统（可变情报板系统、可变限速标志、交通广播及路侧通信广播、道路模拟屏、信号灯系统、公共信息电话查询、信息中心终端）；⑥交通控制中心（交通控制中心的功能、交通控制中心系统逻辑结构的组成）等。

ATMS能够实现信息提供、交通控制、交通事故管理、排放测试和污染防治、应急管理、自动收费、提高养护操作效率、特种车辆通行管理等功能。

ATMS的研究方法包括数学规划方法、计算机模拟方法、最优控制论方法等，研究内容包括出行选择研究、交通需求分配研究、交通流的分布形态与出行率等，所用模型包括动态系统最优模型和动态用户最优模型等。预测技术和数据挖掘决策技术将成为ATMS的核心技术。

2010年美国发布ITS战略规划（2010—2014），提出5个项目类别：安全目的的车-车通信（V2V）、安全目的的车-路通信（V2I）、实时数据获取和管理、动态的机动性应用、道路气象管理。

2012年，美国已开始小规模的车联网技术的部署，其中最大规模的是在密歇根的Ann Arbor的行动计划。这个行动计划就是安全领航模型部署（Safety Pilot Model Deployment，SPMD）计划。该计划是美国运输部ITS安全研究计划的一个重要组成部分，由美国密歇根大学交通运输研究所UMTRI的James R. Sayer教授负责，主要是在真实的交通环境及多模态集合中进行大规模车联网技术测试。该计划拟确定车联网环境下车辆安全应用在减少碰撞中的有效性，并表明这些操纵车辆的技术给驾驶员带来什么反应。该项目的目的是在真实而且多模态交通环境下展示车联网技术，确定驾驶者对基于安全系统的车辆的可接受程度，评价短程通信技术的可行性、可度量性、安全性、互操作性等。测试自 2014 年起在密歇根的 Ann Arbor 由各种类型道路混合的路网中进行，由当地运输管理机构实施，由汽车工业部门配合，由密西根医疗中心进行保障。

美国的安全领航模型部署计划在真实环境中评价 V2V 和 V2I 的运营状况、安全运用、平安运营概念，评估用户的可接受性，生成支撑评估安全系统有效性的数据，评定增效的后市场设备的任务，鉴别研究工作的差距。安全领航模型部署计划为三年项目，在 2012 年 8 月至 2014 年 2 月的 1.5 年内完成部署，部署多于 2 800 辆轿车、货车、客车和摩托车等车辆，测试道路达 120 车道千米，安装 25 套路侧设备。安全领航模型部署的计划范围如图 1 - 16 所示。安全运用方面包括碰撞预警（Forward Collision Warning，FCW）、应急电子制动灯（Emergency Electronic Brake Light，EEBL）、交叉口移动辅助（Intersection Movement Assist，IMA）、盲点报警（Blind Spot Warning，BSW）、禁止通行报警（Do Not Pass Warning，DNPW）、左转交叉路径（Left Turn Across Path，LTAP）、弯道速度报警（Curve Speed Warning，CSW），也包括步行者横穿报警（Pedestrian in crosswalk warning）和客车前方右转（Right turn in front of bus）的公交应用（Transit Applications）等。测试的核心是车联特性需要每辆车有 360°的感知系统，如图 1 - 17 所示。测试中将建立大数据集，包括进入测试车辆周围 30m 内的大于 5.5 万车 - 车相互作用数据、300 万个行程、3 200 万 km、150 亿条信息和用户可接受性等，数据采集包括一年的四季以评价系统的安全效益。安全领航模型部署的学习内容包括 5 倍于期望距离的通信范围、被广泛接受的用户反映、所有道路使用者的需求、美国交通部未来需要研究的有价值数据。

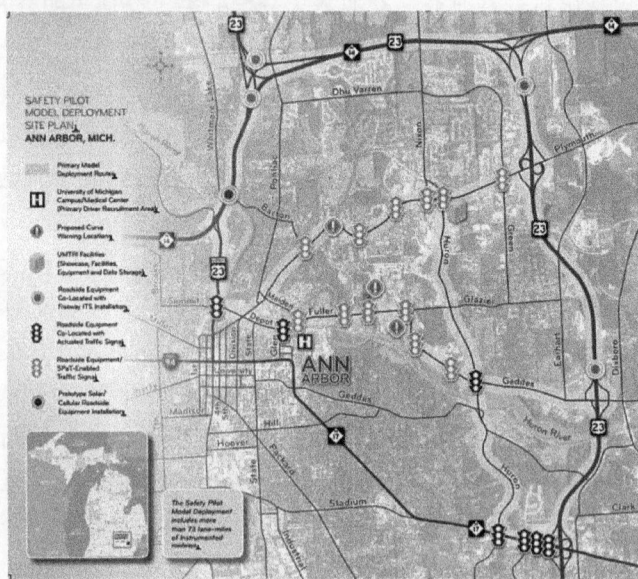

图 1 - 16　安全领航模型部署计划的范围

图 1-17　车联特性需要每辆车有 360° 的感知系统

在图 1-16 中，浅灰带状区域为主要模型部署路径，"H" 为密歇根大学校园医疗中心（基本驾驶者救助区域），"!" 为推荐的弯道报警区域，立方体为 UMTRI 设施（陈列室、设施、设备和数据存储区域），浅色圆点为与高速公路 ITS 共同安装的路侧设备，深色信号灯为实际应用信号共用的路侧设备，浅色信号灯为 SPaT 交通信号的路侧设备，深色圆点为安装的原型太阳能/光导纤维路侧设备。表 1-6 所示是安全领航模型部署计划的车辆和设备的部署情况汇总。

表 1-6　安全领航模型部署计划的车辆和设备的部署情况汇总

部署情况 \\ 车辆类型	数据采集系统		基础安全信息	
	集成车辆	翻新/后市场设备	翻新/后市场设备	车辆知觉设备
轿车	64	100	200	2 265
重型货车	3	12	4	50
公交客车	—	3	—	85
中型货车	—	—	—	50
摩托车	—	4	2	—
自行车	—	1	—	—
总计	67	120	206	2 450

2012 年，欧洲委员会为第七骨干计划启动了适应环境的安全道路培训（Safe Road Trains for the Environment，SARTRE）项目，项目由 Ricardo UK Ltd 领衔，Idiada and Robotiker – Tecnalia of Spain、Institut for Kraftfahrwesen Aachen（IKA）of Germany、SP Technical Research Institute of Sweden、Volvo Car Corporation and Volvo Technology of Sweden 等参加，其目标是研究开发使车队在一般公路上环保、

安全、舒适地运行的战略和技术，通过车队的环境友好道路培训开发促进个人出行习惯的新变革，通过系统开发与其他交通方式相互作用以协调公路的道路培训实现安全进行。其采用的方案是由职业驾驶员驾驶的领队车辆负责一个车队，跟随的车辆进入半自动控制模式，这种模式可使跟随的车辆驾驶员作为确保安全而通常禁止的其他事情，如打手机、读书和看电影等。

近年来，美国在 2010—2014 规划和技术、政策、规范、体制现状总结的基础上，制定了美国 ITS 发展战略规划（2015—2019）。经过多次协调互动协商，美国确保战略规划对州际多方 ITS 联营机构愿望的影响与风险共同承担者契约机会广泛融合。这个新规划表明了"改革社会发展道路"的美景和 ITS 联合项目办公室 JPO 与涵盖陆上所有运输方式先进研究的联合任务；描述了技术寿命循环周期和明确成效的战略主题；确定了 6 个项目类别的行动目标；描述了"实行网联汽车落实"［Realizing Connected Vehicle（CV）Implementation］和"推进自动化"（Advancing Automation）作为现在和未来 ITS 工作多个板块的基本技术驱动。其提出创建数据、互操作性、ITS 部署支持、显露 ITS 作为附加项目类别的能力，这些附加项目类别是对取得项目预期成效具有决定性的增补且互相依存的活动。规划进一步表明在技术生命周期的每个阶段与每个项目类别相一致的研究问题，另外还涵盖与项目类别相关的组织和运营方面的训诫。

实行车联网落实是近几年在州际部署车联网的设计、测试和规划方面取得的实质进展，先进自动化主要是形成以自动化研究开发为主的有显示度的 ITS 项目，但也不排除其他技术，重点是招致一批有引领作用的运输研究和发明创造。

培育的 5 个战略主题有：①通过开发所有道路车辆的更好的防撞系统、性能测试及其他通告装置、商用车辆安全补偿系统、与基础设施协同的安全系统使车辆和道路更安全。②通过探索增加系统有效性和改善个体机动性的管理战略和方法增强整体机动性。③通过更好地管理交通流量、速度和拥堵并运用与其他车辆及其所行使道路的对话技术来限定环境影响。④通过鼓励涵盖 ITS 领域的技术进步和发明创造，持续追赶梦想和探索研究日程，紧跟满足运输需求的技术发展及应用部署来促进发明。⑤通过标准和体系架构开发及可实现所有类型车辆、基础设施、便携式装置间进行无线通信的先进技术应用支撑运输系统信息共享。

确定的 6 个项目类别有：①网联汽车（Connected Vehicles，CVs）：包括 US-DOT 的行动计划和 NHTSA 的车－车（V2V）安全信息规划，重点是基于短程通信（DSRC）的 V2V 通信，也包括蜂窝通信、WiFi 和卫星通信 CV 技术；②自动化（Automation）：主要聚焦于自动道路车辆系统及把一些驾驶者对车辆的控制转给车辆本身的相关技术的研究，从而提供改善安全、机动性和环境的巨大可能性并迎接新技术和政策的挑战；③展现能力（Emerging Capabilities）：主要聚焦于新一代运输系统，CV 实施规模的扩大和运输系统自动化程度的增强使得车辆制造商、基础设施提供者、改革者、企业家寻求应用新技术的新机遇；④开创数据（Enterprise Data）：随着链接的车辆、系统和人的数量增加，产生了空前的大数据，运输系统管理运营急需采集、传输、分类、储存、共享、聚集、融合、分析和应用这些数据的新方法，初步聚焦于由 CVs、移动装置和基础设施的 ITS 技术实现的有效数据采集；⑤互操作能力（Interoperability）：主要聚焦于需要时能使车辆、设备、基础设施和应用系统中的 ITS 单元与系统中的其他部分进行有效的通信；⑥加快部署（Accelerating Deployment）：新的 ITS 技术和系统不断形成市场产品，ITS 项目必须对这些产品的应用部署的有关问题作出解释，当技术准备在真实世界中初步实施时，可接受的应用包括测试后的状态，当技术由可接受的应用转为大规模部署时，对部署者和运营商的支持职责就由研究开发转为运营，应确保由初始应用（被看作整个研究开发生命周期的部分）向广泛部署平稳转换，而且与部署者紧密协作实现理解和管理。6 个项目类别的关系如图 1-18 所示。

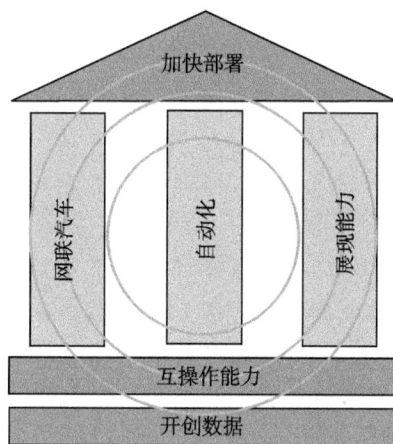

图 1-18　美国 ITS 发展战略规划（2015—2019）确定的 6 个项目类别的关系

1.2.6.3　先进的车辆控制系统的发展

先进的车辆控制系统（AVCS）近年来得到迅猛发展。

1）先进的车辆控制系统概述

先进的车辆控制系统是指借助车载设备及路侧、路面的检测设备来检测周围行驶环境的变化情况，进行部分或完全的自动驾驶控制。车辆-道路系统将现代化的通信技术、控制技术和交通流理论加以集成，是集成了传感器、计算机、车载控制系统以及车道控制系统的自动控制系统，以提供预警、辅助驾驶或在危险行驶情况下自动干预。AVCS 能使运行的车辆保持合适的最小跟车间距，保持车流稳定地前进，其目的是保证行车安全，提高道路利用效率，增加道路通行能力，减少道路阻塞，缩短行车时间。

（1）降低事故率，提高行车安全。

AVCS 可以通过显示或预警装置，给驾驶员提供足够的交通信息，帮助驾驶员作出正确的驾驶操作决策，在 AVCS 高度完善的情况下，可以将人工驾驶转为自动控制，防止因驾驶员疏忽和机件故障造成交通事故，可提供适当的安全防护，当最终实现自动驾驶时，将完全排除人为因素导致的交通事故，从而实现高效安全的行车秩序。

（2）降低行车成本，提高行车效率。

在 AVCS 的控制下，可以保持车流的顺畅，减少交通阻塞，减少由于车辆滞留在道路上的时间过长而导致的消耗，以及减少因频繁的踩油门与制动所造成的能源消耗，从而提高行车能源利用效率。

（3）降低废气排放量，减轻环境污染。

当车流顺畅、稳定地向前行驶时，排放的废气、噪声等环境污染较少，可达到减轻环境污染的效果。

2）先进的车辆控制系统的基本功能

随着社会生活水平的提高，人们对汽车安全性能的要求也越来越高。日本从 1991 年就开始实施先进安全车计划，美国、欧洲的汽车公司也非常重视先进安全车辆的研究和开发工作。目前，已有一部分汽车安全技术得到成功应用。

AVCS 的基本功能结构包括：①安全预警系统（瞌睡驾驶报警系统、车辆危险状态监视系统、自动停止警报和调节系统）；②防撞系统（纵向防撞系统、侧向防撞系统、交叉口防撞系统）；③视觉强化系统（确保良好驾驶视野的系统、夜间路面障碍物检测系统）；④救难呼救系统（火灾警报与灭火系统、紧急门锁释放系统、碰撞反应通报系统、驾驶记录系统）；⑤碰撞时减轻危害程度系统（冲击吸能保护系统、保护乘员系统、降低行人伤害程度系统）；⑥车辆行驶自动导向系统；⑦环保系统；⑧自动公路系统。

3）先进的车辆控制系统的主要安全技术

主要安全技术包括事故预警技术、事故规避技术、全自动驾驶技术、冲突安全技术、防止灾害扩大技术、汽车底盘技术。

事故预警技术的思路是感知信息、发布信息、报警、减轻负担。事故预警技术系统包括驾驶员危险状态警报系统、车辆危险状态警报系统、协助提高驾驶可视性的系统、协助提高夜间驾驶可视性的系统、盲区警报系统、获取周围车辆信息警报系统、获取道路环境信息警报系统、向外传输信息警报系统、减轻驾驶负担的系统等。

事故规避技术的思路是提高限界性能、自动操作。事故规避技术系统包括提高车辆运动控制性能的系统、驾驶员危险状态规避系统、死角事故规避系统、与周围车辆等的事故规避系统、由道路环境信息引起的事故规避系统等。

全自动驾驶技术的思路是充分利用既存的和新型基础设施。全自动驾驶技术系统包括利用既存基础设施的自律型自动驾驶系统、利用新型基础设施的自动驾驶系统等。

冲突安全技术的思路是保护乘员、减轻步行者受到的伤害。冲突安全技术系统包括冲突时的冲击吸收系统、司乘人员保护系统、步行者被害减轻系统等。

防止灾害扩大技术系统包括紧急时门锁解除系统、二次冲突减轻系统、火灾扑灭系统、事故发生时的自动通报系统等。

汽车底盘技术包括汽车电话安全对应系统、先进的数字速度变化记录器 – 驾驶记录系统、电子式车辆识别卡、车辆状态自动应答系统、先进的 GPS 定位系统、高级电喷技术、高龄驾驶者的特性对应系统、疲劳生理特性检测对应系统等。

实施先进车辆控制系统的相关技术有人机界面技术、辅助驾驶技术、决策和控制技术、行驶状态监控技术、信息显示技术和通信技术、环境监测技术、路况检测技术、多传感器融合技术等。

智能车辆的发展得到了发达国家的重视，其概貌如图 1 – 19 所示。

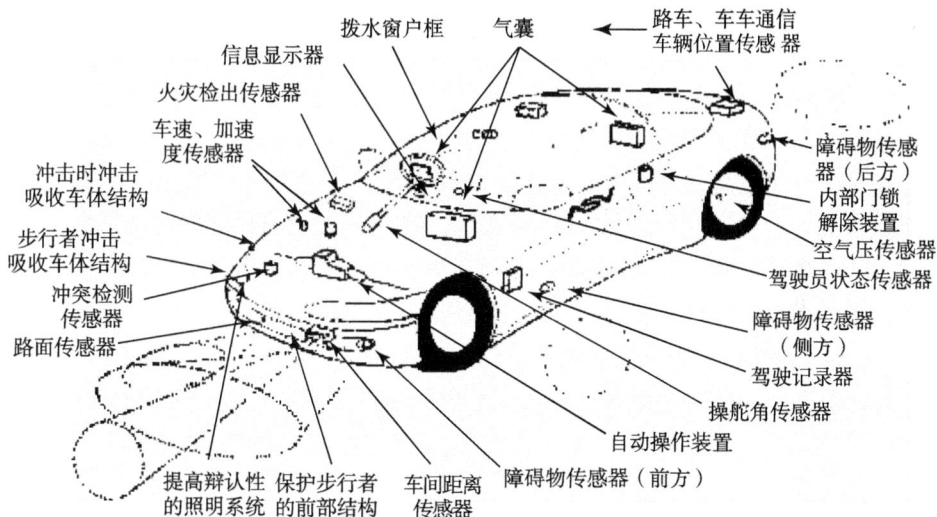

图 1 – 19　智能汽车概貌

在 2010 年前后，国内外开始重视车载信息娱乐系统（In – Vehicle Infotainment，IVI）的研究开发及应用。车载信息娱乐系统是采用车载专用中央处理器，基于车身总线系统和互联网服务形成的车载综合信息处理系统。车载信息娱乐系统能够实现包括三维导航、实时路况、IPTV、辅助驾驶、故障检测、车辆信息、车身控制、移动办公、无线通信、基于在线的娱乐功能及 TSP 服务等一系列应用，极大地提升了车辆的电子化、网络化和智能化水平。

2009 年 3 月，宝马汽车公司、德尔福、通用汽车公司、英特尔、标致雪铁龙集团、伟世通公司和风河系统公司等成立了 GENIVI 组织，该组织通力合作，利用英特尔 Atom 高性能处理器，创造了一个车载信息系统的开放式共享平台。2009 年 5 月，大众汽车和英特尔发布基于 Intel 平台的全球开发研究信息娱乐架构。2010 年元月，宝马 7 系发布第三代 i – driver 车载信息系统。2010 年 4 月，北京车展中丰田、雷克萨斯、本田、PSA 等国际品牌争相发布包含车载信息系统的车型并将车载信息系统作为产品宣传的重点。2009 年 8 月，中国汽车工程学会汽车电子分会、英特尔、中国电信、蓝星科技在武汉中国光谷成功召开了 IVI&3G 首届高峰论坛，蓝星科技发布了基于 Intel Atom 平台和电信 3G 网络的车载 IVI 平台化产品。2010 年 4 月，北京 IDF 大会上，英特尔全球副总裁道格拉斯·戴维斯与华泰副总裁王殿明共同发布由蓝星提供的全球首款基于 Intel 平台的 IVI 汽车。在 2010 年 4 月的北京车展上，国内以一汽、上汽、华泰为代表的创新汽车企业发布了基于车载信息系统的实车，而长安、奇瑞、吉利等厂商也纷纷推出具备 IVI 功能的概念车。2010 年 4 月，华泰、英特尔、蓝星携手发布全球第一款 Intel 平台的 IVI 汽车——华泰元田 B11，华泰的这套系统名为 TIVI。在 2010 年 12 月的广州车展上，吉利也发布了自己的 IVI 系统——G – NetLink。车机网上有吉利 G – NetLink 的演示视频。2012 年 4 月 26 日，北京车展期间，德赛西威牵手全球手机创新与设计的领导者 HTC 在北京签订战略合作协议，同时在会上发布全新一代产车载信息娱乐系统 SiVi LINK。SiVi LINK 在产品形态方面具备终端设备大屏直接呈现、双向互动无障碍操作、音视频同步输出体验的特点；在产品性能方面它拥有专属 Car mode 展示，应用 USB2.0 传输协议进行优化，以每秒 20 帧以上的速度高速传输图像，适用于大多数智能手机，能轻松实现通信、导航、游戏、海量应用，支持蓝牙输出音频信号，设备即插拔，同时方便携带。

1.2.6.4 智能车辆的发展状况

先进的车辆控制系统的核心内容是智能汽车的研究与应用。智能汽车具有道路障碍自动识别、自动报警、自动转向、自动制动、自动保持安全距离、车速和巡航控制功能。

人类的梦想是推动世界向前发展的不竭动力和源泉。美国国家研究委员会（National Research Council，NRC）曾预言：“20 世纪的核心武器是坦克，21 世纪的核心武器是在人的监督下计算机控制的无人作战系统。”为此，从 20 世纪 80 年代开始美国国防部高级研究计划局（Defense Advanced Research Projects Agency，DARPA）专门立项，制定了地面无人作战平台的战略计划，目标是研制出可以在崎岖的地形上沿规划的路线自主导航及躲避障碍，并在必要时重新规划路线的智能车辆。这在全世界掀开了全面研究智能车辆的序幕，如 DARPA 的战略计算机、计划中的自主地面车辆（ALV）计划（1983—1990），以及美国国防部的智能侦察车 DEMO Ⅲ；能源部制定的为期 10 年的机器人和智能系统计划（1986—1995），以及后来的空间机器人计划；日本通产省组织的在极限环境下作业的机器人计划等。

在太空探索方面，美国国家航空和航天局（National Aeronautics and Space Administration，NASA）研制的火星探测机器人索杰那于 1997 年成功登上火星进行科学探测，这是一个六轮的自主移动机器人，为了在火星上进行长距离探险，美国国家航空和航天局又开始了新一代样机的研制，并将其命名为 Rocky7，并在 Lavic 湖的岩溶流上和干枯的湖床上进行了成功的试验。除军事应用外，智能车辆在其他领域的应用也有极大的价值，并取得了一定的成果，如前向避撞系统（Forward Collision Warning）、盲点监视器（Blind Spot Monitors）、自适应巡航控制（Adaptive Cruise Control）、道路偏离警告（Lane Departure Warning）、夜视（Night Vision）和辅助操控（Assisted Steering）等。它们对应的具体系统有日本的 VERTIS 系统，主要实现车载通信、信息加工、环境探测、辅助控制（自动驾驶）四项功能；雷诺公司研制的汽车感知系统将红外摄像、雷达、激光扫描等传感器有效地组织在一起。法国公路技术研究所的技术顾问克洛德·科贝表示，开展自动行驶控制系统研究是迈向公路交通无人驾驶的第一步，这一系统可以首先实现自动行驶，如超车时，驾驶员只需根据计算机所提示的前方车辆行驶速度，输入有关最高限速等简单命令，计算机就会根据公路上的具体情况，自动调整速度和方向，并在绝对安全的情况下实现超车，这将大大减少驾驶员的判断和操作失误所导致的交通事故。

在美国，2004 年举办了 DARPA 无人驾驶车辆挑战赛（DARPA Grand Challenge 2004），2005 年接着举行了挑战赛 2005［DARPA Challenge Ⅱ（2005）］，2007 年 DARPA 又举办了无人驾驶车辆城市挑战赛（DARPA Urban Challenge 2007）。在欧洲，1996 年，法国 INRIA 研究开发了 CyCab 并不断取得进展，提出了个人快速交通 PRT（Personal Rapid Transport）的设想。2010 年意大利帕尔玛大学的 VisLab Parma 通过长途分阶段无人驾驶车队到达上海世博会。这些工作加速了智能车辆的进步与发展。

在 2010 年，7 辆车组成的谷歌（Google）无人驾驶汽车车队开始在加州道路上试运行，这是谷歌无人驾驶汽车项目的成果展示。谷歌无人驾驶汽车项目由斯坦福大学人工智能实验室主任、谷歌工程师和谷歌街景地图服务的创造者之一Sebastian Thrun 领导的一个 15 位工程师组成的谷歌团队负责研发，另外聘请了至少 12 位没有不良驾驶记录的人，由他们坐在主驾座上观察汽车的行驶状况，提供自动驾驶感受和改进建议。谷歌在此项目中使用了 6 辆普锐斯和一辆奥迪 TT。

谷歌开发无人驾驶汽车的目的是防止交通意外、给人们更多空闲时间和减少汽车的使用，从根本上减少碳排放量。谷歌联合创始人拉里·佩奇和谢尔盖·布林认为私家车为这个世界带来了一种"低效率"，比如交通堵塞、随意停车等，而未来无人驾驶汽车能够解决这些问题，他们希望无人驾驶汽车能够真正地改变全世界的交通，能够减少私家车的需求，减少停车的需求，缓解交通堵塞等。

由于城市道路的各种目标比较繁杂，因此对于自动驾驶汽车而言，城市道路的驾驶要比高速公路复杂。谷歌无人驾驶汽车经过升级的最新软件系统，可以同时对数百个目标保持监测，其中包括行人、公共汽车、一个作出左转手势的自行车骑行者，以及一个保护学生过马路的人举起的停车指示牌。据称，谷歌无人驾驶汽车一共记录的里程数据已经达到了 70 万英里。截止到 2012 年年底，人们所面临的难题主要是自动驾驶汽车和人驾驶的汽车如何共处而不引起交通事故。

谷歌无人驾驶汽车的总体布置如图 1-20 所示。车顶上安装 64 线激光测距仪和雷达传感器，当激光碰到车辆周围的物体反射回来，就可计算出物体的距离。另一套装在汽车底部的系统可测量出车辆在三个方向上的加速度、角速度等数据，使用通过手动驾驶车辆收集而来的详细地图来进行导航，然后再结合 GPS 数据计算出车辆的位置。所有这些数据与车载摄像机捕获的图像及手动驾驶车辆收集来的巨大信息一起被输入强大的谷歌数据中心进行处理转换，软件以极高的速度处理这些数据，系统就可以非常迅速地作出判断。

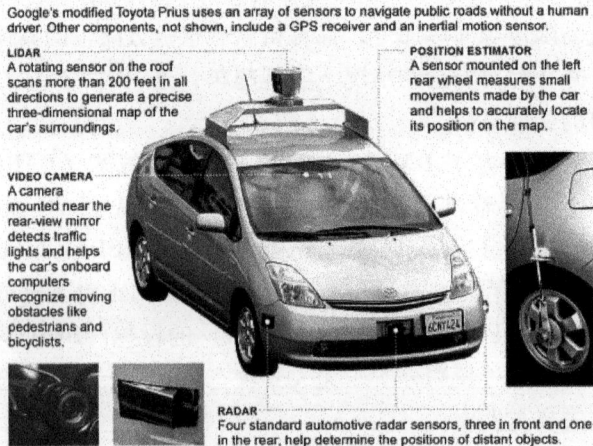

图 1-20　谷歌无人驾驶汽车的总体布置

由图 1-20 可见，谷歌无人驾驶汽车感知系统主要由雷达（Radar）、车道保持系统（Lane-keeping）、激光测距系统（Light Detection And Ranging, LIDAR）、红外摄像头（Infrared Camera）、立体视觉（Stereo Vision）、GPS/惯性导航系统、车轮角度编码器（Wheel Encoder）组成。

雷达一般安装在高端汽车上的自动巡航控制系统及事故预防系统中，通常安装在前后保险杠上，用于检测汽车盲点内的物体并发出警报，雷达主要用来跟踪附近的物体。

车道保持系统通过在挡风玻璃上装载的摄像头采集图像并分析路面和边界线的差别来识别车道标记，如果汽车不小心离开了车道，方向盘会轻微震动以提醒驾驶者。

谷歌的激光测距系统采用了 Velodyne 公司的车顶激光测距系统。

红外摄像头采用梅赛德斯的夜视辅助系统，系统使用了两个前灯来发送不可见且不可反射的红外光线到前方的路面，而挡风玻璃上装载的摄像头则用来检测红外标记，并且在仪表盘的显示器上呈现被照亮的图像并突出危险因素。

立体视觉采用梅赛德斯的原型系统，通过在挡风玻璃上装载两个摄像机以实时生成前方路面的三维图像，检测诸如行人之类的潜在危险，并且预测他们的行动。

谷歌的 GPS/惯性导航系统使用 Applanix 公司的定位系统，并且配套使用他们自己的地图和 GPS 技术，主要是让自动驾驶员知道所在位置。

车轮角度编码器是一套轮载传感器，它可以在谷歌汽车穿梭于车流中时测量它的速度。

谷歌在拥有强大的安卓系统后，依然未停下科技前进的脚步，时至今日，谷歌已经至少收购了包括著名的波士顿动力（Boston Dynamics）、沉思科技（Deep Mind Technologies）、工业幻音（Industrial Perception）等 8 个机器人公司，并表示机器人有可能出现在谷歌开发者大会上。谷歌的愿景是出现在生活中的每一个部分，提供智能化的生活方式。

谷歌已量产一批无人驾驶汽车的原型车并在加利福尼亚的公路上试运行。谷歌第一批将生产 100 辆原型车，这些车均不设方向盘和踏板。与此前谷歌对现有车辆进行改装的无人驾驶汽车不同，这次是谷歌自己打造的原型车。这些双座电动汽车的最高时速被设定为 25 英里，发动机盖以泡沫材料打造，这使撞车带来的冲击降至最低。据悉每辆车将拥有两套发动机，假如一套失灵，另一套也可确保车辆安全行驶。谷歌希望在接下来的两三年里能在加利福尼亚州的公路上试运行它的无人驾驶汽车。

目前美国的一些州已经允许无人驾驶汽车上路，如加利福尼亚州、佛罗里达州、内华达州等，而现在英国也加入了这一行列。此外，许多知名的汽车生产商，如尼桑、奥迪、通用、奔驰等也正在研制无人驾驶汽车技术。

英国商务大臣文斯·凯布尔（Vince Cable）在 2014 年 7 月 30 日宣布，英国于 2015 年 1 月开始允许无人驾驶汽车在公路上行驶。英国将 1 000 万英镑的资金分三部分投标，此举通过商务部门、创新和技能部门以及技术战略委员会共同完成。投标项目主要由来自地方政府、汽车制造商、技术供应商和相关企业形成的新财团组成。2015 年 2 月 12 日，英国政府已批准了一项计划，由政府出资 1 900 万英镑，在四个城镇的公共街道上测试无人驾驶汽车，从而向着到 2018 年广泛采用这一技术的方向迈出了第一步。这四个城市是分别为布里斯托尔（Bristol）、格林尼治（Greenwich）、米尔顿·凯恩斯（Milton Keynes）和考文垂（Coventry）。其中，布里斯托尔的测试内容包括"公众对于无人驾驶汽车的反应"等；在格林尼治将测试由英国交通研究实验室领导的自动化运输工具，包括自动驾驶电动车辆、M1 类汽车、一辆用于演示的远程操控汽车以及格林尼治半岛的一个 3D 模型等；在米尔顿·凯恩斯和考文垂，人们将在人行道上测试小型无人驾驶系统。英国政府表示，于 2015 年公布一项"行为规范"，为无人驾驶汽车的测试制定规则，并将于 2017 年在全英范围内修改现行的交通规则和汽车维修检查规定。此外，英国政府还计划于 2018 年开始通过联络全球有关当局来寻求修改国际交通规则。英国政府的目标是在无人驾驶技术的广泛采用上赶超美国。美国是首个允许测试无人驾驶汽车的国家，但仅限于四个州。在欧洲，德国和瑞典政府目前也在评估无人驾驶汽车测试计划。

2009 年中国国家自然科学基金委员会设立"视听觉信息的认知计算"重大研究计划，该计划围绕国家重大需求，充分发挥信息科学、生命科学和数理科学的交叉优势，以社会、经济和国家安全等领域中与人类视听觉信息相关的图像、语音和文本（语言）的认知机制和计算模型为研究对象，以提高计算机对这类复杂感知信息的理解能力和对海量异构信息的处理效率为主要目标，从人的视听觉认知机理出发，研究和构建新的计算模型与计算方法，提高计算机对视听觉感知信息的理解能力和非结构化海量信息的处理效率，为推动社会经济发展和增强国家安全作出贡献。为了实现上述科学目标，重大研究计划重点研究感知特征提取表达与整合、感知数据的机器学习与理解、多模态信息协同计算这三个核心科学问题。其中重要研究内容是集成大研究计划的主要研究成果，研制具有自然环境感知与智能行为决策能力的无人驾驶车辆验证平台，使主要性能指标达到世界先进水平。

为了推动"视听觉信息的认知计算"重大研究计划的总体科学目标的实现，自 2009 年起分别在西安灞桥、长安大学、内蒙古翁牛特旗、内蒙古鄂尔多斯、江苏常熟举行了 7 届中国智能车未来挑战赛，通过未知环境设计、无人驾驶车辆智能行为测试和评价，有效推进了中国视听觉信息的认知计算科学及智能车辆的发展。

以上只从先进的交通管理系统的发展、先进的车辆控制系统的发展、智能车辆的发展状况三个方面说明 ITS 的发展趋势。由于 ITS 的广泛性和综合交叉性，未来的研究会更加广泛和深入。2012 年 IEEE 的 ITS 年会（THE 2012 IEEE Conference on Intelligent Transportation Systems，15th IEEE ITSC）的研究方向就十分综合而广泛。其研究方向包括交通理论建模仿真（Traffic theory, modeling, and simulation）、智能算法（Intelligent algorithms）、传感器及执行器（Sensors and actuators）、可视化系统及处理（Vision systems and processing）、安全系统（Safety Systems）、安保系统（Security Systems）、疏散系统（Evacuation Systems）、交通及通信网络（Traffic and Communications Networks）、交通控制系统（Traffic Control Systems）、车 – 车通信和车 – 路通信（V2V and V2I Communications）、ITS 用户服务（ITS User Services：ATMS, ATIS, AVCS, etc）、智能车辆（Intelligent

Vehicles）、驾驶辅助（Driver Assistance）、车辆防撞（Vehicle Collision Avoidance）、集成安全系统（Integrated Safety Systems）、商用车辆运营（Commercial Vehicle Operations）、多模 ITS（Multi – modal ITS）、ITS 实施（ITS Implementation）、步行者和骑车者安全及机动系统（Pedestrian and Bicyclist Safety and Mobility Systems）、特需 ITS（ITS for Special Needs）、应急服务（Emergency Services）、环保与绿色运输（Environmental and Green Transportation）等。

1.3　小　结

　　智能运输系统在美国、欧洲、日本等国家和地区已经受到政府、产业机构等方面的广泛重视，它的研究领域广阔，各国各地区的侧重点也有所不同，本章简要介绍了智能运输系统的主要研究内容及发展趋势。

　　智能运输系统的发展主要体现在道路智能化和汽车技术发展方面。汽车安全技术正朝着集成化、智能化、系统化的方向发展，集成化的作用远远大于单项技术所有作用的简单总和。智能技术在汽车上得到了广泛应用，安全技术逐步走向智能化，现代通信技术、传感器技术、电子控制技术与 ITS 相结合，将使交通事故出现的概率越来越小、运输效率更高、交通节能减排效果更明显。

第 2 章

智能运输系统的基础理论和技术

智能运输系统与许多理论及技术密切相关，这里主要对系统工程理论、智能控制理论、智能协同理论及交通地理信息系统技术进行概述。

2.1　系统工程理论

系统工程在系统科学结构体系中，属于工程技术类，它是一门新兴的工程技术学科及应用科学。它不仅定性而且定量地为系统的规划与设计、试验与研究、制造与使用和管理与决策提供科学方法的方法论科学，它的最终目的是使系统运行在最优状态。

国内外有一些学者对系统工程的含义有过不少描述，但至今仍无统一的定义。综合来看，系统工程是以大型复杂系统为研究对象，按一定目的进行设计、开发、管理与控制，以期达到总体效果最优的理论与方法。

2.1.1　系统工程的基本理论

2.1.1.1　系统的定义与属性

系统工程研究的对象是系统，系统的概念是系统工程的核心和基本的概念。

物质世界是由无数相互联系、相互依赖、相互制约、相互作用的事物和过程所形成的统一体。系统思想是从经验到哲学的科学，它从思辨到定性，再到定量。

1）系统的定义

系统是由若干个可以相互区别、相互联系而又相互作用的要素所组成，在一定的阶层结构形成中分布，在给定的环境约束下为达到整体目的而具有一定功能的有机集合体。

对系统要领的一般认识是系统意识。由若干环节组成的链状事物环环相扣，这些由此及彼的链状事物就是我们所说的系统。认识系统的链和环的关系要考虑对象系统的全部组成环节，这些环节联结部分的形成及特点是影响系统性能的重要因素。系统意识指思考、研究、探索和处理某一事物时，有意识地把它看成一个系统，明确链-环关系，从系统的角度去分析和认识问题。

2）系统的属性

系统的属性包括目的性、集合性、相关性、阶层性、整体性、环境适应性。

目的性是指系统具有明确赋予的、预期的目标；集合性是指组成系统的元素是多个，至少有两个；相关性是指系统组成的元素是相互依存、相互作用、相互制约；阶层性指系统有一定的层次结构，可分解成子系统；整体性是指任何一个元素离开整体功能就失去意义；环境适应性指适应环境系统的变化以获取生存和发展的能力。

2.1.1.2　系统工程的基本概念及发展

1）系统工程的基本概念

系统工程是用系统科学的观点，合理地结合控制论、信息论、经济管理科学、现代数学的最优化方法以及电子计算机和其他有关工程技术，按照系统开发的程序和方法去研究和建造最优化系统的一门综合性的管理工程技术。

系统工程包括系统与工程两个方面。从系统看，工程指的是用系统的观点和方法去解决工程问题，而从工程看，系统是指用工程的方法去建造系统。

系统工程具有高度的综合性，主要体现在研究对象的综合性、应用学科知识的综合性和评价效益的综合性三个方面。系统思想是将研究对象作为系统来考虑，把系统环境作为一个外部系统，通过外部系统的输入，内外的各接口协调，获得系统的最优输出。

2）系统工程的产生及其研究对象

第五次产业革命将人类带入信息时代，科学研究在向大至宇观、胀观，小至微观、渺观的纵探发展之余，也在古老的宏观层次开掘出一大领域，即诞生于20世纪的系统科学。作为结合理论学科和技术学科的交叉学科群体，系统科学不仅统一于辩证唯物主义哲学范围，而且有着其自身广泛的涵盖面。按照中国著名科学家钱学森提出的基础科学、技术科学和工程技术的层次划分体系，系统科学也有一个从理论到应用的层次结构，这便是以系统论为代表的基础理论，以运筹学等应用数学为代表的技术科学，以及运用系统思想直接改造客观世界的工程实践技术——系统工程。

早在1911年，泰勒在提出科学管理概念的同时就萌发了系统工程的概念。随着运筹学等一系列系统方法的出现，终于在1957年以古德和马克尔的专著《系统工程》的出版正式宣告系统工程学诞生。1965年 A·D·霍尔在《系统工程方法论》一书中进一步确定了系统工程的内容、方法和应用途径、范围等问题。应该说，系统工程是应实践的需要并以科技水平及人们的认识水平为条件而产生的。系统工程的发展历史也就是它在实践中推广应用并不断取得成效的历史。其大致经历了以下几个阶段：

（1）20世纪40年代末到20世纪50年代，是系统工程的初创时期；

（2）20世纪60年代，计算机的推广运用使系统工程进入以计算机为主要工具，以现代控制论为基础的多变量最优控制阶段；

（3）20 世纪 70 年代以来，系统工程进入解决各种复杂的社会－技术、社会－经济系统的最优控测、最优管理阶段。

系统工程是一个跨多学科领域的工程，并日益向多种学科渗透和交叉发展。系统工程的大量实践，运筹学、控制论、信息论等学科的迅速发展，以及其他科学技术，特别是物理学、数学、理论生物学、系统生态学、数量经济学、定量社会学等，都有了新的发展和突破，这些不同领域的科学成就，除了具有本学科的特点之外，实际上都在不同程度上揭示了系统的一些性质和规律。

系统工程的对象是大系统。这种大系统的特征就是规模庞大、结构复杂、目标多样、功能综合、因素众多，而且许多因素相互矛盾且有不确定性。对这样的大系统，如果不采取相应的措施，就难以对与其有关的重大问题进行正确的决策。要想对系统进行优化设计，对与系统有关的重大问题作出正确的决策，关键步骤是系统分析。

与一般工程比较，系统工程有以下三个特点：

（1）研究对象广泛，包括人类社会、生态环境、自然现象和组织管理等。

（2）系统工程是一门跨学科的边缘学科。其不仅涉及数学、物理、化学、生物等自然学科，还涉及社会学、心理学、经济学、医学等与人的思想、行为、能力等有关的学科，是自然科学和社会科学的交叉。因此，系统工程形成了一套处理复杂问题的理论、方法和手段，使人们在处理问题时，有系统的整体观点。

（3）在处理复杂的大系统时，常采用定性分析和定量计算相结合的方法。因为系统工程所研究的对象往往涉及人，这就涉及人的价值观、行为学、心理学、主观判断和理性推理，因而系统工程所研究的大系统比一般工程复杂得多，处理系统工程问题时不仅要有科学性，而且要有艺术性和哲学性。

系统工程的理论基础及工具的框架大致如图 2 - 1 所示。

系统工程的本质是为了解决工程进入系统发展时代所产生的系统性问题而发展起来的一门学科，是以过去发展起来的许多科学技术和管理技术为基础发展起来的，并且它把这些科学技术从横的方面联系起来而形成一门高度综合的科学。系统工程的特点包括：①研究思路的整体化；②应用方法的综合化；③组织管理的科学化；④管理工具的现代化。

2.1.1.3　系统工程的方法论及系统分析

系统方法主要是系统分析与设计的方法，包括系统模型与优化方法，预测和决策方法等。工程的方法是处理具体工程问题时的科学方法，包括构思（结构与原理）、原则（技术的、经济的、政治的和和社会的）、计算（对某关键部分的原理性和整体输出）、试验（结构、材料和参数）和设计等环节。

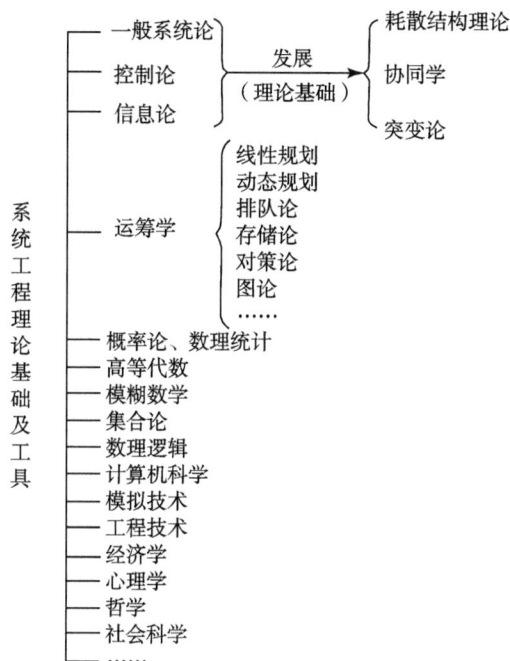

图 2-1　系统工程理论基础及工具的框架

1）系统工程的方法论

系统工程的方法是指运用系统工程研究问题的程序，也就是为了达到系统的目标，运用系统工程的思想及其技术内容，解决问题的工作步骤。系统工程的方法论一般可以用时间维、逻辑维和实施维"三维结构"来描述。

时间维就是工作阶段，依时间的先后顺序排列，每个阶段都有相对独立性和不同的中心任务，对一个具体的工程项目，从规划起一直到更新一般可分成规划阶段、方案设计阶段、研制阶段（系统开发）、生产阶段、安装阶段、运行阶段和更新阶段这 7 个工作阶段。

逻辑维指思维过程，在使用系统工程方法来思考和解决问题时，可以将每一个阶段分为若干逻辑步骤，通常它可以分为提出并明确问题、选择目标并设计系统指标、系统方案综合、系统分析、系统选择和评价、方案决策这 6 个步骤。对于软系统方法论解决问题可分为问题现状说明、弄清问题的关联因素、建立概念模型、改善概念模型、概念模型与现实系统的比较、系统更新等步骤。

实施维就是实施计划，根据最后选定的方案，具体实施整个计划，如果实施过程比较顺利或者遇到的困难不大，略加修改即可实施，那么整个步骤即告一段落。若遇到较多的问题，就有必要回到前面所述的逻辑步骤重新做起。

系统工程的基本原理包括反馈控制原理、最优化原理、协调原理等，系统工程的主要工具包括运筹学、建模、电子计算机。这里不再展开论述。

2）系统分析

（1）系统分析的基本概念。

系统分析就是为了使系统的目的能最好地实现，而对系统应如何构成进行的分析。具体地说，系统分析是从系统的长远和总体的最优目标出发，在选定系统目标和评价准则的基础上，分析组成系统的各个层次的分系统的功能和相互关系，以及系统与环境的相互影响。在调查研究、收集资料和系统思维推理的基础上，产生对系统的输入、输出及转换过程的种种假设；在确定和不确定的条件下利用定性和计量方法，探索若干可能互相替代的方案，并建立模型或用模拟方法分析对比各个不同的方案，同时研究探讨可能产生的效果，综合资源配备最佳的方案，为决策者提供判断最优系统方案所需的信息和资料。

系统分析着重研究系统建立的一些基本问题，如系统的目的、功能、环境、费用、效益、可靠程度等，尤其应着眼于未来的目的和政治经济形势的变化，以及未来科学技术的发展，在此基础上研究一个或几个组合目标。对于涉及社会、经济因素等更复杂系统的系统分析，其环境的约束条件也是变化的，因而应将系统的未来目的当作一个变量看待。

总的来说，系统分析是从系统的角度出发，对需要改进的已有系统或准备建立的新系统进行定性和定量的理论分析或实验研究，从而完成系统目的的重审、系统结构的分析、系统性能的估计、系统效益的评价、系统和环境的相互影响的分析以及系统发展的预测，为系统综合、系统规划设计、系统协调、系统优化控制和系统管理提供理论和实验依据。

（2）系统分析的内容、准则和程序。

系统分析的主要内容包括阐述系统的目标、调查系统的环境、调查系统的资源、研究系统的要素、实行系统的管理五个方面。

系统分析的准则包括四个方面，它们是系统要素同外部环境相结合、当前利益和长远利益相结合、分系统的利益和整个系统的利益相结合、定量分析与定性分析相结合。在系统分析过程中通常应考虑目标、替代方案、指标、模型、标准和决策六个要素。标准是评价方案优劣的尺度，它必须具有明确性、可计量性和敏感性。

系统分析方法不同于一般的技术经济分析，它应当从系统的总体最优考虑，采用各种分析工具和方法对系统进行定性和定量分析。系统分析不仅分析技术经济方面的有关问题，而且还分析政策、机制和信息等方面的问题。系统分析没有一组特定的技术方法，因为它必须随分析对象的不同、分析问题的不同而异。一般来说，系统分析的程序大致为划定问题的范围、设立目标、收集资料、建立模型、分析替代方案的效果、综合分析与评价。

系统目的的分析与确定包括对象系统的分析与确定、对象系统的结构分析（含系统要素集分析、系统相关性分析、系统阶层性分析和系统整体性分析）、对象系统的环境分析（包括物理和技术环境分析、社会环境分析、经济和经营管理环境分析以及系统与环境的边界分析）、系统目的和目标的分析与确定、系统功能的分析、系统成功的可能性分析。

用系统工程方法研究问题时，由于系统规模太太，或者太复杂，往往无法直接分析和试验，故一般利用模型来代替真实系统，通过对模型的分析来求得问题的解决。同时由于模型比现实系统容易操作，建立系统的模型后，只要改变模型中的某些参数值就可以计算出系统的某种结果，这比在真实系统中进行试验要容易得多。通过建立系统的模型可以对影响系统的主要因素了解得更清楚。有些变量在现实系统中要很长时间才能看出变化情况，但用模型研究时可以很快看出变化规律，从而能迅速地抓住其本质特征。

系统模型化是系统分析过程中的重要一环。对模型的一般要求有现实性（即在一定程度上能够确切反映系统的客观实际情况）、简洁性（尽量使模型简单明了，以节约模型建立和计算的时间）、适应性（随着模型建立时的具体条件的变化，要求模型具有一定的适应能力）。建立模型就是找出说明系统功能的要素及其相互关系，即系统的输入、输出和转换关系以及系统的目标和约束条件等。由于表达方式不同，模型一般可以有图式模型、数学解析模型、实体模型和仿真模型等。

系统模型化时大致遵循如下步骤：①分析模型的使用目的和要求，并确定模型的功能；②根据目的要求，从时间和空间等方面来明确系统和环境的边界条件；③确定构成系统功能的最小单元，也就是说根据模型的使用目的把系统划分成若干可以模型化的单元或分系统；④分析和掌握模型化对象的特点、主要因素和逻辑结构，最后建立模型，建立模型时常用直接分析法、模拟法、数据分析法、概率统计分析法、试验分析法、想定法等。

当问题比较简单时，按问题的性质和范围直接做出模型，这就是直接分析法；有些模型的结构性质虽已清楚，但对该模型进行数量描述及求解却很困难，用构造类似的模型的方法处理会使问题变得简单，此法就叫模拟法；通过分析描述系统功能的数据来搞清楚系统的结构模型，这种建模的方法称为数据分析法，如回归分析等；利用概率统计的基本知识和方法分析问题并建立模型称为概率统计分析法，如排队问题的建模；当现有数据分析不能确定个别因素（变量）对系统工作指标的影响时，有时有必要在系统上做局部试验以搞清哪些是本质的变量及其对指标的影响，如环行交叉口通行能力分析时采用的阻车观测法；有些系统的结构并不很清楚，又没有很多的现成数据可以利用，也不允许在系统上做试验，如想研究的系统是未来的、复杂的、涉及人的因素的大系统，这些系统中很多因素不确定，而又想通过模型来预测这类系统的一些数量行为，这时可以采用想定法，它的思路是人为科学地设想一些情况，也就是事先设定的一些不定情况，再用前述的方法构造出一些模型，推出一些结果，然后根据这些结果进行讨论，分析其是否可行，如果不行再重新想定或者以后在过程中不断修改，这种构模法往往不是一次成功，需要多次迭代进行。

系统模型化是为了系统优化。系统优化是建立在系统模型的基础之上的。系统最优化的方法很多，随所建立模型的不同而异。在道路交通工程系统中，有许多最优化问题及相应的方法，如道路网规划中有最短路问题、最大流问题、最小费用最大流问题；在交通管理系统中有随机服务系统的优化问题；在道路施工管理中有材料的最优分配问题等。进行系统最优化时，首先必须根据问题的性质，探讨最优化方法的应用。对于一些确定型问题，可以采用数学规划理论和方法进行优化；对于路网规划和施工技术管理中的优化问题一般可以用图论和网络技术进行优化。

2.1.2　交通运输系统工程

智能运输系统（包括 ITS 系统）通常是复杂的巨系统，是耗资大、开发周期长、涉及范围广的系统工程项目，若事先没有进行充分的系统体系结构研究和开发，很难想象它是一个各部分协调统一、有效的有机整体。

因此对于一个集成了多种功能的 ITS，一定要在开发之前首先进行总体规划研究，而总体规划的重要内容之一就是系统体系结构的研究。

系统体系结构是一个有用的和可用的系统的稳定基础。系统结构是系统内部各要素相互联系、相互作用的方法或秩序。这里的系统是由相互作用和相互依赖的若干组成部分结合而成的、具有特定功能的有机整体。系统的基础就是系统的基本组成框架。

系统体系结构在交通运输系统中的应用以 ITS 体系结构最有特色。如第 1 章所述，ITS 的体系结构是指系统所包含的子系统，各个子系统为实现用户服务功能、满足用户需求所应具备的功能，以及各子系统之间的相互关系和集成方式。ITS 体系结构决定了系统如何构成，确定了功能模块以及模块之间的通信协议和接口，它的设计必须包含实现用户服务功能的全部子系统的设计。

ITS 是一个庞大的系统，包含着很多子系统，它的实施需要通过这些子系统来实现，ITS 体系结构为 ITS 的各个部分提供了统一的接口标准，从而使各个部分便于协调，集成为一个整体。应根据国家总体 ITS 框架，发展地区性的 ITS 体系结构，保证不同地区智能运输系统具有兼容性。ITS 体系结构由用户主体、服务主体、用户服务、系统功能、逻辑框架、物理框架和技术经济评价等组成。

ITS 体系结构的内容包括参考模型、信息体系结构、功能体系结构、数据通信体系结构、物理体系结构等。

参考模型是描述系统的整体视图，其重要性在于它提供了一个系统所包含的主要部分的一个整体框架，往往可以用一个水平的或竖直的层次结构图来描述这个框架。例如一个城市间道路交通管理系统的参考模型可以是一个从上到下由

"国家网络、区域网络、链路、路段、点、数据"构成的竖直结构。

信息体系结构是描述系统运用的信息。建立信息体系结构的目的是识别系统中广泛运用的数据和信息的内容和性质，常常用一个公共的数据字典来表达系统信息体系结构。例如一个道路交通信息交换网络系统的信息体系结构应包含道路网络拓扑信息、监控设施安装位置信息、实时交通条件、道路条件和环境条件等动态信息和独立的静态信息。

功能体系结构用来描述系统的功能要素以及各功能要素之间的逻辑信息流。建立功能体系结构是回答系统能做些什么，是将参考模型分解细化，发展为一个系统，将其用功能处理模块以及各处理模块之间的逻辑数据交换来描述。

数据通信体系结构是一个通信协议的综合结构。一个 ITS 往往要考虑固定设备间、移动设备间、固定设备与移动设备间的通信，如交通中心之间、路边设备和中心之间、移动车辆之间、中心和移动车辆之间、路边设备和车辆之间的通信等，还要考虑公有网络与私有网络之间的联结，所以其数据通信体系结构是很复杂的。

物理体系结构将功能、信息和数据通信体系结构投影到一个物理基础设施集合上，它通过所选择的通用结构中的独立组件以及它们之间的接口来描述系统，这是为下一步系统的工程实现绘制框架蓝图。

运输系统是以交通运输系统的整个运输活动为对象，运用系统工程的原则和方法，为运输活动提供最优规划和计划，进行有效的协调和控制，并使之获得最佳经济效益和社会效益的组织管理方法。运输系统工程的内容包括：运输系统分析、运输系统预测、运输系统的优化控制、运输系统的综合评价、运输系统决策、运输系统模拟等。

运输系统预测是交通运输系统工程的重要内容。预测就是根据过去的历史资料和现在的实际情况，运用已知的客观规律和有关的科学知识手段，对所关心的事物及环境在未来的变化和发展趋势进行分析、探索、估计和评价，从而尽可能使人们对这些事物提前采取策略和措施，使之符合当前的现实情况，同时令其能最优地适应未来的发展。运输系统预测的内容包括：运输经济预测（分为宏观运输经济预测和微观运输经济预测）、运输科技预测（分为运输科学预测和运输技术预测）、交通运输和社会关系预测等。

系统评价可按项目分类，包括目标评价、规划评价、方案评价、设计评价；也可按时间顺序分类，包括事前评价、中间评价、事后评价、跟踪评价；还可按内容分类，包括技术评价、经济评价、社会评价、综合评价。

在系统分析中，为实现某一系统的目的或目标，往往可建立多个替代方案，各个替代方案经过模型化、最优化后，分别得到相应的最优解。系统评价就是指依照各项评价标准对各个替代方案的最优解进行评价，从中选择最满意的方案。

系统分析的评价标准包括功能、费用、可靠性、时间、维护的方便性。功能是指拟建立系统的作用及完成任务的能力；费用是指建立系统所需的物化劳动及活劳动、流动费及非正常或意外情况的损失费用等；可靠性是指系统的各个层次在规定期限和正常条件下运行成功的概率；时间指建立系统所需要的时间，它直接影响到系统的价值；维护的方便性常指为保持系统正常运行所需的维护修理工作的速度和方便程度。为表示某些标准的重要程度，人们往往赋予它们不同的权数以便通盘考虑和恰当评价。

系统分析评价的方法很多，主要有直观判断评价法，包括关联矩阵法和正交辅助矩阵法。当存在几个评价因素而且它们之间又没有约束时，可以用关联矩阵法进行评价。

2.1.2.1 系统分析在道路交通工程中的应用

在道路交通工程中应用系统分析主要有以下五个方面：①制定规划方案。例如国家级道路网规划，即对路网结构，特别是高等级公路的线路走向、等级、标准、公路主枢纽定址、枢纽设施等进行规划，又如城市综合交通规划中的道路网、客货运输、静态交通设施、交通管理系统的规划等。这些例子都是以特定系统为对象，综合社会、政治、经济、资源和技术等各方面的情况，运用规划理论和方法寻求各种规划方案，然后在保证整体系统协调一致的前提下，根据系统的总目标，从中选出令人满意的方案。②重大的道路交通工程项目的可行性研究。一条高速公路、一个大型立体交叉工程、一个大型桥梁工程、一个大城市的现代交通管制系统的投资没有一个不是数千万元乃至几亿元的大型工程项目。这样的项目，按照规定，工程立项要进行可行性研究，要对工程项目的确定、项目投资以及经济社会效益和工程对环境的影响等诸方面用系统分析方法进行论证。③大型道路交通工程项目施工的管理。大型道路交通工程项目投资巨大，建设周期较长，因此，管理工作十分重要，且管理工作对建设质量、完工时间，工程费用能起到保证作用。这样的管理工作，从施工计划的制定到协调实施，采用系统分析方法是行之有效的。④交通运输系统的运行技术管理。大型交通运输系统中主要是客流、物流、信息流的流动。用系统分析方法从"三流"入手，方有可能制定出安全、可靠、经济合理的优化运输计划并加以实施。⑤交通工程设施的系统设计和建设。城市交通监控系统、大型停车场、收费站、修理厂、枢纽站等的设计和建设都应按系统的要求进行设计和建设。

2.1.2.2 交通虚拟视景仿真系统

为模拟交通系统中的人－车－路（环境）系统，研究人、车、路、环境的相互作用关系，为交通系统管理提供理论依据，北京理工大学交通运输工程学科设计建设了人－车－路（环境）系统虚拟视景仿真系统，其在驾驶疲劳、驾驶安全、智能驾驶及无人驾驶研究中起到支撑作用。

1）虚拟视景仿真系统的总体框架

以江铃全顺牌轻型客车为载体，驾驶人进入驾驶舱，根据交通环境的虚拟视景操纵车辆，由车辆内安装的三组数据采集装置——驾驶参数传感器、摄像装置、生理 – 心理装置——实时记录驾驶过程中的驾驶参数（如位移、时间、车速、加速度，偏距等）、视频参数（驾驶人面部表情图像）、生理数据（如驾驶人的脑电、肌电等），其中传感器直接输出的驾驶参数电压值，由数据采集卡进行 A/D 转换后传输到虚拟视景仿真系统的软件部分，车辆动力学模型对其计算并求解，将结果输入视景仿真程序代码，并实时调用 Vega Prime 和 Creator 软件控制虚拟视景画面，驾驶人通过虚拟视景的变化来完成下一步驾驶任务。

　　硬件部分主要包含实车驾驶舱、驾驶人参数传感器系统、生理 – 心理装置（多导生理反馈测量系统）、视景显示设备，数据采集及视景驱动工作站等。

　　软件部分是视景仿真系统的核心，采用虚拟视景仿真技术，首先通过对车辆运动受力分析，建立车辆动力学模型；其次结合 LOD、DOF 等技术，利用 Multigen Creator 制作驾驶环境的三维模型；最后，采用 VC + + 与 Vega Prime 混合编程对场景进行驱动和控制，求解车辆的动力学模型，将车辆的运动状态赋予视景中的车辆，不断更新视景，从而实现车辆的运动仿真，实现人机交互，其循环流程如图 2 – 2 所示。

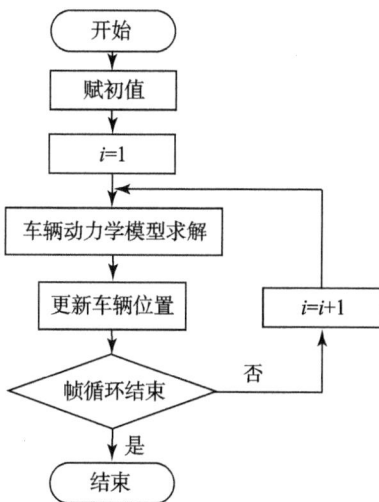

图 2 – 2　虚拟视景仿真系统的循环流程

　2）虚拟视景和虚拟视景仿真系统构建

　　在虚拟视景仿真试验中，设计者特别构建了 10km 的城市道路虚拟视景，包括静态环境（路面、交叉口、路段、路侧建筑、交通标志标线等）、动态环境（不同行驶状态的车辆及其他交通实体，如通过信号交叉口时遇横向右转车、跟驰前车行驶和避让静止车等）。虚拟视景仿真系统如图 2 – 3 所示。通过构建虚拟视景及虚拟视景仿真系统可研究不同的驾驶行为，包括按照既定路线在城市道路上行驶，完成通过交叉口、直线跟驰、避障、转弯等驾驶任务。

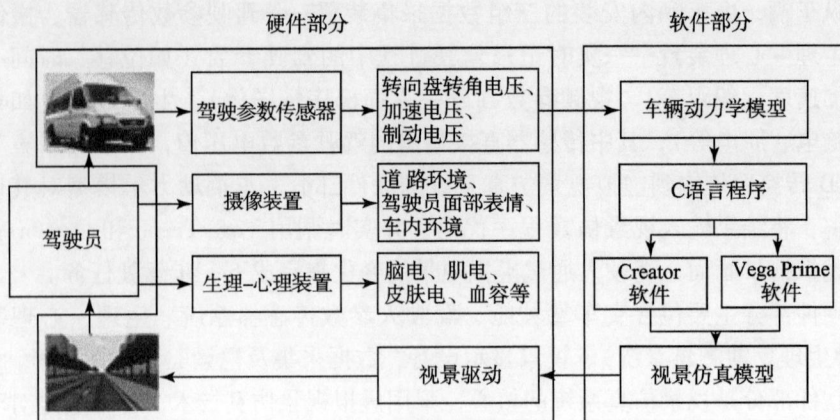

图 2 - 3 虚拟视景仿真系统

2.2 智能控制理论

智能控制是当今多学科交叉的前沿领域之一，以 1987 年召开的第一届智能控制国际会议为标志，智能控制已经成为一门新的学科，也是智能运输系统的重要理论。

2.2.1 智能控制理论简介

2.2.1.1 智能控制的发展及特点

1）智能控制的发展

智能控制（Intelligent Controls）是在无人干预的情况下自主地驱动智能机器实现控制目标的自动控制技术。控制理论发展至今已有 100 多年的历史，经历了经典控制理论和现代控制理论发展阶段，现在已进入大系统理论和智能控制理论阶段。智能控制理论的研究和应用是现代控制理论在深度和广度上的拓展。

纵观智能控制产生、发展的历史背景与现状，其研究中心始终是解决传统控制理论、方法（包括古典控制、现代控制、自适应控制、鲁棒控制、大系统方法等）所难以解决的不确定性问题。控制学科所面临的控制对象的复杂性、环境的复杂性、控制目标的复杂性日益突出，智能控制的研究提供了解决这类问题的有效手段，其集中表现为在控制工程中运用智能方法解决复杂系统的控制已取得了相当多的成功。另一方面，智能控制的研究虽然取得了一些成果，但实质性进展甚微，理论方面尤为突出，应用则主要是解决技术问题，对象具体而单一。应当着重于基础控制工程方法的开发而不是技术演示。智能控制作为多学科交叉的产物，其研究现状与存在的问题固然与交叉学科的发展密切相关，但传统的方法论也在一定程度上束缚了它的发展。事实上，在人们久已习惯的还原论思想及传统控制思路的引导下，智能控制与传统的或常规的控制有密切的关系，不是相互排斥的。常规控制往往包含在智能控制之中，智能控制也利用常规控制的方法来解决低级的控制问题，力图扩充常规控制方法并建立一系列新的理论与方法来解决更具有挑战性的复杂控制问题。

智能控制以控制理论、计算机科学、人工智能、运筹学等学科为基础，扩展了相关的理论和技术，其中应用较多的有模糊逻辑、神经网络、专家系统、遗传算法等理论和自适应控制、自组织控制、自学习控制等技术。

智能控制这一概念是由美国普渡大学（Purdue University）电气工程系的美籍华人傅京孙教授于 20 世纪 60 年代最先提出的。早在 1965 年，傅京孙教授首先把人工智能的启发式推理规则用于学习控制系统，1966 年，Mendel 进一步在空间飞行器的学习控制系统中应用了人工智能技术，并提出了人工智能控制的概念。1967 年，Leondes 和 Mendel 首先正式使用智能控制一词。随着研究的对象和系统越来越复杂，借助于数学模型描述和分析的传统控制理论已难以解决复杂系统的控制问题。智能控制是针对控制对象及其环境、目标和任务的不确定性和复杂性而产生和发展起来的。

智能控制是指驱动智能机器自主地实现其目标的过程，即无需人的直接干预就能独立地驱动智能机器实现其目标。其基础是人工智能、控制论、运筹学和信息论等学科的交叉，也就是说它是一门边缘交叉学科。傅京孙教授于 1971 年首先提出了智能控制的二元交集理论，即人工智能和自动控制的交叉。美国的 G. N. Saridis 于 1977 年把傅京孙教授的二元结构扩展为三元结构，即人工智能、自动控制和运筹学的交叉。后来中南大学的蔡自兴教授又将三元结构扩展为四元结构，即人工智能、自动控制、运筹学和信息论的交叉，从而进一步完善了智能控制的结构理论，形成了智能控制的理论体系。

20 世纪 70 年代初，傅京孙、Glofis 和 Saridis 等学者从控制论的角度总结了人工智能技术与自适应、自组织、自学习控制的关系，提出了智能控制就是人工智能技术与控制理论的交叉的思想，并创立了人机交互式分级递阶智能控制的系统结构。

20 世纪 70 年代中期，以模糊集合论为基础，智能控制在规则控制研究上取得了重要进展。1974 年，Mamdani 提出了基于模糊语言描述控制规则的模糊控制器，将模糊集和模糊语言逻辑用于工业过程控制，之后又成功地研制出自组织模糊控制器，使得模糊控制器的智能化水平有了较大提高。模糊控制的形成和发展，及其与人工智能的相互渗透，对智能控制理论的形成起到了十分重要的推动作用。

20 世纪 80 年代，专家系统技术的逐渐成熟及计算机技术的迅速发展，使得智能控制和决策的研究也取得了较大进展。1986 年，K. J. Astrom 发表的著名论文《专家控制》将人工智能中的专家系统技术引入控制系统，组成了另一种类型的智能控制系统——专家控制。目前，专家控制方法已有许多成功应用的实例。

20世纪80年代以来，信息技术、计算技术的快速发展及其他相关学科的发展和相互渗透，也推动了控制科学与工程研究的不断深入，控制系统向智能控制系统的发展已成为一种趋势。

20世纪90年代，智能控制行业日益成熟，作为一个独立的行业，其发展受到了双重动力的驱动。其一是市场驱动，市场需求的增长和市场应用领域的持续扩大，致使智能控制至今已经在工业、农业、家用、军事等几乎所有领域得到了广泛应用；其二是技术驱动，随着相关技术领域日新月异的发展，智能控制行业作为一个高科技行业也得到了飞速发展。

2012年全球智能控制行业的市场规模接近6 800亿美元。从地域分布上看，欧洲和北美是智能控制产品的两大主要市场，其市场规模占全球智能控制市场的56%，这主要是由于这两大区域在小型生活电器、汽车、大型生活电器、电动工具等领域的市场发展比较成熟，产品普及率高，未来几年内欧洲和北美将继续占据主要市场地位。

智能控制产品在中国等发展中国家的应用仍处于初级阶段，现阶段市场规模不大，但是增长速度较高，拥有巨大的发展空间。目前中国智能控制行业的规模为4 200亿元，2004年以来的年均增长率接近19%。汽车电子和大型生活电器是中国电子智能控制产品的主要应用领域，其市场占有率分别为31%和10%。小型生活电器产品种类繁多，目前中国小型生活电器智能控制产品的应用还不普及，正处于高速发展阶段，市场空间巨大。此外，电动汽车、智能建筑及家居等新兴领域的崛起也将带动智能控制器需求的快速增长。下游厂商需求分散使产品差异较大、产能较分散，因此全球智能控制行业总体集中度较低。

2）智能控制系统及其特点

近年来，越来越多的学者意识到在传统控制中加入逻辑推理和启发式知识的重要性，这类系统一般称为智能控制系统。对于智能控制系统这一术语还没有明确的定义，控制系统协会将其归纳为：智能控制系统必须具有模拟人类学习和自适应的能力。智能控制理论不同于经典控制理论和现代控制理论的处理方法是控制器不再是单一的数学模型而是数学模型和知识系统相结合的广义模型。概括说它有以下特点：

（1）分析和设计智能控制系统时，重点是智能机模型，即要把重点放在对非数学模型的描述、符号和意境的识别、知识库和推理机的设计和开发等方面上来，而不是放在传统控制器的分析和设计上。

（2）智能控制的核心是高层控制，即能对复杂系统如非线性、快时变、复杂多变量、环境扰动等进行有效的全局控制，实现广义问题求解，并具有较强的容错能力。

（3）定性决策和定量控制相结合的多模态组合控制。

（4）其基本目的是从系统的功能和整体优化的角度来分析和综合系统以实现预定的目标，并具有自组织能力。

（5）同时，知识在控制中起着重要的协调作用，系统在信息处理上既有数学运算又有逻辑和知识推理。

2.2.1.2　智能控制理论简介

自从"智能控制"概念提出到现在，自动控制和人工智能专家、学者们提出了各种智能控制理论，下面对一些有影响的智能控制理论进行介绍。

1）递阶智能控制

递阶智能控制（Hierarchical Intelligent Control）是由 G. N Saridis 提出的，它是最早的智能控制理论之一。它以早期的学习控制系统为基础，总结人工智能与自适应控制、自学习控制和自组织控制的关系后逐渐形成的。递阶智能控制遵循"精度随智能降低而提高"的原理分级分布。该控制系统由组织级、协调级、执行级组成。在递阶智能控制系统中，智能主要体现在组织级上，由人工智能起控制作用；协调级是组织级和执行级之间的接口，由人工智能和运筹学共同作用；执行级仍然采用现有的数学解析控制算法，对相关过程执行适当的控制作用，它具有较高的精度和较低的智能。

2）神经网络智能控制

人工神经网络是一种动态非线性系统，它的分布式存储和并行协同处理特征引起了自动化学界的极大关注，并逐渐被应用到控制领域，进而产生了神经网络控制。神经网络控制简称神经控制，是简单模拟人脑智力行为的一种新型控制方式和辨识方式。随着人工神经网络应用研究的不断深入，新的模型不断推出。在智能控制领域中，应用最多是 BP 网络、Hopfield 网络、自组织神经网络、动态递归网络等。

神经网络能够应用于自动控制领域，主要因为：①由于隐层的存在，只需三层网络便可以任意精度逼近非线性函数；②并行处理功能既能解决大批量实际计算和判决问题，又有较强的容错能力，网络输出是所有神经元共同激活的结果，少量神经元的激活差错不影响决策功能；③神经网络自身的结构及其多输入、多输出的特点，使其易于控制多变量系统；④对于不同的输入模式，隐层各单元的激活强度不同，对于干扰原因产生给定偏离或系统内部结构变化，当经典方式和现代方式构成的负反馈调节无能为力时，神经控制却能因不同的激活强度而获得满意的输出；⑤具有自适应和自学习的特性。需提出的是，神经控制的特点十分诱人，但其理论研究还不成熟，许多问题有待进一步研究。

学习算法是神经网络的主要特征，也是当前研究的主要课题。学习的概念来自生物模型，它是机体在复杂多变的环境中进行的有效的自我调节。神经网络具备类似人类的学习功能。一个神经网络若想改变其输出值，但又不能改变它的转换函数，只能改变其输入，而改变输入的唯一方法只能修改加在输入端的加权系数。神经网络的学习过程是修改加权系数的过程，最终使其输出达到期望值，即学习结束。常用的学习算法有：Hebb 学习算法、widrow Hoff 学习算法、反向传播学习算法——BP 学习算法、Hopfield 反馈神经网络学习算法等。

3）模糊控制

美国加利福尼亚大学的自动控制理论专家 LA. Zadeh 于 1965 年首先提出了"模糊集合"的概念。1974 年，英国的学者首先把模糊理论用于工业控制并取得了良好的效果，从此模糊控制理论得到了快速的发展。

模糊控制的基本思想是用机器去模拟人对系统的控制，就是在被控对象的模糊模型的基础上运用模糊控制器近似推理等手段，实现系统控制。模糊模型是用模糊语言和规则描述一个系统的动态特性及性能指标。它具有不需要知道被控对象（或过程）的数学模型、易于实现对具有不确定性的对象和具有强非线性的对象用进行控制、对被控对象的特性参数的变化具有较强的鲁棒性、对控制系统的干扰具有较强的抑制能力等优点。

4）专家智能控制

专家系统（Expert System，ES）是美国斯坦福大学的 E. H. Shortliffe 于 1976年开发成功的，它而开创了人工智能研究的新领域。所谓专家系统就是一个或一组能在某特定领域内，以人类专家的水平去解决该领域中困难问题的计算机程序。人类专家之所以成为某一领域中的专家，其关键之处在于他掌握了关于某领域的大量专门知识（Expertise）。由此可知，如果计算机能够贮存关于某一领域的大量专门知识，并能有效地利用这些知识去解决问题，那么计算机也应该能很好地解决该领域的复杂问题。专家系统的整个理论基础可以用英国伟大的哲学家培根的名言"知识就是力量"来概括。

A. Baler 等人曾精确地指出"专家系统的性能水平主要是它所拥有的知识数量和质量的函数"。从专门知识的特点出发，专家系统的基本特征有：

（1）启发性（Heuristic）——不仅能使用逻辑知识，也能使用启发性知识；

（2）透明性（Transparency）——能向用户解释它们的推理过程，还能回答用户的一些关于它自身的问题；

（3）灵活性（Flexibility）——系统中的知识应便于修改和补充。

5）学习控制系统

学习机的概念是和控制论同时出现的，它是一种模拟人的记忆与条件反射的自动控制装置。现有的机器学习方法主要有归纳学习、类比学习、基于解释的学习和基于人工神经网络的学习等。学习控制系统能够处理不确定性和非线性过程，并能保证良好的适应性、令人满意的稳定性和足够的收敛性。因而，近期学习控制得到了广泛的应用。

6）定性控制理论

定性推理是一种基于模型的推理，其基本思想是，为了搞清楚定性推理的对象的现实世界的物理系统的行为，往往不需要使用严格的定量方法。定性推理不是通过收集系统变量在不同的时间点上的取值来模拟系统行为，而是在更高的抽象层次上关心系统行为的定性特征。将定性推理应用到控制领域，便形成了智能控制的一个新的分支，即定性控制。定性控制器根据系统的不完全知识，对系统的输出行为做出预测和控制，这是常规控制器所无法完成的。定性控制与模糊控制的主要区别是：①模糊控制基于"黑箱"系统，不需要建立数学模型，而定性控制基于定性模型；②模糊控制基于状态的精确测量值，而定性控制基于状态的定性测量值。

7）遗传算法与控制理论相结合

遗传算法是美国密歇根大学的 John. holand 于 1975 年提出的。它的基本思想是基于达尔文的进化论和孟德尔的遗传学说。遗传算法将问题转换成由染色体组成的进化群体和对该群体进行操作的一组遗传算子。它通过"适者生存，不适者淘汰"的进化机制，经过"生成－评价－选择－操作"的进化过程反复进行，直到搜索到最优解为止。当前遗传算法用于自动控制主要是进行系统参数的辨识、控制参数在线优化、神经网络中的学习等。

2.2.1.3　人工智能的发展

1）人工智能的发展概况

当公路、车辆、机器人或制导导弹具有模拟人类智能的特点时，它们被称为智能化。其特点是计算机用与人脑工作方式近似的方式去处理信息。人类彼此之间通过口头语言进行通信联络的能力被公认为智能的标志。同样的，人类察看周围环境并组织物体识别的可视信息的能力也被看作大脑的独有功能。

让机器近似地实现人脑所实现的这些功能的思想可以追溯到 19 世纪。20 世纪 50 年代，人们开始研究电子计算机模拟人脑特点的可能性。1956 年夏，一个研究小组的学者在数学和逻辑方面进行了尝试，他们参加了由洛克菲勒基金会和达特茅斯学院资助的夏季讲习班，目的是共同探索产生能够再现智能思维的计算机程序的前景。这个小组的参加者中的许多人因此成为人工智能的新计算机科学领域的带头人。

在 20 世纪 60 年代和 20 世纪 70 年代，人们将人工智能作为计算机科学的一个特殊方面进行研究。在此期间，人们在编程技术方面取得了一些有用的成果，形成一个可作为几乎所有的计算机基础的根本性结构，这个结构是约翰·冯·诺依曼在 1946 年提出的，由一个存贮记忆和一个中央处理单元构成，中央处理单元能执行一连串的数学运算。这种计算机被称作连续计算机或冯·诺依曼机。通过开发高速处理电路、更大的记忆体，以及减少存取数据和执行连续指令所耗费的时间，计算机已经获得了更高层次的能力。人工智能研究者们意识到人脑的一个重要特点是能够迅速地贮存信息，而不把时间浪费在不相关信息排序的能力研究上。人脑还表现出了并行的多功能。在这一时期，商业和科学计算机迅速发展的另一个局限是其带有计算机程序的特性。这些程序很适合数值计算，但人工智能方面的研究要求计算机存贮和处理极大量的信息。它牵涉到对与特殊领域知识相关的列表进行搜索，以及如何最好地在记忆体中表现这些专业知识的问题。它也涉及编程计算机实现逻辑运算的功能。所以，支持人工智能功能的计算机程序用于处理数字和符号，这与早期的计算机程序形成对比。早期程序主要实现大批量数据的数学运算。两种基本的编程语言被开发出来以支持与人工智能相联系的特殊的运算。它们是 LISP 和 PROLOG。

20 世纪 60 年代和 20 世纪 70 年代，美国、欧洲和日本的少数几个大学、政府和工业研究实验室继续进行人工智能方面的研究工作。到 20 世纪 70 年代，研究表明通过编程来模拟人脑特定功能的计算机能够投入实际应用。实际应用是最为关键的。早期进行"会思考的机器"模型建立的尝试受到了限制，因为建立最简单的识别处理模型要求计算机系统有极大的容量。随着计算机技术的迅速进步，计算机能力使实际的计算机所选类型的识别处理模型成为可能。

在 20 世纪 80 年代早期，人工智能在计算机科学界、各大公司、防卫规划者以及研究阶层中引起了广泛注意。人工智能成为一种技术潮流，成为一个越来越受注意的时髦名词。人工智能的主要研究领域包括专家系统、自然语言处理、机器视觉。每个领域都关注能够以类似人类行为进行反应的计算机系统。专家系统包含知识库、工作记忆体、能够使计算机作出推理的过程的一些程序。知识库包括综合了直观判断的准确信息。准确信息可以是数字化数据或陈述。而直观判断是程序化的规则，它能够尝试去捕获在特殊专业领域的专家的知识和判断。这带来了如何在计算机程序的参考框架中体现这种知识的问题，在人工智能领域，也就是知识获得的处理问题。专家系统的工作记忆体存贮了输入数据，保存了解决问题所要采取的步骤的记录。推理过程则是一种控制结构，是帮助程序解决问题的一套规则。由于规则要被修订以适应新的知识，故专家系统是经常变动的。因此，一个专家系统要有被用户发展扩充的能力，以反映个别的意见或偏好。

2）计算机视觉实现

计算机视觉的产生包含了人们对人类视觉的了解。现在人们已经开发了能够表现人类部分视觉特征的计算机系统。正如人类视觉那样，计算机视觉牵涉到编程和在多层次上实现的功能。因此计算机技术已经被用来处理图像数据，而不仅仅用于人工智能。而且，关于其他领域的基本图解处理技术已经发展起来，包括光学处理、视频处理、模式识别、情景分析和画面理解。

人类视觉取决于人脑及其能够贮存大量外界信息的能力。人脑实现了特征提取、分类和图解理解等功能。人类能识别几千种图样，并和情景中的物体建立正确的联系。这是一个非常迅速的过程，不需要有意识的作用。因此即使提供了具有足够处理能力的计算机，人们也不知该如何编程去模仿人类视觉处理能力。形式有限的计算机视觉的应用是可能的，但是不能完全实现人类视觉的能力。

现在，商业化视觉系统正在使用，能够完成与检查、部分排序、定位遥控装置等相关的任务。在这些应用中，物体轮廓从黑白图像中分离出来，并与存储在记忆体中的模型进行比较。在交通控制中，结合来自其他传感器系统的信号，自动车辆控制系统的研究也得到发展。

3）自然语言处理

自然语言的处理涉及利用自然语言同计算机进行交流的方法开发。自然语言包括由打印文字、印刷文字或口语等组成的人 - 机语言界面，和机器交流的自然语言的科学研究与理解人类如何利用语言互相交流紧密相关。因此，自然语言处理与语言学和心理学有关。

由于应用场合不同，自然语言处理的复杂程度可能很大。作为选择，一个自然语言界面的领域可能被限定于一个特定的人。然后，计算机可以被"培训"，或被程序控制识别特定人的发音。接着模式匹配技术就可以把口语翻译成待处理的计算机语言。将人的发音转换成正确的单词和句子，不仅牵涉到大量的发言人，还牵涉到大量的词汇，而这些都难以得到令人满意的解决。一种语言中语音的语素，随着发言人的方言和口音不同差别相当大。而且在英语中，发音相同的单词有不同的含义。

计算机理解的错误是随机的，识别发言人不同的语言仍是难以实现的目标。只是定义良好、清楚的语言才容易实现清楚的自然语言的处理。而语音激活的界面在应用中是可行的，例如车载路线导航或出行信息系统都可用语言实现。

2.2.2　智能控制理论在 ITS 中的应用

交通问题是当今世界人们普遍关注的重要问题，交通问题所带来的严重危害日益影响人们的日常生活与社会经济的发展，所以发展中国的智能交通事业势在必行。智能交通控制系统是智能交通系统的重要组成部分。

智能控制理论是自动控制论与人工智能理论交叉的产物。对于具有不确定性，难以建立精确的数学模型的复杂控制对象，智能控制是行之有效的，它决定了智能交通控制系统与智能控制理论相结合的必然性。随着智能控制理论和技术的飞速发展，如人工智能的专家系统、模糊系统、人工神经元网络、遗传算法等，传统的控制技术和方法越来越表现出巨大的局限性。许多学者已将模糊控制和神经网络等先进技术应用于交通控制系统当中。

目前，建立完善的智能交通系统是解决交通基础设施建设增长缓慢与机动车数量逐年增长之间的矛盾的最为有效的途径。智能交通控制系统作为智能交通系统的重要组成部分，受到国内外的广泛关注，取得了许多成果。部分基于数学模型和传统控制方法的智能交通控制机理已相对成熟，并在非拥挤交通路况条件下取得了令人满意的控制效果。然而伴随社会与交通的飞速发展，主要是城市交通路网规模及交通流量的急剧增长，传统交通控制系统的性能受到了极大的挑战，新的技术和方法的引入显得十分必要和非常迫切。

模糊控制是一种重要的智能控制方法。模糊控制器的控制策略是通过学习、试验以及长期经验积累形成的，它可以用自然语言加以描述，而不依赖于精确的数学模型，特别适用于复杂系统和不确定对象，且具有较强的鲁棒性。因此，基于模糊逻辑的智能交通控制系统发展迅速。

因为交通路网的拓扑结构具有分布式特性，以及交通系统具有多层次、复杂的特点，多智能体技术更适合应用于智能交通系统。从长远来看，建立基于多智能体技术的智能交通控制体系具有更广阔的发展前景。

城市交通控制系统发展的初期，人们主要把精力放在信号灯和信号控制器等硬件设备的更新和改进方面。直到机动车辆增多和交通流量增大使得路口间交通流运行与信号控制的日渐增强的耦合作用被认识到时，城市交通控制机理才逐步受到重视并得到研究和发展。

最初的交通信号灯，只按本路口的交通情况独立运行，不考虑其邻近路口的交通状况以及相邻路口信号控制间的耦合作用，这样的路口控制通常称作孤立路口控制或点控。但由于路口间的交通流存在耦合作用，这种相互独立的控制方式会导致频繁停车并影响控制效果，从而需引入协调控制。协调控制包括线控和面控。线控主要指干线方向的信号协调控制，就是设计一种相互协调的配时方案来控制干线上各交叉口信号灯的协作运行。然而，对于整个区域的交通负荷都很大的情况，采用干线协调控制方式往往不能收到预期的控制效果，甚至可能使之恶化，因此需在整个交通网络上寻求统一协调，即交通网络协调控制，或称面控。可见，从控制协调的规模来看，城市交通控制可分为点控、线控和面控三种情况。

就控制方式而言，交通控制可分为定时控制、感应控制和实时自适应控制三种。定时控制根据关于交通状况的历史数据及统计结果，找出每天及每小时的不同交通流的变化规律，用人工方法或计算机仿真方法按不同天及不同时段的若干种典型状况及一定的优化模型与算法制定出相应的信号配时方案，由交通警察根据当时的路况进行选择或用日历钟按照交通流变化的规律每天在一定的时间自行转换。定时控制方式具有简单经济的优点，但对交通流的随机变化不能有效响应，适应能力很差。感应控制方式则在交叉路口的部分或所有进口车道上安装检测器，并随时根据检测得到的交通信息和预先设定的信号配时方案决定当前信号状态是否延长或终止转换。此方式符合交通流的随机特征，较定时控制方式有更大的灵活性，适应能力有所增强，适用于饱和度较低、交通流没有明显变化规律、随机性较强的路口。实时自适应控制则是根据路口检测得到的有关交通信息并基于交通预测模型预测近短期交通需求状况的变化，从协调信号配时方案库中选择相应的最优方案或实时计算产生相应的最优信号配时方案来实现交通控制。由于信号方案的实施充分考虑了实时交通需求，所以能通过不断修正控制参数来适应交通流的动态随机变化，具有较高的控制精度和较好的响应速度，适应能力最强，但由于其需要安装大量的检测设备和通信线路而造价很高。

根据系统控制逻辑和硬件配置来看，城市交通控制系统的体系结构经历了无计算机控制、计算机集中式和计算机分散式三代演变过程。最初的信号灯是人工控制的，所以称为无计算机控制的系统。1946 年电子数字计算机问世，不过因为当时的计算机价格较为昂贵，通常只能针对多个路口构成的路网系统设立一个中央计算机系统，根据来自检测器或局部控制器的交通信息数据，统一对整个路网系统进行信号配时方案的选择或计算，这即计算机集中式控制系统。伴随集成电路的发展和计算机的日益微型化，智能交通控制步入计算机分散控制时代，具体分为两种情况：一种是计算机完全分散式控制系统，其特点是无控制中心，各路口的局部微型计算机负责相应的信号配时和与其他计算机的数据交换；另一种则是基于递阶分层结构的计算机分布式控制系统，作为集中式控制和分散式控制的结合，它汇集了二者的优势，既提高了灵活性、可靠性和有效性，又节省了系统投资，所以成为发展方向。

计算机的出现和广泛应用掀起了人工智能研究的热潮。针对传统交通控制系统的固有缺陷和局限性，人工智能中的专家系统、模糊系统、人工神经网络、遗传算法、多智能体等实用技术被相继推出并被应用到交通工程领域。

2.3　智能协同理论

2.3.1　协同论的产生及其研究对象

1）协同论的概念及产生

协同论（synergetics）亦称协同学或协和学，是 20 世纪 70 年代以来在多学科研究基础上逐渐形成和发展起来的一门新兴学科，是系统科学的重要分支理论。其创立者是联邦德国的斯图加特大学教授、著名物理学家 Hermann Haken。1971 年他提出协同的概念，1976 年系统地论述了协同理论，发表了《协同学导论》，还著有《高等协同学》等。

协同论主要研究远离平衡态的开放系统在与外界有物质或能量交换的情况下，通过自己内部的协同作用，自发地出现时间、空间和功能上的有序结构的规律。协同论以现代科学的系统论、信息论、控制论、突变论等为基础，吸取了结构耗散理论的大量营养，采用统计学和动力学相结合的方法，通过对不同领域的分析，提出了多维相空间理论，建立了一整套数学模型和处理方案，在微观到宏观的过渡上，描述了各种系统和现象中从无序到有序转变的共同规律。

协同论是研究不同事物的共同特征及其协同机理的新兴学科，是近十几年来获得发展并被广泛应用的综合性学科。它着重探讨各种系统从无序变为有序时的相似性。协同论的创始人 Hermann Haken 说过，他把这个学科称为协同学，一方面是由于我们所研究的对象是许多子系统的联合作用，以产生宏观尺度上的结构和功能；另一方面，它又是由许多不同的学科进行合作，来发现自组织系统的一般原理。

协同论认为，由大量子系统组成的系统，在一定条件下，由于子系统相互作用和协作，千差万别的系统的属性不同，但在整个环境中各个系统间存在着相互影响而又相互合作的关系。其中也包括通常的社会现象，如不同单位间的相互配合与协作，部门间关系的协调，企业间相互竞争的作用，以及系统中的相互干扰和制约等。协同论指出，由大量子系统组成的系统，这种系统的研究内容，可以概括地认为是研究从自然界到人类社会各种系统的发展演变，探讨其转变所遵守的共同规律。应用协同论方法，可以把已经取得的研究成果，类比拓宽于其他学科，为探索未知领域提供有效的手段，还可以用于找出影响系统变化的控制因素，进而发挥系统内子系统间的协同作用。

协同论描述了临界点附近的行为，阐述了慢变量支配原则和序参量概念，认为事物的演化受序参量的控制，演化的最终结构和有序程度决定于序参量。不同的系统序参量的物理意义也不同。比如，在激光系统中，光场强度就是序参量。序参量的大小可以用来标志宏观有序的程度，当系统无序时，序参量为零。当外界条件变化时，序参量也变化，当到达临界点时，序参量增长到最大，此时出现了一种宏观有序的有组织的结构。

序参量是协同论的核心概念，是指在系统演化过程中从无到有地变化，影响着系统各要素由一种相变状态转化为另一种相变状态的集体协同行为，并能指示出新结构形成的参量。尽管影响系统的因素很多，但只要能够区分本质因素与非本质因素、必然因素与偶然因素、关键因素与次要因素，找出从中起决定作用的序参量，就能把握整个系统的发展方向。因为序参量不仅主宰着系统演化的整个进程，而且决定着系统演化的结果。序参量的特征决定了它是系统发展演化的主导因素，只要在发展过程中审时度势，创造条件，通过控制系统外部参量和加强内部协同，强化和凸显人们所期望的序参量，就能使系统有序、稳定地运行。

协同论指出，一方面，对于一种模型，随着参数、边界条件的不同以及涨落的作用，所得到的图样可能很不相同；但另一方面，对于一些很不相同的系统，却可以产生相同的图样。由此可以得出一个结论：形态发生过程的不同模型可以导致相同的图样。在每一种情况下，都可能存在生成同样图样的一大类模型。

协同论提出了功能结构的概念。认为功能和结构是互相依存的，当能流或物质流被切断的时候，其所考虑的物理和化学系统会失去自己的结构，但是大多数生物系统的结构却能保持一个相当长的时间，这样生物系统颇像把无耗散结构和耗散结构组合起来了。

2）协同论的主要内容和研究对象

（1）协同论的主要内容。

协同论的主要内容可概括为协同效应、伺服原理、自组织原理三个方面。

协同效应是协同作用产生的结果，是指复杂开放系统中大量子系统相互作用所产生的整体效应或集体效应。在千差万别的自然系统或社会系统中，均存在协同作用。协同作用是系统有序结构形成的内驱力。任何复杂系统，当在外来能量的作用下或物质的聚集态达到某临界值时，子系统之间就会产生协同作用。这种协同作用能使系统在临界点发生质变，产生协同效应，使系统从无序变为有序，从混沌中产生某种稳定结构。协同效应说明了系统自组织现象的观点。

伺服原理用一句话来概括，即快变量服从慢变量，序参量支配子系统行为。它从系统内部稳定因素和不稳定因素间的相互作用方面描述了系统的自组织的过程。其实质在于规定了临界点上系统的简化原则——"快速衰减组态被迫跟随缓慢增长的组态"，即系统在接近不稳定点或临界点时，系统的动力学和突现结构通常由少数几个集体变量，即序参量决定，而系统中其他变量的行为则由这些序参量支配或规定，正如协同学的创始人哈肯所说，序参量以"雪崩"之势席卷整个系统，掌握全局，主宰系统演化的整个过程。

自组织原理是相对于他组织而言的。他组织是指组织指令和组织能力来自系统外部，而自组织则指系统在没有外部指令的条件下，其内部子系统之间能够按照某种规则自动形成一定的结构或功能，具有内在性和自生性特点。自组织原理解释了在一定的外部能量流、信息流和物质流输入的条件下，系统会通过大量子系统之间的协同作用而形成新的时间、空间或功能有序结构。

（2）协同论的研究对象。

客观世界中存在着各种各样的社会与自然系统、有生命与无生命系统、宏观与微观系统，这些看起来完全不同的系统，却都具有深刻的相似性。协同论则研究事物从旧结构转变为新结构的机理的共同规律，它的主要特点是通过类比，对从无序到有序的现象建立一整套数学模型和处理方案，并将之推广到广泛的领域。它基于很多子系统的合作受相同原理支配而与子系统特性无关的原理，设想在跨学科领域内，考察其类似性以探求其规律。

协同理论揭示了物态变化的"旧结构不稳定性新结构"普遍程式，即随机"力"和决定论性"力"之间的相互作用，把系统从它们的旧状态驱动到新组态，并且确定应实现的那个新组态。由于协同论把它的研究领域扩展到许多学科，并且试图使似乎完全不同的学科之间增进"相互了解"和"相互促进"，无疑，协同论就成为软科学研究的重要工具和方法。

（3）协同论的普适性和开放性。

由于协同论属于自组织理论的范畴，其使命并不仅仅是发现自然界中的一般规律，而且还在无生命自然界与有生命自然界之间架起了一道桥梁。可见，协同学试图把无生命自然界和有生命自然界统一起来，发现它们的共同本质规律。这一理想已经被两个发现证明成为可能，其一是在有生命的自然界中，所有的系统都是开放系统；其二是在系统演化的过程中，究竟哪种结构能实现，取决于各个集体的运动形式。由此可见，协同论所揭示的结构形成的一般原理和规律，不仅为人们研究自然现象提供了新的原则和方法，而且为人们研究生命起源、生物进化、人体功能乃至社会经济文化的变革等复杂事物的演化发展规律提供了新的原则和方法。协同论对揭示无生命界和生命界的演化发展具有普适性意义。另外，从协同论的应用范围来看，它正广泛应用于各种不同系统的自组织现象的分析、建模、预测以及决策等过程。协同论作为一门以研究不同学科中共同存在的本质特征为目的的系统理论，具有广泛的适用性或普适性。

协同论的自组织原理说明，任何系统如果缺乏与外界环境进行物质、能量和信息的交流，其本身就会处于孤立或封闭状态。在这种封闭状态下，无论系统初始状态如何，最终其内部的任何有序结构都将被破坏，呈现出一片死寂的景象。因此，系统只有与外界不断地进行物质、信息和能量交流，才能维持其生命，使系统向有序化方向发展。

2.3.2　交通流系统车-路协同特征分析

1）车-路协同系统的概念与发展

交通系统是一个复杂的巨系统，依靠传统从道路和车辆的角度考虑的交通建设及管理方式很难解决近年来不断恶化的交通拥堵、事故频发、环境污染等问题，智能运输技术正在从单个交通要素的智能化向交通要素一体化的方向发展，从而助推了车-路协同技术的发展。在这种背景下，把车辆和道路整合起来，以计算机、通信及自动控制等先进技术为手段，旨在系统高效地解决交通拥堵、交通安全、交通环境等问题的智能交通系统应运而生。基于车-车、车-路信息交互，人-车-路（环境）一体的协同系统作为 ITS 的重要组成部分，一直是世界交通发达国家研究、发展与应用的热点，车-路协同系统对提高交通运输系统的效率和安全性，实现交通系统的可持续性发展具有十分重要的意义。

（1）国外车-路协同系统的发展。

目前许多国家都在积极进行车-路协同方面的研究与应用，已经成为当今国际智能交通领域的前沿技术和研究热点，许多国家力图突破车-路协同智能控制关键技术。一方面，以美国、欧盟和日本为代表的发达国家对车-路协同系统的应用场景基本定义完毕，不同组织对应用场景的定义基本一致。另一方面，美国和欧盟分别定义了车－车，车－路通信协议标准，美国将 5.9GHz 的频率定为专用于车－车、车－路协同通信的专用短程通信（DSRC）。

美国自 1997 年加州自动公路（AHS）演示的 DEMO97 项目后，组织实施了智能车辆行动（IVI）计划，促进了基于车－路协同的避碰系统的研发与实际应用。美国实施了通过车载传感器与车－车或车－路通信方式来获取信息，为驾驶者提供安全辅助控制或全自动控制支持的智能车辆计划、车辆道路智能集成系统。近几年，美国在汽车与道路基础设施的集成（VII）计划的基础上，开展了 CVHAS 和 IntelliDrive 等国家项目，成立了 IntelliDrive 项目组织深化车－路协同研究，通过开发和集成各种车载和路侧设备以及通信技术，使得驾驶者在驾驶中能够作出更好和更安全的决策。VII 的设想是在美国生产的所有车辆上装备通信设备以及 GPS 模块，以使车辆能够与全国性的道路网进行数据交换；CVHAS 旨在通过车载传感器以车－路或车－车通信等信息获取方式提供驾驶的辅助控制或全自动控制；IntelliDrive 计划是在 VII 的基础上深化研究车－路协同控制。

美国公路交通安全局的一项研究表明，车辆换道警示系统有可能在 37% 的相撞事故中发挥作用；偏离车道警示系统可在 24% 的翻车、相撞或冲出车道等事故中发挥预防作用；而事故预警系统能在 51% 的事故中发挥作用。从减轻撞后伤害的被动安全控制到辅助驾驶的主动安全控制，车－路协同系统体现了更为积极的主动安全思想。

欧盟自 1986 年以来，主要是在欧洲高效安全交通系统计划（PROMETHEUS）和保障车辆安全的欧洲道路基础设施计划（DRIVE）两大计划的指导下利用先进的信息通信技术开展交通运输信息化领域的研究、开发与应用。在第 10 届 ITS 世界大会上，欧洲 ITS 组织 ERTICO 最先提出 eSafety 的基本概念并得到欧盟委员会的认可，同时其被列入欧盟的计划。eSafety 的 70 余项研发项目，都将车－路通信与协同控制作为研究重点，提出了包括 eSafety、SAFESPOT 等在内的道路安全计划。欧洲成立了车辆间通信联盟（Car2Car Communication Consortium），制定车－路协同标准和规范，并开展了 PReVENT、NoW（Network on Wheels）、CVIS、CarTalk2000 和 COMeSafety 等车－路协同相关项目的研究。

日本遵循 ITS 的系统集成理念，利用 ITS 的相关技术，如先进的车辆信息和通信系统、不停车电子收费系统等以及信息与通信技术，进行道路基础设施的整合，实现其智慧道路（Smartway）系统Ⅲ。经过 20 余年的发展，日本的 ITS 计划已完成第四期的先进安全汽车（ASV）项目和智能型公路系统（AHS），基本完成了基础技术和核心技术的开发，进入了实用技术开发阶段，其开发的车辆信息通信系统（VICS）已经形成了成熟的产品和庞大的产业。智慧道路（Smartway）计划将重点发展整合日本 ITS 的各项功能并建立车上单元的共同平台，将建立"安全·安心的汽车社会"作为最优先解决的课题。其目前已进入技术普及阶段，2005—2010 年期间围绕 5 个重点展开研究，其中包括车－路协调系统、智能汽车系统等；从 2005 年开始 AHS 进入其实用化技术普及的第 2 阶段，2010 年后，重点加强利用无线通信技术的车－车/车－路协调系统实用化技术的研发，构筑人车路一体化的高度紧密的信息网络，研发交通对象协同式安全控制技术，使道路与车辆由 ITS 咨询的双向传输成为 Smartway 与 Smartcar，以减少交通事故和缓解交通拥堵。

（2）中国车－路协同系统的发展。

与国外相比，我国车－路协同实施起步较晚，目前仍处于初步探索阶段，以国家 ITS 体系框架为指导，逐步形成了我国智能公路系统的发展思路，即以道路基础设施智能化为核心，以公路智能与车载智能的协调合作为基础，重视人的因素应用研究，促进人、车、路（环境）三位一体协调发展。"十五"和"十一五"期间，我国在汽车安全辅助驾驶、车载导航设备、驾驶员状态识别、车辆运行安全状态监控预警、交通信息采集、车辆自组织网络等方面进行了大量研究，基本掌握了智能汽车共性技术、车辆运行状态辨识、高精度导航及地图匹配、高可靠信息采集与交互等核心技术。另外，部分高校和研究机构进行了相关智能化车－路协同控制技术的研究，设立了国家科技攻关专题"智能公路技术跟踪"和"智能车－路协同关键技术研究"主题项目，重点研究其关键技术，建立我国车－路协同技术体系框架，抢占车－路协同前沿技术战略的制高点，培育智能交通产业发展的增长点。国家"863"计划中现代交通技术领域围绕提高我国道路交通安全保障水平的重大需求，开展"智能道路系统信息结构及环境感知与重构技术研究""基于车－路协调的道路智能标识与感知技术研究""驾驶人安全状态监测及预警技术"等，相关核心技术仅取得阶段性成果，尚未对智能车－路集成进行系统的研究。

车－路协同系统是智能运输系统的一个重要的子系统，其基本思想是运用多学科交叉与融合的方法，充分利用大规模并行计算、传感器网络等先进技术，实现道路交通信息的智能感知与人、车、路（环境）三位一体协调发展，大幅提高道路交通信息的利用效率与应用水平，在缓解道路交通拥堵、提高道路通行能力、改善道路交通安全等方面发挥重要的作用，同时也为相关学科和产业的发展提供新的研究方向和发展机遇，从而推动交叉学科新理论、新方法、新技术、新应用的产生和发展。

车－路协同系统是基于无线通信、传感探测等技术进行车－路信息获取，通过车－车、车－路信息交互和共享，实现车辆和基础设施之间、车辆与车辆之间的智能协同与配合，达到优化利用系统资源、提高道路交通安全、缓解交通拥堵的目标。

车－路协同以道路和车辆为基础，以传感技术、信息处理与通信技术为核心、以出行安全和行车效率为目的，并将道路交通基础设施的智能化及其与车载终端一体化系统的协调合作作为研发方向和突破重点。车－路、车－车协同系统已经成为现阶段各国的发展重点。

车－路协同系统的大范围应用，将带来基于时空信息的新一代交通管理与控制革新，车－路协同系统的应用前景主要体现在车辆协同安全（包括人－车主动避撞、车－车主动避撞、危险路段预警与控制）、交通协调控制（包括交通信号协调控制、实时路径诱导、公交优先控制）、综合信息共享服务（包括交通需求管理、实时交通信息查询）三个方面。

电子信息和通信技术的迅速发展与应用，推动了以车－车通信、车－路通信为基础的车－路协同的实现，车－路协同实现人、车、路（环境）三者之间的信息共享、协同与交互，从而建立全方位、实时、准确、高效的综合交通运输管理与服务系统。从国内外智能交通系统发展的历程和现状来看，尽管各国对车－路协同的称谓不一，内容也不尽相同，但研究的方向一致。总之，车－路协同系统以道路和车辆为基础，以传感技术、信息处理与通信技术为核心，将道路交通基础设施的智能化及其与车载终端一体化系统的协调合作作为研发方向和突破重点，以提高出行安全和行车效率为目的。

作为智能运输的重要组成部分，车－路协同对提高交通运输系统的效率和安全性，实现交通系统的可持续性发展具有十分重要的意义。在车－路协同环境下，交通控制与交通诱导一体化将得以实现，道路资源得到合理分配并发挥更高效率。

安全与效率已经成为制约我国交通运输发展的关键问题，基于车－车、车－路信息交互的人、车、路（环境）一体的车－路协同系统，将会成为平衡交通运输系统效率和安全性的有效手段。与车－路协同相关的核心技术在各国都处于实验室研究和试验阶段，关键技术问题无法有效解决将制约系统的应用，我国能否突破车－路协同智能控制关键技术，是未来形成智能交通产业核心竞争力的关键。展望 2030 年的交通世界，交通如同一个有机体，人、车、路通过无线信息连接，不再是独立的个体，而是庞大智能交通系统中的一员。

自然，协同论的领域与许多学科有关，它的一些理论是建立在多学科联系的基础上的（如动力系统理论和统计物理学之间的联系），因此协同论的发展与许多学科的发展紧密相关，并且正在形成自己的跨学科框架。协同论还是一门很年轻的学科，尽管它已经取得许多重大应用研究成果，但是有时人们所应用的还只是一些定性的现象，处理方法也较粗糙。但毫无疑问，协同论的出现是现代系统思想的发展，它为人们处理复杂问题提供了新的思路。

（3）车－路协同系统的关键技术及发展。

车－路协同系统主要包括智能路侧系统和智能车辆系统，其关键技术主要涉及智能车辆关键技术、智能路侧系统关键技术以及车－路/车－车协同信息交互技术等，对于这些技术已在相关章节作了概述，这里就不再赘述。

发达国家经过多年的技术积累，基本建立了车－路协同系统的体系框架，定义了一系列应用场景，开展了一些试验和应用，取得了一定的成果，但相关的核心技术仍处于实验室研究和试验阶段，车-路协同系统的一些关键技术问题仍没有得到有效解决，这制约了系统的应用。

目前车-路协同系统的发展具有以下趋势：

①建立车-路协同系统体系框架：从特例实验走向应用场景和通信协议的标准制定。车-路协同系统的研究已经从小规模/特例实验向应用系统和通信协议的标准制定方向发展。

②车-路通信平台的开放性：从单一模式走向多种通信手段的互补与融合。可用于车-路通信的方式包括 DSRC、WiFi、WiMAX、GSM/GPRS、3G、RFID、BlueTooth 等，但是每种通信技术各有优缺点，单独一种很难满足车-路通信的需求，需建立一种多方式兼容的通信平台。

③车载终端一体化：从单项服务向集成服务转换，从单目标控制向多目标控制集成转变。通过统一的车载装置提供路桥收费、信息发布、信息采集等多种服务，减少多终端带来的负面影响，加快车载终端的普及。

④重视人的行为对安全的重要影响：从简单的安全控制发展到考虑人的可接受性和反馈影响。重视信息对人的行为的研究以及人机交互界面的优化设计等工作，更加突出"人机协作"和"人机交互"。

2.3.3　交通控制管理的协同理论

道路交通系统由人、车、路（环境）、管理要素构成，为了实现交通流的安全、有序、畅通、高效，世界各国都采取了形式多样的管理和控制手段，并且随着电子信息技术的迅猛发展，交通控制的技术、策略不断更新，朝着信息化、智能化、集成化的方向不断进步。

近十年来，我国各城市都纷纷开展了智能交通系统建设，但在交通控制方面，控制手段单一，系统彼此孤立，虽然对改善各地的交通状况起到了一定的作用，但却远远没有发挥出它们的全部潜能。比如城市道路与郊区高速公路没有协调，信号控制和诱导相互独立，公交与其他交通方式信息不共享，不能协同控制，尤其是发生拥堵或其他突发事件时，救援、道路疏散、资源配置等方面相互脱节，延长了事件响应时间，带来很大的经济损失。

如第 1 章所述，ITS 的一个重要领域就是先进的交通管理系统（ATMS），交通控制集成系统（ITCS）、城市交通控制系统（UTCS）和城市交通流诱导系统（UTFGS）是 ATMS 的重要内容。UTCS 与 UTFGS 存在着相互影响、相互作用的特征，也就是具有协同特征。

交通控制集成系统（ITCS）也称为交通控制整合系统，就是在交通流理论的基础上，综合应用信息技术、集成技术、通信技术等，将交通管理与控制的子系统如交通信号控制（城市道路交叉口控制、匝道调节、可变车道控制）、交通流动态分析、CCTV 监控、交通违法处理、交通流诱导、信息发布等集成在统一的平台上，实现集成化、智能化、信息化的交通控制。交通控制集成系统的初期目标是实现资源整合，中远期目标则是优化控制网络交通流、缓解和预防交通拥堵、快速响应紧急事件。

国内外交通控制集成系统的关键技术主要体现在现场交通控制器的集成和多交通控制系统智能化集成两个方面，这两个方面形成一个集成的交通控制系统，实现采集手段集成、控制策略优化模块集成、控制方法集成、规范的数据集成。

现场交通控制器的集成就是用一个控制器能够控制交通信号、交通监控、速度监控、公交监控、事件管理、匝道调节、电子收费、可变信息板、CCTV 监控、出行者信息、车道使用等，这样不仅能够避免资源浪费，而且实现了硬件资源的共享，实现了交通控制各子系统的联动。

传统的交通控制器是指通常意义上的交通信号控制机，其主要负责交叉口的红绿灯控制。在国外，交通信号机经历了近百年的发展，从最初的手动操作到单片机，再到现在的嵌入式信号机，交通信号机不仅功能越来越完善、标准化程度越来越高，而且性能越来越好。欧洲先进的交通控制器包括：西门子的 ST800SE，它面向区域协调控制，符合英国交通部 TR0141C，欧洲 prEN12675 and prHD50278 标准；美国 Econolite 的 ASC/3，EAGLE EPAC 系列，PEEK 公司的 3000e 系列等，它们支持 32 个相位，有 64 种协调方式，符合 NEMA TS2 及 NTCIP 协议。

目前，集成化、信息化已经成为 ITS 的显著特征，ITS 的交通信号控制、交通流诱导、出行者信息、紧急事件管理等子系统本身存在强关联性，协同运作是必然趋势，各系统独立的交通控制器显然已经不能满足信息共享、策略集成的需求。为此，美国于 2006 年 3 月在已有的 NEMA TS2，NTCIP、ATC2070 等交通信号控制标准的基础上，由 NEMA（National Electrical Manufacturers Association）、AASHTO（American Association of State Highway and Transportation Officials）、ITE（Institute of Transportation Engineers）等标准化组织推出最新的 ATC 系列标准。该标准直指 ITS 建设的迫切需要，规范开发 ITS 控制器，能集成控制交通信号、交通监控、速度监控、公交监控、事件管理、匝道调节、电子收费、可变信息板、CCTV 监控、出行者信息、车道使用等。该标准于 2006 年 4 月 1 日在美国正式执行。

美国、日本、欧洲都依据各自的目标，分阶段开发了相应的交通控制集成系统软件。美国的 RHODES（Real Time Hierarchical Optimized Distributed Effective System）、DYNASMART（Dynamic Network Assignment Simulation Model for Advanced Road Telematics）等就是在美国先进的交通管理系统（ATMS）的框架指导下，以提高交通服务水平为目标，集成了交通信号控制、出行者信息、交通需求、事件管理、排放检测等出行与交通管理服务的集成控制系统。RHODES 系统依托自适应交通信号控制系统，拓展到与公交的结合，实现了公交信号优先和公交信息发布。DYNASMART 系统基于多方式采集的信息，实时分析交通状态，离线设计和在线评估实时信号控制、干线路径诱导等交通管理策略的运行效果，提供网络交通状态信息给公共出行者信息系统，确定与地点、时间和当前状态相关的最优的拥挤消散策略。日本的集成控制系统以 UTMS（Universal Traffic Management System）为代表，其目标是实现交通信息采集智能化、信号控制智能化、交通信息提供智能化，并能够与 VICS（Vehicle Information & Communication System）互相联动。同样，这种集成系统在欧洲发展也很快，欧洲的 TABASCO（Telematics Applications in Bavaria, Scotland, and Others）系统，将实时采集的交通数据、自适应交通控制系统、公路匝道调节、动态信息显示整合起来，主要是用于高峰期间平衡路网交通负荷。运行结果表明，路网 23% 的交通负荷被转移，可替换路线的行程时间仅仅增加 1%，协同系统可以避免过饱和的瓶颈路段形成，路网的平均运行时间减少了 13%。另外，FASTRAC（Faster And Safer Travel through Traffic Routing and Advanced Control）系统也是在信号控制系统的基础上与诱导集成的一个系统，其核心算法就是在中心运用动态交通分配，将诱导和控制结合起来。

我国目前的交通控制器设计开发技术基本停留在对国外控制器的学习层面上，技术积累不足。国内主流的现场交通控制器有控制红绿灯的交通信号机、监视交通流的视频监控器、用于信息发布的交通可变信息板、规范交通秩序的交通违法取证设备等。与国外先进的交通控制器比较，国内的交通控制器存在各设备设计独立、功能单一、没有统一的标准、通信协议彼此不兼容、集成度较低、自主知识产权少等问题。很显然，无论是应用市场的需求，还是国外经验的借鉴，我国自主开发新一代开放式智能化交通控制器已是大势所趋，主要是实现交通控制的多元化、集约化，促进国内交通控制行业健康发展所必须解决的问题。

目前，我国各城市交通控制集成的程度不一。北京市建立了集成交通管理系统（Integrated Traffic Management System，ITMS），它类似国外的 ITCS，以交通信息中心为轴，连接公共汽车系统、出租车系统、城市捷运系统、轻轨系统、车速信息系统等。根据规划，第一阶段实现交通管理整合，第二阶段实现公共交通整合，第三阶段实现信息平台建设整合。上海交通信息化建设的目标是整合城区交通监控系统、市郊公路及高速公路监控系统、车辆运行监控系统以及泊车系统等方面的信息，形成道路交通状态监测和预测能力，以支持交通诱导系统的建立；整合公交车辆运行管理系统、出租车营运调度系统、轨道交通营运调度系统、对外交通管理系统的信息，形成综合性公共交通信息服务能力，以支持信息化的综合公共交通的建立；整合多种运输方式的相关信息，形成物流信息通畅沟通能力。

大范围的交通共用信息平台不是一劳永逸的工程，是不断完善的工程。目前，北京、上海已经初步建立了比较完善的信息采集系统，能够实现交通数据的采集，并判断出交通状态并进行发布，为管理者和决策者提供支持，其他省会城市也基本上实现了信号控制系统、122 接处警系统、交通违法取证系统等由集成到统一的指挥中心平台。

与国外的集成控制系统相比，目前我国的交通控制系统必须在多手段突发事件快速检测及联动响应、多控制系统协同运作、优化控制网络交通流等方面进一步完善。目前很多城市还不能将交通参数事件检测、CCTV 监控、巡逻车报告、122 接处警等事件报警手段集成起来，从而快速确认事件发生，并尽快联动信号控制、交通流诱导、救援车、拖车等快速响应交通事件，以降低事件可能造成的损失。现有的交通控制系统可以实现数据共享，但还没有实现实时交通量化、动态分析和挖掘交通流，没有实现在常发、偶发性拥堵下通过信号控制、匝道调节、需求管理、诱导等联动措施来调控交通流，预防和缓解交通拥堵。从国外已经实现的集成系统软件可看出交通控制集成中心软件不仅能够将分散的硬件在平台上实现资源共享，更重要的是能够在中心统一调控交通流，实时监控不同的交通流运行状态，将时间分离、空间均衡的各种交通控制手段集成起来协同作用于交通流，实现交通流的有序高效运行。

2.3.4　车队协同驾驶技术与公共交通协同理论

车队协同驾驶是指在兼顾道路交通安全与效率的前提下，充分利用道路条件，将若干单车组成跨车道柔性车队，使其不仅具有单车道车队速度快、间距小等特点，还能根据不同的道路条件，通过车队之间的协调与合作，一方面简化交通控制与管理的复杂程度，有效减缓交通拥堵；另一方面减少人为因素所致的交通事故，保证交通安全，并在此基础上节约能源，减少环境污染。

车队协同驾驶本质上是一个连续动态系统和离散事件系统相结合的混成动态系统，比如车队协作策略的执行和协作模态的变迁。这些连续和离散的动力学行为不仅共同存在，而且相互作用。因此，车队协同驾驶过程既取决于对离散的瞬时事件的响应，又取决于对微分方程和差分方程表示的随时间变化的动力学行为的响应。这样，车队协同驾驶过程就可演化成多模态变迁下的车队协作策略执行过程。

国际上具有代表性的车-路协同计划有美国的车辆和道路设施系统协调计划（Intelli Drive）、日本的智能道路（Smartway）计划、欧盟的车-路协同计划（CVIS）、SAFESPOT、COOPERS（Co-operative Systems for Intelligent Road Safety）。这些计划将综合应用信息、通信、传感网络、新一代互联网、可信计算和计算仿真等领域的最新技术，实现车辆与道路设施的智能化和信息共享，在实时、可靠的全时空交通信息的基础上，结合车辆主动安全控制和道路协同控制技术，保证交通安全，提高通行效率，实现人、车、路的有效协同。由此可见，实现车－路协同技术的功效和作用，关键在于开展智能车－路系统中车队协同驾驶研究，其相关研究领域主要涉及车队协同驾驶系统结构、车－车通信技术、车队协作策略以及相关交通仿真与试验技术等方面。

1）车队协同驾驶系统的结构

目前国际上车队协同驾驶系统研究主要借鉴智能车－路系统体系结构（Intelligent Vehicle Highway Systems Architecture）和混成动态系统理论（Hybrid Dynamic System）。在智能车－路系统体系结构方面，美国加州大学伯克利分校 PATH 课题组于 1991 年提出的智能车－路系统采用分层的结构，具体包括网络层、链接层、协调层、控制层和物理层 5 个部分。网络层对整个路网进行管理与规划，增加路网容量，减少车辆平均出行时间，从而缓解交通拥堵。链接层将路网划分为不同路段，根据不同路段上的车流密度、车辆起始位置、行驶长度等决定是否需要相关的车辆操纵策略，如巡航、跟随、组合与拆分、车道保持与变换等，通过无线网络，将决策的结果发送到协调层。协调层根据车辆的位置、数目、即时活动等信息，选定相应的操纵策略，并与不同的协调层和链接层进行通信，即时更新上述信息，并改变相应的操纵策略。控制层执行相应的操纵策略，指导车辆的横向及纵向控制。物理层包括车载控制器以及车辆的物理结构（发动机、油门、制动系统、转向控制系统、车载传感器等），依靠车辆的动力学特性，实现车辆的横向及纵向控制。

智能车－路系统的体系结构主要是日本的 Tsugawa 等人于 2000 年提出的车辆协同驾驶系统结构。该系统结构在分析了车辆协同驾驶的功能需求和任务分解的基础上，设计了包括交通控制层、车辆管理层和车辆控制层的 3 层体系结构。其交通控制层位于路侧，其中，路侧设备，如可变情报板、标示牌、通信设备等，均用于支持车辆的协同驾驶；基本准则，如规则、规定、行为方式等，均用于指导车辆的协同驾驶。车辆管理层和控制层位于车载端，用于协同驾驶策略的决策与执行。此后，加拿大的 Hallé 等人吸取和借鉴了 Tsugawa 的成果，提出车队协同驾驶系统结构，主要对管理层和控制层进行具体的模块化设计，并针对车队协同驾驶过程中的数据采集与处理、车队协同控制、车队通信、策略决策等作了详细的说明。上述系统结构都具有较高的实用价值，为车队协同驾驶混成控制系统提供了很好的参考。

在混成动态系统理论方面，由于上述系统是一个分层、分级的复杂系统，不仅包括连续的车辆动力学行为，而且要考虑离散的瞬时事件响应，美国加州大学伯克利分校 PATH 课题组的 Horowitz 等人在构建智能车－路系统的体系结构时，提出该体系结构具有混成逻辑性。系统中的离散逻辑部分主要处理车－车、车－路之间的通信。连续逻辑部分利用通信的手段接收所需的安全速度与车距，执行车辆行驶策略。1999 年，Lygeros 等人利用车－车信息交互手段改进车载混成控制系统的性能，采用博弈论和最优控制得到安全的约束条件，抑制离散扰动的碰撞和连续扰动的加速度变化。2000 年，Varaiya 等人将智能车－路系统的协调层定义为不同车辆利用通信和协作确定相关策略，控制层用于执行协调层传送过来的决策结果。协调层采用有限状态机进行建模，而控制层采用状态反馈定律建立线性模型，从而构成混成动态系统。2000 年，Rajamani 等人通过分析车辆的纵向和横向控制系统，将整个车载控制系统设计为混成动态系统。每一个车辆都有一个监督模型，用于车辆的决策与控制。对于系统的离散状态，可以通过选用合适的差分方程进行求解。

早期的混成动态系统理论主要集中在混成系统结构以及连续时间系统的混成控制器设计，由于缺乏专门的计算机分析及仿真软件，这并没有引起重视。

随着多体系统动力学方法及相关软件的发展，混成动态系统建模与仿真也逐渐得到发展。2001 年，Jeon 等人设计了车辆协同驾驶系统混成控制器，用于车辆组合与拆分策略。在车辆组合与拆分的过程中确定安全的组合/拆分距离，通过离散事件监督控制器对其进行控制。2004 年，Alain 针对从匝道入口驶入主干道的车辆所引发的碰撞问题，设计了车辆混成控制器。该控制器由混成自动机和导入其中的连续控制定律构成，混成自动机决定车辆何时驶入/驶出公路，何时组合及拆分车队等；连续控制定律决定车辆行驶加速度的大小，避免与相邻车辆产生碰撞。2005 年，Girard 等人考虑车辆控制系统的非线性特性，在设计车载混成控制器时，提出了嵌入式混成控制软件结构。该软件采用基于模型的设计方法，利用混成自动机描述车辆模型及模式切换，包括巡航控制（Cruise Control，CC）、自适应巡航控制（Adaptive Cruise Control，ACC）、协同式自适应巡航控制（Coordinated Adaptive Cruise Control，CACC）三者的切换过程，采用 TEJA 语言对模型进行仿真与测试。

2）车－车通信技术

智能车－路系统中的通信网络包括广域有线通信网络、无线通信网络、短程无线通信网络和车－车通信网络。正如成熟的车－路通信技术在先进交通管理系统中展示出的重要性一样，车－车通信技术也已成为车队协同驾驶研究中的关键技术，它使车队协同驾驶系统由过去的完全自主驾驶策略在经历了单、双向信息结构后，发展到目前结合传感和车载自组网的全方位信息网络。

车－车通信技术一般采用红外、激光、毫米波，Zigbee、WiFi 及 DSRC 等方式。作为车载自组网的核心部分，DSRC 具有容量大、速率高、延时小、范围合理等特点，因此，车－车通信主要采用 DSRC 网络。然而，DSRC 适用于短程无线通信，并需考虑车辆安全和协作等相关规定，一旦信息接收方超出了有效的 DSRC 传送范围，就需要开发有效、可靠的通信协议，并考虑信道使用和阻塞以及机制安全性等问题。

2002 年，Tsugawa 在分析车－车通信功能需求的基础上，提出了载波侦听多址访问（CSMA）协议。虽然载波侦听机制在介质访问控制（MAC）上存在冲突，但是可以满足车载自组网以及数据传送实时性等要求。他又对载波侦听多址访问不同种类的优缺点进行了比较。2005 年，Tatchikou 等人设计了用于车辆防碰撞的车－车通信协议。该协议首次提出采用广播包转发机制代替传统的单播路由协议，用于 DSRC 网络中的车－车通信数据传送，同时引入握手机制，减少广播通信量、增强包数据传送率，并利用车－车通信网络模拟器 InventSim，验证了车－车通信协议的准确性和实时性。此外，车－车通信大多发生在高速公路行驶车队中临近车辆的允许通信范围内，匝道车辆想要进入该车队中，也需要采用多跳通信机制。2010 年，Wolterink 等人设计了基于地域性群播（Geocast）的第 1 版车－车通信协议。该协议采用多跳通信机制，允许匝道车辆提前与车队通信，这样车队就可以送出尽快实现组合要求的安全车间距离及速度信息。

在信道阻塞方面，由于车队协同驾驶功能需要通过车载自组网获得周边车辆的行驶状态信息，虽然可以通过协作改善区域交通可控性，增加区域交通流密度，但是也不可避免地产生了共享信道拥塞问题。2004 年，Kaichi 和 Takaaki 结合车－车通信和车－路通信的优缺点，提出了基于车－路协同的介质访问控制协议（Vehicle to Vehicle and Road to Vehicle Collaborative MAC Protocol，VRCP），通过自适应信道分配的方法实现 VRCP 无缝通信。2004 年，Yang 等人设计了用于车辆危险预警的车－车通信协议。该协议包括信道拥塞（Channel Congestion）策略、服务多元化机制以及紧急预警发布方法等，可降低不同路况下紧急预警消息发送的延时性。2010 年，Huang 等人针对信道拥塞问题，提出了结合通信速率和功率的传输控制协议，该协议可以根据车载网络和车辆安全跟踪的动态变化，调整车载自组网的通信速率和功率，利用闭环控制环节解决网络中信道的不稳定性。其主要功能是：通信速率控制决定目标车辆广播发送行驶状态信息的频率，功率控制决定目标车辆行驶状态信息广播发送距离，并以此决定 802.11p 无线电的功率级别。由于 MAC 阻塞机制本身不能控制通信量和发射功率，从而不能从根本上阻止 DSRC 网络拥塞。2010 年，He 等人采用跨层设计的方法，在 MAC 层检测网络拥塞，在应用层控制通信量速率。其主要流程是：MAC 层通过测量信道占用时间来检测信道拥塞状态并发送拥塞信号；应用层通过获得信道的拥塞状态，对通信量速率进行自适应控制。

由于目前车－车通信技术中的多跳广播协议及信道拥塞控制正在制定与测试，建立用于车－车通信测试的原型机或仿真平台就显得至关重要。2010 年，Grau 等人探讨了车－车通信使用的信道对车载安全设备或装置的覆盖率、可靠性和实时性的影响，设计了一款基于车－路协同系统平台的 802.11p 样机（CVI-SOBU）。该样机可以通过实测的方法获得不同车－车通信场景中的 RSSI（Received Signal Strength Indication）接收的信号强度指示和丢包率，从而评价车－

车通信信道及模型的准确性。2010 年，Fernandes 等人扩展了 SUMO（Simulation for Urban Mobility）模拟器的功能，建立了具备车－车通信功能的车队跟随模型。车－车通信协议采用车队中的领航车来协调 DSRC 网络信道中时间槽（Time Slots）的分配，避免了数据包的冲突。设计了车辆跟随的协同驾驶场景，并在 SUMO 模拟器上开展 8 辆车列队行驶仿真试验，验证了模型的正确性和鲁棒性，评价了通信延迟对车队行驶稳定性的影响。

3）车队协同驾驶策略

智能车路系统中车队协同驾驶主要采用 5 种协作策略，分别是巡航、跟随、换道、组合与拆分策略。巡航策略是指如果车辆是领航车，应该在指定车道内，按照给定的车速，并与前方车辆保持安全的车间距。这些给定的数据包括车速、车间距、车道位置等，是通过车－路通信由路侧管理设备发送过来的，并利用车－车通信传送到车队的每一辆车中。巡航策略主要解决车队速度控制和车队内通信协议的问题。跟随策略是指如果车辆是跟随车，它不仅要与前车保持较小的车间距，并且需要保持所处车道的位置。跟随策略应包括纵向上油门和制动器的控制，以及横向上方向盘的控制。换道策略是指车辆试图改变自己所处车道位置的策略，主要体现在车辆横向控制上，并需要考虑车流量、换道时间、换道距离、横向加速度等参数。组合与拆分策略反映了车辆群体协作性，需要依靠车队间通信支持，主要分为本车道与跨车道两种情况。在本车道内，组合与拆分策略比较简单，只需保持稳定的速度以及策略执行所需的车间距。跨车道的情况比较复杂，首先需要依靠车队间通信建立自组织网络，确定队内所处位置或离开位置，其后车辆降低车速，保持策略执行所需的安全车间距，从而实现跨车道组合与拆分策略。

考虑到智能车－路系统的复杂性的限速（Speed Limit）、排队（Queuing）、匝道入口及出口（On/Off Ramp）、紧急制动（Emergency Braking）等因素，不同车辆采用协同驾驶策略，依据起点、行驶路线、目的地，组建各自所需的车队，可以简化智能车－路系统的复杂程度，增加系统的可组织性，从而增加交通流量。2003 年，Alvarez 等人针对高速公路交通流的特性，考虑多车道、车辆类型以及不同目的地对车流密度的影响，提出以车速和车道位置为输入的 Link 层控制器。其组建的车队根据 Link 层控制器传送过来的指令信息，采用协作策略，改变车队的速度或者变换车队所在车道的位置，从而使车流密度达到预先设定的要求。2008 年，Dao 等人通过组建车队、车道分配及车队控制等相关技术，支持车队在多车道并具有多个入口及出口匝道的城市高速公路上协同驾驶。为车队分配合适的车道，不仅可以减少该车队的行程时间，而且减少了其他车队，甚至整个交通流的行程时间。2009 年，Xavier 等人针对此约束条件，提出了一个实用的车队协同驾驶策略。该策略采用分散 PID 算法，仅需要通过车－车通信获得较少的信息量，如前后车辆的相对位置以及跟随车辆的转角，设计了车辆跟随及超车两个协同驾驶场景，最后采用 Matlab 的虚拟现实工具箱开展 3 辆车不同场景下的三维动态可视化仿真，验证了设计的控制器的有效性。2010 年，Khaisongkram 等人提出了具有不对称信息结构的车辆协同驾驶系统，该系统使用车队中靠近本车的前后车辆的车间距，采用具有广义频率变量（Generalized Frequency Variable）的线性时不变系统证明车辆协同驾驶系统的性能与稳定性，设计了双车道 7 辆车组合的协同驾驶场景，通过车队组合策略仿真验证了方法的有效性。

从上述车队协同驾驶策略可以看出，车队协同驾驶系统的稳定性不仅表现在单个车辆稳定性和车队稳定性（String Stability），还表现在交通流稳定性（Traffic Flow Stability）以及整个交通能力（Traffic Flow Capacity），还要考虑传感器、车 – 车通信等引起的信息延时对系统稳定性的影响。单个车辆稳定性是指车队中的任意车辆都能按照有界的车间距和速度误差，跟踪前一辆车的速度和加速度。车队稳定性是指车间距和车速误差不会随着车队长度的增加而放大并繁衍到整个车队中。交通流稳定性是指影响某个区域的车流密度的扰动，即该区域的匝道入口或出口不会随着放大而减少该区域的稳态车流密度和平均车速。只有同时保证车队稳定性和交通流稳定性才能提高交通容量。

4）公共交通协同理论

城市公交运营调度优化问题的研究开始于 20 世纪 50 年代末，目前已经在线网布局优化、区域换乘优化、跨线运营优化、业务流程优化和设施选址优化这五个主要方面取得了明显进展。在 21 世纪初，为了解决区域公交调度系统整体优化方面的不足，完善区域公交调度系统优化理论体系，实现公交运营调度系统整体优化，考虑多模式公交换乘系统及公共交通发展态势的应急调度，人们开始运用协同理论研究公交运营调度模式、模型及算法。

（1）针对常规公交区域调度不同公交线路协同发车问题进行了研究。在实际工作中，编制出能够最大限度地减少乘客在不同线路交叉换乘点处换乘等待时间的公交时刻表是实现公交调度区域化的关键任务之一，而协同发车是实现这一目标的有效手段。针对这一问题，相关文献将以区域内乘客换乘时间最少为目标的区域公交时刻表的编制问题归结为一类特殊的带有协同系数且无容量约束的 0 – 1 背包问题，并定义了协同系数，建立了相应的数学模型，给出了基于嵌套式的禁忌搜索算法（Nesting Tabu Search，NTS）的模型解法，最后利用具体算例对模型及算法进行了必要的验证。

（2）按照协同优化思想和多层规划原理构建整合了时刻表生成和车辆、人员调度功能的区域公交调度三层协同优化管理系统。在模型的整体设计中，通过设置资源、时间和均衡三个系统权衡参量指标，对整个调度计划的产生加以控制。上层模型的目标函数主要综合考虑所需司售人员总数和司售人员待岗时间最优，其约束条件主要是司售人员的最短当班出行时间、最大连续工作时间以及各种时间窗限制。在中层车辆调度模型中，相关文献以区域内各条线路所使用的车辆总数以及车辆总空驶时间最小为目标，考虑了车辆续驶时间、车场最大容量和最低存量等三个约束条件。下层模型主要引用上一问题的主研究成果进行建模和求解。然后，再依据设定的满意度指标得出一组满意解供下一级模型比选，进而产生从系统的角度来讲更为理想的人员、车辆调度方案及与之对应的符合满意度评价标准的公交发车时刻表。最后，相关文献给出了一个典型算例来验证模型的可靠性与有效性。

（3）综合考虑节约企业运力资源，改善居民出行环境和提高城市运行效率，对多种公交运营模式之间的换乘效力进行评价。作为城市公交系统的服务对象的乘客是不受公交公司运营调度管理所控制的，客流是按照其特定的规律分布在整个区域的公交网络上。相关文献对多种公交模式下的城市公交枢纽换乘效力问题展开分析，建立了系统的评价体系，并基于目前我国城市公交枢纽建设方面存在的问题提出合理化建议。最后，基于系统旋进原则方法论，并结合对上述问题的研究，在方法论意义上对城市公共交通协同旋进发展进行了再思考，给出了城市公交系统三维协同发展模型，并对未来公交发展的趋势作了系统判断，以及明确了面向协同发展的公交企业发展定位。

随着《国家新型城镇化规划（2014—2020 年）》的实施，有关部门将会强化综合交通运输网络支撑，通过完善综合运输通道和区际交通骨干网络，强化城市群之间的交通联系，加快城市群交通一体化规划建设，改善中小城市和小城镇对外交通，发挥综合交通运输网络对城镇化格局的支撑和引导作用。

在新型城镇化战略下，交通、产业、城市空间发展必须一体化，三者必须协同发展，构建"交通、产业、空间"三要素协同的新型综合交通规划技术体系，通过研究产业集聚与运输成本之间的互动机制、产业集聚与综合交通设施之间的空间协同关系，建立交通、产业和空间的新型三要素协同理论。

2.4　交通地理信息系统

地理信息系统在 ITS 中起着重要的基础作用，已广泛应用于交通运输管理的各个环节，成为智能运输系统的基础平台，也逐步形成其独特的技术内涵和体系结构——交通地理信息系统 GIS – T。交通地理信息系统是地理信息系统（Geographic Information System，GIS）在交通领域的具体应用和延伸，是在传统 GIS 的基础上，充分考虑交通现象的线性特征和网络特征，并附之专门的交通建模手段而形成的专门化系统。简言之，交通地理信息系统是收集、存储、分析和处理与交通相关信息的地理信息系统，或者说，交通地理信息系统是 G1S 和交通的有机集成系统。

2.4.1 交通地理信息系统的组成及功能

2.4.1.1 地理信息系统概述

地理信息系统（GIS）是在计算机软、硬件系统的支持下，对整个或部分地球表层（包括大气层）空间中的有关地理分布数据进行采集、储存、管理、运算、分析、显示和描述的技术系统。地理信息系统处理、管理的对象是多种地理空间实体数据及其关系，包括空间定位数据、图形数据、遥感图像数据、属性数据等，用于分析和处理在一定地理区域内分布的各种现象和过程，解决复杂的规划、决策和管理问题。交通系统具有天然的地理特征，交通系统中的大部分信息与空间位置有关，如交通规划、建设、运营和管理中需要的信息具有面广、量大、复杂等特点，且绝大多数信息具有空间特征。

地理信息系统也称作土地资源信息系统，它是在20世纪60年代开始迅速发展起来的地理学研究新技术，是多种学科交叉的产物。地理信息系统是以地理空间数据库为基础，采用地理模型分析方法，适时提供多种空间的和动态的地理信息，为地理研究和地理决策服务的计算机技术系统，它具有以下三个方面的特征：①具有采集、管理、分析和输出多种地理空间信息的能力，具有空间性和动态性；②以地理研究和地理决策为目的，以地理模型方法为手段，具有区域空间分析、多要素综合分析和动态预测能力，可产生高层次的地理信息；③由计算机系统支持进行空间地理数据管理，并由计算机程序模拟常规的或专门的地理分析方法，作用于空间数据，产生有用的信息，完成人类难以完成的任务。计算机系统的支持是地理信息系统的重要特征，使地理信息系统得以快速、精确、综合地对复杂的地理系统进行空间定位和过程动态分析。

地理信息系统的外观表现为计算机软、硬件系统，其内涵却是由计算机程序和地理数据组织而成的地理空间信息模型。一个缩小的、高度信息化的地理系统，从视觉、计量和逻辑上能对地理系统从功能上进行模拟，信息的流动以及信息流动的结果，完全由计算机程序的运行和数据的变换来仿真，地理学家可以在地理信息系统支持下提取地理系统各不同侧面、不同层次的空间和时间特征，也可以快速地模拟自然过程的演变或思维过程的结果，取得地理预测或试验的结果，选择优化方案，这种信息模拟是几乎没有什么代价的，可以避免错误的决策带来的损失。

当具有一定地理学知识的用户使用地理信息系统时，其面对的就不再是毫无意义的数据，而是由空间数据组成的现实世界的一个抽象模型，它比地图所表达的自然世界模型更为丰富和灵活，用户可以按应用的目的观察这个现实世界模型的各方面的内容，也可以提取这个模型所表达现象的各种空间尺度指标。更为重要的是，它可以将自然发生或思维规划的过程加在这个数据模型之上，取得对自然过程的分析和预测的信息，用于管理和决策，这就是地理信息系统的深刻内涵。

地理信息是有关地理实体的性质、特征和运动状态的表征和一切有用的知识，它是对表达地理特征与地理现象之间关系的地理数据的解释。而地理数据则是各种地理特征和现象间关系的符号化表示，包括空间位置、属性特征（简称属性）及时域特征三部分。

第一，空间位置特征。地理数据必须包括指明地物在地理空间中的位置的成分，这部分数据称为空间特征数据或空间位置数据。空间特征数据又有两层含义：其一，地物本身的地理位置，位置通常用某种地理坐标（经纬度、高程等）或其组合来表达，也可用相对其他参照系或地物的位置来描述，如车站旁某地物在"车站以北 50m"等；其二，多个地物之间的位置的相互关系或空间关系，如空间上的相邻、包含等。

第二，属性特征。除空间位置以外，地理空间数据还必须包括描述地物的自然或人文属性的定性或定量指标的成分，这部分数据称为属性特征数据或属性数据。例如，描述一个机场，不仅应有其位置坐标，还需要其跑道长度、起降机型、航班数量、客运量等属性数据。

第三，时态特征。时态特征指地理数据采集或地理现象发生的时刻或时段。同一地物的多时段数据，可以动态地表现该地物的发展变化。时态特征数据可以按时间尺度划分为短期（如地震、洪水、霜冻）、中期（如土地利用、作物估产）、长期（如城市化、水土流失）和超长期（如地壳变动、气候变化）等类型。

交通地理信息从属于地理信息，因此它也具有空间、属性和时间三大空间数据的基本要素。空间位置数据描述交通设施所在位置或交通现象发生和存在的位置，这种位置可以用常规的二维坐标系定义，如大地经纬度坐标、直角坐标系坐标等。交通几何网络特征使其可采用独特的定位方式如线性参照系中的里程进行表达，同时也可通过现象间的相对位置关系进行表达。属性数据描述交通设施现象的定性或定量指标，如公路的名称、等级、起终点等。时间特征是指交通数据采集或交通现象发生的时刻或时段，如某一时刻的交通堵塞情况。由于交通地理信息的天然地域特征，交通地理信息还具有以下特点：

第一，线性分布特征。交通路线一般呈线性空间分布，这是交通地理信息区别于其他地理信息如点状信息、面状信息的显著特点。正是由于这一特点，对交通地理信息的定位，除可用一般的二维、三维坐标系外，还可采用线性参照系统（Linear Referencing System，LRS）定位，即通过地理现象沿路径到该路径起点的距离进行定位，如道路上的交通事故定位就使用里程桩进行定位。

第二，网络分布特征。连接大、中、小城市和乡镇的公路、铁路、航空路线、水运路线等形成分布在不同层面上的交通运输网络，并且具备网络连通性。这是交通地理信息的又一显著特征，直接影响着交通地理现象的数学建模和数据库组织。

第三，动态分段分布特征。动态分段分布特征是指在某一交通路线上，交通路线的信息随着时间、地点的变化非常显著，如同一路段的交通量、车速等特性在上班高峰或深夜变化显著，交通事故点前后的车速特性差异明显。

2.4.1.2　地理信息系统的构成及功能

完整的地理信息系统由四个部分构成：计算机硬件系统、计算机软件系统、地理空间数据和系统管理操作人员。其核心部分是计算机软、硬件系统，地理空间数据反映了地理信息系统的地理内容，而系统开发、管理和使用人员则决定系统的工作方式和信息表示方式。

1）计算机硬件系统

计算机硬件是计算机系统中的实际物理装置的总称，可以是电子的、电的、磁的、机械的、光的原件或装置，是地理信息系统的物理外壳，系统的规模、精度、速度、功能、形式、使用方法甚至软件都与硬件有极大关系，受硬件指标的支持或制约。地理信息系统由于其任务的复杂性和特殊性，必须由计算机设备支持。地理信息系统的硬件配置一般包括四个部分：①计算机主机；②数据输入设备，包括图形数字化仪、图像扫描仪、键盘、通信端口等；③数据存储设备，包括软盘、硬盘、磁带、光盘及相应的驱动程序；④数据输出设备，包括图形/图像显示器、矢量/点阵打印机等。

2）计算机软件系统

计算机软件系统指地理信息系统运行所必需的各种程序，通常包括计算机系统软件、地理信息系统软件和其他支撑软件、应用分析程序。

计算机系统软件是地理信息系统日常工作所必需基础软件，由计算机厂家提供，为用户开发和使用计算机提供方便的程序系统，通常包括操作系统、汇编程序、编译程序、诊断程序、库程序以及各种维护使用手册、程序说明等。

地理信息系统软件和其他支撑软件可以是通常的地理信息系统工具系统或专门开发的地理信息系统软件包，也可包括数据库管理系统、计算机图形软件包、CAD、图像处理系统等，用于支持空间数据输入、存储、转换、输出和与用户接口。

应用分析程序是系统开发人员或用户根据地理专题或区域分析模型编制的用于某种特定应用任务的程序，是系统功能的扩充与延伸。在优秀的地理信息系统工具的支持下，应用程序的开发应是透明的和动态的，与系统的物理存储结构无关，而随着系统应用水平的提高不断优化和扩充。应用程序作用于地理专题数据，构成地理信息系统的具体内容，这是用户最为关心的真正用于地理分析的部分，也是从空间数据中提取地理信息的关键。用户进行系统开发的大部分工作是开发应用程序，而应用程序的水平在很大程度上决定了系统的实用性的优劣和成败。

3）地理空间数据

地理空间数据是指以地球表面空间位置为参照的自然、社会和人文经济景观数据，可以是图形、图像、文字、表格和数字等，由系统的建立者通过数字化仪、扫描仪、键盘、磁带机或其他系统通信输入地理信息系统，是系统程序作用的对象，是地理信息系统所表达的现实世界经过模型抽象的实质性内容。

地理信息系统特殊的空间数据模型决定了地理信息系统特殊的空间数据结构和特殊的数据编码，也决定了地理信息系统具有特色的空间数据管理方法和系统空间数据分析功能，成为地理学研究和资源与环境管理的重要工具。

4）系统开发、管理和使用人员

人是地理信息系统中的重要构成因素，地理信息系统不同于一幅地图，它是一个动态的地理模型，仅有系统软、硬件和数据还不能构成完整的地理信息系统，需要人进行系统组织、管理、维护和数据更新、系统扩充完善、应用程序开发，并灵活采用地理分析模型和提取多种信息，为研究和决策服务。

2.4.2　导航数字地图

2.4.2.1　大地基准及地图

1. 大地基准

1）大地基准

大地基准是建立国家大地坐标系统和推算国家大地控制网中各点大地坐标的基本依据，它包括一组大地测量参数和一组起算数据。其中，大地测量参数主要包括作为建立大地坐标系统依据的地球椭球的 5 个常数，即地球椭球赤道半径、地心引力常数 GM，带球谐系数 $J2$（由此导出椭球扁率 f）和地球自转角度 ω，以及用以确定大地坐标系统和大地控制网长度基准的真空光速 c；而一组起算数据是指国家大地控制网起算点（称为大地原点）的大地经度、大地纬度、大地高程和指向邻点方向的大地方位角。

2）大地水准面

大地水准面是由静止海水面及其向大陆延伸所形成的不规则的封闭曲面。它是重力等位面，即物体沿该面运动时，重力不做功（如水在这个面上是不会流动的）。大地水准面是描述地球形状的一个重要的物理参考面，也是海拔高程系统的起算面。大地水准面的确定是通过确定它与参考椭球面的间距——大地水准面差距（对于似大地水准面而言，则称为高程）来实现的。大地水准面和海拔高程等参数和概念在客观世界中无处不在，在国民经济建设中起着重要的作用。

大地水准面是大地测量基准之一，确定大地水准面是国家基础测绘中的一项重要工程。它将几何大地测量与物理大地测量科学地结合起来，使人们在确定空间几何位置的同时，还能获得海拔高度和地球引力场关系等重要信息。大地水准面的形状反映了地球内部的物质结构、密度和分布等信息，对海洋学、地震学、地球物理学、地质勘探、石油勘探等相关地球科学领域的研究和应用具有重要作用。

高程基准是推算国家统一高程控制网中所有水准高程的起算依据，它包括一个水准基面和一个永久性水准原点。

理论上水准基面通常采用大地水准面，它是一个延伸到全球的静止海水面，也是一个地球重力等位面，实际上确定水准基面是取验潮站长期观测结果计算出来的平均海面。中国以青岛港验潮站的长期观测资料推算出的黄海平均海面作为中国的水准基面，即零高程面。中国水准原点建立在青岛验潮站附近，并构成原点网。用精密水准测量测定水准原点相对于黄海平均海面的高差，即水准原点的高程，将其定为全国高程控制网的起算高程。

3）重力基准

重力基准是指绝对重力值已知的重力点，它被作为相对重力测量（两点间重力差的重力测量）的起始点。

世界公认的起始重力点称为国际重力基准。各国进行重力测量时都尽量与国际重力基准相联系，以检验其重力测量的精度并保证测量结果的统一。国际通用的重力基准有 1909 年的波茨坦重力测量基准和 1971 年的国际重力基准网（IG-SN—1971）。

中国于 1956—1957 年建立了全国范围的第一个国家重力基准，称为 1957 年国家重力基准网，该网由 21 个基本点和 82 个一等点组成。1985 年，中国重新建立了国家重力基准。它由 6 个基准重力点、46 个基本重力点和 5 个因点组成，称为 1985 年国家重力基准网。

4）地理坐标系

地理坐标系有国际坐标系和国家坐标系之分。

中国有 54 国家坐标系和 80 国家坐标系。

54 国家坐标系采用克拉索夫斯基椭球参数，又称北京坐标系。80 国家坐标系采用国际地理联合会（IGU）第十六届大会推荐的椭球参数。大地坐标原点在陕西省泾河县永乐镇的大地坐标系，又称西安坐标系。

2. 地图概述

1）测绘

地图是通过测绘并经过编制得到的。

测绘可分为基础测绘、专业测绘、军事测绘、地籍测绘、航空测绘、工程测绘和海洋大地测绘等。

基础测绘是指为国民经济和社会发展以及为国家各个部门和各项专业测绘提供基础地理信息而实施的测绘的总称。基础测绘必须在全国或局部区域按国家统一规划和统一技术标准进行。

专业测绘是指产业部门为保证本部门的业务工作所进行的具有专业内容的测绘的总称。专业测绘应采用国家测绘技术标准或者行业测绘技术标准。

军事测绘是指具有军事内容或者为军队作战、训练、军事工程、战略准备等而实施的测绘的总称。

地籍测绘是对地块权属界线的界址点坐标进行精确测定，并把地块及其附着物的位置、面积、权属关系和利用状况等要素准确地绘制在图纸上和记录在专门的表册中的测绘工作。地籍测绘的成果包括数据集（控制点和界址点坐标等）、地籍图和地籍册。

航空测绘指从空中由飞机等航空器拍摄地面照片。为使取得的航空照片能用于在专门的仪器上建立立体模型进行量测，摄影时飞机应按设计的航线往返平行飞行进行拍摄，以取得具有一定重叠度的航空照片。按摄影机物镜主光轴相对于地表的垂直度，其可分为近似垂直航空摄影和倾斜航空摄影。近似垂直航空摄影主要用于摄影测量目的。科学考察和军事侦察有时采用倾斜航空摄影。

工程测绘指在工程建设勘测设计、施工和管理阶段所进行的各种测量工作。其按工作顺序和性质分为：勘测设计阶段的控制测量和地形测量、施工阶段的施工测量和设备安装测量、管理阶段的变形观测和维修养护测量。其按工程建设的对象分为：建筑、水利、铁路、公路、桥梁、隧道、矿山、城市和国防等工程测量。

海洋大地测绘是在海洋范围内建立大地控制网所进行的测量工作。其内容有控制测量、水深测量、海洋重力测量、卫星大地测量等。它与大地测量、地图制图、航海学、海洋学、潮汐学、水声物理学、电子技术和遥感技术等有着密切的联系。

2）测量标志

测量标志是在陆地和海洋标定测量控制点位置的标石、觇标以及其他标记的总称。标石一般埋于地下，用于测量和标定控制点的地理坐标、高程、重力、方位、长度（距离）等方面；觇标是建在地面上或其他建筑物顶部的测量专业标架，作为观测照准目标和供升高仪器位置之用。

根据用途和使用期限，测量标志可分为永久性测量标志和临时性测量标志。永久性测量标志是指设有固定标志物以供测绘单位长期使用的需永久保存的测量标志。临时性测量标志指测绘单位在测量过程中设置和使用的，不需要长期保存的标志物和标记，如测站点木桩、活动觇标、测旗、测杆、航空摄影测量地面标志、绘在地面或建（构）筑物上的标记等。

国家基本比例尺地图系列是指按照国家规定的测图技术标准（规范）、编图技术标准、图式和比例尺系统测量和编制的使用若干特定规格比例尺的地图系列。中国的国家基本比例尺地图系列包括：1∶500、1∶1 000、1∶2 000、1∶5 000、1∶1 万、1∶2.5 万、1∶5 万、1∶10 万、1∶20 万、1∶50 万、1∶100 万比例尺地图。

它们的基本精度包括测图精度和编制精度。

中华人民共和国地图的国界线标准样图是指按照一定的原则而制作的一种有关中国国界线画法的统一标准图样。中华人民共和国地图的国界线标准样图上中国国界线的画法原则是，凡是中华人民共和国政府已同有关邻国签订边界条约、边界协定、边界协定书的地段，以有关边界条约、边界协定、边界协定书的规定及其附图国界线的画法标绘；中华人民共和国政府同邻国未签订边界条约、边界协定、边界协定书的界段，依照新中国成立前出版的地图或传统习惯边界线标绘。

根据需要，中华人民共和国地图的国界线标准样图的比例尺可以是一种，也可以是各种比例尺的系列图。中华人民共和国地图的国界线标准样图由国务院外交行政主管部门和国务院测绘行政主管部门共同制定，报国务院批准发布。

中华人民共和国地图的国界线标准样图上的中国国界线的画法，是代表中华人民共和国政府立场的，是各公开地图上中国国界线画法的标准依据。图 2 - 4 所示是中华人民共和国地图的国界线标准样图上的中国国界线的画法。

图 2 - 4　中华人民共和国地图的国界线标准样图上的
中国国界线的画法

3）数字高程模型

数字高程模型（Digital Elevation Model，DEM）是在某一投影平面（如高斯投影平面）上规则格网点的平面坐标（X, Y）及高程（Z）的数据集。数字高程模型的格网间隔应与其高程精度相适配，并形成有规则的格网系列。根据不同的高程精度，数字高程模型可分为不同类型。为完整反映地表形态，还可增加离散高程点数据。

4）数字线划地图

数字线划地图（Digital Line Graphic，DLG）是现有地形图要素的矢量数据集，保存各要素间的空间关系和相关的属性信息，全面地描述地表目标。

5）数字栅格地图

数字栅格地图（Digital Raster Graphic，DRG）是现有纸质地形图经计算机处理后得到的栅格数据文件。每一幅地形图在扫描数字化后，都要经过几何纠正，以并进行内容更新和数据压缩处理，彩色地形图还应经色彩校正，以使每幅图像的色彩基本一致。数字栅格地图在内容上、几何精度和色彩上与国家基本比例尺地图保持一致。

6）数字正射影像图

数字正射影像图（Digital Orthophoto Map，DOM）是利用数字高程模型对经扫描处理的数字化航空照片，经逐像元进行投影差改正、镶嵌，按国家基本比例尺地图图幅范围剪裁生成的数字正射影像数据集。它是同时具有地图几何精度和影像特征的图像，具有精度高、信息丰富、直观真实等优点。

3. 地图及参考坐标系

数字地图与各种地理特征属性（如坐标）一起表示地球表面的几何形状。研究所使用的坐标系及术语是有益的，有助于解释不同组织使用的地图基准。下面将说明为什么不能盲目地把具有不同基准的地图混在一起以及如何进行各种坐标间的变换，同时给出进一步研究的参考资料。

如前所述，大地水准面是引力位在所有点都恒定的表面，因此引力矢量与各点垂直，这与平均海平面是一致的，如图 2-5 所示。子午圈是地球表面上的大圆圈，该大圆圈与坐标系的南北基准线具有相同的经度且通过地轴。方位角是用 360° 量的水平角，按子午圈从北起顺时针计算。椭球体是一个平滑闭合的表面，它的平面部分是椭圆或圆。旋转椭球体是椭圆绕其一个轴旋转所形成的形状。

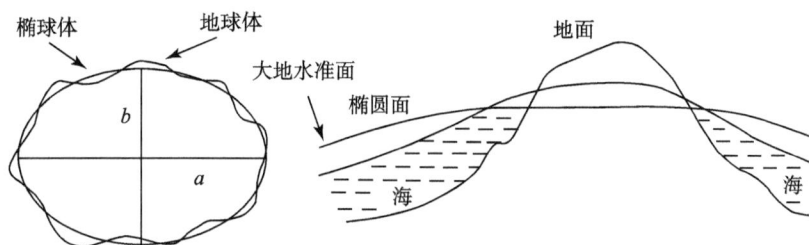

图 2-5　地球体和椭球体

设椭球体的几何参数的长半轴为 a，短半轴为 b，则扁率 f 和偏心率 e 的计算如式（2-1）和式（2-2）所示。

$$f = (a - b)/a \qquad (2-1)$$
$$e = (a^2 - b^2)/a \qquad (2-2)$$

地球是扁状旋转体，在两极方向稍显扁平。对于地球有许多数学描述和坐标系。为了把局部地理区域准确地映射到地图上，许多地区当局将采用特殊的局部坐标系。这些坐标系的大地坐标（纬度、经度和高度）取决于参考椭球的形状、大小和取向。这些参数（及其他参数）被作为计算其他量的参考基准，因此称为坐标系基准。在考虑的区域内，应使得旋转椭球体和地球体尽可能紧密地匹配，这说明了为什么有如此之多的可用基准。某些重要的基准列于表 2-1 中。

表 2-1　地球的参考坐标系及重要基准

基准	基准全称	参考椭球	椭球参数	扁率	基准原点	范围
WGS84	世界大地坐标系 1984	WGS84	$a = 6\ 378\ 137m$	$f = 1/298.257\ 223\ 563$	地球中心地心	全球
WGS72	世界大地坐标 1972	WGS72	$a = 6\ 378\ 135m$	$f = 1/298.26$	地心	全球
NAD83	北美基准 1983	GRS80	$a = 6\ 378\ 137m$	$f = 1/298.257\ 222\ 101$	地心	局部
ED50	欧洲基准 1950	国际椭球	$a = 6\ 378\ 388m$	$f = 1/297$	德国波茨坦 Helmert 塔	局部
Pulkovo42	Pulkovo42	克拉索 40	$a = 6\ 378\ 245m$	$f = 1/298.3$	俄罗斯 Pulkovo 天文台	局部
NAD27	北美基准 1927	克拉克 1866	$a = 6\ 378\ 206.4m$	$f = 1/294.978\ 698\ 2$	美国堪萨斯州大牧场	局部
东京基准	东京基准	贝塞尔 1841	$a = 6\ 377\ 397.2m$	$f = 1/299.152\ 705\ 2$	日本老东京测站子午心	局部
AGD66	澳大利亚地球测量基准 1966	澳国际椭球	$a = 6\ 378\ 160m$	$f = 1/298.25$	澳大利亚 Johnston 地球测量站	局部
印度基准	印度基准	珠峰椭球	$a = 6\ 377\ 276.345m$	$f = 1/300.801\ 7$	印度 Tri-agulation 站	局部
北京 80	中国地球测量系 1980	LAG75	$a = 6\ 378\ 140m$	$f = 1/298.257$	中国山西晋阳	局部
西安 80	西安坐标系 1980	—	$a = 6\ 378\ 140m$	$f = 1/298.257$	中国陕西泾阳	局部
北京 54	北京坐标系 1954	—	$a = 6\ 378\ 245m$	$f = 1/298.3$	—	局部

注意：①基准的原点是定义的固定点，不必同相关的坐标系原点一致。②1954 年北京坐标系参考椭球的基本几何参数短半轴 b = 6 356 863.018 8m，第一偏心率平方 e^2 = 0.006 693 421 622 966，第二偏心率平方 e^2 = 0.006 738 525 414 683。③1980 年西安坐标系参考椭球的地球引力常数（含大气层）短半径：b = 6 356 755.288 2m，GM = 3 986 005 × $10^8 m^3 s^{-2}$，二阶带谐系数：J_2 = 1 082.63 × 10^{-6}，地球自转角速度 ω = 7 292 115 × $10^{-11} rads^{-1}$，第一偏心率平方：e^2 = 0.006 694 384 999 59，第二偏心率平方：e^2 = 0.006 739 501 819 47，椭球正常重力位：u_0 = 62 636 830 $m^2 s^{-2}$，赤道正常重力 γ_e = 9.780 318 ms^{-2}。

　　我们将讨论两种坐标系和一种地图投影：地心坐标系、大地坐标系和通用横墨卡托（Universal Transverse Mercator，UTM）等角地图投影。有关世界上采用的各种其他地球坐标系和投影的更多信息参见相关文献。

　　理解这些坐标系对于地图数据库是重要的。例如，不同的地图数据库厂商可能提供不同参考椭球（或基准）定义的数据库。数字地图数据库一般采用一个参考椭球作为它的坐标参照，而从全球定位系统（GPS）接收机得到的定位数据使用另一个参考椭球 WGS84 作为它的坐标参照。在不同坐标系间没有适当的转换，人们就不能期望系统按规划运转。因此，必须学习这些不同的坐标系，了解它们之间的转换。

　　地心坐标系是原点位于"地球中心"的特殊点上（如图 2-6 所示）的地心（CM）坐标系，它采用极坐标系，其中点坐标由地心纬度 Φ、经度 λ 和到原点的距离 r 来定义。换言之，它借助经地心到该点的射线与天球赤道面和起始选定的大地子午面间的夹角来定义一个点。天球赤道面是天空中假设的一个大圆，正好位于地球赤道上，其平面垂直于地球转轴且包括地球质心。由于地心坐标系与实际坐标不一致，所以，它不能在车辆定位与导航系统中使用。某些文献使用"地心系"这一术语描述数字地图或 GPS 接收机的参考坐标系，实际上是指参考椭球的原点位于地心的大地坐标系。

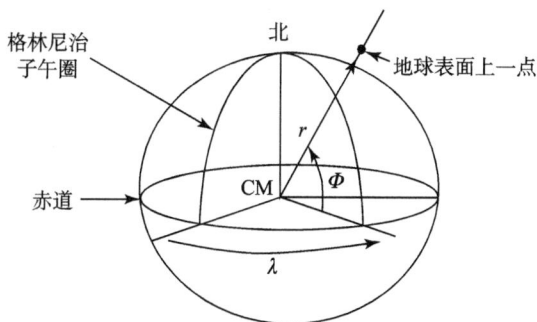

图 2-6　地心（CM）坐标系

　　大地坐标系是由椭球、椭球赤道面和通过椭球极轴的子午面组成的坐标系，如图 2-7 所示。其中点坐标表示为（Φ，λ，h），Φ 为经该点的椭球法线与赤道面之间的夹角（大地纬度），λ 为过该点的子午面与格林尼治子午面之间的夹角，大地高 h 为地面点沿椭球法线至椭球面的距离。这个坐标系相对于参考椭球、大地赤道面和选择的子午面表示点。大地赤道是位于参考椭球旋转轴中间的椭球面上的椭圆。赤道是大地纬度为 0 的线，大地纬度从此线开始向北极、南极计算，最大角度为 90°。如果参考椭球的短轴与地球旋转轴平行，大地赤道将同地球赤道一致。

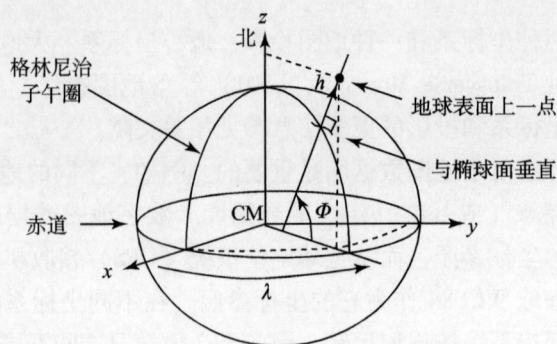

图 2 - 7　大地坐标系和笛卡尔坐标系

　　有时采用三维笛卡尔坐标 (x, y, z)，其坐标系如图 2 - 7 所示。点划线表示地球表面上选择点的坐标。笛卡尔坐标系的主要优点是它完全由原点（在此情况下为地球质点）和三个轴定义，与其他坐标系相比简单得多。然而，该坐标系对于定位与导航系统来说并不方便。例如，除北极外，向东北移动某一距离将不会导致 z 值的相应增加。因此，这种类型的坐标系在地面车辆定位与导航系统中很少使用。以 WGS84 地心椭球为参照的大地坐标系通常称为协议地球坐标系或地心、地固（ECEF）坐标系。原点在地球质心的笛卡尔直角坐标系也可看作是 ECEF 坐标系。假设原点相同，大地椭球坐标系中的任一点能转换成笛卡尔坐标系中的相应点。三维笛卡尔坐标和椭球坐标之间的精确变换。

　　下面的方程（2 - 3）描述了地心纬度 Φ_c 和大地纬度 Φ_d 之间的关系，有关参数如图 2 - 8 所示。

$$\tan\Phi_c = (1 - e^2) \tan\Phi_d \qquad (2 - 3)$$

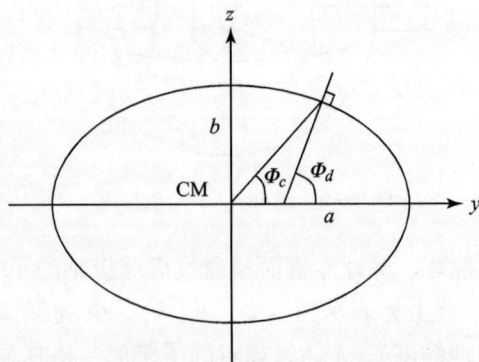

图 2 - 8　地球截面的地心纬度和大地纬度

　　由图 2 - 6 和图 2 - 7 可看到地心经度 λ_c 和大地经度 λ_d 是相同的。

　　许多大地坐标系不是地心坐标系，即它们的原点与地球中心不一致。这是因为偏移可改进椭球面与相关地区大地水准面的匹配。不同椭球的纬度和经度是不

同的坐标系，不能混为一谈。如果混淆的话，对地球表面上的点会导致高达
1 500m 的位移，这取决于基准、参考椭球和所使用的投影。GPS 接收机可能未
必同某一地图匹配的原因就在于此。

现代定位与导航系统通常使用大地坐标系。大地坐标系存在三个问题：①存
在各种不同的大地坐标系，当在不同系统切换时或在使用不同坐标系车辆定位与
导航系统的不同组成部分之间切换时，必须小心，以确保进行适当的变换；②大
地坐标对于三维航空、航天导航是不方便的，因为由这种坐标系提供的第三维
（即参考椭球之上的高度）不同于大地水准面的高度和其他相关的不同椭球的高
度；③纬度和经度不能直接在基于大地坐标的定位与导航系统中使用。尽管可用
精确或近似的数学公式计算距离和方位角，但是这不像二维笛卡尔坐标系中平面
三角那样简单。

这些考虑导致了下面描述的第三种方法的发展，用这种方法，若已知坐标的
两点间的距离和方位角，就很容易通过平面三角计算出来。

为了把大地纬度和经度转换成平面笛卡尔坐标系，可采用投影公式。通用横
墨卡托（UTM）等角地图投影是一种有效的投影。由于在这种投影中，一定方
位角的线可用直线表示，所以其常用于大陆或较大国家的地图投影。

当把 GPS 接收机和推算定位模块或地图匹配模块集成起来时，人们常常需
要把 GPS 接收机使用的 WGS84 坐标系转换成 UTM 坐标系，以便把所有相关的
观测定位调整到大地表面，转换如式（2-4）所示。

$$x = f_1(\Phi, \lambda)$$
$$y = f_2(\Phi, \lambda) \tag{2-4}$$

式中，x 和 y 分别是 UTM 投影中的北距和东距，Φ 和 λ 分别是大地坐标系中的
纬度和经度。

UTM 投影与定位大地坐标系的某一基准相结合，可以把 WGS84 大地坐标直
接转换到任一椭球的 UTM 映射平面的坐标。另一方面，可以利用简单的平方根
算式计算具有经纬轴的任一坐标系中的二点间的距离。因为对应于特定车辆与导
航系统的车辆行驶区域常常是相对平坦的，即使地球表面是弯曲的。只要区域不
太大，像大多数都市区域，计算误差可忽略不计。然而，对这样的计算结果必须
适当地调整，即必须沿每一轴、每度乘以适当的米数。现就 UTM 投影的基本原
理讨论如下。

把三维地球体表达在二维映射平面上需要进行投影，或者用等角投影（保
角投影，即地图上的角与地球上的角完全相同），或者用等面积投影（相等投
影，即在地图上的任一区域和地球上相应区域的比是恒定）。没有一种投影能够
既保持角又保持面积。UTM 投影是基于圆柱投影的等角地图投影。在这种投影
中，赤道是真实比例的直线，子午圈是等长的直线，纬线是不等长的直线，圆柱
面沿赤道正切于地球。如果把圆柱面旋转 90°，就得到横轴 UTM 投影，如图 2-9

所示。其中，中央子午圈是真实比例的直线，与中央子午圈成 90°的子午圈和赤道也是直线，其他子午圈和纬线是复杂的曲线。设想把柱面绕在一个球体上，柱面沿某一子午圈是正切的，或者沿平行于该子午圈的线是正切的，子午圈和纬线在概念上被放在柱面上。当柱面沿垂直于该子午圈的一条线切开并展开放平时，就得到了横轴 UTM 投影。地球被划分成等经度带，其中，中央子午线是每个带的中心。

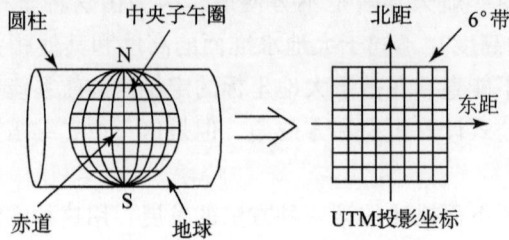

图 2-9　横轴 UTM 投影

通用横轴 UTM 投影是一个特殊的横轴 UTM 投影。椭球被划分成 60 个带，每个带经宽 6°；在每个带的外部区域，比例因子 0.999 6 用于二维坐标，以避免大的变形。在北、东方向，UTM 坐标被称为"北距"和"东距"。每个带被分成较小的正方形，其坐标以 m 为单位代表每个正方形边界的左下端。换言之，UTM 坐标是基于经度带系的坐标，每个带有它自己的中央子午圈。尽管 UTM 坐标系为车辆定位与导航工程师提供了有效的方法，但必须注意跨越 UTM 带的导航的转换问题。

UTM 投影被美国军事地图机构在 1947 年所采用，用于边界范围的映射。在美国，用于局部勘探和其他映射操作的许多纸制地图也是基于横轴 UTM 投影的地图，而美国各州所使用的投影方法各不相同。

对于数字地图没有普遍被接收并可利用的标准，但是地图数据库商和用户普遍达成了软件接口标准。用这种方式，接口灵活地提供了数据的存储和检索。

2.4.2.2　数字地图

1. 数字地图概述

对任何车辆定位和导航系统，只要涉及与地图有关的功能，数字地图数据库是必不可少的模块。没有地图，旅行者探索不熟悉的区域，制定正确的路径规划非常困难。以地图为媒介，能够容易地传送复杂的信息。

数字地图数据库可为车辆定位与导航系统提供许多重要功能，简言之，它有助于系统显示地图、利用街区地址和附近交叉路口确定某一地址或目的地、计算行驶路径、引导驾驶员沿着预先计算出的路径行驶、把传感器检测的车辆轨迹和已知路网进行匹配以便更准确地确定车辆的实际位置、提供旅游信息（如旅游指南、路标、旅馆和饭店等信息）等任务的完成。

2. 数字地图基本表示法

一般计算机以两种形式向旅行者提供地图：一种是用扫描仪数字化纸质地图，以便以数字图像，即以光栅编码结构存储和检索；另一种是把纸质地图转化成矢量编码结构，以便存储于计算机存储器并方便地进行检索，进而基于所要求的功能或特性以不同的方式提供给用户。

光栅编码的地图易于制作并能提供包含在原始地图中的所有信息。它看上去和原来的地图一样。图像以矩阵表达，每个元素称为像素。这种类型的地图要求的存储空间大，在要求利用数学模型或各种计算的车辆定位和导航应用中难以使用。这种地图尽管有其局限性，但仍然具有应用价值。例如，在车辆定位跟踪系统中，把车辆或其他信息叠加到地图上时就可用于显示。

第二种形式为矢量编码地图方法。矢量编码的地图只需要较少的存储空间并具有较快速的存取时间。在矢量地图中，由于地图要素的数据结构在各种要素之间建立了隐含关系，所以矢量地图操作更灵活、更方便，并且反映了真实地图要素之间的固有关系。

矢量编码是一种基于解析几何的地形地貌和道路网及建筑物的特征表示。特征表示真实世界中存在或规划的地物。把每个特征与一个或多个点、线、面基元联系起来建立特征模型。点由参考坐标系中的坐标表示；线由两个相连的点表示；面由一系列闭合线段表示。这种编码可利用计算机自动进行。

数字地图数据库模块旨在定义地形地貌、道路网、地物和基于数字制图信息的相关属性；然后，把它编译成文件或文件集合，该文件或文件集合易于车辆定位和导航系统中的其他模块存取。典型道路网如图 2-10 所示。

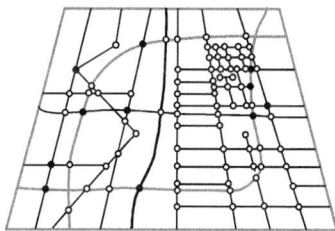

图 2-10　典型的道路网

数字制图信息是以数字形式编码的地理信息，它是基于航空照片或地图的数字化数据。其属性包括道路类型、街道名称、地址范围、要求的行驶速度、联通性、标志和信号、转弯限制及感兴趣点等。

数字道路网一般使用线段表示道路数据，它的节点形状按经度、纬度来定义，有时外加相对高度。为了更好地理解数字地图数据库，需要定义节点、线段和形状点的概念。

节点是一条街道或道路的交叉点或端点，用于表示道路的交叉路口或终点。在地图数据库中，节点通常用经度和纬度表示。

线段是两节点间的一段道路，用于表示分段道路。一个节点可以是一条线段的端点，但不能是形状线段的端点。

形状点是点的有序集，它把给定线段（不包括端点）的弯曲部分映射到一系列相邻的直线段，这些小直线段称为形状线段。用这种方法计算出的线段距离接近实际长度。线段、节点和形状点的例子如图 2 – 11 所示。

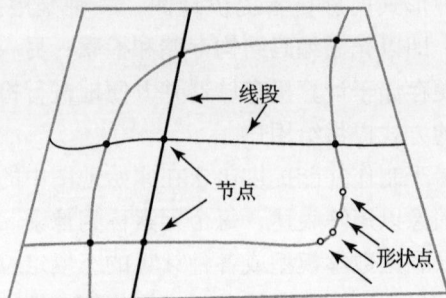

图 2 – 11　地图中的线段、节点和形状点

根据上述定义，可知道路一般表达成一系列直线（如果考虑行驶方向就叫矢量），所选择的直线近似于道路的实际弯曲程度。

计算机程序的数据库编译器，读出地图输入文件，该文件包含原始数字制图信息；然后以压缩形式生成一个输出文件或文件集合，以适合于定位和导航系统的快速存取。除了在预先选定的区域内组合及格式化线段和节点外，编译过程可涉及许多属性，譬如道路名称、路段长度、路段方向、行驶速度、道路的地址范围和由目标导航系统使用的各种其他相关的附加数据。最后输出数据文件必须以一定的格式适合于运行系统在目标计算机上的存取，即适合于管理定位和导航系统的所有活动的专用计算机的存取。

数字地图数据库是定位和导航系统的重要组成部分。一旦确定了车辆的位置，地图可提供一切与位置相关的特征。车载数字地图数据库可作为定位和显示车辆的参照基准。地图匹配算法可利用道路网的几何参数和拓扑结构帮助确定车辆的位置。因此，数字地图数据库不只是位置的图像表示，而且可作为提供车辆位置的工具。

3. 数字地图标准

国际标准化组织 204 技术委员会（ISO/TC204），除了建立地图数据库物理存储格式（PSF）外，还批准用于数字地图数据库的应用程序接口（API）的任务，这将导致数字地图数据库的一个开放或全球标准。API 任务组在 1996 年 12 月举行了第一次会议，为导航软件建立一个标准方法，以链接不同数字地图数据库商所使用的不同数据格式。PSF 任务组旨在使存储介质数据定位标准化，这样系统知道在什么地方查找它。简言之，这些活动的目的是为导航软件提供一个标准机制，以同存储在不同介质中的地图数据库相互作用。这些标准化活动推动了车辆定位与导航系统的市场。

1）地理数据文件

地理数据文件（GDF）设计第 1 版是欧洲 EUREKA 计划中由 Philips 和 Bosch

承担的 DEMETER 工程的产品，于 1988 年 10 月发行。制定该标准是为了说明用于车辆导航系统的数据结构、数据表示方法和数据内容。GDF 第 2 版（GDF2.0）是由欧洲数字道路图任务组的 3532 工作组开发的。GDF2.0 工作组由下列代表组成：EDRM 任务组合作人 Daimler Benz（主要承担者），博世、飞利浦、雷诺、Tele Atlas、夜鹰图等公司的代表和 MVA Systematica，一个 PANDORA 工程的参与者。PANDORA 工程的伙伴是飞利浦、博世、Ordnance Survey 和汽车协会。GDF2.0 无论在数据结构组织的处理，还是技术术语的使用上都不同于 GDF1.0。它也是一份最广泛的说明书。它规定了描述、分类和编码道路环境的特征，这将支持广泛的应用领域。

GDF2.0 包括下列内容：特征类提供真实世界对象，例如道路、建筑物、行政管理区及要求道路环境的住宅区的明确定义；属性类定义了每个特征的特性，特有特征的专用属性可交叉引用；关系类以现实方式表达信息特征之间的关系；特征表达模式说明现实世界对象应该如何按照 GDF 逻辑结构表示；数据内容说明不同的应用需要哪些数据；全局数据类把大地需求和与几何数据特征、地理数据特征相关的其他信息进行分类；最后，存储介质记录说明提供了 GDF2.0 数据作为物理数据记录所需的信息。

GDF2.0 有三个主要部分：第一是数据内容说明部分（SDC），列出导航系统所要求的信息；第二是数据获取说明部分，描述了表达非空间信息的一系列特征、属性和关系；第三是交换格式（EF）部分，定义了记录和字段。

这个标准的一个重要方面是数据模型。在该模型中形式化定义特征属性及关系和层的概念。层是具有紧密相关的特征的分类，如道路和渡口、行政管理区、居民点、建筑物、桥梁和隧道、铁路及水路等。例如，道路层由道路要素、交叉路口和道路本身组成。每个特征又具有属性，例如道路元素具有交通方向、名称、等级、速度限制及阻塞值等属性。关系表示与行驶有关的信息，是许多特征如禁止转弯和路标信息的函数。根据大地坐标，通过相邻特征的相对位置和占用的地形来描述道路图的几何拓扑特征和相关的地理特征。

继 GDF2.0 发行后，GDF2.1 于 1992 年 10 月发行，GDF2.2 于 1994 年 11 月发行，GDF3.0 于 1995 年 10 月提交给欧洲标准化委员会 TC278，以便正式批准作为 ENV。这些版本的主要变化是引入分段属性、时域等概念及注释，这些版本和改进版本将不断满足国际需求。许多国家的地图转换标准正朝着同 GDF 国际版本兼容的方向发展。GDF 的 ISO 版为 ITS 地图数据转换标准的国际化奠定了基础。

GDF 是一个数据库交换标准，用户必须开发自己的编译器以使之转换为可导航的数据库。可导航数据库是一个向车辆提供信息以使其通过道路网的数据库。例如，为了提供依次转弯的路径引导，数据库必须包含如单行道和转弯限制等重要属性，大多数数字地图供应商能够为欧洲用户提供 GDF 地图。目前涉及地图数据库制作的主要国际性公司是 Etak 公司、鹰图公司、导航技术公司、Tele Atlas 国际 BV 公司等。近年来中国也有一些公司提供数字地图，如四维图新、高德、百度、搜狗等。

2）数字道路地图协会

日本数字道路地图协会（DRM 或 JDRMA）由日本建设省公共事业研究所于1988 年创立。他们的产品是数字地图标准和地图数据库。该协会当时用磁带向各成员公司提供数字道路地图数据库。DRM 利用 1∶50 000 比例尺的地形图制作了数字地图数据库，后来又利用 1∶25 000 比例尺地形图改进数据库，该数据库提供了更详细、更精确的特征。地形图由建设省地理研究所发行。此外，他们也使用其他城市的规划图和道路管理人员提供的信息。他们利用传统的数据源，但是把数据投影到参考椭球时基于东京基准，该基准由贝塞尔椭球 1841 上的位置和方向角定义，其原点位于老东京观测站子午圈中心。

DRM 采用三个设计原则：第一是地图上特征的位置和结构是在两个不同比例尺（1∶25 000、1∶50 000）的地形图上测量的，并按标准局部网格编码体制汇总为文件；第二是为道路网建立独立链以指示道路结构、道路立体枢纽、坡道和小巷并且路径搜索和地图匹配是系统的集成部分；第三是数字地图由二层道路网组成，用于最佳路径计算的基本道路网（主干路）和详细操作，如地图匹配、变焦图形显示详尽的道路网。

二层道路网的定义如下：基本道路网由国家交通干线、县级公路和路宽5.5m 以上的道路组成。详尽道路网由基本道路网覆盖的所有路，加上路宽 3m 以上的所有道路组成。位置用网格号（每个网格覆盖大约 10km × 10km 的区域）和每个网格内的规格化坐标（x：0 ~ 10 000，y：0 ~ 10 000）表示。道路网由节点和链（类似于前面的路段定义）定义。

基本道路网使用 4 位数字节点码，而详尽道路网使用 5 位数字节点码。每个链码是端点节点编码的组合码。这样，所有道路均可由网格和链码加以区分。每一链的位置和形状由一系列插入点坐标值表示，数据库被组织成一系列文件。

DRM 已经覆盖了整个日本。DRM 在磁带或光盘上向用户提供地图，它的数据结构是公开的，然而，文件格式是正确阅读文件的关键，其仅对 DRM 用户公开。DRM 没向用户提供任何数据库接口，用户必须设计实现自己的接口以存取地图数据库。此外，DRM 也没有包含为路径规划和引导的信息，例如转弯限制或单行道等信息，用户需进一步扩充数据库或为车辆导航包含较大比例尺的信息（1∶10 000）。

3）空间数据转换标准

空间数据转换标准（SDTS）由美国数字制图数据标准国家委员会于 1982 年开始创建。该标准用于转换空间科学所使用的各种数据结构。这些科学包括制图学、地理学、地质学、地理信息系统（GIS）和许多其他相关学科。1985 年，联邦国际机构数字制图学协作委员会标准工作组也开始制定空间数据交换标准。1987 年，数字制图数据标准任务组综合了前面的研究成果，推出数字制图数据标准建议案，于 1988 年作为专辑发表。

空间数据转换标准是一个开放的、通用的标准，也是联邦信息处理标准（FIPS）。1994 年 2 月，人们要求美国联邦机构向其他联邦机构提供数据和全面公开空间数据转换标准的格式。空间数据转换标准主要由三个部分组成：第一部分是空间数据转换标准上层逻辑结构，描述了空间数据转换标准转换机制的组织结构；第二部分说明了空间特征和属性的定义；第三部分描述了 ISO 9211 数据转换标准（即编码方法）的实现方法。

对于把空间数据（包括地理数据和制图数据）从概念级转换到物理文件编码的详细描述问题，空间数据转换标准给出解决办法。空间数据转换包括空间数据概念建模，数据结构，文件的逻辑结构、物理结构。为了实用，转换的数据按其内容和特性必须是有意义。空间数据转换标准对矢量和光栅数据结构提出了上述所有要求。

美国智能交通协会地图数据库和信息系统分委会围绕空间数据转换标准，致力于矢量方案，它将成为北美公路数据库标准，这一项目正与联邦公路管理局合作进行。

4）真值标定标准

真值标定标准（Truth—in—labeling）由汽车工程师协会（SAE）地图数据库委员会完成。该标准的目的是定义一致的技术术语、度量标准以及描述和比较车辆定位与导航地图数据库的内容和特性的测试标准。该标准将允许用户确定一个给定的地图数据库是否满足应用需求。然而，像其他标准一样，它没有说明最低的性能标准或物理数据库格式。

真值标定标准包括地图数据库属性的定义和详细描述，以及每一地图数据库定义对象（包括数字地图数据库中诸如"节点"或"线段"等概念的物理表示）的度量标准和测试标准。该标准使用"链路"（link）代替"线段"（segment）。

其定义的对象包括节点和交叉口、附加链路的位置和实体、道路名称、地址范围、道路分类、限制操作。

该标准的焦点是车载导航应用，例如地址定位、路径确定、路径引导、车辆定位和显示。该标准应用于其他与地图有关的智能交通系统。此外，SAE 打算建立一个测试研究所，利用该标准对各种数据库进行测试。数据库商将说明在该标准规定格式方面他们的数据库的内容、准确度、覆盖范围、市价等。研究所将验证他们宣称的内容。在验证结果的基础上，用户将能够迅速、准确地选择最适合其应用的数据库。因此，用户能够事先确定某一数据库的有用性，而不是在购买数据库产品后才能确定。简言之，该标准允许不同需求的用户选择对其应用最适当的数据库。

尽管有这些标准工作，但是在美国，大多数汽车定位与导航产品是基于私人公司提供的专有数字地图数据库。

4. 专用数字地图数据库

1）导航专用地图数据库

导航专用地图数据库利用多种数据源，把所有地物投影到地球参考椭球的二维表示。基本数据库概念包含在导航技术早期的接口标准中，包括数据库内容、数据组织、数据关系和数据存取策略。它的数据源包括拓扑基础地图、空间测量照片、局部地域勘测以及来自各种其他数据源的信息。每个数据库数据存储区由地方现场工作人员和全球用户维护组织不断地更新和维护。数据库中的信息包括道路网的几何形状、道路等级、道路特征、转弯和限制、制图和地理政治边界、感兴趣的点、路标和服务设施。导航专用地图数据库提出了基于真实地域的至少97%准确性和完整性的书面保证。它的保证精度是城市区域真实地面误差为15m以内，城镇间地图覆盖的区域误差为100m。

导航专用地图数据库包括道路网信息和道路、交叉路口、感兴趣的点的环境信息。数据进行逻辑组织以便存取和操作某一信息；数据的物理组织使得系统提供最大的灵活性；数据关系包括同一层或区域数据实体之间的各种关系，这意味着道路名称可以附加到正确路段上面。数据存取方法包括透明的用户界面，该界面介于应用和数据库之间，因此，用户不必知道数据库的结构就能进行高层逻辑查询。

2）数字地图的编译

数字地图编译过程如图2-12所示。

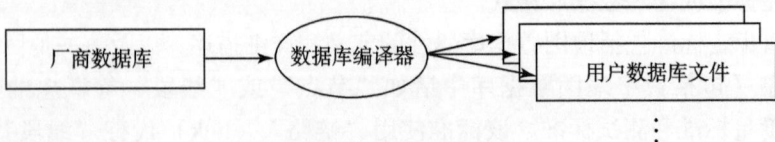

图2-12　数据库编译

可以从非数字地图或航空照片编码成数字地图数据库。通常利用计算机进行节点编码，记录给定点的坐标，把数字化仪的十字准线放在纸图的点上，按下按钮，对该点进行数字化或转换。用这种方式，扫描纸图通过软件被转换成矢量形式。一旦基本的道路几何形状被编码，道路的拓扑结构被检查完毕，向数据库输入道路类型、道路名称、速度限制、长度、转弯限制和其他信息。逐渐地，所有这些数据形成错综复杂的数据网——一个道路网络被虚拟实现。目前已通过现场测绘直接生成。

这些数据的精度对于实现与地图有关的功能非常重要，较大误差（城市区域大于15m）可能会导致整个系统性能低下。除了以一种交换格式提供原始制图数据文件外，所有地图数据库商同时把他们的数据库以某种内部格式进行编译，用户可利用他们的地图检索和绘图程序库方便地进行数据库存取。

（1）数据结构。

许多不同的数据结构和实现可用于存储数字地图数据库。数据库存储在定位与导航计算机的主存或者存储在辅存，如硬盘、CD - ROM 或内存卡中。通常一个非压缩的城市区域地图需要 10 ~ 100MB 的存储空间。地图的大小是所选择的数据结构、属性的复杂性、覆盖的地理区域、道路网拓扑和其他因素的函数。压缩技术可用于减少地图的存储量，但应用时需要解压，这常常需要额外的设计考虑和研究处理实时应用的适当机制。根据系统的实现，用户可设计一个数据库管理器以提供存取数据库的一系列服务。

数据结构通常包括最小限度的节点记录和线段记录。其通常包含三个可能的记录及其属性：①节点记录，包括节点标识符 ID、经度、纬度和连通性等；②线段记录，包括线段标识符 ID、左节点、右节点、长度、速度限制、方向性、地址范围、道路名称、城市名称、州名称、ZIP 码、形状点、道路类型及等级和通行能力等；③面记录，包括面标识符 ID、面名称、城市范围、城市名称、州名称、ZIP 码等。

（2）编译器结构。

数据库编译器与传统的计算机语言编译器具有同样的结构。

顶层包括前端和后端两部分。前端的目的是从厂商提供的交换格式文件中读取数据并分析，将分析结果输出作为中间文件。分析过程包括确定道路网的连通性，查找地物对象，如街道、城市、县、感兴趣的点等的唯一名称。后端的目的是读取中间文件，进行有效编码，将结果作为导航数据库以供应用或其他模块存储和检索。编码过程包括为街区名和城市名建立 B 树索引，为包含相应空间对象建立数据块以及建立存取这些对象的索引，如四叉树等。

如果处理适当，编译器及编译过程应该不会对地图的质量产生影响。在基于地图的系统中，混合参考坐标系可能导致地图上每一点的系统误差达 1 500m。另一方面，数据文件本身的误差常常随机地出现在不同的属性上，误差并不一样，例如街道上一点的误差可能是真实地面上的 20m、一个局部街道可能消失、一个单行道可能被标记为双行道、一个特定的道路可能被不正确地分类等。这样的误差常常出现在数据库编译前，对定位和导航系统的性能产生负面影响。

（3）分层地图。

为了有效地解决车辆定位和导航的复杂问题，系统应该首先忽略低层细节，而把注意力集中在问题的本质特性上，最后再加上细节部分。这一思想导致一般化，即多层次抽象层，每一层集中处理不同层的细节。这一技术是降低大问题复杂性的非常有效的方法。这种存储方法的一个关键特征是存储在高层的线段等于其底层存储的几条线段的组合，这导致在高层表达完全相同的道路网络的节点数目大量地减少。对于路径规划算法的运行时间分析，这种道路数据重新组合以产生较高层路段的方法会导致路径规划运行时间的改进，其原因是在高层对应线段的节点数较少，使得在规划过程中访问的节点数目是影响算法运行时间的主要因素。

另一个方法是建立一个数据库。在该数据库中，在较高层精确地复制较底层的线段。与前面的方法不同，不需要对底层线段进行组合。由于这种方法在移动到较高层时简单地消去某些局部道路，其余的路段数据将精确地从较底层向较高层复制。这将需要更多的存储空间，但减少了编译时间并使得数据库设计较简单。然而，采用这种类型的数据库时，相对的路径规划消耗一定时间，原因是进行决策时访问的节点数目没有实质性地减少。

分层地图数据库是层的集合，整个集合可由第0层（最底层）、第1层、第2层和第3层4层组成。第0层包括道路网的所有道路和相关的导航信息；第1层包括汇聚道路、干道、公路；第2层包括干道和公路；第3层仅包括公路。

汇聚道路是通向干道的半主路。尽管使用4层地图，但数据库编译器能支持多达8层。4层地图的图形表示如图2-13所示，可以考虑仅包括一层的地图，如第2层，或者多层，如第1层和第2层。

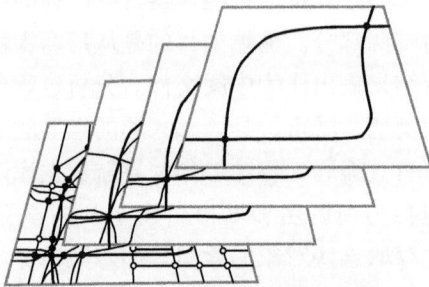

图2-13　层次地图数据库

这样的地图将覆盖较大区域且含有较少的线段，因此与提供所有地图相比要求较少的存储空间。当在城市间旅游时，这些地图是对县、州地图的直接模拟。

具有前端和后端结构的地图数据库编译器把原始制图数据编译成包含地图块文件和索引文件的导航层次数据文件。这些文件被存储在CD-ROM或其他存储空间中，以供其他模块通过应用接口（API）存取。块是一部分地图区域的模拟，它是落在由最大和最小经纬度定义的直线围着的区域内的线段等地理对象的集合。

地图索引数据帮助定位存储的多幅地图。地图块数据包括地图上每一区域的详细信息。索引数据用于定位存储矢量编码地图的块。飞利浦公司和其他公司也采用类似的 CD-ROM 存储方法。

　　分层次数据库的另一个特征是它增加了一个动态数据库，如图 2-14 所示。动态数据库用于存储从交通控制信息中心接收到的每个链路的动态更新信息。链路在这里是指具有转弯延时信息的线段。转弯延时是车辆完成与特定线段相关的转弯所需要的正常时间。根据行车前面转弯的数目，一个特定线段可能需要不止一个链来区分不同转弯的延时。数据库模块及其应用模块把每一线段的实时更新数据包含进去，并且为某些特定应用使用转弯延时信息。

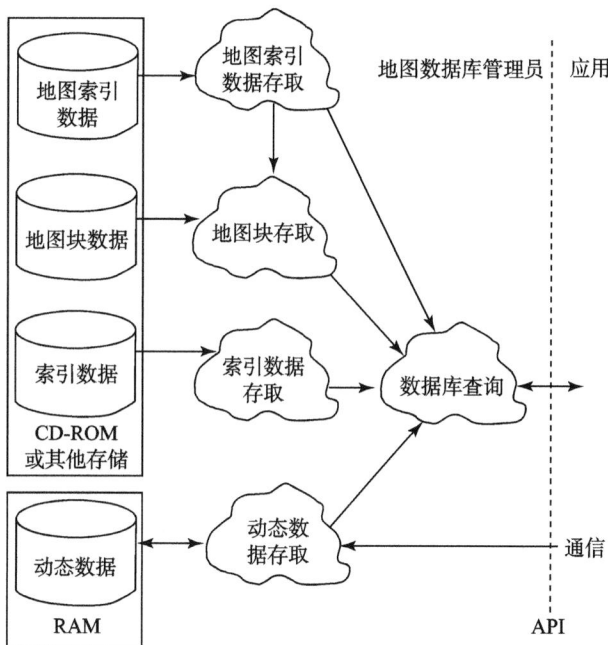

图 2-14　动态数据库

　　开发层次地图数据库的关键益处是在使用低速辅助数据库存储设备的环境中支持层次路径规划算法。除路径规划模块外，所有的模块工作在第 0 层。数据库在第 0 层具有详细的数据，在其他层具有最少的数据。这种方式对路径规划模块来说，辅助存储器较高层的一次读操作与底层的一次读操作相比，系统能取出覆盖较大区域的数据。层次存储的另一个应用是地图显示。根据用户要求的地图比例尺，地图显示将选择需要画图的层。这将减少从 CD-ROM 读数据的量和减少过滤掉不需要信息的处理时间。

　　总之，数字地图数据库的设计应考虑四个方面：内容、组织、关系和存取方法。换言之，一个车辆定位和导航系统需要这样的数据库，它能支持地图匹配、路径规划、路径引导、地图显示和相关的感兴趣的点的显示。为了把厂商的数据库编译成定制的数据库，数据库编译器的设计者必须考虑其所涉及的特殊应用域。对于车辆导航系统来说，导航数据库至少应提供准确的与地图相关的定位信息、需要计算最佳路径和引导车辆的属性，以及与道路有关的设置和信息。数据库必须易于存取。对于车辆导航数据库，对运行时的存取速度必须仔细考虑。

5. 空间数据库的建立

1）信息来源

获取信息是建立数据库的第一步，非数字信息必须转换成数字形式才能被计算机接受。地理信息系统将信息分成空间信息和属性信息两大类，这两类信息的获取途径主要有五种：①野外实地测量；②摄影测量与遥感；③现场专题考察与调查；④社会调查与统计；⑤利用已有资料。利用野外观测、遥感、现场调查、已有资料可获得空间信息，利用遥感、现场调查、社会调查、已有资料可获取属性信息。

野外实地测量是传统的地图测量方法，通过这种方法所获得的资料具体、准确，但花费人工多，工作周期长。一般是测得资料后制成通用地图，再输入到地理信息系统的数据库中。近年来得到推广的利用人造卫星的全球定位系统（GPS），给野外实地测量带来极大方便。

航空摄影测量已普遍用于通用地图的制作。经过专门训练的操作员可以用一种称为立体解析测图仪的光学电子仪器，直接在航空照片上读取坐标，传输入计算机中。现已用软件取代立体解析测图仪的新技术，它将有良好的推广应用前景。

遥感技术是在航空摄影的基础上发展起来的，从广义上说前者也包括了后者。除可见光外，遥感技术还可利用其他自然电磁波（如红外线）或人工发射的电磁波对地球表面进行远距离探测，探测的结果如果记录在照片上，可以用扫描仪或解析测图仪输入到计算机中；如果是用数字方式记录下来，则可直接用计算机来处理，然后转入地理信息系统的数据库。

某些专门的信息，如土壤成分、道路交通量、房屋质量、土地使用情况、降雨量等，要靠现场专题调查才能获得。与人口有关的年龄、性别、教育程度、收入与消费，工业生产，商业经营，医疗保健等其他数据，必须经过社会调查与统计才能获得。

任何一个信息系统，都应尽量利用已有的资料，以减少工作成本，缩短工作周期，例如现有地图，历史上的遥感资料，政府统计部门的各种调查、统计报表等，都是最常用的信息来源。

2）分类与编码

把数据输入到计算机之前，必须先按使用要求进行分类，这是项基础性的工作。分类过粗会影响将来分析的深度，分类过细则工作量很大，计算机的存储量也会加大。有时过细的分类在技术上也难以做到，如用遥感数字图像对农业土地分类时，就无法做到很细。

编码是将经过分类的信息用适当的数码（字符串或数值）来表示，也称代码化。属性信息的编码方法除用于和空间信息连接的关键字外，和常规事务管理信息系统的编码方法差不多，大致有五个原则：①唯一性；②可扩充性；③易识别性；④简单性；⑤完整性。

空间信息即地理要素的位置信息，其编码方式主要有三类：①用地理坐标来表示地理要素的位置，包括坐标系的选择，坐标数据的输入、编辑、校正等一系列工作；②在地理要素之间建立起联系，反映空间位置上的相互关系；③对地理要素人为地给定一些编号或字符串。

3）输入方法

完成了分类与编码方案之后，就可把收集到的资料分类编码后输入到计算机中，常用的输入方法有五种：①键盘，一般录入属性数据时采用；②图形数字化仪，录入地图数据时使用；③扫描仪，录入地图数据时使用；④坐标几何，录入地图数据时使用；⑤现有数据转换。对已经用计算机储存在其他系统中的数据则可用文件转换的方法从别处输入到自己的系统中。

6. 地理信息系统应用软件开发

1）应用模式与分类

地理信息系统可分为通用地理信息系统平台和面向特定专题或地区的地理信息系统应用。通用地理信息系统平台提供了基本的空间信息处理方案，可以应用于各个领域，一般由专门的软件开发商完成。地区的地理信息系统应用往往针对某个用户单位提供特定的技术手段。具体而言，地理信息系统应用按照其应用模式又可以分为两类，即科学研究工具和办公服务系统两种。

科学研究工具是将地理信息系统作为科学研究工具的应用模式，强调对于科学计算结果的获得和分析，把地理信息系统作为科学研究的辅助手段。它主要应用于有关地理学领域的科研项目研究中。它不仅需要用到地理信息系统通用软件所提供的功能，而且还要用到各种专业分析模型。

办公服务系统应用于涉及空间数据的政府部门以及企业，以提高管理效率、制定决策和实现组织目标。办公服务系统按照其应用层次的高低，又可以分为空间事务处理系统（Spatial Transaction Process System，STPS）、空间信息管理系统（Spatial Management Information System，SMIS）、空间决策支持系统（Spatial Decision Support System，SDSS）和专家系统（Expert System，ES）。

STPS 的目标是迅速、及时、准确地处理大量空间信息，以有效地进行日常事务的自动化处理。它注重于空间数据的收集、处理和存储，以供将来使用在各种大型应用地理信息系统的数据采集部门和具体事务部门，包括测绘、资源调查、地籍管理、地图出版等领域。

SMIS 是基于空间事务处理系统发展起来的，除了提供高效率的信息处理服务以外，还对决策者提供辅助决策信息，包括数据的查询和统计以及专业模型的分析功能。

SDSS 为决策者提供了一个模拟决策过程,并提供了选择方案的决策支持环境,强调系统推理的有效性,更多地应用于宏观决策过程。

ES 是能够模仿人工决策处理过程的基于计算机的信息系统,它由知识库、推理机、解释系统、用户接口和知识获得系统组成。它扩大了计算机的应用范围,使其从传统的资料处理领域发展到智能推理上来。

2)开发应用的方式

一旦组织决定建立用于本单位的地理信息系统,可以采取三种方式,一是通过购买,在组织中实施;二是请软件开发商来开发;三是由组织内部的人员开发。其中购买地理信息系统又可以分为购买地理信息系统平台软件进行二次开发,购买完整的软件产品,购买完整的地理信息系统以及购买地理信息系统服务。

请软件开发商进行开发以得到完整的软件产品或系统,也可以认为是系统购买的一种形式,但是从系统购买到系统运行的时间比直接购买的时间要长。在请开发商进行开发时,可以有两种具体方式,即承包开发和合作开发。前者由开发商独立开发完整的系统,又称为“交钥匙”系统;后者在开发过程中,可以由用户方的技术人员参与开发,双方合作完成整个系统,这种方式有利于开发系统时对用户需求进行准确把握。

上述地理信息系统应用的建立方式各有利弊,各个组织可以根据具体情况确定采用何种方案。

2.4.3　地理信息系统在智能运输系统中的应用

2.4.3.1　地理信息系统应用概述

地理信息系统(GIS)是在计算机硬件、软件的支持下,对有关业务数据按地理位置进行预处理、输入、存储、显示查询索引、分析处理并提出应用的技术系统。智能交通管理所涉及的各类信息,大部分都与地理位置和分布密切相关,例如道路网分布信息、交通设施分布信息、交通流量分布信息、交通事故分布信息、交通民警警力分布信息等,无一不与地理位置有关。在交通管理和交通信息服务中使用地理信息系统具有实际意义,这是地理信息系统技术应用的一个重要领域。先进的交通管理/控制中心、车载导航系统和地图信息显示装置都广泛应用基于地理信息系统开发的数字地图数据库,这使地理信息系统成为智能运输系统的主要支撑技术之一。

目前,公路交通管理数据量大,且大部分存在于工程图纸上,信息仍然以普通的数据库属性信息为主。此外,庞大的信息量与单调的查询方式也构成了鲜明的对比。因此,把电子地图这一重要的信息源带到交通管理上来已势在必行。利用地理信息系统技术,能集数据管理、数据分析、图形管理、图形编辑、彩色图形输出等功能于一体,可方便、有效、快速地存储、更新、操作、统计、分析和显示所有交通网络信息，使管理者对各方面情况的研究不再是孤立的，而将自己置身于自然和社会环境当中，直观地掌握全面情况，从而大大提高交通的现代化管理水平，这对公路交通的管理将起到非常积极的作用。

2.4.3.2　在智能运输系统中应用的主要地理信息系统技术

1）地图集成技术

在地理信息系统图形功能的管理信息系统（GMIS）的开发中，图形的处理和非图形的一般属性数据处理往往是分离的，图形的处理在地理信息系统中完成，而数据处理功能由高级语言编写的数据处理模块完成。也有将数据处理模块放在地理信息系统中完成的系统，但这样数据处理的功能往往很差。在传统的地理信息系统中，由于图形处理和数据处理的分离，用户必须在两个系统间来回切换，这导致系统的使用效率低，用户感到很不方便，系统的整体性也比较差，不然，用户必须忍受一个功能残缺的系统。在此利用图形集成的方法来解决以上问题，把 MapInfo、SuperMAP 等与其他编程开发语言的优点相互结合，提高地理信息系统的开发能力和手段。

2）动态分段技术

动态分段是地理信息系统中一种对线性特征的属性动态分析显示的技术，即某一线性特征的属性在用地理信息系统进行分析显示时，其图形分布空间地理位置通过计算其属性表的数据而来。例如，一条路段的路线概况图形可根据计算其起止点里程桩而生成，不需要在图上数字化。动态分段对地理信息系统在公路交通中的应用极为关键，可以说，没有动态分段就没有具有真正实用价值的公路数据库。利用 MapInfo、SuperMAP 等系统软件所提供的开发工具，并根据公路线性空间的特点，有效地实现公路线性动态分段的技术，使得在公路数据库中可进行多个属性集的动态查询显示，大大地减少了数据冗余和重复的手工数字化工作。

3）空间数据的存贮与采集

可把公路数据库的空间数据划分为公路、桥梁、隧道、立交、行政区划、河流、乡镇、村庄等点、线、面特征层，利用 MapInfo、SuperMAP 等 GIS 软件的专题图层来进行有效的存储管理。对空间数据的采集提供数字化仪、屏幕矢量化、扫描矢量化三种方式输入地图数据。前两种方式可由 MapInfo Professional 来完成，但效率较低。扫描矢量化的效率较高，支持线的自动跟踪、轮廓提取等全自动矢量化、半自动矢量化方式，并可输出 mif 这种中间格式，然后转入到 GIS 软件中。上述两种方式可任意选择。在矢量化的过程中，应同时输入图形对象的基本属性，以与后台的数据库建立一一对应关系。

建立公路数据库必须选择合适的地图来采集空间数据，大比例的地图精度高，符合公路的特征，但加大了数字化工作，并会使计算机的运行速度减慢。当比例尺减小时，公路的线形会被简化，周围环境信息减少，难以描绘公路的路况，所以应根据应用的需要选择合适的图幅。选择具有合适的比例尺（如 1：

25 万）的地图作底图，公路数据库的地图图幅选择具有合适的比例尺（如1：
2 000）的设计图作为地形图，利用 MapInfo、SuperMAP 等 GIS 软件可成功地解
决地图的合成问题。

4）图形与数据查询

公路数据库可以存储大量的道路基础资料，管理人员可以通过这个系统在计
算机屏幕上显示出整个公路的地理位置、概况等，可在屏幕上随机点取某个路段
或构造物，要求计算机显示出相关的资料（包括数据、图形、照片），也可以输
入一些技术指标，要求计算机显示相关的路段和构造物。数据查询包括基本数据
查询、公路路线数据查询和分类计算查询；图形查询包括公路概况查询、公路养
护情况查询、隧道查询、桥梁查询、立体交叉工程查询、交通量查询、交通事故
查询这 7 项内容。

2.4.3.3 在智能运输系统中应用的主要地理信息系统功能

1）分层管理功能

GIS 软件对基础地理信息和专业地理信息进行分层管理和维护，且用不同的
符号分层显示，该系统涉及的图形信息较多，各类图形的属性不同，必须分层管
理，系统分层设置如下：道路及道路标注线、路口及路段交通设施、路名标注、
建筑物及其标注、公交机关（市局、分局、派出所等）、交管局及其职能部门、
停车场、警力分布、路口监控点、可变信息板、宾馆饭店、大型体育和娱乐场
所、其他标注等。

2）对图形数据和属性数据的编辑和修改

GIS 软件系统提供相应工具对地图、属性数据进行编辑和修改，可以非常灵活
地对它们进行增、删、改等操作，并同时改变与后台数据库的对应关系。还可以
将改变后的地图通过软件模块放回到大型数据库中去，以实现真正的数据共享。

3）道路管理和查询

GIS 软件系统提供查询工具以方便地对各个路段进行信息查询，如道路名
称、等级、对应的路口、主要建筑物、桥梁、隧道、立交、停车场分布及容量、
有关各职能部门的分布、警力分布、交通线路及各站点，以及市政机关的位置等
信息。可查询所有基础地理特征和专业地理特征的属性信息，可按用户所确定的
条件表达式来检索满足条件的图形和属性，且使图形与属性保持一致。这为快速
处理交通事件、维护交通次序提供了前提条件。系统支持标准的 SQL 查询，并
可通过地理运算符对空间位置的关系进行查询分析。可按用户所确定的道路
（或街道）名称、等级、公交站点名称、公安局（派出所）名称、交警队名称、
停车站（场）名称、可变信息板名称进行定位，即可以将用户指定的地理特征
以显著颜色显示在屏幕上。

4）数据的统计和分析

GIS 软件系统有多种数据表达方式、数据表的浏览方式、地图的表现方式和

统计图的表现方式。其中统计图的颜色、线形、文字均有多种选择，既有二维表达形式又有三维表达形式。系统还提供范围图、直方图、饼图、等级符号图、点密度图、独立值图和格网图等多种专题图，形象直观地对用户数据库中所选择的字段进行分析。

5）图形输出

GIS 软件系统可输出整个和区域的省市地图、交通线路图；各路段状况图等。可输出各单位属性的报表；打印条件查询结果。还可以将地图与各种专题图、统计图表、浏览表、图例、查询信息等组织在一起美观大方地打印。

6）决策支持

GIS 软件系统通过各种专题地图、统计报表、地理分析等，为交通管理部门提供强有力的决策依据。

7）其他功能

GIS 软件系统包括图形缩放、漫游功能，可对所有基础地理信息和专业地理信息进行无级缩放及漫游显示。其具有数据维护功能，可对本系统的各类基础地理信息和专业地理信息进行编辑、更新、备份、恢复等。

2.4.3.4　交通地理信息系统的应用

交通地理信息系统 GIS‒T 因具有强大的信息服务和管理功能，所以应用范围广泛。其具体体现在三个方面：一是它可以应用在交通管理的各个环节，即从交通规划、设计、施工到运营和养护的所有阶段以及交通科研；二是它可以广泛应用于国家、省、市等不同层次的管理；三是它可以广泛应用于政府、交通运输管理、运输企业和工程设计施工等各部门。

1）交通管理

由于采用空间数据和数据库挂接，改变了传统的信息管理方法，地图由传统的静态记录变为信息丰富多样的动态的电子地图，实现了数据可视化。它使交通主管部门对交通基础设施的管理变得直观、简单和轻松。通过直接对地图实体进行查询，可以获得交通设施的空间位置、技术标准以及实时的动态交通流量等多方位的信息。交通地理信息系统在协助管理人员处理特殊、紧急事件的交通管理工作方面具有得天独厚的优势。交通地理信息系统不仅能帮助管理人员追踪和管理当前的交通基础设施的维护工作，通过系统提供的历史查询功能，还可以帮助管理人员根据过去应对某些事件（如恶劣气候，节假日出行高峰等）的情况和经验作出更好的分析，通过综合统计和分析各种交通数据以及采用丰富多样的图表显示，为决策提供科学快捷的支持。此外，交通地理信息系统能对管理部门应对某些突发事件的应急效率进行评价和报告。

美国华盛顿州交通局（WSDOT）曾开发了一个基于地理信息系统的冬季运营系统，并获得了国际奖项"GIS 最佳成就奖"。该系统能够帮助管理人员更好地获取冬季暴风雪事件的应急信息，同时也便于直观、详细、具体地展示冬季道路管理维护工作，如融雪剂的使用数量及具体位置、当前道路的积雪状况、已处理道路的状况、当前作业货车的位置及详细信息（比如铲雪刀的位置、融雪剂的喷洒情况、道路温度、气温、天气条件、速度等），以及此前在何时何地做了多少事情等信息。而在该系统开发以前，美国华盛顿交通局只知道大概有多少融雪剂等物资运入运出，但是不知道它们的具体去向；只知道有道路正堆满积雪，但是不知道具体是道路的哪一段。另外，系统提供的历史地图查看功能可以帮助管理人员总结分析过去应对暴风雪的情况和经验，为应对当前的气候状况的决策提供支持。

2）交通规划

我国的交通在近年相当长时期内处于快速发展时期，交通管理和建设的投资规模大、项目多、战线长，是一个规模巨大、耦合度高、透明度低、动态而且开放的系统，在需求预测、发展战略、政策策略、资金投入等方面将面临大量的复杂决策问题，如建设项目的宏观决策、建设和养护项目的选择与优化排序、建设管理与工程的控制等。利用交通地理信息系统等信息技术，可以提供直观、明了地集点、线、面信息为一体的多媒体方式的各种公路专题图，实现交通决策和管理的科学化，提高决策的效率和质量。

交通地理信息系统的理论和技术具有处理具有地理特征的交通信息的优越性。借助交通地理信息系统技术建立、编辑、显示、查询和管理交通规划的图形数据库和属性数据库，对交通规划数据库的地理信息进行空间分析，将交通规划中具有空间特征的信息进行可视化表达，这为信息利用者提供了直观、清晰、全面的信息表达方式，对提高交通规划决策的科学性和合理性有着重要作用，与其他传统的方法相比也具有无可比拟的优势。目前基于交通地理信息系统的交通规划模型软件已经开发成功并进入商业化应用阶段，如 TransCAD 等。这些交通规划软件包括了全部的地理信息系统软件功能，其应用模型与地理信息系统集成为一体，它们使交通规划的手段更加强大。

由于应用交通地理信息系统能够更好地考虑和评估公路对环境的影响，因此在公路路线的选择和初步设计中交通地理信息系统将得到广泛应用。加拿大已经成功地应用地理信息系统完成了在温哥华岛的一条 127km、4 车道的公路通道选择和初步设计。在此项目中地理信息系统很好地解决了项目涉及的环境分析、公路选址等问题。

3）道路建设和养护

在公路建设中，可以充分利用交通地理信息系统为公路勘测和设计服务。在道路选线的过程中，利用 GPS、遥感或摄影测量技术及其他测量手段，获得外业的勘测数据，然后通过测量数据产生数字地面模型，作为内业数据处理的基础，以选择公路走向。在构建数字地面模型时，采用地形图数字化或扫描矢量化、卫星图像和航空照片的智能识别等技术和方法，通过交通地理信息系统可以快速精确地生成数字地面模型。在此基础上，输入有关的技术、环境及社会等数据，在考虑曲率半径、最大纵坡、多层地质构造及边坡、已有线形物（公路、河流、铁路等）、特别区域（沼泽地、城镇、环境保护区等）等各种限制条件的基础上，优化道路的选择。交通地理信息系统技术在计算机上的运算和虚拟，可以节省前期资金及设计时间。通过确定路线最佳方案，可以大幅度减少并平衡工程的土石方量。通过在路线优化过程中处理、保存大量的数据，并计算各条优化路线的分项建设费用，可为项目提供财务分析及运营费用控制方面的便利。

路网的养护和建设业务范围比较大，养护管理业务非常复杂和繁多，包括养护决策所需要信息的采集、养护方案决策、养护项目进度管理、竣工管理等环节。养护的不同职责也分散在不同的业务部门。通过交通地理信息系统技术，可进行整体的决策和调度，在路网级根据交通量、交通类型、路面状态等决定养护的规模和次序，根据交通分配决定养护的时间以避免交通堵塞等，并且直接进行养护项目的管理，合理配备养护的人力和物力，有效安排养护资金，跟踪、评价养护项目的完成情况，实现公路养护项目的计划管理、进度管理、成本管理、质量管理的计算机化。交通地理信息系统还可与路面管理系统、桥梁管理系统等公路养护管理系统相关联，借助先进的路面和桥梁检测设备和数据搜集手段，使道路养护管理更加科学合理、经济高效。

4）物流分析及运输企业的运营管理

可利用交通地理信息系统强大的地理数据功能来完善物流分析技术。国外公司已经开发出利用交通地理信息系统为物流分析提供专门分析的工具软件。完整的交通地理信息系统物流分析软件集成了车辆路线模型、最短路径模型、网络物流模型、分配集合模型和设施定位模型等。车辆路线模型用于解决在一个起始点、多个终点的货物运输中如何降低物流作业费用，并保证服务质量的问题，包括决定使用多少辆车、每辆车的路线等。网络物流模型用于解决寻求最有效的分配货物路径的问题，也就是物流网点布局问题。分配集合模型可以根据各个要素的相似点把同一层上的所有或部分要素分为几个组，用以解决确定服务范围和销售市场范围等问题。设施定位模型用于确定一个或多个设施的位置。在物流系统中，仓库和运输线共同组成了物流网络，仓库处于网络的节点上，节点决定着线路。根据供求的实际需要并结合经济效益等原则，确定在既定区域内设立仓库的数量、每个仓库的位置、每个仓库的规模，以及仓库之间的物流关系等问题，运用此模型均能很容易地得到解决。

运输企业运营管理涉及车辆调度和实时监控、运输路线优化等方面，运输企业要求获取车辆等运输工具的行驶时间、地点等信息，要求在代价最小的情况下保证运输工具准时到达目的地。交通地理信息系统和 GPS 监控设备相结合，能够保证管理人员及时、直观地获取运输工具的实时动态信息，为管理人员的正确决策和调度提供支持。借助交通地理信息系统的路径规划选择功能，运输企业可以对运输工具的运营线路进行优化，并根据专题地图的统计分析功能，分析客货流量的变化情况，制定行车计划。

5）为智能运输系统提供数字化平台

智能运输系统是新近发展起来的交通管理系统，它将和交通地理信息系统、GPS 一道成为交通领域快速发展的新技术。基于交通地理信息系统、GPS 的 ITS，将能够为道路用户提供实时动态交通信息服务，改善出行方式，也能够为道路管理者提供控制信息，大大提高现有道路的通行能力和安全性。利用基于交通地理信息系统的基础信息平台整合各种其他交通信息是有效构建智能运输系统的关键。

2.5 小　结

智能运输系统的研究开发涉及系统工程理论、智能控制理论、智能协同理论及交通地理信息系统等，本章通过对基本概念的介绍和对特点的分析，为进行智能运输系统设计提供参考，也为后续章节提供理论基础。

第 3 章

智能运输系统的信息采集及
通信技术

智能运输系统不仅与系统工程理论、智能控制理论、智能协同理论及交通地理信息系统密切相关，还离不开信息采集技术、信息显示技术、通信技术、信息处理和融合技术。

3.1 信息采集技术

交通信息是智能运输系统的核心要素，实时、准确、有效的交通信息是实现智能运输系统功能的基础，交通信息采集系统是智能运输系统的重要组成部分之一。智能运输系统的需求及各种信息技术的进步促进了交通信息采集技术的发展。现代交通信息采集从最初的人工计数、感应线圈发展到综合应用雷达、红外、视频等多种自动采集技术，从传统的交通流状态特征信息采集延伸到交通紧急事件信息、在途车辆实时信息、环境状况信息及交通动态控制管理信息等信息的采集，从局部的交叉口、路段交通信息采集拓展到交通系统网络的信息采集。现代交通信息采集技术具有采集技术多元化、采集参数类型丰富、覆盖范围广等特点。

交通信息采集的内容很广泛，包括交通流运行信息、车辆运行信息、交通设施运行信息、突发交通事件信息四大部分。在诸多交通信息中，交通流运行信息的自动采集是实现交通系统智能化的关键。根据采集设备的布置方式，交通信息采集方式可分为固定式和移动式两种。交通信息采集的物理量及交通参数十分复杂，所用传感器类型及原理也多种多样。

3.1.1 传感器技术概述

3.1.1.1 传感器的含义

传感器是能感受到规定的被测量并依据一定的规律将之转换成可用于输出信号的器件或装置。现代传感器不仅包含模数转换，有的还包括处理功能，集成化程度正在逐步提高。传感器的含义有广义和狭义之分。广义的传感器是指能感知某一物理量或化学量、生物量等的信息，并能将它们转化为有用的信息的装置。

狭义的传感器是指能将各种非电量转化成电信号的部件。这是因为现代化技术中电信号是最适合传输、转换、处理和定量运算的物理量。特别是在电子计算机作为处理信号的基本工具的时代，人们总是力图把各种被测量通过传感器最终转换成电信号进行处理。在大多数情况下，传感器是指狭义的传感器。

在现代化科学技术的发展过程中，非电量（例如压力、力矩、应变、位移、速度、流量、液位等）的测量技术（传感技术）已经成为各应用领域的重要组成部分，但传感技术最主要的应用领域是自动检测和自动控制。它将温度、压力、流量等参量转化为电量，然后通过电的方法，进行测量和控制。因此，传感器是一种获得信息的手段，它获得的信息正确与否，关系到整个测量系统的精度。

3.1.1.2 传感器的组成

传感器又称变换器，一般是利用物理、化学和生物等学科的某些效应或原理按照一定的制造工艺研制出来的装置。因此，传感器的组成将随不同的情况而有较大差异。传感器是由敏感元件、传感元件和其他辅助部件组成。敏感元件直接感受非电量，并按一定规律转换出与被测量有确定关系的其他量（一般仍为非电量），例如应变式压力传感器的弹性膜片就是敏感元件，它的作用是将压力转换成膜片的变形。并不是所有的传感器都必须包含敏感元件和传感元件。如果敏感元件直接输出的是电量，它同时兼为传感元件；如果传感元件能直接感受被测非电量并输出与之成确定关系的电量，则传感器就是敏感元件，例如压电晶体、热电偶、热敏电阻、光电器件等。信号调节与转换电路一般是指能把传感元件输出的电信号转换成为便于显示、记录、处理和控制的有用电信号的电路。信号调节与转换的电路选择要视传感元件的类型而定，常用的电路有弱信号放大器、电桥、振荡器、阻抗变换器等。辅助电路通常包括电源，有些传感器系统常采用电池供电。

3.1.1.3 传感器的分类

传感器一般是根据物理学、化学、生物学等特性、规律和效应设计而成的变换器。由某一原理设计的传感器可以同时测量多种非电量，而有时一种非电量又可用几种不同的传感器测量，因此传感器的分类方法有很多，一般可按输入物理量、工作原理、能量关系、输出信号的性质分为不同类型。

1）按输入物理量分类

按输入物理量的性质进行分类，传感器可分为速度传感器、加速度传感器、温度传感器、位移传感器等。这种分类方法是按输入物理量命名，其优点是比较明确地表达了传感器的用途，便于使用者根据其用途使用。但是这种分类方法是将原理互不相同的传感器归为一类，很难找出每种传感器在转换机理上有何共性和差异。

2）按工作原理分类

这种分类方法是以工作原理将物理和化学等学科的原理和规律及效应作为分

类依据，如电压式、热电式、电阻式、光电式、电感式等。这种分类方法的优点是对于传感器的工作原理比较清楚，类别少，有利于对传感器进行深入分析和研究。

3）按能量关系分类

根据能量的观点分类，可将传感器分为有源传感器和无源传感器。前者将非电能量转换为电能量，称为能量转换型传感器，其通常配合有电压测量电路和放大器，如压电式、热电式、电磁式等。无源传感器又称能量控制型传感器，它本身不是一个换能器，被测非电量仅对传感器中的能量起控制或调节作用，它们必须有辅助电源，这类传感器有电阻式、电容式、电感式等。

4）按输出信号的性质分类

按输出信号的性质可把传感器分为模拟式和数字式传感器，即传感器的输出量为模拟量或数字量。数字传感器便于与计算机连用，且抗干扰性强，例如盘式角压数字传感器、光栅传感器等。

3.1.2　交通中常用的传感器

交通系统及 ITS 是一个汇集了众多高科技的大系统，传感器技术是其中一个重要的组成部分。

3.1.2.1　传感原理

按传感原理考虑，ITS 中常用的传感器主要包括磁性传感器、图像传感器、雷达传感器、超声波传感器、红外传感器等。

1）磁性传感器

磁性传感器主要根据磁性物理量的变化情况，通过对磁性标记的反应，来测量有关的物理量，如通过对埋设在路面的磁钉与镶嵌在汽车底盘的磁性传感器相互作用力的大小的测量可以检测出车辆相对于车道中心的偏移。

2）图像传感器

图像传感器主要是指有关的图像处理设备，其用来辨别道路的标线、检测前后的车辆和检测道路上的障碍物等，如 CCD 摄像机就是一种图像传感器，它将拍摄到的图像传输到图像处理中心，经过处理后，可得到车辆偏离程度及其与前面车辆的距离等数据。

3）雷达传感器

雷达传感器是根据多普勒效应原理工作的装置，如安装在车上或道路上的雷达检测器发射一微波束，当遇到车辆或其他障碍时，波束反射回天线，利用车辆进入检测区和离开检测时所产生的两个脉冲，即可换算成所需的交通参数，如车速、交通量等。

4）超声波传感器

超声波传感器首先由传感器发射一束能量到检测区，然后接受反射回来的能量束，通过有关的换能装置，将能量束转换成所需的数据，依据此数据判别被检测物是否存在或其与传感器的相对位置等。

5）红外传感器

红外传感器使用发射器和接收器，发射光束并接收反射光束，通过反射频率的变化对所需数据进行检测。

交通用传感器的类型和原理很多，而且还在迅猛发展之中，这里不再赘述。

3.1.2.2 传感器在 ITS 中的应用

传感器在 ITS 中主要应用在车辆检测、车辆识别、车辆控制、环境信息检测、危险驾驶警告等方面。

1）车辆检测传感器

车辆检测传感器用来检测车辆的存在或通过情况，主要检测交通流信息，也称为车辆检测器，简称车检器。交通流信息是实现交通管理控制和交通诱导的重要基础交通信息，主要包括交通流量、交通速度等信息。车辆检测传感器可分成磁频车辆检测器、波频车辆检测器、视频车辆检测器三大类。磁频车辆检测器是通过检测车辆通过检测器时的磁场变化检测车辆的存在情况及其参数，包括感应（环形）线圈检测器、磁性检测器、地磁检测器、微型线圈检测器、磁成像检测器和摩擦电检测器等。波频车辆检测器包括雷达（微波）检测器、超声波检测器、光电检测器和红外检测器等。视频车辆检测器实际是由车辆检测技术、摄像机和计算机图像处理技术结合构成的视频车辆检测系统，这是更先进的车辆检测技术。下面对常用车辆检测器作进一步简介。

（1）环形线圈检测器。

环形线圈检测器是传统的车辆检测器，是目前应用非常广泛的一种检测设备。环形线圈检测器由感应线圈、传输馈线、检测处理单元三部分组成。其工作原理是检测单元、感应线圈与馈线线路共同组成一个电感电容调谐电路。当有电流通过感应线圈时，感应线圈周围会形成一个电磁场，车辆进入此电磁场时车身金属会感应出涡流电流，这使得磁场的磁力线减少，感应线圈的电感量也随之降低，导致整个电路的调谐频率上升，相位发生偏移。因此，环形线圈检测器从原理角度也常称为感应线圈检测器。检测处理单元根据磁场的变化检测车辆的存在情况，并计算出车辆的流量、速度、时间占有率和长度等交通参数。

环形线圈检测器是磁性检测器的一种变形应用，中国也引进和生产了多种类型的感应线圈检测器。感应线圈检测器根据传感器原理的不同可以分为谐振电路感应线圈检测器和相移式感应线圈检测器两种。

大多数感应线圈属于谐振电路感应线圈，其由一个感应线圈和振荡电路里的可变电容组成。电路的频率调节使电路与固定频率的振荡器产生共振，当有汽车通过时，感应线圈的电感发生变化，从而引起振荡电路频率的变化。定值振荡器和电路之间的频率差驱动另外一个电路，使其闭合成为一个继电器，最后产生信号或脉冲就可以计数了。对于相移式感应线圈检测器，当车辆通过时，引起感应线圈的电感变化，其可以通过测定一个电阻（感应线圈也就是这个电阻的组成部分之一）的电压和电流之间的相位移动来确定，从而达到检测的目的。

环形线圈检测器技术成熟，具有成本低、可靠性高、检测精度高、可全天候工作的优点。这种方法也有以下缺点：①线圈在安装或维护时必须直接埋入车道，这样交通会暂时受到阻碍；②埋置线圈的切缝软化了路面，容易使路面受损，尤其是在有信号控制的十字路口，车辆启动或者制动时损坏可能会更加严重；③感应线圈易受冰冻、路基下沉、盐碱等自然环境的影响；④感应线圈由于自身的测量原理所限制，当车流拥堵，车间距小于 3m 的时候，其检测精度大幅降低，甚至无法正常检测。

（2）磁阻检测器。

磁阻检测器利用异向磁阻 AMR 效应，通过高分辨率的磁阻传感器芯片，探测车辆对地球磁场的扰动情况，根据地球磁场的变化检测出车辆；也可以根据不同车辆对地磁产生的扰动不同来识别车辆类型。磁阻传感器体积小，检测灵敏度高，可采用路旁安装、埋入地面安装、车道上悬挂安装等多种方式，适应性高。磁阻传感器的便携性高，方便应用于临时检测交通流参数的场所。

（3）雷达检测器。

雷达检测器是根据多普勒效应原理来工作的传感装置。将激光束（激光是一种亮度高、单色性好和相干性好的电磁波）以不同的形式照到流体或固体上，由于流体或固体的运动产生多普勒效应，用光电检测器测出多普勒频移，即可测出流体或固体的速度。当用雷达测车辆的速度时，发射激光并且遇到车辆后反射回来，发射波和反射波的频率差和车辆行驶的速度成正比，从而测得车辆的速度。

雷达检测器一般分为连续波雷达检测器和导向型雷达检测器。连续波雷达检测器是利用悬挂在车道上方一定距离的检测器，向下方车道发射已知频率的无线电波并且接受反射波，通过反射波和接受频率差异来检测通过的车辆。导向型雷达检测器是把无线电波以一定的频率输送到埋置在车道下的传送线中，当上面有汽车通行时，检测器测出变化并且计数。这两种检测器都具有很高的精度，并且不会受到行车的影响而发生磨损，其引进、使用和研制较多，效果较好。

（4）超声波检测器。

超声波是一种机械波，它的频率高于 20kHz。超声波具有波长短、绕射现象小、方向性好、能定向传播的特性。超声波传感器是实现声电转换的装置，又称为超声波换能器或超声波探头。超声波传感器既能发射超声波信号又能接收发射出去的超声波回波，并能将之转换为电信号。超声波检测器的原理是：首先由传感器发射一束能量到检测区，然后接收反射回来的能量束，通过有关的换能装置，将能量转换成所需要的数据，依据此数据判别被检测物是否存在或其与传感器的位置。超声波检测器主要有脉冲波形检测器、谐振波型检测器和连续波型检测器。

脉冲波形检测器根据声波的传播和反射原理，通过测量发射波和反射波的时差变化检测车辆的存在情况。超声波发生器（探头）发射一束超声波，然后接收车辆或地面的反射波。没有车辆通过时，由于探头与地面的距离是一定的，所以探头发出超声波并接收反射波的时间也是固定的。当有车辆通过时，车辆本身的高度使探头接收到反射波的时间缩短，这就表明有车辆通过或存在。脉冲波形检测器发射单一的波束，只能实现车辆计数和分型的功能，不能测量车速信息。为了测量多车道的交通流信息，必须在每个车道上方安装超声波传感器。由于超声波传感器的安装位置位于车道上方，其安装、维护必须要中断交通。

谐振波型检测器在车道两边分别安装相向对立的发射器和接收器，从发射器发射的谐振波横越车道，被对面的接收器接受，车辆通过时截断了波束，从而使其检测出车辆。

连续波型检测器的原理和连续波型雷达检测器的原理相同，其向道路发射连续超声波束，当车辆驶近时，由于多普勒效应，反射的超声波频率将发生变化，根据频率的变化就能检测出车辆的存在情况。

（5）微波检测器。

微波检测器主要由微波发射、接收探头及其控制器、调制解调器等组成。微波车辆检测器通过发射中心频率为 10.525GHz 或 24.125GHz 的连续频率调制微波在检测路面投映成 1 个覆盖长度达 60~70m 的扇形微波检测区，当车辆通过这个微波监测区时会向检测器反射一个微波信号，检测器接收反射的微波信号，计算接收频率和时间的变化参数以得出车道交通流量、平均速度、车道占有率和长车流量等交通流基本信息。

微波检测器的安装方式可以分为正向安装和侧向安装两种。根据微波工作的原理，侧向安装只能检测车辆平均速度，正向安装则可检测车辆的实时速度，但正向安装只能检测单一车辆的交通流信息，要想检测多车道的车辆信息，需要安装多台检测设备，且正向安装需要安装悬挂门架，在道路中间施工需要中断交通，故微波检测器一般采用侧向安装模式。微波检测器具有可同时检测多个车道、检测精度高、安装方便、可全天候工作、维护方便等特点。新型的微波检测器包含数字双雷达系统，能够同时发射两个扇形微波检测区，能够精确检测多车道交通流量、车辆的实时速度、车长、类型等信息。

（6）脉冲式检测器。

这种形式的检测器悬挂在车道的上方，向车道下方发射超声波能的脉冲，并且接收回波。当有车辆从下方通过时，从车顶反射回波而不是从路面反射回波，缩短了回波的路程，从而检测车辆的到达情况。

（7）红外检测器。

红外技术在最近四十年中已经发展成为一门新兴的技术科学。红外光的波长从 $0.1\mu m$ 到 $100\mu m$，红外光是太阳光谱的一部分。红外光的最大特点是具有光热效应，能辐射热量，它是光谱中的最大光热效应区。红外光和所有的电磁波一样，具有反射、折射、散射、干涉和吸收等特性。红外光的热效应对不同的物体是各不相同的，热能强度也不一样，例如它对黑体（能全部吸收投射到其表面的红外辐射的物体）、镜体（能全部反射红外辐射的物体）、透明体（能全部穿透红外辐射的物体）和灰体（能部分反射或吸收红外辐射的物体）将产生不同的光热效应。红外传感器是将红外辐射量变化转换成电量变化的装置，一般由光学系统、敏感元件、前置放大器和信号调节器组成。红外传感器是根据热电效应和光子效应制成的，一般分为主动式和被动式。

红外反射式检测器探头由一个红外发光管和一个红外接收管组成，其工作原理是由调制脉冲发生器产生调制脉冲，经红外探头向道路上辐射，当有车辆通过时，红外线脉冲从车体反射回来被探头的接收管接收，经红外解调器解调再通过选通、放大、整流和滤波后触发驱动器输出一个检测信号。红外检测器通常采用顶置或路侧式安装方式，具有快速准确、轮廓清晰的检测能力。其缺点是工作现场的灰尘、冰雾会影响系统的正常工作，另外不适用于每小时交通量超过 1 000 辆的双车道或多车道道路，其无法区别出同时通过光束的两辆车，这使得计数产生误差。

（8）光电检测器。

物质在光的作用下释放电子的现象称为光电效应。被释放的电子称为光电子，光电子在外电场中运动所形成的电流称为光电流。光电效应具有以下实验规律：①光电流的大小和入射光的强度成正比；②光电子的初动能只与入射光的频率有关，和入射光的强度无关；③当入射光的频率低于某一极限值时，无论光的强度多大和照射时间多长，均无光电子产生；④从光照开始到光电子释放，整个过程只需要 $10^{-9}s$。

光电传感器是一种将光量的变化转换为电量的变化的传感器，它的物理基础就是光电效应。光电效应分为外光电效应和内光电效应两种。外光电效应是指在光线的作用下，物体内的电子逸出物体表面向外发射的现象。基于外光电效应的电器元件有光电管、光电倍增管等。内光电效应是指当光照射在物体表面上时，使物体的电导率发生变化，或产生光生电动势的现象。应用在交通检测中的光电传感器可以分为光束切断型和光束反射型两种。光束切断型的原理是发出一道光束穿过车行道射到光敏管（光电管）上，当有汽车通过时就切断光束，光敏管测出后即激发计数器计数。光束反射型的原理是一道光束从路面反射到光敏管上，当有汽车通过时，光束从汽车上反射，这种特别的反光射在光敏管上被测出后，就激发计数器计数。

(9) 视频图像检测器。

视频检测技术是一种基于计算机视觉和图像处理技术，对路面运动目标物体进行检测分析的视频处理技术。视频车辆检测器是通过视频摄像机作传感器，通过分析摄像机拍摄的交通图像，在视频范围内划定虚拟线圈——检测区，运动物体进入检测区域导致背景灰度发生变化，从而感知运动目标的存在，实现对车辆、行人等运动目标的检测、定位、识别和跟踪，并对检测、跟踪和识别的交通运动目标的交通行为进行分析和判断，从而完成对交通流量、速度、占有率等交通数据信息的采集。

视频车辆检测器可安装在车道的上方和侧面，与传统的交通信息采集技术相比，采用单台摄像机和处理器就可检测多车道的交通信息，同时可以提供现场的视频图像，可根据需要移动检测线圈，具有直观可靠、安装调试维护方便、价格便宜等优点。其缺点是容易受恶劣天气、灯光、阴影等环境因素的影响，汽车的动态阴影也会带来干扰，在恶劣天气下正确检测率下降，甚至无法检测。灯光、阴影等环境因素会使误检率大幅上升。

视频检测技术目前还不如线圈检测技术成熟和稳定，其现阶段受到使用环境、检测算法、硬件平台等的制约，还存在一些自身的缺陷，有待进一步完善和提高。但是它具有不可取代的优越性，随着技术的不断发展、检测方法的不断更新，视频检测技术将会越来越多地在诸多方面取代其他检测方式，成为交通管理工作中获取交通信息的重要来源和手段。今后，随着对基于视频的车辆检测算法的研究的不断进展，立体视觉检测方式和多传感器检测方式将成为未来的发展趋势。

2) 其他类型的交通检测器

其他类型的交通检测器，包括电容式检测器、压电式检测器、地震式检测器等。

电容式检测器分为机械性电容检测器和非机械性电容检测器。机械性电容检测器的原理是，车辆通过时车轮的压力改变了两个重叠起来的柔性金属面的间隔，从而引起它们之间的静电耦合变化，最终电容的变化就被适当地检测出来。非机械性电容检测器是利用两个电极之间的电容随着车辆金属物的干扰产生变化，这种变化可以用非机械性电容检测器检测出来。

压电式检测器利用车轮产生的压力，通过适当的机械连接，使压电部件受力而输出电压，从而进行检测。

地震式检测器是利用车辆通过时使埋置的钢条产生振动的效果进行检测。

一些常用的车辆检测器的特点归纳于表 3 - 1 中。

表 3 - 1　常用的车辆检测器的特点

传感器名称	检测原理	检测方式		检测范围	信号处理难易	抗干扰性	使用寿命	成本
		存在	通过					
光电	车体遮光	△	△	线	易	差	短	中
超声波	反射	△	△	点	难	中	长	高
电磁	剩磁	△	△	点	中	中	—	低
雷达	多普勒效应	—	△	线	难	差	短	中
红外	车体遮光	—	△	线	中	差	短	中
振动共轴	电容	—	△	线	中	—	长	—

表 3 - 2 所示为目前国内外常用的车辆检测技术的优缺点。

表 3 - 2　目前国内外常用的车辆检测技术的优缺点

技术	优点	缺点
超声波检测	检测精度高，可全天候工作，能识别客/货车，可检测静止的和车间距很小的车辆，＊体积小，易于安装	必须顶置，安装条件受到一定的限制
微波多普勒检测	＊在恶劣气候下性能出色 ＊可直接检测速度	＊不能检测静止或低速行驶的车辆 ＊以向前的方式用定向天线跟踪单车道
微波现场检测	＊在恶劣气候下性能出色 ＊可检测静止的车辆 ＊可以侧向方式检测多车道 ＊可直接检测速度	侧向方式速度检测不够准确，拥堵时流量检测不够准确
视频检测	＊可为事故管理提供可视图像 ＊可提供大量交通管理信息 ＊单台摄像机和处理器可检测多车道	＊大型车辆能遮挡随行的小型车辆 ＊阴影、积水反射或昼夜转换可造成检测误差
红外线检测	＊可采用同一算法来解决昼夜转换的问题 ＊可提供大量交通管理信息	＊可能需要很好的红外线焦平面检测器，也就是要用提高功率、降低可靠性来实现高灵敏度
声学检测	＊可根据特定车辆的声学特征识别该车辆	＊为识别车辆需将接收信号进行大量的除去背景静噪声的处理
磁力计检测	＊可检测小型车辆，包括自行车 ＊适合在不便安装线圈的场合采用	＊很难分辨纵向过于靠近的车辆
感应线圈检测	＊线圈电子放大器已标准化 ＊技术成熟、易于掌握 ＊计数非常精确	＊安装过程对可靠性和寿命的影响很大 ＊修理或安装需中断交通 ＊影响路面寿命易被重型车辆、路面修理等损坏

注：前面带"＊"的为摘自美国托休斯检测中心试验报告的内容，其余为综合相关资料的结论。

3.1.2.3 其他传感器

这里主要介绍车辆识别传感器、车辆控制传感器、环境信息检测传感器和危险驾驶警告传感器。

1）车辆识别传感器

感应线圈车辆检测器和视频车辆检测系统等用于车辆检测的传感器也可以应用于车辆的识别和分类。另外，用于车辆识别的传感器还有光学式传感器和平面音感微波式传感器等。

2）车辆控制传感器

车辆传感器有控制车辆运行、驾驶状态操纵、检测车辆运动和异常状态监控等作用。车辆运行控制包括变速器、制动器、发动机，以及对驱动力矩、转向进行控制的传感器，它们可控制车辆的运行。驾驶操纵控制包括对转向、加速、制动等进行控制的传感器，它们可检测操纵状态和完成驾驶员的操纵意图。车辆运动控制包括对车速、加速度、角速度、减速度等进行控制的传感器，它们可检测各种车辆的控制输入，也是辅助驾驶系统和各种信息提供辅助系统的重要组成部分。异常状态检测传感器包括对单侧车轮制动状态、燃油残留量、轮胎气压等进行检测的传感器。

3）环境信息检测传感器

这类传感器主要利用超声波、电波、光波等原理制成，用来检测车辆周围的车辆、行人、障碍物、路面形状和路面湿润状况等各种情况。其中，检测车辆周围环境和障碍物的激光传感器和磁性传感器是比较重要的两种传感器，它们是进行图像处理的基础。另外视频检测传感器也是重要的环境信息检测传感器，其关键是成像技术图像压缩、传输技术和图像处理技术。

4）危险驾驶警告传感器

危险驾驶主要是指当驾驶员处于瞌睡、过度疲劳、醉酒等状态时，容易引起交通事故。其中，瞌睡和饮酒过度直接导致的交通事故率很高。所以，实时检测驾驶员的异常状况并加以防止是非常重要的。判断驾驶员是否瞌睡时，通常利用传感器检测驾驶员的眼球运动、体温、脑电波、皮肤电位、心跳等来确定；判断驾驶员是否饮酒时，通常利用传感器检测车内的酒精含量是否超标来确定。

3.2 信息显示技术

在交通信息的采集、处理及发布过程中都需要信息显示，下面介绍主要的信息显示技术。

3.2.1 信息显示技术概述

信息显示技术是将电信号实时转换成直观的可视图像的电子技术。显示器件本身是光电器件，它接收并显示信息仅需不到 1s 的时间，并能一直保持这一信息，直到接收到新的数据才更新。通过设置人眼可分辨的对比度模式，就产生了图像效果。

信息显示技术可用于公共场所的信息显示，如路边可变信息标志、车站电子站牌，可用于可视显示接口，如车载导航器的显示器、公共信息亭的显示屏，也可以通过大屏幕为管理、决策人员提供信息显示，如在调度中心，大屏幕显示及时、快捷、直观地给生产调度人员和经营决策人员提供道路交通流和事故信息。

对不同应用场合的显示设备有不同的要求，但其所涉及的显示技术的种类大体相同。本节着重通过车内显示器和大屏幕显示系统来介绍 ITS 中所应用的显示技术。

3.2.2　信息显示产品的主要种类

信息显示产品的种类较多，这里对主要种类作简单介绍。

3.2.2.1　主要信息显示产品介绍

1）LED 显示屏

LED（Light Emitting Diode）显示屏是利用发光二极管构成点阵模块组成的显示产品。发光二极管靠半导体注入电子而发光。一个 LED 管由一个半导体 P–N 结组成，当这个 P–N 结正向偏置，有少数载流子注入时，伴随着电子–空穴的复合，它发出可见光。根据发光二极管构造半导体材料的成分不同，有单色（红、绿或黄）、双基色（红色及绿色）、三基色（红、绿、蓝）之分，在实际产品中，控制技术已达到 16~256 级单点调度视频控制技术。LED 显示屏产品技术成熟，使用寿命长（一般为 8 万~10 万小时），可按实际需求生产不同点阵密度（从 $\phi3.0~\phi15$）的产品被广泛采用。由于材料成本的影响，全彩色高密度点阵的 LED 显示屏（如 $\phi3.0$、$\phi3.75$、$\phi5$）的价格较贵。双基色 LED 显示屏以优越的价格性能比受到青睐，是目前具有代表性的显示产品。LED 显示屏基本上已国产化，可以根据需求生产任意尺寸，比较灵活简便。

2）LCD 显示屏

LCD（Liquid Crystal Display）显示屏是利用液晶显示器件制作的显示屏。液晶显示器（LCD）本质上是"光阀"，它不同于其他显示器，因为 LCD 不产生光而只是改变光线的传输。当为 LCD 加上电场后，液晶分子的排列就改变了，因而控制着光线的传输，或者阻挡光线或者使之通过。按上述机理，LCD 可以分为三类：反射（环境光）型、透射（背光源）型、反射–透射混合型。LCD 显示器有单色和彩色之分。LCD 有多种寻址方式，例如快速扫描、双频寻址、滞后多路寻址、热寻址和点阵寻址。现在特别流行的寻址方式是无源点阵寻址和有源点阵寻址两种方式。无源寻址方式使用了网状开关阵，而有源寻址方式中的每个像素使用 1~3 个晶体管。

功耗低和小巧实用是 LCD 的突出优点。LCD 一般功耗是 2 ~ 3W（远低于 CRT），这主要因为 LCD 的驱动电压很低，相应的驱动电路所消耗的功率也就降低了。

彩色液晶有薄膜晶体管（TFT）有源点阵 LCD 和超扭曲向列型（STN）的 LCD 两种。同时，在无玻璃基片型 LCD 和低温多晶硅 TFT 器件方面的研究已有新突破，利用极化紫外光改变液晶晶格结构的方法也使人们看到了拓宽液晶视角范围的希望。

随着液晶研究的深入，汽车上使用的液晶会有更大改进。通过对液晶排列方面的控制增加视角范围，利用多学科技术把液晶屏上的每一个点分成两部分，这样可以使视角范围加倍到 ±40°；使用黑色点阵屏和防闪光的偏振片可以减少显示器表面的反射光；可开发透光更好的色彩滤波器，更广的视角范围和高效的背光源系统来提高液晶显示器的亮度并降低功耗；通过采用更薄的背光源系统和轻材质，采用高可靠性、高密度的连接，可使 LCD 减轻重量，外形小巧；采用新材料和新工艺，可开发具有防振结构的新型液晶。

LCD 大屏幕有投影式和直接显示式两种。投影式是使用相当于幻灯的小型液晶盒在光、热、电场的作用下，一边把显示图像写入，一边将该图像投影到大屏幕上显示。直接显示方式是将具有一定尺寸的液晶盒（目前最大尺寸为 35.56cm 彩色屏）拼接成大画面，使用背照光源直接显示合成的图像显示方式。

3）PDP 显示屏

PDP（Plasma Display Panel）显示屏是利用等离子体显示器件制作的显示产品。PDP 显示的原理是利用稀有气体放电，紫外线激励荧光层的光子发光，从而获得三基色（红、绿、蓝）显示。PDP 显示的色纯度可与 CRT 媲美，且视觉效果良好，长时间观看眼睛不会疲劳。等离子体显示器通常分为两大类：一类是直流等离子体显示器；另一类是交流等离子体显示器。PDP 显示屏目前是超薄型平板显示的主要发展方面，42" PDP 彩色显示屏及 70" PDP 显示屏已投入市场。PDP 显示屏体积轻巧，显示效果理想，是小范围内大容量信息显示的首选产品。

4）CRT 显示屏

早期的车内显示屏使用阴极射线管 CRT（Cathode Ray Tube）。CRT 的内表面涂上荧光粉，当一束或几束高能电子流打到上面时，就会发出荧光。电子流是从管后部的阴极板上发射出的。在光栅扫描型 CRT 中，每一个刷新周期里电子束都扫描整个屏面并使扫描到的点发亮。在矢量扫描型 CRT 中，电子束只打到那些需要点亮的点上。通过选择不同的荧光粉和电子枪，可以控制显示的颜色。

CRT 主要用来制作电视机和作为计算机终端显示的器件。直接用 CRT 显示器组成大屏幕显示屏，显示器之间的缝隙难以克服，影响显示效果。利用小型

CRT 管制作投影机，通过投影机阵列、屏幕墙及控制系统形成投影大屏幕显示系统，显示效果良好，基本上实现了无缝拼接，色彩真实，根据要求可组合成不同尺寸，其在全彩色大屏幕显示系统中得到广泛应用。投影大屏幕显示系统体积较厚，价格也比较昂贵，CRT 的寿命相对较低，因此现在基本不使用。

5）ELD 显示器

电致发光显示器 ELD（Electro Luminescent Display）的原理是将一种多晶荧光粉置于电场中其就会发光。这种荧光粉夹在导线网中。大多数 ELD 都是单色的，典型颜色是黑底黄字。ELD 常用于显示点阵字符和图形，也可以作液晶显示器的背光源。ELD 的主要优点是耐用性和从任一角度的可见能力。其主要缺点是造价高、颜色单一。

6）VFD 显示器

真空荧光显示器 VFD（Vacuum Fluorescent Display）的发光原理是，在网状栅极的控制下，高速电子流打到真空管壁上的荧光粉上而发光。VFD 的典型颜色是蓝绿色，背景为黑色。选用不同荧光粉的组合和使用宽带滤波器可产生不同的颜色。

7）平面显示器 HUD

平面显示器（Head Up Display，HUD）也称抬头显示，它由图形发生器、光学投影仪和组合器组成。图像由图形发生器产生，经平行光束投影到组合器上，看起来就像一幅图像叠加在前方的可见屏上。汽车上的挡风玻璃常用来充当组合器。真空荧光显示器（VFD）或矢量扫描（CRT）常用作图形发生器。

8）平板式显示器

平板式显示器是平板状的，而且重量轻，不需要很大功率。理想的平板式显示器外形薄、体积小、重量轻、表面非常平、具有高分辨率和高对比度、在日光下可读性好、具有彩色显示能力和低功耗，另外还有固态的特点。场致发光显示器（Field Effection Display，FED）就是这种平板式显示器。目前对 FED 的研究开发非常关注，原因在于虽然 LCD 在市场上占的份额最大，但其图像质量和视角范围远不及 CRT。

FED 的基本原理同 CRT 类似。在 CRT 管内有一高温阴极板，发射电子流并将其打到屏幕的内表面。与此相反，FED 有几百万个极微小的常温突起（cold microtips），这些突起被激发后可控制像素点的亮或灭。FED 有行、列导电层，两层之间由绝缘层隔离。一个导电层是门（录取层），另一个导电层是阴极（发射层）。两层交汇的区域就是像素点，每个像素点含几个（最高达几百个）微小突起。有源点阵 LCD 采用 1～3 个晶体管驱动每一个像素，与此不同，FED 不需要晶体管，只需要一个加电压的栅格阵来激发小突起。因此，在同样的亮度下，FED 需要的功率小于 LCD。FED 的厚度约为 2.54mm，大约是 LCD 厚度的一半。从任一角度看 FED，都可看到清晰的图像，同 STN 和 AM 液晶屏相比，FED 具有同样的亮度、对比度和分辨率（甚至更高），但是却比它们薄56%，轻65%，可视范围大35%，功耗小3~5倍。

3.2.2.2　触摸屏

近几年来，随着车辆上电子设备的增多和仪表盘上开关数量的持续增长，车辆驾驶越来越复杂。因此，如何减少输入、输出设备已成为设计时的一个重要课题。解决方案一之是使用触摸屏，其上的多功能透明软开关可使车辆上使用的输入输出设备简化。

触摸屏有下列功能和特点：在一个小区域实现多种功能的控制；减少大量繁杂的传统控制方式；汽车上若要以"触碰"方式为输入方式，触摸屏是唯一选择；适合菜单选择方式；特别适合不经常发生的，低分辨率的触摸输入。

触摸显示屏上的触摸敏感区应该清楚地被标示出来以便操作。这些敏感区的大小应该至少为$1.9cm^2$，间距$0.32cm$。触摸屏的透光度的大小应保证在其要求的使用环境下具有清晰的可读性。一般来讲，光亮度应为$70~140cd/m^2$。触摸动作发生后系统应给出反馈提示。压力式触摸屏的触摸压力应被严格限制为$0.25~1.5N$。尽管某些技术能同时对不止一个触摸动作作出响应，但某一时刻只能接受一个触摸命令（扫描周期约为$100ms$）。

触摸屏是一种控制设备，其独特之处是可以外接在任何一种显示器之上，如CRT、LCD、ELD或PDP。对触摸屏的操作是通过手指或类似之物（如笔尖等）的触碰完成的。当前触摸屏大致有电阻式、电容式、红外式和表面声波式等类型。其中电阻式触摸屏占市场份额最大，所以下面将讨论电阻式的工作原理和实现问题。电阻式触摸屏的触点是许多透明的、电阻性的薄膜开关，完全不同于传统的设备。屏由极薄的、具有导电性的透明聚酯薄膜组成。其可以是模拟的（电阻值连续可变），也可以是点阵式的，它们对平板式或曲面显示器都适用。

点阵式触摸屏被分割成开关（单元）矩阵，触碰一个单元就可以激活对应的开关。相对来说，这种触摸屏造价低、寿命长、功耗较低，但是分辨率是离散的而不是连续的。

模拟式触摸屏没有被分成网格，但具有连续的分辨率。被触摸的位置由X，Y两个方向的电阻来确定。分辨率取决于硬件译码电路和软件译码电路。这种触摸屏具有分辨率高、响应快的特点，触摸物是导体或非导体都可以。

触摸屏从外形上看很薄，但实际上它由很多层组成。

模拟式电阻型触摸屏的工作是通过向其一个电阻层施加电压，同时测量这一层和另一层相接触的位置即触点处的电压进行的。手指或其他触头使两电阻层在触点处短接，通过测量触点处的电压值，就可得到触点的位置信息。两电阻层发生的接触可以由电阻的变化反映出来。一层表示X轴，另一层表示Y轴，即使X、Y轴的电阻值一模一样，这两个电阻值也不会被同时译码。因为在每个译码周期有两种扫描，分别扫描X、Y轴。在扫描过程的每一时刻只给一层加电压，而另一层处于高阻抗，所以两个电阻层共同扮演一个滑臂电位器。电阻主要由ITO 喷涂面和镀银总线产生。

3.2.2.3　车内可视显示设计

设计或选择一种用于车辆上的可视显示是一件极富挑战性的任务，因为车辆的运行环境实在太恶劣，如不断变化的光照条件、温度的影响、频繁的振动和源源不断的灰尘、油污的影响等。除了这些环境约束，人们还希望显示器件重量轻、功耗低。由于车辆有特殊的运行安全要求和保养要求，对驾驶员操纵时要求使用不同身体部位还有特殊的视觉环境要求等，设计时要考虑许多人的因素。

1）可视显示的功能

研究表明，可视显示支持下列功能：可以显示范围广泛的定量和定性信息；复杂信息可以很容易地通过显示呈现出来；可以仿真传统的纸质地图；可以放在车内或驾驶员前面。

2）设计图形方式用户接口的规则

当选择或采用一种显示技术时应考虑许多重要因素，如颜色、对比度、亮度、显示格式、内容、大小、有无标注、取向和布局问题。

一般来说，一幅画面的字符不能多于 6 种颜色且应遵守可接受的颜色约定，应该避免纯蓝色或纯红色同时显示在黑色的背景上。亮度应该是可调的，黑白图像的对比度应该为 1.5（可接受的清晰度）~2.5（理想的可读对比度）。显示器应安装在适当的位置，周围应该是暗黑色的以免刺眼。显示亮度范围为 7~15ocd/m²，调节范围应该至少为 50:1（最亮/最暗），比较理想的是 100:1。当显示器的亮度变成原设计最大亮度的 50% 之前，其累计工作时间应至少为 5 000h。显示的视野范围视点侧视不能超过 ±30°或 40°，上视不超过 30°，下视不超过5°。基于上面对可视显示的特性和设计规则的讨论，可见设计一个安全而有效的图形用户界面也是一个挑战。根据用户的不同需求和所选择的显示设备的不同，可以有许多种设计方案。这些设计方案的具体目标是将复杂而繁多的功能简化，以便驾驶员在驾驶时非常容易获取有用信息，而不是被弄得头昏眼花而产生分心。

对显示器的评估基于下列标准：外界照明度低时是否醒目；外界照明度高时是否醒目；外界周围噪声高时是否醒目；使之正常工作所需的保养；多角度的可视性；眼睛繁忙时的可用性；支持图形显示的能力；对同一物体以多种颜色进行显示的能力；占用的空间合理；要求温度范围内的工作特性；显示格式的灵活性。

3）必须考虑人的因素

除了要选择一个合适的显示设备外，还需考虑人的因素，那就是在驾驶过程中驾驶员很难看清地图上的细节，所以车辆运行时最好只显示有限的少量信息，如一个转向箭头、下一个路口的地形及距下一个路口的距离等。而行驶路线的详细地图在车辆不运行时很有用，它会告诉驾驶员所处环境的总体情况。为了安全起见，建议不要在行进中使用这种详细地图。从人的角度出发，除了每种显示格式的变种，研究两种显示格式，即转向箭头与路径地图是有利的。研究表明，使用路径图的驾驶员扫视屏幕比使用转向箭头的驾驶员要频繁得多。若辅助以语音引导，则在两种格式下驾驶员扫视屏幕的次数会大大减少。因此，只要可能，尽量使用转向箭头辅以语音提示。

设计可视接口时，还要注意自锁装置、减光装置、旋转装置的设计。当车辆行驶时，自锁装置应能自动封锁大部分控制功能，以便安全驾驶。这一点对于以触摸屏控制的显示至关重要。减光装置允许驾驶员调节屏幕亮度，否则夜间当驾驶员的视线从极亮的屏幕转向黑暗的路面时其很难看清外部景物，这就是人的暗适应和明适应能力。正如加入一个减光装置的动机一样，美国国家道路交通安全管理规章（NHTSAS5.3.5）规定，对于出现在驾驶室里某一垂直的横截面的前面光源要求安装该减光装置，除非光刚好能被鉴别出来。当显示的视角范围有限时，旋转装置显得非常重要，它不仅方便了驾驶员，也方便了那些想观察显示屏的乘客。可旋转显示器能够解决一些潜在的问题，比如由于偶尔的光照，便从某一角度看不清屏幕。如果显示器不可旋转，就必须更换大视角的显示器。

设计车辆上的可视接口，最重要的是安全和操作简便。眼睛扫视屏幕的频率和注视时间直接与此有关。一项研究指出，驾驶员第一次看一个设计拙劣而画面复杂的路线引导装置会花去整个行驶时间的 20.4%，这使应该用来观察路面的时间从 91% 减少到 72.4%，所以设计车辆上的用户接口（不仅是可视接口）时，一定要注意扫视频率和注视时间。由于缺乏适当的原始数据，建立标准或为扫视频率和注视时间提供一个普遍接受的数据还为时过早。为了在短时间内完成某一特定任务，人们基于有限的研究提出了扫视的限制，见表 3-3。

表 3-3　对可视显示设备的扫视限制

可接受性	扫视次数	扫视时间/s
最佳期望	2.0	0.9
一般要求	2.5	1.1
最坏情况	4.0	1.2

设计可视接口需考虑的问题还包括怎样告知驾驶员下一个转弯的到来以什么时候、在哪告知，显示屏上的最少字符多少为合适，怎样用图符表示路口等。例如，确定字符高度的常用方法是使该字符所对的视角（等于字符高度除以视线距离）不小于 0.007rad。当提供路标如交通灯和停车标记时，依次转弯显示应该简单且一致。

4）地图显示软件方面的新技术

最近在地图显示软件方面出现了一种新技术。这一技术使车内显示器具有模拟三维视觉效果的功能，驾驶员就像以大约 16° 的视角在高 360m 处俯视车行方向 1 000m 处一样。

在二维显示系统中，驾驶员必须经常手动选择地图显示比例，即放大和缩小。例如，为了观看路网全貌就需要将画面缩小。当接近一个路口时，需要将画面放大。由于三维显示能显示前方 500m 宽，后方 700m 宽范围的地图，不用变焦特性，很容易在屏幕上显示整个规划路径。

三维显示系统是这样实现的：将地图数据库转化成一个虚拟的图像，并将车辆的位置和规划路径叠加到上面。它允许最靠近当前车辆位置的地图部分以放大形式显示。随着车辆的行进，显示范围不断地更新以显示地图的附加区域。把二维地图旋转某一角度，这样原来的二维地图的上边沿变成了远地点，原来二维地图的下边沿变成了前景（前部宽度），这样二维地图就成了具有三维效果的模拟地图。除了二维数字地图数据库外，还需要一个附加数据库以推算高度数据。

3.2.2.4　背投大屏幕设计

1）大屏幕显示系统的功能

大屏幕显示系统的功能一般有：监控现场情况；规划辅助设计系统动态模拟显示；显示企业经营管理有关信息；显示特定的信息（如欢迎贵宾访问、重要新闻、业务演示宣传等）。

大屏幕对显示系统的要求：能够清晰显示电子地图信息（城市街道图）；能够清晰显示行驶在街道上的运营车辆；能够按要求任意缩放、组合、切换显示内容；能够显示管理信息系统所支持的数据、表格及图形；可扩展与监控系统连接时，能够实时显示监控的图像信息。

2）系统构成

背投大屏幕系统由投影机阵列、屏幕墙和控制系统三部分构成。系统采用多台三枪投影机，以背后直投方式工作，显示屏（屏幕墙）由排列的多个 72in①的投影屏幕墙组成。控制部分由图像处理设备、矩阵切换器、倍线器及计算机等组成。

3）功能目标

背投大屏幕系统建设的目标有：所有显示单元共同构成一个整体逻辑显示屏，清晰显示整体信息；每个显示单元可同时单独显示各自独立信号源所传的信息，并可任意切换位置；每个图形控制器控制多个显示单元，可以在任意位置打开窗口，任意放大、缩小；显示色彩为全彩色。

4）系统配置及连接

系统配置包括：投影机阵列、屏幕墙以及控制系统（图形控制器、矩阵切换器、解码接线器、工作站信号分配器及线缆铺设及系统控制软件等）。

---

① 1in（英寸）= 0.025 4m（米）。

现在大屏幕更多地用 LED 屏组合成不同大小形状的大屏。

3.3　定位与识别技术

定位与识别技术在交通信息采集处理中起着重要作用。

3.3.1　定位技术概述

3.3.1.1　定位技术的发展

定位是指确定地球表面上物体的坐标，最主要的物体就是车辆。车辆位置是指车辆相对于路标或道路等其他地面特征的方位。

尽管车辆定位和导航系统仅仅在最近十几年才开始出现在世界市场上，但是在人类文明史上，它的研究和发展已有相当长的历史。

最早的车辆导航系统可以追溯至几千年前的中国。根据史料记载，大约在公元前 2600 年中国人就发明了指南车，其原理样车如图 3-1 所示。从三国（公元220—280 年）时期起，历代史书差不多都有文字记载它的发明。到了宋朝（公元960—1279 年），由于活字印刷的发明，才有了对指南车的详细记载。指南车是一种双轮独辕车，车上装有一个木人。通过齿轮的传导，不论车朝什么方向转动，这个木人的手臂始终指向南方。这种指南车的基本原理类似于现代的差分里程计。

另一个几乎与指南车同时被发明的是计里鼓车。像指南车一样，它有一套齿轮。齿轮随着车的运动而转动，以带动车上的两个木人的手臂。这两个木人，一个面对着鼓，另一个面对着锣。每当车行驶 500m（即 1 里）的时候，一个木人击鼓一下；而每当车行驶 5km（即 10 里）的时候，另一个木人击锣一下，计里鼓车的原理样车如图 3-2 所示。计里鼓车的基本原理与现代的里程计类似。

图 3-1　指南车的原理样车　　　　图 3-2　计里鼓车的原理样车

里程计、差分里程计和磁罗盘这些基本的定位和导航技术是于 2000 多年前

被发明的。在过去的一个世纪中，这些技术和其他相应的技术已经逐渐地被应用到现代车辆上。

第一张用于汽车驾驶的交通图出版于 1895 年。19 世纪初，人们在公路上建立了路标并将道路编号。

机械路径引导装置大约于 1910 年问世。这些装置以其多样化的形式与道路地图信息结合起来，例如一系列打印在转动表格上的、穿孔在转动盘上的，或打印在活动带上的行驶指令的形式。每一个装置由里程计轴以与行驶距离同步的方式驱动。从 1910—1920 年，许多获专利的机械车辆路径引导装置自动地提供了精确、实时的路径指示。

随着公路标志的改进和地图被绘制得更加准确，人们对路径引导装置的需求和兴趣逐渐减弱了。从 20 世纪 20 年代到 20 世纪 60 年代，仅仅出现过几个类似的装置。

在第二次世界大战期间，美国为吉普车和其他军用车辆研制了一种电子车辆导航系统。该系统有一个磁罗盘，磁罗盘的指针位置由一个光电元件检测。磁罗盘的输出驱动一个伺服机械装置去转动一个与车辆方向相对应的机械轴，这个轴与一个机械计算机连在一起，此计算机根据里程计来算出行驶路程并将其转换成 x 和 y 坐标。同样的，在罗盘轴的驱动下，这些坐标用于自动地在适当比例的地图上绘出车辆的轨迹。

20 世纪 60 年代末期，美国公路局（现称联邦公路管理局）提出了一种电子路径引导系统（ERGS）。这是一种具有无线路径引导能力的导航系统，用于控制和疏导交通。此系统利用短距离指向标（beacons）网络作为双向通信媒介。驾驶员可以通过带有指轮（thumbwheel）开关的控制台输入目的地码。当车辆接近主要交叉路口时，目的地码从车载无线收发机通过埋在路面下的环形天线传到指向标上。这些天线通常设置在离交叉路口较近的路面下，通过同轴电缆连接到路边控制器上。这个控制器同中央计算机连接以便得到有关的实时交通数据和信息。在收到目的地码后，控制器将它解码并结合其得到的交通数据来规划最佳路径。在车体离开环形天线附近区域前，由控制器规划出路径引导指令，经由指向标发送到车上。然后，这些指令显示在汽车的平面显示器（head - up display）上。虽然人们成功地做过实验，但由于资金有限，这一项目没能够完全实施。尽管没能最后实现，此项目首先提出了中央动态导航（中央动态路径引导）的概念。

在美国，继 20 世纪 60 年代末期及 20 世纪 70 年代初期提出和开发的导航系统之后，一种称为 Navigator 的汽车自主导航系统于 20 世纪 80 年代中期投放市场。它使用了数字地图数据库、推算定位和地图匹配技术把车辆的当前位置和目的地位置以图标形式显示在电子地图上。另一个自主导航系统叫作 Guidestar，它采用全球定位系统接收机，于 1994 年投入市场。美国于 20 世纪 90 年代早期进行了许多智能交通系统的试验，例如 Pathfinder、TravTek 和 ADVANCE。更多的试验项目进行了测试，这些项目大部分是由政府及私有企业共同提出与开发的。它们的目的是对车内导航、动态导航、旅行信息、各种通信媒介，以及其他智能交通系统概念进行可行性与可用性的初始评估。

20 世纪 70 年代，类似的项目先后在日本和德国得以研究和试验。20 世纪 70 年代初期，美国开发了一种自主导航系统，这种系统利用推算定位（dead – reckoned）模块，借助地图匹配（map matching）算法进行车辆定位。一旦确定车辆沿着路径行驶的位置，该系统的第二版本能够把路径引导指令显示在车内的等离子显示器（PDP）上。类似的系统也在其他美英的开发和研究小组中被独立地实现。在 20 世纪 70 年代，许多用于车辆定位及导航的重要部件和技术开始成熟起来。

在欧洲，智能交通系统始于 20 世纪 70 年代后期的 ALI 工程，此工程与美国的 ERGS 和日本实验过的 CACS 极为相近。欧洲 20 世纪 80 年代推出的车辆自主导航系统包括 CARIN 和 EVA。CARIN 利用了推算定位和地图匹配技术及彩色显示器来显示地图，它是第一个采用 CD – ROM 存储数字地图的导航系统。EVA 曾于 1983 年被成功地演示。除了推算定位、地图匹配和依次转向路径引导，它还可以同时用可视显示和声音合成输出来给驾驶员提供导航。自 20 世纪 80 年代中期，智能交通系统试验计划 PROMETHUS 和 DRIVE 一直在欧洲大规模地实施中。前一个计划是由汽车工业界发起的，它的实验主攻点是车内系统及其周围的环境；后一个计划是由欧洲共同体发起的，它的实验主攻点是基础交通设施的要求。这两个计划一直联手合作并有许多正式和非正式的连接。后来，PROMETHUS 已演变为 PROMOTE，而 DRIVE 已成为"在交通及环境中的电讯应用"的项目。

在日本，智能交通系统始于 1971 年的 CACS 计划。CACS 计划与美国的 ERGS 计划在基本思想上极为相近。20 世纪 80 年代，日本的汽车市场上出现了一种自主导航系统。这一系统采用了彩色显示器并由 CD – ROM 来存储数字地图。从此以后，许多各式各样的、越来越先进的导航系统相继出现在市场上，其中不少采用了地图匹配、全球定位系统（GPS）接收机和声音引导技术。到 20 世纪 90 年代中期已经有多达 1 200 000 台的导航系统被卖给了用户。智能交通系统实验从 20 世纪 80 年代的 RACS 和 AMTICS 发展到了当前的 ATIS、VICS 和 UT-MS。RACS 是由日本建设省公共研究所和 25 个私有公司共同开发的。MTICS 首先是由交通管理技术联合会与私有公司在国家警察厅的指导下发起的。1991 年年末，在日本邮政省的大力支持下，AMTICS 与 RACS 结合起来成为 VICS 计划。VICS 一直在进行实验并在 1996 年 4 月被正式推向市场，该系统通过红外线指向标、微波指向标或者调频广播的副载频作为传播媒介来传递实时交通信息，以引导车辆安全地到达各自的目的地。ATIS 受到市警察局的大力支持。它利用车内的蜂窝电话及车辆管理中心与电话线相连的计算机来控制整个系统。由国家警察厅发起的 UTMS 项目计划以交通数据收集、交通信息、交通信号控制和动态导航几种功能的综合来扩大现有的交通控制系统。

在近 20 年中，车辆定位和导航以及与智能交通系统有关的系统在世界范围内取得了迅猛的发展，已成为 ITS 领域的基础。

3.3.1.2　定位技术方法

美国运输研究委员会（TRB）认为自动车辆定位（Automatic Vehicle Location，AVL）的主要目的是自动地找出某部车辆在特定时间的位置，主要应用于车载导航系统、车队管理系统，它可提供公共运输的吸引力、方便性及可靠性。除了公共运输以外，紧急救援系统、交警部门，甚至普通的运输公司也都逐渐采用这种系统来进行车队的管理。此外，自动车辆定位系统也是 ITS 的基础工程，通过准确的定位系统，配合通信技术以及数字地图的使用，可以进行实时路径诱导，避开拥挤路段，寻求最佳路径。

自动车辆定位技术主要有无线电定位技术、推算定位法、地图匹配定位法和地面无线电定位技术四种。

1）无线电定位技术

凡是通过若干无线电基站所发出的信号的强弱及波长、数字信号或者其他方式来推估被测物体位置的技术，称为无线电定位技术。展频定位法是应用较多的一种。

展频定位即以展频通信的技术，将电波发射站本身的位置数据与时间数据结合于信号中同时送出，而收信单元若同时收到三个发送站送出的数据，即可算出移动体与无线电发射站之间的距离，进而得出本身的位置信息。

展频定位系统包括五个部分：无线终端机、基地站、网络管理系统、定位追踪系统和网络联网骨干。展频技术支持与长距离卫星和光纤通信的能力，并提供以下功能：量测各展频终端机间的距离，以作为定位的依据；每一节点本身可作双向数据传输，速率最高为 9 600bps；记录靠站时间及路径；识别附近展频终端机的识别码；判断通信品质的好坏，以作为功率调整的参考；信号重复放大。

卫星定位系统就是一种无线电定位系统，其中，全球定位系统（Global Positioning System，GPS）是目前应用最广泛的车辆定位技术。

2）推算定位法

推算定位法又称惯性导航，是典型的独立定位技术，其定位的主要原理是利用车辆本身所装置的距离感测元件与方向感测元件，得出车辆行进的距离与方向的改变，从而算出车辆位移的向量。但用此方法开机时需由外部提供初始位置信息，后续的数据经由折算距离与角度再加到初始数据上，从而得出目前的位置。推算定位法通常存在距离和相位迹差，而且误差会随着距离与时间而累积加大，此称为累积误差。因此经过一段时间或距离的运作后，必须修正初始数据。

因为这种定位导航方法仅需要车载设备完成，故其也称为自律导航。

3）地图匹配定位法

地图匹配定位法用来弥补上述定位方法的不足。假设车辆在数字地图的内部，当定位系统提出车辆位置坐标没有跟路段配合时，地图匹配定位法会寻找最近的路段，而在地图上标示车辆位置。地图匹配定位可视为虚拟定位，位置是依据节点（路口）、路型点（如转弯曲线的始点或终点）和道路的方位来判定的。如果地图匹配定位的精度较上述定位系统高，则同时采用地图匹配定位，可使定位精度提高到 15m 以内。

4）地面无线电定位技术

地面无线电定位技术也称为信号标杆定位法，此定位方法是在路侧普遍且均匀地设置固定自动车辆识别设施——信号标杆，再依据车辆与信号标杆的关系，求出车辆与信号标杆的相对位置。此方法适用于固定线路。当装有感应器的公交车辆经过信号标杆时，标杆上的发报器立刻将信号传回调度中心，此种系统的定位精确度依信号标杆设置密度的疏密而定，且车辆需按固定路线行驶时方能定位。

3.3.2　全球卫星导航系统

全球卫星导航系统的英文名称为 Global Navigation Satellite System，缩写是 GNSS，它是利用系统中所有的全球导航卫星所建立的覆盖全球的全天候无线电导航系统。目前可供利用的全球导航系统主要有美国的 GPS（Global Positioning System）、俄罗斯的 GLONASS（Global Navigation And Surveying System）、欧洲航空局（ESA）的 NAVSAT 和欧洲的 Galileo、法国国家空间研究中心（CNES）的 LOCSTAR 和中国的北斗星系列导航卫星系统 BDS 等。

3.3.2.1　GPS 的研究开发历程

由于美国的 GPS 研究、开发和利用较早，使用广泛，其精度和可靠性及经济方便性表现突出，一般说全球定位系统就指美国的 GPS 全球定位系统。

全球定位系统 GPS 是英文缩写词"NAVSTAR/GPS"的简称，其英文全称是 Navigation Satellite Timing And Ranging/Global Positioning System，其中文含义为"导航卫星测时与测距/全球定位系统"。GPS 是以人造卫星组网为基础的无线电导航定位系统，它利用设置在地面或运动载体上的专用接收机并通过接收卫星发射的无线电信号向全球用户提供高精度定位、速度和时间数据，具有很强的抗干扰功能。它提供一种实用、价廉并在全球范围内确定位置、速度和时间的工具，是世界范围内连续覆盖并全天候工作的系统。它是被动式定位系统，并可供无数用户同时使用。

1957 年由苏联发射的史波尼克（Sputnik）人造卫星，是人类历史上的第一颗人造卫星。第二次世界大战时，美国麻省理工学院无线电实验室成功地开发了精密导航系统，其以陆地上的无线电基地台为架构，计算无线电波长及电波到达的时间并以三角定位法计算出自己所在的位置，以当时的技术来说，虽然误差到达 1km 以上，但该系统在当时的运用却相当广泛。

当苏联成功地发射第一颗人造卫星时，美国约翰霍普金斯大学（John Hopkins University）展示了如何由人造卫星的无线电信号的多普勒移动现象来定出个别的卫星运行轨道参数，虽然这只是逻辑上的一点小进展，但假如人们能够得到卫星运行轨道参数，那么就能计算出其在地球上的位置。

1960—1970 年，美国和苏联开始研究利用军事卫星来作导航用途，到了 1974 年，军方对有关系统作了整合，即现在人们所熟知的 Navstar 系统。

20 世纪 80 年代后期开始，所有 Navstar 系统的商业运用均归美国海岸防卫队负责，现在 GPS 已和以地面基地台为架构的 LORAN 和 OMEGA 无线电导航系统结合，成为美国国家导航信息服务的一环。

GPS 实施计划共分三个阶段：

第一阶段为方案论证和初步设计阶段。从 1973 年到 1979 年，人们共发射了 4 颗试验卫星，并研制了地面接收机，建立了地面跟踪网。

第二阶段为全面研制和试验阶段。从 1979 年到 1984 年，人们又陆续发射了 7 颗试验卫星，并研制了各种用途的接收机。实验表明，GPS 的定位精度远远超过设计标准。

第三阶段为实用组网阶段。1989 年 2 月 4 日，第一颗 GPS 工作卫星发射成功，这表明 GPS 系统进入工程建设阶段。1993 年年底实用的 GPS 网，即（21 + 3）GPS 星座已经建成，此后将根据计划更换失效的卫星。

GPS 是由美国政府组织研制，从美国国防部于 1973 年 12 月批准的国防导航卫星计划开始，历经 20 余年，耗费约 300 亿美元巨资，于 1993 年全部建成并服务至今的全球现代化导航系统，是美国"星球大战"计划的重要组成部分，也是美国在 20 世纪继阿波罗登月和航天飞机之后的最重大科技成果。它利用导航卫星进行测时和测距，是具有在海、陆、空进行全方位实时三维导航与定位能力的新一代卫星导航与定位系统。GPS 由美国国防部设计和收费，美国国防部与美国交通部达成协议，有限制地免费交付民用。

GPS 按使用性质有军用和民用之分。军用包括陆海空全天候导航、制导武器、核爆炸检测、情报搜集和应急通信等。民用陆海空交通定位导航，包括汽车及火车的调度与监控、轮船导航及船码头的调度与监控、飞机导航及机场的调度与监控、精密授时、测绘及测绘相关领域的应用等。

GPS 按用途可划分为导航领域、授时领域、测姿领域、地理信息系统数据采集及数字化矢量成图领域、精密定位领域。精密定位领域包括测绘、地球科学、水利、天文、气象、环境等。测绘包括大地测量、控制测量、精密工程测量、变形监测、海洋测量、摄影测量等。地球科学包括地球动力学、地震监测、卫星遥感、灾害监测、资源勘探等。水利包括大坝监测、滑坡监测等。

3.3.2.2　GPS 的构成

GPS 包括空间部分、控制部分、用户部分。空间部分指卫星系统用于定位观测；控制部分指地面控制系统，由主控站和监控站组成，实现系统管理和控制；用户部分指用户接收处理装置，主要指接收机，用于接收、解码、处理卫星定位信号。从定位和导航的观点看，人们只对空间部分和用户部分感兴趣。

1）空间部分

空间部分由导航卫星系统组成，其也是 GPS 系统中最为关键的部分。GPS 系统由 24 颗卫星组成，21 颗为工作卫星，3 颗为备份卫星，这些卫星均匀地分布在 6 个与赤道成 55°夹角的近圆形轨道上，轨道间的夹角为 60°。GPS 系统空间部分的导航卫星系统如图 3 - 3 所示。轨道的距地平均高度约为 20 051km，大约 12 个恒星时（11h58min）绕地球一周，这种布局可以保证在全球的任何一点、任何时刻均能收到 4 颗以上的卫星信息。

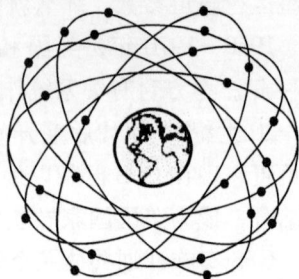

图 3 - 3　GPS 系统空间部分的导航卫星系统

GPS 每天 24h 提供世界范围的覆盖，GPS 卫星的设计寿命是 7.5 年。卫星上的时间和频率标准由每个卫星所带有的 4 个原子钟确定，以提高系统的可靠性。

卫星以发射顺序或伪随机码命名，在每颗卫星上都安装有轻巧的频标原子钟、微型计算机、电文存储器和信号接收与发送设备，其由太阳能电池提供电源。卫星带有少量的燃料，用以调节卫星的轨道位置与姿态。控制卫星自身工作的遥测、跟踪、指令系统用于轨道调整与姿态控制和推进。卫星上装有长期稳定度的原子钟，其 300 万年的误差为 1s，卫星星历参数的广播星历（计算卫星位置）和概略星历（预报卫星位置）可进行时钟改正、电离层时延改正、大气折射改正、轨道摄动改正、卫星工作状态监测。卫星装有 L 波段双频发射机和 S 波段接收机、伪随机码发生器、导航电文存储器，由地面监控系统生成并发送导航电文（D 码）。在星体上装有多波束定向天线，这是一种由 12 个单元构成的成形波束螺旋天线阵，能发射测距码 C/A 码（1.023MHz）、P 码（10.23MHz）载波 L_1 和 L_2 波段的信号，L_1 = 1 575.42MHz，L_2 = 1 227.60MHz，其波束方向图能覆盖半个地球，另有监测核试验的 L_3 载波和用于军事的 L_4 载波，C/A 码可转换为 P 码的信息。

在星体两端面上装有全向遥测遥控天线，用于与地面监控网通信。导航信号采用伪随机噪音编码调制，L_1 用 P 码和 C/A 码调制，L_2 用 P 码调制。C/A 码已开放民用。地面控制系统由一个主控站、四个监控站和三个注入站组成，其任务是保证卫星导航数据的质量。用户的接收装置由天线、接收机、计算机和数据处理软件等组成。卫星上还装有姿态控制系统和轨道控制系统。另外，如果某颗卫星发生故障，备用卫星会立即根据地面控制站的指令，飞往指定的地点，替代故障卫星进行工作，以保证整个星座的正常工作。

2）地面控制站

GPS 地面控制系统包括 1 个主控站（Master Monitor Station），3 个上行数据注入站（Ground Antenna）和 4 个监控站（Monitor Station）。地面控制部分的任务是跟踪监测卫星并保证卫星导航数据的质量，这些卫星地面控制站同时监控 GPS 卫星的运作状态及它们在太空中的精确位置，主地面控制站还负责传送卫星瞬时常数（Ephemera's Constant）及时脉偏差（Clock Offsets）的修正量，再由卫星将这些修正量提供给 GPS 接收器作定位之用。

主控站（MCS）设在加利福尼亚州的科罗拉多斯普林斯（COLORADO SPRINGS）附近的 Falcon MCS 空军基地和关岛，遥远的监控站是在主控站直接控制下的无人指导的数据收集中心，主控站对监测跟踪站传送来的数据进行处理，计算每一颗卫星的星历和钟差等参数，将星历和钟差等参数及控制指令传送到注入站。主控站也是唯一控制卫星随机运动的地面站，每个监控站设有多通道的接收机、若干台环境数据传感器、一台原子钟和一台信息处理计算机。主控站负责地面控制站网的全面控制，根据各监控站收集来的数据，计算出各卫星的星历表和原子钟误差。

4 个监控站分别位于夏威夷、瓜加林岛、迪亚哥加西亚和亚森欣岛。监控站的天线能 24 小时连续对每一颗卫星进行连续跟踪观测，并接受来自卫星的各种信息，以预报轨道和改正时钟，并将数据发送到主控站。监控站信息处理机控制所有的数据采集，并将其与当地的大气条件等数据组合，这些数据首先存在监控站之中，然后需要时再把这些数据传输到主控站，并加以处理。

注入站具有地面天线，用来发送上载信息和控制数据，当卫星经过注入站上空时，将星历和钟差等参数及控制指令注入给每颗卫星。每天向每颗卫星发送一次由主控站提供的包括星历数据、环境数据、时间漂移数据、电离层传播延迟修正数据在内的各种数据。所有这些数据均被存入卫星上的存储器中，以更新原来那些相应数据，并形成每颗卫星向用户发送的新的导航信息。

3）用户接收机

GPS 的用户设备是用户接收机，它用来观测和记录由若干卫星发送的数据，并运用数学方法求得三维空间位置以及时间和速度信息。现在 GPS 的用户研制出多种类型的接收机，从最简单的单通道便携式接收机到性能完善的 5 通道、6 通道，甚至 7 通道、8 通道、12 通道接收机。不同结构类型的接收机适用于不同的干扰环境条件。一次定位的时间也从几秒到几分钟不等，这取决于接收设备的结构完善程度。

尽管各种类型的接收机的结构复杂程度不同，但都必须完成选择卫星、捕获信号、跟踪和测量导航信号、校正传播效应、计算出导航解、显示及传输定位信息等基本功能。

　　用户接收机一般有天线、接收单元、计算单元及输入/输出设备四大部件组成，另外有电源单元完成接收机供电任务。天线包括天线本身和前置放大器模块，完成接收 GPS 卫星信号并进行滤波放大的任务；接收单元包括跟踪和接收单元，完成接收并测量卫星信号的任务，通过载波相位和多普勒频移测定卫星至地面站的距离，其常称为伪距测量，再接收卫星发送的导航电文，获得卫星星历、钟差改正等参数，测量 GPS 卫星发射的测距码信号（C/A 码或 P 码）到达用户接收机的传播时间，测量接收单元接收到的具有多普勒频移的载波信号与接收机查收的参考载波信号之间的相位差；计算单元完成处理和计算观测瞬间的卫星位置、求解接收机位置；输入/输出设备包括控制和显示单元及存储单元，完成显示、传输及存储定位信息的任务。

　　各种类型设备的结构很相似，包括射频前端、中频的码跟踪和载波跟踪回路。射频前端由天线、射频放大器、滤波器和频率转换器等组成，其功能有射频放大、滤波、频率向下转换、增益控制和产生本机振荡信号。射频前端还包括支援射频部件的直流偏置和电源电路。一般 GPS 接收机的构成及功能框图如图 3-4 所示。

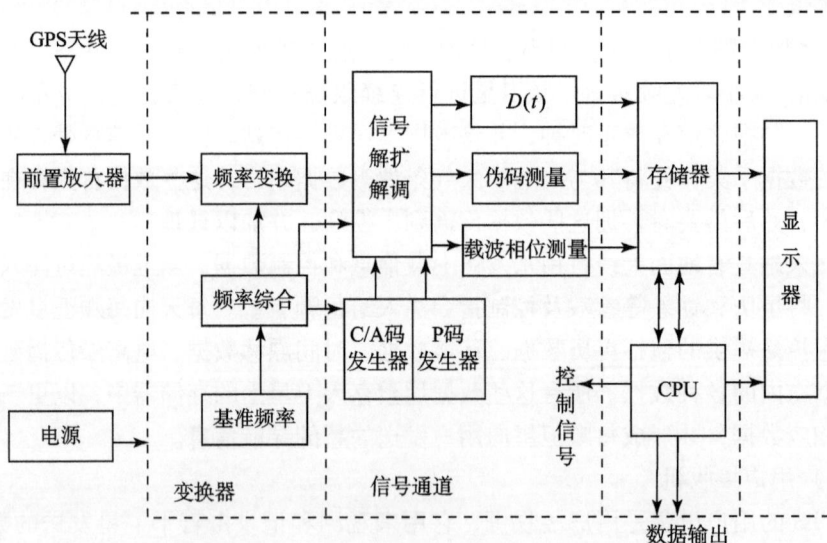

图 3-4　一般 GPS 接收机的构成及功能框图

　　由于至少能同时观测到 4 颗卫星，这允许人们确定接收机的三维坐标及接收机和 GPS 间的时间偏移。三维坐标采用 ECEF 笛卡尔坐标系或大地坐标系，如 WGS84。利用变换公式，可在其他大地坐标系或映射平面内计算位置。GPS 的 ECEF 笛卡尔坐标系如图 3-5 所示。

　　GPS 接收机按用途可分为测量型、导航型、授时型、姿态测量型；按使用的

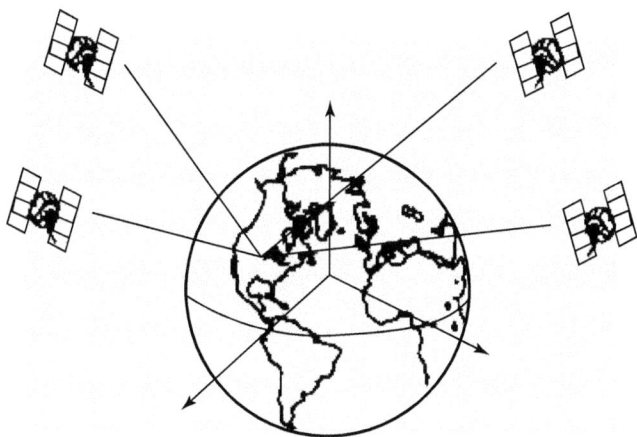

图 3 - 5 GPS 的 ECEF 笛卡尔坐标系

GPS 信号种类可分为 C/A 码、P 码、载波相位接收机；按接收的频率可分为单频、双频、三频接收机；按测量载波相位的方式可分为码相关型、码无关型接收机；按组装的形式可分为一体机、分体机、整机和 OEM 板等。

　　为了对 GPS 接收机的组成有一个总的了解，图 3 - 6 描述了摩托罗拉接收机，其中 ASIC 表示应用特殊的集成电路，EEPROM 表示用电子方法可擦除的可编程的 ROM。

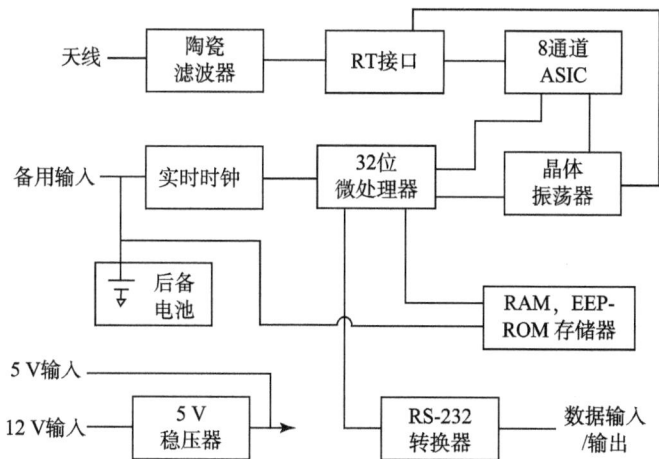

图 3 - 6 摩托罗拉 OncoreGPS 接收机框图

3.3.2.3 GPS 的特点

GPS 系统与其他定位系统相比的主要特点有：

（1）全球连续定位。该系统能为全球任何地点或近地用户提供连续的全球导航服务。

（2）定位精度高。GPS 系统能为各种用户提供七维导航信息，即三维定位装置信息、三维速度信息和精确的时间信息。试验表明，其定位误差低于 10m，计时误差低于 1μs。

（3）接近实时定位。GPS 系统所需的定位时间极短，从开机冷启动到捕获卫星，直至精密定位，最长时间为 30s，而每次定位的刷新时间只需 1s 或 0.5s。

（4）抗干扰能力强。GPS 系统采用扩频调制技术和相关接受技术，从而使用户接收机系统具有抗干扰能力强、保密性好等特点。

（5）被动性全天候导航。用户只要装备接收装置就可以接收系统的信号进行导航定位，用户不需要发射任何信号，因而体积小而灵活，这种被动式导航不仅隐蔽性好，而且可以容纳无限的用户。

GPS 系统的特性列在表 3 - 4 中。

表 3 - 4　GPS 系统的特性

项目	特性
卫星	24 颗卫星自发地广播信号
轨道	6 个轨道面，倾斜角为 55°，每个轨道面包括高度为 20 183.61km 的 4 颗卫星，运行周期为 12h
载频	L_1：1 575.42MHz；L_2：1 227.60MHz
数字信号	C/A 码（粗码）：1.023MHz；P 码（精码）：10.23MHz；导航信息：50bps
定位精度	SPS：水平 100m（2dRMS），垂直 140m（95%） PPS：水平 21m（2dRMS），垂直 29m（95%）
速度精度	SPS：0.5 ~ 2m/s PPS：0.2m/s
时间精度	SPS：340ns（95%） PPS：200ns（95%）

　　注：C/A 码和 P 码都是伪随机噪声（PRN）码，C/A 码有选择可用性（Selective Availability，SA）保护，2000 年美国政府决定有条件地取消民用的 SA 限制；SPS 表示标准定位服务（Standard Positioning Service）；PPS 表示精确定位服务（Precise Positioning Service）；2dRMS 表示二倍均方根距离误差（二倍标准差），100m 的 2dRMS 表示 95% 的时间水平位置将处于 100m 半径的圆内；PRN 是一系列数字"1"和"0"，像噪声一样随机分布，但它能被精确地重建；导航信息广播包括卫星轨道位置数据和卫星正常状态。

　　一般民用的标准定位服务属于基于 C/A 码的 SPS，其受到选择可用性（Selective Availability，SA）保护。SA 是精度下降方式，以降低民用精度，达到美国国家安全需要的程度。可通过把轨道参数变坏和卫星钟参数抖动结合起来达到这一点。这会导致卫星位置（星历表）导航信息的人为误差及定时源（载频）误差，产生不确定的多普勒速度测量结果。对于民用用户，仅 SPS 可用，因此，SA 降低了民用 GPS 接收机的性能。检测 SA 开或关的简单方法是在一段时间内记录静态 GPS 定位和速度数据。若 SA 是关的，二维定位误差轨迹将落入直径为

25m 的圆内（反之为 100m），峰值速度误差大约为 0.25m/s（反之为 1m/s）。卫星经广播一个参数，辨别与用户范围精度一样的一部分导航信息，这可用作指示 SA 的状态。在 2000 年，根据美国总统年度报告，美国政府已经决定有条件地取消施加于民用用户（没有交付费用）的 SA 限制。

3.3.2.4　GPS 定位原理

卫星星座位于地球轨道上，无线接收机处于地球表面或附近，用于解码卫星发射的信号。然后，这些接收机通过信号计算定位、速度和时间。因为是被动系统，所以它可支持无限多的用户，这一点非常像电视广播系统。

定位测量基于到达时间（TOA）测距原理。从已知位置上的发射机（这里是指卫星）发射信号到达接收机所需时间间隔乘以信号的传播速度，可得到发射机到接收机的距离。接收机从多个已知位置的发射机接收多个信号用于确定接收机的位置。由于存在卫星和接收机间的时钟偏差、传播延迟和其他误差，不可能测出实际距离，测出的是伪距。卫星时钟和接收机时钟的读时偏差是常数。为了确定接收机的位置，接收机需知道到跟踪卫星的伪距和卫星的位置。信号传播时间乘以光速等于伪距。信号传播时间由将接收的卫星码和内部产生的复制码相匹配所需的测量时间偏差决定，这称为"修正"。正如所有的测量情况，这需要独立观察的结果数目取决于可求解未知量的数目。

GPS 定位是利用三点定位原理，即知道未知点距离已知点的距离，未知点必然位于以已知点为球心，距离为半径的球上，测出未知点和三个已知点的距离，则未知点在三个球圆周的相交处（为两个点时，因有接收方向，故有一个处于接收背面的点可以舍去），从而准确地测出未知点的位置。

GPS 接收机收到来自卫星无线电波的信号，根据电波到达所需要的时间，测出距卫星的距离（$s = t \times c$，t 为电波到达的时间，c 是电磁波的速度，约为 3 000 000m/s）。测量与时间有着极大的关系，下面先介绍一下与时间有关的术语。

在 1967 年 10 月的第 13 次国际度量衡总会中，规定铯原子钟作为决定国际性时间的基本标准器。简单地说，规定铯原子的振动频率为 9.192 631 770GHz，以此种频率为基准来表示刻画的时刻叫作原子时。由于铯原子振动频率的稳定度极高（如前述能达到 10～14 量级），故其能达到三万年相差不超过 1s 的时间精度。

星历指精确描述天体（如 GPS 卫星）位置的，以时间为变量的函数的一组参数。目前，GPS 星历有广播星历和后处理的精密星历。

测量精度在很大程度上取决于时间精度，这也是卫星上搭载原子钟的原因，为了准确地得到电磁波到达的时间，需要 GPS 接收机也要有同样高精度的时间，为了把接收机制造得小巧和价廉，不可能使用昂贵的原子钟。解决方法是，追加另一颗卫星的信息，来寻求正确的时间，这样一来，为了进行正确的测位，必须接收来自 4 颗卫星的电磁波。目前，多数导航是通过这种方法实现的。

在二维情况下，计算接收机的位置至少需要 2 颗卫星。如果卫星的位置已知且可测量接收机到每个卫星的伪距，那么，接收机处于直径等于伪距的 2 个圆的交点之一。

$$p_1 = \sqrt{(x - x_1)^2 + (y - y_1)^2}$$
$$p_2 = \sqrt{(x - x_2)^2 + (y - y_2)^2} \tag{3-1}$$

可用式（3-1）计算未知接收机的位置。注意这些方程采用二维笛卡尔坐标系作为参照坐标系。其中，(x_1, y_1) 和 (x_2, y_2) 是卫星的已知坐标，p_1 和 p_2 是测量的伪距。求解这两个联立方程后，可利用一个粗略的统计（或第三颗卫星）确定采用哪一个解。

对于三维情况，需要 3 颗卫星，这时伪距产生定位球体，而不是圆。显然，求解式（3-2）可确定接收机的位置 (x, y, z)。其中 (x_1, y_1, z_1)，(x_2, y_2, z_2)，(x_3, y_3, z_3) 是卫星的已知位置；p_1、p_2、p_3 是测量的伪距。

$$p_1 = \sqrt{(x - x_1)^2 + (y - y_1)^2}$$
$$p_2 = \sqrt{(x - x_2)^2 + (y - y_2)^2} \tag{3-2}$$
$$p_3 = \sqrt{(x - x_3)^2 + (y - y_3)^2}$$

用于测量信号传播时间的接收机时钟与 GPS 时间不同步，必须确定接收机时间与 GPS 时间之间的时钟偏差。利用第四颗卫星可计算该参数。按照设计，所有卫星时钟利用精确的原子钟同步。如果接收机时钟与卫星时钟精确地同步，时间的测量是简单的。然而，从经济上考虑接收机采用原子钟是不实际的，故采用价格便宜的晶体管振荡器。这些时钟在接收机和 GPS 时钟间引入时间偏差（时钟偏差），所以，必须考虑偏差在计算中的影响。接收机时钟偏差是接收机的时间偏差，对于每颗卫星都是相同的。从而可通过式（3-3）计算接收机的位置和时钟偏差：

$$p_1 = \sqrt{(x - x_1)^2 + (y - y_1)^2 + (z - z_1)^2} + c(dt - dT_1)$$
$$p_2 = \sqrt{(x - x_2)^2 + (y - y_2)^2 + (z - z_2)^2} + c(dt - dT_2)$$
$$p_3 = \sqrt{(x - x_3)^2 + (y - y_3)^2 + (z - z_3)^2} + c(dt - dT_3) \tag{3-3}$$
$$p_4 = \sqrt{(x - x_4)^2 + (y - y_4)^2 + (z - z_4)^2} + c(dt - dT_4)$$

式中，(x_1, y_1, z_1)，(x_2, y_2, z_2)，(x_3, y_3, z_3) 和 (x_4, y_4, z_4) 是卫星的已知位置；p_1、p_2、p_3 和 p_4 是测量的伪距；c 是光速；dT_1，dT_2，dT_3，dT_4 是 GPS 未知接收机的时钟偏差项。卫星时钟偏差项可通过广播导航信息由接收机计算出来。在前面的方程中，为简化起见忽略了某些误差项。例如，由电离层延迟和对流层延迟所造成的测距误差可用大气模型估算。然而，接收机噪声、多路径传播误差、卫星轨道误差及 SA 的影响仍然存在。方根项表示接收机和卫星的几何测距，其他项是伪距的分量。

速度测量基于多普勒频率位移原理。每个卫星频率的多普勒位移是接收机和卫星沿它们之间的直线的相对速度的直接度量。由于卫星轨道运动和接收机所处地球旋转运动，每个卫星相对于一个静止接收机具有非常高的速度。对前面介绍的四维导航解（伪距方程）对时间求导可求出速度解。

对于定位和导航应用，在茂密的树叶下和城市的高楼矗立地带，GPS 接收机的性能尤其重要。头顶的茂密树叶可造成卫星信号的大幅度衰减，城市的高矗建筑物可阻碍和反射卫星信号。因此，具有定位滤波器、快速的重获取时间和并行通道（与多路通道相对）跟踪能力的接收机比不具有这些特性的接收机要好得多。

增强 GPS 接收机性能的另一个方法是接收机自备综合监视 RAIM。它可提供检测手段并排除卫星信号故障。最后，研究表明 8 通道的低价接收机提供了可靠跟踪卫星信号的最佳性能价格比。

3.3.2.5　差分 GPS（DGPS）

差分 GPS（DGPS）技术可以大大改进 GPS 的性能。该技术系统包括两个 GPS 接收机，一个是主接收机，位于已知（测量）坐标的参考站；另一个是位于坐标待定的远处位置的接收机（如运动中的车辆），差分 GPS（DGPS）技术系统如图 3 - 7 所示。将主接收机计算出的位置与已知的坐标比较，可得到对每一个卫星的差分修正。通常将修正信息发送到远处的接收机以计算修正局部位置。这甚至使得在 SA 有效时可把商业系统的定位误差减小到 15m 以内。DGPS 技术假设远处接收机的误差范围与主接收机相同。这种假设可能不总是真的，尤

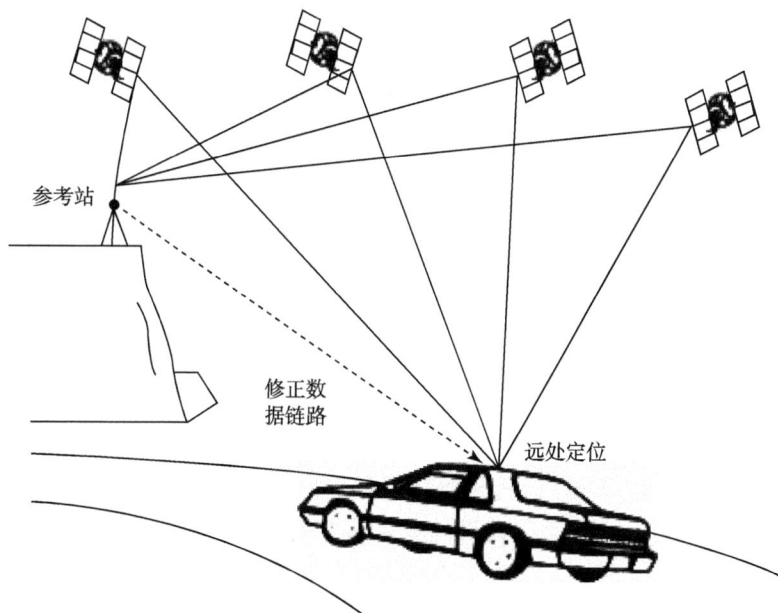

图 3 - 7　差分 GPS（DGPS）技术系统

其是两个接收机相距很远时。当使用低噪声的接收机，且相距最多为 50km 时，通常可达到 5m 的精度。

表 3-5 给出了典型的 DGPS 的特性，与表 3-4 对照，可见 DGPS 比 GPS 好得多，甚至令人惊奇地优于精确定位服务 PPS。

表 3-5　典型的 DGPS 的特性

项目	实时特性
卫星	24 颗卫星自发地广播信号
轨道	6 个轨道面，倾斜角为 55°，每个轨道面包括高度为 20 183.61km 的 4 颗卫星，运行周期为 12h
单独接收机	<50km
数据链更新	5~10s
定位精度	15m（对低噪声接收机为 2~5m）
速度精度	0.1m/s
时间精度	100ns

DGPS 有不同的实现方法。例如，如果卫星的位置和接收机的位置是已知的，从测量的测距向量减去已知测距向量可推算出校正测距向量。然后校正向量即可从参考站发送到移动接收机。校正数据发送率由误差变化率决定。对于自主车辆定位和导航系统，单向通信校正就足够了；对于车辆跟踪，如果系统需要车辆中的用户和中心调度员校正位置，则需要双向通信。VHF（甚高频）无线电、双向无线电、FM 副载波、传呼信号、蜂窝电话或基于卫星的通信等均可用于该通信链。

一种代价可行的车辆跟踪技术是反向 DGPS。在这种情况下，车辆不进行位置校正，仅对参考站进行校正。这种技术要求车辆向参考站发送卫星信号和正在跟踪的卫星星历表数据及车辆的位置。参考站软件利用这些数据和参考站利用相同卫星收集的其他数据计算位置修正。然后，为该车推算校正向量并应用之。如果系统需要跟踪许多车辆，由于任务的计算量大，参考站需要一个非常强大的处理器或者多个处理器。

广域 DGPS（WADGPS）是另一个代价可行的差分技术。已知 DGPS 要求接收机与参考站之间的距离小于 50km，才能提供非常高的精度。换言之，DGPS 的主要缺点是参考站到用户之间的距离和得到的定位精度之间具有高度的相关性。为覆盖广泛的区域，需要增加大量的参考站。相反，WADGPS 需要非常少的参考站。例如，10 个参考站可以覆盖美国大陆。利用这 10 个参考站收集的 GPS 接收机数据，可计算全国范围的一张国家地图。每当任何局部用户需要服务，这张国家地图可用于该特定地区的一个虚拟参考站推算校正值。因为该虚拟参考站近似等于该地区的实际参考站，所以可取得类似的定位精度。应用类似技术确定精确的卫星轨道的研究也已经活跃起来。如果能达到实时计算，这一精确轨道方法应该更能改进定位精度。目前，精确轨道和时钟仅用于任务后处理。

3.3.3　其他卫星定位系统

除了美国研制的全球定位系统外，其他卫星系统也已被研制出来并可用于定位和导航，如俄罗斯的 GLONASS（Global Navigation And Surveying System）系统、欧洲航空局（ESA）的 NAVSAT 和欧洲的 Galileo 系统、法国国家空间研究中心（CNES）的 LOCSTAR 系统、日本的准天顶卫星系统和中国的北斗星系列导航卫星系统等。大多数投入使用的卫星系统和计划中的系统都把定位作为系统的一个特性。总之，由这些技术提供的定位精度比 GPS 差。

3.3.3.1　俄罗斯的 GLONASS 系统

GLONASS 是俄文 Globalnaya Navigatsionnaya Sputnikovaya Sistema 的首字母，也是英文 Global Navigation And Surveying System 的缩写。GLONASS 系统是苏联为满足授时、海陆空定位与导航、大地测量与制图、生态监测研究等建立的。它于1978 年开始研制，1982 年 10 月开始发射导航卫星，已经于 2011 年 1 月 1 日在全球正式运行。该系统开发于苏联时期，后由俄罗斯继续该计划。俄罗斯于1993 年开始独自建立本国的全球卫星导航系统。该系统于 2007 年开始运营，当时只开放俄罗斯境内卫星定位及导航服务。到 2009 年，其服务范围已经拓展到全球。该系统的主要服务内容包括确定陆地、海上及空中目标的坐标及运动速度信息等。

GLONASS 由空间卫星系统（即空间部分）、地面监测与控制子系统（即地面控制部分）、用户设备（即用户接收设备）三个基本部分组成。

GLONASS 空间星座由 24 颗卫星组成，卫星有 6 种类型：Block I、Block IIa、Block IIb、Block II 以及改进型卫星 GLONASS – M I 和 GLONASS – M II。1995 年按计划对 GLONASS – M I 进行了全面的地面测试，并在 1996 年第三季度进行首次卫星发射。这次发射携带两颗 Block II V 卫星和一颗 GLONASS – M I 卫星。每颗 GLONASS 卫星都在 L 波段上发射两个载波信号 L_1 和 L_2，民用码仅调制在 L_1 上，而军用码在（L_1 和 L_2）双频上。与美国的 GPS 系统码分多址（CDMA）不同，GLONASS 采用频分多址（FDMA）区分卫星信号。其根据载波频率来区分不同的卫星。每颗 GLONASS 卫星发播的两种载波的频率分别为 $L_1 = 1\,602 + 0.562\,5K$（MHz）和 $L_2 = 1\,246 + 0.437\,5K$（MHz）。

GLONASS 空间部分到 2012 年 10 月 10 日有 24 颗卫星正常工作，3 颗星备份，3 颗星备用，1 颗星测试中。该系统卫星分为 GLONASS 和 GLONASS – M 两种类型，后者的使用寿命更长，可达 7 年。研制中的 GLONASS – K 卫星的在轨工作时间可长达 10～12 年。GLONASS 星座共由 30 颗卫星组成。27 颗星均匀地分布在 3 个近圆形的轨道平面上，这三个轨道平面两两相隔 120°，每个轨道面有 8 颗卫星，同平面内的卫星之间相隔 45°，轨道高度为 1.91 万 ~ 2.36 万 km，运行周期为 11h15min，轨道倾角为 56°。

GLONASS 全球导航卫星系统是由俄罗斯国防部独立研制和控制的第二代军用卫星导航系统，与美国的 GPS 相似，该系统也开设民用窗口。

GLONASS 提供标准精密导航信号（SP）和高精密导航信号（HP）两种导航信号。它的组成和功能与美国的 GPS 类似，可用于海上、空中、陆地等各类用户的定位、测速及精密定时等。它可为全球海陆空以及近地空间的各种军、民用户全天候、连续地提供高精度的三维位置、三维速度和时间信息。GLONASS 在定位、测速及定时精度上优于施加选择可用性（SA）之后的 GPS，俄罗斯向国际民航和海事组织承诺将向全球用户提供民用导航服务。

地面支持系统由系统控制中心、中央同步器、遥测遥控站（含激光跟踪站）和外场导航控制设备组成。地面支持系统的功能由苏联境内的许多场地配合完成。随着苏联的解体，GLONASS 系统由俄罗斯航天局管理，地面支持段已经减少到只有俄罗斯境内的场地了，系统控制中心和中央同步处理器位于莫斯科，遥测遥控站位于圣彼得堡、捷尔诺波尔、埃尼谢斯克和共青城。

GLONASS 用户设备（即接收机）能接收卫星发射的导航信号，并测量其伪距和伪距变化率，同时从卫星信号中提取并处理导航电文。接收机处理器对上述数据进行处理并计算出用户所在的位置、速度和时间信息。GLONASS 系统提供军用和民用两种服务。GLONASS 系统的绝对定位精度在水平方向为 16m，在垂直方向为 25m。目前，GLONASS 系统的主要用途是导航定位，与 GPS 系统一样，它也可以广泛应用于各种等级和种类的定位、导航和时频领域。

自 2002 年起，俄罗斯联邦就开始着手研发建立 GLONASS 系统的卫星导航增强系统——差分校正和监测系统（SDCM）。SDCM 将为 GLONASS 以及其他全球卫星导航系统提供性能强化服务，以满足所需的高精确度及可靠性。和其他的卫星导航增强系统类似，SDCM 也利用了差分定位的原理，该系统主要由 3 部分组成：差分校准和监测站、中央处理设施以及用来中继差分校正信息的地球静止卫星。

GLONASS 提供导航和定时服务，支持不限数量的陆基、海基、空基、天基用户。根据俄罗斯射频总统令，在任何时候、在地球的任何地方都可以提供 GLONASS 民用信号，无论对俄罗斯用户还是外国用户，都是免费和没有限制的。

目前已有包括 iPhone 5C、iPhone 5S、iPhone 4S、iPhone 5、iPad 3、iPad 4、三星盖乐世系列、索尼 Xperia 系列、魅族 MX2、魅族 MX3、诺基亚 Lumia 925、诺基亚 Lumia 920、诺基亚 Lumia 720、诺基亚 Lumia 525、华硕 Padfone 2、锤子（Smartisan）T1 等 iOS、安卓、Windows Phone 8 系统的智能手机搭载了 GLO-NASS 和 GPS 双定位系统。

据俄罗斯媒体报道，俄罗斯国家杜马正在起草一项法案，规定从 2020 年起，所有在俄罗斯境内登记的道路交通工具必须强制安装 GLONASS 事故紧急反应系统。

2014 年索契冬奥会物流与交通中心项目应用了 GLONASS，管理各种运输方式，包括铁路运输、公路运输、海运，俄罗斯首次为货运运营商和他们的客户开发了一个公用综合信息系统。为索契冬奥会承担运输任务的 1 300 辆车安装了 GLONASS 设备，运用 GLONASS 技术控制中心可以在线监控车辆的运行情况。这个系统仍在完善之中，仅 2014 年 3 月就有两颗 GLONASS 导航卫星被送入预定轨道。

3.3.3.2　欧洲的 Galileo 系统

欧洲为了满足本地区导航定位的需求，计划开发针对 GPS 和 GLONASS 的广域星基增强系统（EGNOS），包括地面设施和空间卫星，以提高 GPS 和 GLONASS 系统的精度、完备性和可用性。同时，为了打破目前世界美、俄全球定位系统在这一领域的垄断，欧洲决定开启 Galileo 计划，建立自主的民用全球卫星定位系统 Galileo。EGNOS 是欧洲 Galileo 计划的第一阶段，也是 Galileo 计划的基础，并在 2002 年达到了初始运行能力，在 2007 年达到了全球运行能力。Galileo 系统被建成全球性的定位和导航系统，它由星座部分、有效载荷、地面监控系统以及区域控制部分组成。

Galileo 系统卫星星座由分布在 3 个轨道上的 30 颗中等高度轨道卫星（MEO）构成。每个轨道上有 10 颗卫星，其中 9 颗正常工作，1 颗运行备用。Galileo 系统计划提供公开服务、生命安全服务、商业服务、公共特许服务和搜索救援服务等服务类型。

Galileo 系统成为独立性、全球性、欧洲人控制的以卫星为基础的民用导航和定位系统。其总的战略意图是：①建立一个高效的民用导航及定位系统；②使之具备欧洲乃至世界运输业可以信赖的高度安全性，并确保任何未来系统安全置于欧洲人的控制之下；③该系统的实施将为欧洲工业进军正在兴起的卫星导航市场的各个方面提供一个良好的机会，使其能够站在一个合理的基础上公平竞争。

欧洲的 Galileo 全球定位系统从系统方案设计开始由民间负责管理和实施，由 30 颗卫星组网，平均分布在轨道高度为 24 000km、倾角为 56°、相互间隔 120°的 3 个轨道面上，覆盖范围更广，一般授权商业用户的定位精度可达 1m，比 GPS 系统更可靠，从而实现以卫星导航系统作为民用航空的唯一导航系统。

3.3.3.3　中国的北斗卫星导航系统

北斗卫星导航系统（BDS）是中国正在实施的自主发展、独立运行的全球卫星导航系统。系统的建设目标是：建成独立自主、开放兼容、技术先进、稳定可靠的覆盖全球的北斗卫星导航系统，促进卫星导航产业链的形成，形成完善的国家卫星导航应用产业支撑、推广和保障体系，推动卫星导航在国民经济社会各行业中的广泛应用。

中国高度重视卫星导航系统的建设，一直在努力探索和发展拥有自主知识产权的卫星导航系统。2000 年，北斗导航试验系统首先建成，这使中国成为继美、俄之后的世界上第三个拥有自主卫星导航系统的国家。该系统已成功应用于测绘、电信、水利、渔业、交通运输、森林防火、减灾救灾和公共安全等诸多领域，得到了显著的经济效益和社会效益，特别是在 2008 年北京奥运会、汶川抗震救灾中发挥了重要作用。为了更好地服务于国家建设与发展，满足全球应用的需求，中国启动实施了北斗卫星导航系统建设。

中国的"北斗一号"卫星导航系统正是 20 世纪 80 年代提出的"双星快速定位系统"的发展计划。北斗导航系统的方案于 1983 年提出，其突出特点是构成系统的空间卫星数目少、用户终端设备简单、一切复杂性均集中于地面中心处理站。中国第一颗"北斗一号"卫星于 2000 年 10 月 31 日首次升空；同年 12 月 21 日第二颗"北斗一号"卫星发射升空；2003 年 5 月 25 日，第三颗"北斗一号"导航定位卫星被送入太空。目前"北斗一号"已有 6 颗卫星在太空遨游，组成了完整的卫星导航定位系统，确保全天候、全天时提供卫星导航资讯。

自 2000 年以来，中国已成功发射了 6 颗北斗导航试验卫星，建成了北斗导航试验系统第一代系统。根据系统建设的总体规划，2012 年，系统首先具备覆盖亚太地区的定位、导航和授时以及短报文通信服务能力；2020 年左右，建成覆盖全球的北斗卫星导航系统。北斗卫星导航系统致力于向全球用户提供高质量的定位、导航和授时服务，包括开放服务和授权服务两种方式，属于第二代系统。开放服务是向全球免费提供定位、测速和授时服务，定位精度为 10m，测速精度为 0.2m/s，授时精度为 10ns。授权服务是为有高精度、高可靠性卫星导航需求的用户，提供定位、测速、授时和通信服务以及系统完好性信息。

为使北斗卫星导航系统更好地为全球服务，加强北斗卫星导航系统与其他卫星导航系统之间的兼容与互操作，促进卫星定位、导航、授时服务的全面应用，中国愿意与其他国家合作，共同发展卫星导航事业。

与 GPS 系统相比，北斗卫星导航系统具有导航服务及通信双功能、稳定性和安全性好两个方面的优势。北斗卫星导航系统在国内能 24 小时全天候服务，没有通信盲区，在大城市的高楼密集区域也能提供精确而稳定的服务。

北斗卫星导航系统由空间端、地面端和用户端三部分组成，空间端包括 5 颗静止轨道卫星和 30 颗非静止轨道卫星，地面端包括主控站、注入站和监测站等若干个地面站，用户端由北斗用户终端以及与美国 GPS、俄罗斯 GLONASS、欧洲 Galileo 等其他卫星导航系统兼容的终端组成。

3.3.3.4　其他系统

印度开发了 GPS 辅助型对地静止轨道扩增导航系统（GPS Aided Geo Augmented Navigation，GAGAN）以及区域定位系统（IRNSS）。GAGAN 的目的是在印度区域示范利用天基扩增系统技术，该系统计划成为一个在本地区提供无缝导航功能的实用系统，它将可以与其他天基扩增系统互通互用。

日本有基于多功能运输卫星（MTSAT）的扩增系统 MSAS［The MTSAT（Multi‐functional Transport Satellite）Satellite‐based Augmentation Systems］。该系统通过两个对地静止轨道卫星（MTSAT‐1R 和 MTSAT‐2）为日本空域内的所有航空器提供导航服务。日本还推动了准天顶卫星系统 QZSS（Quasi‐Zenith Satellite System），以在亚洲和大洋洲区域增强 GPS。日本设计 QZSS 的目的是保证在任何时间 3 颗卫星中至少有 1 颗接近日本上空的天顶。

尼日利亚有 NIGCOMSAT‐1 SBAS。尼日利亚因拥有尼日利亚通信卫星（NIGCOMSAT‐1）而成为计划进入全球导航系统领域的第一个非洲国家。

3.4　通信技术

交通运输系统，特别是智能运输系统，注重在使用者、线路和载运工具之间所传递各种各样的信息，因此，智能运输系统的基础是信息和通信技术。

3.4.1　通信技术的发展及分类

3.4.1.1　信息及信息系统模型

信息是人类社会和自然界中需要传送、交换、存储和提取的抽象内容。信息存在于一切事物之中，事物的一切变化和运动都伴随着信息的交换和传送。研究信息和信息传送、变换、存储和提取的理论，称为信息论。它是 20 世纪 40 年代至 20 世纪 50 年代由香农和维纳等人为代表的一大批科学家、工程技术人员创立和发展起来的一门新学科。

消息是表示信息的语言、文字、图像、数据等。

信号为运载消息的光、声、电等物理量。信号是时间或空间的函数，也可能是时间、空间的多元函数，一般记为 $f(t)$、$f(x, y, z)$ 及 $f(x, y, z, t)$。

信息系统借助于信号来完成信息的交换、传送、存储和提取。信号是物理量，它的传输、存储和处理必须借助物理设备才能实现。因此，要让信息流动，必须有一条传输路径和携带信息的载体以及使载体载上信息的设备，这些设备的总体称为信息系统。

在信息系统结构模型中，信源是信息或信息系统的起始点，其输出是消息。

编码是将消息变成适于传输的信号的变换，完成这一变换的设备称为编码器，其输入是消息，输出是信号。编码有信源编码和信道编码两种。

信源编码也称为有效编码，是将消息变成一种信号，通过去掉原始消息的多余量来提高传输的有效性。信道编码一方面是要把信源编码器输出的信号变成适于在信道中传输的信号，另一方面是要提高信息传输的可靠性，所以信道编码又称为抗扰编码。信道是在信息系统中将信号从一地传输到另一地的媒介，它可以是一对导线、一条同轴电缆，也可以是发射天线等。

信号经过信道从发信端传输到收信端，在收信端必须将信号变成消息，然后从消息获知信息。这种将信号变成消息的变换称为译码，它是编码的逆过程。实现译码的设备称为译码器。译码也分为信道译码和信源译码两种，信道译码是将信道中的信号变成一个和信源编码器输出类似的信号，而信源译码是将信道译码器输出的信号变成消息。信宿又称为终端或接收者，它由消息而获得信息，可以是人也可以是某种设备。根据信息系统的模型，信息系统有两个重要的客体，一个是信息，另一个是信号，因而信息系统也具有两方面的属性，一个是信息属性，另一个是物理属性。

3.4.1.2 通信系统的构成

通信技术是 ITS 应用中的关键技术，它负责传输数据、语音、图像和视频等信息，许多 ITS 项目中都需要通信技术。通信技术的基础是通信系统，下面简单介绍通信系统的构成。

最简单的通信系统是人－人的对话。人讲的话称为消息，讲话的人是消息的来源，称为信源。声音通过空气传到对方，大气这一传输途径称为信道，对方听到声音也就接收了消息，消息的接收者称为信宿。

由于电通信能使消息在几乎任意的距离上实现迅速而可靠的传送，因此电通信获得了广泛的应用。飞速发展的光通信也属于电通信这一类，因为光也是一种电磁波。电通信系统是由完成通信任务的各种技术设备和传输媒质构成的总体。电通信系统的一般模型中包括输入变换器、发送设备、信道、接收设备、输出变换器、干扰源等。

输入变换器主要担负将输入消息变换为电信号的任务。当输入为非电量（例如人的声音或待送的景象）时，必须有输入交换器。当输入消息本身就是电信号（例如计算机输出的二进制信号）时，有些情况下可以不需要输入变换器，直接进入发送设备。由输入变换器输出的信号应反映输入消息的全部信息，并常称此信号为基带信号。

发送设备将基带信号变成适于信道传输的信号。不同信道有不同的传输特性，而由于要传送的消息种类很多，它们相应的基带信号的参数各异，往往不适于在信道中直接传输，故需发送设备进行变换。

信道是信号传输的通道，又称传输媒介。不同的信道有不同的传输特性。

接收设备将信道传来的信号进行处理，以恢复与发送端基带信号一致的信号。实际上，信号在收发设备中均会产生失真并附加噪声，在信道中传输时也会混入干扰，所以收发端的基带信号总会有一定的差别。

输出变换器将接收设备输出的电信号变换成原来形式的消息。

干扰源作为一种分析问题的方法，人们将信号在传输过程中混入的噪声及由干扰引起的信号失真集中在一起，作为信道中的干扰源来进行分析处理。

构成电信系统的设备可以分为终端设备、传输设备、交换设备三大类。以终端设备、交换设备为点，以传输设备为线，点线相连就构成了完整的通信网。

3.4.1.3　电信通信

电信通信有很多种分类方法，按传送信号的形式可以分为模拟通信和数字通信。

通信系统中待传输的消息是各式各样的，有话音、文字、符号和图像等。为了传输和交换信息，需要把所传送的消息转换为电信号。通常电信号是以它的某个参量来表示消息的。例如信号电压的大小随话音的强弱而改变，这就是以信号幅度来代表消息。按照信号参量的取值方式及它与消息之间的关系，可将信号分为两类，即模拟信号与数字信号。模拟信号是指代表消息的信号参量（幅度、频率或相位）随着消息连续变化的信号。例如，代表消息的信号参量是幅度，则模拟信号的幅度应随消息而连续变化，即幅度的取值有无限多个，但在时间上可以连续也可以离散。模拟的含义是指用参量来模拟要传送的消息。例如话筒输出的话音信号、电视摄像机输出的图像信号都是模拟信号。

数字信号是指不仅在时间上离散，而且在幅度上也离散（即幅值被限制在有限个数值之内）的信号。

根据通信系统中所传送的是模拟信号还是数字信号，可以把通信系统分成模拟通信系统和数字通信系统。应当指出，模拟通信与数字通信是按信道中所传送的信号差异来区分的，不是根据信源输出的信号来划分的。

在通信系统中，若信源发出的是模拟信号，经过发送设备变换成适合在媒质中传输的电信号，这个变换后的电信号仍然是随时间连续变化的，则称这种通信方式为模拟通信。现今大多数电话和电视通信系统都使用这种通信方式。

若信源发出的是模拟信号，把它经过模拟/数字转换（即 A/D 转换）进行数字化处理后，以数字信号的形式来传送的通信方式叫数字通信。在数字通信系统中可以使用数字传输方式，也可以使用模拟传输方式。在数字通信系统的模型中，信源编码器的作用是把信源发出的连续信号变换为数字序列；信道编码器的作用是将源编码器输出的数字序列人为地按一定的规则加入多余码元，使得在接收端能发现错码或纠正错码，以提高通信的可靠性；信道译码器的作用是发现和纠正传输过程中引入的差错，解除信道编码器所加入的多余码元；调制器（即发送设备）和解调器（即接收设备）只是对用模拟传输方式的数字通信系统才是必需的；信源译码器的作用是把数字信号还原为模拟信号。

在数字通信系统中要研究的基本问题有：①收发两端的消息与电信号之间的互换过程、模拟信号的数字化及数字式基带信号的特性；②抗干扰编码与解码，即差错控制编码问题；③数字调制与解调原理；④保密通信问题：当需要保密通信时，可对基带信号的"0""1"序列进行人为"搅乱"（即加上密码信号），这称为加密，此时，在接收端需要恢复原来的"0""1"序列，这称为解密；⑤信道与噪声的特性及其对信号传输的影响；⑥同步问题：数字通信是一个一个码元（一个"0"码或一个"1"码称为一个码元）传送的，接收端接收时总需与发送端节拍相同，这称为"码元同步"或"位同步"。

近年来数字通信的发展十分迅速，在通信领域中所占的比重日益增加。这是因为数字通信与模拟通信相比具有以下优点：

①抗噪声性能好：模拟通信中，待传送的信息包含在信号的波形之中，当波形叠加上噪声之后，无法将噪声去掉。数字通信待传送的信息不是包含在"0""1"码的码形之中，而是包含在码元的不同组合之中。虽然噪声可以使码元的波形产生失真，但可以对码元进行判决、再生，只要再生后的码元组合不变，就可以恢复原来的信息。因而采用再生的方法，可以消除噪声的积累。此外还可以采用各种差错控制编码的方法，进一步提高抗噪性能。

②信道中传递的信息有话音、图像、文字、符号等。各种信息经过数字化处理以后，便于统一处理，有利于建立综合业务数字网（ISDN）。

③数字信号易于加密，便于实现保密通信。

④数字电路易于集成化，因而设备体积小、功耗低、制造简单、可靠性高。

数字通信的缺点是它所占用的系统带宽比模拟通信要宽。以电话为例，一路模拟电话常占据 4kHz 的带宽，但一路数字电话要占 64kHz 的带宽。电视信号一般只要 6MHz 的带宽，数字电视要 100MHz 的带宽。

若信源本身发出的就是数字形式的信号（电报、数据、指令等），那么不管用数字传输还是用模拟传输方式来传输，这种通信方式均称为数据通信。数据通信系统的模型和数字通信系统的模型大同小异，只是因为信源本身发出的就是数字信号，因而不需要信源编、译码器。一般来说，数据通信有三个特征：①它是机器（计算机）对机器（终端设备）或机器（计算机）对人的通信；②它传输和处理离散的数字数据，而不是连续的模拟数据；③它的通信速度很高，可以传输和处理大量的数据。

3.4.1.4　有线信道与无线信道

电信系统多利用电磁波传递电信号。电磁波传播有两种形式，一种是沿导体传播，构成有线信道；一种是沿自由空间传播，称为无线电波传播，构成无线信道。

构成有线信道的传输媒质包括架空明线、对称（平衡）电缆、同轴电缆、光缆、波导管等，以适应各种不同的通信方式及不同容量的需要。

架空明线的主要优点是架设比较容易，建设较快，传输衰耗比较小。其主要缺点是随频率升高辐射损耗迅速增加，线对间的串话也急剧增加。此外其受环境影响大，保密性差，维护工作量较大。

对称电缆的通信容量比架空明线大，因而平均到每条电路的投资比明线低，电气性能比较稳定，安全保密性好。目前其主要用于长途 12 路至 60 路载波电话通信。此外还有对绞型音频电缆，主要用于市内电话传输。

同轴电缆是将电磁波封闭在同轴管内，即使工作频率较高，同轴电缆之间电磁波的相互干扰也较小，因此适用于高频段、大容量载波电话（电报）通信。

光在高折射率的媒质中具有聚焦特性，把折射率高的媒质做成芯线，折射率低的媒质做成芯线的包层，就构成光纤，光纤集中在一起构成光缆。光纤可以传输光信号。光缆通信从 20 世纪 60 年代开始发展。

3.4.1.5　固定通信

1）微波通信

微波是指频率为 0.3 ~ 300GHz 的电磁波。利用特有的设备，并使用这个频段的频率构成的通信方式叫作微波通信。微波通信是一种无线通信方式，无线通信又是依靠电磁波（无线电波）在空间的传播去传递消息的。微波通信是长途、大容量通信的无线传输手段。若基带信号为模拟信号，称其为模拟微波通信。若基带信号为数字信号，称其为数字微波通信。

微波同光波一样，是直线传播的，两个通信地点（两个微波站）之间没有阻挡时，信号才能传到对方，即所谓的视距传播。

在微波的频段使用方面，各国的微波设备往往首先使用 4GHz 频段。目前各国的通信设备已使用到 2GHz、4GHz、5GHz、6GHz、7GHz、8GHz、11GHz、15GHz、20GHz 等各频段。中国的数字微波通信已有 2GHz、4GHz、6GHz、7GHz、8GHz、11GHz 各频段的设备。频率低，电波传播较稳定，但其设备及元器件的尺寸也较大，当天线口径一定时，微波频率越低，天线增益也越低。对微波频率的选取要遵照 CCIR 的建议和各国无线电管理委员会的规定，经申请得到批准才行。

就微波通信的性能而论，数字微波通信的特点可概括为"微波、多路、接力"。

微波通信的频率处于微波频段，又包括分米波、厘米波和毫米波。微波频段宽度是长波、中波、短波及特高频几个频段总和的 1 000 倍。微波频率不受天电干扰、工业干扰及太阳黑子变化的影响，通信的可靠性较高。因微波频率高，所以其天线尺寸较小，往往被做成面式天线，其天线增益较高，方向性很强。

微波通信不但总的频段宽，传输容量大，而且其通信设备的通频带也可以被做得很宽。例如，一个 4 000MHz 的设备，其通频带按 1% 估算，可达 40MHz。

模拟微波的 960 路电话总频谱约为 4MHz 带宽。可见，一套微波收发信设备可传输的话路数是相当多的。因数字信号占用带宽较宽，所以数字微波通信设备在选择适当的调制方式后，可传输的话路容量仍然很多。

因微波频段的电磁波在视距范围内是沿直线传播的，通信距离一般为 40～50km，考虑到地球表面的弯曲，在进行长距离通信时，就必须采用接力的传播方式，发端信号经若干中间站多次转发，才能到达收端。

2）光纤通信

光纤即光导纤维的简称，光纤通信是以光波为载频，以光导纤维为传输介质的一种通信方式。由于光纤通信具有传输频带宽、通信容量大、损耗低、不受电磁干扰等一系列优点，因此光纤通信技术近年来发展速度之快、应用面之广是通信史上罕见的。可以说这种新兴技术是世界新技术革命的重要标志，也是未来信息社会中各种信息网的主要传输工具。

光纤通信与电通信的主要差异有两点：一是其传输的是光波信号，二是传输的介质是光纤。

光波是人们最熟悉的电磁波，其波长在微米级。根据电磁波谱可知，紫外线、可见光、红外线均属于光波的范畴。目前光纤通信使用的波长范围是在近红外区内，即波长为 $0.8～1.8\mu m$。光纤通信的波段可分为短波长波段和长波长波段，短波长波段是指波长 $0.85\mu m$，长波长波段是指波长为 $1.31\mu m$ 和 $1.55\mu m$，这是目前光纤通信所采用的三个实用通信窗口。

目前实用的光纤通信系统普遍采用的是数字编码、强度调制 - 直接检波通信系统。光纤通信系统包括光发射机、光接收机、光中继器、监视控制系统、脉冲复接和分离系统、告警系统和电源系统。光发送机的作用是把从脉冲编码调制（PCM）多路复用设备送来的电信号转变为光信号，送入光纤线路进行传输。光接收机的作用是把从光纤线路传输送来的光信号转变为电信号，送入 PCM 多路复用设备。

3）卫星通信

卫星通信是利用人造地球卫星作为中继站，转发无线电信号，在多个地球站之间进行传输的通信方式。目前，用来转发信号的通信卫星几乎都是静止卫星。

卫星通信的路线为"发端地球站—无线电波的上行路线—卫星转发器—下行路线—收端地球站"。

3.4.1.6 移动通信

移动通信是指通信双方至少有一方是在移动中进行信息交换的。例如，固定点与移动体（汽车、轮船、飞机）之间，或移动体之间以及活动的人与人、人与移动体之间的通信。

1）移动通信的工作方式

按照通信的状态和频率使用的方法移动通信可分为三种工作方式：单工制、

半双工制和双工制。

（1）单工制。

单工制又分为单频单工和双频单工。"单频单工"的"单频"是指通信双方使用相同的工作频率，"单工"是指通信双方的操作采用"按－讲"方式，在该方式中，同一部电台的收发信机是交替工作的。双频单工是指通信双方使用两个频率，而操作仍采用"按－讲"方式，同一部电台的收发信机是交替工作的，只是收发各用一个频率。

（2）半双工制。

半双工制是指通信的双方中有一方使用双工方式，即收发信机同时工作，且使用两个不同的频率，而另一方则采用双频单工方式，即收发信机交替工作。

（3）双工制。

双工制是指通信双方的收发信机均同时工作，即任一方在发话的同时也能收听到对方的话音。

2）移动通信系统的频段使用

较早的移动通信主要使用甚高频 VHF（150MHz）和特高频 UHF（450MHz）频段，但中国在 VHF 频段已有 12 个电视节目频道，在 UHF 频段也有 36 个频道，所以移动通信只能占用它们的间隙来通信。中国邮电部于 1984 年批准了 900MHz 蜂窝状移动电话系统，采用了 TACS 标准。

3）移动通信的体制

移动电话通信的服务区域覆盖方式可分为两类，一类是小容量的大区制，另一类是大容量的小区制。

大区制就是在一个服务区域内只有一个基地站，并由它负责移动通信的联络和控制。在大区制中，为了避免相互间的干扰，在服务区内的所有频道（一个频道包含收、发一对频率）都不能重复。

小区制就是把整个服务区域划分为若干个小区，在每个小区分别设置一个基地站，负责该区移动通信的联络和控制。同时，又可在移动业务交换中心的同一控制下，实现小区之间移动用户的转接，以及移动用户与市话用户的联系。

4）移动通信系统的组成

移动通信系统一般由移动台（MS）、基地站（BS）、移动业务交换中心（MSC）以及由市话网（PSTN）相连接的中继线等组成。

基地站和移动台设有收发信机和天馈线等设备。每个基地站都设有一个通信可靠的服务范围，称为无线小区。无线小区的大小主要由发射功率和基地站天线的高度决定。移动业务交换中心主要用来处理信息的交换和整个系统的集中控制管理。

大容量移动电话系统可以由多个基地站构成一个移动通信网。通过基地站、移动业务交换中心，就可以实现在整个服务区内任意两个移动用户之间的通信，也可以通过中继线与市话局连接，实现移动用户和市话用户之间的通信，从而构成一个有线和无线相结合的移动通信系统。

5）其他移动通信系统简介

随着移动通信技术的发展及其应用范围的不断扩大，移动通信系统的类型也越来越多，除了公用移动电话系统外，还有寻呼系统、集群系统、无绳电话系统及卫星移动通信系统等。

（1）寻呼系统。

寻呼系统是一种传送简单信息的单向呼叫系统。它由寻呼控制中心、基站和寻呼接收器（BB 机）三部分组成。

简单信息是指可以由数码管显示的号码和字母，用来表示主叫用户的电话号码、姓名和与呼叫内容相关的代码（例如用一组代码表示"立即回电""迅速回家"等）。代码通常由寻呼控制中心统一编制，用户一看就知道是什么内容。所谓"单向"是指该系统仅为市话用户呼叫 BP 机提供服务，如欲回话，需另找电话。

当市话用户寻呼 BP 机时，可通过市话网拨无线寻呼专用业务代码及被呼 BP 机代码。凡注册登记过的 BP 机，其代码都被存入控制中心的寄存器中，所以当信号到达控制中心后，首先自动进行核实，确认是否有权使用寻呼系统，然后再对简单信息进行编码，由基站发射机发出。如果该机未登记，则不予发送，并由控制中心给市话用户送一忙音。

（2）集群系统。

集群系统是一种专用调度系统。它由控制中心、基站、调度台、移动台（车载台、手机）组成。这里所说的调度系统是指用来控制一组移动台（如一个车队）工作的无线系统。

集群系统是个多信道系统。其信道数为 5 个、10 个、15 个或 25 个。所谓"专用"，是指这些信道主要在本系统内共用，而它们之中仅有部分信道可以与市话网互通。该系统信道的占用，是采用自动选择方式，并且可供多个单位同时使用，以实现集中管理、共享系统及频率资源，且使公用性和独立性兼而有之。

（3）无绳电话系统。

无绳电话系统是一种由市话网延伸出来的双工系统。它由基站和手机组成。基站和手机均由一部完整的电话机和无线收发信机组成，每部电话机都具有送话器、受话器、拨号盘、电铃或蜂鸣器等主要部件。

当把手机和基站放在一起时，它们的收发信均不工作，只是手机内的电池被基站的直流电源浮充。这时整个无绳电话就相当于一部普通的电话机，可使用基站上的电话机进行拨号和通话。一旦把手机从基站上取下，双方的收信机接通电源，同时自动开始工作，监收对方发出的无线信号，随后将出现两种情况：

一是用户使用手机向外打电话。这时只要按压发射键，手机中的发射机就会自动发出信号，基站收信机在收到该信号后，亦打开发射机，形成手机与基站之间的双向通路，用户就可用手机向外拨号和通话了。

二是有电话打进来。这时基站发射机主动发出信号，子机收到后，双向通路接通，基站的铃和手机的蜂鸣器同时工作，用户可任选一部进行通话。

无绳电话为了防止彼此相互干扰，发射功率很低，一般基站输出功率小于1W，手机输出功率小于0.5W，所以其服务范围有限，通常在室外开阔地约为200m，楼群间约为100m，楼内约为50m。

（4）卫星移动通信系统。

蜂窝移动电话系统虽然在理论上可以覆盖无限大的地理区域，但在人烟稀少的地区，每隔十几千米就建一个基地站太不经济了。因此，人们不得不依靠卫星来为这些地方提供服务，即在人口稠密的地区，仍靠基地站传送信息，在人烟稀少的地区，则用卫星转接。

全球这些卫星分布在 7 个低空轨道上，每个轨道上分布 11 颗卫星，与地面站、用户终端构成卫星移动通信系统，该系统可在全世界范围内供数百万户使用。由于卫星使用宽波束天线，故只要少数几个波束就可覆盖很大面积。车载和卫星之间仍使用 900MHz 频段，卫星和地面站之间使用 12GHz 频段。

3.4.1.7　公用数据通信网

公用数据通信网分为基础网络、信息网络和增值网络平台。其中基础网络包括公用数字数据网（DDN）、公用分组交换网（PAC）、公用帧中继宽带业务网（FRN）和综合业务数字网（ISDN）；信息网络包括计算机互联网（NET）和公众多媒体通信网，它们可以提供丰富的网上信息资源和各种信息服务；增值网络平台能提供电子信箱（MAIL）、传真存储转发（FAX）和电子数据交换（EDI）等多种功能。

1）公用数字数据网

公用数字数据网简称数字数据网（Digital Data Network，DDN），是利用数字信道传输数据信号的数据传输网。DDN 将数字通信技术、计算机技术、光纤通信技术以及数字交叉连接技术有机地结合在一起，提供了高速度、高质量的通信环境。DDN 向用户提供的是半永久性的数字连接，沿途不进行复杂的软件处理，因此时延小；DDN 采用交叉连接装置，可根据用户的需要，在约定的时间内接通所需带宽的线路，信道容量的分配和接续在计算机的控制下进行，具有极大的灵活性，使用户可以开通种类繁多的信息业务，传输任何合适的信息。

（1）特点。

DDN 的特点有：①属于数字电路，传输质量高，时延小，通信速率可根据需要选择。②电路可以自动迂回，可靠性高。③一线可以多用，既可通话、传真、传送数据，还可组建会议电视系统，开放帧中继业务，进行多媒体服务，或组建自己的网络。

DDN 的优点有：①DDN 是同步数据传输网，不具备交换功能，但可根据与用户所订协议，定时接通所需路由。②传输速率高，网络时延小。由于 DDN 采用了同步转移模式的数字时分复用技术，用户数据信息根据事先约定的协议，在固定的时隙以预先设定的通道带宽和速率顺序传输，这样只需按时隙识别通道就可以准确地将数据信息送到目的终端。由于信息是顺序到达目的终端，免去了目的终端对信息的重组，因此减小了时延。③DDN 为全透明网。DDN 是任何规程都可以支持，不受约束的全透明网，可支持网络层以及其上的任何协议，从而可满足数据、图像、声音等多种业务的需要。

（2）提供的主要业务。

①租用专线业务，包括点对点专线、一点对多点轮询、广播、多点会议。DDN 的多点业务适合集团系统用户组建总部与分支机构的业务网。利用多点会议功能可以组建会议电视系统。②帧中继业务用户以一条专线接入 DDN，可以同时与多个点建立帧中继电路（PVC）。帧中继业务适合局域网间互连。③话音/传真业务为用户提供带信令的模拟接口，用户可以直接通话，或接到自己内部小交换机（PBX）进行电话通信，也可用于传真（三类传真）。模拟话音/传真业务占用的信道速率为 8kbps、16kbps、32kbps。④虚拟专网功能。

2）公用分组交换网

公用分组交换网 PAC 以 X.25 规程为基础，故称为 X.25 网。分组交换是为适应计算机通信而发展起来的一种先进的通信手段，它以 CCITT X.25 协议为基础，可以满足不同速率、不同型号的终端与终端、终端与计算机、计算机与计算机间以及局域网间的通信，实现数据库资源共享。X.25 通常执行 OSI 的下三层协议，且从源点到终点的每一步都要进行数据帧的建立、拆装、数据存储和转发、路由选择和控制、信息帧的差错校验、恢复重发等一系列处理过程。

（1）特点。

①传输质量高。分组交换方式具有差错控制功能，它不仅在节点交换机之间传输时采取差错校验与重发的功能，而且对于分组型终端，在用户线部分也可以进行同样的差错控制，因而使分组在网内传送中的出错率大大降低。②可靠性高。在分组交换中，一次呼叫的通信电路不是固定不变的，报文中的每个分组可以自由选择传输途径。由于分组交换机至少与另外两个交换机相连，当网内发生故障时，分组仍然能自动选择一条避开故障地点的迂回路由传输，不会造成通信中断。③实现不同种类的终端互通。分组交换网在交换机内采用的是"存储－转发"的形式在网内传输，以 X.25 规程向用户提供统一的接口，从而能够实现不同速率、码型和传输控制规程终端间的互通，同时也为异种机互通提供了方便。④分组网具有交换功能，提供多路通信。由于每个分组中都含有接受路由等控制信息，节点交换机中的软件自动识别这些控制信息，按接收路由把分组送到相应端口，也即分组网具有交换功能，用户只有一条通信线路可以和多个用户终

端进行通信。⑤通信费用低。在网内传输、交换的是一个个被规范化了的分组，这样可简化交换处理过程，降低网内设备的费用。此外，由于进行分组多路通信可大大提高通信电路的利用率，并且在中继线上以高速传输信息，而且只有在有用户信息的情况下使用中继线，因而降低了通信电路的使用费用。

公用分组交换网（PAC）的优点有：①可以在一条电路上同时开放多条虚电路，为多个用户同时使用。②网络具有动态路由功能和先进的误码纠错功能。

（2）提供的主要业务。

①基本业务交换型虚电路（SVC）：用户通信时，通过呼叫建立虚电路，通信结束后释放虚电路，电路使用灵活，每次均可以与不同的用户建立通信电路，通信费用与通信量有关。永久型虚电路（PVC）：类似于固定专线，由用户申请提出，电信部门固定做好，用户一开机即固定建立起电路，不需每次通信时临时建立和释放，适用于点对点固定连接的用户使用。

②可选业务用户任选业务功能。如果使用这些业务功能，用户应在申请入网时提出并交纳一定的费用，在租约期内使用（不需每次通信时约定）。这些业务一共有34项。每次通信时用户可选业务功能。用户并非在每次通信中都使用所申请的任选业务功能，如果使用则应在开始呼叫时在呼叫分组（或信号）中向交换机发出指示。

③其他业务包括优先级分组、多网络地址、检查本地地址、计费转移、助记名编址、虚拟专用网（VPN）、分组多址广播。

3）公用帧中继宽带业务网

帧中继（Frame Relay）是从分组交换（X. 25）技术发展起来的一种快速分组交换技术，在用户－网络接口（UNI）之间提供给用户信息流的双向传送，并保持原有顺序不变，用户信息流以帧为单位在网络内传送，用户－网络接口之间以虚电路进行连接，对用户信息进行统计复用。它采用虚电路技术，对分组交换技术进行简化，具有吞吐量大、时延小、适合突发性业务等特点，能充分利用网络资源。它以帧（Frame）为单位传输，其长度是可变的，允许的最大帧为4096字节，而且帧长度可根据需要动态调整。帧中继能支持现有的公用分组交换网，实现了向高速分组交换技术的平稳过渡。与 X. 25 相比，帧中继位于 OSI 参考模型的第二层，即数据链路层，它用简化方式传送和交换数据帧，把路由功能从第三层（网络层）移到第二层（链路层），舍弃了 X. 25 的流量控制和差错控制等处理，从而加速了数据帧的传输速度，提高了网络的传输效率。

（1）特点。

①高效性。帧中继使用统计复用技术（即带宽按需分配）向用户提供共享的网络资源，每一条线路和网络端口都可由多个终点按信息流量共享，提高了网络资源的利用率。同时，由于帧中继简化了节点机之间的协议处理，将更多的带宽留给用户数据，因而能向用户提供高吞吐量、低时延的数据电路，用户不仅可

使用预定带宽，还可在有空余带宽时使用超过预定值的带宽，而只需付预定带宽的费用，这适合突发数据业务。

②经济性。用户入网时，需要与网络约定用户信息速率（CIR）。在正常情况下，网络向用户保证这个约定的用户信息速率，由于帧中继采用虚电路复用，当其他用户不占用带宽时，该用户可以超过约定速率发送数据且只支付约定带宽的费用，而不必对多用的带宽付费。因此，对用户来说，使用帧中继业务可谓"物超所值"；对网络来说，这可以吸引更多的用户入网，提高整个网络的效率。

③可靠性。高质量的传输线路、高智能的用户终端，以及网络本身的阻塞管理和永久虚电路（PVC）管理等都保证了帧中继网络的可靠性。

④灵活性。对用户来说，帧中继网络接入简便灵活；对网络来说，帧中继网络的组网方式灵活并提供各种灵活业务。

⑤长远性。帧中继技术不仅在目前是较好的网络技术，将来 ATM 成为主要网络技术后，帧中继仍能与 ATM 相辅相成，成为以 ATM 为交换技术的骨干网的用户接入层。

（2）提供的主要业务。

①局域网互连。利用帧中继网络进行局域网互连是帧中继业务中最典型的一种。帧中继网络在网络空闲时，允许用户以超过自己申请的速率进行数据传送，这对于经常传递大量突发性数据的局域网用户，其费用非常经济合理。

②多媒体信息传送。帧中继网络可以提供图像图表的传送业务。

③虚拟专用网（VPN）。虚拟专用网对集团用户十分有利，采用虚拟专用网所需的费用比组建一个实际的专用网低。

4）综合业务数字网

综合业务数字网（Integrated Services Digital Network，ISDN）是以综合数字电话网（Integrated Digital Network，IDN）为基础发展演变而成的，通信网能够提供端到端的数字连接，用来支持包括话音和非话音在内的多种电信业务，用户能够通过有限的一组标准多用途用户/网络接口接入网内。ISDN 分为窄带 ISDN 和宽带 ISDN 两种。其特点如下：

①速度快。一条 ISDN 线的最低速率是 64kB/s，最高为 128kB/s。②安全可靠。ISDN 的数字传输比模拟传输相比受到的干扰更小，可以有效减少噪音和串音，并使数据通信更加安全可靠。③业务综合能力强。ISDN 可传送多种不同信息（语音、数据、图像、视频等）。④ISDN 可以同时执行多个通信任务，一条 ISDN 线最多可连接 8 个终端，目前可有两个终端同时工作，互不干扰。⑤ISDN 是普通电话网的一部分。使用 ISDN 的用户既可以与 ISDN 用户通信，也可以与模拟用户通信。⑥允许使用现有的模拟设备。普通电话、传真机、计算机等现有的模拟设备只需配备一部 ISDN 终端适配器，将现有的设备连接到终端适配器上，就可以在 ISDN 网上使用。

　　根据以上分析，DDN 的主要特点是采用同步时分复用方式，为用户提供永久或半永久的数字专线连接，网络为用户提供无规则的专线连接，"透明"地传送用户数据信息，网络的端到端传送时延低。因此 DDN 适合于业务量持续稳定和实时性要求高的用户。

　　分组网的特点是采用统计复用技术，用户共享网络宽带资源，网络资源的利用率较高，通信成本及业务资费较低。分组网具有一套严密的检错纠错、流量控制协议，在通信网络基础较差、传输线路比特差错率较高的情况下，采用 X.25 协议可以有效地保证用户信息的可靠传送。这也增加了网络开销，限制了传输速率，且使传送时延变长。分组网适合于在线路质量较差的环境下，为接入速率较低（64b/s 以下）的数据（不传送语音、图像）和有少量突发性数据的终端用户提供业务。

3.4.1.8　公共移动通信网

　　公共移动通信网普遍采用蜂窝拓扑，这是基于提高频谱利用率和减少相互干扰，增加系统容量的考虑。公共移动通信网分为模拟蜂窝网和数字蜂窝网。

　　数字移动通信网有两种体制，一种是时分制的全球移动通信系统（Global System for Mobile Communication，GSM），一种是码分制的 CDMA 系统。两者都是蜂窝结构，并采用了数字无线传输和蜂窝之间的先进切换方法。因此，它们获得了比模拟蜂窝系统好得多的频谱利用率，也提高了系统容量。下面介绍 GSM 数字蜂窝移动通信网。

　　欧洲开发的 CME20 型全球数字移动通信系统由 GSM 定义的全部网络单元构成。其中包括交换中心（SS）、位置登记器（LR）、基地收发信机站（BTS）、基站控制器（BSC）以及用于集中操作和维护的设备（OMC）及移动台（MS）等。系统中的网络单元由标准化接口相连。移动台（MS）和基地收发信机站（BTS）之间的无线电接口，采用特高频（UHF）频段上的时分多址（TDMA）方式。所有信息都是数字的，也就是说，话音信号以二进制码的形式在无线信道上进行传输。因此，GSM 是一种数字无线系统。

　　1）GSM 的主要特性

　　（1）频段。

　　①上行（移动台到基站）频段：890～915MHz；②下行（基站到移动台）频段：935～960MHz。上述频段被分成 124 对载频，间隔为 200kHz。在每个蜂窝区，根据预测的业务分配一些载频。蜂窝区可以是全向区，或 120°定向三向区。为了防止多径衰落和减少来自其他信号的干扰，采用快速跳频（呼叫过程中快速改变载频）。移动台的跳速为 217 跳/s，即每一 TDMA 帧一跳，每跳周期为 4.61ms。

　　（2）多址方式。

　　移动台用户和基地收发信基站间采用无线时分多址（TDMA）接口。每个可用载频能运载 8 个独立的物理 GSM 信道。这些信道的数据，按时间顺序发送或接收。物理 GSM 信道中的数据在分配的时隙内突发传送。传送速率为 271kB/s。一个突发串含有有用的话音和信令、均衡器训练、同步等比特。TDMA 帧中的物理信道传送基站和移动台之间的各种信息。这些不同类型的信息被视为属于不同的逻辑信道。逻辑信道与物理信道是相对应的。根据映射方法，逻辑信道的数据速率为几百 bit/s 到 22.8kB/s。

逻辑信道分成业务信道和控制信道两种主要类型。业务信道（TCH）携带话音编码信息（用户数据），一个业务信道可以是全速率的（总速率为 22.8kB/s），也可以是半速率的（总速率为 11.4kB/s）。控制信道（CCH）携带信令和同步数据，并分成广播信道、公共控制信道和专用控制信道。广播信道由基地台发送，携带无线同步信息和系统信息，如移动台所需的基站身份码等。公共控制信道用于寻呼移动台和移动台入网。专用控制信道由独立专用控制信道、慢速联用控制信道、快速联用控制信道组成，在呼叫建立阶段，用于传送信令和在通话中的一些特定信息，例如来自移动台的测量报告信令和切换信令等。

（3）调制方式。

其调制方式为高斯最小移频键控（GMSK），其带宽时间积（BT）为 0.3，总数据速率为 271kB/s。

（4）功率。

基站收发信机和移动台都实行自动功率控制，基站能覆盖单个或多个蜂窝。移动台的峰值功率从 0.8W（手持台）到 20W（车载台）。对全速信道，平均功率是上述值的 1/8。为了防止干扰其他用户，实行档差为 2dB 的 15 个分档功率控制。另外，在每个时隙的开始和结束时刻，控制发射机电平的升降。

（5）基带信号的形成。

为了能最大限度地检测，并纠正在一个典型传播路径上遇到的错误，人们对在无线电接口上传送的信息实行了复杂的编码。话音用 PCM 信道编码、交织、加密，以形成良好的保密及前向纠错能力，确保传输的基带信号质量。开始，只提供全速率编码，基本工作速率为 13kB/s，加上前向纠错编码后，总速率变成 22.8kB/s。为了最大限度地降低辐射功率和最有效地使用可用频率，以及延长电池寿命，采用了复杂的间断发射（DTX）方式。另外，接收端采用高质量的维特比均衡，以处理经反射形成的时延信号对源信号比特波形的干扰（时间弥散）。

蜂窝用户能在整个 GSM 服务区内进行通话，并能在 GSM 系统覆盖的所有国家之间及其内部进行全自动漫游。GSM 网络提供高速数据通信、传真和短报业务（点对点或用户对用户的字符寻呼）等用户业务。GSM 网络考虑了与其他标准（如 ISDN）的一致性、兼容性（适合移动环境条件下）问题。GSM 网络的标准化接口能为各类网络的互连提供条件，其中包括 GSM 和 ISDN 的互联。

2）GSM 系统的组成

GSM 系统功能实体由交换系统（SS）、基站系统（BSS）、操作和支持系统（OSS）三部分组成，如图 3 - 8 所示。

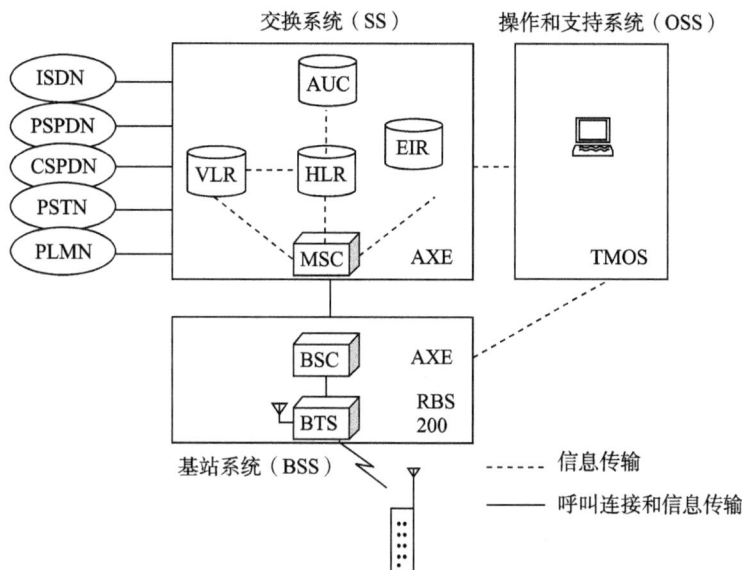

图 3 - 8　GSM 的功能实体

3）GSM 网络结构

一个 GSM 网络的基本设施与所有其他蜂窝无线网络相似。蜂窝群覆盖整个移动网络服务区。每个蜂窝具有一个基站收发信机（BTS），它工作在特定的无线电信道上，相邻蜂窝使用的信道是各不相同的。一个基站控制器（BSC）控制一组基站，完成诸如切换、发射功率控制等功能。在更高一层，一个或多个基站控制器由一个移动业务交换中心（MSC）负责，MSC 为移动用户和各种网络（如 PSIN、ISDN 等）的固定用户的呼叫提供路由选择。MSC 中还有 4 种重要的数据库，它们是存储用户信息的母局位置登记器（HLR）和来访者位置登记器（VLR）、提供鉴别呼叫时所需参数的鉴别中心（AUC）和存储所用移动台有关信息的设备身份号登记器（EIR）。GSM 的网络结构如图 3 - 9 所示。

GSM 网络是为车载以及手持移动台设计的。用户不管在整个 GSM 服务区域的什么位置，都能接收和发出呼叫（自动漫游）。

一个用户通话期间，在相邻蜂窝间移动时，呼叫被自动地交换到新区（切换），而不管新旧蜂窝是否由同一个 BSC 或 MSC 服务。

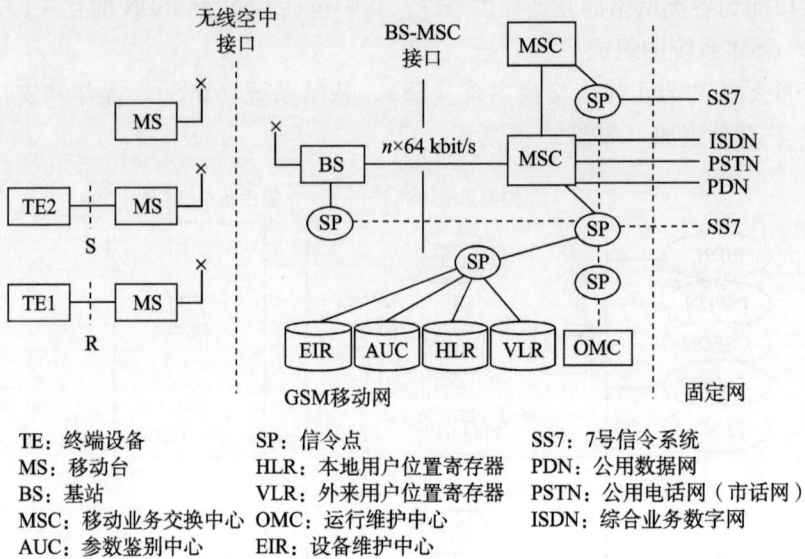

图 3 - 9　GSM 的网络结构

3.4.1.9　广播

1) 广播副载波

广播副载波可由广播台或固定设施向车辆提供话音或数据通信，而不需另外配给信道。多路复用副载波技术首先于 20 世纪 30 年代阿姆斯特朗发明调频广播（FM）时引入。称之为副载波正是意味其并不是广播台所产生的主信号载波，而是在配给特定台的边带频率上与主信号一起发射的无线信号（话音或数据）广播，因为主信号并未占据全部配给的频谱宽度。虽然这一技术是和 FM 同时开发的，但副载波信号也可以用幅度调制（AM），和电视信号一起广播。在初期，任何这样的信号传输均需要附属通信授权（SCA），尽管 SCA 已于 1983 年逐步结束，人们还是称这些信号为 SCA。习惯上，副载波已被用于各种辅助服务，如背景音乐、天气预报、体育活动、股票咨询、外语声带、特定时间信号，或者其他有关商务、专业、教育或宗教事务等的信息。收听这些信号需要用特殊的接收机。最近，副载波已非常流行于广播交通信息。

广播技术有单声道广播和立体声广播两类。单声道广播只传输一路声音信号，只要一个扬声器即可复原这类信号；而立体声广播则是两路声音信号经合成并通过单一频道传输，立体声接收机又能分离这两路信号经两个扬声器复原为原始信号。单声道接收机也可接收和复原立体声信号，但将损失空间分布效果。

如前所提及，既然所有的广播台（AM、FM 及 TV）都有能力发送副载波，它们就均可为广播交通信息提供有效的解决方案。副载波可以在同一频道上同时发送声音和数据，用这样一种方式就使备有常规接收机的听众收听不到数据副载波上的数字传输，要存取频道的数据部分就需要特殊的接收机。AM 副载波广播由于相对低的速度（10 ~ 12.5B/s）而很少被使用，但较高数据率（达到每秒几百 bit）是可能的。可注意到，在欧洲和亚洲分配给每一 AM 频道的频率仅为主载波附近 ±9kHz，而在美国则为 ±10kHz（共计 20kHz）。

2）无线数据系统

无线数据系统（RDS）首先由欧洲广播联盟（EBU）和各个欧洲广播公司，尤其是瑞典的 TeleComRadio（STR）和 BBC 所定义。这一系统的开发已受到国际无线电联合会（CCIR）推荐书 643 的促进（RDS 于 1987 年首次用于车辆无线通信），继之欧洲电子技术标准化组织（CENELEC）制定了 RDS 接收机的标准。RDS 的主要用途是通过数据标记来识别广播至 RDS 接收机的数据段以利自动转换。RDS 使用无声的数据调制副载波，与常规 FM 广播发射机的立体声多路信号加合起来。自 1976 年起，RDS 的开发工作是由 EBU 领导下的一个技术专家工作组协调进行的。该技术规范于 1983 年得到所有 EBU 成员的一致同意，于 1984 年作为 EBU 技术文档 3244 号发表。下列各点为所制定的高级要求：①RDS 信号必须向下兼容，它们应该不致引起对现有接收机接收主要节目声音信号的干扰，或者与使用驾驶信息与路线引导（API）系统（辅助转向和紧急报警）的接收机相干扰；②数据信号应该能遍及覆盖区域而被可靠接收，至少应不亚于主要节目的强度；③由频道提供的可用数据率应该支持广播台的基本需求和节目识别，并为未来的发展提供充分余地；④消息格式必须灵活以允许消息内容调整后满足任何时间的个别广播需要；⑤系统应当能为低价接收机可靠接收。

根据 EBU 的 RDS 规范，广播机构可以选择频移在 1 ~ 7.5kHz 之间的副载波，对大部分环境推荐用 2kHz 的频移。57kHz 副载波是被广泛选用的一段，因为它是 19kHz 导频音的谐波。这一副载波要受到抑制，还要通过整形与双相位编码数据信号进行幅度调制。RDS 信号是从 1 187.5B/s 数据率的双相位编码信号进行传输的。连同规定的 100% 余弦滤波，其可为数据信号提供约 4.8kHz 的总带宽。该信号包含 16 路可能的数据组。如同大多数串行数据传输系统，RDS 将每一数据组分块：最长的组（104bit）分为 4 个块，每一块包含 l6bit 数据字和以缩短的循环码形式建立起来的 l0bit 校验字，该校验字用于突发差错校证。10bit 校验字由各种偏移字修正而形成自同步编码。在帧接收侧，解码器就利用这一自同步编码来识别接收数据的开始和结尾。换言之，在突发差错校正编码中的校验字是用来指明正确的块同步和寻址每一块的内容。这一编码使得解码器在一个块周期内可靠地获得同步。解码器利用组成每一组的 4 个块中所包含的不同偏移字获得块和流的同步。组的类型埋置在每一组中第 2 块的前 4 位中，第 5 位表明 RDS 的版本号，不是 A 型（0 值）就是 B 型（1 值）。

固定的或可变的 RDS 组的混合都是可预发送的（以任何次序），组的格式可以每分钟进行一次调整以适应一天内不同时间的要求。这种固定与可变格式混合的目的在于提供对调谐数据的快速访问；同时，也要对任意给定时间调谐内个别广播的不同应用需要保持配给容量的灵活性。如果要求的容量可行，新的组型就可置入传输的数据流中而不致影响现有 RDS 接收机的运行。

虽然交通信息很受欧洲驾驶者的欢迎，但有迹象表明，过多的消息会使其满意程度降低，并且给广播造成困难。这种服务已悄然转向用组型为 8A 的 FM 发射了，尽管它还未被广泛采用。其他信息，包括紧急事故、气象以及无线节目等，都可用图文形式显示出来。在努力使交通信息频道的服务标准化的进程中，欧洲国家已力图更完善地规定 RDS – TMC 服务并指导其实现。

3）无线广播数据系统

无线广播数据系统（Radio Broadcast Data System，RBDS）是 RDS 的产物，已由电子工业联合会和全国广播联合会发起而由美国全国无线电系统委员会开发。在标准的开发中，人们进行了保持 RBDS 标准与 RDS 相兼容的尝试，然而，由于美国广播业的不同结构，不得不作了若干修改。RBDS 原来是包括 AM 和 FM 的，而欧洲方案则仅包括 FM 广播。尽管 RBDS 是 RDS 的修改型，但它完全包含了 RDS。因此，在前面所阐述的运行原理和数据组，对于 RBDS 均同样有效。

RBDS 与 RDS 之间仅有很小的差别：RBDS 包含了对多路 RDS 以及由 Cue Paging 开发并稍作修改的 MBS 的选择；它还包含选用接收机内数据库允许但未实现 RDS 的 AM 和 FM 台所具有的某一类 RDS 功能。RDS 还具有增添尚待确定的 AM 数据系统的选择。此外，一些新的思路，诸如组型 3A 将保留用于差分 GPS（DGPS），组型 5 的 0 和 1 信道将保留用于接收机内数据库系统的更新，信道 2 将保留为 SCA 切换。DGPS 伪距校正数据由参考台用无线技术委员会海运服务特别委员会 104（RTCMSC – 104）工业标准发送。

只要用户使用 RDS/RBDS 无线接收机，那么按一个按键，RDS/RBDS 技术就能提供交通、紧急情况和气象广播服务（这是新闻和娱乐节目之外的服务）。这就说明为什么在欧洲这种广播副载波技术会这么普及，以及现今在日本它可用于动态导航系统（VICS）。

3.4.1.10 短距离信标

短距离信标是一种支持车 – 路通信的方法。信标提供短程通信并可在有限的频谱上以高速转发数据。根据设计，信标可用于周期性广播、双向广播和接收，或者双向点对点通信。除了车辆定位和导航，信标也可用于许多其他应用，例如电子（自动）收费、车辆自动识别、商业车辆运营、交通管理和车 – 车通信等。

短距离信标可以采用微波信标和红外信标。在欧洲和日本，微波信标运行于 2.5GHz 和 5.8GHz 频段，红外信标则采用 850nm 和 950nm 红外光。欧洲邮政和电信会议（CEPT）将 63GHz 频段分配给车 – 车通信。在美国，尽管产品多用 915MHz 频段，但是，PHWA 正在向 FCC 提出申请以便将 5.8GHz 频段分配给 ITS 应用。

车路信标类型有定位信标、信息信标、通信信标三种。定位信标发送信号以确定其位置、地图坐标、路段取向以及信标数目;信息信标既发送定位信号又通过电缆中继当前路况和交通信息;单独的通信信标是用来和车辆进行双向通信的。这些信标均可用来收集交通数据和引导车辆。

当一辆适当配置的车辆经过通信信标时,就可以通过信标向中心主机发送测得的行程时间和经历信号灯的等待时间。同时,它可从信标接收到返回的相关定位和引导信息,如图 3 - 10 所示。如 EURO - SCOUT 系统中的每一红外信标点由一个信标控制器和多至 16 个的信标头组成,这些信标头可安装在道路设施上,诸如路标、交通灯和柱杆上。根据应用情况,信标控制器和信标头也可以安装于每一交叉路口和间隔为 4 个的交通灯处等。

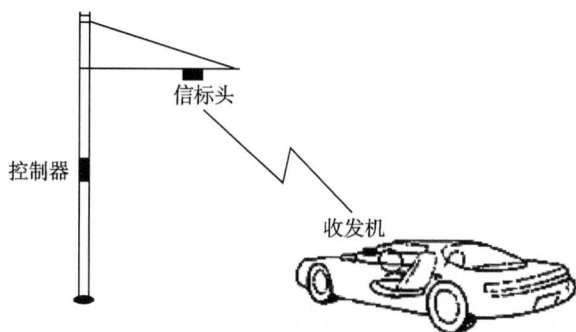

图 3 - 10　车 - 路信标系统示意

图 3 - 11 给出了需要的红外信标头数与传输数据率以及行车速度之间的关系。这些结果是基于传输数据率为 500kB/s(下行链路)和 125kB/s(上行链

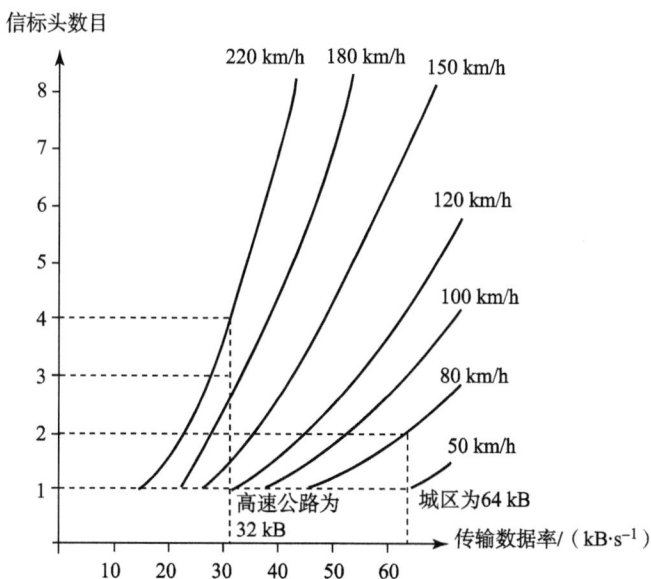

图 3 - 11　红外信标头数与传输数据率以及行车速度之间的关系

路），比特误码率为 10^{-7} 而得出的。一个有趣的实验是，覆盖区的增大与 n 的平方根成正比，n 为信标头数目。

信标系统典型地采用专用短距离通信协议（DSRC）。执行 DSRC 标准的主要机构是欧洲标准化委员会（CEN）和国际标准化组织（ISO）以及美国测试与材料学会（ASTM）。尽管国际信标系统之间的相容性仍受限制，但大都认为国际标准必须支持多重应用，要为进一步发展留有余地；要确保其保密性与安全性，且与通信媒体如微波、红外光无关。

以欧洲提出的异步协议和北美应用的同步协议为例。异步协议是建立在半双工 TDMA 方法的基础上的。每一信标周期性地在下行链路和上行链路上广播灵活的消息序列。下行链路包含信标服务表（BST）和其他数据，而上行链路则包含发送给车辆的公用和专用消息窗。按照异步协议，当车辆进入信标覆盖区后就能接收到 BST，其中包含一张提供的服务列表和运行参数。公用消息窗总是出现在 BST 之后，车辆通过该窗口与信标通信。一旦车辆的 ID 公用消息窗发送至信标，就会预留一批专用消息窗为该车进一步交换数据之用。如果信标或车辆 ID 发送失败，信标就会在失败窗口结束后重新发送下行连接窗口，并提供上行连接窗口。如果在顺序的一个步骤中未遇传输，信标会假定车辆单元遇到了技术上的麻烦，或者已经离开了覆盖地带。于是信标将回复至初始状态，准备再次发送 BST。

同步协议为一基于 TDMA 的固定帧结构，由控制时隙、公共时隙和数据时隙组成的。详细信息可参见由美国测试与材料学会开发的描述类似协议的草案。

一种比较陈旧的技术也可用来提供车辆对路边的通信，即感应环探测器（或称类信标）。感应环探测器是一种磁感应传感器，将其埋置于路面可以检测交通流量和车辆在该点占用的时间或与车辆通信。数个感应环被放置成矩形或圆形（较新型环），每一车道放置一环。通常将与感应环相关的电子设备安装于控制柜中，并与其他交叉路口控制设备放在一起。最近在交通流量检测上的进步提高了标准感应环的输出精度，其对通过车辆的计数误差仅为万分之一。

与蜂窝系统和 RDS/RBDS 相比较，信标通信可提供高传输率、有效的位置标定、面向定位的交通信息并且它能在特殊道路上或特定车道内精确探测和测量车辆参数。其不足之处是通信区的有限区间是间断的，而且系统安装和维护费用高。

3.4.2 分组交换通信技术

3.4.2.1 分组交换通信技术概述

分组交换通信技术（General Packet Radio Service，GPRS）也称为通用分组无线服务技术，它是 GSM 移动电话用户可用的一种移动数据业务。GPRS 可说是 GSM 的延续，是一种基于 GSM 系统的无线分组交换技术，提供端到端的、广域的无线 IP 连接。通俗地讲，GPRS 是一项高速数据处理技术，方法是以"分组"的形式传送资料到用户手上。虽然 GPRS 是作为 GSM 网络向第三代移动通信演变的过渡技术，但是它在许多方面都具有显著的优势。GPRS 和以往连续在频道传输的方式不同，是以封包（Packet）方式来传输的，因此使用者所负担的费用是以其传输资料单位计算，并非使用其整个频道，理论上较为便宜。GPRS 的传输速率可提升至 56kB/s 甚至 114kB/s。

使用了 GPRS 后，数据实现分组发送和接收，这同时意味着用户总是在线且按流量计费，迅速降低了服务成本。如果将电路交换数据（CSD，即通常说的拨号数据，欧亚 WAP 业务所采用的承载方式）承载改为在 GPRS 上实现，则意味着由数十人共同来承担原来一人的成本。

GPRS 经常被描述成"2.5G"，也就是说这项技术位于第二代（2G）和第三代（3G）移动通信技术之间。它通过利用 GSM 网络中未使用的 TDMA 信道，提供中速的数据传递。GPRS 突破了 GSM 网只能提供电路交换的思维方式，通过增加相应的功能实体和对现有的基站系统进行部分改造来实现分组交换，这种改造的投入相对来说并不大，但得到的用户数据速率却相当可观。而且，因为不再需要现行无线应用所需要的中介转换器，所以连接及传输都会更方便容易。如此，使用者既可联机上网，参加视讯会议等互动传播，而且在同一个视讯网络（VRN）上的使用者，甚至可以无需通过拨号上网，而持续与网络连接。在 GPRS 分组交换通信方式中，数据被分成一定长度的包（分组），每个包的前面有一个分组头（其中的地址标志指明该分组发往何处）。数据传送之前并不需要预先分配信道，建立连接，而是在每一个数据包到达时，根据数据报头中的信息（如目的地址），临时寻找一个可用的信道资源将该数据报发送出去。在这种传送方式中，数据的发送方和接收方同信道之间没有固定的占用关系，信道资源可以看作由所有的用户共享使用。

由于数据业务在绝大多数情况下都表现出一种突发性的特点，对信道带宽的需求变化较大，因此采用分组方式进行数据传送将能够更好地利用信道资源。例如一个进行 WWW 浏览的用户，大部分时间处于浏览状态，而真正用于数据传送的时间只占很小的比例。这种情况下若采用固定占用信道的方式，将会造成较大的资源浪费。图 3 - 12 所示是基于分组的通信过程示意。

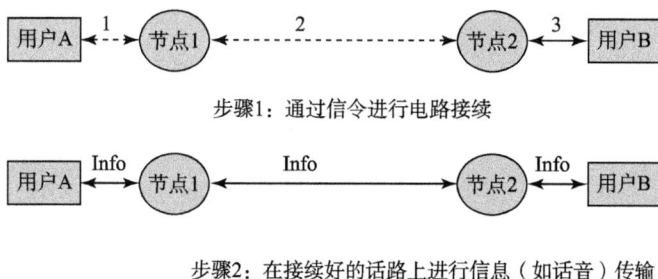

步骤1：通过信令进行电路接续

步骤2：在接续好的话路上进行信息（如话音）传输

图 3 - 12　基于分组的通信过程示意

GPRS 系统采用的是分组通信技术，用户在数据通信过程中并不固定占用无线信道，因此对信道资源能够更合理地应用。由于使用了分组技术，利用 GPRS 下载资料和通话可以同时进行，从技术上来说，声音的传送（即通话）继续使用 GSM，而数据的传送便可使用 GPRS，这样就把移动电话的应用提升到一个更高的层次。发展 GPRS 技术也十分"经济"，因为只需沿用 GSM 网络来发展即可。GPRS 的用途十分广泛，包括通过手机发送及接收电子邮件，在互联网上浏览网页等。

在 GSM 移动通信的发展路标中，GPRS 是移动业务和分组业务相结合的第一步，也是采用 GSM 技术体制的第二代移动通信技术向第三代移动通信技术发展的重要里程碑。

3.4.2.2　GPRS 的特点

GPRS 可全面解决手机上网的问题，这项全新技术可以在任何时间、任何地点都能快速方便地实现连接，同时费用又很合理。简单地说：速度上去了，内容丰富了，应用增加了，而费用却更加合理了。

GPRS 应用上的特点包括：①高速数据传输，速度 10 倍于 GSM，还可以稳定地传送大容量的高质量音频与视频文件，数据实现分组发送和接收，按流量计费。GPRS 有 56 ~ 115kB/s 的传输速度，甚至可达 171.2kB/s（GSM 的访问速度为 9.6kB/s），GPRS 只需要极短的时间就可以访问到相关请求。②永远在线，由于建立新的连接几乎无需任何时间（即无需为每次数据的访问建立呼叫连接），因而用户随时都可与网络保持联系。③仅按数据流量计费，即根据用户传输的数据量来计费，而不是如 GSM 一样按上网时间计费，也就是说，只要不进行数据传输，哪怕用户一直"在线"，也无需付费，GPRS 对于网络资源的利用率远远高于 GSM。

GPRS 作为 GSM 分组数据的一种业务，在很大程度上拓展了 GSM 无线数据业务空间，GPRS 业务主要包括 Internet 接入、WAP、专网接入、基于终端的安装业务、专线接入、GPRS 短消息 7 种业务。由于 GPRS 具有相对低廉的连接费用及传输速率高、接入时间短等技术优势，其应用范围广泛，包括移动办公、移动商务、移动信息服务、移动互联网、多媒体业务等。

3.4.2.3　GPRS 的网络结构

GPRS 网络是基于现有的 GSM 网络来实现的。GPRS 网络的主要实体包括 GPRS 骨干网、网关 GPRS 支持节点（Gateway GPRS Supporting Node, GGSN）、服务 GPRS 支持节点（SGSN）、本地位置寄存器（HLR）、移动交换中心［MSC，含拜访位置寄存器（VLR）］、移动台、分组数据网络（PDN）、短消息业务网关移动交换中心（SMS）、GMSC 和短消息业务互通移动交换中心（SMS）、IWMSC 等。

GPRS 网络引入了分组交换和分组传输的概念，这样使得 GSM 网络对数据业务的支持从网络体系上得到了加强。图 3 - 13 给出了 GPRS 网络的组成及接口示意。GPRS 其实是叠加在现有的 GSM 网络上的另一网络，GPRS 网络在原有的 GSM 网络的基础上增加了服务 GPRS 支持节点 SGSN（Serving GSN）、网关 GPRS 支持节点 GGSN 等功能实体。GPRS 共用现有的 GSM 网络的 BSS 系统，但要对软硬件进行相应的更新；同时对 GPRS 和 GSM 网络各实体的接口必须作相应的界定；另外，移动台要求提供对 GPRS 业务的支持。GPRS 支持通过 GGSN 实现的和 PSPDN 的互联，接口协议可以是 X.75 或者 X.25，同时 GPRS 还支持和 IP 网络的直接互联。

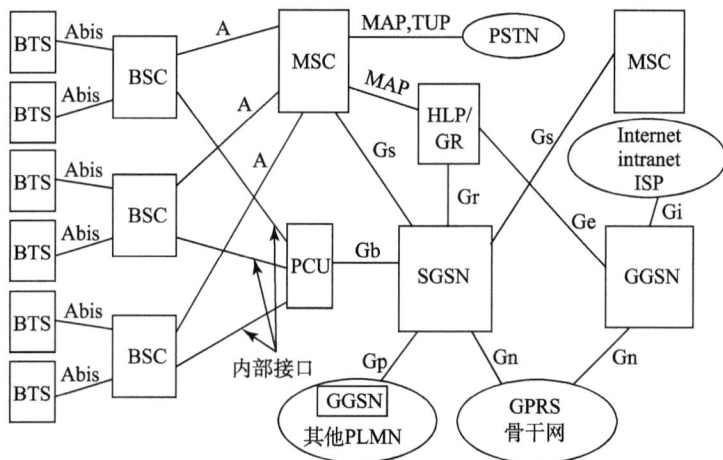

图 3 - 13　GPRS 网络的组成及接口示意

SGSN 和 GGSN 是 GSN 的两种类型。GSN 是 GPRS 网络中最重要的网络节点。GSN 具有移动路由管理功能，它可以连接各种类型的数据网络，并可以连到 GPRS 寄存器。GSN 可以完成移动台和各种数据网络之间的数据传送和格式转换。GSN 可以是一种类似于路由器的独立设备，也可以与 GSM 中的 MSC 集成在一起。SGSN 的主要作用是记录移动台的当前位置信息，并且在移动台和 GGSN 之间完成移动分组数据的发送和接收。GGSN 也称为 GPRS 路由器，主要是起网关作用，它可以和多种不同的数据网络连接，如 ISDN、PSPDN 和 LAN 等。GGSN 可以对 GSM 网中的 GPRS 分组数据包进行协议转换，从而可以把这些分组数据包传送到远端的 TCP/IP 或 X.25 网络。

SGSN 为 MS 提供服务，与 MSC/VLR/EIR 配合完成移动性管理功能，包括漫游、登记、切换、鉴权等，对逻辑链路进行管理，包括逻辑链路的建立、维护和释放，对无线资源进行管理。SGSN 为 MS 主叫或被叫提供管理功能，完成分组数据的转发、地址翻译、加密及压缩功能。SGSN 能完成 Gb 接口 SNDCP、LLC 和 Gn 接口 IP 协议间的转换。

GGSN 实际上就是网关或路由器，它提供 GPRS 和公共分组数据网以 X.25

或 X.75 协议互联，也支持 GPRS 和其他 GPRS 互联。GGSN 和 SGSN 一样都具有 IP 地址，GGSN 和 SGSN 一起完成了 GPRS 的路由功能。GGSN 支持 X.121 编址方案和 IP 协议，可以 IP 协议接入 Internet，也可以接入 ISDN 网。

基站系统（BSS）包括 BSC 和 BTS，它除具有完成原话音需求所具备的功能外，尚要求具备和 SGSN 间的 Gb 接口、对多时隙捆绑分配的信道管理功能、对分组逻辑信道的管理功能。

3.4.2.4　GPRS 网络接口及协议

1）GPRS 网络接口

GPRS 系统中存在各种不同的接口种类。GPRS 接口涉及帧中继规程、7 号信令协议、IP 协议等不同规程。

GPRS 系统的接口内容非常多，主要有 Gb 接口、Gr 接口、Gn/Gp 接口、Gi 接口、Gs 接口、Ga 接口等。

（1）Gb 接口：Gb 链路提供 BSS 与 SGSN 之间的连接，用以传送小区管理和路由区切换信息，并进行 MS 与 SGSN 之间的数据传送，通过该接口 SGSN 完成移动性管理、无线资源管理、逻辑链路管理及分组数据呼叫转发管理功能。

（2）Gr 接口：Gr 接口指 GPRS 系统中 SGSN 与 HLR 之间的接口，它用于传送 MS 的加密信息、鉴权信息和用户数据库信息等。Gr 接口采用 7 号信令 MAP 方式。SGSN 通过 Gr 接口从 HLR 取得关于 MS 的数据，HLR 保存 GPRS 用户数据和路由信息，当 HLR 中的数据有变动时，也将通过 SGSN，SGSN 会进行相关的处理。

（3）Gn/Gp 接口：Gn 是 GRPS 支持节点间的接口，同一个 PLMN 内部 GSN 之间的接口，Gp 是不同 PLMN 中 GSN 之间的接口。Gn 与 Gp 接口都采用基于 IP 的 GTP 协议规程，提供协议规程的数据包在 GSN 节点间通过 GTP 隧道协议传送，是 SGSN 间、GGSN 间、SGSN 和 GGSN 间的接口，该接口采用 TCP/IP 协议。Gn 接口一般支持域内静态或动态路由协议，而 Gp 接口由于经由 PLMN 之间的路由传送，所以它必须支持域间路由协议，如边界网关协议 BGP。GTP 规程仅在 SGSN 与 GGSN 之间实现，其他系统单元不涉及 GTP 规程的处理，不同 GPRS 网络间采用 Gp 接口互连，其由网关和防火墙组成。

（4）Gi 接口：Gi 接口是 GPRS 网络与外部数据网络的接口，它可以用 X.25 协议、X.75 协议或 IP 协议等与各种公众分组网实现互联。在 IP 网络中，子网的链接一般通过路由器进行。因此，外部 IP 网认为 GGSN 就是一台路由器，它们之间可根据客户的需要考虑采用何种 IP 路由协议。另外，根据协议和 IP 网络的基本要求，可由运营商在 Gi 接口上配置防火墙，进行数据和网络安全性管理；配置域名服务器进行域名解析；配置动态地址服务器进行 MS 地址的分配；配置 Radius 服务器进行用户接入鉴权等。

（5）Gs 接口：Gs 接口为 SGSN 与 MSC/VLR 之间的接口，在 Gs 接口存在的情况下，MS 可通过 SGSN 进行 IMSI/GPRS 联合附着、LA/RA 联合更新，并采用寻呼协调，通过 SGSN 进行 GPRS 附着用户的电路寻呼，从而降低系统无线资源的利用，减少系统信令链路的负荷，有效提高网络性能。Gs 接口采用 7 号信令 MAP 方式。SGSN 通过 GS 接口和 MSC 配合完成对 MS 的移动性管理功能，SGSN 传送位置信息到 MSC，接收从 MSC 来的寻呼信息。

（6）Ga 接口：SGSN/GGSN 与计费网关 CG 之间的接口用于传送计费信息，它采用类似 GTP 的 GTP 协议。

（7）Gd 接口：它是 SMS_ GMSC、SMS_ INMSC 和 SGSN 间的接口。通过该接口，SGSN 能接收短消息，并将它转发给 MS、SGSN 和短消息业务中心——GMSC，从而完成在 GPRS 上的短消息业务。

2）GPRS 协议及协议模型

（1）GPRS 协议规程。

GPRS 协议规程体现了无线和网络相结合的特征。其中既包含类似局域网技术中的逻辑链路控制 LLC 子层和媒体接入控制 MAC 子层，又包含 RLC 和 BSSGP 等新引入的特定规程，并且各种网络单元所包含的协议层次也有所不同，如 PCU 中的规程体系与无线接入相关，GGSN 中的规程体系完全与数据应用相关，而 SGSN 规程体系则涉及两个方面，它既要连接 PCU 进行无线系统和用户管理，又要连接 GGSN 进行数据单元的传送。SGSN 的 PCU 侧的 Gb 接口采用帧中继规程，GGSN 侧的 Gn 接口则采用 TCP/IP 规程，SGSN 中的协议低层部分，如 NS 和 BSSGP 层与无线管理相关，高层部分，如 LLC 和 SNDCP 则与数据管理相关。

由 GPRS 系统的端到端之间的应用协议结构可知，GPRS 网络是存在于应用层之下的承载网络，它用于承载 IP 或 X.25 等数据业务。由于 GPRS 本身采用 IP 数据网络结构，所以基于 GPRS 网络的 IP 应用规程结构可理解为两层 IP 结构，即应用级的 IP 协议以及采用 IP 协议的 GPRS 系统本身。

GPRS 分为传输面和控制面两个方面。传输面提供用户信息及其相关信息传送控制过程（如流量控制、错误检测和恢复等）的分层规程。控制面则包括控制和支持用户面功能的规程，如分组域网络接入连接控制（附着与去激活过程）、网络接入连接特性（PDP 上下文激活和去激活）、网络接入连接的路由选择（用户移动性支持）、网络资源的设定控制等。

（2）GPRS 协议模型。

Um 接口是 GSM 的空中接口。Um 接口上的通信协议有 5 层，自下而上依次为物理层、MAC（Medium Access Control）层、LLC（Logical Link Control）层、SNDC（Sub Network Dependant Convergence）层和网络层。

Um 接口的物理层为射频接口部分，而物理链路层则负责提供空中接口的各种逻辑信道。GSM 空中接口的载频带宽为 200kHz，一个载频分为 8 个物理信道。如果 8 个物理信道都分配为传送 GPRS 数据，则原始数据速率可达 200kB/s。

考虑前向纠错码的开销，最终的数据速率可达 164kB/s 左右。

MAC 层为媒质接入控制层。MAC 层的主要作用是定义和分配空中接口的 GPRS 逻辑信道，使得这些信道能被不同的移动台共享。GPRS 的逻辑信道共有 3 类，分别是公共控制信道、分组业务信道和 GPRS 广播信道。公共控制信道用来传送数据通信的控制信令，具体又分为寻呼和应答等信道。分组业务信道用来传送分组数据。广播信道则用来给移动台发送网络信息。

LLC 层为逻辑链路控制层。它是一种基于高速数据链路规程 HDLC 的无线链路协议。LLC 层负责在高层（SNDC 层）的 SNDC 数据单元上形成 LLC 地址、帧字段，从而生成完整的 LLC 帧。另外，LLC 层可以实现一点对多点的寻址和数据帧的重发控制。

BSS 中的 LLR 层是逻辑链路传递层。这一层负责转送 MS 和 SGSN 之间的 LLC 帧。LLR 层对于 SNDC 数据单元来说是透明的，即不负责处理 SNDC 数据。

SNDC 层被称为子网依赖结合层。它的主要作用是完成传送数据的分组、打包、确定 TCP/IP 地址和加密方式。在 SNDC 层，移动台和 SGSN 之间传送的数据被分割为一个或多个 SNDC 数据包单元。SNDC 数据包单元生成后被放置到 LLC 帧内。

网络层的协议目前主要是 Phase 1 阶段提供的 TCP/IP 和 L25 协议。TCP/IP 和 X.25 协议对于传统的 GSM 网络设备（如 BSS 和 NSS 等设备）是透明的。

3.4.2.5　GPRS 封包（Packet）技术

所谓的封包（Packet）就是将数据封装成许多独立的封包，再将这些封包一个一个传送出去，形式上有点类似寄包裹，采用包交换的好处是只有在有资料需要传送时才会占用频宽，而且可以以传输的资料量计价，这对用户来说是比较合理的计费方式，因为像 Internet 这类的数据传输大多数时候频宽是闲置的。此外，在 GSM phase 2 的标准里，GPRS 可以提供 4 种不同的编码方式，这些编码方式也分别提供不同的错误保护（Error Protection）能力。利用 4 种不同的编码方式，每个时槽可提供的传输速率为 CS-1（9.05kB/s）、CS-2（13.4kB/s）、CS-3（15.6kB/s）及 CS-4（21.4kB/s），其中 CS-1 的保护最为严密，CS-4 则是完全未加以任何保护。每个用户最多可同时使用 8 个时槽，所以 GPRS 号称最高传输速率为 171.2kB/s。

3.4.2.6　GPRS 的路由管理与 IP

1）GPRS 的路由管理

GPRS 的路由管理是指 GPRS 网络如何进行寻址和建立数据传送路由。GPRS 的路由管理表现在以下 3 个方面：移动台发送数据的路由建立、移动台接收数据的路由建立，以及移动台处于漫游时数据路由的建立。

对于第一种情况，当移动台产生了一个分组数据单元（PDU），这个 PDU 经过 SNDC 层处理，称为 SNDC 数据单元。然后经过 LLC 层处理为 LLC 帧，通过空中接口送到 GSM 网络中移动台所处的 SGSN。SGSN 把数据送到 GGSN。GGSN 对收到的消息进行解装处理，将其转换为可在公用数据网中传送的格式（如 PSPDN 的 PDU），最终送给公用数据网的用户。为了提高传输效率，并保证数据传输的安全，可以对空中接口上的数据作压缩和加密处理。

在第二种情况中，一个公用数据网用户传送数据到移动台时，首先通过数据网的标准协议建立数据网和 GGSN 之间的路由。数据网用户通过建立好的路由把数据单元 PDU 送给 GGSN，而 GGSN 再把 PDU 送给移动台所在的 SGSN，把 PDU 封装成 SNDC 数据单元，再经过 LLC 层处理为 LLC 帧单元，最终通过空中接口送给移动台。

第三种情况是一个数据网用户传送数据给一个正在漫游的移动用户。其数据必须要经过归属地的 GGSN，然后送到移动用户。空中接口的信道构成如下：分组数据业务信道（Packet Data Traffic Channel，PDTCH），这种信道用来传送空中接口的 GPRS 分组数据；分组寻呼信道（Packet Paging Channel，PPCH），用来寻呼 GPRS 被叫用户；分组随机接入信道（Packet Random Access Channel，PRACH），GPRS 用户通过 PRACH 向基站发出信道请求；分组接入应答信道（Packet Access Grant Channel，PAGCH），PAGCH 是一种应答信道，对 PRACH 作出应答；分组随路控制信道（Packet Asscrchted Control Channel，PACCH），这种信道用来传送实现 GPRS 数据业务的信令。

2）GPRS 与 IP

GPRS 技术的引进，把电信网络和计算机网络有机地连接在一起，朝未来的全 IP 网络平台发展。从 GPRS 的结构可以看出，基站与 SGSN 设备之间一般通过帧中继连接，SGSN 与 GGSN 设备之间通过 IP 网络连接。

GGSN 可以由具有网络地址翻译（NAT）功能的路由器承担内部 IP 地址与外部网络 IP 地址的转换，MS 可以访问 GPRS 内部的网络，也可以通过外部网络接入点名（APN）访问外部的 PDN/Internet 网络。

在标识 GPRS 设备中，如手机 MS 的标识，除了在 GSM 中使用的 IMSI、MSISDN 等号码外，还需要分配 IP 地址。网元设备 SGSN、GGSN 的标识既有 7 号信令地址，又有数据 GGSN 的 IP 地址，GSN（SGSN 或 GGSN）之间的通信采用 IP 地址，而 GSN 与 MSC、HLR 等实体的通信采用 7 号信令地址。在 GPRS 系统中，有两个重要的数据库记录信息，一个是用户移动性管理上下文，用于管理移动用户的位置信息，另一个是用户的 PDP 上下文（分组数据协议上下文），用于管理从手机 MS 到网关 GGSN 及到 ISP（Internet 服务提供商）之间的数据路由信息。当 MS 访问 GPRS 内部网络或外部 PDN/Internet 网络时，MS 向 SGSN 发激活 PDP 上下文请求的消息，MS 可以与运营商签约选择固定服务的 GGSN，或根据 APN 选择规则，由 SGSN 选择服务的 GGSN，SGSN 再向 GGSN 发建立 PDP 上下文请求的消息。GGSN 分配给 MS 一个 IP 地址（静态或动态、公用或私有），在建立 PDP 上下文的过程中，需要对用户的身份、需要的服务质量进行鉴权和论证，在成功地建立和激活 PDP 上下文后，MS、SGSN 和 GGSN 都存储了用户的 PDP 上下文信息。有了用户的位置信息和数据的路由信息，MS 就可以访问该网络的资源。

3.4.3 第三代移动通信技术（3G）和第四代移动通信技术（4G）

3.4.3.1 第三代移动通信技术（3G）概述

第三代移动通信技术（3G）是指支持高速数据传输的蜂窝移动通信技术。3G 服务能够同时传送声音及数据信息，速率一般在几百 kB/s 以上。3G 是指将无线通信与国际互联网等多媒体通信结合的新一代移动通信系统，目前 3G 存在美国的 CDMA2000、欧洲的 WCDMA、中国的 TD-SCDMA 三种标准，这都是在 CDMA 的技术基础上开发出来的，CDMA 就是 3G 的根本基础原理，而展布频谱技术则是 CDMA 的基础原理。

3G 下行速度峰值理论可达 3.6MB/s（一般为 2.8MB/s），上行速度峰值也可达 384kB/s。

中国国内支持国际电联确定的三个无线接口标准，分别是中国电信的 CDMA2000、中国联通的 WCDMA、中国移动的 TD-SCDMA，GSM 设备采用的是时分多址，而 CDMA 使用码分扩频技术，先进功率和话音激活至少可提供大于 3 倍的 GSM 网络容量，业界将 CDMA 技术作为 3G 的主流技术。原中国联通的 CDMA 被卖给中国电信，中国电信已经将 CDMA 升级到 3G 网络，3G 的主要特征是可提供移动宽带多媒体业务。

作为一项新兴技术，CDMA、CDMA2000 正迅速风靡全球并已占据 20% 的无线市场。截至 2012 年，全球的 CDMA2000 用户已超过 2.56 亿，遍布 70 个国家的 156 家运营商已经商用 3G CDMA 业务。包含高通授权 LICENSE 的安可信通信技术有限公司在内，全球有数十家 OEM 厂商推出 EVDO 移动智能终端。2002 年，美国高通公司芯片销售创历史佳绩。1994 年至今，美国高通公司已向全球包括中国在内的众多制造商提供了超过 75 亿枚的芯片。

3.4.3.2 第三代移动通信技术（3G）的发展及标准

1）第三代移动通信技术（3G）的发展

第一代模拟制式手机（1G）只能进行语音通话。1996—1997 年出现的第二代 GSM、CDMA 等数字制式手机（2G）便增加了接收数据的功能，如接收电子邮件或网页。

国际电信联盟（ITU）在 2000 年 5 月确定 WCDMA、CDMA2000、TD-SCDMA 三大主流无线接口标准，写入 3G 技术指导性文件《2000 年国际移动通信计划》（简称 IMT-2000）；2007 年，WiMAX 亦被接受为 3G 标准之一。2008 年 5

月，国际电信联盟正式公布第三代移动通信标准，中国提交的 TD – SCDMA 正式成为国际标准，与欧洲的 WCDMA、美国的 CDMA2000 成为 3G 时代最主流的三大技术之一。

CDMA 是第三代移动通信系统的技术基础。第一代移动通信系统采用频分多址（FDMA）的模拟调制方式，这种系统的主要缺点是频谱利用率低，信令干扰话音业务。第二代移动通信系统主要采用时分多址（TDMA）的数字调制方式，提高了系统容量，并采用独立信道传送信令，使系统性能大大改善，但 TDMA 的系统容量仍然有限，越区切换性能仍不完善。CDMA 系统以其频率规划简单、系统容量大、频率复用系数高、抗多径能力强、通信质量好、具有软容量、可以软切换等特点显示出巨大的发展潜力。

2）第三代移动通信技术标准

（1）欧洲 WCDMA 标准。

WCDMA 的全称为 Wideband CDMA，也称为 CDMA Direct Spread，意为宽频分码多重存取，这是基于 GSM 网发展出来的 3G 技术规范，是欧洲提出的宽带 CDMA 技术，它与日本提出的宽带 CDMA 技术基本相同，目前正在进一步融合。WCDMA 的支持者主要是以 GSM 系统为主的欧洲厂商，日本公司也或多或少参与其中，包括欧美的爱立信、阿尔卡特、诺基亚、朗讯、北电，以及日本的 NTT、富士通、夏普等厂商。该标准提出了 GSM（2G）– GPRS – EDGE – WCDMA（3G）的演进策略。这套系统能够架设在现有的 GSM 网络上，人们对于系统提供商而言可以较轻易地过渡。预计在 GSM 系统相当普及的亚洲，人们对这套新技术的接受度会相当高，因此 WCDMA 具有先天的市场优势。WCDMA 已是当前世界上采用的国家及地区最广泛的、终端种类最丰富的一种 3G 标准，占据全球 80% 以上的市场份额。

WCDMA 为异步 CDMA 系统，无 GPS，带宽是 5MHz，码片速率为 3.84Mc/s。WCDMA 给中国的上行频段是 1 940 ~ 1 955MHz，下行频段是 2 130 ~ 2 145MHz。

（2）美国的 CDMA2000 标准。

CDMA2000 是由窄带 CDMA（CDMA IS95）技术发展而来的宽带 CDMA 技术，也称为 CDMA Multi – Carrier，它是由美国高通北美公司为主导提出的，摩托罗拉、朗讯和后来加入的韩国三星都有参与，韩国成为该标准的主导者。这套系统是从窄频 CDMAOne 数字标准衍生出来的，可以从原有的 CDMAOne 结构直接升级到 3G，建设成本低廉。但使用 CDMA 的国家和地区只有日本、韩国和北美，所以 CDMA2000 的支持者不如 WCDMA 多。不过 CDMA2000 的研发技术却是目前各标准中进度最快的，许多 3G 手机已经率先面世。该标准提出了 CDMAIS95（2G）– CDMA20001x – CDMA20003x（3G）的演进策略。CDMA20001x 被称为 2.5 代移动通信技术。CDMA20003x 与 CDMA20001x 的主要区别在于它应用了多路载波技术，通过采用三载波使带宽提高。中国电信采用这一方案向 3G 过渡，建成了 CDMAIS95 网络。

CDMA2000 为同步 CDMA 系统，有 GPS，带宽为 1.25MHz，码片速率是 1.228 8Mc/s。CDMA2000 给中国的上行频段是 1 920～1 935MHz，下行频段是 2 110～2 125MHz。

（3）中国的 TD－SCDMA 标准。

TD－SCDMA 全称为 Time Division－Synchronous CDMA，即时分同步 CDMA，该标准是由中国独自制定的 3G 标准，1999 年 6 月 29 日由中国原邮电部电信科学技术研究院（大唐电信）向 ITU 提出，但技术发明始于西门子公司，TD－SC-DMA 具有辐射低的特点，被誉为绿色 3G。该标准将智能无线、同步 CDMA 和软件无线电等当今国际领先技术融于其中，在频谱利用率、业务支持、频率灵活性及成本等方面有独特优势。另外，由于中国有庞大的市场，该标准受到各大主要电信设备厂商的重视，全球一半以上的设备厂商都宣布可以支持 TD－SCDMA 标准。该标准提出不经过 2.5 代的中间环节，直接向 3G 过渡，非常适用于 GSM 系统向 3G 升级。军用通信网也是 TD－SCDMA 的核心任务。相对于另两个主要 3G 标准 CDMA2000 和 WCDMA，它的起步较晚。

TD－SCDMA 为同步 CDMA 系统，有 GPS，带宽为 1.6MHz，码片速率是 1.28Mc/s，中国频段是 1 880～1 920MHz、2 010～2 025MHz、2 300～2 400MHz。

2009 年 1 月 7 日，工业和信息化部为中国移动、中国电信和中国联通发放 3 张第三代移动通信（3G）牌照，此举标志着中国正式进入 3G 时代。其批准：中国移动增加基于 TD－SCDMA 技术制式的 3G 牌照（TD－SCDMA 为中国拥有自主产权的 3G 技术标准）；中国电信增加基于 CDMA2000 技术制式的 3G 牌照；中国联通增加基于 WCDMA 技术制式的 3G 牌照。

据《2013—2017 年中国 3G 行业市场研究与投资预测分析报告》统计，中国正处于 3G 技术商业应用的高速发展阶段，3G 网络的巨大投资以及网络运营维护外包化趋势的形成给网络优化行业带来了广阔的市场空间。截至 2011 年 5 月底，中国 3G 基站总数达到 71.4 万个，其中中国移动、中国电信和中国联通的 3G 基站分别达到 21.4 万个、22.6 万个和 27.4 万个。3G 的迅速发展将对通信设备制造业、终端产业和信息服务业等上下游行业产生有力的拉动。

3.4.3.3　第三代移动通信的功能

GSM 数字移动通信系统是由欧洲主要电信运营者和制造厂家组成的标准化委员会设计出来的，它是在蜂窝系统的基础上发展而成的，包括 GSM900MHz、GSM1800MHz 及 GSM1900MHz 等几个频段。GSM 系统有几个重要特点：防盗拷能力佳、网络容量大、号码资源丰富、通话清晰、稳定性强不易受干扰、信息灵敏、通话死角少、手机耗电量低等。

CDMA 是码分多址的英文 Code Division Multiple Access 的缩写，它是在数字技术的分支——扩频通信技术上发展起来的一种崭新而成熟的无线通信技术。它能够满足市场对移动通信容量和品质的高要求，具有频谱利用率高、话音质量好、保密性强、掉话率低、电磁辐射小、容量大、覆盖广等特点，可以大量减少投资和降低运营成本。

3G 是第三代移动通信技术，3G 系统致力于为用户提供更好的语音、文本和数据服务。与现有的技术相比较而言，3G 技术的主要优点是能极大地增加系统容量、提高通信质量和数据传输速率。此外利用在不同网络间的无缝漫游技术，可将无线通信系统和 Internet 连接起来，从而可对移动终端用户提供更多更高级的服务。

3G 与 2G 的主要区别是在传输声音和数据的速度上的提升，它能够在全球范围内更好地实现无线漫游，并处理图像、音乐、视频等多种媒体形式，提供包括网页浏览、电话会议、电子商务等多种信息服务，同时也具有与第二代系统的良好兼容性。为了提供这种服务，无线网络必须能够支持不同的数据传输速度，也就是说在室内、室外和行车的环境中能够分别支持至少 2MB/s、384kB/s 以及 144kB/s 的传输速度（此数值根据网络环境会发生变化）。

模拟移动通信具有很多不足之处，比如容量有限，制式太多、互不兼容、不能提供自动漫游，很难实现保密，通话质量一般，不能提供数据业务等。

第二代数字移动通信克服了模拟移动通信系统的弱点，话音质量、保密性得到了很大提高，并可进行省内、省际自动漫游。但由于第二代数字移动通信系统带宽有限，这限制了数据业务的应用，也无法实现移动的多媒体业务。同时，由于各国第二代数字移动通信系统标准不统一，因而无法进行全球漫游。比如，采用日本的 PHS 系统的手机用户，只有在日本国内使用，而中国的 GSM 手机用户到美国旅行时，手机就无法使用了。而且 2G 的 GSM 的信号覆盖盲区也较多，一般在高楼、偏远地方都会信号较差，这都要通过加装蜂信通手机信号放大器来解决。

第三代移动通信系统与第一代模拟移动通信系统、第二代数字移动通信系统相比，是覆盖全球的多媒体移动通信系统。它的主要的特点之一是可实现全球漫游，使任意时间、任意地点、任意人之间的交流成为可能。也就是说，每个用户都有一个个人通信号码，带着手机，走到世界任何一个国家，人们都可以找到你，而反过来，你走到世界任何一个地方，都可以很方便地与国内用户或他国用户通信，与在国内时毫无分别。能够实现高速数据传输和宽带多媒体服务是第三代移动通信的另一个主要特点。这就是说，用第三代手机除了可以进行普通的寻呼和通话外，还可以上网读报纸、查信息、下载文件和图片。由于带宽提高，第三代移动通信系统还可以传输图像，提供可视电话业务。

3.4.3.4　第四代移动通信技术（4G）

1）第四代移动通信技术概述

第四代移动通信技术（4G）的概念可称为宽带接入和分布网络，它具有非对称的超过 2MB/s 的数据传输能力。它包括宽带无线固定接入、宽带无线局域网、移动宽带系统和交互式广播网络。第四代移动通信标准比第三代移动通信标准具有更多的功能。第四代移动通信系统可以在不同的固定、无线平台和跨越不同频带的网络中提供无线服务，可以在任何地方用宽带接入互联网（包括卫星通信和平流层通信），能够提供定位定时、数据采集、远程控制等综合功能。此外，第四代移动通信系统是集成多功能的宽带移动通信系统，是宽带接入 IP 系统。

第四代移动通信技术的主要指标包括：①数据速率从 2MB/s 提高到 100MB/s，移动速率从步行到车速以上；②支持高速数据和高分辨率多媒体服务的需要，宽带局域网应能与 B-ISDN 和 ATM 兼容，实现宽带多媒体通信，形成综合宽带通信网；③对全速移动用户能够提供 150MB/s 的高质量影像等多媒体业务。

发达国家的美国 AT&T 公司、爱立信公司、日本的 NTT 移动通信公司等都在研究第四代移动通信技术，第四代移动通信技术不仅可以将上网速度提高到超过 3G 技术的 50 倍，而且可实现三维图像的高质量传输。中国在第四代移动通信技术方面还处于探讨起步阶段。

2）第四代移动通信技术的特点

第四代移动通信技术具有很高的传输速率和传输质量、灵活多样的业务功能、开放的平台和高度智能化的网络等特点。

在很高的传输速率和传输质量方面，第四代移动通信系统能够承载大量的多媒体信息，具备 50MB ~ 100MB/s 的最大传输速率、非对称的上下行链路速率、地区的连续覆盖、QoS 机制、很低的比特开销等特点。在灵活多样的业务功能方面，第四代移动通信网络能使各类媒体、通信主机及网络之间进行无缝连接，使得用户能够自由地在各种网络环境间无缝漫游，并觉察不到业务质量上的变化，因此新的通信系统要具备媒体转换、网间移动管理及鉴权、Adhoc 网络（自组网）、代理等功能。在开放的平台方面，第四代移动通信系统在移动终端、业务节点及移动网络机制上具有开放性，使得用户能够自由地选择协议、应用和网络。在高度智能化的网络方面，第四代移动通信网将是一个高度自治、自适应的网络，具有很好的重构性、可变性、自组织性等，以便于满足不同用户在不同环境下的通信需求。

第四代移动通信接入系统的显著特点是智能化多模式终端（multi mode terminal），基于公共平台，通过各种接入技术，在各种网络系统平台之间实现无缝连接和协作。在第四代移动通信中，各种专门的接入系统都基于一个公共平台，相互协作，以最优化的方式工作，以满足不同用户的通信需求。当多模式终端接入系统时，网络会自适应分配频带，给出最优化路由，以达到最佳通信效果。目前第四代移动通信的主要接入技术有无线蜂窝移动通信系统（例如 2G、3G）、无绳系统（如 DECT）、短距离连接系统（如蓝牙）、WLAN 系统、固定无线接入系统、卫星系统、平流层通信（STS）系统、广播电视接入系统（如 DAB、DVB – T、CATV）等。

不同类型的接入技术针对不同业务而设计，因此，人们根据接入技术的适用领域、移动小区半径和工作环境，对接入技术进行分层，包括分配层、蜂窝层、热点小区层、个人网络层、固定网络层。分配层主要由平流层通信、卫星通信和广播电视通信组成，服务覆盖面积大；蜂窝层主要由 2G、3G 通信系统组成，服务覆盖面积较大；热点小区层主要由 WLAN 网络组成，服务范围集中在校园、社区、会议中心等，移动通信能力很有限；个人网络层主要应用于家庭、办公室等场所，服务覆盖面积很小，移动通信能力有限，但可通过网络接入系统连接其他网络层；固定网络层主要指双绞线、同轴电缆、光纤组成的固定通信系统。

网络接入系统在整个移动网络中处于十分重要的位置。4G 接入系统将主要在以下三个方面进行技术革新和突破：①为最大限度地开发利用有限的频率资源，在接入系统的物理层，优化调制、信道编码和信号传输技术，提高信号处理算法、信号检测和数据压缩技术，并在频谱共享和新型天线方面作进一步研究。②为提高网络性能，在接入系统的高层协议方面，研究网络自我优化和自动重构技术、动态频谱分配和资源分配技术等。③提高和扩展 IP 技术在移动网络中的应用；加强软件无线电技术；优化无线电传输技术，如支持实时和非实时业务、无缝连接和网络安全。

4G 移动通信的软件系统趋于标准化、复杂化、智能化。软件系统的首要任务是，创建一个公共的软件平台，使不同通信系统和终端的应用软件，通过此平台互连互通，并且通过此软件平台，实现对不同通信系统和终端的管理和监控。因此，建立一个统一的软件标准和互连协议，是 4G 移动通信软件系统的关键。

软件系统将逐步采用 Web 服务模式，以代替现行的客户/服务器模式。新的计算机语言如 XML，将用于未来的这种基于 Web 的分布式服务。另一方面，软件系统还将在网络安全上作进一步研究，以保障通信网络的正常工作、数据完整和其他特殊需要。

3）4G 移动通信的主要功能

4G 移动通信进一步研究和解决的关键技术包括定位技术、切换技术、软件无线电技术、智能天线技术、无线电在光纤中的传输技术、网络协议与安全、传输技术、调制和信号传输技术。

定位技术是指移动终端位置的测量方法和计算方法，主要分为基于移动终端定位、基于移动网络定位或者混合定位三种方式。在 4G 移动通信系统中，移动终端可能在不同系统（平台）间进行移动通信。因此，对移动终端的定位和跟踪，是实现移动终端在不同系统（平台）间无缝连接以及系统中高速率和高质量的移动通信的前提和保障。

切换技术适用于移动终端在不同移动小区之间、不同频率之间通信或者信号降低信道选择等情况。切换技术是未来移动终端在众多通信系统、移动小区之间建立可靠移动通信的基础和重要技术。它主要有软切换和硬切换。在 4G 通信系统中，切换技术的适用范围更为广泛，并朝着软切换和硬切换相结合的方向发展。

软件无线电技术是在 4G 移动通信系统中非常繁杂的软件，作为从第二代移动通信通向第三代和第四代移动通信过渡的桥梁。软件无线电技术能够使模拟信号的数字化过程尽可能地接近天线，即将 A/D 和 D/A 转换器尽可能地靠近 RF 前端，利用数字信号处理进行信道分离、调制解调和信道编译码等工作。它旨在建立一个无线电通信平台，在平台上运行各种软件系统，以实现多通路、多层次和多模式的无线通信。因此，应用软件无线电技术，一个移动终端，就可以实现在不同系统和平台之间，畅通无阻的使用。现就比较成熟的软件无线电系统有参数控制软件无线电系统。

智能天线技术具有抑制噪声、自动跟踪信号、利用智能化时空处理算法形成数字波束等功能。

无线电在光纤中的传输技术是指在 4G 通信系统中的光纤网，可以利用光纤传送宽带无线电信号。与其他传输媒介相比，其损耗很小。还可以用光纤传送包含多种业务的高频（60GHz）无线电信号。因此，利用光纤传输无线电信号成为研究的一个重点。

网络协议与安全是指 4G 移动网络包含许多类型的通信网络，采用以软件连接和控制为主的方法进行网络互连。因此，无线接口协议成为 4G 移动通信网络的关键技术之一。同时，网络的安全问题，随着网络的扩展，也需得到高度重视。

传输技术主要研究在高速率（<20MB/s）条件下，高速移动通信微波传输的性能，以及在高频段（如 60GHz）室内信号的多径传输性能。

在高频段进行高速移动通信时面临严重的选频衰落（frequency - selective fading）。为提高信号性能，研究和发展智能调制和解调技术，可有效抑制这种衰落，如正交频分复用技术（OFDM）、自适应均衡器等。另一方面，采用 TPC、RAKE 扩频接收、跳频、FEC（如 AQR 和 Turbo 编码）等技术，可获取更好的信号能量噪声比（Eb/N0）。

随着新技术和新需求的不断出现，第四代移动通信技术将会作相应调整和进一步发展。纵观移动通信发展规律，第四代移动通信技术的高速率、高质量、大容量的多媒体服务，将使世界更美好。

4）第四代移动通信技术的相关应用

结合移动通信市场的发展和用户的需求，4G 移动网络的根本任务是能够接收、获取到终端的呼叫，在多个运行网络（平台）之间或者多个无线接口之间，建立最有效的通信路径，并对其进行实时的定位和跟踪。在移动通信过程中，移动网络还要保持良好的无缝连接能力，保证数据传输的高质量、高速率。4G 移动网络将基于多层蜂窝结构，通过多个无线接口，由多个业务提供者和众多网络运营者提供多媒体业务。因此，4G 移动通信技术应具备以下几个基本特征。

（1）多种业务的完整融合。

个人通信、信息系统、广播、娱乐等业务无缝连接为一个整体，满足用户的各种需求。4G 移动通信应能集成不同模式的无线通信——从无线局域网和蓝牙等室内网络、蜂窝信号、广播电视到卫星通信，移动用户可以自由地从一个标准漫游到另一个标准。各种业务应用、各种系统平台间的互连更便捷、安全，面向不同用户的要求，更富有个性化。

（2）高速移动中不同系统间的无缝连接。

用户在高速移动中，能够按需接入系统，并在不同系统间无缝切换，传送高速多媒体业务数据。

（3）各种用户设备便捷地入网。

各种价格低廉的设备应能方便地接入通信网络中。这些设备体积小巧，甚至无需接入电源网即可工作。用户与设备间不再局限于听、说、读、写的简单交流方式，为满足用户的特殊需要和特殊用户（如残疾人）的需要，更多新的人机交互方式将出现。

（4）高度智能化的网络。

4G 移动网络是一个高度自治、自适应的网络，它具有良好的重构性、可伸缩性、自组织性等，可以满足不同环境、不同用户的通信需求。

（5）独立的软件平台。

技术的发展和市场的需求，将加快并实现计算机网、电信网、广播电视网和卫星通信网等网络融为一体，宽带 IP 技术和光网络将成为多网融合的支撑和结合点。

数字化数据交易点（digital market – place）是 4G 移动网络的一个重要技术。它用于预处理各个不同网络平台之间的呼叫，在网络平台之间的特定协议下，帮助业务供应者提供高质量、低费用的业务应用。例如，在两个网络平台之间传送电视数据信息，首先经由数字化数据交易所处理。在数字化数据交易所里，这个电视数据信息将被分离成视频信号和音频信号，经由不同的信道传送。音频信号将由覆盖广泛的网络传送，视频信号将由只能处理、接收视频信号的网络传送，从而达到降低通信成本和有效利用传输信道的目的。未来的全球互联网系统和骨干网系统，将以结合宽带 IP 技术和光纤网技术为主。4G 移动网络的蜂窝按功率的大小被细分为 macro BS、micro BS 和 pico BS 三类。

贝尔公司已经研制出一种新型光网络。它是利用大气激光传输原理的一种"无光纤"的光网系统。该系统主要由激光器、光放大器和光接收器组成，通过发射一种特殊的"扩展光束"（expanded beam）传送光信号，并采用 DWDM 技术，支持 10GB/s 速率的波长，传输距离大于 5km，具有良好的信号安全性和稳定性。诸如此类的先进的光网络和光技术层出不穷。可以预见，在未来的 4G 移动通信网络中，光网络将大放异彩，起着举足轻重的作用。

3.4.4 智能运输系统中的通信技术

3.4.4.1 通信在 GPS 导航中的应用

中国 GPS 导航的市场潜力巨大。截至 2005 年年底，中国拥有车载导航设备的车辆不足 10 万辆，相对于 3 000 万辆的汽车总数来说，普及率不到 1%。而日本的汽车车载导航安装率高达 59%，欧美约为 25%。2006 年便携导航市场应该有近 5 亿元的规模，而随着市场高速发展及新品牌层出不穷，2009 年中国汽车 GPS 导航系统终端的销售额接近 100 亿元。

2008 年，被人们称为中国的"3G 元年"。众所周知，那时在国内通信领域，最火的就是正在试运行的 TD – SCDMA——3G 标准。作为新一代的通信技术，3G 带给人们非常多的期许。3G 牌照的全面发放，也成了人们共同关注的焦点。其实国内的 GPS 导航领域也在经历着一场蜕变，第三代 PND 类导航产品应运而生，其已经把人们带进了全新的导航时代。卫星导航应用产业在国民经济中发挥着越来越重要的作用，成为"十一五"发展的亮点。在"十一五"期间，卫星导航在其他领域，如航空、海路、铁路、建筑、电信、电力等方面的应用有很大的发展空间。

卫星导航技术的发展趋势主要表现在三方面：一是卫星导航多系统并存，这使系统的可用性得到提高，应用领域将更广阔；二是多元组合导航技术正在得到推广应用，主要有 GPS 与移动通信基站定位、陀螺、航位推算技术等的组合应用；三是卫星导航与无线通信等其他技术相结合，如 GPS 接收机嵌入蜂窝电话、便携式 PC、PDA 和手表等通信、安全和消费类电子产品，它们从根本上促进了 IT 技术的整体发展。

3.4.4.2 电子收费系统应用实例

1）高速公路不停车收费概述

不停车收费系统（Electronic Toll Collection System，ETC）是利用 RFID 技术，实现车辆不停车自动收费的智能交通子系统。该系统通过路侧单元（Road Side Unit，RSU）与车载电子标签之间（On Board Unit，OBU）的专用短程通信，在不需要驾驶者停车和收费人员操作的情况下，自动完成收费处理过程。ETC 是目前世界上最先进的收费系统，是智能交通系统的服务功能之一。过往车辆通过道口时无需停车，即能够实现自动收费。它特别适于在高速公路或交通繁忙的桥隧环境下使用。近几年中国的电子不停车收费系统的研究和实施取得了一定进展。

和传统的人工收费系统不同，ETC 技术是以 IC 卡作为数据载体，通过无线数据交换方式实现收费计算机与 IC 卡的远程数据存取功能的。计算机可以读取 IC 卡中存放的有关车辆的固有信息（如车辆类别、车主、车牌号等）、道路运行信息、征费状态信息，然后按照既定的收费标准，通过计算，从 IC 卡中扣除本次道路使用通行费。当然，ETC 也需要对车辆进行自动检测和车辆分类。

2）高速公路不停车收费系统的构成

高速公路不停车收费系统包括外场设备、收费中心。外场设备在车道入口，车辆进入检测域后，激光扫描器以每秒 600~700 次的频率不停地扫描进入车辆，测量车辆的三维尺寸，并按车辆的三维尺寸判定车型。随后，车辆进入检测域，若车辆带有电子卡，摄像机拍摄车辆的牌照号码。对于装有电子卡的车辆，收费中心的处理较简单，只是统计些常规报表而已。当然也可处理电子卡的挂失、跟踪及查询。对于没有电子卡的车辆，收费中心只需用图像识别技术识别入口及出口摄像机摄录的汽车牌照号码，以判定每辆车进、出系统的位置及时间，并计算应交费款。最后，系统与警察局车籍数据库的联网，按月通过邮局给车主寄去账单。

高速公路不停车收费系统具有如下特征：①保证收费的准确性，最大限度地避免逃费；②正确登录收费，收费工作人员无机会接触现金，最大限度地避免了各种财务漏洞；③最大限度地减少了停车收费的延误，提高了高速公路的通行能力；④造价低廉，因为不需要修建昂贵的收费站等土建设施，也不需通行券及收费员的日常开销，所以电子收费系统使低成本的道路收费成为可能；⑤付款方式灵活，系统直接与银行联网，费用可由银行直接划拨。

3.5　信息处理和融合技术

3.5.1　信息处理技术

信息处理技术（Information Processing Technology）是指用一定的算法和计算机技术及计算机等工具按一定的目的要求及精确度处理图形、图像、影像、声音、文字、符号、数据、动画等的方法及对处理结果进行采集、存储、传递、加工和输出的过程。随着智能交通采集手段及分析技术的快速发展，交通信息采集已从静态、人工采集向动态、自动采集转变，从单一模式采集向多模式、多方法采集转变，因此信息处理技术也不断进步。

3.5.1.1　信息处理技术的发展历史

有信息就有信息处理。人类社会中很早就出现了信息的记录、存储和传输，原始社会的"结绳记事"就是指以麻绳和筹码作为信息载体，用来记录和存储信息。文字的创造、造纸术和印刷术的发明是信息处理的第一次巨大飞跃，计算机的出现和普遍使用则是信息处理的第二次巨大飞跃。长期以来，人们一直在追求改善和提高信息处理的技术，其大致可划分为三个时期。

1）手工处理时期

在手工处理时期，人们用人工方式来收集信息，用书写记录的方式来存储信息，用经验和简单手工运算来处理信息，用携带存储介质的方式来传递信息。信息人员从事简单而烦琐的重复性工作。信息不能及时有效地被输送给使用者，许多十分重要的信息来不及处理。

手工处理时期伴随着第一次和第二次信息处理技术上的革命性进步。第一次信息处理技术革命的标志是语言的出现和使用。在史前阶段，人类以手势、眼神、动作或某种信号（如点燃烽火、敲击硬物等）传递信息，用感觉器官接受各种自然信息，并与之相适应。但当时信息处理的器官——大脑还不发达。自从人类认识到火的作用这一系统信息以后，从茹毛饮血进而到吃熟食、取暖、制陶、冶炼，从单纯适应客观世界变成利用信息来改造世界，这扩大了人类活动和交际的范围。在生产活动和社会活动中，人们需要不断交流信息，于是就产生了语言。语言因此成为人类信息交流的第一载体。语言是人类区别于其他生物的重要特征，并始终对人类社会的发展和人类文化的演进有着重要影响。因为人的逻辑思维离不开语言，语言是思维的工具，同时语言又是人类进行意识交流和信息传播的工具。通过语言进行信息交流，不但使人类获得了大量的信息，它同时也促进了人类信息处理器官——大脑的进一步发展。人类依靠大脑储存信息，通过语言进行信息的交流和传播。

第二次信息处理技术革命的特征是文字的发明和使用。人脑漫长的进化过程及语言的使用，是人类开发和利用信息资源的早期阶段。大约在公元前3500年文字出现了。文字的发明为人类信息资源的开发和利用树起了一个重要的里程碑。在这个时期，除了用语言传播信息外，文字成为人类信息交流的第二载体。人类的大脑不仅依靠感觉器官直接与外界保持联系，而且还可以依靠语言和文字间接地与外界保持联系。文字的出现使人类信息的储存与传播方式取得了重大突破。文字把人类智慧、思维成果记载下来，可以长久地储存，并可以传递给他人或后人。文字极大地突破了时间和地域对人类的限制，在人类知识积累和文明发展的过程中发挥着十分重要的作用。但在这一阶段，信息是人以手工篆刻或抄写在诸如竹片、石头、织物、纸张等物体上的。手工方式不仅耗费了巨大的劳动，使信息的积累和传递代价高昂，而且积累的量小，速度也慢。

2）机械信息处理时期

随着科学技术的发展，以及人们对改善信息处理手段的追求，机械式和电动式处理工具，如算盘、出纳机、手摇计算机等逐渐出现了，它们在一定程度上减轻了计算者的负担。以后又出现了一些较复杂的电动机械装置，它们可把数据在卡片上穿孔并进行成批处理和自动打印结果。同时，电报、电话的广泛应用，也极大地改善了信息的传输手段，机械式处理比手工处理提高了效率，但没有本质的进步。

机械信息处理时期的。以第三次和第四次信息处理技术革命为标志。第三次信息处理技术革命的标志是印刷术的发明。大约在 11 世纪的北宋时期，毕昇发明了活字印刷技术，在 15 世纪中期，德国人 J·谷登堡发明了现代印刷技术。文字的发明促进了信息的大量积累，印刷技术的发明则把文字信息的传播推向了新的高度。将积累的信息按需要收集起来，并加以系统化地整理，便形成了知识。印刷技术的使用有利于对文字信息和知识进行大量生产和复制，促进了知识的广泛传播，充分发挥了知识的作用。此后，报刊和书籍成为人类的重要信息储存和传播媒介，极大地促进和推动了思想的传播和人类文明的进步。

第四次信息处理技术革命的特点是电报、电话、广播和电视的使用。1844 年在美国的华盛顿和巴尔的摩之间开通了世界上第一个电报业务，1876 年贝尔发明了电话，1895 年马可尼发明了无线电，1923 年英国广播公司（BBC）在全国正式广播，1925 年电视在英国首次播映。电报、电话、广播、电视等科学技术的发展，使人类进入利用电磁波传播信息的时代。以电磁波为载体传播信息，使人们突破了空间的限制，不但可以使人们在信息发出的瞬间收听到语言和音响信息，还可以收看到图像和文字，于是电磁波便成为人类信息交流的第三载体。与此同时，知识和信息还继续以报纸、杂志、书籍等形式广泛传播，这使信息被传递普及到整个社会。

3）计算机处理时期

随着计算机系统在处理能力、存储能力、打印能力和通信能力等方面的提高，特别是计算机软件技术的发展，使用计算机越来越方便，加上微电子技术的突破，微型计算机日益商品化，从而为计算机在管理上的应用创造了极好的物质条件。这一信息处理时期经历了单项处理、综合处理两个阶段，现在已发展到系统处理的阶段。这样，不仅各种事务处理达到了自动化，大量人员从烦琐的事务性劳动中被解放出来，提高了效率，节省了行政费用，而且由于计算机有高速运算能力，信息处理及数据挖掘极大地提高了信息的价值，能够及时地为管理活动中的预测和决策提供可靠的依据。

计算机处理时期以第五次信息处理技术革命为标志。第五次信息处理技术革命的特征是信息技术，信息技术的核心是现代的计算机技术和通信技术的融合。1946 年美国人发明了第一台电子计算机，1957 年，苏联发射了第一颗人造卫星。计算机的发明和现代通信技术的使用把人类开发利用信息资源的技术推进到了计算机通信的新阶段。计算机与通信技术的结合不是简单的相加，而是产生了惊人的放大效应。计算机作为信息处理工具，其存储、处理、传输信息的能力是当今任何其他技术无法与之相比的。现在，以计算机为核心的信息技术几乎涉及人类社会的各个方面，从经济到政治，从生产到消费，从科研到教育，从社会结构到个人生活方式。

3.5.1.2　信息处理技术

信息处理技术是对信息载体（图形、图像、影像、声音、文字、符号、数据、多媒体动画等）进行处理的技术。广义的信息处理是对各种数据进行采集、存储、组织、加工、提取和传输等操作。现代信息处理技术包含电子技术、多媒体技术、模拟技术、数字技术、通信技术、网络技术等，其具体的数学方法可有概率统计方法、数学变换方法、模式识别方法等。下面对图形图像信息处理技术、影像声音处理技术、数据处理技术、多媒体处理技术进行概述。

1）图像影像信息处理技术

图像影像是最重要的信息。广义的图像应包括图形和图像，文字符号也可被认为是图形；广义的影像应包括影像和声音，也称视频和音频。这里按图形图像、视频、音频三个方面介绍图像影像信息处理技术。

（1）图形图像信息处理技术。

图形图像是一种可视化的信息，图像信号是图像信息的理论描述方法，图像信号按其内容变化与时间的关系分为静态图像和动态图像两种。图形及图像文件基本上可以分为位图和向量图两大类。为了适应不同应用的需要，图像可以用多种格式进行存储。

图像按其亮度等级可分为二值图像和灰度图像；按其色调可分为黑白图像和彩色图像；按其所占空间的维数可分为平面的二维图像和立体的三维图像等。

图像信号的记录、存储和传输可以采用模拟方式或数字方式。以前在电视上所见到的图像就是以模拟电信号的形式来记录的，并依靠模拟调幅的手段在空间传播。现代的数字电视采用数字信号。将模拟图像信号经 A/D 变换后就得到数字图像信号，数字图像信号便于进行各种处理，计算机视频就是数字信号。数字图像具有长期保存不失真、分辨率高、数据量大、相关性强等特点，可以充分利用现代信息处理技术。

对于黑白图像信号，每个像素点用灰度级来表示，若用数字表示一个像素点的灰度，需要 8bit。彩色视频信号基于三基色原理，每个像素点由红（R）、绿（G）、蓝（B）三基色混合而成。若三个基色均用 8bit 来表示，则每个像素点就需要 24bit。由于构成一幅彩色图像需要大量的像素点，图像信号采样、量化后的数据量就相当大，不便于传输和存储。为此，人们利用人的视觉特性降低彩色图像的数据量，这种方法往往把 RGB 空间表示的彩色图像变换到其他彩色空间，每一种彩色空间都产生一种亮度分量和两种色度分量信号。常用的彩色空间表示法有 YUV、YIQ 和 YCbCr 等。

数字图像处理（Digital Image Processing）是通过计算机对图像进行去除噪声、增强、复原、分割、提取特征等处理的方法和技术。数字图像处理最早出现于 20 世纪 50 年代，当时的电子计算机已经发展到一定水平，人们开始利用计算机来处理图形和图像信息。数字图像处理作为一门学科大约形成于 20 世纪 60 年代初期。早期的图像处理的目的是改善图像的质量，它以人为对象，以改善人的视觉效果为目的。图像处理中，输入的是质量低的图像，输出的是改善质量后的图像，常用的图像处理方法有图像增强、复原、编码、压缩等。1972 年英国 EMI 公司的工程师 Housfield 发明了用于头颅诊断的 X 射线计算机断层摄影装置 CT（Computer Tomograph）以实现图像重建。1975 年 EMI 公司又成功研制出全身用的 CT 装置，获得了人体各个部位鲜明清晰的断层图像。从 20 世纪 70 年代中期开始，人们开始研究如何用计算机系统解释图像，实现类似人类的视觉系统理解外部世界，这被称为图像理解或计算机视觉，其中具有代表性的成果是 20 世纪 70 年代末 MIT 的 Marr 提出的视觉计算理论。

数字图像处理技术在国内外的发展十分迅速，应用也非常广泛，但还没有广泛适用的研究模型和齐全的质量评价体系指标，多数方法的适用性都随分析处理对象而异。图像信息处理的主要目的有提高图像质量、提取图像特征、图像变换和压缩三个方面。提高图像质量的方法进行图像的亮度、彩色变换，增强、抑制某些成分，对图像进行几何变换等；提取图像特征是模式识别或计算机视觉的预处理，提取的特征包括频域特征、灰度或颜色特征、边界特征、区域特征、纹理特征、形状特征、拓扑特征和关系结构等；图像变换和压缩的方法是通过编码改变格式以便于图像的存储和传输。不管是出于何种目的的图像处理，都需要由计算机和图像专用设备组成的图像处理系统对图像数据进行输入、加工和输出。

数字图像处理的常用方法有图像变换、图像编码压缩、图像增强和复原、图像分割、图像描述、图像分类等。图像变换通常采用各种方法，如傅里叶变换、沃尔什变换、离散余弦变换等，将空间域的处理转换为变换域处理，这不仅可减少计算量，而且可获得更有效的结果。小波变换在时域和频域中都具有良好的局部化特性，它在图像处理中也有着广泛而有效的应用。图像编码压缩技术可在不失真的前提下或允许的失真条件下减少描述图像的数据量，以便节省图像传输、处理的时间和所占用的存储器容量。图像增强和复原的目的是提高图像的质量，如去除噪声，提高图像的清晰度等。图像增强不考虑图像降质的原因，突出图像中人们所感兴趣的部分，如强化图像高频分量，可使图像中的物体轮廓清晰，细节明显，而强化低频分量可减少图像中噪声的影响。图像复原要求对图像降质的原因有一定的了解，一般应根据降质过程建立降质模型，再采用某种滤波方法，恢复或重建原来的图像。图像分割是将图像中有意义的边缘、区域等特征部分提取出来，这是进一步进行图像识别、分析和理解的基础，但还没有一种普遍适用于各种图像的有效方法。图像描述是图像识别和理解的必要前提，作为最简单的二值图像可采用其几何特性描述物体的特性，对一般图像采用二维形状描述，它有边界描述和区域描述两类方法，对于特殊的纹理图像可采用二维纹理特征描述，目前人们已经开始进行体积描述、表面描述、广义圆柱体描述等三维物体描述方法的研究。图像分类属于模式识别的范畴，其主要内容是对图像经过某些预处理（增强、复原、压缩）后，进行图像分割和特征提取，从而进行判决分类，其有统计模式分类、句法（结构）模式分类、模糊模式识别和人工神经网络模式分类等方法。数字图像处理常用的编程语言有 C 语、Matlab 等。

　　一幅图像内部以及视频序列中相邻的图像之间有大量的冗余信息，除一般的时间和空间冗余外，在一般的图像数据中，还存在着信息熵冗余、结构冗余、知识冗余、视觉冗余等冗余信息。利用这些冗余信息，按预测编码、交换编码、具有运动补偿的帧间预测编码确定压缩编码技术，其基本目标就是减小数据量。

　　数字视频图像的压缩编码标准有着广泛的应用，典型的应用有：可视电话、视频会议、数字式视频广播、视频邮件、视频游戏以及视频形式的教育和娱乐等。这些应用按照其视频质量划分，大致分为以下三类：①低质量视频，画面较小，通常为 QCIF 或 CIF 格式，帧速率为 5～10 帧/s，既可为黑白视频也可为彩色视频，其典型应用包括可视电话、网络视频游戏、视频邮件等；②中等质量视频，画面中等，通常为 CIF 或 CCIR601 格式，帧速率为 25～30 帧/s，多为彩色视频，其典型应用有会议电视、远程教育、远程医疗等；③高质量视频，画面较大，通常为 CCIR601 格式至高清晰度电视视频格式，帧速率大于等于 25 帧/s，多为高质量的彩色图像，其典型应用包括广播质量的普通数字电视、高清晰度电视等。

　　针对上述三种质量的视频应用，国际上制定了相应的视频压缩编码标准：H. 261、H. 263、MPEG – 1、MPEG – 2 和 MEPG – 4 等。

　　空间冗余性可以借由“只记录单帧画面的一部分与另一部分的差异性”来实现帧内压缩（intraframe compression），而时间冗余性则可借由“只记录两帧不同画面间的差异性”来实现帧间压缩（interframe compression），包括运动补偿以及其他技术。目前最常用的视频压缩技术为 DVD 与卫星直播电视所采用的 MPEG – 2，以及因特网传输常用的 MPEG – 4。

　　常见的图形文件的格式有 BMP、GIF、JPG、TIF、TGA、PCX、PCD、PCX、PIC 等多种。不同格式的图像可以通过工具软件来转换。BMP（bitmap）是一种与设备无关的图形文件格式，它是标准 Windows 和 OS/2 的图形图像的基本位图格式，BMP 文件格式支持黑白、16 色和 256 色的伪彩色图像以及 RGB 真彩色图像。随着 Windows 的普及，BMP 的应用越来越广泛。GIF（Graphic Interchange Format）是由 Compu – Serve 公司在 1987 年 6 月为制定彩色图像传输协议而开发的一种压缩图像存储及图形交换文件格式，该格式的压缩比高、文件长度小，支持黑白、16 色和 256 色的静态、动态两种形式的彩色图像，主要用于在不同平台上进行图像交流和传输及网页制作。JPG 是在 Apple Mac 机器上使用的一种图像格式，使用 JPG 方法进行图像数据压缩近年来十分流行。TIF 格式由 Aldus 公司和微软公司合作开发，最初用于扫描仪和桌面出版业，是工业标准格式，支持所有图像类型。TGA 是 Truevision 公司为支持 Targe 和 Visa 图像采集卡而设计的文件格式，TGA 图形文件格式的应用也越来越广泛。PCX 图形文件格式是 Zsoft 公司研制开发的，主要用于商业性 PC Paintbrush 图形软件，PCX 文件包括各种单色的图形文件、不超过 16 种颜色的图形文件和具有 256 色和 16 色的不支持真彩色的图形文件。PCD 是柯达公司开发的电子照片文件存储格式，是 Photo – CD 的专用存储格式，一般都存在 CD – ROM 上，读取 PCD 文件要用柯达公司的专门软件。除了上述几种常用的图像文件格式外，其他格式还有：CorelDRAW 默认图像文件格式（＊.cdr）、Photoshop 默认图像文件格式（＊.psd）、CAD 中使用的绘图文件格式（.dxf）、柯达数码相机支持的文件格式（.fpx）、Windows 的图元文件格式（＊.wmf）等。

数字图像处理的工具可分为三大类：第一类包括各种正交变换和图像滤波等方法，其共同点是将图像变换到其他域（如频域）中进行处理（如滤波）后，再变换到原来的空间（域）中；第二类方法是直接在空间域中处理图像，它包括各种统计方法、微分方法及其他数学方法；第三类是数学形态学运算，它不同于常用的频域和空域的方法，是建立在积分几何和随机集合论基础上的运算。由于被处理图像的数据量非常大且许多运算在本质上是并行的，所以图像并行处理结构和图像并行处理算法也是图像处理中的主要研究方向。典型的工具有图像处理大师 AdobePhotoshop、矢量图形处理软件 Adobe Illustrator 等。

文字符号作为图形的特殊形式占据着重要地位。文字符号的集合就是文本，是用得最多的一种符号媒体形式及人机交互的主要形式。常用的文本文件的格式有 TXT、RTF，WORD 支持的 DOC、DOT 文件。文本处理工具主要是 Office 软件包，它有多个办公常用信息处理软件，包括 Word 文字处理软件、Excel 电子表格软件、Powerpoint 演示文稿软件等。除 Office 软件包的常用文件格式外，还有超文本 html 格式及进行数据交换的 XML 格式。

（2）视频信息处理技术。

视频信息是指活动或连续的图像信息。连续的图像变化每秒超过 24 帧画面以上时，根据视觉暂留原理，人眼无法辨别单幅的静态画面，图像看上去当平滑连续的视觉效果，这样连续的画面叫作视频。视频由一系列连续呈现的图像画面所组成，每幅画面称为一帧，帧是构成视频信息的基本单元。视频泛指将一系列静态影像以电信号的方式加以捕捉、记录、处理、储存、传送与重现的各种技术。视频信息在现代通信系统所传输的信息中占有重要的地位，人类接受的信息约有 80% 来自视觉，所以视频信息具有准确、直观、高效、具体生动、应用广泛、信息容量大等特点。

"视频"一词源于电视技术，但电视视频是模拟信号，而计算机视频则是数字信号。视频技术最早是为了电视系统而发展，但现在已经发展为各种不同的格式以利消费者将视频记录下来。网络技术的发达也促使视频的记录片段以串流媒体的形式存在于因特网之上并可被电脑接收与播放。视频与电影属于不同的技术，后者是利用照相技术将动态的影像捕捉为一系列的静态照片。

影像视频是动态图像的一种。与动画一样，其由连续的画面组成，只是视频画面图像是自然景物的图像。影像文件通常泛指自扫描仪或视频卡读入的静态画面，因为这种影像不容易像圆、直线、方形、曲线等图形元件那样清楚地被定义，所以都是以点阵的方式存入文件。

帧率是指视频格式每秒钟播放的静态画面的数量，典型的画面更新率由早期的 6~8 帧/s 至现今的 120 帧/s。PAL（欧洲、亚洲、澳洲等地区的电视广播格式）与 SECAM（法国、俄国、部分非洲地区的电视广播格式）规定其更新率为 25 帧/s，而 NTSC（美国、加拿大、日本等国的电视广播格式）则规定其更新率为 29.97 帧/s。电影胶卷则是以稍慢的 24 帧/s 在拍摄。要达到最基本的视觉暂留效果大约需要 10 帧/s 的速度。

数字视频图像有两层技术含义。一是模拟视频信号输入计算机进行数字化视频编辑，最后的成品称为数字化视频图像。二是视频图像由数字化的摄像机拍摄下来，从信号源开始，就是无失真的数字化视频，输入计算机时不再考虑视频质量的衰减问题，然后通过软件编辑制成成品。这是更纯粹的数字视频技术。一般所指的数字化视频技术主要还是前一种数字视频技术，即模拟视频的数字化处理存储输出技术。

视频图像的常用文件格式有 AVI、MOV、MPEG/MPG/DAT、DIR、RA/RM/RAM、ASF、WMV、AVI、DivX、RMVB、FLV、F4V、MP4、3GP、AMV 等。AVI 是 Video for Windows 所使用的音频 - 视频交错文件，它将视频信号和音频信号混合交错地存储在一起，是一种不需要专门硬件参与就可以实现大量视频压缩的视频文件格式，在各种多媒体演示系统中被广泛应用。AVI 文件使用的压缩方法主要是有损压缩，压缩比高。MOV 文件格式是 Quick for Windows 视频处理软件所选用的视频文件格式，与 AVI 文件格式相同，MOV 文件也采用英特尔公司的 Indeo 视频有损压缩技术以及视频信息与音频信息混排技术，MOV 文件的图像质量较 AVI 格式好，它是 Macintosh 计算机用的视频文件格式。MPG 文件格式是计算机上的全屏幕活动视频的标准文件，也称为系统文件或隔行数据流。DAT是 Video CD 或卡拉 OK 的 Karaoke CD 数据文件的扩展名，也是基于 MPEG 压缩方法的一种文件格式。DIR 是 Macromedia 公司使用的 Director 多媒体著作工具所产生的电影文件格式。

（3）音频信息处理技术。

音频信息是指自然界中各种音源发出的可闻声和由计算机通过专门设备合成的语音或音乐，即人耳可以听到的声音频率在 20Hz~20kHz 之间的声波。音频信号是多媒体信息的重要组成部分。音频也指存储声音内容的文件，在某些方面指作为滤波的振动。音频泛指物理现象的声音，主要有语音、音乐和音响效果三类。人耳具有分辨声音的强度、音调及音色的能力，人耳还能够分辨出声音的方向和深度，并感受到空间感和纵深感。通常将人耳对声音的主观感受，即响度、音调和音色称为声音的三要素。音频信号可以分成电话质量的语音、调幅广播质量的音频信号和高保真立体声信号。语音信号的频率范围是 300 ~ 3 400Hz。随着带宽的增加，信号的自然度将逐步得到改善。

　　一般来说，音频信号的压缩编码主要有波形编码、参数编码、混合编码三种。波形编码要求重构的声音信号尽可能地接近原始声音，典型的波形编码技术有脉冲编码调制（PCM）、自适应差分脉冲编码调制（ADPCM）、自适应预测编码（APC）、子带编码（SDC）、自适应变换编码（ATC）等。参数编码以声音信号产生模型为基础，将声音信号变换成模型参数后再进行编码，又称为分析合成编码方法，典型的分析和合成技术有通道声码器、共振峰声码器、同态声码器、线性预测声码器等。混合型编码是一种在保留分析合成编码技术精华的基础上，引用波形编码准则去优化激励源信号的方案，可以在 4.8k ~ 9.6k 位/s 的编码率上获得较高质量的合成声音。

　　基本的音频数字化处理包括不同采样率、频率、通道数之间的变换和转换。其中变换只是简单地将其视为另一种格式，而转换通过重采样来进行，其中还可以根据需要采用插值算法以补偿失真。针对音频数据本身进行变换包括淡入、淡出、音量调节等，可通过高通、低通滤波器的数字滤波算法进行变换。常用的音频编码格式有 PCM、WAV、MP3、MP3PRO、RealMedia、WindowsMedia、MIDI、OggVorbis、VQF、Mod、MonkeysAudio、AIFF、AU、VOC、Vox 等。

　　长期以来，计算机的研究者们一直低估了声音在信息处理中的作用。随着虚拟技术的不断发展，人们就不再满足单调平面的声音，而更倾向于具有空间感的三维声音效果。听觉通道可以与视觉通道同时工作，所以声音的三维化处理不仅可以表达出声音的空间信息，而且与视觉信息的多通道的结合可以创造出极为逼真的虚拟空间，这在未来的多媒体系统中是极为重要的，这也是媒体处理方面的重要措施。

　　人类感知声源的位置的最基本的理论是基于两耳间声音的到达时间差和两耳间声音的强度差的双工理论，只要把一个普通的双声道音频在两个声道之间进行相互混合，便可以使普通双声道声音听起来具有三维音场的效果。三维音场的效果主要取决于音场的宽度和深度，音场的宽度利用时间差的原理完成，要处理的就只有把两个声道的声音进行适当的延时和强度减弱后相互混合。音场的深度利用强度差的原理完成，音场的回音设置要保证回音的衰减率、回音的深度和回音之间的延时三个参数。近年来，人们已经发展了 5.1 声道的立体音场效果设计方法。

　　20 世纪 80 年代，索尼和飞利浦公司联手研制的一种数字音乐光盘，有 12cm 直径和 8cm 直径两种规格，以前者最为常见，它能提供 74 分钟的高质量音乐，这就是 CD。飞利浦公司还应用了一种将 CD 数码信号转换成模拟音乐信号的比特流技术。用于存储电脑数据的只读型 CD 就是 CD - ROM。采用 MPEG - 1 压缩编码技术的影音光盘,其图像清晰度和 VHS 录像带差不多,其称为 VCD。VCD 的改进产品就采用 MPEG - 2 编码,图像清晰度得到了提高,就是超级 VCD。后来的 DVD 是一种外形类似 CD 的新一代超大容量光盘,它将广泛应用于高质量的影音节目记录和电脑的海量存储设备。由东芝、NEC、三洋电机等企业组成的 HD - DVD 推广协会负责推广的 HD - DVD 是一种数字光储存格式的蓝色光束光碟产品,现已发展成为高清 DVD 标准之一。HD - DVD 与其竞争对手蓝光光碟 (Blu - ray Disc) 相似,盘片均是和 CD 同样大小的光学数字储存媒介,使用 405nm 波长的蓝光,而传统 DVD 需要光头发出波长为 650nm 得红色激光来读取或写入数据。蓝光是最先进的大容量光碟格式,BD 激光技术,能够在一张单碟上存储 25GB 的文档文件,允许每秒 4.5 ~9MB 的记录速度。蓝光光碟拥有一个异常坚固的层面,可以保护光碟里面的重要记录层。飞利浦的蓝光光盘采用高级真空联结技术,形成了厚度统一的 100μm 安全层,可以经受住频繁的使用,指纹、抓痕和污垢,以此保证蓝光产品的存储质量和数据安全。数码音响产品中必须将数字音频信号通过 D/A 转换器 (解码器) 转换为模拟音频信号播出,解码器采样频率数倍于 CD 制式的标准取样频率 44.1kHz,其目的是便于 D/A 转换之后数码噪声的滤除,改善 CD 机的高频相位失真。早期的 CD 机使用 2 倍频或 4 倍频取样,机器已经达到 8 倍或者更高。美国卢卡斯影业公司制定的一种环绕声 THX 标准,它对杜比定向逻辑环绕系统进行了改进,使环绕声效果得到进一步的增强,THX 标准对重放器材例如影音源、放大器、音箱甚至连接线材都有一套比较严格而具体的要求,达到这一标准并经卢卡斯认证通过的产品,才被授予 THX 标志。该公司后来又制定了基于杜比数字系统的 THX 5.1 标准。

两个数字音频设备之间的数字接口协议由数字音频接口来定义,分为家用的、专业的、电脑的三种格式。家用的标准采用不平衡式的索尼/飞利浦数字接口格式 S/PDIF,用带有 RCA 插头的 EIAJ CP - 340 IEC - 958 同轴或光缆物理连接,其标准的输出电平是 0.5Vpp (发送器负载 75Ω),输入和输出阻抗为 75Ω (0.7 ~3MHz 频宽);专业的标准采用平衡式的美国音频工程协会/欧洲广播联盟数字格式 AES/EBU,物理连接用平衡 XLR 电缆,输出电压是 2.7Vpp (发送器负载 110Ω),输入和输出阻抗为 110Ω (0.1 ~6MHz 频宽);电脑的标准采用美国电话电报公司 AT&T 的标准。

2) 数据处理技术

数据是对事实、概念或指令的一种特殊表达形式,是人们用于描述、记录事物情况的物理符号,是记录下来的事实及客观实体的属性值。数据与信息的关系是:信息 = 数据 + 数据处理,典型的数据处理是数字信号处理 (Digital Signal Processing, DSP)。DSP 方法的基础主要有小波变换的理论、模糊分析以及混沌信息处理等基础理论。小波变换的理论包括小波分析、多分辨率分析、尺度函数与小波的构造、小波包分解、小波去噪方法。模糊分析包括模糊集合理论、模糊传感器系统。混沌信息处理包括平衡态和相平面、奇怪吸引子、分岔、形和分维，还包括混沌信号的自适应滤波、混沌通信系统的调制与解调、信道均衡、混沌信号的盲分离、基于混沌的密写及其分析、数字水印算法和混沌神经网络等。

　　近年来，人们在各种数字信号处理方法的基础上发展了智能计算。智能计算是以计算模型和数学模型为基础，以分布并行计算为特征的模拟人的智能求解问题的理论与方法。模拟进化计算的生物学基础有遗传变异理论、进化论、免疫学原理等，典型算法有遗传算法（GA）、免疫算法（IA）、演化策略（Es）等。从模拟智能生成过程的观点和模拟进化计算理论发展的角度看，智能计算包括模拟智能结构的人工神经网络理论、进化算法、模拟智能行为的模糊逻辑与模糊推理。人工神经网络理论包括神经网络基础知识、前馈型神经网络、反馈型神经网络。进化计算包括遗传算法、进化规划、进化策略等。

　　进化算法的算子有选择算子、繁殖算子。选择算子分为比例型、排序型、非单调型；繁殖算子有变异算子、交叉算子。模拟进化计算的典型执行策略有杰出者记录与父子混合选择策略、适应值共享策略、并行实现策略（含基于群体分组的并行策略和基于空间分解的并行策略）、混合策略、自适应策略。模拟进化计算又发展出蚁群算法、粒子群优化、差分演化算法、人口迁移算法、基于思维进化的机器学习等。

　　（1）模糊分析。

　　模糊分析属于模糊数学方法，模糊数学又称 Fuzzy 数学，是研究和处理模糊性现象的一种数学理论和方法。1965 年以后，人们在模糊集合、模糊逻辑的基础上发展出了模糊拓扑、模糊测度论等数学领域，这些数学领域的统称就是模糊数学，它是研究现实世界中许多界限不分明甚至很模糊的问题的数学工具。模糊数学方法在模式识别、人工智能等方面有广泛的应用，人们运用模糊性概念描述进行判断、评价、推理、决策和控制的过程，进而有了模糊聚类分析、模糊模式识别、模糊综合评判、模糊决策与模糊预测、模糊控制、模糊信息处理等，这些方法构成了一种模糊性系统理论，已经被用于专家系统和知识工程等方面。

　　（2）人工神经网络分析。

　　人工神经网络（Artificial Neural Network，ANN）是 20 世纪 80 年代以来人工智能领域兴起的研究热点。它从信息处理的角度对人脑神经元网络进行抽象，建立某种简单模型，按不同的连接方式组成不同的网络。ANN 是由众多的神经元可调的连接权值连接而成的，具有大规模并行处理、分布式信息存储、良好的自组织自学习能力等特点。工程与学术界也常直接简称它为神经网络或类神经网络。神经网络是一种运算模型，由大量的节点（或称神经元）之间相互连接构成。每个节点代表一种特定的输出函数，称为激励函数（activation function）。每两个节点间的连接都代表一个对于通过该连接信号的加权值，称为权重，这相当于人工神经网络的记忆。网络的输出则依网络的连接方式、权重值和激励函数的不同而不同。网络自身通常都是对自然界某种算法或者函数的逼近，也可能是对一种逻辑策略的表达。BP（Back Propagation）算法又称为误差反向传播算法，是人工神经网络中的一种监督式的学习算法，在理论上可以逼近任意函数，其基本的结构由非线性变化单元组成，具有很强的非线性映射能力。网络的中间层数、各层的处理单元数及网络的学习系数等参数可根据具体情况设定，灵活性很大。最近十多年来，人工神经网络的研究工作不断深入，已经取得了很大的进展，其在模式识别、智能机器人、自动控制、预测估计、生物、医学、经济等领域已成功地解决了许多现代计算机难以解决的实际问题，表现出了良好的智能特性。

近年来人们对神经网络在交通运输系统中的应用开始了深入的研究。交通运输问题是高度非线性的，可获得的数据通常是大量的、复杂的，用神经网络处理相关问题有巨大的优越性。其应用范围涉及汽车驾驶员行为的模拟、参数估计、路面维护、车辆检测与分类、交通模式分析、货物运营管理、交通流量预测、运输策略与经济、交通环保、空中运输、船舶的自动导航及船只的辨认、地铁运营及交通控制等领域并已经取得了很好的效果。

神经网络的研究可以分为理论研究和应用研究两大方面。理论研究包括利用神经生理与认知科学研究人类思维以及智能机理、利用神经基础理论及数理方法探索功能更加完善的神经网络模型及算法两个方面。应用研究主要集中在神经网络的软件模拟和硬件实现的研究、神经网络在各个领域中应用的研究两个主题。

人工神经网络特有的非线性适应性信息处理能力，克服了传统人工智能方法对于直觉，如模式、语音识别、非结构化信息处理等的缺陷，使之在神经专家系统、模式识别、信号处理、知识工程、智能控制、信号处理、辅助决策、人工智能、组合优化、预测等领域得到成功应用。人工神经网络正向模拟人类认知的道路上更加深入地发展，与模糊系统、专家系统、遗传算法、进化机制、小波分析、混沌、粗集理论、分形理论、证据理论和灰色系统等的融合形成计算智能。

由于神经网络是高度非线性动力学系统，而混沌又具有上述特性，因此神经网络与混沌密切相关，混沌神经网络被认为是可实现真实世界计算的智能信息处理系统之一。目前对混沌神经网络的研究还处于初始阶段，其研究主要限于认识单个神经元的混沌特性和对简单混沌神经网络的行为分析。1990年，Aihara等在前人推导和动物实验的基础上，给出了一个混沌神经网络模型。大量的生物实验表明，脑神经系统具有分岔、混沌和奇怪吸引子动力学行为，人们通过建立混沌神经元的基本模型，并对神经元模型的特性进行分析，引出了混沌神经网络模型。目前人们广泛研究的混沌神经网络模型是在Hopfield神经网络中引入了一个具有混沌特性的负反馈项。

（3）分形信息处理。

分形理论（Fractal Theory）是十分活跃的新理论、新学科。分形的概念是美籍数学家 B. B. Mandelbrot 于 1973 年提出的，他把部分与整体以某种方式相似的形体称为分形（fractal）。分形理论的数学基础是分形几何学，即由分形几何衍生出分形信息、分形设计、分形艺术等应用。

分形理论的最基本的特点是用分数维度的视角和数学方法描述和研究客观事物，也就是用分形分维的数学工具来描述研究客观事物。它跳出了一维的线、二维的面、三维的立体乃至四维时空的传统，更加趋近复杂系统的真实属性与状态的描述，更加符合客观事物的多样性与复杂性。分维又称分形维或分数维，是分形理论的又一重要原则，也是分形的定量表征和基本参数。长期以来人们习惯于将点定义为零维，将直线定义为一维，将平面定义为二维，将空间定义为三维，爱因斯坦在相对论中引入时间维，就形成四维时空。对某一问题给予多方面的考虑，可建立高维空间，但都是整数维。在数学上，把欧氏空间的几何对象连续地拉伸、压缩、扭曲，维数也不变，这就是拓扑维数。然而，这种传统的维数观受到了挑战。曼德布罗特曾描述过一个绳球的维数：从很远的距离观察这个绳球，可看作一点（零维）；从较近的距离观察，它充满了一个球形空间（三维）；再近一些，就看到了绳子（一维）；再向微观深入，绳子又变成了三维的柱，三维的柱又可分解成一维的纤维。显然，并没有绳球从三维对象变成一维对象的确切界限。数学家豪斯道夫（Hausdorff）在 1919 年提出了连续空间的概念，也就是空间维数是可以连续变化的，它可以是自然数，也可以是正有理数或正无理数，其称为豪斯道夫维数，记作 Df，一般的表达式为：$K = LDf$，也作 $K = (1/L) - Df$，取自然对数并整理得 $Df = \ln K / \ln L$，其中 L 为某客体沿其每个独立方向皆扩大的倍数，K 为得到的新客体是原客体的倍数，Df 在一般情况下不一定是自然数。因此，曼德布罗特也把分形定义为豪斯道夫维数大于或等于拓扑维数的集合。

经典的几何学一般适用于处理比较规则和简单的形状，但是自然界的实际景象绝大部分却是由非常不规则的形状组成的曲线，很难用一个数学表达式来表示。在这样一种情况下，人们提出了分形几何学。分形的含义是某种形状、结构的一个局部或片段。它可以有多种大小、尺寸的相似形，常为分枝。这些分枝的方式、样子都类似，只有大小、规模不同。

线性分形又称为自相似分形。自相似原则和迭代生成原则是分形理论的重要原则。它表征分形在通常的几何变换下具有不变性，即标度无关性。自相似性是从不同尺度的对称出发，也就意味着递归。分形形体中的自相似性可以是完全相同，也可以是统计意义上的相似。标准的自相似分形是数学上的抽象，迭代生成无限精细的结构，如科赫曲线（Koch snowflake）、谢尔宾斯基地毯（Sierpinski carpet）等。这种有规分形只是少数，绝大部分分形是统计意义上的无规分形。

利用分形信息处理的分形编码原理可实现图像分割压缩。对于一幅数字图像，通过一些图像处理技术，如颜色分割、边缘检测、频谱分析、纹理变化分析等将原始图像分成一些子图像，然后在分形集中查找这样的子图像。分形集实际上并不是存储所有可能的子图像，而是存储许多迭代函数，通过迭代函数的反复迭代可以恢复原来的子图像。也就是说，子图像所对应的只是迭代函数，而表示这样的迭代函数一般只需要几个参数即可确定，从而达到了很高的压缩比。利用分形信息处理可使图像压缩比比经典编码方法的压缩比高，分形压缩还能依据压缩时确定的分形模型给出高分辨率的清晰的边缘线，在压缩时只要多用些时间就能提高压缩比，但不会增加解压缩的时间。

（4）进化算法。

进化算法，或称"演化算法"（Evolutionary Algorithms，EA）是一个算法簇，尽管它有很多变化，有不同的遗传基因表达方式，包括复制 r（reproduction）、交叉 c（crossover）及变异 m（mutation），不同的交叉和变异算子，特殊算子的引用，以及不同的再生和选择方法，但它们产生的灵感都来自大自然的生物进化。与传统的基于微积分的方法和穷举法等优化算法相比，进化计算是一种成熟的具有高鲁棒性和广泛适用性的全局优化方法，具有自组织、自适应、自学习的特性，能够不受问题性质的限制，有效地处理传统优化算法难以解决的复杂问题。

进化计算包括遗传算法（Genetic Algorithms）、遗传规划（Genetic Programming）、进化策略（Evolution Strategies）和进化规划（Evolution Programming）四种典型方法。遗传算法比较成熟，现已广泛应用，进化规划和进化策略在科研和实际问题中的应用也越来越广泛。遗传算法的主要基因操作是选择、交叉和变异，而进化规则、进化策略的进化机制源于选种和突变。从适应度的角度来说遗传算法用于选择优秀的父代，而进化规则和进化策略则用于选择子代。遗传算法与遗传规划强调的是父代对子代的遗传链，而进化规则和进化策略则着重于子代本身的行为特性，即行为链。进化规则和进化策略一般都不采用编码，省去了运作过程中的编码－解码手续，更适用于连续优化问题，但因此也不能进行非数值优化。进化策略可以确定机制产生出用于繁殖的父代，而遗传算法和进化规则强调对个体适应度和概率的依赖，此外，进化规则把编码结构抽象为种群之间的相似，而进化策略将之抽象为个体之间的相似。进化策略和进化规则已应用于连续函数优化、模式识别、机器学习、神经网络训练、系统辨识和智能控制等众多领域。

进化算法的基本框架还是简单遗传算法所描述的框架，但在进化的方式上有较大的差异，选择、交叉、变异、种群控制等有很多变化。遗传算法对于交叉操作要看重一些，认为变异操作是算法的辅助操作；而进化规则和进化策略认为在一般意义上说交叉并不优于变异，甚至可以不要交叉操作。

进化算法是以达尔文的进化论思想为基础，模拟生物进化过程来求解问题的自组织、自适应的人工智能技术。生物进化是通过繁殖、变异、竞争和选择实现的，而进化算法则主要通过选择、重组和变异这三种操作实现对优化问题的求解。进化算法的基本框架或步骤为：$t=0$，初始化群体 $p(0)$，评估初始化群体 $p(0)$，当终止条件不满足时重组操作 $p(t)=r[p(t)]$，变异操作 $p(t)=m[p(t)]$，评估操作 $p(t)$，选择操作 $p(t+1)=s[p(t)UQ]$，$t=t+1$，结束。其中 r、m、s 分别表示重组算子、变异算子、选择算子。一般来说，进化计算的求解包括以下几个步骤：给定一组初始解；评价当前这组解的性能；从当前这组解中选择一定数量的解作为迭代后的解的基础，再对其进行操作，得到迭代后的解；若这些解满足要求则停止，否则将这些迭代得到的解作为当前解重新操作。以遗传算法为例，其工作步骤可概括为：①对工作对象——字符串用二进制的 0/1 或其他进制字符编码；②根据字符串的长度 L，随机产生 L 个字符组成初始个体，通常用轮盘赌的方法得到；③计算衡量个体优劣标志的适应度，通常适应度是所研究问题的目标函数；④通过复制，将优良个体插入下一代新群体中，体现优胜劣汰的原则；⑤交换字符，产生新个体，交换点的位置是随机决定的；⑥对某个字符进行补运算，将字符 1 变为 0，或将 0 变为 1，这是产生新个体的另一种方法，突变字符的位置也是随机决定的；⑦反复迭代，在每次迭代期间，要执行适应度计算、选择、交叉、变异等操作，直至满足终止条件。

在 20 世纪 90 年代，人们基于进化算法发展了交互式进化计算（Interactive Evolutionary Computation），主要有交互式遗传算法（IGA）、交互式遗传规划（IGP）、交互式进化规划（IEP）和交互式进化策略（IES）4 个研究分支。

3）多媒体处理技术

媒体是承载信息的载体及信息的表示形式。客观世界中有各种各样的信息形式，它们都是自然界和人类社会活动中原始信息的具体描述和表现，信息媒体元素是指多媒体应用中可以显示给用户的媒体组成元素，目前主要包括文本、图形、图像、声音、动画和视频等。根据国际电联（ITU－T）的定义，媒体分为感觉媒体（Perception Medium，由人类的感觉器官直接感知的一类媒体）、表示媒体（Representation Medium，为了能更有效地加工、处理和传输感觉媒体而人为构造出来的一种用于数据交换的编码）、显示媒体（Presentation Medium，进行信息输入和输出的媒体）、存储媒体（Storage Medium，进行信息存储的媒体）、传输媒体（Transmission Medium，用于承载信息，进行传输的媒体）五个类别。

多媒体信息处理技术是将文本、图形、图像、音频、视频、动画、数据等媒体元素与通信及计算机技术结合在一起的一种新技术，它们所集成的系统为视觉、听觉、嗅觉等感觉器官的并用实现了良好的交互性。多媒体技术具有集成性、交互性（人机对话）、数字化和实时性，多媒体方式能和人们的自然交流及处理信息的方式达到最好的匹配。但在处理图形、图像、声音、动画、影像等多媒体信息时，要占用相当大的存储空间，这影响了多媒体性能，应以压缩的方式存储数字化的多媒体信息。

多媒体信息处理技术通过多种信息媒体的获取、处理、交换、传递和再现，使计算机能较好地再现人的自然世界，开拓了诱人的应用前景。目前，多媒体信息处理技术的应用已涉及各个领域，并对人们的工作和生活方式产生了极大的影响。

（1）图像影像数据技术。

传统的数据采用编码表示，数据量并不大，而多媒体数据具有数据量巨大、数据类型多、数据类型间差别大、数据输入和输出复杂等特点。例如一幅 640 × 480 分辨率、256 种颜色的彩色照片，存储量要 0.3MB，CD 质量双声道的声音，存储量每秒为 1.4MB。多媒体数据类型多，包括图形、图像、声音、文本和动画等多种形式，即使同属于图像一类，也还有黑白、彩色、高分辨率和低分辨率之分，由于不同类型的媒体内容和格式不同，其在存储容量、信息组织方法等方面都有很大的差异。因此，多媒体数据在计算机中的表示是一项很复杂的工作。

数据是用来记录和传送信息的，或者说数据是信息的载体。对于人类而言，真正有用的不是数据本身，而是数据所携带的信息。信息量与数据量的关系是：信息量 = 数据量 + 数据冗余。多媒体数据中存在的数据冗余类型有空间冗余、时间冗余、编码冗余、结构冗余、知识冗余、视觉冗余、其他冗余。

人们发现，在处理图形、图像、声音、动画、影像等多媒体信息时，必须要占用相当大的存储空间。因此，以压缩的方式存储数字化的多媒体信息是解决这一问题的唯一途径，在多媒体系统中，图像压缩方法主要是利用消除图像在空间和时间上的很强的相关性所带来的数据冗余度来满足应用要求。可用多种方法对数据进行压缩处理，根据解码后的数据与原始数据是否完全一致可把数据压缩方法划分为可逆编码方法和不可逆编码方法，可逆编码方法又称为无损压缩编码，不可逆编码方法又称为有损压缩编码。用可逆编码方法压缩的图像，其解码图像与原始图像严格相同，即压缩是完全可以恢复的或没有偏差的，多媒体应用中经常使用的无损压缩方法主要是基于统计的编码方法，如游程编码、Huffman 编码、算术编码和 LZW 编码等；用不可逆编码方法压缩的图像，其还原图像较原始图像存在一定的误差，但视觉效果一般是可以被接受的，该方法大多数被使用在把人类视觉作为对象的场合，常用的有损压缩方法有脉码调制（PCM）、预测编码、变换编码、插值和外推法等。根据方法的原理进行分类，数据压缩方法可以划分为预测编码、变换编码、量化与向量量化编码、信息熵编码、分频带编码、结构编码和基于知识的编码等。新一代的数据压缩方法有矢量量化编码和子带编码、基于模型的压缩、分型压缩和小波变换压缩等。

在多媒体系统中，图像压缩方法可分成有损压缩和无损压缩两种类型。JPEG 和 MPEG 就是得到国际标准化组织认可并推荐的两个国际标准。JPEG 标准是面向连续色调、多级灰度、彩色或单色静止图像的压缩标准，它定义了无失真压缩算法和有失真压缩算法两种基本算法。MPEG 用于减少空域冗余信息的技术与 JPEG 标准采用的方法基本相同，由用 DCT 变换计算变换系数、对变换系数进行量化、对变换系数进行编码三个阶段组成。

多媒体中声音文件的格式有 WAV、MP3、MD、RA、VOC、AF、WMV、MID、AF；静态图像的格式有 BMP、JPG、JPEG、GF、JPN、WMF、TIF、GIF、PSD、PNG；动态图像的格式有 AVI、MPG、RM、RM、VB、WMV、MPEG、MOV、QT；常用的文本扩展名有 doc、ppt、txt、rtf、html、htm；多媒体应用中使用的动画文件主要有 GIF、AVI、SWF；压缩文件的格式有 zip、z、gz、bz 等。

目前在多媒体信息压缩技术中最关键的是视音频编码。在视频压缩方面主要有 H. 261、H. 263、MPEG – 1、MPEG – 2、MPEG – 4、MPEG – 7 等一系列视频压缩标准。

多媒体创作工具包括图形图像编辑工具 Photoshop、音频编辑工具 wave EDT、二维动画制作工具 Flash、三维动画制作工具 3D MAX、视频编辑工具 Premiere、多媒制作工具 ToolBook 等。另外还有网页制作语言 HTML 和工具 FrontPage、Dreamweaver 等。

（2）动画技术。

利用人眼视觉暂留的惰性，在时间轴上，每隔一段时间在屏幕上展现一幅上下关联的图像、图形，就形成了动态图像即动画，用计算机制作动画的方法有造型动画和帧动画两种。

多媒体应用中使用的动画文件格式主要有 GIF、SWF、AVI 等。GIF 文件可保存单帧或多帧图像，支持循环播放；GIF 是网络唯一支持的动画图形格式，在互联网上非常流行。GIF 与 JPG 的区别在于 GIF 支持透明格式，虽然图像压缩比不及 JPG 文件，但是具有更快的传送速度。SWF 文件是 Macromedia 公司的 Flash 动画文件格式，需要用专门的播放器才能播放，所占内存空间小，在网页上使用广泛。AVI 文件与视频格式相同。

（3）其他多媒体技术。

多媒体技术还包括多媒体通信的网络技术、多媒体通信的终端技术、移动多媒体信息传输技术、多媒体数据库技术等。

多媒体通信的网络技术包括宽带网络技术以及接入网技术。在多媒体通信系统中，网络上传输的是多种媒体综合而成的一种复杂的数据流，它不但要求网络对信息具有高速传输能力，还要求网络具有对各种信息的高效综合能力。

多媒体通信的终端技术是能集成多种媒体信息，能对多媒体信息实现同步，并具有交互功能的通信终端，其能完成信息的采集、处理、同步、显现等多种功能，而这些功能又涉及信号的处理与识别、信源编码的相关技术及为了实现有效传输的信道编码技术（包括基带传输、频带传输、纠错等）。

移动多媒体信息传输技术的关键技术除多媒体通信的网络技术、多媒体通信的终端技术、移动多媒体通信的信息传输技术三方面外，还包括射频技术、多址方式、调制方式三方面的移动多媒体信息传输技术。

多媒体数据库技术主要是数据库管理系统（DBMS），它由相关数据和一组访问数据库的软件组合而成，它负责数据库的定义、生成、存储、存取、管理、查询和数据库中信息的表现等，传统的 DBMS 处理的数据类型主要是字符和数字，在处理结构化数据、文字和数值信息等方面很成功。多媒体数据库管理系统（MMDBMS）不但要对传统 DBMS 的功能加以改进，还要增加一些处理各种非结构化数据（如图形、图像和声音等）的新功能。MMDBMS 的基本技术主要包括多媒体数据的建模、数据的压缩/还原技术、存取管理和存取方法、用户界面技术和分布式技术等，而且应具有开放的体系结构和一定的伸缩性，主要应具备传统数据库管理系统的能力、超大容量存储管理能力、多媒体信息的查询和检索的能力、便于媒体集成和编辑的能力、多媒体的接口和交互功能、提供统一的性能管理机制以保证其服务性能的能力。

3.5.2　信息融合技术

任何一个传感器都无法提供定位和导航系统等所要求的精确定位和位置信息。通常的解决方法（常常是获得所要求的可靠性和精度的唯一方法）是融合来自大量不同传感器的信息，每个传感器具有不同的性能和独立的故障方式。因此，定位模块一般集许多传感器于一体，各传感器彼此补偿，以满足普遍系统的总体要求。这就要求研究各种传感器、各种融合方法和算法。

1）信息融合技术概述

信息融合技术实质上是多传感器信息融合。所谓多传感器信息融合（Multi-Sensor Information Fusion，MSIF）就是利用计算机技术将来自多传感器或多源的信息和数据，在一定的准则下加以自动分析和综合，以完成所需要的决策和估计而进行的信息处理过程。

多传感器信息融合是针对处于不同位置的多个或者多种传感器的信息处理技术。随着传感器应用技术、数据处理技术、计算机软硬件技术和工业化控制技术的发展成熟，多传感器信息融合技术已成为一门热门、新兴的学科和技术。我国对多传感器信息融合技术的研究已经在工程上应用于信息的定位和识别等。相信随着科学的进步，多传感器信息融合技术会成为一门智能化、精细化数据信息图像等综合处理和研究的专门技术。

2）信息融合技术的基本原理和信息融合系统的体系结构

信息融合技术的基本原理就像人的大脑综合处理信息的过程一样，将各种传感器进行多层次、多空间的信息互补和优化组合处理，最终产生对观测环境的一致性解释。在这个过程中要充分地对多源数据进行合理支配与使用，而信息融合的最终目标则是基于各传感器获得的分离观测信息，通过对信息多级别、多方面的组合导出更多有用信息。这不仅利用了多个传感器相互协同操作的优势，而且也综合处理了其他信息源的数据来提高整个传感器系统的智能化。

根据数据处理方法的不同，信息融合系统的体系结构有三种：分布式、集中式和混合式。

（1）分布式：分布式先对各个独立传感器所获得的原始数据进行局部处理，然后再将结果送入信息融合中心进行智能优化组合来获得最终的结果。分布式对通信带宽的需求低、计算速度快、可靠性和延续性好，但跟踪的精度却远没有集中式高。

（2）集中式：集中式将各传感器获得的原始数据直接送至中央处理器进行融合处理，可以实现实时融合，其数据处理的精度高、算法灵活，缺点是对处理器的要求高、可靠性较低、数据量大，故难以实现。

（3）混合式：混合式是分布式和集中式的混合形式。

3）信息融合技术的基本原理和信息融合系统的体系结构

多传感器集成和融合给一个系统提供额外的益处，这包括坚固的操作性能、空间覆盖的扩展、时间覆盖的扩展、可信度的增强、性能的改进、空间分辨率的增强、系统操作的可靠性、维数的增加、各种设备的充分利用以及模糊的减少等。大多数融合方法明显地或隐含地产生某些假设，如果假设的传感器模型不能恰当地描述来自真实传感器的数据，则一个完美的传感器模型和评价理论也不可能产生所期望的结果。

（1）简单滤波法。

由于误差传播，许多不同的误差滤波方法被采用，一种方法是数字滤波器。低通滤波器可用于减少其他磁场对罗盘的影响。高通滤波器可用于消除由里程表漂移产生的误差。可把这两种过滤器的输出集成获得来自定位模块的输出。

（2）卡尔曼滤波（KF）法。

卡尔曼滤波处理信息的过程一般为预估和纠正，其不仅是个简单具体的算法，而且也是一种非常有用的系统处理方案。事实上，它与很多系统处理信息数据的方法类似，它利用数学上迭代递推计算的方法为融合数据提供行之有效的统计意义下的最优估计，但是对存储的空间和计算要求很少，适合于对数据处理空间和速度有限制的环境。

卡尔曼滤波器利用测量模型的统计特性递归地估算融合数据。这些数据在统计意义上讲是最优的。如果系统能用线性模型描述且系统和传感器误差能用高斯白噪声模型化，则卡尔曼滤波器将在统计上提供融合数据的最优估值。由于滤波器的递归性质，它能在没有存储任何历史数据的情况下使用，也能用于把定位模块和地图匹配模块所确定的位置结合起来产生最佳的位置估算。卡尔曼滤波器能用来融合多传感器的测量结果，提供系统当前状态的估算和系统未来状态的预测。

卡尔曼滤波法分为集中式（标准式）卡尔曼滤波和分散式卡尔曼滤波两种方法，分别如图 3－14（a）和图 3－14（b）所示。集中式卡尔曼滤波产生所有传感器输入和输出的完备解，而分散式卡尔曼滤波使用每个传感器局部滤波和主滤波来融合所有的传感器。当把集中式滤波器应用到多传感器系统或嵌入局部滤波的系统时，研究表明它可能导致繁重的计算负担、低劣的容错和级联滤波器结构没有能力处理前置滤波数据。最近几年，许多分散式卡尔曼滤波已被引入以改进容错能力。

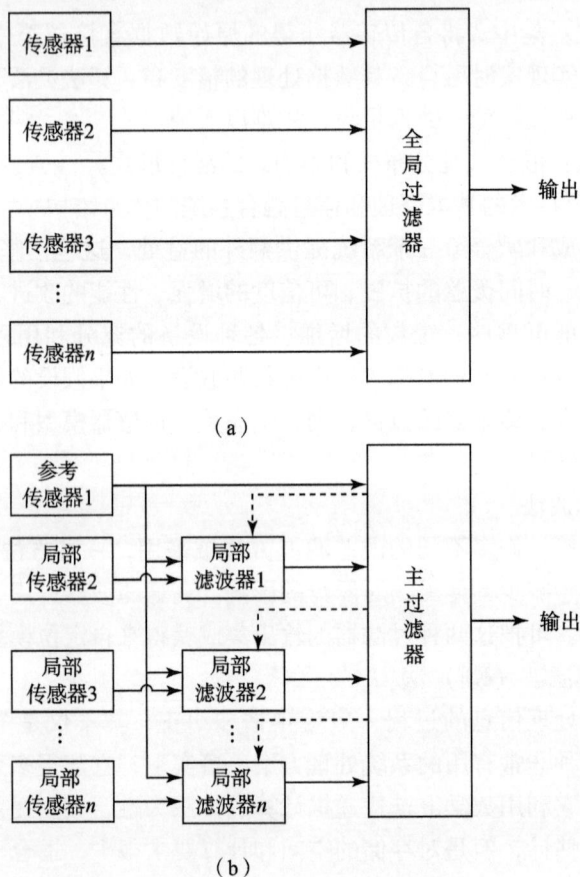

图 3－14　卡尔曼滤波
（a）集中式卡尔曼滤波；（b）分散式卡尔曼滤波

（3）人工神经网络法。

这种方法通过模仿人脑的结构和工作原理以传感器获得的数据作为网络的输入，通过网络的训练在相应的机器或者模型上完成一定的智能任务来消除非目标量的干扰。神经网络法对于消除多传感器在协同工作中所受到的各方面因素的相互交叉影响效果明显，而且它编程简便，输出稳定。

（4）其他融合方法。

许多其他技术已经被设计用于传感器融合。本书没有提到的许多技术常常用于图像处理和图像识别，且对增强视觉非常有用，甚至允许自动驾驶。某些技术已经被提出并投入实际使用。

模糊逻辑可用于表示推理（或融合）过程的不确定性，进行明确的决策。分布式黑板结构可用于减少融合过程中传感器之间的通信。加权平均可用于求冗余信息的平均值。利用统计决策理论可根据噪声的概率分布建立传感器噪声模型。利用贝叶斯估计（贝叶斯推理）可基于概率理论规则把传感器信息结合起来。Dempster-Shafer 证据推理可用于扩展贝叶斯估计。产生式规则可用于传感器信息和属性之间关系的符号表示，这种关系可从专家系统的部分信息推导出来。

多传感器信息融合技术的应用领域广泛，其不仅应用于军事，在民事应用方面也有很大的空间。军事应用是多传感器信息融合技术诞生的奠基石，具体应用包括海洋监视系统和军事防御系统。在民事应用方面，其主要用于智能处理以及工业化控制，智能处理包括医药方面的机器人微型手术和疾病监测，尤其是智能家居等方面。

信息融合系统是一个具有强烈不确定性的复杂大系统，其处理方法受到现有理论、技术、设备的限制。虽然这是一门新兴的学科，很多理论还不健全，但随着各种新兴的相关科学技术的发展，它将不断完善，并产生更多的实用价值。

3.6　小　　结

智能运输系统的研究开发涉及信息采集技术、显示技术、通信技术、定位技术、系统处理和信息融合技术等，本章通过基本概念介绍和特点分析，为进行智能运输系统设计提供参考，也为后续章节提供理论基础。

第4章

智能运输系统的体系框架与标准

4.1　智能运输系统体系框架的定义和作用

4.1.1　智能运输系统体系框架的定义和组成

智能运输系统的体系框架，可定义为系统所包含的子系统及其用户所需的功能，各子系统所应具备的功能，以及各子系统之间的互相关系和集成方式。智能运输系统的体系框架阐述了其结构体系，列出了用户服务功能，定义了实现用户服务功能的各子系统，并阐述了各子系统之间的通信方式、协调工作的方式、系统功能。

智能运输系统的根本出发点是充分利用现有的交通基础实施资源和信息基础实施资源。为实现这一目的，必须对智能运输系统的整体有一个全面的描述，同时必须保证在进行系统集成时是可控的和无缝隙的，智能运输系统的体系框架就是为实现这一点提供保障的。智能运输系统体系框架的结构决定了在概念和哲学层次上系统如何构成，体系框架既不是一个简单的设计文档，也不是一个技术性的说明，更不是智能运输系统体系框架本身的研究发展过程，而是一个贯穿于智能运输系统体系结构标准研究制定各过程的指导性框架，它提供了检查标准遗漏、重叠和不一致的依据。基于逻辑框架和物理框架的标准需求，它提出了标准制定的出发点和衡量结果的工具。科技人员可以利用制定的标准来设计、研制和管理智能运输系统，同时根据实际需求提出新的用户服务功能，促进智能运输系统的体系结构和国家标准的完善。

智能运输系统体系框架主要由用户服务、逻辑框架、物理框架等组成，同时相关内容有用户主体、服务主体、ITS 标准、ITS 评价等。由于体系框架各组成都是围绕着用户服务展开的，所以从用户服务和其他各组成关系的角度来解释各组成的含义。

1）用户服务

用户服务是从用户的角度对 ITS 系统提出要求，是问题定义的过程。用户服务是 ITS 体系框架的基础，它决定了 ITS 体系框架是否完整，是否满足用户的需求。获得完整用户服务首先需要明确系统用户，即用户主体。而用户主体的确定需要以 ITS 系统与外界的清晰界定为基础，即需要明确 ITS 系统和系统终端。

2）逻辑框架

逻辑框架是组织复杂实体和关系的辅助工具，它定义了为提供各项用户服务而必须拥有的功能和必须遵从的规范，以及各功能之间交换的信息和数据流，其重点是功能性处理和信息流情况。它包括功能域、功能、子功能、过程等多个层次及其之间的数据流。逻辑框架是 ITS 体系框架开发的重要环节，其作用是明确完成用户服务需要的功能支持及功能之间的数据流交互，给出详尽的数据流属性。从用户服务到逻辑框架的转化，是一个用户服务不断细化分解成功能、相近功能并重新组合的过程，它不仅从宏观上把握了 ITS 所需的功能，而且从微观上对功能进行了重组，由此使得 ITS 体系框架的构建具有严密的逻辑关系，为物理框架的构建提供了基础。

3）物理框架

物理框架是 ITS 的物理视图，它是关于系统应该如何提供用户所要求的功能的物理表述。它是以逻辑框架中的过程和数据流为基础形成的高层框架，定义了组成 ITS 的实体（子系统和终端），以及各实体间的框架流。物理框架把逻辑框架中给出的过程分配到各子系统中，并且把数据流组合成为框架流，这些框架流和它们之间的通信需求定义了各子系统间的界面，成为目前标准化工作的基础。物理框架是由逻辑框架中的功能进行组合得到的，其组合原则大致完整地包含逻辑功能，与现实世界存在的系统相一致或相似，具有一定的可操作性。

标准和协议是接口、信息和通信协议的标准化，是 ITS 系统中各子系统和信息流相互协调的依据。它定义出各系统之间实现交互的标准接口、接口之间所传递的信息流及相应的通信协议。

ITS 评价对 ITS 项目的经济合理性、社会效应、环境影响和风险作出评价，为项目的可行性研究、实施，以及方案比选、决策提供依据，为系统的优化提供依据。ITS 评价是近年来设计者根据社会条件的变化新增加的内容。

4.1.2　智能运输系统体系框架的研究方法与开发过程

因为 ITS 实际上也是复杂的信息系统，所以信息系统的系统分析方法便可以作为 ITS 的系统结构开发方法。最常用的是面向过程的分析方法和面向对象的分析方法。面向过程的分析方法是从用户对系统功能的需求出发，使其结构模块化，自上向下对信息系统进行分析。常用的工具有数据流程图、数据字典等。面向对象的分析方法是从用户的需求出发，将系统的基本要素看成许多对象，每个对象包含它的数据和操作，共享的对象构成对象类，对对象、对象类及其关系进行分析。后者的起步更难些，但易于以后的修改与扩充。

ITS 体系结构的具体开发分为以下步骤：第一步是进行用户需求分析，确定用户所希望从系统得到的服务。第二步是依次开发系统的功能、信息、通信和物理体系结构。开发工作应和社会的各有关方面经常地交流和研讨，使开发的系统体系结构能够得到社会的广泛理解和支持。通常，一开始提出的体系结构是多方案的，要在进行评价之后确定最后的方案。确定体系结构的过程可能是反复的。在确定体系结构的基础上，就比较容易明确哪些标准化工作是必须优先展开的和如何分步开发作为实体的物理系统。系统的体系结构、标准化和系统开发计划最后都要形成标准文档。这些文档给出的系统体系结构并非绝对不变的，它可以随着系统的开发进行必要的调整和扩充。

1）面向过程的开发方法

面向过程的方法是利用抽象模型的概念，按照系统内部信息传递、变换的关系，以数据为中心，自上向下实现的物理模型。面向过程的设计开发是一个线性过程，要求实现系统的业务管理规范、处理数据齐全，它把系统分解为过程，产生自上向下、结构清晰的系统结构。

面向过程的指导思想在 ITS 体系框架中的应用主要体现在 ITS 逻辑框架、物理框架的构建中。它在 ITS 逻辑框架中的应用主要体现在对用户服务进行功能分析时，按照从上到下的顺序进行功能分解，以符合人们逻辑思考的过程。由于 ITS 体系框架不是单个系统，而是涉及多个系统，因此，ITS 逻辑框架的开发具有不同于软件开发的特点。其表现为在得到每项用户服务对应的逻辑功能及数据流表之后，需要各相似功能组合的过程，从而整理得出逻辑功能层次表，绘出各层次的数据流图，并给出相应的数据字典以描述逻辑功能和数据流。在功能分析的过程中，按照完成服务的流程给出各功能，包括系统与外界的信息交换、响应请求等边界功能。ITS 物理框架构建主要是在上述 ITS 逻辑框架内容的基础上，参考软件结构设计中的基本原理和启发式规则，结合交通系统的实际状况，对逻辑功能进行模块化。由于 ITS 物理框架是对逻辑层次表和数据流图的元素进行转化而来的，因此它自然而然地继承了 ITS 逻辑框架中面向过程的思想，通过对逻辑数据流图的分解，得到具有层次关系的物理框架中的系统、子系统、系统模块及框架流等元素。

2）面向对象的开发方法

面向对象的方法不是按功能过程建模，而是从系统组成上建模，其出发点和基本原则是尽可能模拟人类习惯的思维方式，使开发的方法与过程尽可能接近人类认识世界、解决问题的方法和过程，也就是使描述问题的问题空间与现实解法的解空间在结构上尽可能一致。因此，以面向对象的方法为指导的系统分析，不是把系统组成看作工作在数据上的一系列过程或函数的集合，而是看成相互协作而又彼此独立的对象的集合。

面向对象的 ITS 体系框架的设计是以对象化的交通信息为中心，并将信息封装起来，把整个 ITS 看作对象的集合，将各功能模块映射到数据库结构中，实现功能与数据结构的封装。其主要使用对象模型图、数据字典、动态模型图、功能模型图等对 ITS 体系框架加以描述。利用面向对象的方法为指导对 ITS 进行分析，主要体现在逻辑框架的构建中，与面向对象的方法在软件开发中需求分析阶段相对应。

3）两种体系框架开发方法的比较

两种体系框架开发方法没有优劣之分，只有特点上的差异，其核心都是对系统功能进行详尽的描述。由于两种方法主要是在思维方式上存在差异，这使得通过不同方法所得到的 ITS 体系框架是从不同的角度对系统的描述，具有不同的特点。自 1993 年美国首次借鉴软件工程中开发软件的思路和方法进行 ITS 体系框架开发以来，欧盟、日本、澳大利亚等先后进行了各自体系框架的开发，尽管各国 ITS 体系框架的内容因其自身特点而有所差异，但是在开发过程中都遵循了美国开发 ITS 体系框架的路线：用户服务→逻辑框架→物理框架。

软件工程的开发通常包括需求分析、功能设计、系统设计（包括概要设计和详细设计）、系统实现和软件维护等过程。与之相对应，ITS 体系框架的开发包括用户服务、逻辑框架、物理框架、指导 ITS 建设、体系框架的修订和完善。其对应关系见表 4－1。

表 4－1　ITS 体系框架的主要组成与用户服务的关系描述

组成部分名称	描述
用户主体	被服务的对象，明确服务中的一方
服务主体	提供服务方，明确服务中的另一方
用户服务	明确用户需要系统提供什么样的服务
逻辑框架	对服务进行功能分解并对逻辑功能进行组织
物理框架	提出物理实体，落实逻辑功能，以具体提供服务

下面重点介绍用户服务、逻辑框架、物理框架的内容：

（1）用户服务。用户服务明确系统提供什么样的服务，是 ITS 体系框架的基础。要明确系统提供什么样的服务，首先要确定用户主体、服务主体，针对用户得出 ITS 的需求。通过分析 ITS 的需求，对其进行分类组合，得到分层的用户服务列表。按照国际惯例，服务领域可划分为服务、子服务。一般要求内容全面，客观反映用户的需求。

（2）逻辑框架。逻辑框架主要从分析用户服务入手，确定系统应该具备的主要功能，并将功能划分成系统功能、过程、子过程等几个层次。逻辑框架包含逻辑功能元素和逻辑数据流，其中逻辑功能元素分层次但不限定其层数，可为功能域、功能、子功能（可多层）、过程等，根据需要进行分解。在利用面向过程开发指导方法进行框架构建时，逻辑功能元素是对数据流进行处理操作的概念，当上层逻辑功能元素不可再分，即数据流的处理可单独由一个处理完成时，得到最底层的逻辑功能元素——过程。逻辑框架的开发过程如图 4 - 1 所示。

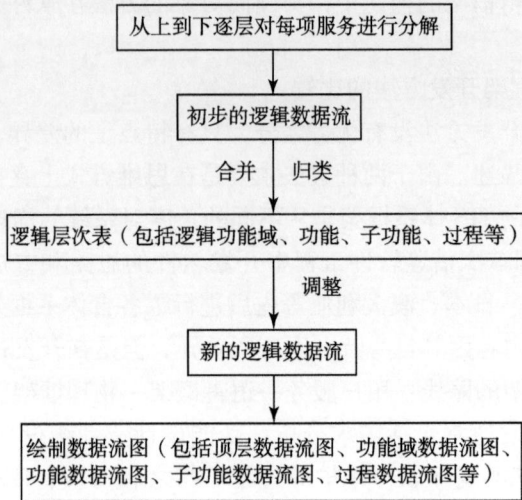

图 4 - 1　逻辑框架的开发过程

（3）物理框架。物理框架是从物理系统的角度分析实际 ITS 应该具有的结构，并按系统、子系统、模块等层次进行结构分析；分析 ITS 物理系统之间交互的信息，并以框架流的形式对此信息进行定义。物理框架还明确了系统对系统功能的实现关系和框架流对数据流的包含关系。

物理框架的制定过程首先从实现地点、通信等角度确定物理框架总体结构：中心、外场、车辆、出行者相关设施四大部分，作为物理子系统层。从一定程度上可以说，这是 ITS 对传统交通工程"人、车、路、环境"的发展，添加了具有信息处理等功能的实体——中心，使得人、车、路、环境之间有了更为便利的信息沟通。

其次是实现从逻辑框架到物理框架的转化。针对逻辑框架中的最底层元素——过程，确定其所属的物理子系统，然后对过程进行组合。在此基础上对系统模块分别组合，得到物理框架层次表，包括系统、子系统、系统模块及描述，然后对逻辑数据流进行组合得到物理框架流，系统模块框架流的起终点与逻辑数据流的起终点具有包含关系，因此，框架流是由数据流组合而来的。绘制框架流图，包括顶层系统图、系统图、子系统图、系统模块图。物理框架和逻辑框架有相同的终端，故顶层系统图与逻辑框架中的顶层数据流图相似，其不同之处在于前者名为框架流，后者名为数据流与终端交互。

有的物理框架中还包括应用系统。应用系统由系统模块进行不同的组合构成，是面向需求的系统。根据用户服务，考虑各种不同的技术，对实现用户服务所需的系统模块进行组合，得到切合实际发展需要、与通信等技术发展相匹配、可用于指导 ITS 建设的系统。

通过以上步骤，即完成了 ITS 体系框架的构建工作，包括对技术、通信、体制等各方面的总体分析。

4.2 国外智能运输系统的体系框架

美国、日本、欧盟等在 20 世纪 90 年代先后完成了国家（或地区）ITS 体系框架的构建，随后澳大利亚、韩国等先后对本国的 ITS 体系框架进行了研究。

4.2.1 美国智能运输系统体系框架

美国的国家体系框架发展计划（National Architecture Development Program）最早源于 1991 年的 ISTEA（Intermodal Surface Transportation Efficiency Act）法案对建立 ITS 相关标准提出的要求。美国运输部于 1992 年开始进行国家 ITS 系统体系框架的准备工作，于 1996 年 6 月建立国家级系统架构的最初版本，目前体系结构的版本正在逐年更新，至今已更新推出了第 5 版。美国的 ITS 国家体系框架文件长达 5 000 余页，共分为 16 册，具体内容可划分为两大部分：一是"框架定义"，是 ITS 框架的核心和付诸实施的基础，可以看作 ITS 体系的概念框架；二是"执行策略"，主要联系 ITS 框架定义与具体建设过程，与实施标准相结合，具体指导 ITS 系统的建设，可以看作 ITS 体系的实施框架。两大内容互相承接，体现出"从概念到实施"的全过程指导作用。

其构建的主要原则和目标为：以经济性为基本原则，最大限度地利用已有设施提供 ITS 服务；低收费，使多数人可享受信息服务，同时提供多种供选择的服务方式；增加私人企业的利益，加速 ITS 的实施应用；鼓励国家、个人合作；加强出行者的安全；给地方提供管理空间。其以面向过程的方法为指导，利用系统分析、软件工程的方法，给出了用户服务、逻辑框架、物理框架及其标准等内容。

1）用户服务

对于 ITS 所涉及的投资者、建设者、使用者、管理者等多种用户主体，通过开展讨论会等方式对这些参与者的需求进行总结，得出 8 类服务领域、32 项用户服务，见表 4 - 2。

表 4 - 2 美国国家 ITS 体系框架用户服务层次表

服务领域	服务
1. 出行和交通管理	1.1 出行前信息；1.2 途中驾驶员信息；1.3 路径诱导；1.4 合乘与预约；1.5 出行者服务信息；1.6 交通控制；1.7 事件管理；1.8 出行需求管理；1.9 尾气排放检测与减轻；1.10 公铁交叉口

服务领域	服务
2. 公共交通管理	2.1　公共交通管理；2.2　途中公交信息；2.3　个性化公共交通；2.4　公共出行安全
3. 电子付费	3.1　电子付费
4. 商用车辆运营	4.1　商用车辆电子通关；4.2　自动路侧安全检查；4.3　车辆行驶安全监视；4.4　商用车辆管理；4.5　危险物品事件响应；4.6　商用车队管理
5. 紧急事件管理	5.1　紧急事件通告与个人安全；5.2　紧急车辆管理
6. 先进的车辆安全系统	6.1　纵向防撞；6.2　横向防撞；6.3　交叉口防撞；6.4　视野扩展；6.5　安全准备；6.6　碰撞前措施实施；6.7　自动车辆控制
7. 信息管理	7.1　存档数据管理
8. 维护和建设管理	8.1　维护和建设运营管理

2）逻辑框架

美国的 ITS 逻辑框架以面向过程开发方法为指导，对如何实现各项用户服务进行细化，给出分层的逻辑功能元素表以及各元素间的数据流联系，包括 9 个逻辑功能、57 项子功能，如图 4 - 2 所示。

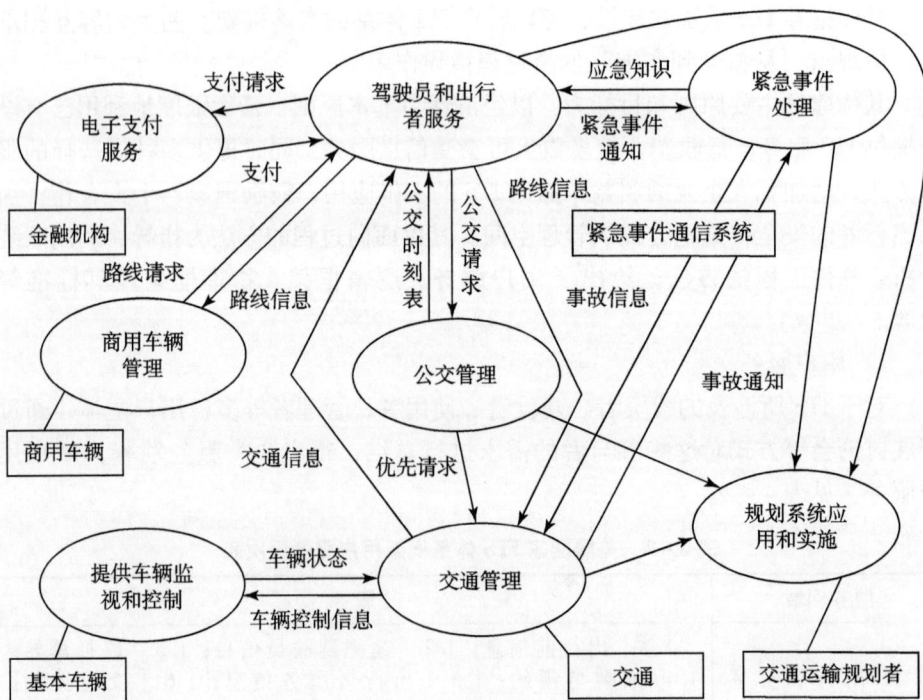

图 4 - 2　美国国家 ITS 逻辑框架示意

3）物理框架

美国国家 ITS 物理框架将智能运输系统分为 4 大类和 19 个子系统。美国物理框架子系统有中心系统（应急管理子系统、尾气管理子系统、货运管理子系统、计划管理子系统、收费管理子系统、交通管理子系统、快速运输管理子系统、服务信息提供子系统、商用车辆管理子系统）、外场设备系统（商用车辆检查子系统、停车管理子系统、收费管理子系统、外场设备子系统）、远程访问系统（个人信息访问子系统、远程出行者访问子系统）和车载系统（商用车辆子系统、紧急车辆子系统、建设维护车辆子系统、运输车辆子系统）。美国国家 ITS 物理框架如图 4 - 3 所示。

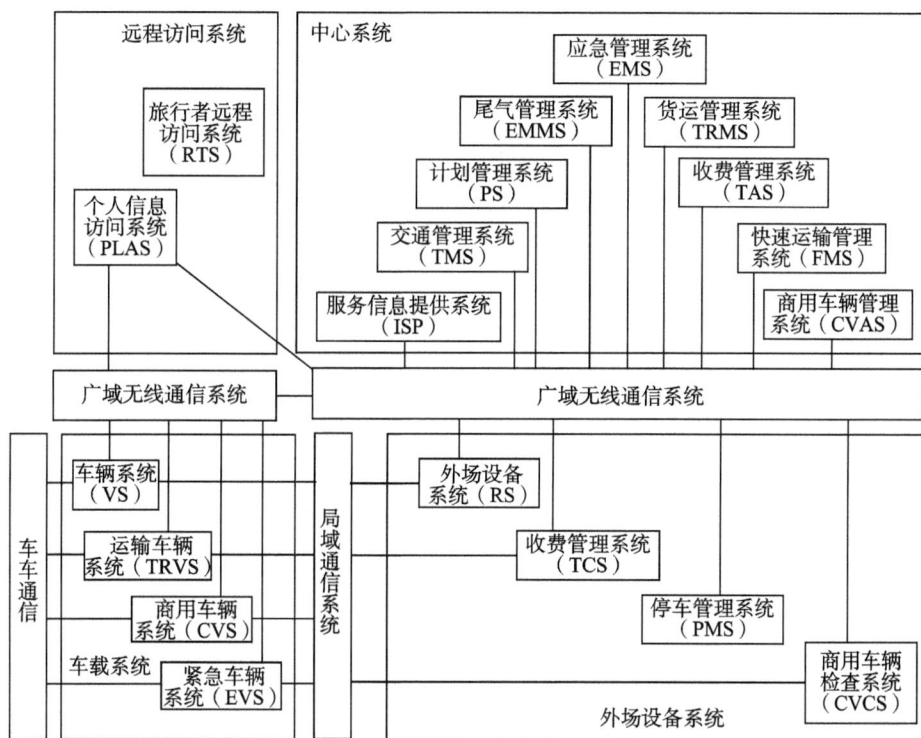

图 4 - 3　美国国家 ITS 物理框架示意

美国国家 ITS 体系结构包括 7 个基本系统（大系统）、29 个用户服务功能（子系统）以及 60 个市场包，它们共同构成了未来美国 ITS 的研究领域。其基本系统包括：先进的交通管理系统（Advanced Traffic Management System，ATMS）、先进的旅行者信息系统（Advanced Traveler Information System，ATIS）、先进的公共运输系统（Advanced Public Transportation System，APTS）、商用车辆运营管理系统（Commercial Vehicle Operation，CVO）、先进的车辆控制和安全系统（Advanced Vehicle Control and Safety System，AVCSS）、自动公路系统（Automated Highway System，AHS)、先进的乡村运输系统（Advanced Rural Transportation System，ARTS)。

（1）先进的交通管理系统（ATMS）。

先进的交通管理系统（ATMS）也称为出行和运输管理系统，主要指先进的监测、控制和信息处理系统。该类系统向交通管理部门和驾驶员提供对道路交通流进行实时疏导、控制和对突发事件应急反应的功能，在道路、车辆和监控中心之间建立起通信联系。它包括城市集成交通控制系统、高速公路管理监控系统、应急管理系统、交通事故处理、公共交通优先系统、不停车自动收费系统、交通公害减轻系统、需求管理系统等。该系统也包括用来研究和评价交通控制系统运行功能与效果的三维交通模拟系统。监控中心接收到各种交通信息（如车辆检测、车辆识别、交通需求、告警和救助信号）并经过迅速处理后，通过调整交通信号，向驾驶员和管理人员提供交通实时信息和最优路径诱导，从而使交通流始终处于最佳状态。电子收费系统通过电子卡或电子标签由计算机自动收费，可使所有地面交通收费包括道路通告费、运输费和停车费等实现自动化。紧急事件管理系统用来提高对突发交通事件的报告和反应能力，改善应急反应的资源配置。

（2）先进的旅行者信息系统（ATIS）。

先进的旅行者信息系统（ATIS）也称为出行需求管理系统，主要是对交通出行者提供及时的出行信息服务，改善交通需求管理。驾驶员可通过所获得的各种交通信息合理选择出行方式、时间和路线。在出行前通过办公室或家庭的计算机终端、咨询电话、咨询广播系统等，向出行者提供当前的交通和道路状况以及服务信息，以帮助出行者选择出行方式、出行时间和出行路线。在出行途中，通过车载信息单元或路边动态信息显示板，向出行者提供道路条件、交通状况、车辆运行情况、交通服务的实时信息，通过路径诱导系统对车辆定位和导航，使汽车始终行驶在最佳路线上，使出行者以最佳的出行方式和路线到达目的地。

（3）先进的公共运输系统（APTS）。

先进的公共运输系统（APTS）也称为公共交通运营系统，用来提高公共交通的可靠性、安全性及其生产效率，使公共交通对潜在的用户更具有吸引力。它采用各种智能技术促进公共运输业的发展，包括公共车辆定位系统、客运量自动检测系统、行驶信息服务系统、自动调度系统、电子车票系统等。该系统利用全球卫星定位系统和移动通信网络对公共车辆进行监控和调度，采用 IC 卡进行客运量检测和公交出行收费，通过个人计算机、闭路电视等向公众就出行时间和方式、路径及车次选择等提供咨询，在公交车辆上和公交车站通过显示器向候车者提供车辆的实时运行信息，改进服务，提高公共交通的吸引力。

（4）商用车辆运营管理系统（CVO）。

商用车辆运营管理系统（CVO）是为驾驶员在州际运输管理中自动询问和

接受各种交通信息，进行合理调度所设计，是专为运输企业提高盈利而开发的智能型运营管理技术，目的在于提高商业车辆的运营效率和安全性。它通过卫星、路边信号标杆等装置，以及车辆自动定位、车辆自动识别、车辆自动分类和动态称重等设备，实现电子通关。企业的车辆调度中心对运营车辆进行调度管理。

（5）先进的车辆控制和安全系统（AVCSS）。

先进的车辆控制和安全系统（AVCSS）应用先进的传感、通信和自动控制技术，给驾驶员提供各种形式的避撞和安全保障措施，主要指智能汽车的研制。先进的车辆控制系统包括事故规避系统和监测调控系统等。智能汽车具有道路障碍自动识别，自动报警，自动转向，自动制动，自动保持安全车距、车速和巡航控制功能。安装在车身各部位的传感器、盲点监测器、微波雷达、激光雷达、摄像机等设施由计算机控制，在易发生危险的情况下，随时以声、光的形式向驾驶员提供车体周围的必要信息，并可自动采取措施，从而有效地防止事故的发生。车内计算机中存储大量有关驾驶员个人和车辆各部分的信息参数，当监测到这些参数发生变化或超过某种安全极限值时就会向驾驶员发出警报，并采取相应措施，以预防事故发生。

（6）自动公路系统（AHS）。

自动公路系统（AHS）是更高级的智能车辆控制系统——汽车自动驾驶系统。它由路面设施和车辆上的特殊装备组成。如路面设施是在车道中心按一定间隔埋设的磁铁，车载装置是磁传感器、障碍物检测雷达、车道白线识别装置、电子导向仪、电子自控油门、电子刹车装置等。以电偶将汽车组成一组一组的列车运行，每辆车可随时加入或退出列车车队，当汽车在车队中行驶时为自动驾驶，这可保证汽车的行驶绝对安全高效。

（7）先进的乡村运输系统（ARTS）。

先进的乡村运输系统（ARTS）是根据乡村运输的特殊需要，对其他各类ITS 系统在乡村环境下有选择性的运用。针对这种特殊要求，也有一些特殊技术的开发和研究，如紧急呼救和事故防止、不利道路和交通环境的实时警告、高效益成本比的通信和监测等。

美国不断完善 ITS 体系框架的修订工作，同时加强对体系框架的应用推广。在国家 ITS 体系框架的基础上，美国开发了地方 ITS 体系框架的支持系统 Turbo Architecture 和美国国家 ITS 体系框架同步更新。而且，联邦公路局、联邦运输管理局于 2001 年 4 月规定各联邦资助 ITS 项目必须在国家 ITS 体系框架和标准的基础上开展，并且各地方需要在国家体系框架的指导下制定区域 ITS 体系框架，对于已经有 ITS 项目建设的地区，其区域 ITS 体系框架需在规定颁布的四年内完成，对于未实施 ITS 项目建设的地区，其区域 ITS 体系框架要在其首个 ITS 项目设计结束后四年内完成，以使各系统相互协调，减少系统的重复建设。

4.2.2 日本智能运输系统体系框架

日本于1998年1月着手开发国家 ITS 体系框架，并于1999年11月完成。日本 ITS 体系框架的最大特点是强调 ITS 信息的交互和共享，整个 ITS 建设是社会信息化的一部分。其体系框架在总体内容上与美、欧相同，分为用户服务、逻辑框架、物理框架三大部分，它吸纳了美国、欧盟体系框架的特点。日本 ITS 体系框架采用了面向对象的方法来建立系统的逻辑框架和物理框架。日本 ITS 体系框架开发中的面向对象方法主要体现在逻辑框架的构建中，通过对 ITS 抽象，建立信息模型描述 ITS 涉及的各对象间的信息关系（如继承等关系），通过建立控制模型实现各项用户服务。日本 ITS 体系框架的开发流程如图 4-4 所示。

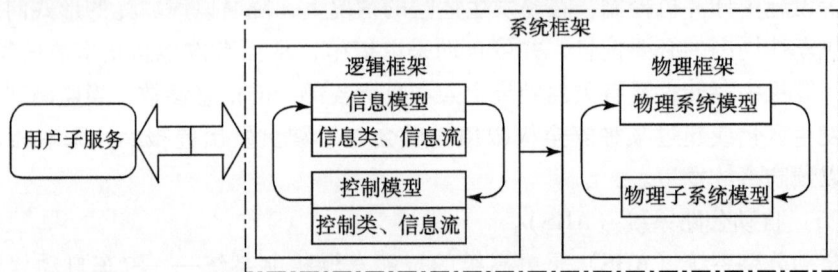

图 4-4　日本 ITS 体系框架的开发流程

日本 ITS 体系框架也在不断完善，近年来日本致力于此体系框架的应用推广。在 2003 年，日本推出了地方 ITS 体系框架开发辅助支持系统，并以东京作为示范进行了应用。日本 ITS 体系结构的开发主要包含下述 3 个步骤：

（1）用户服务的详细定义。以 1996 年五省厅在 ITS 总体构想中给出的 9 个领域、20 项服务为基础，进一步对服务细化，分类得到子服务。

（2）逻辑体系结构的开发。分析每个子服务的目的和内容，识别为提供服务所要处理的信息和实施服务所需要的功能。信息被系统地模拟化，并作为信息流，与所需要的功能联系起来。

（3）物理体系结构的开发。子系统对应功能和信息的每一坐标，并分配给道路、中心和车载系统。

日本 ITS 体系物理框架包括：高层子系统、子系统、底层子系统、单个独立的物理模型、整体物理模型以及信息流。其中，高层子系统以地点为划分标准；底层子系统以逻辑框架中的控制模型为基础提出，基本原则是针对控制模型中的每一个控制模块给出一个独立的底层子系统，也存在一个底层子系统对应包含多个控制模块的情况。其中，通过方法选择完成 ITS 体系框架中 172 项子服务所对应的逻辑功能和实现地点的匹配，即完成底层子系统在高层子系统中的定位。子系统是对高层子系统下近似底层子系统组合得到的，是一个分类方式，不具有实际意义。物理模型是针对用户服务提出的，由底层子系统为基本单位组成。实际上，子系统和系统框架流一起组成整体物理模型，底层子系统和框架流一起进行不同组合而组成单个独立的物理模型。它与美国的物理框架类似之处在于：以人、车、路、中心、环境为基本的物理系统划分原则，针对用户服务提出了相应的物理模型。

经过多年的发展，日本的 ITS 技术在框架结构处于世界领先地位。

日本 ITS 体系结构包括高级导航系统（含路线诱导交通信息的提供、目的地信息的提供）、自动收费系统、安全驾驶支持（含环境信息提供、危险警告、驾驶辅助、自动驾驶支持）、交通管理最优化（含交通流的最优化、发生交通事故时的交通管制信息）、道路管理效率化（含养护工作效率化、特殊车辆通行管理、交通管制信息）、公共交通支持（含公共交通信息的提供、公共交通运营及管理支持）、商用车辆运营效率化（含商用车辆运营支持、商用车辆连续自动行驶）、行人支持（含行人路线诱导、事故预防）、紧急车辆的行驶支持（含自动紧急通告、紧急车辆路线诱导、救援）等。日本提出的 ITS 的开发与研究领域如图 4 – 5 所示。

根据 1996 年 7 月由 5 家政府部门合作制定的《推进日本智能交通系统（ITS）总体规划（Comprehensive Plan for ITS in Japan）》和 VERTIS 总体设计，日本将 ITS 的研究内容大体上分为 9 大领域、20 个子系统：

1）高级导航系统

为了使驾驶员在驾驶中可以采取最佳的行动、通过分散交通流等为驾驶员提供便利，将经由路线的堵塞信息、所需时间、交通管制信息、停车场的满空信息等通过可进行双向通信的导航器系统或信息提供装置提供给驾驶员。此外，用户也可事先在家中、办公室等地获得同样的信息，以便制定合适的旅行计划，并且可通过车载机或在停车场、服务区、一般道路上的车站等地以双向通信的方式获得目的地的信息以及其他信息。高级导航系统包括：①路线导航信息提供系统，其为驾驶员选择最佳行驶路线、最小化出行时间提供信息，这些信息包括各条路线的拥堵状态、交通管制信息、可利用的停车设施等，驾驶员出行前也可以在家中或办公室得到这些信息，以制定有效的出行计划；②目的信息提供系统，其提供与目的地有关的各种信息，使驾驶员选择合适的旅行目的地。为了使驾驶员和乘客充分享受旅行，系统还通过车载装置等提供区域服务信息。

2）电子收费系统

为了解决收费道路收费站的堵塞及通过事先无现金化为驾驶员提供更多的便利、减少管理费用，在收费道路的收费站实施无需停车的自动收费。电子收费系统即 ETC 系统，驾驶员在通过收费站时可实现不停车自动非现金付费，这可以提高驾驶的舒适性、减少收费站管理人员的费用、采集车辆 OD 数据等。

高级导航系统 Upgrade Navigation Systems	通过VICS实时收集和 提供道路交通信息
电子收费系统 Electronic Toll Collection	实施不停车公路通行 费自动征收
安全驾驶援助 Safety Driving Assistance	通过给出警告支持驾驶 员的工作并通过AHS 实施自动驾驶
交通管理优化 Improve Traffic Management	优化公共交通的信号时 间并给出最佳路线诱导
提高道路管理的效率 Enhance Efficiency of Road Management	特殊车辆的运行控制，如 在许可线路上的交通控制， 收集和改善道路施工情报
公共交通支持 Assist Public Transportation	规划公共交通时间并 提供其相关信息
改进商业车辆运行效益 Improve Efficiency of Commercial Vehicle Operation	收集和提供货车的运营状 况，提供配载和运送信息
步行者援助 Assist Pedestrians	指引或带领视觉障碍者选择最优 线路，当发生灾害时，发出撤退 指令，为步行者提供线路指引和 在邻近区域中设置可利用设施
紧急车辆运行援助 Continual Operation of Emergency Vehicles	灾害发生时，受灾情况传送 以及派遣救灾车辆

智能运输系统（ITS）

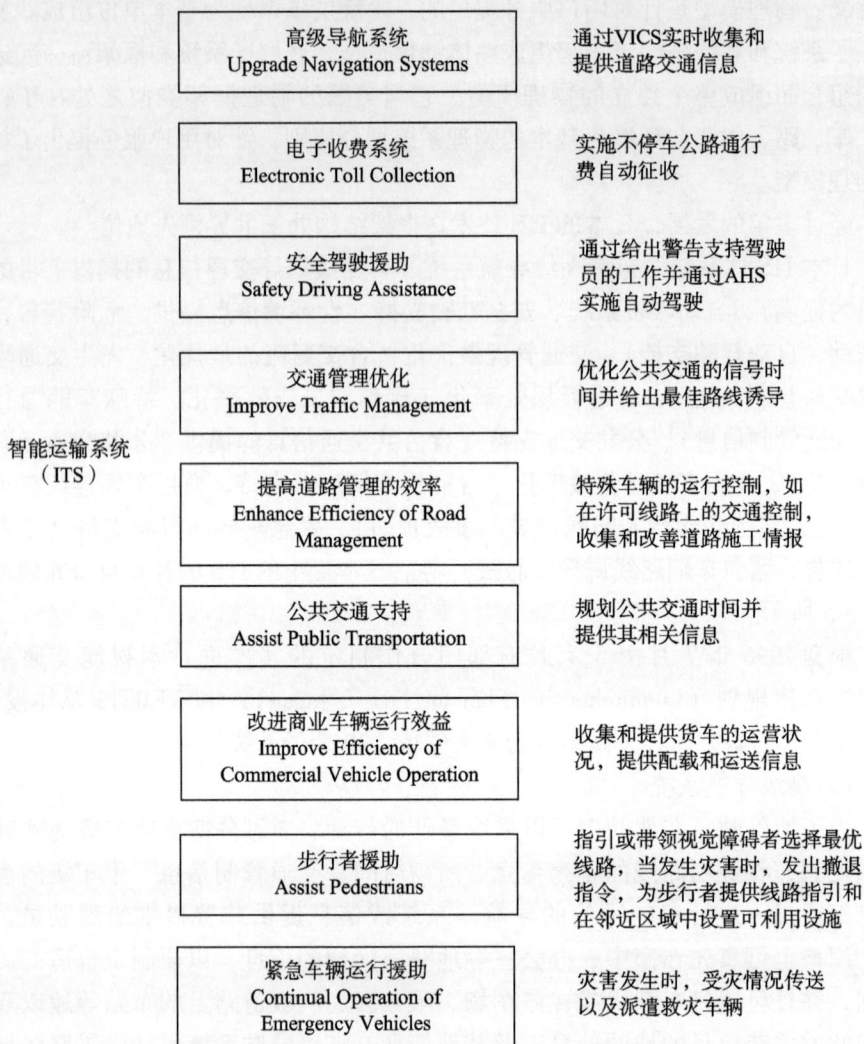

图 4-5　日本提出的 ITS 的开发与研究领域

3）安全驾驶辅助系统

为将事故防患于未然，通过车辆及道路的各种传感器掌握道路、周围车辆的状况等驾驶环境信息，通过车载机、道路信息提供装置等实时地将信息提供给驾驶员，并进行危险警告。此外，通过在车辆上设置自动控制功能，判断自身车辆及周围车辆的位置、动向、障碍物等信息，危险时自动地实施速度控制、驾驶控制等辅助驾驶动作，为驾驶员的驾驶提供帮助。随着辅助驾驶功能的完善，把握驾驶环境状况，最终实现自动驾驶。辅助安全驾驶系统包括：①道路和驾驶信息提供。为驾驶员提供驾驶信息和道路条件信息，特别是当夜间行驶或雾中行驶时，可以有效地降低事故的发生，提高驾驶安全性，信息通过埋置在道路上的传感器采集。②危险警告，可有效防止碰撞和突发交通事件的发生，当车辆所在位置的危险情况被探测到时警告自动发出。③辅助驾驶，通过自动刹车系统和前面所提到的危险警告系统防止车辆因偏离而引起碰撞或突发交通事件。④辅助驾驶，通过自动驾驶系统可以有效地减少驾驶员的驾驶负荷，系统与前面的危险警告系统防止车辆因偏离引起的交通事故。

4）交通管理优化

为了提高交通的安全性、舒适性及改善环境，不仅在堵塞、环境恶化显著的地区，而应在道路网络全体范围内实现最优信号控制。为进行交通管理，通过车载机及信息提供装置对驾驶员进行路线引导。为防止由交通事故引发的二次损失，在尽早发现交通事故、实施相应交通管制的同时，通过车载机或其他信息装置将交通管制信息提供给驾驶员。交通管理优化包括：①交通流优化，通过全路网的信号控制系统，对交通流进行优化，以此提高交通安全性和驾驶舒适性；②交通事故时交通管制信息的提供，对交通事故地点实行有效的交通管制，防止因交通事故引发的突发交通事件。

5）提高道路管理效率

为了维持适应各地区的自然、社会条件的安全、舒畅、舒适的道路环境，准确掌握道路状况，进行最适合的作业时间的判断、作业车辆的配置以及对车辆的指示。在发生灾害时，掌握道路设施及周围的受灾情况，实施道路修复车辆的高效配置，建立迅速且切实的修复体制等适当的道路管理。通过实现特殊车辆的通行许可申请及事务处理的电子化、通行许可路线的数据库化掌握通行车辆的实际路线，通过重量计自动掌握通过车辆的载重量。此外，为得到适应各地区自然条件的、安全且顺畅的交通环境，将雨、雪、雾、风等天气状况及由此而实施的交通管制信息通过车载机、信息提供装置等及时地通知驾驶员。道路高效管理系统的功能包括：①提高管理水平，保证安全、通畅和舒适的出行环境；②特许商用车辆管理，对重载等特别许可车辆实行管理，保护路面结构，防止危险发生；③提供道路危险信息，根据不同行驶区域的自然条件，提供道路危险警告信息。

6）公共交通支持

将各公共交通部门的运营情况、拥挤情况、乘车费、停车场等信息发送至出发前的家庭、办公室的终端，或移动中的车载机、携带终端机，及设置在道路、终点站、公共汽车站、高速公路服务区等的信息提供装置上，以帮助公共交通利用者选择最佳的出行、换车方式及出发时间，同时使各交通部门实现最佳的分配。公交车辆辅助运营系统的功能包括：①提供公共交通信息，为乘客提供有关乘车线路、发车时间等信息，并提供与公交有关的实时拥堵情况，车票费、其他费用、可利用的停车空间等信息；②公共交通运行管理，为提高公共交通的舒适性、安全性和通畅性，有效地管理公共交通和采集公交数据信息。

7）改进商用车辆运营效益

为了提高运输效率、降低业务交通量、提高运输安全性，实时收集卡车、观光车辆的运行状况，将之作为基础数据提供给运输者，为运行管理提供支援。此外，通过完善高度化、自动化、系统化的物流中心，提供送货、归库等信息以提高物流运输效率。此外，通过使多台具有自动驾驶功能的商用车辆保持适当的车间距离，实施连续行驶。商用车辆运营管理系统的功能包括：①商用车辆运营管理，提高商用运营车辆管理水平，降低商用交通量，提高运输安全性；②通过商用车辆自动跟车行驶，快速提高运输效率，降低商用车辆的交通量，提高运输的安全性。

8）行人辅助

通过使用便携式终端，磁、声音等各种设施及道路引导设备帮助老弱病残，以保证其安全，实现安全、舒适的道路环境。此外，在行人横穿道路时可通过便携式终端延长绿灯时间，为行人提供帮助。作为车辆方面的对策，可通过检测车辆前方的行人，警告驾驶员或采取自动刹车，以防止发生交通事故。行人辅助系统的功能包括：①人行道线路诱导，为行人和骑自行车者创造安全的路边环境；②行人危险预防，有效防止人车事故的发生。

9）紧急车辆救援

灾害、事故等发生时，车辆自动地将紧急信息通知有关部门，以大幅缩短确定灾害、事故发生地点所需的时间，实施迅速且有效的救援活动。实时收集交通状况及道路受损状况，通知有关部门，以迅速引导修复车辆前往现场。紧急车辆救援系统的功能包括：①紧急事件自动警报，当车辆发生突发事件或发生地震、洪水等灾害时，系统自动向救援中心发出紧急事件警报，从而缩短救援时间；②紧急车辆诱导及救援行动支援系统通过实时采集突发事故的地点和受损路况等信息，及时通告救援组织并进行救援指导，为交通事故或自然灾害准备救援车辆。

4.3　中国智能运输系统体系框架

4.3.1　发展过程

为促进中国智能运输系统的发展，人们在国家"九五"科技攻关项目中安排了国家智能运输系统体系框架研究项目，该项目由国家智能交通系统工程技术研究中心牵头，来自院校、研究院所、企业和各部门的100多位专家参加了这个项目的研究。该项目于2000年年底完成了研究工作，经过征求各方面的意见和修改，项目于2001年9月通过了国家鉴定和验收。这是我国第一次就一个应用系统开展跨部门和跨学科的框架研究，在该研究中将分布在不同行业和部门的信息按照服务功能分类，按照信息共享的原则建立数据流图，使智能运输系统体系框架成为一个整体，在完成以上工作的同时，充分考虑了中国现行的行政管理体制，使智能运输系统能够在中国实施。该研究成果从整体上勾画了智能运输系统的构成，规定我国的 ITS 发展主要集中在不停车收费、出行者信息服务、城市交通管理、公共交通系统等 9 个方面，这将指导我国今后 ITS 的发展，为我国开发和应用智能运输系统打下了良好的基础。

4.3.2　用户服务

ITS 用户服务定义了 ITS 系统的主要内容，从系统用户的角度描述了 ITS "应该做什么"。用户服务分为用户服务领域、用户服务和用户子服务定义三个层次。ITS 用户服务应既符合实际，又具有一定的前瞻性和超前性。

我国 ITS 用户服务的确定是在对我国的交通基础设施，交通运输现状，交通出行和管理需求，交通管理相关法律法规，交通发展规划以及社会经济、政治、文化、科技发展背景等进行详细调研分析的基础上制定的符合中国特色的用户服务。国家 ITS 体系框架（第 1 版）包括 6 个服务领域、34 项服务和 138 项子服务。中国 ITS 体系框架见表 4 - 3。

表 4 - 3　中国 ITS 体系框架

服务领域	服务名称	子服务名称
交通管理与规划	1. 交通法规监督与执行	1. 出入控制法规执行 2. 停车法规执行 3. 限速法规执行 4. 交通信号法规执行 5. 车辆限载执行 6. 环境保护法规执行 7. 驾驶员和车辆牌照的管理
	2. 交通运输规划支持	8. 提供交通规划所需的交通信息 9. 相关规划部门协调 10. 规划策略产生支持
	3. 基础设施的维护管理	11. 道路路面维护管理 12. 道路路侧环境维护管理 13. 道路标志维护管理 14. 桥梁隧道基础结构维护管理 15. 通信及其他外场设备维护管理 16. 道路维护中的交通管理 17. 灾难恢复管理
	4. 交通控制	18. 自适应交通信号控制 19. 行驶方向变换管理 20. 城市和城市之间的集成控制 21. 交通控制和路线诱导的集成 22. 匝道和速度控制 23. 交通管理策略的实现

服务领域	服务名称	子服务名称
交通管理与规划	5. 需求管理	24. 可达性控制管理 25. 拥堵价格管理 26. 停车管理 27. 公交需求管理 28. 环境质量管理
	6. 紧急事件管理	29. 事件的预防 30. 事件的检测 31. 事件的鉴别 32. 事件的响应 33. 事后管理 34. 事件的记录

4.3.3　逻辑框架

逻辑框架是对系统功能的一种分类，中国的 ITS 逻辑框架分为如下几个层次：功能域，基本上和服务领域等同；系统功能，基本上和服务等同，但进行了功能的重新组合；过程，基本上与子服务等同；子过程，为基本的逻辑单元。

我国 ITS 体系框架的逻辑框架包括 10 个功能域，各功能域在数据流名称中的代码为：

（1）交通管理与规划：TMP（Traffic Management and Planning）；

（2）电子收费：EPS（Electronic Payment Service）；

（3）出行者信息：TIS（Traveler Information System）；

（4）车辆安全与辅助驾驶：VSDA（Vehicle Safety and Driving Assistance）；

（5）紧急事件和安全：ES（Emergency and Security）；

（6）运营管理：TOM（Transportation Operation Management）；

（7）综合运输：IMT（Inter Modal Transportation）；

（8）自动公路：AHS（Automated Highway System）；

（9）交通地理信息及定位技术平台：TGIPS（Transportation Geographic Information and Positioning System）；

（10）评价：EVAL（Evaluate）。

对于同一功能域内的数据流，其命名格式为：功能域代码－数据流名称。对于起点和终点术语不同的功能域的数据流，其命名格式为起点所属功能域代码－终点所属功能域代码－数据流名称。对于出入终端的数据流，其命名格式为：

（1）从终端流出的数据流：f 终端名－功能域代码－数据流名称；

（2）流入终端的数据流：t 终端名 – 功能域代码 – 数据流名称，其中终端名采用中文定义。

流出（或流入）同一终端的一组数据流，可以合并为数据流组，其命名格式为：

（1）从终端流出的数据流组：fr 终端名；

（2）流入终端的数据流组：to 终端名；

（3）终端的双向数据流组：to/fr 终端名。

我国 ITS 逻辑框架的顶层结构如图 4 – 6 所示，逻辑框架最主要的内容就是描述系统功能和系统功能之间的数据流。

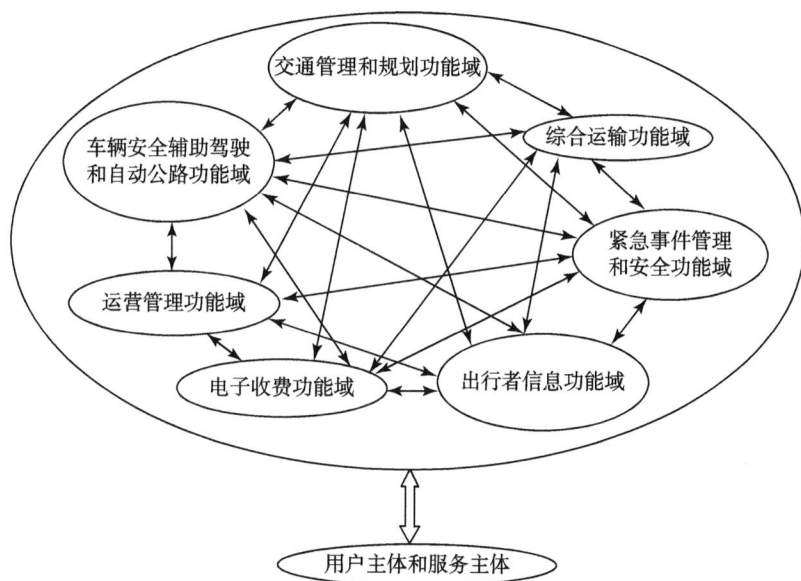

图 4 – 6　我国 ITS 逻辑框架的顶层结构

每个服务领域都有逻辑数据流图，图 4 – 7 所示是自动公路系统的逻辑数据流。

4.3.4　物理框架

物理框架是逻辑框架的具体实现。物理框架是一些系统和子系统连接构成的。系统和子系统基本上是按目前交通系统的现状和职能进行划分的，同时考虑了未来的发展。图 4 – 8 所示是物理框架总体图，基本可以适应目前我国部门间不同的管理体制，每个服务领域都有物理框架，图 4 – 9 所示是自动公路系统的物理框架。

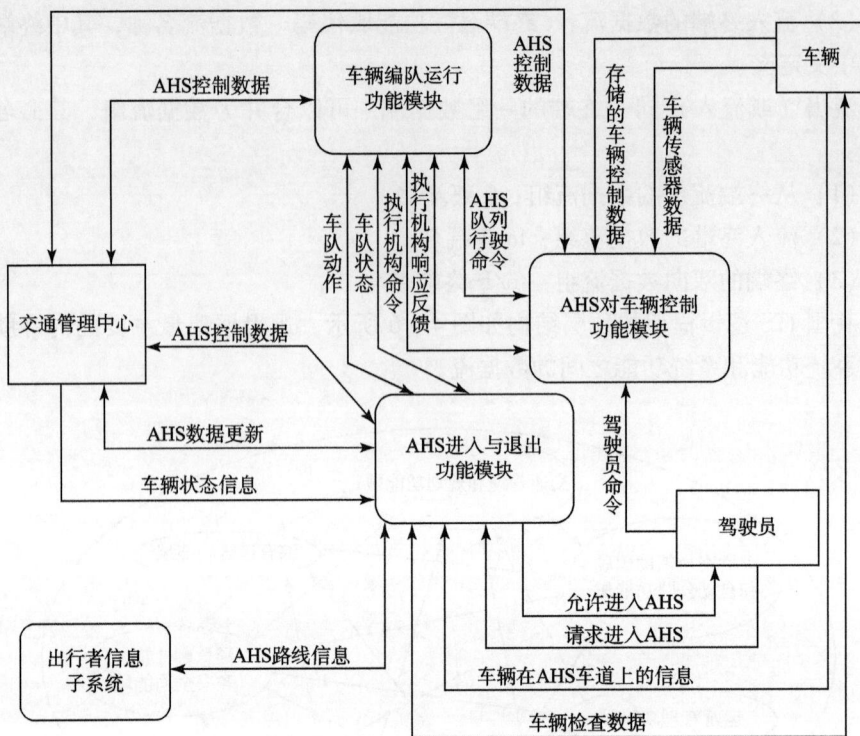

图 4 - 7　自动公路系统数据流

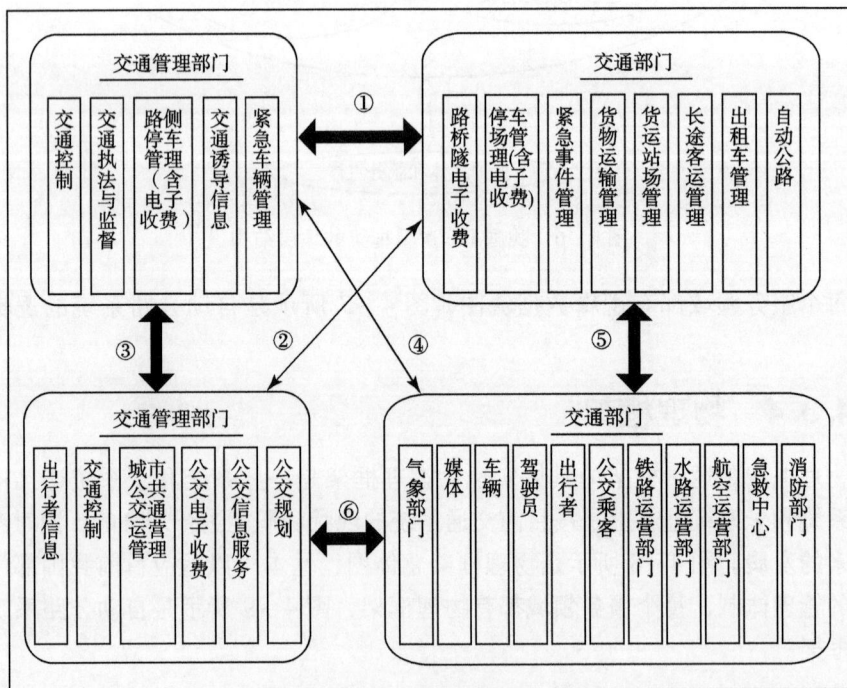

图 4 - 8　物理框架总体图

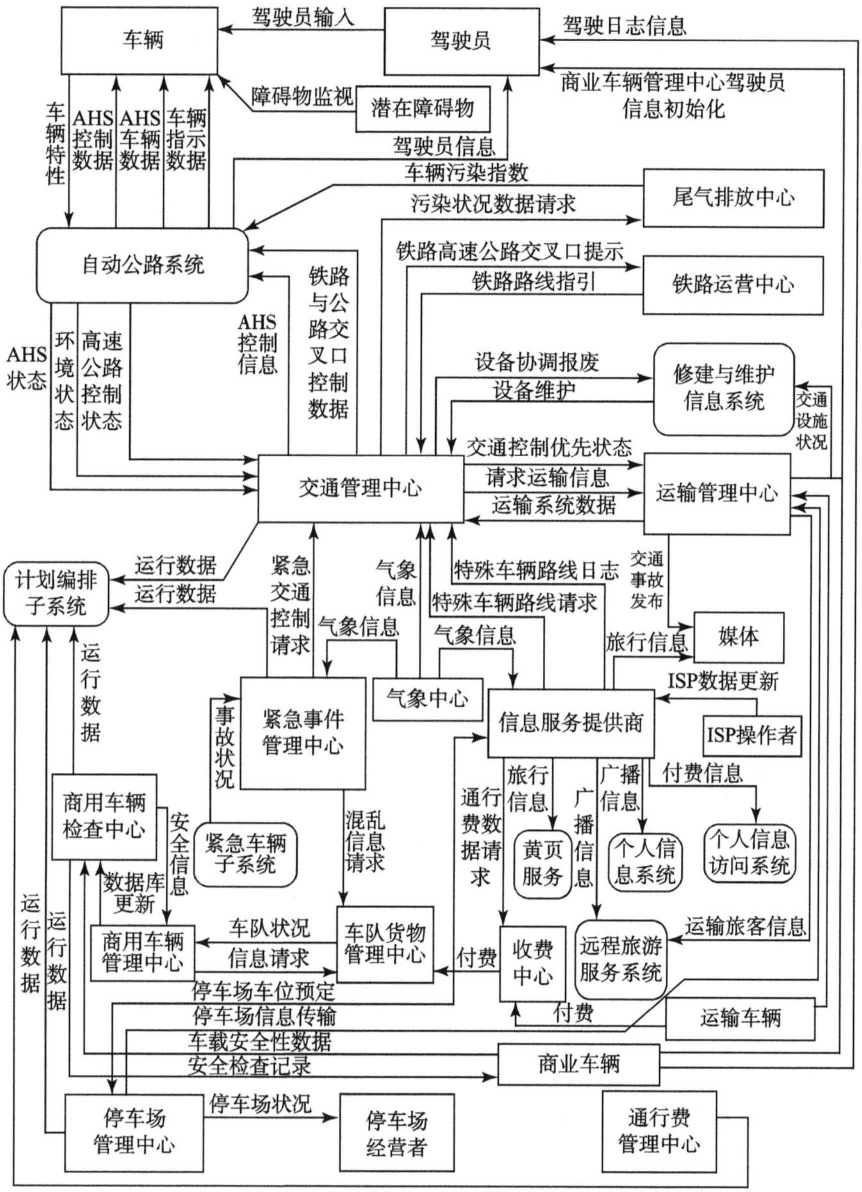

图 4 - 9　自动公路系统的物理框架

4.4　智能运输系统标准化

　　智能运输系统标准化是围绕智能运输系统技术开发、产品研制和系统建设与管理而进行的一系列标准化工作的总称，包括各种 ITS 技术标准的制定、修订、管理、宣传、贯彻实施和复审等环节。

尽管欧洲、美国和日本等发达国家在智能运输系统的范畴和具体实施方案方面不完全相同，但对如下两个问题的认识却是一致的：

（1）智能运输系统是将众多的先进技术应用于地面运输体系，从而建设起在大范围内发挥作用的实时、准确、高效的交通管理系统。

（2）智能运输系统将成为21世纪地面运输体系的发展方向，将在高新技术领域和交通运输领域形成一个新的产业，为社会提供新的就业机会。

可见智能运输系统产业化是必然的发展趋势，而产业的出现必定会带来标准化的问题。

4.4.1 ITS 标准化的意义及发展途径

智能运输系统是信息科学、计算机科学、控制科学、环境科学、交通运输科学以及系统工程科学的理论、方法和成果综合运用的产物，为此对它必须在一定的规范下进行发展和建设，必须实现标准化。所谓"标准化"就是指通过标准的制定和认证，把放任自由的、复杂的、无秩序的规格和事项，通过有关者取得一致同意，使之少数化、简单化，从而使其有序地工作。"标准"分为国际标准，国家标准以及各企业、行业团体制定的民间标准，它们相互之间有着紧密的联系。标准化主要有下述的功能：

（1）推动全国智能运输系统的整体协调发展。

通常智能运输系统是由一个地区、一个城市、一个运输部门发展起来的，必须要逐步实行全国、地区和行业的衔接，设备如果没有统一的标准和规格，则势必造成各个系统不能互连，无法形成整体系统。通过智能运输系统的标准化，才有可能实现系统的合成。

（2）推动国家智能交通与国际智能交通接轨。

只有使智能运输系统主要相关设备的技术标准与国际标准相对应，才能使国内智能运输系统的发展与国际智能运输系统的发展相协调。

（3）推动智能运输系统企业生产经营的合理发展。

因为智能运输系统的设备涉及通信产品、电子产品、控制产品、信号产品以及相关软件，如果这些设备、产品的规范和规格由各生产企业自行决定，则势必造成设备、产品不能实现公用和互换，不能适应智能运输系统设备和产品市场的发展。

（4）推动设备的适应性。

标准化便于智能运输系统的设备和产品的全面互换、相关设备生产的专业化，可避免造成资源的浪费。总之，标准化研究是智能运输系统协调和整体发展所不可缺少的重要内容。有了全国或全球性标准，用户采购设备就有了很大的自由度，因此这对于国家、地区、行业、企业都是至关重要的。

4.4.2　ITS 标准化的发展现状

1）国际智能运输系统标准化

国际智能运输系统标准化工作由 TC204 负责组织实施。TC204 是推动把城市和乡村全面交通作为整体的标准化的一个技术委员会，它是在国际标准化组织（International Standard Organization，ISO）下的一个技术委员会，1992 年 9 月由 ISO 委员会批准正式成立。自从 1993 年在华盛顿召开第一次会议以来，TC204 一直致力于交通信息和控制系统（Traffic Information and Control System，TICS）的标准化。在 ISO/TC204 中，已设有 18 个工作组（WG）处于日常活路，见表 4 - 4。

表 4 - 4　ISO/TC204 中的 18 个工作组

工作组	主席国	对象目标	备注
WG01	英国	结构与术语	—
WG02	美国	质量和可靠性要求	—
WG03	日本	道路交通数据（RTD）	—
WG04	挪威	车辆和货物自动识别	合并到 WG01
WG05	荷兰	电子收费和管理控制	—
WG06	*	一般车队管理	合并到 WG07
WG07	加拿大	货物、物流及商用车运行	—
WG08	美国	公共交通（PT）	—
WG09	澳大利亚	交通控制（TC）	—
WG10	英国	交通及驾乘信息（TTI）	—
WG11	德国	路径指导和诱导	—
WG12	*	停车场管理	已经停止工作
WG13	*	人的因素和人机接口	已经停止工作
WG14	日本	车/路报警和控制系统	—
WG15	德国	狭域通信	—
WG16	美国	专用短程通信（DSRC）	—
WG17		ITS 移动装置	—
WG18		协作式 ITS	—

目前 ISO/TC204 秘书处由美国汽车工程师协会（SAE）承担，对 TC204 提供技术和行政服务。秘书处主要负责起草委员会草案，安排草案分发并解决所得到的意见，准备会议，记录会议决定，并将决定整理成书面文件，向技术管理局

提交报告，准备国际标准的征求意见草案和最终草案等工作。

ISO/TC204 参加成员国分为 P 成员国（参加国）和 O 成员国（观察国）。参加国应积极参加标准化工作，承担对国际标准征求意见草案或最终的正式草案正式投票义务，并参加会议。观察国不具有投票资格，可收到委员会文件并有权提出意见和参加会议。目前 ISO/TC204 的 P 成员国包括：澳大利亚、奥地利、中国、捷克、丹麦、德国、爱尔兰、以色列、意大利、日本、韩国、马来西亚、荷兰、挪威、俄罗斯、瑞典、英国和美国。

ISO/TC204 与 ISO 的其他组织，如道路车辆技术委员会（TC22）、地理信息技术委员会（TC2ll）、国际电工委员会（IEC）、亚太经济合作组织（APEC）、国际电信联盟（ITU）等组织密切合作，共同促进智能运输系统的标准化工作。

2）美国智能运输系统标准化

美国是世界上最早推行 ITS 的国家。时至今日，美国 ITS 已经发展到一个相对成熟的阶段，其中大量 ITS 标准已经制定，并应用于相关子系统。从某种意义上来说，美国 ITS 发展的趋势对其他各个国家 ITS 的发展起着一定的引导作用。无论是 ITS 发展较快的欧洲、日本还是起步较晚的其他国家，都在一定程度上借鉴了美国的发展模式。

美国运输部选定了 5 个标准化组织并资助它们进行 ITS 标准化研究工作，包括关键的接口标准、信息集、数据字典以及一些基础标准，还包括与智能交通运输基础设施的安全和有效性相关的位置参考和安全标准，以及 ITS 应用所必需的通信标准项目。这 5 个标准化组织的专业领域基本覆盖了 ITS 的技术领域，除了上述 5 个受联邦资助的标准化组织外，参与 ITS 标准化活动的还有许多团体，如橡树岭国家实验室和约翰·霍普金斯大学应用物理实验室等。一些没有受联邦资助的标准化组织也参与了标准的制定。

美国于 1995 年成立了标准化促进工作组，致力于推进智能运输系统领域标准的制定和实施。美国在制定智能运输系统标准时，非常重视 ITS 体系框架的作用。体系框架中的逻辑框架和物理框架定义了用户需求、接口及数据流，作为智能运输系统标准的依据。为了从体系框架重叠的数据流中简化接口，美国组织制定了 10 个标准需求包：

（1）专用短程通信；

（2）数字地图数据及位置说明；

（3）信息服务提供者的无线接口；

（4）商业车辆运营中心间的数据交换；

（5）个人、运输和紧急求救信号；

（6）交通管理中心到其他中心（除了紧急事件管理）；

（7）交通管理中心与路侧设备和排放监控/管理；

（8）运输紧急车辆的信号优先；

（9）紧急事件管理中心与其他中心；

（10）信息服务提供者与其他中心（除了紧急事件管理和交通管理系统）。

根据这些需求包来制定标准，每个标准需求包的内容包括：本包的范围和目的、接口分解、有关限制、数据字典要素定义和类型。

1999 年 6 月，美国交通法案 TEA – 21 通过了 17 条关键标准：

（1）先进的出行者信息系统数据字典；

（2）先进的出行音信息系统信息集；

（3）先进的交通管理系统数据字典；

（4）商业车辆的证件；

（5）商业车辆间安全与证件的信息交换；

（6）商业车辆安全报告；

（7）高速调频副载波波形；

（8）信息服务提供商与车辆间的参考位图；

（9）专用短程数据通信、电子收费和交通管理、商业车辆操作的信息集；

（10）车载无线呼救信号报告的接口设定；

（11）事故管理中心所用的普通事故处理信息集；

（12）智能运输系统的数据字典；

（13）智能运输系统的信息集成板；

（14）专用短程数据通信数据链路层；

（15）专用短程数据通信物理层；

（16）5 890MHz 专用短程数据递增；

（17）先进的出行语音信息系统在宽带受限媒体上传递的信息集。

3）日本智能运输系统标准化

与欧美相比，虽然日本的国家 ITS 体系结构的制定起步稍晚些，但近些年来，日本在 ITS 研究领域一直是极为活跃的一个国家。凭借其技术优势，日本在 ISO 国际组织中获得了举足轻重的地位。当美国与欧洲正激烈争夺 ISO 的领导席位时，日本已经通过潜移默化的努力，对整个世界范围的标准化建设施加了各种影响，同时而取得了一些成果，如国家警察厅建立了关于交通信号控制、可变信息标志、车辆检测器的相关标准，并通过 ATMS 和 ATIS 的开发和配置建立了通信协议。

基于对国际标准化的重视，日本作为参加国积极参加 ISO/TC204 全体会议，并作为东道主于 2000 年 6 月在贺兹县大津市举办了全体会议。1999 年 11 月日本建设省邀请了海内外专家参与了先进的公路诱导辅助系统试验，以推动国际合作和全国政府、大学、私营公司（包括韩国现代、德国戴姆勒 – 克莱斯勒、加利福尼亚大学伯克利分校）参与道路车辆交互系统，在此试验实施期间建设省致力于建立国际 ITS 合作并推动国际标准化工作。日本从 1991 年开始参与 ISO/TC204

相关的行动，成立了 ISO/TC204 国内委员会，事务局设在自动车技术委员会。在此委员会的组织下，设立了一个技术委员会和子委员会，它对应于 TC204 的工作组，并积极为标准化工作。日本以参加国的身份参与了第一届 ISO/TC204 全体会议。日本非常重视标准化的建设，在国内有相应的团体与 ISO/TC204 的工作组相对应，承担相应的标准化工作，见表 4-5。

表 4-5　日本 ITS 标准化顾问团体

WG	分委员会名称	日本国内顾问团体
WG1	ITS 体系框架分会	自动交通和驾驶电子技术协会
WG2	质量和可靠性要求分会	日本自动车技术协会
WG3	TICS 数据库技术分会	电子道路地图协会
WG4	车辆和货物自动识别分会	日本 UTMS
WG5	自动收费分会	道路新产业开发机构
WG7	车辆通行管理分会	道路保护技术中心
WG8	公共交通分会	日本建筑工程学会
WG9	整体交通管理和控制分会	UTMS 协会
WG10	出行者信息分会	UTMS 协会
WG11	路线指导和诱导分会	日本自动车技术协会
WG14	车/路报警和控制系统分会	日本自动车技术协会
WG15	狭域通信分会	日本电子工业协会
WG16	广域通信/协议和界面分会	日本电子工业协会

日本开展标准化活动的总步骤大致如下：首先，确定标准化需求领域。随后，对 ITS 系统体系框架中的每个子系统和子系统间的每个信息通信连接进行评分，评分标准是它们保持系统通用能力的大小。这样整理出以优先权为特征的各个标准化需求领域，而后有序地开展相关领域的具体标准研究制定工作。由于 VICS 的成功应用，日本在交通通信标准领域的研究比较成熟。

4）欧盟智能运输系统标准化

欧盟标准化委员会（CEN）负责并积极推进欧盟智能运输系统的标准化工作。CEN 于 1990 年成立了 CEN/TC278 技术委员会，负责道路交通和运输信息化（Road Traffic and Transportation Telematics），分 14 个工作组进行以下 4 个大项的研究：

（1）技术规范及术语；

（2）具体应用领域；

（3）数据交换及参照定位；

（4）通信技术及接口。

4.4.3 中国智能运输系统标准体系的研究

为搞好智能运输系统的标准化工作，1999 年 10 月，在科技部和国家质量技术监督检验检疫局的统一安排下，国家智能交通系统工程技术研究中心和 ISO/TC204 中国秘书处承担了"中国智能交通系统标准体系的研究"。该研究成果提出的标准体系表按不同层次覆盖了信息定义和编码、专用短程通信、数字地图及定位、电子收费、交通管理与紧急事件管理、综合运输与运输管理、信息服务、自动公路与车辆辅助驾驶系统等领域，有 200 多项标准。

1）我国智能运输系统标准覆盖的范围

智能运输系统作为一个新兴的产业，在国内的发展表现出明显的不均衡性。针对智能运输系统不平衡发展的特点，应在满足智能运输系统标准需求的前提下，尽量减少标准化工作带来的风险，只对智能运输系统的有需求的领域制定标准，根据体系框架的研究成果和以上原则，确定智能运输系统标准包括以下几个部分：

（1）基础标准：包括 ITS 术语（基本术语和概念模型）、数据单元字典。

（2）有全国兼容要求及部分有区域兼容要求的接口标准：所谓"有全国兼容要求的接口"是指子系统及其接口分属于不同的所有者和使用者的可移动子系统的接口。例如，由于同一辆车或个人信息接收装置可能在全国漫游，需要不同地区的有关基础结构提供智能运输系统服务，因此应对车辆子系统和个人信息接收系统的接口制定标准。

（3）产品标准：对较成熟的专用产品制定标准，如停车设备、交通控制设备、电子收费设备。

（4）方法标准：例如 ETC 系统车载单元和路侧设备的测试过程、人机界面的评价等。

（5）服务标准：出行者信息服务、车辆安全与辅助驾驶、综合运输服务、紧急事件和安全服务、自动公路用户服务等。

2）我国智能运输系统标准体系

我国智能运输系统体系框架，将智能运输系统标准体系划分为两层，见表 4-6。上层为智能运输系统通用标准，下层为分系统标准。通用标准层包括术语及定义、基础信息编码、数字地图及定位三部分。分系统标准包括六部分：专用通信、信息服务、交通管理与紧急事件管理、电子收费、综合运输及运输管理、自动公路与车辆辅助驾驶。我国智能运输系统标准体系结构如图 4-10 所示。

表 4-6　我国智能运输系统标准体系结构层次

层次	分类代码	分体系名称
一	100	智能运输系统通用标准
	101	术语及定义
	102	基础信息编码
	103	数字地图及定位
二	200	分系统标准
	201	专用通信
	202	信息服务
	203	交通管理与紧急事件管理
	204	电子收费
	205	综合运输及运输管理
	206	自动公路与车辆辅助驾驶

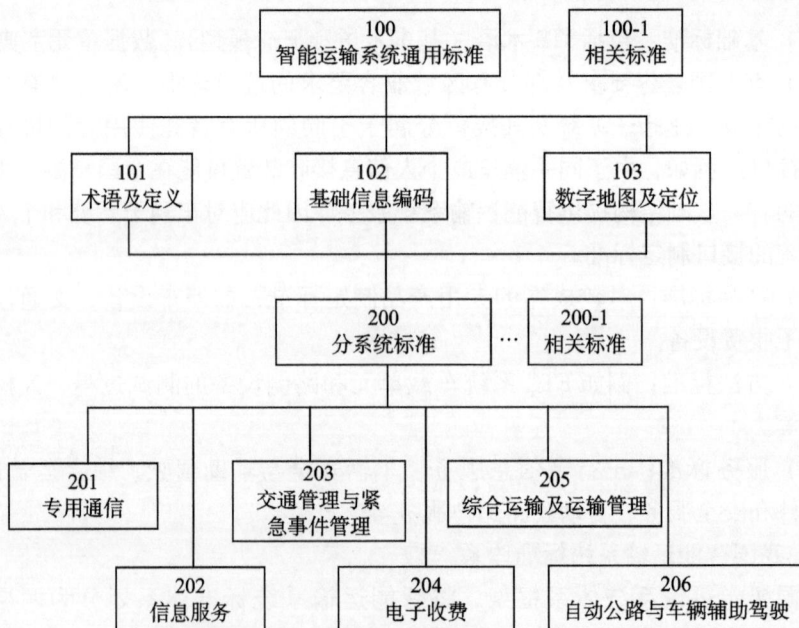

图 4-10　我国智能运输系统标准体系结构

智能运输系统标准体系明细表包括序号、标准名称、标准代号和编号、宜定级别、采用国际国外标准的程度、采用的或相应的国际标准号等内容。

（1）标准级别划分。

智能运输系统标准体系中的标准分两级：国家标准和行业标准。本标准体系中，对需要在全国范围内统一的下列技术要求制定国家标准：

①保证全国互操作性的接口：除了由同一个用户建设和管理运营的移动系统和接口基础设施，国家智能运输系统体系框架中与移动系统的接口需要全国的互操作性，因为同一个移动子系统（车辆子系统、个人信息接收子系统）要在全国漫游并使用地方的基础设施来支持智能运输系统的服务，如信息服务提供商到个人信息接入系统、电子收费系统到车辆子系统等。

②通用技术语言要求。

③保障人体健康和人身、财产安全的技术要求。

④通用的试验、检验方法。

⑤通用的各类技术要求。

⑥工程建设的重要技术要求。

对没有国家标准而又需要在全国交通运输行业范围内统一的技术，可制定行业标准。

（2）与国内外标准的协调。

智能运输系统是涉及多个行业的综合性标准体系。根据国家对综合标准体系表的有关要求，智能运输系统标准体系表中重点突出行业、专业间的配套标准，凡已纳入本产品、过程、服务、管理所属的行业、专业标准体系表内的通用标准，在智能运输系统标准体系表中不再或从简标出。智能运输系统标准体系表与有关行业、专业标准纵横配合，组成一个整体。

智能运输系统中某一对象的安全、卫生、环境，以及试验方法、检验方法、计算方法等，已有国家或行业标准的，采用国家或行业标准。对已有的相关术语及定义、符号、代号等国家通用性基础标准，为保持基本概念的统一，采用国家标准。

国际和国外先进标准一般都反映了世界上较先进的技术水平，采用国际标准和国外先进标准，从某种意义来说是一种既经济又实用的技术引进方法。为保障智能运输系统的健康发展，提高我国有关产品的质量和技术水平，适应发展社会主义市场经济和国际贸易的需要，我国将国际标准或国外先进标准的内容，不同程度地转化为国家和行业标准。

（3）标准明细表的主要内容。

①100 智能运输系统通用标准：有关报告编制方法、审查规程、通用试验条件和试验方法。

②101 术语及定义：ITS 术语、缩略语、符号、标志。

③102 基础信息编码：ITS 信息、出行者、交通运输基础设施、交通运输运营管理部门、车辆、运输线路、交通运输管理与控制等的分类、代码、编码规则及数据字典。

④103 数字地图及定位：数字地图信息分类、编码、数据格式、数据交换、

数据更新，车辆定位技术要求、定位信息交换、定位设备技术条件。

⑤201 专用通信：专用短程通信（应用层、数据链路层）、电子收费、停车、信号优先控制、车辆间专用短程通信技术条件和信息交换、交通运输专用集群通信系统技术条件、车内显示设备、交通监控等设备通信接口。

⑥202 信息服务及线路诱导：信息服务（包括路径诱导、公交、停车、交通状况、多式联运、紧急事件等服务）的定义、编码、数据字典、数据格式设备的技术要求。

⑦203 交通管理与紧急事件管理：交通紧急事件、交通违章、事故、交通管理设备等的分类、代码、编码，外场设备、交通管理中心、交通事故、紧急事件、停车管理、排放、交通需求等信息交换，交通管理外场设备的技术条件，交通规划规范。

⑧204 电子收费：电子收费信息交换、安全管理、设备技术条件、测试及管理规程、电子收费清算。

⑨205 综合运输及运输管理：货运电子数据交换，危险品运输、货运、客运、多式联运信息交换，车辆与管理中心间的信息交换、管理中心与外系统间的信息交换，车辆调度、多式联运服务规范，车辆和货物自动识别设备、电子站牌等设备的技术条件。

⑩206 自动公路与车辆辅助驾驶：自动公路技术条件、管理维护规范，车辆辅助驾驶及自动驾驶的安全、技术条件、信息交换、操作规范，车辆被盗后系统的信息交换。

3）国内智能运输系统标准化和参加国际标准化活动的情况

智能运输系统标准化工作很早就受到政府主管部门和专家的重视，智能运输系统中有相当一部分涉及交通工程中的监控、收费和通信，而这部分也是我国城市交通管理和高速公路建设的重要内容，因此在 20 世纪 90 年代国内就开始了这方面的工作。1995 年 ISO/TC204 秘书斯奇尼来华访问并考察了智能运输系统方面的工作，根据考察结果国家技术监督局批准国际标准化组织智能运输系统技术委员会（ISO/TC204）在中国的技术依托部门为交通部公路科学研究所。同年开始筹备成立交通工程标准化委员会，国家技术监督局确定交通部为全国交通工程标准化委员会依托部门，委员会秘书处依托于交通部公路科学研究所，同时确定 ISO/TC204 在国内对应交通工程标准委员会。从 1995 年开始，交通部公路科学研究所在国家技术监督局和交通部的指导下，开始参与 TC204 的活动。1998 年在国家质量技术监督局的指导下，交通部正式批准成立 ISO/TC204 中国委员会，该委员会把推进中国 ITS 标准化作为主要任务，由政府有关部门的官员、企业界和学术界的专家组成。在国家标准化工作主管部门的领导下，其代表中国参加国际 ITS 标准化活动，并与 ISO/TC204 开展了一系列 ITS 相关标准的制定工作，涉及交通监控、专用短程通信、电子收费、电子单证格式、数据交换协议等。

4.5　小　　结

　　本章介绍了智能运输系统体系框架的定义、开发方法与过程及美国、日本和欧盟智能运输系统体系框架的基本情况。本章重点介绍了我国智能运输系统体系框架的目标、服务定义、逻辑框架和物理框架，介绍了利用国家智能运输系统体系框架指导地方智能运输系统体系框架和智能运输系统子系统的设计情况，最后对智能运输系统的标准化进行了全面介绍，包括国际智能运输系统标准化的现状，美国、日本、欧盟智能运输系统标准化工作以及我国开展智能运输系统标准化的情况。

第5章

先进的交通管理系统

5.1　先进的交通管理系统简介

交通管理包括运用法规、工程设施、教育对行人、行车、停车及道路的使用进行管理，以改善交通运行状况。应用先进的技术对交通运营和设施进行控制和管理的系统，称为先进的交通管理系统。

先进的交通管理系统（Advanced Traffic Management Systems，ATMS）是智能运输系统的重要组成部分，它是依靠先进的交通监测技术、计算机信息处理技术和通信技术，对城市道路和高速公路综合网络的交通运营和设施进行一体化的控制和管理，通过监视车辆运行来控制交通流量，快速准确地处理辖区内发生的各种事件，以使客货运输达到最佳状态。

面向 21 世纪，日本的车辆道路交通推进协会 VERTIS 组织提出了通用的交通管理系统（Universal Traffic Management System，UTMS），进一步明确了日本发展 ATMS 的战略框架。UTMS 应包括：

- 交通控制中心（ITCS）；
- 公交车辆优先通行系统（PTPS）；
- 交通信息系统（AMIS）；
- 综合智能信息图像系统（ITIS）；
- 安全驾驶辅助系统（DSSS）；
- 车辆行驶管理系统（MOCS）；
- 动态引际系统（DRGS）；
- 环境保护系统（EPMS）；
- 紧急救援系统（HELP）；
- 行人信息通信系统（PICS）；
- 紧急车辆优先系统（PAST）。

由此看出，日本的 UTMS 不仅提供先进的信息采集和信息处理服务，并可迅速地将信息传递给交通的参与者，不论是车辆驾驶人还是行人，都得以受益。系统应用了红外线感应器和光信标等现代传感器，其主要目标是建立智能化的交通系统。

美国和欧洲的 ATMS 发展迅速，在减少旅行时间、提高效率和降低事故方面都起了巨大的作用。

先进的交通管理系统的目标是为大中城市提供交通管理解决方案，在现有交通设施的基础上，改善现有路网运行状况，提高道路的有效利用率和交通流量，缓解车辆增加造成的交通需求压力，同时改善交通秩序，减少事故，提高行车安全，减少道路的拥挤程度和交通事故的发生率，减少交通拥挤、事故等造成的出行时间延长现象。

5.2　先进的交通管理系统结构框架

ATMS 有两个特征：一是系统的高度集成化。它利用先进的通信技术、计算机技术、自动控制技术、视频监控技术，按照系统工程的原理进行系统集成，使交通工程规划、交通信号控制、交通检测、交通电视监控、交通事故的救援及信息系统有机地结合起来，通过计算机网络系统，实现对交通的实时控制与指挥管理。二是信息高速集中与快速信息处理。ATMS 由于运用了先进的网络技术，获取信息快速、实时、准确，提高了控制的实时性。ATMS 的应用使交通管理系统中的交通参与者与道路以及车辆之间的关系变得更加和谐，缩短了旅行时间，使城市的交通变得更加有序。

（1）ATMS 系统设计的基本原则：ATMS 系统应遵循实用性、可靠性、先进性、开放性以及可维护性的基本原则，应具有良好的升级、扩展能力。各子系统技术充分合成，做到信息的采集、传输、处理的有机结合，充分发挥系统的整体效能。

（2）技术开发的创新原则：集中技术优势，解决关键技术难题，比如视频系统的图像数字化、压缩、传输和模型识别技术，UTC 系统中的实时交通控制算法及模型等。

5.2.1　先进的交通管理系统的组成

先进的交通管理系统由以下 6 个部分组成：

（1）交通管理控制中心；

（2）交通流量检测系统；

（3）交通信号控制系统；

（4）交通电视监控；

（5）交通信息服务；

（6）紧急救援与事故管理系统。

如果把整个先进的交通管理系统按信息流程划分，可以用图 5 - 1 来表示。

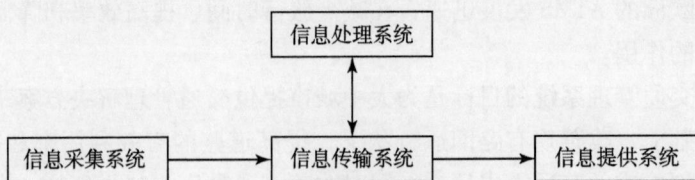

图 5 – 1 ATMS 信息流程图

5.2.2 先进的交通管理系统的功能

前面介绍了先进的交通管理系统的组成，而一个完善的先进的交通管理系统还能提供以下管理服务。

1）信息提供

系统能通过各种信息提供系统向出行者提供信息，帮助出行者制定出行计划及选择出行时间，以避免延误。

2）交通控制

系统对高速公路和道路网进行综合的自适应控制，优先考虑公众安全、公共交通或其他高承载率车辆，减少个人独自驱车出行的数量，并提供更多可供选择的出行方式。

3）交通事故处理

系统可帮助运输部门和管理人员预测交通或道路状况，从而采取相应的预防措施，避免潜在隐患的发生或使其影响降至最小。

4）排放测试与污染防治

排放测试与污染防治服务采用先进的汽车排放测试系统来确定有关的环保"热点"，并在空气质量敏感地区采取道路改线等措施或对进入该敏感地区的公路入口加以控制。

5）应急管理

应急管理可以提高对交通突发事件（事故或灾害）的报告和响应能力，改善应急响应资源配置，它包括紧急通告与应急车辆管理。

6）电子收费

电子收费是为了提高收费站的通行能力，使驾驶人员不停车、不用现金，进行自动付账，堵塞收费漏洞。同时，通过收费站可以收集大量交通数据并提供给交通指挥控制中心。

7）提高养护操作效率

为保证安全、通畅、舒适的道路行车环境，提高服务水平，系统可对路面状况作出正确判断并对相应的养护作业提供工作计划和实施方案。在发生灾害时系统收集相关信息并指导相应的恢复工作。

8）特种车辆通行管理

特种车辆的管理用来保障路面结构正常使用，避免事故发生。系统在降低运营费用的同时改善了用户服务。系统包括：特种车辆通行许可的申请、内业工作的电子化处理、将通行路段信息存入数据库、将实际可通行路径信息提供给驾驶人等。系统还包括一个自动不停车称重系统，以加快通行许可的确认过程。

5.2.3　先进的交通管理系统的特点

1）车辆、道路和交通管理系统一体化

交通管理系统能够基于对当前交通流模式和车辆的目的地和计划路线的了解，提出相应的交通建议并将之传递给驾驶人以最大限度地减少交通阻塞。

2）城市交通信号控制系统计算机网络化

实施模拟系统依靠储存于中央计算机中的交通模型，对反馈回来的交通数据进行分析，从而对配时参数作优化调整。配时参数的优化是以综合目标函数，例如延误时间、停车次数、拥挤程度及油耗的预测值的最小化为依据。这种方法也已经被应用到公路的控制中。

3）信息采集和信息提供技术更加先进和多样化

车辆检测器日趋系统化和光机电一体化，越来越多地使用先进的超声波检测器、光检测器、红外检测器和各种食品检测系统。全天候的红外摄像机和性能优越的 CCD 摄像机已被广泛应用于交通管理系统。

5.3　城市交通信号控制系统

当今世界各国的大城市无不存在着交通拥堵问题。以美国为例，1976—1997年，年车辆千米数以77%的速度上升，在城市交通中的高峰时期，道路处于拥堵状态。由于交通拥堵，人们每天上下班的时间比平时平均多了1.5h。这同时导致商业车辆在交通运输中延误，增加了运输成本。然而有限的土地和经济制约等使得道路建设不可能达到令人相对满意的里程数，所以就需要在不扩张路网规模的前提下，提高交通路网的通行能力。这就需要综合运用现代信息与通信技术等来提高交通运输的效率。在信息技术日益发展的今天，交通信号管理作为一种最经济的运行方式，对缓解城市道路的压力、保证城市交通顺畅与安全起到了积极的推动作用，也日益引起了交通运输管理机构和专业协会的热切关注。所谓交通信号管理，就是利用先进的工具、技术和设备，促使现有交通信号控制系统的运作效率不断提高。其作用在于：改善空气质量、减少油料消耗、减少道路阻塞、节约运行时间、降低重大事故发生率、减少违章驾驶行为、淘汰或精简道路容量需求。

近年来，以计算机、通信、网络等高新技术为基础的智能化交通系统已成为道路交通管理发展的主要趋势和解决日益严重的交通问题的重要手段。目前各城市均加大力度进行基础设施建设，交通信号控制系统作为 ITS 的一个子系统，其产品国内外均开发了许多。20 世纪 50 年代以来，以 Webster 公式为理论依据的单点配时方案已经被广泛用于装备多时段定周期信号机的平面交叉口控制。近年来，当代计算机技术、信号技术、自动控制技术、车辆检测技术等高新技术的发展又为区域交通控制提供了基础。北京、上海等城市先后从国外引进了 TRANSYT、SCOOT 等区域控制系统，这两种系统均以精确的数学模型或预设的方案为基础。本章主要介绍几种当前具有代表性的区域交通信号控制系统。

5.3.1 TRANSYT 系统

5.3.1.1 TRANSYT 系统的基本原理

TRANSYT 系统是一种脱机配时优化的定时控制系统，全称是 Traffic Network Study Tools。这一方法最初是由英国道路交通研究所（TRRL）的罗伯逊先生在 1967 年提出的。经过几十年的实践，罗伯逊领导的研究小组对 TRANSYT 方法不断改进，到 1980 年，TRANSYT8 被公布于世。TRANSYT 是目前世界各国流传最广、应用最普遍的一种协调配方法。除 TRANSYT 之外，还有其他一些应用广泛的版本，如 TRANSYT7、TRANSYT – GN 等，这些都是由 TRANSYT 的某一版本经过修改而派生出来的。它们用来确定城市交通运行指标（Performance Index）最小的信号网络的最佳绿信比和相位差。运行指标是延误时间和停车次数的线性组合。

定时脱机交通操作控制是利用交通流历史及现状统计数据，进行脱机优化处理，以得出多时段的最优信号配时方案，并将之存入控制器或控制计算机内，对区域交通实施多时段定时控制。定时控制简单、可靠、效益费用比高，但不能适应交通流的随机变化，特别是当交通数据过时后，控制效果明显下降，而重新制定优化配时方案又将消耗大量人力。

到目前为止，TRANSYT 的最新版本是 11 版，英国的型号为 TRANSYT11。美国在英国 TRANSYT7 的基础上改进为 TRANSYT – 7F，目前最新的版本是 10 版，法国也把 TRANSYT 改进为 THESEE 型及 THEBSE 型。

TRANSYT 是一种脱机操作的定时控制系统，系统主要由两大部分构成：

（1）交通仿真模型，用来模拟在信号控制交通网上的车辆行驶状况，以便计算在一组给定的信号配时方案作用下网络的运行指标；

（2）优化选择，改变信号配时方案并确定指标是否减少，这样经过反复试算来求得最佳配时方案。其基本原理如图 5 – 2 所示。

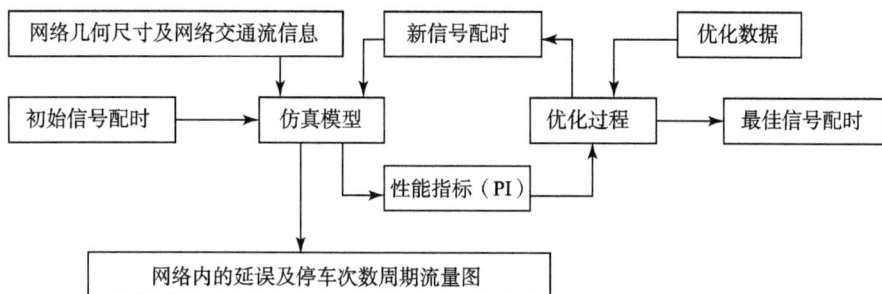

图 5 - 2　TRANSYT 的基本原理

5.3.1.2　交通仿真模型

建立交通仿真模型的目的是用数学方法模拟车流在道路系统上的运行状况，研究路网配时参数的改变对车流运动的影响，以便客观地评价任意一组路网配时方案的优劣。为此，交通仿真应当能够对不同配时方案控制下的车流运动参数（延误时间、停车率、燃油消耗量等）进行可靠的预测。TRANSYT 所采用的交通模仿模型有四个假定条件：

（1）路网全部路口交通信号均按共同的周期长度运行，或某些路口的交通信号按半周期运行，并且已经知道各信号灯交叉口的信号阶段划分情况及最小绿灯时间等详细数据。

（2）路网中所有主要交叉口都有交通信号灯或让路规则控制。

（3）路网中各车流在某一确定时间段内的平均车流量为已知，且维持恒定。

（4）每一交叉口的转弯车辆所占有的百分数位已知，并且在某一确定时间段内维持恒定。

系统首先将网络的几何尺寸、交通流信息及交通信号控制参数送入系统的仿真部分，然后通过仿真得出系统的性能指标（Performance Index，PI）作为优化控制参数的目标函数。下面就 TRANSYT 仿真模型的几个主要环节作简要说明。

1）交通网络的简化和抽象

TRANSYT 把一个复杂的交通网络简化成适用于数学计数的图示，这个图示由节点和节点之间的连线组成。在交通网结构图上，每一个节点代表由一个信号灯控制的交叉口，每一条连线可以表示一股驶向下游一个节点的单向车流。连线切不可与车道混为一谈，一条连线可以代表一条或几条车道上的车流，而一个进口道上的几条车道则可用一条或数条连线来表示。一般凡是在交叉口停车线后面不可忽视的等候车流，均应以一条单独的连线表示。但是，有专用绿灯的左转车流，为了把它与直行车流区分开，则要为这种左转车流单独设一条连线。如果几条不同车道上的车流到了停车线后面，以差不多同等比例加入同一行等候车队中，而且这几条车道上的车流均属于同一信号相位，就可以只用一条连线来代表这几条车道上的所有车流。在网络结构图上应标出所有节点和连线的编号，还应以折算小客车为单位标出平均小时交通量以及转弯交通量的大小。

2）周期流量变化图示

周期流量变化图的纵坐标为交通量，横坐标为时间（以一个周期时长为限），表示交通量在一个周期内随时间变化的柱状图，如图 5-3 所示。为了计算方便，通常将一个信号周期等分成若干时段，每个时段为 1~3s。在 TRANSYT 交通模型里，所有计算过程的基本数据均为每个小时段内的平均交通量、转弯交通量及该时段的排队长度。此图可由 TRANSYT 程序计算得到，并作为一项输出内容打印出来。在 TRANSYT 的所有计算分析中，均以上述柱状流量图示为依据。

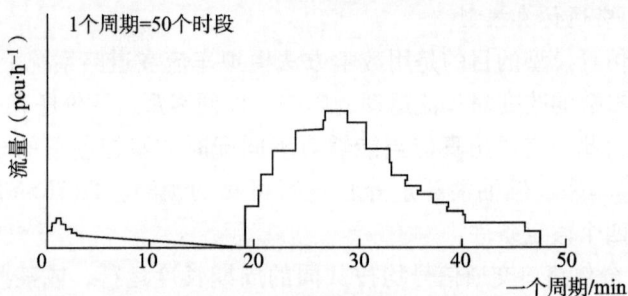

图 5-3　周期流量变化图

需要指出的是，在 TRANSYT 中，配时优选以"1s"为单位。其优点在于一方面提高了配时优选的精度，另一方面能节省计算机 CPU 的运算时间。有时在配时优选中所等到的有效绿灯时间长度不是周期等分时段的整数倍，在这种情况下，TRANSYT 便按时间比例选用相应的交通量值。

3）车流在连线上运行状态的模拟

为描述车流在一条连线上运行的全过程，TRANSYT 使用了如下三种周期流量图示：

（1）到达流量图示（简称"到达"图示）：表示车流在没有阻滞的情况下，到达下游停车线的到达率变化情况。

（2）驶出流量图示（简称"驶出"）：描述车流离开下游交叉口停车线的实际流量的变化情况。

（3）饱和驶出图示（简称"满流"）：表示车流以饱和流率驶离停车线的流量图示。只有在绿灯期间通过的车流处于饱和状态时才会有这种图示出现。

某一边线的"到达"图示直接取决于上游连线的"驶出"图示。在确定一条连线的车流"到达"图示时，不能忽略车流运行过程中的车队离散特性，离散特性可用离散平滑系数 F 表示。TRANSYT 采用的离散平滑系数 F 值如式（5-1）所示：

$$F = \frac{a}{1 + bT}, \ t = 0.8T \tag{5-1}$$

式中：F——离散系数；

T——车队在连线上行驶时的平均行程时间（s）；

a、b——曲线拟合参数。

把上游连线"驶出"图示上的每一值乘以 F 即可得到下游停车线的"到达"图示。综上所述，不难推算出在第 i 个时段内，被阻于停车线的车辆数 m_i，如式（5-2）所示：

$$m_i = \max\left[(m_{i-1} + q_i - S_i), (0)\right] \tag{5-2}$$

式中：m_i——在第 i 个时段内被阻于停车线的车辆数（辆）；

q_i——在第 i 个时段内到达的车辆数（辆），由"到达"图示求得；

S_i——在第 i 个时段内放行的车辆数（辆），由"饱和"图示求得；

m_{i-1}——在第 $i-1$ 个时段内被阻于停车线的车辆数（辆）。

于是由式（5-2）便可求得在第 i 个时段内驶离连线的车辆数。

$$n_i = m_{i-1} + q_i - m_i \tag{5-3}$$

式中：n_i——在第 i 个时段内驶离连线的车辆数（辆）。

由 n_i 值便可建立起连线的"驶出"图示，并由此推算下游连线的"到达""满流"和"驶出"图示，以此类推。

4）车辆延误时间的计算

TRANSYT 计算的车辆延误时间是均匀到达延误、随机延误和超饱和延误之和。平均到达延误是当某一连线上平均驶入的交通量低于该连线的设计通行能力时，车流受红灯阻碍而延迟的时间。随机延误时间是由到达停车线的车流不均衡造成的附加延迟时间。超饱和延迟时间是指在某一连线上，由于车辆到达数大大超过交叉口的通行能力，在停车线后面的等候车队不断随时间增长。

5）停车次数的计算

TRANSYT 计算的停车次数，也被分成均匀到达停车次数、随机停车次数和超饱和停车次数三部分。

5.3.1.3　优化的原理和方法

将交通系数和初始配时参数作为原始数据，TRANSYT 将仿真所得到的性能指标（PI）送入优化程序，作为优化的目标函数；以网络内的总行车油耗或总延误时间及停车时间次数的加权作为性能指标；用"爬山法"优化，产生较初始配时更为优越的新的信号配时；把新的信号配时再送入仿真部分，反复迭代，最后取得该系统的最佳配时。"爬山法"优化计算的原理如图 5-4 所示。

TRANSYT 优化过程和主要环节包括绿时差的优选、绿灯时间的优选、控制子区的划分及信号周期的选择四部分。下面对 TRANSYT 优化环节作简要说明。

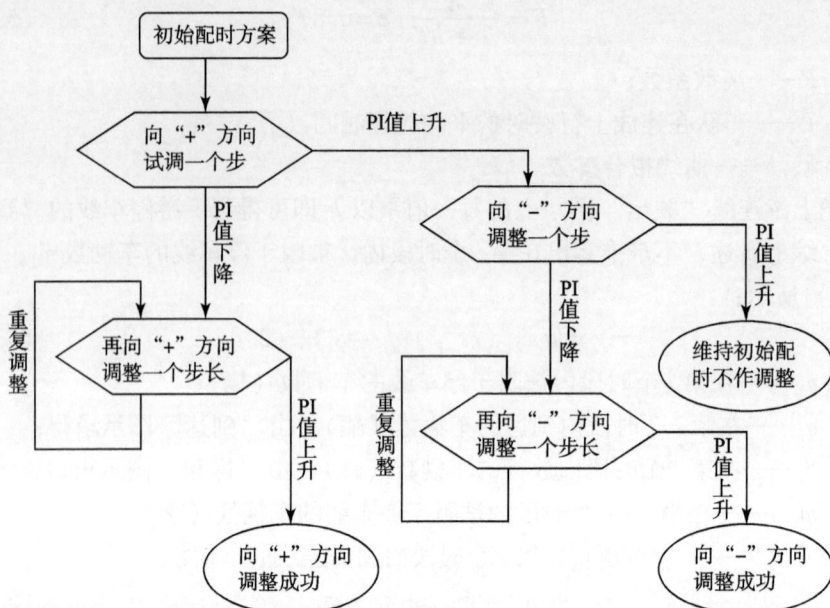

图 5-4 "爬山法"优化计算的原理

1）绿时差（相位差）的优选

在初始配时方案的绿时差（相位差）的基础上，以适当的步距调整交通网上某一个交叉口的绿时差（相位差），计算性能指标。若这次求出的 PI 值小于初始方案的 PI 值，说明这种调整方向是正确的，还应当以同样的步距沿同一方向（指正与负）对该交叉口的绿时差（相位差）作连续调整，直至获得最小的 PI 值为止。反之，假若第一次调整的 PI 值比初始方案所对应的 PI 值大，则应朝相反方向调整绿时差（相位差），直至获得最小的 PI 值为止。

按上述步骤，完成了一个交叉口的绿时差（相位差）调整之后，依次对其他交叉口作同样的调整。对所有交叉口的绿时差（相位差）依次调整一遍后，还要回头再从第一个交叉口开始依次对所有交叉口作第二遍调整。如此反复多遍，直至求得最后的理想方案（PI 值最小）。

2）绿灯时间的优选

TRANSYT 同样也可以对各信号相位的绿灯时间进行优化调整。做法是不等量地更改一个或几个乃至全体信号相位的绿灯长度，以期调低整个交通网的性能指标。但在对绿灯时间作上述调整时，不允许任何一个信号相位调整后的绿灯时间短于规定的最短绿灯时间。

3）控制子区的划分

一个范围较大的交通网络，在实行信号联网协调控制时，往往要分成若干个相对独立的部分，每一个部分可以有自己独特的控制对策，各自执行适合本区交通特点的控制方案。这样的独立控制部分称为控制子区。

在一个实际网络中，一方面各个部分的交通状况存在较明显的差异，不宜整齐划一地执行同一种信号配时方案；另一方面，确实存在一些不必实行协调控制的边线。于是，在实际工作中，往往以这些不宜协调的连线作为划分控制子区边界的参考依据，即子区边界基本上均匀分布在这些连线上。

设计者需要根据子区划分原则，即距离原则、流量原则与周期原则，事先将范围较大的整个控制区域划分为若干个相对独立的控制子区，以便各个控制子区能相对独立地执行适合道路交通特点的协调控制方案。

4）信号周期的时间选择

TRANSYT 可以自动地为交通网的各子区选择一个 PI 最低的公用信号周期时长，同时还可以确定哪几部分的几个交叉口应当采用双周期。

早期开发的 TRANSYT 系统，在优化配时时，对于饱和及超饱和交通的控制有一定的局限性，这主要表现在以下方面：

（1）在一个周期内模拟交通从上游向下游运动时，从上游信号释放的交通流，最终变成下游信号的输入，模型假定所有车辆均在停车线上，它不考虑未被下游释放的车辆。

（2）在随机延误的计算中，与这些多余车辆相关的附加延误没有被完全考虑在模型中。

（3）在下游节点不考虑随机延误，因为假定预期的车辆是全部到达的。

（4）模型不考虑车队的物理延伸，即多余车辆的增加所形成的延伸。因此，它没有考虑倒流现象。

针对上述问题，荷兰对 TRANSYT 进行改进，使其能处理饱和及超饱和情况。类似的改进已加到 TRANSYT – 8 及其后的新版中了。对于饱和及超饱和情况，人们采用的方法是在 TRANSYT 中加入一个新功能，使用户能够为指定的连线确定一个车队长度，然后，信号优化器去寻找方案，此方案很少有可能使最大车队长度超过预先设定的位置。实现的方法就是在性能指标（PI）中加入一个惩罚系数，一旦信号配时使车队长度超过预定的极限，将使 PI 值增大，这时优化器寻找新的配时方案。

5.3.1.4　TRANSYT 系统的评价

TRANSYT 系统经过多年的发展，已经是最成功的静态交通信号控制系统，它被世界上很多大型城市所采用，产生了显著的社会经济效益，路网上的车辆运行总行程时间可以节省15%以上，燃油消耗可以节省8% ~10%。例如在曼谷中心区域建立的 TRANSYT 交通控制系统，使总的行程时间减少了13% ~27%，每年节约的燃料价值估计为 100 万 ~240 万英镑。但是该系统同时也存在的不足之处：第一，计算量很大，当城市规模较大时，这一问题尤为突出。第二，TRAN-SYT 优化问题实质上是一个非凸的数学规划问题，如何找出全局最优配时方案，理论上还没有彻底解决，现在仍然在不断探索中。第三，作为一种离线优化，需要大量的时间、财力、人力来采集数据进行再优化，制定新的方案。随着城市日新月异的发展，交通数据的更新速度会更快，如果数据没有及时更新，就会影响TRANSYT 系统的使用效果，数据的及时更新极大地困扰着 TRANSYT 系统的实际应用。但由于这种系统不需要大量设备、投资低、容易实施，所以对于交通增长已趋于稳定的地区，这种系统还是比较实用的。

5.3.2　SCOOT 控制系统

5.3.2.1　SCOOT 控制系统的特点

SCOOT（Split, Cycle and Offset Optimization Technique）即绿信比 – 周期 – 相位差优化技术，是由英国运输研究所（Transport Research Laboratory，TRL；20世纪 90 年代由 TRRL 改名为 TRL）在 TRANSYT 的基础上研制的自适应控制系统，该系统于 1973 年开始研发，于 1975 年研制成功，并在英国城市格拉斯哥进行现场测试，取得了较好的效果。20 世纪 90 年代 SCOOT 系统进行了多次升级，其最新版本为 4.4 版，其版权为 TRL、PEEK 公司和西门子公司共同拥有。SCOOT 已经历了 20 多年的发展，全世界共有超过 170 个城市正在运行该系统。

SCOOT 是在 TRANSYT 的基础上发展起来的，其规模与优化原理均与 TRAN-SYT 相仿，如图 5 – 5 所示。不同的是 SCOOT 是方案形成方式控制系统，通过安装于各交叉口每条进口到最上游的车辆检测器所采集的车辆到达信息，联机处理，形成控制方案，连续地实时调整绿信比、周期时长及绿时差这三个参数，使之同变化的交通流相适应。SCOOT 优化采用小步长渐进寻优方法，无需过大的计算量。此外，对交通网上可能出现的交通拥挤和阻塞情况，SCOOT 有专门的监视和应付措施。这不仅可以随时监视系统各组成部分的工作状态，对故障发出自动报警，而且可以随时向操作人员提供每一个交叉口正在执行的信号配时方案的细节情况、每一周期的车辆排队情况（包括排队队尾的实际位置）以及车流到达图示等信息，也可以在输出终端设备上自动显示这些信息。

SCOOT 系统主要有如下几个特点：

（1）SCOOT 是一种两级结构，上一级为中央计算机，下一级为路口信号机。配时方案在中央计算机上完成；信号控制、数据采集、处理及通信在信号机上完成。

（2）通过车辆检测器获得交通量数据（每秒 4 次采样），以此为依据建立交通流模型。由于车辆检测器安装在本路口上游交叉口的出口处，因此，关于本路口的交通量模型是一个短期预测模型，具有较高的准确性。该模型除了用于制定配时方案外，还可提供其他信息，如延误、停车次数和阻塞数据等，为交通管理和规划服务。

（3）绿信比、相位差和周期的优化均通过模型进行。绿信比的优化目标实

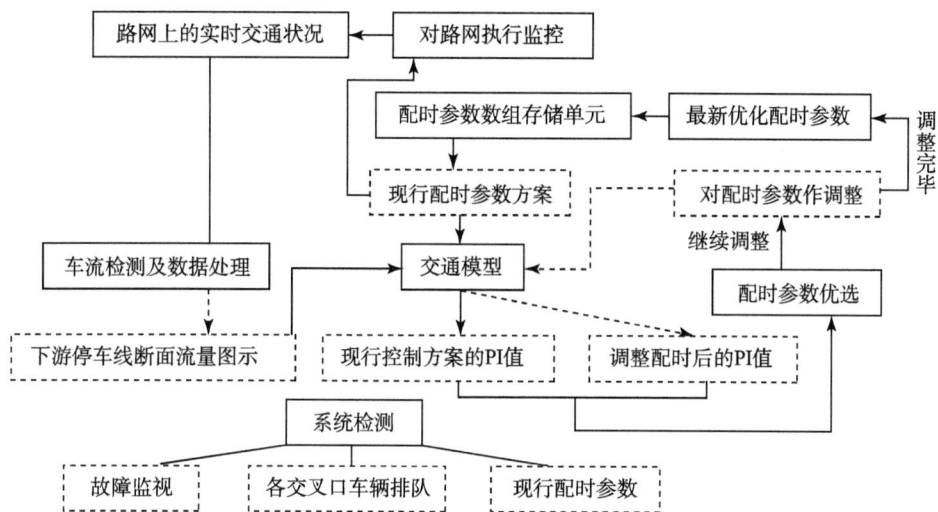

图 5 – 5　SCOOT 系统的基本原理

施使各相交通流的最大饱和度尽可能小。西门子将饱和度定义为平均流量与能够通过停车线的最大流量之比。另外绿信比的优化还考虑了各个方向的阻塞情况。相位差的优化是通过周期流量分布图（cycle flow profiles）进行的，其目标是使延误和停车次数最少，并尽可能减少阻塞。周期的优化每 5min 进行一次。SCOOT 系统通常将所要控制的整个区域分为若干相互独立的子区。同一子区内的交叉路口采用相同的信号周期。周期优化的目标是将子区域内负荷最高的"关键"路口的饱和度控制在 90%。为了照顾子区内低负荷的路口，SCOOT 引入双周期，即低负荷的路口将共用周期的一半作为其周期长度。

（4）为了避免信号参数突变对交通产生不利影响，SCOOT 在优化调整过程中均采用小增量方式。这样既避免了信号参数的突变给受控路网内的运行车辆带来延迟损失，也可以频繁地调整配时参数，产生累加变化，与交通条件的较大变化相匹配。

（5）新交通信号数据库 ASRTRID 模块和综合事故检测 INGRID 模块，能够对交通数据进行过滤、分析，并将处理好的数据用于参数的优化，还能够实时检测事故，为交通管理部门提供服务。

现有 SCOOT 采用的是集中控制结构，难免具有结构上的缺点。在比较大的控制范围内，以改用分层控制结构为宜。

5.3.2.2　SCOOT 系统优化配时的主要环节

下面简要介绍 SCOOT 系统优化配时方案所包含的四个主要环节。

1）检测

（1）检测器。

SCOOT 使用环形线圈式电感检测器实时检测交通数据。为避免漏测和复测，

线圈采用 $2m \times 2m$ 方环形。在路边不允许停车的情况下可埋在车道中间。所有车道都要埋设检测器,一个检测器检测一条或两条车道,两条车道合用一个检测器时,检测器可跨在分道线中间。

（2）检测器的合适位置。

SCOOT 通过实时检测达到能实时预测停车线上的"到达"图示、预测 PI 的目的,所以检测器的合适位置是离停车线相当距离的地点,一般设在上游交叉口的出口,距离下游停车线尽量远。选择设置检测器地点时,要考虑下列因素:

①当两交叉口有支线或中间出入口,其交通量大于干线交通量的 10% 时,尽可能把检测器设在该支线或中间出入口的下游,否则要在支线或中间出入口上设置补充检测器。

②检测器应设在公交车停靠下游,避免其他车辆因绕道而漏测。

③检测器应设在人行道下游。考虑到车辆通过检测器的车速基本上等于该路段上的平均车速,检测器距离人行横道至少应为 30m。

④检测器设在离下游停车线距离至少相当于行车时间 8~12s 的路程或一个周期内车辆最大排队长度以上。

这样设置检测器的好处有以下几点:

①可实时检测当前周期流量,实时预测到达停车线的周期流量图;

②可实时检测当前周期排队长度,避免因车队尾越过上游交叉口而加剧交通堵塞;

③可实时检测车辆拥挤程度。

这样设置检测器的缺点是不如设在靠近停车线处能实时检测饱和流量和执行感应控制的功能。

（3）车辆检测数据的采集。

SCOOT 检测器可采集的交通数据有交通量、占用时间及占用率、拥挤程度等。占用时间即检测器感应有车辆通过的时间;占用率是占用时间与整个周期时长之比。拥挤程度用受阻车队的占用率来衡量。SCOOT 把拥挤程度按占用率大小分为八级（0~7）,称为拥挤系数。拥挤系数有时也作为 SCOOT 配时优化的目标之一。

为了能够准确地采集到有车通过与无车通过的时间,采样周期要足够短。SCOOT 检测器每 0.25s 自动采集一次感应信号,并作分析处理。

2）子区

SCOOT 系统划分子区也由交通工程师预先判定,系统运行就以划定的子区为依据,运行中不能合并,也不能分拆,但 SCOOT 可以在子区中有双周期交叉口。

3）模型

（1）周期流量图——车队预测。

该图示同 TRANSYT 一样，不同的是 SCOOT 根据检测器检测到的交通信息（交通量及占用时间）经过处理后，实时绘制成传感器断面上的车辆到达周期流量图，然后在传感器断面的周期流量图上，通过车流散布模型，预测到达停车线的周期流量图，即"到达"图示。SCOOT 周期流量图坐标的单位是 lpu（连线车流图单位），这是一个交通量和占用时间的混合计算单位，其作用相当于 pcu 的折算作用。北京 SCOOT 所定的 lpu 为一辆小客车相当于 17lpu，一辆大汽车相当于 32lpu。交通量的计量单位用了 lpu，相应的，停车线上的饱和流量的单位也改用 pu。

（2）排队预测。

图 5－6 说明了停车线上车辆排队长度的预测原理，右上侧是检测器实测的传感器断面上的"到达"图示，这个图每个周期都在更新；右下侧是停车线断面上预测的排队图。SCOOT 计算机控制着亮红绿灯的时间，因此计算机总知道信号的当前状态，并把红灯期到达的车辆加入到排队行列。绿灯启亮后，车辆以确定的"饱和流率"（事先储存于计算机数据库中）驶出停车线，直到排队车辆全消散。由于车速、车队离散等都难以精确估算，因此，对预测的排队必须实地检测并加以修正。检验通常用实际观测车辆排队长度同显示预测排队长度作对比。例如，如果预测排队长度未到达检测器断面，但实质上检测器已被车辆所占，这说明 SCOOT 模型低估了排队长度。

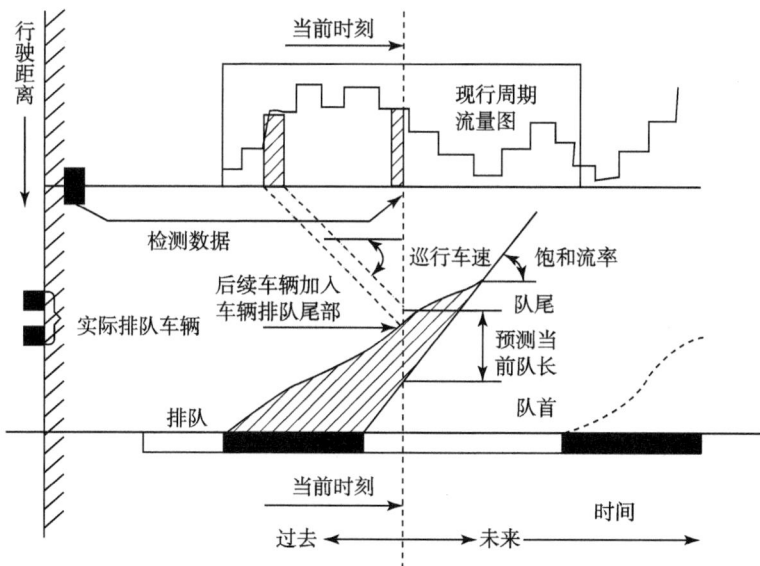

图 5－6　车辆排队预测

（3）拥挤预测。

为控制配对延伸到上游交叉口，必须控制受阻车队的长度。交通模型根据检测的占用率计算拥挤系数，可以反映车辆受阻程度。同时因 SCOOT 传感器设在靠近上游交叉口的出口道上，因此当检测器测得有车辆停在传感器上时，这表明排队即将延伸到上游交叉口。

（4）效能预测。

同 TRSNSYT 一样，SCOOT 用延误和停车数的加权值之和或油耗作为综合交通指标，但 SCOOT 有时也用拥挤系数作为交通指标之一。

从上述排队预测中，SCOOT 可预测各配时方案下的延误与停车数。

拥挤程度对信号配时优化的影响随拥挤程度的加剧而增长。在配时优化中考虑降低拥挤程度，把拥挤系数也可列为综合效能指标之一。综合效能指标中取用的指标，应视控制决策而定。例如，在高峰时为降低车辆延误，把延误和停车数作为控制目标；在短距离交叉口，考虑到要避免车辆排队堵塞上游交叉口，可把拥挤系数作为控制目标之一。

另外，SCOOT 把饱和度作为优选周期时长的依据，因为饱和度随周期时长的加长（缩短）而降低（增加）。饱和度达到 100% 时，必定发生严重的交通阻塞，所以 SCOOT 控制饱和度不超过 90%。

4）优化

（1）优化策略。

SCOOT 的优化策略是，对优化配时参数随交通到达量的改变而作频繁而适量的调整。这样的优化策略是 SCOOT 成功的主要原因之一，它的好处有以下四个方面：

①各配时参数的适量调整，不会出现过大的起落，可避免因配时突变而引起车流的不稳定。

②由于对配时参数只需作适量的定量调整，大大简化了优化算法，实时运算的自适应控制才可能得到实现。

③频繁地调整，可避免对车流作长时间预测。

④配时参数每次调整量不大，但因调整频繁而总能适应跟踪交通变化的趋势。

（2）优化次序。

SCOOT 在每次改变信号配时方案前，频繁按此轮流优化周期时间、绿信比和绿时差。

（3）绿灯时长优选。

绿灯时长优选即绿信比优选，有以下几个要点：

①SCOOT 对每个交叉口都单独处理其绿灯时长的优选。

②每一相位开始前几秒钟都要重新计算"现行"绿灯时长是否需要调整。

③绿灯时长的调整是 ±4s。

④优选绿灯时长，即以调整 ±4s 后的交通效能指标同维持原状的交通效能指标作对比。

⑤调整量 ±4s 是下一相位的所谓"周期性调整"，在下一次再要调整时，随正负方向保留 1s 的所谓"趋势性调整"。下一次的调整量，即在保留这 1s 的基础上再调整 4s，以利于跟踪一个时段内的交通变化趋势。

⑥SCOOT 确定绿灯时长时，还需考虑交叉口的总饱和度、车辆排队长度、拥挤程度及最短绿灯时长的限制等因素。

（4）绿时差优选。

绿时差优选有以下要点：

①SCOOT 优选绿时差，以子区为单位。

②SCOOT 对控制小区内每一个交叉口（无论其相位起始时间是否改变）在每周期前都要作一次绿时差优选运算。

③绿时差的调整量也是 ±4s。

④优选绿时差的方法与优选绿灯时长一样，但以全部相邻道路上的 PI 总和最小为优化目标。

⑤优选绿时差，必须考虑短距离交叉口间的排队，以避免下游交叉口的排队队尾堵塞上游交叉口的交通。SCOOT 首先考虑这些交叉口间的通车连续性，必要时可牺牲长距交叉口上信号间的协调控制（可容纳较大的排队车辆），以保证短交叉口上不出现排队堵塞上游交叉口的现象。

（5）周期时长优选。

周期时长优选有以下要点：

①SCOOT 优选周期时长以子区为单位。

②SCOOT 每隔 2.5～5s 对控制小区内每个交叉口的周期时长作一次运算。以关键交叉口的周期时长作为控制小区内的公用周期时长。

③周期时长优选以控制小区内关键交叉口的饱和度限于 90% 为目标。饱和度小则递减周期时长，可使饱和度上升，降低延误时长和停车率；接近 90% 时，停止降低周期时长；饱和度大则递增周期时长，提高通行能力，可使饱和度下降。

④周期时长的调整量为 ±4～±8s。

⑤SCOOT 在调整周期时长时，同时考虑选择"双周期"信号，如因配"双周期"信号而能使整体最优时，对选定的周期时长可另作调整。

⑥SCOOT 还考虑最短周期时长和最大周期时长的限制。

⑦在周期时长优选中，不考虑交通拥挤系数，所以 SCOOT 系统中，仅在绿信比与绿时差优选中考虑拥挤系数。

为处理饱和或超饱和状态，SCOOT 有专门设计的程序。SCOOT 测量每个连线上车队的长度，当饱和或超饱和情况出现时，通常的优化程序将变得对饱和或超饱和情况下的连线更有利。

为了增加 SCOOT 预防和处理饱和或超饱和情况的功能，SCOOT 的 2.4 版本及以后的版本有相应的改进，主要有以下几个方面：

（1）闸门控制。

闸门控制的主要目的是限制交通向敏感地区流动，以防止该地区形成过长的车队或发生阻塞；限制流入敏感地区，而把车队重新分配到可容纳更长车队的道路上。为了实现闸门控制，SCOOT 必须能够修改交叉口的信号配时，这些路口可能离相关区域很远甚至可能在另外的子区域，闸门逻辑允许把一条或多条连线定义为临界连线或瓶颈连线。闸门连线是被指定为储存车队的连线，如果没有这些连线，瓶颈连线将被阻塞。当瓶颈连线达到一个预定的饱和度时，闸门连线的绿灯要减少。

全部逻辑都包含在绿信比优化器中。对一个瓶颈连线，交通工程师要确定它的临界饱和度，超过这个值预计会发生问题。这个临界饱和度用来触发闸门算法，闸门算法的作用是：如果饱和度小于或等于临界饱和度，而且两次判决皆如此，则闸门将起作用，通常是减少闸门连线的绿灯时间。然而，闸门逻辑也可能引起瓶颈下游的闸门连线的绿灯时间的增加，以便尽快释放闸门连线车队。所有的改变都要受正常绿信比优化器的支配（由闸门逻辑锁作判决，假定以 4s 的永久改变代替通常情况下 1s 的改变）。

（2）饱和相位差。

在饱和条件下，对一条连线相位差的要求，与正常情况下的要求——使连线的延误最小有所不同。此时的相位差应该这样设定：使通行能力最大，而当上游交叉口向临界入口显示绿灯时，此连线不会发生饱和；当一条连线被测出饱和时，将强制采取饱和相位差，相位差优化器将把它的优化结果弃而不用。

（3）利用相邻连线的信息，处理饱和问题。

为解决饱和问题，一条连线可把本身的信息和来自另一条连线的饱和信息共同使用，或者仅使用后者。如果一条连线的车队过长，达到上游连线检测器上，则其上游连线的饱和可看成是由该连线的饱和造成。这时，要把上游连线当作连线的饱和信息源，而对下游交叉口的配时方案予以调整。

5.3.2.3 SCOOT 系统的评价

SCOOT 系统有一个灵活、准确的实时交通模型，不仅用于制定配时方案，还可以提供各种交通信息。SCOOT 采用对下一周期的交通量进行预测的方法，提高了结果的可靠性和有效性。SCOOT 调整参数时采用频繁的小增量变化，这既避免信号参数突变给路网上的车辆带来损失，又可通过频繁的累加变化来适应交通条件的变化。SCOOT 的车辆检测器埋设在上游路口的出口处，为下游交叉口信息配时预留了充分的时间，且可有足够时间作出反应以预防车队阻塞到上游交叉口。同时检测器故障时，它亦能做出相应调整，减少影响。

SCOOT 的不足是：①交通模型的建立需要大量的路网几何尺寸和交通量数据，因而费时费力；②相位不能自动增减，相序不能自动改变，因此可能不足以及时响应每个周期的交通需求；③独立的控制子区不能自行解决，需人工确定；④饱和流率的校核未自动化，使现场安装调试时相当烦琐。

5.3.3　SCATS 系统

SCATS（Sydney Co-ordinated Adaptive Traffic System）控制系统是一种实时自适应控制系统，由澳大利亚开发。该系统于 20 世纪 70 年代开始研制，随后在 20 世纪 80 年代初投入使用。

SCATS 的控制结构为分层式三级控制，三级控制为中央监控中心→地区控制中心→信号控制机，如图 5-7 所示。在地区控制中心对信号控制机实行控制时，通常将每 1~10 个信号控制机合为一个"子系统"，若干个子系统组合为一个相对独立的系统。系统之间基本上互不相干，而系统内部各子系统之间存在一定的协调关系。随着交通状况的实时变化，子系统既可以合并，也可以重新分开。三项基本配时参数的选择都以子系统为核算单位。

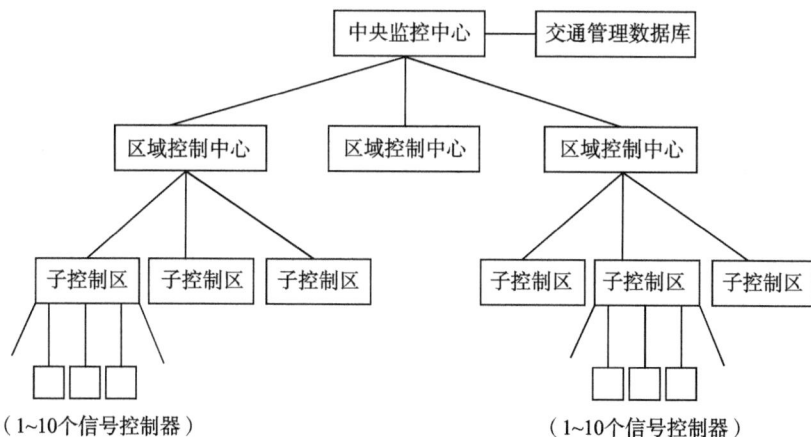

图 5-7　SCATS 系统的控制结构

中央监控中心除了对整个控制系统的运行状况及各项设备工作状态作集中监视外，还有专门用于系统数据管理库的计算机。它对所有地区控制中心的各项数据以及每一台信号控制机的运行参数作动态储存（不断更新的动态数据库形式）。交通工程师不仅可以利用这些数据作系统开发工作，而且可以在该机上完成全部开发设计工作（脱机工作方式）。

SCATS 在实行对若干子系统的整体协调控制同时，也允许每个交叉口"各自为政"地实行车辆感应控制，前者称为"战略控制"，后者称为"战术控制"。战略控制与战术控制的有机结合，大大提高了系统本身的控制效率。SCATS 正是利用了设置在停止线附近的车辆检测装置，才能做到有效、灵活。所以，SCATS 实际上是一种利用感应控制对配时方案作局部调整的方案选择系统。

下面简要介绍 SCATS 优选配时方案的各主要环节。

1）子系统的划分与合并

SCATS 对子系统的划分，由交通工程师根据交通流量的历史及现状与交通网的环境、几何条件予以判定，所定的子系统就作为控制系统的基本单位。在优选配时参数的过程中，SCATS 用合并指数来判断相邻子系统是否需要合并。在每一信号周期内，都要进行一次"合并指数"的计算，相邻子系统各自要求的信号周期时长相差不超过 9s 时，则合并指数累计值为（+1），反之为（-1）。若合并指数的累计值达到"4"，则认为这两个子系统已经达到合并的"标准"。合并后的子系统，在必要时还可以自动重新分开为原先的两个子系统，直到合并指数累计值下降至零。

子系统合并之后，新子系统的信号周期时长，将采用原先两个子系统所执行的信号周期时长中较长的一个，而且原先两个子系统中的另一个随即放慢或加快其信号周期的增长速度，直到这两个子系统的"外部"绿时差方案得到实现为止。

2）SCATS 配时参数优选算法

SCATS 以 1～10 个交叉口组成的子系统作为基本控制单位。在所有交叉口的每一进口道上，都设置车辆检测装置，传感器（例如电感线圈）分设于每条车道的停止线后面。根据车辆检测装置所提供的实时交通数据和停止线断面在绿灯期间的实际通过量，算法系统选择子系统内各个交叉口的公用周期时长、各交叉口的绿信比及绿时差。考虑到相邻子系统有合并的可能，也需为它们选择一个合适的绿时差（即所谓子系统外部经时差）。

作为实时方案选择系统，SCATS 要求事先利用脱机计算方式，为每个交叉口拟定 4 个可供选用的绿信比方案、5 个内部绿时差方案（指子系统内部各交叉口之间相对的绿时差）以及 5 个外部绿时差（指相邻子系统之间的绿时差）。信号周期和绿信比的实时选择，是以子系统的整体需要为出发点，即根据子系统内的关键交叉口的需要确定公用周期时长。交叉口的相应绿灯时间，按照各相位饱和度相等或接近的原则，确定每一相位绿灯占信号周期的百分比。不言而喻，随着信号周期的调整，各相位绿灯时间也随之变化。

SCATS 把信号周期、绿信比及绿时差作为各自独立的参数分别进行优选，优选过程所使用的算法以所谓"类饱和度"及"综合流量"为主要依据。

（1）类饱和度。

SCATS 所使用的"类饱和度"（DS），是指被车流有效利用的绿灯时间与绿灯显示时间之比，即

$$DS = \frac{g'}{g} \qquad (5-4)$$

$$g' = g - (T - th)V \qquad (5-5)$$

式中，DS——类饱和度；

　　　g——可供车辆通行的显示绿灯时间总和（s）；

　　　g'——被车辆有效利用的绿灯时间（s）；

　　　T——绿灯期间，停止线上无车通过（即出现空当）的时间（s）；

　　　t——车流正常驶过停车线断面时，前后车辆之间不可少的一个空当时间（s）；

　　　h——必不可少的空当个数。

参数 g、T 及 h 可以直接由系统提供。

（2）综合流量。

为避免采用与车辆种类（车身长度）直接相关的参量来表示车流流量，SCATS 引入了一个虚拟的参量"综合流量"来反映通过停止线的混合车流的数量。综合流量 q' 是指一次绿灯期间通过停止线的车辆折算当量，它由直接测定的类饱和度（DS）及绿灯期间实际出现的最大流率（S）来确定，见式（5-6）。

$$q' = \frac{DS \times g \times s}{3600} \qquad (5-6)$$

式中，q'——综合流量（辆）；

　　　S——最大流率（辆/h）。

其余符号意义同前。

3）信号周期时长的选择

信号周期时长的选择以子系统为基础，即在一个子系统内，根据其中饱和度最高的交叉口来确定整个子系统应当采用的周期时长。SCATS 在每一交叉口的每条进口车道上都设有车辆检测器，在前一周期内各检测器直接测定出的 DS 值中取出最大的一个，并据此定出下一周期内应当采用的周期长度。

为了维持交叉口信号控制的连续性，信号周期的调整采取连续小步距方式，即一个新的信号周期与前一周期相比，其长度变化被限制在 ±6s 之内。

对每一子系统范围，SCATS 要求事先规定信号周期变化的 4 个限值，即信号周期最小值（C_{min}）、信号周期最大值（C_{max}）、能取得子系统范围内双向车流行驶较好连续性的中等信号周期时长（C_s）以及略长于 C_s 的信号周期（C_x）。在一般情况下，信号周期的选择范围只限于 C_{max} 与 C_s 之间，只有当关键车道上的车辆检测器检测到的车流到达量低于预定限值时，才采用小于 C_s 乃至 C_{min} 的信号周期值。高于 C_x 的信号周期值是要由所谓"关键"进口车道的检测数据（DS 值）来决定选用的。这些关键车道的类饱和度明显高于其他车道，需要较多绿灯放行时间，因而需要从信号周期的加长得到"优惠"。

4）绿信比方案的选择

在 SCATS 中，绿信比方案的选择也以子系统为基本单位。事先为每个交叉口都准备了 4 个绿信比方案供实时选择使用。这 4 个方案分别针对交叉口在可能出现的 4 种负荷情况下，各相位绿灯时间占信号周期长度的比例值（通常表示为百分数）。每一绿信比方案中，不仅规定各相位绿灯时间，同时还要规定各相位绿灯出现的先后次序。在不同的绿信比方案中，信号相位的次序可能也是不相同的。这就是说，在 SCATS 中，交叉口信号相位的次序是可变的。

SCATS 绿信比方案还为局部战术控制（即单个交叉口车辆感应控制方式）提供了多种灵活性。受车流到达率波动的影响，某些相位按既定绿信比方案享有的绿灯时间可能有富余，而另外一些相位分配的绿灯时间可能不足。因此，在不加长和缩减信号周期时长的情况下，也有必要对各相位绿灯时间随实时交通负荷的变化作合理的余缺调剂。这就要求在绿信比方案中对可能采用的调剂方式做出具体规定。在某些交叉口，可能有些相位的绿灯时间不宜接受车辆感应控制的要求而缩短，那么也要在方案中特别注意这些相位的绿灯时间只能加长不能缩短。

绿信比方案的选择，在每一信号周期内都要进行一次。其大致过程如下：在每一信号周期内，都要对 4 种绿信比方案进行对比，对它们进行"投票"。若在连续周期内某一方案两次被"选中"，则该方案即被选择为下一周期的执行方案。在一个进口道上，仅仅把类饱和度 DS 值最高的车道作为绿信比选择的考虑对象。

绿信比方案的选择与信号周期的调整交错进行。二者结合起来，是对相位绿灯时间不断调整的结果，它使各相位的类饱和度（DS）维持大致相等的水平，这就是"等饱和度"原则。

5）绿时差方案的选择

在 SCATS 中，内部、外部两类时差方案都要事先确定，并储存于中央控制计算机中。每一类包含 5 种不同的方案。每个信号周期都要对绿时差进行实时选择，其具体步骤如下：

5 种方案中的第一种方案为，仅仅用于信号周期时长恰好等于 C_{min} 的情况；第二方案，仅用于信号满足 $C_s < C < C_s + 10$ 的情况；余下的三种方案，则根据实时检测到的综合流量值进行选择。连续 5 个周期内，有 4 次当选的方案，即被选为付诸实施的方案。对于每一有关的进口道，都要分别计算出执行 3 种绿时差方案（第三、四、五方案）时该进口道能够放行的车流量及类饱和度。实质上，这与最宽通过带方法相似，SCATS 是对比上述三种方案所能提供给每一条进口道的通过带宽度。当然，所能提供的通过带宽度越大，说明这一方案的优越性就越明显。

"外部"绿时差方案，也采用与"内部"相同的方法进行选择。

5.3.4　先进的交通信号控制系统

5.3.4.1　ACTRA 控制系统简介

ACTRA 控制系统（Advanced Control & Traffic Responsive Algorithm）是一种集方案生成和方案选择于一体的区域协调控制系统，是由美国西门子公司开发的一个信号控制系统软件，也是目前世界上技术比较领先的交通信号控制系统软件之一。

ACTRA 的控制结构由三大模块组成：中心控制模块、通信模块及路口信号控制模块。系统结构如图 5-8 所示。

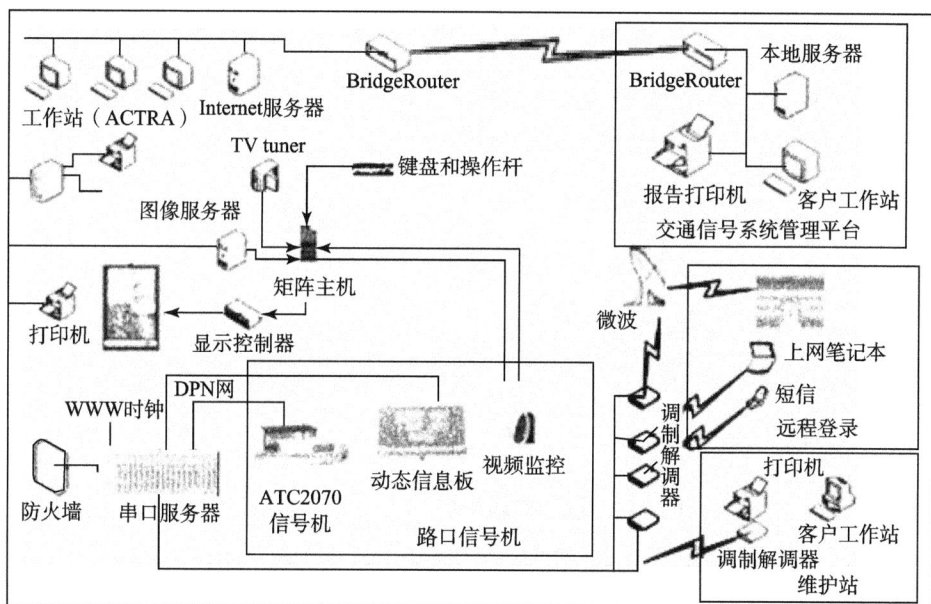

图 5-8　ACTRA 系统的结构

5.3.4.2　ACTRA 控制系统的控制模式及优化

ACTRA 控制系统的控制模式及优化是交通控制管理的重要内容。

1）ACTRA 控制系统的控制模式

ACTRA 控制系统有多种控制模式，大体分为 14 种，即系统时间表控制、干线协调控制、交通响应控制、区域协调自适应控制、行为控制、优先控制、快速路出入口控制、中心强制控制、可变标志控制、手动控制等。这里重点介绍有别于其他系统的 4 种控制模式。

（1）系统时间表控制：系统时间表控制为一组路口设定 1 天或 1 周的配时方案，该模式属于方案选择式控制模式，适用于交通流特性稳定的路口。

（2）干线协调控制：干线协调控制可进行时间表和感应式协调控制。感应式协调在保证干线协调控制时，根据非协调相位或冲突方向的请求，自行调整绿信比和相位差。

（3）交通响应控制：交通响应控制时，ACTRA 系统根据路口检测的流量和占有率，动态调整系统的周期、绿信比和相位差等参数，然后再选择方案库里最为匹配的方案实施。

（4）区域协调自适应控制：ACTRA 采用的是区域协调自适应算法（Adaptive Control System Lite，ACS－L）。该算法根据系统检测器的交通信息，对交通参数自动进行优化并执行优化配时方案，以提高区域通行能力。

2）优化

ACTRA 系统区别于 SCOOT 的最大优点是它所具有的感应式线协调控制功能。

ACTRA 系统采用区域协调自适应算法，如图 5 - 9 所示。该算法基于先进的分布式系统，实时采集交通数据，实现区域优化。

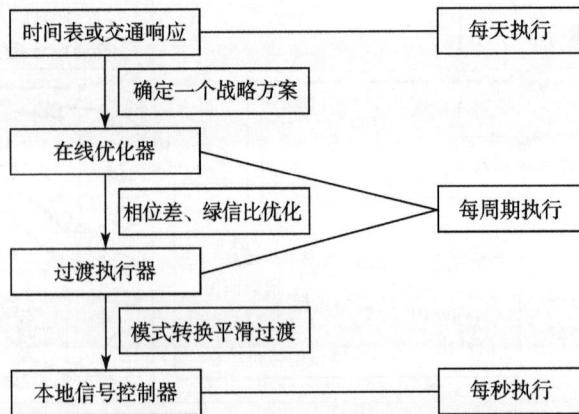

图 5 - 9　ACTRA 自适应控制算法的结构

ACS－L 的自适应流程是，首先在交通响应或时间表控制模式框架中利用当前战略控制周期、绿信比和相位差，然后执行 ACS－L"在线优化"，即当前时刻相位差和绿信比的优化，进行这两个参数微调的战术控制，最后通过过渡执行器，平滑过渡转换的模式来执行优化方案。

（1）绿信比优化。

首先设置合理的类饱和度值，然后通过小步长的增加和减少比较所有相位的类饱和度的最大值，在满足相位约束条件的情况下，尽量使各相位处于较低的类饱和度水平。在进行绿信比优化时需要利用检测器检测流量数据。

（2）相位差优化。

根据路口上游设置的检测器检测到的断面流量，计算从检测器到信号灯的行驶时间和不同绿灯起始时间，并考虑协调相位车流及其对下游信号的影响，采用小步长实现模式转换最小化，尽可能使绿灯时间覆盖最大车流。

5.3.4.3　ACTRA 控制系统的特点

（1）技术先进、性能可靠，应用较广泛。ACTRA 系统是西门子公司较成熟的交通控制系统，是该公司的第三代系统，应用了许多新的技术和方法，并为一些奥运城市提供了交通控制服务，如首尔（1998 年）、亚特兰大（1996 年）、盐湖城（2002 年）都使用了这种交通控制系统。

（2）标准的符合性、软件的开放性。ACTRA 系统符合美国 ITS 框架的 NT-CIP 协议及其他标准，其设备的通信协议采用了当前主流的协议，如 TCP/IP 等，这些都是系统开放性和扩展性的基础。测试表明，ACTRA 可以实现对基于 NTCIP 协议的第三方信号控制器的正常监控和管理。

（3）ACTRA 采用当前先进的浏览器界面，友好图形用户界面和视频显示技术。它采用 GIS 和介入第三方图像生成技术，可进行城市计算机地图图形显示（在工作站或显示墙上），显示运行相应的配时方案以及不同任务同时管理的 Windows 界面。该系统可进行同一界面多路口实时显示、区域路口交通堵塞颜色显示、干线路口动态灯色通过显示，并提供路口作图工具，具有一定的地图制作功能。

（4）智能化的 ATC2070 现场信号机。ATC2070 控制机是一种最新的开放式结构的信号机，信号机的软件和硬件分离，可分别按照 2070ATC 的硬件和软件的标准由不同供应商竞争获得，这大大降低了成本，提高了采购自主性。2070 ATC 信号机软件具有自适应和多种灵活的控制战略，使得系统的许多自适应控制运算在下端完成，提高了整个系统的性能。

5.4　城市交通需求管理

随着经济的发展，持续高涨的交通需求造成了城市交通阻塞的加剧。对于交通阻塞，人们通常会想到采取扩建或新建道路、桥梁等基础设施的方法，提高交通供给能力以满足交通需求。这是有一定局限性的，因为人们忽视了容量的增大、可达性的提高，会促进交通需求的增长和出行距离的延长、出行时空消耗的增大，从而使已扩充的容量很快就再达到了饱和的事实；也没有注意到运输与经济活动的互动关系，以及土地资源的有限性、环境保护的重要性。因此，这种单纯提高交通系统空间容量的方法越来越不适应城市可持续发展的要求。交通需求管理作为综合解决城市交通问题的对策之一，对于解决城市交通拥堵、交通事故、交通能源等问题具有重要的意义。

5.4.1　交通需求管理的基本理论

交通需求管理（Traffic Demand Management，TDM）在中国还是一个崭新的概念，我国对交通需求管理的研究起步较晚，我国的城市规划和交通规划的研究者们从 20 世纪 90 年代开始引入交通需求管理理论。它涉及交通系统的各个方面，可以概括地定义为：通过影响出行者的行为，而达到减少或重新分配出行对空间和时间的需求的目的。对交通系统而言，对于已经出现的各种交通问题，不是仅仅等待着解决这些问题，而是从交通需求的源头着手，做好前期规划，采取合理的措施适当限制、引导需求，从而结合后期管理，使目前的交通系统通畅运转，并使交通系统可持续发展。

交通需求管理希望通过控制土地开发强度、调整城市用地布局、改变居民出行观念和行为、改变运输时空分布等一系列政策措施，促进与完善交通规划与交通管理的互动反馈作用，减少或避免不必要的交通发生源和吸引源；协调和处理有限的城市空间与不同的道路交通设施之间的矛盾，实现在有限的城市空间内形成最大效能的交通设施能力；促进公共交通的发展，充分发挥公共交通的运能优势，引导其他交通方式的合理使用，形成城市最佳交通结构；缓解有限的道路资源同不断增长的交通需求之间的矛盾，合理控制道路上的私家车交通总量，引导人们理智使用道路交通资源，使道路交通设施得到最充分和最有效的利用。

5.4.2 交通需求管理的典型措施及技术模式

许多国家对于交通需求管理，制定了许多典型的措施。新加坡政府通过高额的车辆购置税、车辆的配额制度，限制私人拥有车辆，同时采用商业区的区域通行证方案和周末汽车方案限制车辆使用，并通过高额的汽油税和高额的停车费严格限制私人拥有车辆。另外，错峰上班、弹性工作、车辆合乘，在新加坡也曾经尝试过，但普遍效果不很明显，因此都已经停用。新加坡在 1998 年推出了电子化道路收费系统（ERP），全面取代 1975 年开始使用的区域通行证系统和 20 世纪 90 年代初在三条主要高速公路上使用的道路收费系统，此收费系统制定较为合理的测算交通拥堵的方式，成功地控制了城市道路网的交通拥堵水平。

美国的政府部门、高校、交通管理相关部门组织起来，对拟实施的交通需求管理方案进行研究，接着在许多城市开始实施，测试其效果，获得了很好的经验，并开展了第三方中介机构组织对交通需求管理方案效果进行了调查，根据调查结果制定了公交优先、高乘坐车辆优先通行、停车价格策略等交通需求管理策略。

日本主要采用的交通需求管理是减少交通总量，减少车辆交通，强化交通安全，鼓励乘地铁、公交车，均衡交通量等措施。长滨市实行巴士购物券，刺激居民乘坐公交到中心商业区购物，有效地防止了大城市中心空心化并缓和了中心区的交通拥堵；东京实施汽车排放尾气的责任管理，使城市环境有很大改观；随着智能交通系统技术的完善，日本引入先进的智能交通系统及公共车辆优先系统，在住宅、大型公共商业场提供地铁、公交运行及换乘信息，用户可随意查阅，这大大方便了公共交通出行，使公交乘坐率提高了 25%，目前该系统已经在全日本推广。

英国在诺丁汉采用基于计算机数据库的合乘系统、合乘汽车停车优先制度、工作通勤出行乘坐公共自行车制度、优先使用公共交通制度、区域收费制度等绿色通勤计划，使该区域的员工单独驾乘率在 3 年内下降了 30%。

综合国外城市交通需求管理措施，其大致可以归纳为土地利用策略、改变出行时间策略、改变出行方式策略、增加出行成本策略四个方面。土地利用策略包括面向公交的土地利用模式、ABC 区位政策、在城市规划中考虑减少交通拥挤的因素、公共交通社区、鼓励城市规划沿公交轴线开发土地等；改变出行时间策略包括错时上下班、减少每周工作日、弹性上班制等；改变出行方式策略包括在家办公、车辆合乘、单位通勤出行、公共交通、骑自行车、步行等；增加出行成本策略主要包括停车收费、拥堵收费等。

城市交通需求管理所涉及的问题，大致分为以下 4 个层次：

（1）城市的性质、规模、结构与功能定位层次，此时需要确定城市未来交通发展的战略方案，处理交通与城市发展的关系。

（2）城市总体规划层次，这个层次决定土地利用，功能分区，人口、就业岗位等分布，也就决定了交通发生、吸引、分布、集聚强度和城市交通的主要流向与流量。

（3）城市综合交通规划层次，这是关键层次，任务是落实城市道路网络、路网结构，交通枢纽、交通结构，站场、港口布局及对外交通干线等专业规划，从而确定了客货运与交通设施在城市空间范围的分布，这个层次对实现需求与供给的平衡起着关键性的作用。

（4）交通监控，组织与管理层次，这一层次就是在现有既定布局的基础上做好车流、人流的组织调配，进行监控、指挥、引导与疏解，尽量做到人车分流、快慢分流、静动分流以改善交通秩序、提高交通运行质量与道路的通行能力。

在交通需求管理的第一、第二层次策略上，对于老城或已建城区来说，功能定位、土地利用、分区规划与生产力布局基本确定，交通需求管理难以实施，但是对于将要扩展的新区或拆旧翻新的小区，仍可采取以下策略：

（1）在开发建设新区时应完善各种生活、市政配套设施，以减少不合理的和非必要的出行，通过增强吸引老城中心区市民迁入、定居的力度，来解决老城中心区人口和就业岗位过分集中的问题，为合理分散老城市中心区的拥堵发挥作用。

（2）结合老区的拆迁更新，优化各小区居住就业等用地类型配比，使居宅与单位靠近，减少跨区长距离的通勤、通学出行，减少出行距离与总的交通运输量。

（3）对某些敏感地区或地段，对土地使用功能和开发强度均应严格控制，以防止交通吸引与过分集中所造成的拥堵阻塞。

（4）对于较大的城市新开发地区，在可能的条件下建立城市副中心，以避免中心区过分集中。

（5）理顺道路网络结构功能。对于道路网络的功能、各类道路结构的组合与配比要加以分析诊断并进行优化。快速路、主干路、次干路与支路应各司其职、配比合理。

在第三、第四层次上，主要的策略有：

（1）减少不必要与不合理的出行，特别指出合理选定客货运站场的重要性。

（2）优化交通结构策略，控制或削减时空资源消耗大、公害严重、运效不高的交通方式，使交通方式结构趋于合理，主要措施有：优先发展公共交通、鼓励步行与自行车交通、合理控制自行车总量等。

（3）空间均衡策略，尽量减少交通流过分集中造成结点或某个路段的交通拥堵，尽量设法均衡分布、减少集中程度，发挥所有道路的运力，其主要措施有：区域限制、调整工作岗位、组织单向交通、设置可变车道、变更线路等。

（4）时间调控法，在时间分布上对交通流进行削峰填谷使之尽量均匀，具体措施有：错时上班或弹性上班、压缩工作日、分期度假等。

（5）经济策略，引入市场机制或经济激励措施以改变出行者的方式选择行为，包括收费或税收策略、财政补贴或减税策略以及交通津贴策略等。

（6）行政策略，比如限制车辆拥有或通行等。只有在其他措施难奏效的情况下，才采取行政命令的办法，因为行政措施在许多情况下不符合实施交通需求管理的原则。

5.4.3 交通拥堵收费

交通拥堵问题是目前世界上多数特大城市、大城市普遍面临的问题，俨然成为城市发展的"瓶颈"。中国也不例外，城市交通拥堵问题不仅制约了城市正常的经济运转，包括人员、资本、信息等的流动，更造成了日益严重的社会问题和环境问题。研究表明，城市交通拥堵问题源于交通资源的供求问题，交通供给量小于交通需求量就会导致拥堵问题。从广义上讲，交通拥堵是由各种城市交通服务方式的价格低于成本引起的，尤其是城市机动车使用者仅支付其直接费用，而未支付其出行给社会和其他出行者带来的全部成本，这鼓励了机动车交通量的迅速增长。由于交通资源的稀缺性和道路使用者的自私性，倘若没有政府的干预与调节，出行者自发的行为选择将会导致博弈论中"公共的悲剧"。因此，通过对过度拥挤路段上驾驶员合理地收费，依据社会财富最大化的观点来控制交通拥挤，即实行交通拥堵定价，政府利用经济手段管理和调节机动车使用来征收交通拥堵费用，是缓解城市交通堵塞较为有效的措施之一。

5.4.3.1 交通拥堵收费的发展概况

道路拥堵收费按照征收范围的不同，可以分为广义的拥堵收费和狭义的拥堵收费。其按实施手段的不同，可分为动态交通拥堵收费和静态交通拥堵收费。城市道路交通拥堵收费不仅是在特定时间段对进入特定区域和特定路段的车辆实行收费，而且也是在城市中心区及大型购物中心建立的停车场进行适度征收费用的结合体，从时间和空间上来疏散交通量，减少繁忙时段和繁忙路段的交通负荷。

拥堵收费理论的基础是 20 纪 30 代英国剑桥大学 Pigou 教授提出来的拥堵定价理论，以后学者研究交通拥堵问题基本上都是以这一理论作为基本出发点。1964 年，伦敦政治经济学院的 Smeed 教授发表了《Smeed 报告》，该报告提出了收费的具体方法和由此带来的经济收益，因此被认定为最早的关于交通拥堵收费研究的权威文献。拥堵定价理论来源于经济学中的边际成本定价原理，出行者的每次出行除了自己必须支付的基本出行费用外，还给其他出行者和社会造成了影响（即产生了外部性），生成了外部成本，这种成本没有包含在道路使用者的交通支出中。1961 年 Walters 将交通拥堵的各方面结合起来提出短期边际成本定价模型，这是静态拥堵道路收费的一个理论基础。该模型的依据是拥堵收费价格应该是边际社会成本和边际个人成本之差，只有这样才能使拥堵的外部成本内部化，达到交通路网的最优状态。1969 年 Vickery 应用确定性排队理论提出瓶颈道路收费模型。这个模型综合考量了时间和空间的变化，是一个动态模型。基于瓶颈理论的拥堵定价模型指出某一时刻的收费价格应该等于不收费时出行者由于等待所消耗的成本，这样就能够用收费的方式来减少排队等候的时间，出行者也可以通过出行时间和出行路径的选择来实现出行成本最小化。随后的拥堵定价模型都是基于上述两个模型演变和发展而来的。

如图 5 - 10 所示，SMC 表示社会边际成本，PMC 表示个人边际成本，O 点是理想交通流值。可见，在交通拥挤的情况下，出行造成的社会边际成本大于个人边际成本，而且交通越拥挤，两者之差越大。

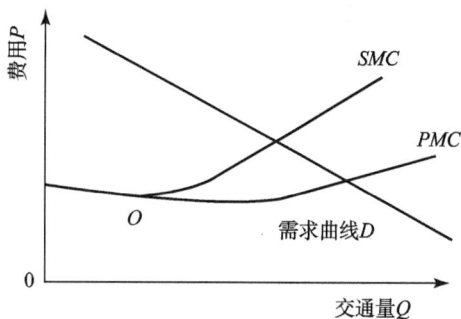

图 5 - 10 拥挤收费原理示意

在国外，新加坡、英国伦敦、美国、斯德哥尔摩等已经成功实施了拥堵收费政策，我国经济学家们对于拥堵收费的研究起步比较晚，主要是对定价模型的研究和扩展，对国外拥堵模式的研究以及对我国各大城市包括上海、北京、广州实施拥堵收费的探讨。上海市自 2000 年开始，管理部门着手于城市核心区域拥堵收费课题的研究，并在 2003 年由市建委科学技术委员会组织专家学者对该课题进行了论证。2002 年发布的《上海市城市交通白皮书》首次提到了拥堵道路收费所采用的模式，提出了收费范围、收费对象、收费时间、折扣对象以及所采用的技术等一系列建议。2004 年 7 月，上海市正式启动了"中心区交通拥堵收费综合技术研究"项目，旨在对上海中心城区的交通状况进行全面评价的基础上，提出拥堵收费的区域，并定量分析采取不同收费标准对区域路网服务水平的影响等。但目前上海的整体交通网络尚未完全成型和稳定，实施时机尚未成熟。2004 年 4 月 6 日，《北京交通发展纲要》提到，必要时在交通特别拥堵区域有选择地实施拥堵收费制度。2012 年 8 月 28 日发布的《北京市"十二五"时期交通发展建设规划》指出，北京拟出台拥堵收费管理政策及相应配套措施，并重点建设交通拥堵收费管理系统、拥堵收费监测评价系统等。深圳、广州、南京等城市也准备对现有交通状况进行全面的评价，在此基础上对实施道路拥堵收费的可行性和必要性进行研究，并进行相关技术储备。虽然国外有很多成功的拥堵收费经验，然而我国到目前为止还没有任何一个城市实施拥堵收费，并且对于具体的适合各个城市的拥堵收费实施方案的研究也非常少。

5.4.3.2 交通拥堵收费管理的关键技术

交通拥堵收费管理的关键技术是电子道路收费系统（ERP），通过道路收费管理交通，类似于通过税收机制来调节车辆牌照的发放。

以新加坡为例，新加坡在成功通过车辆高速运行的压力测试后，国土运输部在 1998 年 9 月启动了 ERP 的应用，替代 1975 年启用的区域通用券系统（ALS）。新加坡是世界上第一个使用电子道路收费系统来实现道路拥堵收费的国家。新加坡为了解决道路拥堵问题，提出了 ERP 系统的方案，即通过收取道路拥堵费，来对高峰时段的道路拥堵地区的车流量进行调节，从而提高道路的车流速度，缓解道路拥堵状况。

第一代 ERP 系统是专门的小范围无线电信息系统（DSRC），采用 2.5GHz 波段的短波通信，主要由带现金卡的车载单元（IU）、ERP 显示牌（或控制点）和控制中心三部分组成。不再设闸门的第二代公路电子收费系统（ERP2）科技试验预计将会完成，握奇数据成功入围新加坡陆路交通管理局第二代公路电子收费系统（ERP2）科技试验。本次试验有别于现有闸门收费模式，它采用全球导航卫星系统实现车辆定位。如果测试成功并获采纳，ERP2 系统将改为"无形"收费，新加坡陆路交通管理局因此可节省建设新闸门及维修闸门的成本，驾车者也可按照其在拥塞道路上行驶的实际距离缴付路费。

ERP 项目由连接通往中央商务区的所有道路的 ERP 显示牌龙门架组成，这些龙门架也安装在拥堵的高速公路和城市主干道上，用于在交通堵塞的高峰时间限制车辆的行驶。ERP 显示牌龙门架系统实际上是安装在一前一后的两个龙门架上的感应器系统。照相机也安装在龙门架上，用于抓拍车辆后面的车牌号。目前，在新加坡境内有 80 个 ERP 龙门架，新的 ERP 龙门架会安装在交通拥堵比较严重的地方，如高速公路。

车载单元（IU）粘贴在车辆挡风玻璃的右下角处，插入一张充值卡（现金卡），则可以支付道路使用费。第二代的 IU 是非接触式的现金卡和 EZ - Link，每个 IU 的费用为 150 美元。在新加坡，如果车主希望在收费道路上行驶的话，登记的车辆必须安装 IU。三菱重工业公司出售 IU 技术给新加坡，ERP 项目则由飞利浦新加坡公司、三菱重工等公司组成的财团在 1995 年通过公开投标的方式获得。当装备 IU 的车辆行驶通过 ERP 龙门架的时候，道路使用费将从 IU 里的现金卡扣减。安装在龙门架上的感应器通过短距离的无线通信系统与 IU 通信，扣减的金额显示在 IU 的 LCD 屏幕上。道路使用费的多少取决于车辆行驶的地点和时间，在交通高峰时间收费是最贵的。

ERP 运行期间，在限制区域内，车辆减少，停车场的车辆明显增加。在高峰时间的交通拥挤状况逐步得到缓解，接近非高峰期的交通状况，高速公路与其他主要道路的运行速度保持稳定。

为了克服 ERP 系统设置安装龙门架的非灵活性，目前 EPR2 正在实验中，ERP2 的解决方案基于 DGPS、WAVE 和 WCDMA 等技术，目标是真正实现按里程、按区域和按位置收费，替换当前国际上使用的多车道自由流产品。ERP2 方案用于解决城市拥堵收费，通过组建车 - 车通信和车 - 路通信网络，实现交通、道路等信息的共享，从而实现真正的智能交通解决方案。

系统的应用也带来了一些问题。道路使用者指出，在高速公路、主干道安装使用 ERP，会把交通流量转换到其他地方，潜在地造成了支路上的交通瓶颈。这种“堵塞追逐”现象已经引起了公众对 ERP 系统有效性的质疑。

由于先前的电子付费系统缺乏整合机制，对不同应用发行不同的卡片，公共交通配备 EZ - Link 公交卡、道路自动收费配备车载 ERP 卡，其他支付领域的支付卡更是五花八门。消费者必须随身携带各种电子卡片才能支付不同的付款项目。为了解决上述问题，实现真正便利的电子付款环境，新加坡信息通信发展局（IDA）、SPRING Singapore 公司、新加坡陆路交通管理局（LTA）、卡片认证技术委员会（CPTIC）、电子转账体系公司（NETS），以及 EZ - Link 公司共同合作，于 2006 年 6 月发表推出统一的非接触电子钱包应用规范（Contactless E - Purse Application Specification，CEPAS），以新科技打造新加坡新一代的电子支付系统。

此规范出台后，新加坡 LTA 曾邀请多个世界知名厂商为其开发符合 CEPAS 标准的产品，握奇数据经过努力，首家通过该标准的各项测试，于 2008 年 8 月开始供卡，并成为唯一一家供货商。截至目前，握奇数据已经为新加坡的网络支付供应商（NETS）、交通运营商如 EZ - Link 等提供符合 CEPAS2.0 标准的非接触智能卡超过 1500 万张。据统计，新加坡每个人手中至少有 2 张卡是握奇数据提供的。

握奇数据提供的 CEPAS 卡除了原有用途，还可以用于公路电子收费（ERP）、停车场电子收费（EPS）、购物付款、支付图书馆罚款等其他符合

CEPAS 标准的电子付费系统以及额外功能。CEPAS 卡添加了耐热功能，可在汽车新型阅卡器（IU）上使用。当储值余额不够时，公交读卡器和地铁闸门会发出警示，提醒乘客充值。简单地说，今后人们带着一张储值卡就能安心出门，搭公交乘地铁、支付各项符合标准的电子费用，享受更多便利。

5.4.3.3 交通拥堵收费管理实例

1）英国的交通拥堵收费管理实例

（1）伦敦的成功经验。

伦敦是第一个征收交通拥堵费的城市，并且由于其成效卓著而被奉为典范。从 2003 年 2 月开始，从上午 7 点至下午 6 点半时段内（不包括周末和节假日），伦敦的汽车司机需付费才能从 200 个进城口驶入市中心，允许一辆车一天内多次进出收费区。收费系统通过设在入口处的摄像装置，记录所有进入收费区的车辆的牌照，并根据这一信息查验车辆是否已缴费，摩托车、公共交通车辆、残疾人车辆、应急车除外，住在市中心的居民也在免征名单之中。2007 年，征收区域范围进一步扩展到伦敦西部，费用也从 2003 年的 5 英镑上调到 2005 年 7 月的 8 英镑，2008 年年底则上升至 10 英镑。

拥堵费开征的效果立竿见影，两周内私人汽车使用量下降 15% ~ 20%，几个月后下降 30%，公共交通的使用量显著增加。据伦敦交通局报告，进出征收区域的市民中，有 50% 改乘公共交通，有 25% 选择绕行征收区域，有 10% 选择出租车、摩托车、自行车等出行方式，其余的则尽可能避免在征收时段出行。这样一来，城市中心区的出行结构得到明显改善，交通工具的利用效率也得到了显著提高，交通速度提高了 37%，高峰期私人汽车堵车时间下降了 30%，公共汽车堵车时间下降了 50%。为应付乘客需求的剧增，伦敦交通局很快新购了 300 辆公共汽车。

实践表明，征收计划不但改变了道路使用者的出行模式和出行时间，也形成了公共交通的良性循环，既提高了车速，增加了交通流量，又以新增的收益改善了现有的交通系统，同时对环境也产生了良好的影响，有效降低了温室气体的排放。据估计，征收区域的二氧化碳排放量下降了 16%。

尽管伦敦交通拥堵费净收入的 80% 以上被用于公共交通建设投资，但因道路监控的电子照相系统十分昂贵，运营成本大大高于预期，而年净收入则为初期预计的一半。班尼斯特（Banister）通过研究发现，征收拥堵费的受益方主要是商务车辆和仍在使用的私家车辆，最大收益是节省时间，而乘坐公共交通的市民则享受到了更多的便利。道路交通事故也有明显下降。

经过几年的实践，征收体系赢得了广泛的支持，政治反对的声音开始消退。一些商业组织由于减少服务时间、雇员上班方便等收益而降低了运营成本。对于征收区域内高收入的上班人员而言，节省时间带来的收益完全能够弥补征收费用的货币成本。对零售商来说，尽管拥堵征费并没有影响伦敦中心区总的零售额，但一些个体零售商的销售量还是有所减少。2004 年，通过对 500 家企业的调查发现，72% 的企业认为拥堵征费具有积极效益。伦敦交通管理局则称，拥堵征费对商业的影响是中性的。近日伦敦中心的拥堵情况并不乐观，伦敦交通管理局承认已和 2002 年一样拥堵，但他们指出，如果没有征收拥堵费，交通状况将更加糟糕。

（2）爱丁堡的教训及启示。

2005 年，英格兰爱丁堡通过一项决议，计划从 2006 年开始征收交通拥堵费。收费在两大交通拥堵区域分别实施：上午 7 点到下午 6：30 在内线区域，上午 7 点到晚上 10 点在外线区域，每次向私家车主收取 2 英镑，允许他们当天多次通行，并特意采用了伦敦的收费技术，执行成本的小半由英格兰政府承担，预计减少征收区域交通拥堵的 15%。所得收入将被用于改善公共交通，每年资助新交通项目约 5 000 英镑，这些项目包括公共交通投资、停车设施建设、人行道改建、道路维护等。

然而，爱丁堡市民普遍反对这一项目，大约有 74.4% 的市民投票否决，议会最终放弃了向道路使用者收费的想法。议员安德森在结果公布后宣称："征费计划对爱丁堡来说已不可行，但我们将一如既往地改善城市交通。"爱丁堡征收拥堵费的流产也让英国其他城市放弃采用征收拥堵费的做法。

和其他领域一样，各种社会团体参与到了征收方案的制定当中，一家全国可持续交通联盟成员"转变苏格兰"、环境保护机构苏格兰"地球之友"因为预见项目实施有利于保护环境，因而支持征收方案。其他如"快捷爱丁堡"（Get Edinburgh Moving）等组织也为通过征收方案而奔走呐喊，就因为该方案可以达到城市更高的流动标准。相反，一些商业联合会考虑到方案对零售业的影响而不断抗议，全国反征费联盟也坚决反对这一方案。总体而言，反对征收方案的利益集团组织良好，而支持方的组织则显得松散疲软。

高特（Gaunt）的一项调查揭示了多数市民反对征收计划的原因，主要是对私人汽车使用的优先偏好，同时，对计划的宣传不够也壮大了反对阵营，更为重要的是，投票者并不相信计划能达到减少拥堵和改善公共交通两大目标。他们中的大多数人认为，政府只是设法从道路使用者身上收取费用，作为增加税收的一种手段，而并不是想改善公共交通。事实上，这些想法与之前的一些征费经验有关，之前的征费并没有使公共交通得到改善，道路使用者认为项目只能让更多的人卷入公共网络，损害公平。

（3）英国的实践及启示。

近年来，我国一些大城市也在积极研究交通拥堵收费政策，试图减轻日益严重的城市交通拥堵。英国两个主要城市交通拥堵收费的成败案例，可以为我国大城市提供宝贵的经验和有益的启示。

①公交系统发达是实施拥堵收费政策的前提条件。征收交通拥堵费的逻辑是

通过收费来改变交通量在时空上的分布，从而缓解城市交通拥堵。与缩减小汽车交通流量相对应，公共交通必须能够承担起分流转移的交通需求量，通过经济杠杆的作用改变人们的出行方式、出行线路。如果公众没有其他公共交通工具可供选择，那么征收交通拥堵费的政策注定会失败。伦敦开始征收交通拥堵费后，整个公共交通的客运量增加了2%，为此，伦敦立马增加了300辆公交车提高运力，有效地实现了交通需求的疏导。因此，我国城市不仅需要改善道路基础设施，更要大力发展公共交通，鼓励更多的人选择步行和骑自行车；改进公共汽车、出租车、快速公交、有轨电车及无轨电车；在交通拥堵地段提高停车收费标准；改善公共交通的信息标志；整合所有的车票及收费方式，比如公共汽车和地铁一票制；构筑完善的公共交通网络，大幅度地提高公交分担率等。

②公众认同接受是实施拥堵收费政策的关键因素。我国一些城市如北京、广州、上海、杭州、南京等曾就征收拥堵费作过试探性调查，消息一出，市民的反对意见很大。爱丁堡案例说明公众接受意愿在征收拥堵费决策中的重要性，缺乏对项目的公平性考虑及信息不透明是导致爱丁堡项目失败的重要原因。从政策制定过程来看，任何一种公共政策都与公众利益密切关联，在维护一些群体利益的同时，也会不同程度地损害另一些群体的利益。例如，伦敦在制定交通拥堵收费政策的过程中，通过各种手段、方式最大限度地确保了公众的知情权和参与渠道的畅通，将公众参与的理念落到了实处。虽然也遇到了部分群体的反对，但经过层层协商、反复修改，最终付诸实施。虽然我国没有英国那样的政策制定竞争机制，但能否达成政策共识仍是公共决策成功与失败的一个核心变量，其中公众的认知程度和接受意愿是达成政策共识的关键性因素。因此，在制定征收拥堵费政策的过程中，要倾听公众的意见，建立明确的收费标准，向公众作出承诺以及赋予公众可选择的权利，以实现改善交通服务质量的目标。另外，可以通过试点等方式让公众充分认识到征收拥堵费产生的效率收益，最大限度地降低政策失败的风险。

③方案科学完备是实现拥堵收费政策目标的保证。伦敦成功的一个重要保证是在政策设计中充分考虑当地的区域特征、交通模式和需求变化等。因此，我国城市应根据各城市的实际情况，周密考虑各种因素，制定效果良好、人性化程度高的征收方案：通过分析交通流量确定征收拥堵费的城市中心区域，并考虑对周边地区可能造成的影响，如果交通拥挤区域是线状而非团块状，那么征收方案可以调整为特定路段收费，而不是对整个区域进行收费；收费对象的确定应当与计划实施目的相结合，以体现公平性原则，同时合理确定收费减免人群等；确定科学的收费时间，尤其是高峰时间更需要缓减交通拥堵，确定合理的收费时间可以降低道路收费可能带来的负面影响，达到更好的收费目的；制定合理的收费价格，理论上，征收价格应根据边际成本定价原理来确定，但在实践中，征收金额的高低还要根据具体政策目标和城市居民的收入水平来确定；采用先进的收费系

统，如卫星定位系统（GPS）、地理信息系统（GIS）和电子采集和收费系统等，保持系统的先进性和便捷性。

④费用的公正使用是拥堵收费政策可持续的关键。伦敦公众对城市道路收费政策的支持与收费的使用有着密切的关系。征收交通拥堵费的目的不在于收费，其根本目的在于缓解城市交通拥堵。伦敦经验表明，除了使交通网络系统达到效率最优和减少环境污染，追求公平正义也是交通拥堵收费政策的重要目标。在交通拥堵收费政策安排中，公平的直接体现就是所有拥堵费的收入都必须用于公共交通项目，政府把通过收费获取的收益以各种形式直接或间接地返还给城市道路的使用者，真正实现了取之于民、用之于民。对于我国正在考虑制定交通拥堵收费政策的城市来说，交通拥堵费收入再分配的合理方案，应该是将其收入设立专户，完全回流到城市交通运输系统，缓解交通建设资金短缺的问题，新建城市道路（没有地铁、轻轨的城市可以考虑从中划出一部分用于地铁、轻轨的建设），扩建既有道路，改善公交系统，安装先进的电子收费系统等，不断提高城市公共交通服务绩效。

最后需要指出的是，交通拥堵是世界性的城市管理难题，目前还没有一种方式可以彻底解决城市交通拥堵问题。征收城市交通拥堵费作为一种有益的尝试，其本身的作用也是有限的，还应与其他治理方式一起共同为缓解城市交通拥堵发挥应有的作用。

2）新加坡的交通拥堵收费管理实例

新加坡是人口密度较大的国家之一，然而交通拥堵现象却不是世界上最严重的国家，这是因为从 20 世纪 70 年代起，新加坡就开始实行各种各样的交通需求控制政策。主要有两种政策：区域许可证制度（ALS）和电子道路收费制度。区域许可证制度于 1975 年开始实行，限制区域为市中心商业区面积为 5.59 平方千米的范围。早高峰时段（7：00—9：30）进入限制区域，需要每天提前支付一定费用。后来由于中心城区的扩张以及经济的发展，限制区域的限制时间和支付费用价格调整了多次。ALS 成功缓解了新加坡城市中心区高峰时段的交通拥堵状况。在该计划实施的第 4 周，高峰时段的交通流量降低了 54.3%，车辆数量降低了 76.2%，公共交通中通勤交通所占比例从 35.9% 增长到 43.9%，平均车速从 18km/h 提高到 35km/h，交通流量减少了 45.3%，高于预期的 25% ~ 30%。电子道路收费系统于 1998 年 4 月启动，即一旦用户在规定时段进入收费区域，电子道路收费系统就会在用户通过时根据车辆种类自动从安装于车辆内的现金卡中扣除相应费用。其特点是，自动化的车辆检测和收费。根据系统中设置的收费时间和收费标准，对于不同拥挤道路上的车辆收取不同的费用，道路拥挤最严重的区域收取费用金额最高，道路不拥挤则不收取拥堵费用。截至 2009 年，在新加坡大约 700 000 辆机动车中，约有 96% 安装了该系统。评估表明，ERP 可以使高速公路和城市干道的车流速度分别保持在 45 ~ 65km/h 和 20 ~ 30km/h。

3）其他国家的交通拥堵收费管理实例

瑞典首都斯德哥尔摩于 2005 年引进了交通拥堵收费计划。收取区域分为内层和外层。规定高峰期为上午 7：30—8：30，下午 4：00—5：30，在高峰期穿越外层的收费是 2 欧元，若在此基础上进入内层要另加 1 欧元，一天的收费上限为 6 欧元。交通拥堵收费措施实施后，收费区域内的小汽车流量共减少了 20% ～30%，由堵车等造成的时间延迟减少了 30% ～50%。

另外，澳大利亚城市墨尔本于 1999 年开始实行道路拥挤收费措施，采用全自动车辆识别技术。机动车驾驶者需要购买电子通行卡，将其安装在车上，当此卡中的账户余额低于某一程度时需要再充值交费。实施该政策以后，平均每星期办理交通拥堵收费业务 65 万件，收费金额多达 1.87 亿澳元，墨尔本北部与西部区域的交通拥堵明显减轻，城市的环境得到改善。

加拿大城市多伦多于 2001 年开始实行交通拥堵收费措施，约 70% 的收费站点采用电子收费系统，30% 的收费站点通过牌照识别系统进行收费。采用全电子收费系统的收费点，机动车驾驶者将电子通行装置安装在车内，由道路上的电子收费系统自动读取，也可缴纳现金，缴费方式为按每千米收费，车辆拥有者可以在通行时间满一个月后再缴费。多伦多实施拥堵收费之后，道路上的行车速度比以往提高了 1 倍，拥堵严重区域的交通状况得到了改善。

5.5 高速公路交通管理

5.5.1 高速公路交通概述

5.5.1.1 高速公路的定义、特征和类型

高速公路是专供汽车安全、舒适、快捷运行的公路，它的通行能力大、行车速度快、节约能源、安全、经济效益高、社会效益高，其特点是分隔离带、车道多、系统完善、服务设施齐全，这些特征使它内部设立了收费系统、安全检查系统、养护系统、服务系统及抢险系统等，这些机构又分别与路政、征稽、交警等部门紧密相连。

对于运行管理，有的高速公路是统一管理，有的是垂直领导，各属其主，有的是建设、管理统一一家制，有的是建设、管理各有其主管部门。在管理中有的综合管理，统一执法；也有的各有主管，各负其责；有的是一个交通主管部门统一管理，包括路政、收费、经营、开发、安全、养护等；有的是雇佣管理体制，组建公司；有的设立高速公路管理局、高管处；有的是高速公路开发指挥部；有的是开发有限公司。这些管理方式中有行政事业管理模式，有企业管理模式，如广西桂柳高速公路是属于事业单位企业化管理，在内部机构上属于事业单位，在管理上属于企业化管理。

5.5.1.2　我国高速公路运行中存在的问题及原因

高速公路作为城际或省级交通运输的重要形式，在中国的社会经济发展中起到了不可或缺的作用，但是应该清醒地认识到，目前国内的高速公路交通运行及管理状况尚不尽如人意，都程度不同地存在着这样那样的问题，具体如下：发生交通拥堵的频度高、堵塞时间长、影响范围广，尤其是在节假日出行高峰期间表现尤甚。交通拥堵以及重大事故的发生不仅大大影响了出行效率和生命财产安全，还导致了大量的能源消耗与环境污染。

其一方面是因为交通事故的发生，诸如车辆故障以及各种突发的情况，发生交通事故时，事故发生地点的通行能力就会因事件的发生而急剧下降；另一方面是因为在高速公路运营管理上存在薄弱环节。

（1）高速公路管理决策缺乏有效的技术支撑，道路监测系统不完善，分析处理能力弱，路网协同管理能力差，应急处置及重大活动保障能力不足，出行信息发布质量不高。

（2）高速公路管理尚未形成层次清晰的纵向体制关系，中央和地方政府在公路管理上不能完全按照行政等级与功能分类划分权责，部门之间在管理和土地权属方面比较模糊和混乱。管理主体多元与职能定位不清，这造成横向体制关系的混乱。我国高速公路管理主体多样，存在政府主管部门和事业性专业管理机构，以及已经改制或正在改制且有着复杂隶属关系的高速公路公司，即存在"政、事、企"等多种管理主体。

（3）国有资本管理代替公路实物资产管理有负面影响。以资本管理代替实物资产管理，是体制关系混乱的集中体现。一些省国资委成立后，将车购税等投资等同于经营性国有资本，然后又将投资建设的收费公路定义为经营性国有资产，从而把实行企业化体制的政府投资高速公路纳入麾下，制造了管理的混乱。

随着中国高速公路建设的加快，高速公路交通管理成为日益突出的问题，提高信息化的管理水平和保障交通运输的安全和畅通成为日益紧迫的任务。

5.5.1.3　解决对策

1）建设高速公路交通智能管理信息系统

高速公路交通智能管理信息系统可以提高对突发事件的应急处置能力，减少交通堵塞并且确保交通顺畅。它的目标是全面掌握道路交通状况以及对城市所管辖范围的准确评价。它属于 ITS 的范畴，主要可以实现路网监测、应急管理指挥、出行信息发布、统计分析、基础数据管理、通用功能六大功能模块。

2）集中统一行政、综合执法

当前高速公路行政管理矛盾最为突出的，当属运营期的路政管理和交通安全管理分别隶属于两个行政执法部门，从而造成了一系列弊端。

在我国目前的交通管理体制中，道路交通安全管理、车辆检验及驾驶员管理是由公安部门负责。这一管理体制造成了公安部门负责的交通安全管理和交通部门负责的路政、运政和规费征稽管理的人为分割，常常出现一些临界职能管理不到位或重复管理的现象。同时，由于体制上的原因，交通管理部门职能交叉，责任不清，尤其是交通和公安两个行政主管部门均有管理车辆的职能，造成机构重叠，多头执法，重复收费现象，管理上产生了许多矛盾，给车主和运输企业带来了沉重的负担。历年来我国交通安全事故一直居高不下，管理部门之间不够协调，这致使安全防范工作难以落到实处，体制上的不顺也是其原因之一。目前我国实行的交通安全管理体制是道路安全管理由公安交警负责，路政及运政管理等由交通部门负责的"两家管"的体制。在当前这种体制下，一旦出现道路交通安全事故，驾驶员所负的责任比较明确，但政府部门的行政管理责任则比较模糊，交通安全管理工作长期以来未能真正到位。综合执法体制，即由公安部门派出公安民警与交通部门的路政、运政人员组建的行政执法大队实施综合执法。

下面以"重庆模式"为例。重庆模式是指交通部门使用国家统一的法律法规和执法程序，承担高速公路路政管理、运政管理、交通安全管理和交通规费稽查这四项职责，实行综合执法。

重庆高速公路综合执法管理模式贯彻了精简、统一、高效的原则和相对集中行政处罚权的精神，是对高速公路行政管理模式的积极探索和体制创新。与多头管理体制相比，实施高速公路综合执法体制创新的主要成效可概括为"两降低两提高"，即降低了高速公路交通安全事故发生率、降低了行政管理成本，提高了高速公路行政管理效率、提高了高速公路使用和运营的综合效益。

3）实现建、管、养的统一

长期以来，我国公路建设和养护的资金来源，主要是养路费、车辆购置附加费和国家拨款。由于渠道单一，资金有限，公路建设速度远远不能满足国民经济发展的需要。建、管、养一体型是指从规划、设计、筹资、建设到营运、养护、管理等由一个管理机构负责。其有利方面在于：有利于精简管理机构；有利于降低工程造价及经营成本；有利于提高工程质量和运营效益；有利于建设和运营管理有机衔接等。其弊端主要在于：不利于建设、运营两个阶段的专业化管理。

为了加快高速公路的发展步伐，走建设、管理、养护一体化模式是可行的，它可以实行集资、建设、经营、还贷一条龙管理，全面推行企业化管理。高速公路是投资高、效益高、影响大的特殊商品，把建、管、养各环节紧密连在一起，有一个统一管理机构，便于更好地提供优质服务和提高经济效益，实行统一规范标准，同时也能扩大投资渠道。通过业主招标制、特许经营制和养护公司制等措施的实施，可在高速公路建设、运营和养护等领域充分开展竞争，实现专业化管理。

下面以"加拿大高速公路管理体制"为例。加拿大的收费高速公路由25家特许公司经营，这些特许经营公司都属于股份公司，其中大部分为国家或地方公共团体、政府机构控股，也有的是私营企业控股。

高速公路管理体制是高速公路现代化管理的关键，它关系到高速公路的建设、运营、收费等各个方面。一套适合国情的现代化的高速公路管理体制，可以加快高速公路建设的进程，节约资金，发挥高速的先进功能，提高高速公路运营的社会经济效益。

5.5.2 交通事故管理

5.5.2.1 交通事故

交通事故（Traffic Accident）是指车辆在道路上因过错或者意外造成人身伤亡或者财产损失的事件。交通事故不仅可由不特定的人员违反交通管理法规造成的，也可以由地震、台风、山洪、雷击等不可抗拒的自然灾害造成。

人们每天都面临着发生意外的可能，但人们总是坚信社会的安全保障系统会及时出现在人们需要的时候和地方。诸如警察、消防、医疗救护系统以及交通管理服务设施等总会救人们于危难之中。但随着社会需求量的增加，这些安全体系也已面临着巨大的压力。

意外事故对社区的交通安全设施的影响是极为显著的。大部分意外事故都与交通有关。一方面，各种交通事故使交通本身就成为意外事故的成因；另一方面，各种营救措施，如输送营救人员到达现场、输送现场受伤人员也都需要利用交通设施。

在过去的二十年内，人们在事故营救方面取得的进步是显著的。人们将先进的信息技术运用于事故现场的定位、救援反应和对事故现场的处理上，使得营救效率有了大幅度的提高。先进的定位技术有利于社会安全系统尽早参与营救行动，提供快捷的医疗措施，减少人员伤亡，同时也减少了对道路其他使用者的干扰。先进的反应系统能够提高营救人员到达现场的速度。而现场管理水平的提高，增加了营救人员的安全性，并有利于加强现场的控制能力，加快清场速度。

2000 年年底，美国交通部智能交通系统联合项目办公室召集了一部分从事社会安全及交通两方面的高级官员，从公共安全及交通的密切关系方面考虑，讨论如何运用新技术来提高社会的安全性。

美国联邦政府最初提出智能交通系统项目旨在提高全国交通路网的效率及安全性。智能交通系统的核心是一个主结构，它能够确保全路网共享信息。

自智能交通系统项目初建开始，安全问题一直是这个项目的主要议题。2000年智能交通系统公共安全计划的任务是，通过有效的治安、消防以及救护措施来提高交通系统的效率及安全性。它的主要目标是将新产品、新技术运用于公共安全及交通上。美国交通部促使整个公共安全信息系统进一步发展，并评价此系统用于解决交通事故的技术可行性及可操作性。公共安全信息系统的另一个努力方向是将其他各类与交通及安全有关的部门联系起来，合力开发并共享资源。这些机构有：交通系统内部的联邦高速公路管理局、联邦公交管理局、联邦铁路局、国家交通安全管理局以及交通系统以外的国家司法部和联邦事故管理局。

此外，美国的州和各级地方政府也同样对社会的公共安全负有责任。州和地方政府颁布的各项法律、法规，以及急救系统、消防及交通系统都将与公共安全密切相关，并对智能交通系统的公共安全计划起一定的指导作用。

为了加强这种指导作用，美国首先成立了智能交通系统公共安全计划协调小组。小组成员都具有公共安全及交通管理两方面的工作经验。基于这些工作经验以及成员们对联邦智能交通计划的理解，协调小组确定了这项计划的基本参数。

协调小组为智能交通系统公共安全计划提供了总体构思。他们希望这个计划不但可以发现交通事故的发生区域，并能立即找到事故的确切发生地点。小组开发了交通事故总览图以提供各项技术参数，以便加强事故预防，提高事故定位、救援反应和输送伤员的效率，加强现场管理，并尽快恢复正常交通。

5.5.2.2 事故防范与反应

尽管 ITS 公共安全计划非常注重撞车前的防范问题，但这个计划最初的注重点还是在事后处理问题上。近年来协商小组也开始重视将现代化信息技术用于事故预防。ITS 的智能汽车就是近年发展起来的，它旨在改善车内安全设备的可靠性，主要用于预防路外撞击和追尾撞击事故。与此同时，ITS 公共安全计划还越来越重视公共安全的可操作性。例如，驾驶员报警系统主要用于预防汽车与事故车辆间的撞击事故，交通警告装置警告驾驶员避让行驶中的急救车辆。

1）事故确定

一旦发生了一起严重的交通事故，人们都希望安全系统能尽可能快地作出反应。在美国，如果有人拨通 911，此系统即开始运行。近年来，随着无线通信事业的发展，手机已越来越普遍地用于报告交通事故。这固然是社会的一大进步，但同时也带来了许多问题。目前，大约 1/3 的报警电话来自手机。它的好处是显而易见的。当急救人员还未能到达现场时，即可方便地指导周围的旁观者正确地照顾伤员。但手机报警的最大缺陷就是难以确定事故发生的确切位置，而"定位"是急救行动中最为关键的因素之一。

国家无线通信系统在考虑保护个人隐私的同时，也应考虑在必要的情况下提供手机用户的地理位置。联邦交通委员会已在 2001 年 10 月颁布法令，所有手机服务商必须向公共安全服务系统提供地理位置信息。

手机报警的另一个问题是重复报警率极高。随着手机拥有量的增加，大约 25% 的 911 报警电话所报的是同一事故。如何鉴别重复报警电话是另一个急需解决的技术问题。然而在大多数情况下，恶性交通事故的现场通常并没有其他旁观者。在这种情况下，交通事故自动定位系统依然是 ITS 公共安全计划的优先考虑事项。

目前，已经出现了一些系统化报警设施。例如将装有报警系统的车辆与私营应急电话中心连接起来。在必要的情况下，接线员就将电话接往急救中心。这种报警系统通常由车内的气囊或应急按钮来激活。许多大汽车公司现在可以提供这种报警系统。通用汽车公司最先于 1988 年安装了 Onstar 报警系统，目前订户已超过 300 000 户。通用汽车公司预计，在今后的 3~4 年内，Onstar 的订户将会达到几个亿。ATX Technologies 也向各大汽车公司如尼桑、马自达等提供此类报警系统。

事故自动定位系统（ACN）能够提供更进一步的信息。一旦了解了事故的严重程度，急救人员就能初步判定伤亡情况，如受伤的严重程度及受伤的性质，并能估计急救过程中将会遇到的问题及障碍。随着自动报警系统的广泛运用，急需将私营电话公司与公共服务机构联系起来。全美有 6 000 多个公共服务机构，能发挥巨大的作用。

国家急救反应中心（NMRT）是 ITS 公共安全计划的一个重要组成部分。它将把报警系统、当前与未来的 911 系统，以及急救系统三部分整合起来。

交通部、通用汽车公司以及尼桑 ComCARE 联盟将共同开发 NMRT。目前的成果包括：2000 年 10 月颁布的项目建议书，公共、私营急救公司的人员培训指南，国家紧急事故救助联系手册和电话公司的操作标准。

2）反应

争取时间是急救行动的关键。交通事故最终的伤亡程度在很大程度上取决于救护人员与设备是否能及时到达现场。争取时间不仅能缓解事故的严重程度，及时护理伤员，还能尽快地使事故现场的交通恢复。

虽然迅速反应是至关重要的，但一般城市道路不能满足急救车辆高速运行的要求，这方面还存在着许多潜在的问题。最令人头痛的是高速行驶的急救车辆也会引发交通事故。急救车辆在交叉口的信号优先权也是造成大量常规市内交通延误与堵塞的主要原因。人们需要进一步研究如何在减少急救反应时间的同时，保持常规交通系统的畅通与安全。这方面的研究应涉及车辆与道路设施两个方面。

在急救行动开始之前，获取尽可能多的信息，如事故地点的确切位置、事故车辆与人员的数量、附近医院的确切位置、最近的消防设施以及其他现场与急救途中可用的设备等，将为成功的施救提供极大的方便。

3）现场管理

严重的交通事故常常要求许多部门共同参与处理。救护人员、消防人员、警察以及司法人员同时参与事故处理，提供救护，交通疏导，清理现场等服务，对事故现场管理有很大帮助。事故现场的各种情况是不断变化的，因此事故的施救方式方法要随不同的情况而有所变化。僵硬的、一成不变的模式是有害的。各个机构之间及时联系和信息分享也是救护行动成功的另一个重要因素。

ITS 公共安全计划协商小组已经注意到：机构之间相互联系的障碍主要来自机构之间不同的电信系统。当两个机构之间采用某种电信系统联系时，它们很难再与其他机构的不同电信系统沟通。因此统一管理是非常重要的。统一管理不仅要在各个机构之间进行，而且各部门，如警察、消防、急救中心、交通及社会服务中心之间都应该协调工作，以期达到最高效率。

当然，一系列的限制条件，诸如频宽限制、陈旧的设备、有限的投资都在很大程度上妨碍着机构之间的联系。最为有效的方法是通过新科技来解决这些问题。

4) 伤员输送

交通事故常常会导致严重的人员伤亡。减小伤亡程度就依赖于先进的急救措施和外伤急救设备。近年来，伤员治疗的质量及可靠度已有了长足的进步。各个州都有自己的外伤治疗中心，能够处理各种不同程度的事故外伤。因此，即使在边远地带的伤员也能够得到先进的治疗。

在外伤急救方面的另一项成就是加强救护车与急救中心之间的信息传递。这样，急救中心就可以由救护车中的医疗人员及时了解伤员的伤情与状态，为伤员准备好急救设备及手术人员。来自伤员自己医生的病历和事故现场的电子病历能够使急救中心的医生很快地作出正确的诊断并给予一些特殊伤员以特殊的照顾。

5) 恢复正常交通

在交通密集的城市，严重的交通事故不仅会造成一定的经济损失，同时对于整个城市交通系统的通行能力也会产生极为严重的影响。迅速恢复正常交通也是公共安全计划的另一个重要组成部分。

尽快地恢复交通需要掌握最新的交通事故信息，交通管理机构需要随时了解整个城市的交通现状，确保一旦发生交通事故，道路清理人员就能及时准确地到达现场。

ITS 公共安全计划已经有了进一步的发展蓝图。协商小组的工作也将转入下一个阶段。他们广泛征求社会各阶层的意见，以便进一步确定计划的具体细节及未来的发展方向。

在第一个财政年 2001 年，协商小组把注意力放在国际会议与技术研讨上。所有技术上的新观念都成为 ITS 公共安全计划的一部分。联邦政府资助了两个重要的监测程序来评估各州及地方的 ITS 基础建设。

ITS 公共安全计划从计划实施以及 NMRT 标准两方面着手进行监测。第一个实行监测过程的将是纽约的整体事故管理系统。ITS 公共安全计划的未来目标是，建立一个整合的公共交通安全网，共享信息资源，以提高处理交通事故的效率。

5.5.2.3　交通事件管理实施技术

道路交通安全是现代社会持续发展的重要主题，保障人民交通安全是社会的一项极为重要的任务和目标。一方面应该从预防交通事故，改善交通现状着手加强交通安全管理；另一方面，对城市道路交通事故数据的管理，对交通事故机理的深入研究也是不容忽视的。过去人们对交通事故的相关文件通常以非数字化的形式予以编辑和保存，这给交通事故数据的查找和分析带来很多不便。随着计算机技术在道路交通事故管理方面的应用，人们可以数字化存储城市交通事故数据，更加灵活方便地进行交通事故分析和管理。

目前先进的城市道路交通事故管理方法是采用地理信息（GIS）系统来存储城市交通事故数据，并根据交通事故的空间分布特征和属性特征，研究事故的成因，最后将城市区域按危险等级进行分类。

建立基于 GIS 技术的道路交通事故信息系统，可以充分利用 GIS 数据输入和预处理、数据管理以及可视化表达输出的功能，满足对道路交通安全管理信息资料的查询和更新的要求，对于城市已建成使用的道路进行事故信息采集和存储。这样一来把道路信息、事故信息与地理信息有机地结合起来，用户可以随时查询基于地图的有关事故资料，并得以实时、动态监控城市道路变化的现况，从而实现对各类设施系统的全面和高效的管理。

利用 GIS 的将空间数据和属性数据结合起来的特性，可将地形数据、道路数据、交通设施数据、交通事故数据等结合起来对交通事故进行分析，将过去已发生事故的时间、地点、方式等信息进行存储并分类比较，从中找到导致事故发生较为频繁的因素，从而采取相应的措施以减少类似事故的发生。同时，道路交通管理人员可以方便快捷地对事故进行各种特征的统计和分析，还可以结合道路及其环境条件，鉴别出事故多发路段（点），并提出改进建议。例如，若按事故发生地点进行查询，根据事故点的密集程度判断某一地区是否为事故多发区，重点考察这一地区所有交通事故的原因，看是否能从中找出共同点。如果发现多数事故都是由于行人横穿道路造成的，即可采取相应措施：限制过往车辆的行驶速度，加装减速带、标志牌，以避免类似事故再次发生。如果在对几个相邻十字路口的事故率进行查询时，其中一个路口的事故率明显高于其他路口，就应统计这个十字路口各个方向的交通量以确定是否调节信息灯和车道设置，或者增设行人天桥等。在查询雨天的事故情况时，若某一路段的事故率明显高于其他路段，则可能是该路面的附着条件已经不能满足行驶要求，需要尽快给予修复。所以，只有对交通事故从不同角度进行综合性的分析才能发现问题。光有每一起交通事故本身的数据是远不够的，还需要掌握许多其他的相关信息，如气象资料、道路资料、环境资料等，利用 GIS 的数据库就可以把不同类型的数据资料统一存放，并将信息显示在同一张数字地图上，以实现对交通事故因素的全面分析。

采用 GIS 技术可以为道路交通管理、事故分析、事故预防、交通规划与决策等提供技术先进有效的手段。GIS 集成技术是指利用通用开发平台与 GIS 混合编程开发出的地理信息应用系统。目前 GIS 集成应用开发通常有两种方法，一种是将 GIS 提供的二次开发语言，采用 OLE 自动化技术混合编程，另一种是采用组建开发的方式，将 GIS 提供的组件作为通用开发平台的控件使用。

在采用 GIS 集成技术进行交通事故管理时，首先要建立事故分析模型。事故分析模型的建立是在参考多年交通事故分布特征的基础上，建立黑段、黑点鉴别模型及路网安全评价指标。黑段就是指若道路中某段的事故鉴别指数大于整个道路的平均鉴别指数，则认为该路段为危险路段。黑点指若某路口的事故鉴指数大于整个路网中路口的平均鉴别指数，则该路口为危险路口。路网安全评价是当道路事故率大于路网中各道路临界事故率时，则认定该道路为危险路段。其次，进行系统设计和功能设计。准备 1∶2000 比例尺市区地图以满足 GPS 定位要求。地图图层可以分为事故地点分布、交通道路路网、交叉路口、公交线路路网、市内建筑、行政区划等，并建立起相应的空间属性数据库。然后，明确定义收集的事故信息来确保系统分析的完整性。在功能设计上主要完成系统参数设置、系统安全管理、数据备份与恢复等，并提供交通事故信息查询统计和分析以及数据录入及地图维护。采用 GIS 技术实现交通道路事故分析、事故信息统计查询具有分析结果一目了然、操作方便可靠等特点，是交通管理信息化的一个方向。在进行城市交通事故管理中应该充分利用 GIS 的强大功能，加强事故分析，尤其是事故预测预报功能，为城市交通状况的进一步改善提供更加实时科学的技术支持。

5.5.3　事件管理系统国内外现状

5.5.3.1　国外的现状

20 世纪 80 年代，发达国家就开始致力于交通事件（traffic incidents）管理系统的研究与建设。随着发达国家交通工程基础设施日趋完善，交通事件管理系统作为 ITS 系统的重要组成部分，已在美、日及欧洲得到普遍应用。在美国，明尼苏达州建立了将高速公路事件管理与电子收费系统进行协调和集成的 DIVERT 系统，亚特兰大建立了将交通事件管理系统与出行者信息系统相结合的 NAVIGA-TOR 系统，另外具有代表性的还有马里兰州的 CHART、纽约和新泽西区域的TRANS – MIT、圣地亚哥的智能呼救电话和 ADVANCE 等。在澳大利亚，悉尼市建立了把高速公路网络同城市交通信号系统（SCATS）相结合、具有快速事件检测和响应能力的交通事件管理系统（ADVANCE）。在欧洲，很多国家建立了基于视频检测技术的事件检测和管理系统，如德国的集中式事件预警系统 COM-PANION，瑞典的 MCS 系统等。

交通事件应急管理系统被列为美国智能运输系统的七大领域之一，其实施效果显著。美国运输部对交通事件管理系统的评价结果是其令交通拥塞减少了50% ~60%，事故现场清理时间缩短了 8 min，肇事者反应时间缩短了 5 ~7 min，通行时间缩短了 10% ~42%，城区内伤亡事故减少了 10%。据估算，伊利诺伊、芝加哥车辆巡逻队应用事件管理系统的投入产出比是 1∶17，系统可以减少事件可能产生的 18% 的二次事故和 60% 的交通阻塞。1997 年，由于马里兰州 CHART

项目的实施，总的延误时间减少了 1560 万车·h，燃油消耗大约减少 585 万加仑①，潜在的二次事故减少 337 起。由此可见，交通事件管理系统的使用对于降低事故所造成的伤亡和经济损失、有效地进行交通组织、及时疏导交通、减少交通延误、预防二次连锁事故具有重要的意义。

日本高速公路管理系统的研究始于 1998 年。日本高速公路管理系统采取三级管理体制。日本全国共有 6 个管理局，每个局下属若干管理处，对所管辖外场终端设备进行监视和控制。由于日本国土面积的限制，高速公路因车辆过多造成的阻塞占到一半以上，因而日本高速公路交通管理系统以把握交通状况为先决条件，将收集到的交通数据，经计算机处理后人工选择最佳控制方案，通过无线电广播、可变情报板等手段，对高速公路的交通状况进行调节和控制。

从世界范围来看，事件管理有些是相对独立的系统（如圣地亚哥的智能呼救电话 CHART），而更多的是注重运用 ITS 的理念，把事件管理系统与其他系统进行集成，通过通信链路的连接实现信息共享和互相配合，以达到整个交通运输系统的高效、安全运行。上述系统中的 ADVANCE、NAVIGATOR 和 DIVERT 等就是把高速公路事件管理系统与城市道路信号控制系统、出行者信息系统、电子收费系统等进行协调和集成的有益尝试。因此，在 ITS 框架下，充分利用 ITS 新技术、新策略，对事件管理系统进行扩充和改造是必要的发展方向。

5.5.3.2　中国的现状

我国的交通事件管理工作随着高速公路的发展，在 20 世纪 90 年代初逐步开展起来。随着越来越多的业界人士认识到交通事件管理的重要性，我国大部分地区的公路已经初步建立了道路交通事件管理系统。

广佛高速公路系统，采用总线传输，双机冷备份，分前、后台工作，整条高速公路布设车辆检测器，整条高速公路共设了 9 组检测器，主路设置 7 块限速标志、4 块可变情报板，每千米设置一部紧急电话、4 台摄像机、一块模拟地图屏。它是我国第一条比较完备的智能化管理的高速公路。

首都机场高速公路率先实现了交通事件管理系统的应用，从接到事件报告到与相关人员取得联系，这一切都可由管理系统与操作人员交互问答迅速完成，这在减少交通事件带来的时间延误、燃油消耗、人员财产损失等方面，发挥出了明显的效益。

京津唐高速公路是国内首条具有国际先进水平监控系统的高速公路，其监控系统由中心控制室设备、终端监视设备、终端控制设备组成。道路沿线设置了 4 块情报板、12 台限速标志、5 台摄像机、20 组线圈车辆检测器、3 个气象检测站。

《公路水路交通运输信息化"十二五"发展规划》《全国公路网管理与应急

---

① 1 美制加仑（us gal）= 3.785 411 8 升（L）。

处置平台建设指导意见》指出，"十二五"期间我国的公路交通信息化建设的重点是，运行监测、协调管理、安全应急、决策支持、服务公众出行等。

5.6 小 结

先进的交通管理系统的发展趋势对基础交通信息的采集和融合技术提出了更高的要求，不但要求交通信息采集与融合处理有更快的速度和更高的可靠性，而且要求其所形成的先进的交通管理系统具有良好的开放性和可维护性，实现基础交通信息的采集、传输、处理和综合利用的有机结合，充分发挥系统的整体效能。

从国际上智能交通系统的发展趋势看，先进的交通管理系统将会得到更加快速和广泛的发展。随着基础技术的成熟，用户要求的不仅仅是一个满足他们当前需要的系统，而是一个可有效操作、易于维护、可满足用户日益变化要求的系统。因此，基于标准化的成品软件模块、使用灵活通用的客户化配置工具、支持开放性标准的研究思路是未来先进的交通管理系统的主流趋势。

第6章

先进的出行者信息系统

6.1 出行者信息系统的含义与发展历程

6.1.1 出行者信息系统的含义

先进的出行者信息系统（Advanced Traveler Information System，ATIS）是综合运用各种先进的通信、信息等技术，以文字、语音、图形、视频等多媒体形式实时动态地向出行者提供与出行相关的各类交通信息的系统，它使出行者（包括驾驶人和乘客）在出发前、出行中直至到达目的地的整个过程中能够及时获得有关交通情况、所需时间、最佳换乘方式、所需费用以及目的地的各种相关信息，从而辅助出行者选择合适的交通方式（私家车、火车、公交车等）、出行路线和出发时间，以最高的效率和最佳的方式完成出行过程。出行者信息系统的核心是交通信息的采集和发布，一般需要从交通管理系统、运营车辆管理系统、天气预报等部门获得相关信息，进行分析、处理和发布。

出行者信息系统的工作内容包括交通信息采集、交通信息传输、交通信息处理、交通信息提供。

1）交通信息采集

公交时刻表和公交的运行状态信息可以从公交运营公司获得；大部分与道路有关的信息由检测系统（车辆检测器、摄像机、车辆自动定位系统等）采集；其他信息多具有静态的性质，如地图数据库、驾驶人服务信息、旅游景点与服务信息等。

2）交通信息传输

交通信息传输按工作方式可分为模拟传输和数字传输，按接入方式可分为有线接入和无线接入。有线接入主要包括同轴电缆接入、以太网电缆接入、光纤接入等，无线接入主要包括蜂窝数字分组数据（Cellular Digital Packet Data，CDPD）、通用分组无线业务（General Packet Radio Service，GPRS）、专用短程通信（Dedicated Short Range Communication，DSRC）、无线局域网（Wireless Local Area Networks，WLAN）和蓝牙技术等。

3）交通信息处理

采集来的交通信息经过交通管理中心的计算机处理（数据挖掘、数据融合等），提取出对出行者有用的交通信息。

4）交通信息提供

交通信息提供可利用可变信息标志（Variable Message Signs，VMS）、车载终端、蜂窝电话、有线电话、有线电视、大屏幕显示和互联网等。出行者可以在家中、办公室中、旅游车中、商用车中、公交车中、公交车站中或利用随身携带的个人通信设施完成这些信息的查询、接收和交换。

6.1.2　出行者信息系统的发展历程

第一代系统称为出行者信息系统（Traveler Information System，TIS）。TIS 是在 20 世纪 60 年代末 70 年代初出现的计算机技术和交通监控系统的基础上发展起来的。它最初利用通信技术进行信息发布，以提高路网局部的通行能力，如严重拥挤的干道与干道的交叉口，或者由特别事件和交通事故引起阻塞的部分路口与路段等。发布手段主要有可变信息标志（VMS）和公路顾问广播（Highway Advisory Radio，HAR）。VMS 和 HAR 是单向的通信系统，用来向车辆传递通用出行信息，由出行者个人对信息进行筛选，选择对其有用的信息（如果有的话）。目前 VMS 仍是发布交通信息的重要手段。

第二代系统称为先进的出行者信息系统（ATIS），它采用信息采集、传输、处理和发布方面的最新技术成果，可以为更广泛的出行者提供多种方式的实时交通信息和动态路线诱导功能。发布手段有车载终端、智能手机、有线电话、有线电视、大屏幕显示和互联网等。

通信电子地图、计算机和多媒体技术的高度发展，使得先进的出行者信息系统为出行者提供个性化的出行帮助成为可能。ATIS 着眼于提供出行者想要的信息，因而可以大大减少出行者对信息进行筛选的工作量（如装有车载机的车辆可以进行出行起终点的输入，然后查询和选择路线，其中路线的提供是出行者信息系统根据当前实时的道路信息进行计算的最短路径）。

6.2　出行者信息系统的作用、特点与效果

6.2.1　出行者信息系统的作用

出行者信息系统可以提供多种交通方式的出行计划和路线引导，能为各种类型的驾驶人和其他出行者提供咨询服务，允许出行者确认和支付其所享用的服务，并具有个人报警功能。出行信息服务可以在出行前提供，也可以在出行中提供。其中，出行前的信息服务可以为出行者提供用于选择出行方式、出行路线和出发时间的交通信息，包括道路条件、交通状态与出行时间和公交信息等。出行者可以在家中、工作场所、停车场与换乘站、公交车站以及其他地点提出这种服

务请求。在途出行者信息服务在旅途中为出行者提供交通信息，诸如交通状态、道路条件、公交信息、路线引导信息以及不利的出行条件、特殊事件、停车场位置等信息。先进的出行者信息系统的作用主要体现在以下几个方面：

（1）多种交通方式的出行计划。它提供区域范围的相关信息，帮助出行者制定不同交通方式的出行计划，出行计划甚至可以包括铁路交通、水运交通和航空交通。

（2）路线引导的信息服务。基于实时交通信息的诱导服务能够提供动态路线导航以及道路的行程时间等信息，可以帮助驾驶人选择最佳路线以躲避严重拥堵或其他不利的交通状况。

（3）用户咨询服务。它为用户提供广泛的咨询服务，包括事故警告、延误预告、在当前交通状态下到达终点或换乘站（公交出行）的预计时间、不利的出行条件、交通方式之间的衔接及其时刻表、商用车辆运营（Commercial Vehicle Operation，CVO）的限制（高度、重量等）、停车场信息、公交车站位置信息以及即将到达的收费站信息等。

（4）与相关系统接口。通过与区域交通管理系统的接口可以获得高速公路和城市干道的交通信息、事故信息和道路信息，通过与区域公交管理系统的接口可以获得公交信息，包括公交时刻表和公交车辆运行状态信息。这些信息可以与监视信息以及其他来源的实时信息融合，共同发挥作用。

6.2.2　出行者信息系统的特点

依据出行者信息系统的服务对象、应用范围、功能等，出行者信息系统应该具备的特点主要体现在如下几个方面：

（1）提供的信息要及时、准确、可靠，要具有出行决策的相关性并具有市场前景；

（2）为整个区域提供信息，这要求跨行政区的公共机构共同参与；

（3）由训练有素的人员操作；

（4）容易与 ITS 的其他系统相结合，如紧急事件管理系统、高速公路管理系统、交通信号控制系统、公交管理系统等，以便获得大量的交通信息；

（5）易于被出行人员使用和接通；

（6）易于维护，不需要过高的运行成本和较长的操作时间；

（7）最终用户能够承受所提供服务的费用。

出行者信息系统应该满足特定国家的发展目标，一般情况下，出行者信息系统的目标主要体现在 6 个方面：①促进以实时准确的交通状态为基础的出行方式选择；②减少出行者个体在多方式出行中的出行时间和延误；③减轻出行者在陌生地区出行的压力；④降低整个交通系统的行程时间和延误；⑤通过公私合作降低交通系统的总成本；⑥减少碰撞危险和降低伤亡程度（如减轻出行者在陌生地区的精力分散程度)。

6.2.3 出行者信息系统的效果

实践证明，出行者信息系统在出行时间、出行者满意度、路网通行能力以及环境影响等方面具有显著效益，也能够减轻道路拥堵和减少交通事故的数量。评价出行者信息系统的指标及效果见表 6 - 1。

表 6 - 1 评价出行者信息系统的指标及效果

指标	效果
碰撞危险	预计减轻驾驶人压力 4% ~10%
伤亡程度	与具有 GPS 定位和路线引导功能的紧急事件管理系统相结合，可以降低伤亡程度
出行时间	减少 4% ~20%，严重拥堵时会更明显
通行能力	模拟显示当有 30% 的车辆接收实时交通信息时，可以增加 10% 的通行能力
延误	高峰小时可以节省 1 900 辆·h，每年可以节省 300 000 辆·h
排放估计量	碳氢化合物排放物减少 16% ~25%，CO 排放物减少 7% ~35%
出行者满意度	可以减轻有意识的压力，与救援中心的无线通信可将安全性提高 70% ~95%

6.3 出行者信息系统的服务内容与技术进步

公众出行信息系统是依托交通信息资源整合系统和客运站场管理信息系统的信息资源，通过互联网、呼叫中心、手机、PDA 等移动终端，交通广播、路侧广播、图文电视、车载终端、可变情报板、警示标志、车载滚动显示屏、分布在公共场所内的大屏幕、触摸屏等显示装置，为出行者提供较为完善的出行信息服务的系统。

该系统可以为驾车出行者提供突发事件、施工、沿途路况、气象、环境等信息；为采用公共交通方式的出行者提供票务、营运、站务、转乘、沿途路况等信息。出行者可根据系统提供的信息提前安排出行计划，变更出行路线，使出行更安全、更便捷、更可靠。

该系统将信息与铁路、民航、旅游、气象等相关的各类信息进行整合，与广播、电视结合，提供更全面、更多方式的服务，让公众切身感受交通信息服务的便利。

6.3.1　出行者信息系统的服务内容

公众出行交通信息服务系统需要建立广泛的、便于使用的公共信息数据库，如地理信息数据库（电子地图）、交通运行数据库、公共交通信息数据库、道路信息数据库等。以这些数据库为基础，通过有线和无线通信系统，出行者信息系统可以为出行者提供出行前信息服务、行驶中驾驶人信息服务、途中公共交通信息服务、个性化信息服务、路线引导与导航服务、合乘匹配与预订服务 6 项主要功能。

（1）出行前信息服务。出行前信息服务可使出行者在家里、单位、车内或其他出发地点访问出行前信息服务系统，以获取当前道路交通系统和公共交通系统的相关信息，为确定出行路线、出行方式和出发时间提供支持。

该服务可随时提供公交时刻表和公交线路、换乘站点、票价以及合乘匹配等实时信息，以鼓励人们采用公交或合乘出行；还可以提供包括交通事故、道路施工、绕行线路、个别路段车速、特殊活动安排以及气候条件等信息，出行者可以据此制定出行方式、出行路线和出发时间等。

（2）行驶中驾驶人信息服务。该服务通过视频或音频向驾驶人提供关于道路信息、交通信息和各种警告信息，帮助驾驶人修改出行路线，并为不熟悉地形的驾驶人提供向导服务。

其中，道路信息包括预先向驾驶人提供的收费站、交叉口、隧道、纵坡、路宽、道路养护施工等前方道路条件，交通信息包括路网交通拥挤信息、交通事故信息、平均车速与行程时间等动态信息，警告信息包括冰雪风霜等气象信息和特殊事件信息。这些信息可以帮助在途驾驶人顺利到达出行终点。

（3）途中公共交通信息服务。系统利用先进的电子、通信、多媒体和网络技术，使已经开始出行的公交用户在路边、公交车站或公交车辆上，通过多种方式获取实时公交出行服务信息，以便乘客在出行中能够对其出行路线、方式和时间进行选择和修正。

（4）个性化信息服务。个性化信息是指满足特定出行者个体需要的信息，通常涉及交通信息、公交信息和黄页信息（例如旅游目的地、住宿）等，出行者可在任何地方通过交互式咨询终端获得这类信息。

（5）路线诱导及导航服务。这是出行者信息系统提供的比较高级的服务形式，它利用先进的信息采集、处理和发布技术为驾驶人提供实时交通信息，并通过实时的路线优化和路线诱导达到减少车辆在途时间的目的。其中，路线优化是按照驾驶人、出行者和商业车辆管理者等用户的特定需要确定最佳行驶路线的过程。用户的特定需要包括路程最短、时间最短、费用最少等。而路线诱导是指运用多种方式将路线优化结果告知用户的过程，路线诱导的方式包括语音、文字、简单图形和电子地图等。

（6）合乘匹配与预订服务。合乘匹配和预订服务是一种特殊类型的信息服务，出行者/驾驶人提出合乘请求后，由管理中心选择最合理的匹配对象并通知用户双方或多方。这项服务可以提高车辆的实载率、降低出行总费用和道路拥堵程度。

6.3.2　出行者信息系统的技术进步

传统的出行者信息系统通过道路交通标志与标线、交通广播电台、电视报刊等形式为出行者提供信息。这些信息通常是静态的，虽然也有部分动态信息（如电台提供的道路交通信息、电视台发布的交通事故信息等），但系统性和实时性较差。先进的出行者信息系统运用先进的信息技术和通信技术，可以在多种场合、以多种方式向出行者提供质量高、实时性好的交通信息服务。相比之下，公众出行交通信息服务系统的技术进步体现在以下几个方面。

1）信息发布手段的视觉化

ATIS 除了利用无线电广播、电话咨询等技术发布语音交通信息外，还普遍运用互联网网页、交换电视、车载单元显示屏和可变信息标志来发布信息。例如，美国 1996 年亚特兰大夏季奥运会期间使用的"亚特兰大出行者信息 showcase"项目，将 100 个车载设备及 250 个个人通信设备提供给外来用户，在 Crown Plaza 饭店的 300 个房间设有交互电视，并采用互联网网页提供相关的出行信息。

2）无线电广播技术的更新

将交通信息传送给出行者的最一般的方法是使用无线电广播。但是，随着可得信息量的大幅度增加和对信息实时性要求的提高，以往的无线电广播技术已无法满足需要，因此，ATIS 采用了更先进的无线电广播技术。如目前欧洲广泛使用的是交通数据专用电台（Radio Data System – Traffic Message Channel，RDS – TMC），日本使用的是先进的路侧广播系统。

3）双向通信技术的广泛应用

在传统的出行者信息系统中，主要由交通信息中心采用单向通信的方式（广播、电视、可变信息标志等）为出行者提供信息。由于没有信息反馈，因而其所提供的信息没有个性化特点。在 ATIS 中，由于越来越多地采用了双向通信技术，交通信息中心不仅向出行者发布交通信息，也从出行者那里获得交通运行状况信息。出行者不仅能获得面向大众的交通信息，而且能获得所需要的特殊信息并提出特殊的服务请求。

4）信息的实时性不断提高

随着信息采集、处理、传输、发布技术的不断进步，公众出行交通信息服务系统提供的信息的实时程度越来越高。如美国休斯敦的道路交通网页信息每 1min 更新一次；日本东京的 MEPC 项目提供的高速公路交通信息也是每 1min 更新一次。1993 年东京都新宿区建立的日本第一个停车引导和信息系统（Parking Guidance Information System，PGIS），每 2min 更新一次 29 个停车场的使用状况信息，1991 年和 1994 年的对比分析表明，该系统的使用使停留在街上的汽车减少了 44.3%。

5）信息的复杂程度日益增强

由于 GPS、GIS 和移动通信等技术的广泛应用，ATIS 所提供的信息越来越复杂，对交通系统产生的影响也越来越大。如电子地图的使用使 ATIS 所提供的信息更加丰富、清晰和准确；路线诱导系统的路线选择不再仅仅以路网结构数据和历史交通数据为依据，而是更多地依据路网最新的和预测的交通信息，使网络交通流的整体优化成为可能。

6.4　车载路径诱导系统

从 20 世纪 60 年代美国的电子路径导航系统（Electronic Route Guidance System，ERGS）开始直到今天，车载路径诱导系统一直是智能运输系统中最具代表性的一个功能子系统。可以说，车载路径诱导系统从低级向高级的发展过程也集中反映了智能运输系统的智能化程度逐步提高的过程。

完全利用车载导航器中固有的信息规划路径的自治型路径诱导系统是静态路径诱导系统，同时还利用接收到的道路实时信息规划路径的自治型路径诱导系统是动态路径诱导系统。中心决策的路径诱导系统是最理想的路径诱导系统，从理论上说，只有它才能优化交通流在整个路网上的分配。但是，这样的中心决策的路径诱导系统需要很大的投入，技术难度也很大。然而，欧洲的一些中心决策的路径诱导系统不仅车载设备简单、廉价，而且路侧通信基础设施的成本很低，其诱导效果并不比自治型的路径诱导系统来得好。所以，为了改进诱导效果，欧洲引进了双制式路径诱导系统。为了降低系统成本，日本引进了混合式路径诱导系统。

6.4.1　车载路径诱导系统的内容

车载路径诱导系统必须通过译码、预测、定位、显示交通信息、路径选择、路径引导等步骤完成。

（1）译码，即对来自动态信息接收机的交通信息数据进行拆包、译码，将其恢复为实时交通信息数据。

（2）预测，即依据所传输的路段行程时间信息和预测模型，与历史数据库配合进行路段行程时间的预测，当然这种预测也可以在交通信息中心进行。

（3）定位，即通过车载 GPS 接收机与差分 GPS 修正数据的配合或者 GPS/DR（Dead - Reckoned，推算定位）组合定位的方式，计算出车辆的精确位置坐标，并运用地图匹配（Map Matching）技术，对车辆实际行驶路线与电子地图中道路位置之间的误差进行修正，从而提高定位的精度，最后将车辆位置显示于电子地图之上。

（4）显示交通信息，即在电子地图上用不同颜色表示不同路段的交通拥堵情况。

（5）路径选择，即依据车辆定位系统所确定的车辆在网络中的位置和出行者输入的目的地，结合动态路网交通信息，进行动态交通分配，为出行者计算能够避免拥堵、减少延误、快速到达终点的最优行车路径。这里的路径诱导可以分为三种情况：①自主诱导，即根据历史数据库的数据决定最佳行驶路径；②基于所传输的当前时刻的路段行程时间的最佳路径选择；③基于预测的未来时刻的路段行程时间的最佳路径选择。最佳路径选择可以有多个原则，例如距离最短、时间最短、尽量走主干道的最短路径等。

（6）路径引导，即在电子地图上以箭头标示所建议的最佳行驶路线。

6.4.2 车载路径诱导系统的关键技术

6.4.2.1 无线数据通信技术

无线数据通信技术是动态路径导航系统的关键，通信系统承担两部分工作，即一方面可以实现车辆坐标信息及出行需求的实时上传，以满足车辆监控和信息采集的功能；另一方面负责最新交通数据和路况信息的下发。目前常用的通信方式有如下几类：①红外信标；②调频 FM 副载波，包括低速的 RDS – TMC 和高速的 HSDS（High – Speed Data System）、DARC（Data Audio Radio Channel）等方式；③GSM（Global System for Mobile communication）/CDPD/Mobitex 蜂窝式数据通信或 UHF（Ultra High Frequency）/VHF（Very High Frequency）的 RF 射频双向数据通信；④红外信标和 FM 副载波或蜂窝数据通信的双模式；⑤基于 GSM/CDPD 等无线 Internet 服务。

6.4.2.2 实时交通信息采集及处理技术

实时交通信息的采集主要依靠道路上的交通流检测设备，如环形感应线圈、雷达、视频设备、牌照识别设备、红外传感器和浮动车辆等。这些方法由于人为的因素或系统故障等因素，数据具有较大的误差。随着 GPS 技术的应用及普及，基于车载 GPS 技术的检测技术已逐渐成为实时交通数据采集的研究和发展方向。利用安装在行驶车辆上的 GPS 定位模块采集实时的路网交通信息，避免了传统交通检测方式的高投入、数据精度和实时性差等缺点，既可以显著地降低成本，又可以有效地利用现有的运行车辆，获取精度较高的道路交通信息。

6.4.2.3 短时交通流预测技术

由于道路交通信息是时刻无规律变化的，根据当时的交通信息选定的路线，也许在下一时刻已经变得拥堵不堪。只有实时的交通信息并不能完全满足出行者的信息需求，还需要根据历史数据并结合实时交通信息预测将来某段时间内的道路交通状况。基于实时交通信息的短时交通流预测已经成为动态路径诱导系统中的重要技术之一，已经受到国内外学术界的广泛关注。迄今为止，应用于短时交通流预测的模型，包括多元回归、ARIMA 模型（Autoreg Ressive Integrated Moving Average Model）、卡尔曼滤波模型（Kalman Filtering Model）、神经网络模型（Neural Network Model），以及与其他各种模型相结合的预测模型等。然而，这些理论和方法均尚处于探索阶段，需要进一步发展完善。

6.4.3　车载路径诱导系统实例

1）日本的典型车辆导航系统

日本的导航系统以丰田公司与日本警察省、邮政省、建设省共同开发的基于全球定位系统（GPS）和道路车辆信息通信系统（Vehicle Information and Communication System，VICS）的导航系统为代表。VICS 是日本东京一家具有半官半民性质的交通信息处理、发布中心，它将警察部门和高速公路管理部门提供的交通堵塞、驾驶所需时间、交通事故、道路施工、车速及路线限制，以及停车场空位等信息编辑处理后及时传输给交通参与者，特别是在汽车导航车载机上以文字、图形显示。目前日本已有多家大公司研制出车载装置，如松下公司生产的 KX – GA3L 已在日本多种类型的车辆上得到了应用。

2）美国的典型车辆导航系统

TravTek（Travel – Technology）是美国有代表性的城市交通诱导系统。它以实时路线引导和服务信息系统实用化为目的，由交通管理中心、信息与服务中心、装有导航装置的车辆组成。交通管理中心进行道路交通信息的收集、管理与提供，同时还提供系统运行所必需的信息；信息服务中心收集以观光设施、旅馆、饭店等为对象的各种服务信息；车载导航装置由车辆定位模块、路线选择模块及接口模块构成，可显示交通堵塞地段、事故及施工等信息的地图，以及按驾驶人需要进行的路线引导及提供服务的文字信息等。

3）欧洲的典型车辆导航系统

Ali – Scout 系统是欧洲最有代表性的车载导航系统，它由西门子公司和 Bosch/Blaupunk 公司联合开发。系统包括车内设备和车外设备两部分。车内有定位、导航设备，磁场传感器，车轮转数计，带键盘和方向指示器的操作面板，行驶时间测量仪，红外发射器，红外接收器和目标存储器等；车外设备有信标红外发射器、信标红外接收器、信标控制器和交通诱导计算机。车辆通过信标以红外通信方式与中心交换信息。信标安装在路口两旁，典型的是与交通信号灯安装在一起。交通诱导计算机负责完成最优路径的计算、路段阻抗预测和数据库管理等任务。

6.5 停车诱导信息系统

6.5.1 停车诱导信息系统的内容

停车诱导系统最早定义为：以多级信息发布为载体，提供停车场或停车库的位置、车位空满等信息以指引驾驶人停车的系统（Parking Guidance and Information System，PGIS）。但是，随着停车行业的不断发展，停车诱导系统被赋予了更多更具体的内容，停车诱导系统较为详细的定义为：为促进停车场的高效运转、停车位的有效利用，改善周边道路交通，进一步方便停车和管理，在一定区域内通过多种终端向驾驶人提供停车场的位置、车位使用状况、路线、道路交通状况等及时信息，引导驾驶人高效地找到停车场或停车位的智能停车诱导系统。

该系统包括大型停车场停车智能引导系统与城市停车诱导系统，它是以多级信息发布为载体，实时地提供停车场（库）的位置、车位数、空满状态等信息，指引驾驶人停车的系统。它在调节停车需求在时间和空间分布上的不均匀、提高停车设施的使用率、减少由于寻找停车场而产生的道路交通、减少停车造成的等待时间、提高整个交通系统的效率、改善停车场的经营条件以及增加商业区域的经济活力等方面均有重要的作用。

停车诱导信息系统可提高驾驶人停车的效率，减少停车难所导致的交通拥堵、能源消耗的问题，它包括两方面内容：一是对出行市民发布相关停车场、停车位、停车路线指引的信息，引导驾驶人抵达指定的停车区域；二是停车的电子化管理，实现停车位的预定、识别、自动计时收费等。

6.5.2 停车诱导信息系统的关键技术

目前，一套完整的停车诱导系统由区域诱导系统（指引车辆进入停车场）、车位引导系统（引导车辆快速停车）、反向寻车系统（帮助车主快速找到爱车）三者构成。

6.5.2.1 区域诱导系统

区域诱导系统是通过将某个区域范围内的多个停车场形成信息共享的联网模式，在城市中主要干道旁设置多种信息显示终端，为车主提供周边停车场的位置、车位数、空满状态等信息，促进车辆快速选择最优的停车方案的停车诱导系统。区域诱导系统的基本组成为：引导屏、数据中心（即云服务器和数据库，用于数据的收集、处理和传输）和查询平台等，目前的查询平台终端包括 WEB 网站、手机软件、车载 GPS 导航、诱导屏、广播和 IVR（Interactive Voice Response）电话查询等。

　　典型的区域诱导系统的拓扑如图 6 - 1 所示，系统主要依托于云服务器和数据库（简称"数据中心"），系统所覆盖区域内的停车场通过数据中心的支持形成联网，将各个停车场车位信息变化实时传送到数据中心，数据中心经过处理之后将信息进行两种渠道的发布：一是发布到城市主干道的一级引导屏以及其他道路的引导屏，即二级引导屏或更多级的引导屏；二是发布到网络查询平台。

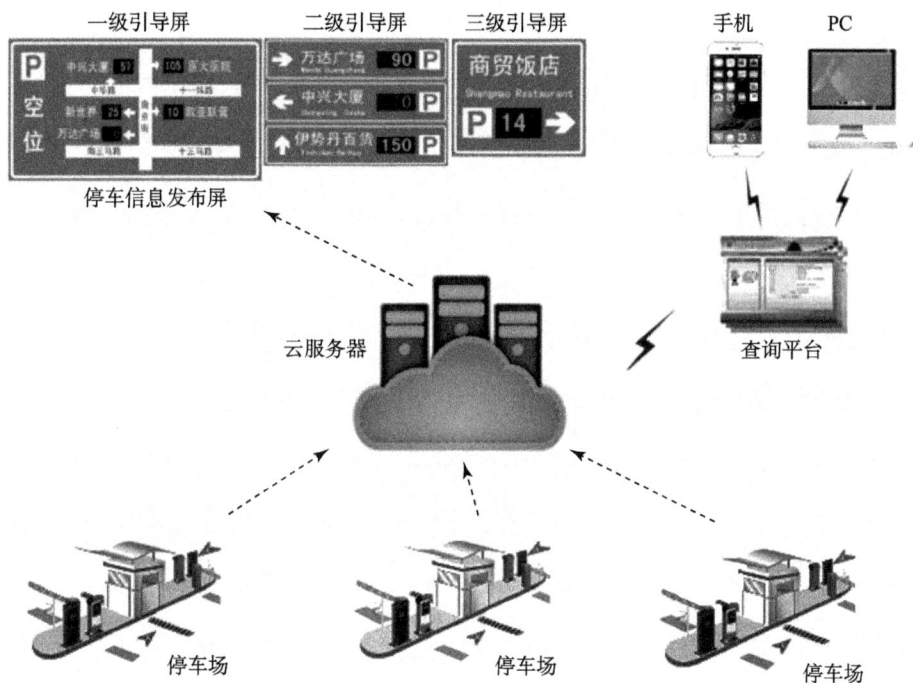

图 6 - 1　典型的区域诱导系统的拓扑

　　这两种渠道是车辆使用区域诱导系统的重要途径：车辆出门前，便可以通过手机或者电脑等终端查询目的地附近停车场的车位信息，选择最优的行车路径；当车辆行驶在路上时，车主可以通过一级、二级引导屏快速了解附近停车场的车位信息，同时引导屏还有"指路"的作用，指引车辆到达目的停车场。

6.5.2.2　车位引导系统

　　车位引导系统是一种通过智能化的设备对停车场内的车辆停车进行正确的引导，促进车辆方便快速地寻找空车位停车的停车诱导系统的重要组成部分。该系统的基本组成为：车位探测器、车位指示灯、车位引导屏、采集终端、服务器等。根据目前的技术水平，车位探测器多采用超声波探测和车牌识别两种方式。

　　车位引导系统的原理是通过车位探测器对车辆检测，将车位的占用信息定位到某个具体车位，通过实时发布停车场的剩余车位信息，显示单个车位的占用信息，并配合方向指示，引导车辆快速地停车。

超声波车位引导系统拓扑和车牌识别车位引导系统拓扑分别如图 6 - 2 和图 6 - 3 所示，车位探测器时刻对车位进行车辆检测，车位空闲状态下车位指示灯为绿色；当探测到车位有车辆停放时，车位上方的车位显示器显示红色，同时立即将信息通过采集终端传送到服务器，经过处理之后，服务器将车位信息变化指令传输到每个车位显示屏和车位引导屏。

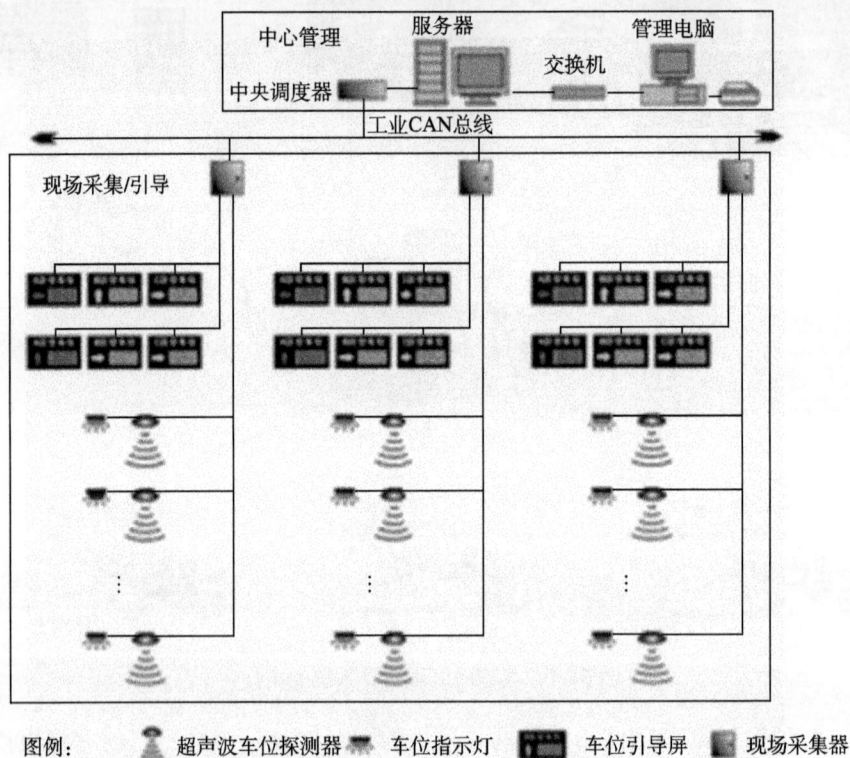

图 6 - 2　超声波车位引导系统拓扑

6.5.2.3　反向寻车系统

反向寻车系统是近年来逐渐发展起来的诱导系统之一，是通过车辆停车信息的处理、收集和共享，促进车主快速找车的诱导系统，主要应用于大型的停车场。一套基本的反向寻车系统由视频车位探测器、交换机、识别终端、以太网、查询终端、数据服务器等组成，如图 6 - 4 所示。

系统通过视频车位探测器对车辆进行检测，视频再经由交换机传送到识别终端，并对车牌和车位等信息进行识别，通过以太网传输到数据服务器上，最后分享到每一个查询终端，车主只需要在查询终端上输入车牌号码或其他相关信息便能够获取最佳的寻车方案，快速找到所停汽车。

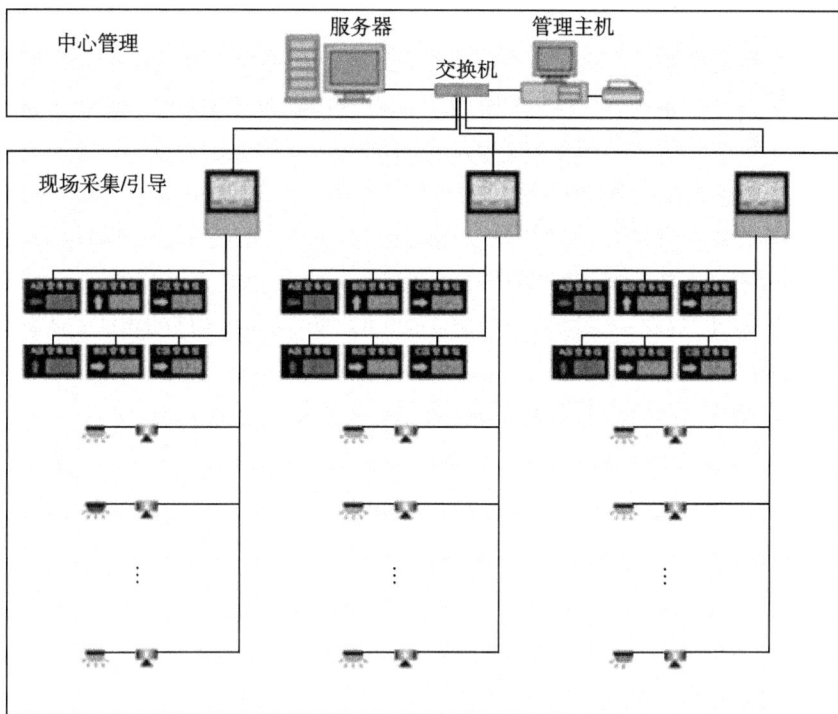

图例：　📷车牌识别车位摄像机　🔆车位识别灯　📟车位引导屏　🖥现场采集&反向寻车终端

图 6 - 3　车牌识别车位引导系统拓扑

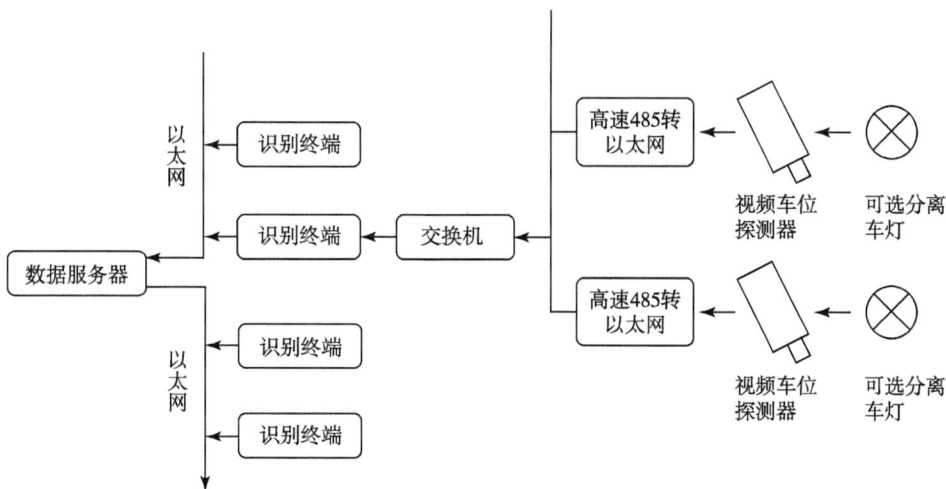

图 6 - 4　反向寻车系统拓扑

6.5.3　停车诱导信息系统实例

近十年来，我国的停车诱导系统行业得到了健康快速的发展。截至 2013 年上半年，停车诱导系统已经覆盖了我国包括港、澳、台在内的 28 个省市。在这些省市中，北京和上海应用最广，北京的王府井、西单、中关村地区等 7 个区域，上海的黄浦区、静安区、徐汇区、长宁区、虹口区等 10 个区域最为普及，此外，江苏、浙江、广东多地都有相关的应用案例，其囊括了 300 多个地上、地下停车场，覆盖了近十万余车位。

北京市的停车诱导系统的建设比上海早一年，北京市于 2001 年开始投入停车诱导系统的建设，并建成了我国第一个停车场诱导系统的应用案例——北京王府井地区停车诱导系统。目前北京的停车诱导系统主要集中在 CBD、金融街、王府井、中关村和崇文门新世界地区五处，共覆盖了上百家停车场近 5 万个停车位，在工作日高峰时段停车场的利用率达到 80% 以上。

上海市的停车诱导系统从 2002 年便开始建设，黄浦区、静安区、徐汇区、长宁区、虹口区等 10 个区域陆续完成建设并投入使用，但是仍然存在着很多不足的地方。2010 年世博会举办之前的几年，上海市加大了对停车诱导系统的功能完善和优化的力度，该地区的停车诱导系统的水平不断提升。世博会召开前夕，上海的停车诱导系统已经实现全市公共停车场库信息联网和中心区停车诱导多方式信息发布，成功覆盖市区所有主要区域，为世博会期间上海市的交通畅行作出了巨大的贡献。

6.6　小　　结

ATIS 充分运用先进的通信技术、信息技术，在各种场合以多种方式向出行者提供高质量的、实时的交通信息服务，是智能交通系统中极其重要的一部分。伴随 GPS、GIS 和移动通信等技术的广泛应用，ATIS 所提供的信息越来越复杂，对交通系统产生的影响也越来越大。交通事故、道路施工、高速公路匝道口封闭、天气等信息能够及时被应用到车辆路径诱导中去。停车诱导系统在空间上合理分散了交通流，减少了停车场周边道路的交通拥堵，使驾驶者可以在最短的时间内成功地完成停车任务，减少了道路占用，降低了车辆尾气排放量和噪声，还显著提高了原有停车设施的利用率，有着良好的社会效益和经济效益。

第 7 章

先进的车辆运营管理系统

7.1　先进的车辆运营管理系统概述

如何有效地对运输车辆进行监管，提升交通运输的管理水平，最大限度地保障车辆运营管理的安全性、高效性？先进的车辆运营管理系统为车辆运营管理部门提供了一种切实可行并有效的管理手段。

近年来，随着全球定位系统（Global Positioning System，GPS）和无线传输技术 GPRS（General Packet Radio Service）及 3G/4G 的广泛应用，使人们可为管理部门搭建一个综合管理平台，这对提升行业管理水平起到了应有的促进作用。先进的车辆运营管理系统是指通过采用具有现代化水平的最新技术和手段，使得车辆运营管理信息化、网络化，从而达到整体管理的现代化，同时它可为业务管理层提供此全方位动态信息，实现管理决策的科学化，提高车辆运营管理的经济效益。

先进的车辆运营管理系统采用 GPS 定位、GPRS 无线传输、3G/4G 第三/四代通信技术、地理信息系统（Geographic Information System，GIS）（电子地图）、计算机网络、手机远程控制、LED 广告屏显示等，为行业主管部门、车辆经营者、驾驶员搭建了一个多元化的综合服务管理系统平台。通过监控中心，管理部门能随时掌握其所管辖的车辆运行情况，实时下发相关信息，提供相应的服务来加强对车辆的经营管理。这提高了管理水平和管理效率，提升了行业服务水平，带来了良好的社会和经济效益。

7.2　先进的公共交通运营管理系统

7.2.1　先进的公共交通系统的概念

先进的公共交通系统（Advanced Public Transportation Systems，APTS）是在公交网络分配、公交调度等关键基础理论研究的前提下，利用系统工程的理论和方法将现代通信、信息、电子、控制、计算机、网络、GPS、GIS 等高新科技集成应用于公共交通系统，并通过建立公共交通智能化调度系统、公共交通信息服务系统、公交电子收费系统等，实现公共交通调度、运营、管理的信息化、现代化和智能化，为出行者提供更加安全、舒适、便捷的公共交通服务，从而吸引公交出行，缓解城市交通拥堵，有效解决城市交通问题，创造更大的社会和经济效益。作为智能运输系统研究的一项重要内容，APTS 主要以出行者和公交车辆为服务对象。对于出行者而言，APTS 通过采集与处理动态交通信息（例如客流量、交通流量、车辆位置、紧急事件的地点等）和静态交通信息（例如交通法规、道路管制措施、大型公交出行地的位置等），通过多种媒体为出行者提供动态和静态公共交通信息（例如发车时刻表、换乘路线、出行最佳路径等），从而达到规划出行、选择最优路线、避免交通拥挤、节约出行时间的目的。对于公交车辆而言，APTS 主要实现对其动态监控、实时调度、科学管理等功能，从而达到提高公交服务水平的目的。

7.2.2　先进的公共交通系统结构

城市智能公共交通管理系统是在对公交系统优化的基础上，综合应用 GPS 技术、GIS 及地图匹配技术、嵌入式系统开发技术、计算机网络技术、大型数据库技术、无线通信技术、电子技术、IC 卡技术等先进技术，结合公交优化调度、公交运营优化与评价、交通流诱导灯数据模型和理论的系统集成，基于实时信息获取与交互，形成集实时监控、智能化调度、信息服务于一体的先进的公共交通管理系统，可以提高城市的整体形象和公共交通的整体服务水平。系统流程为：公交车载终端采用 GPS、数据采集仪等进行位置、行车状态等数据的采集，以 GIS 为操作平台，通过无线通信，在监控调度中心实现对公交车辆的实时监控、智能化调度，保证车辆的准点运行；通过电子站牌、换乘查询台、Web 公交换乘查询系统、公交换乘电话和手机无线应用协议（Wireless Application Protocol，WAP）查询等方式，对车辆、线路的运行情况进行信息发布，方便市民出行，提高服务水平；在对票务、油耗、机务、投诉、事故、行车安全、人员等信息进行管理的基础上，进行经济效益、社会效益、服务水平的综合评比，加强行车安全管理、降低营运成本，实施员工考评以提高从业人员的素质，加强服务水平管理；结合对客流量统计、公交出行调查、地理经济信息、公交线网布局、站点布置、发车间隔、票价制定、营运状况等的分析，对线网规划、线路优化调整提供辅助决策支持。因此，系统主要分为 4 个子系统，如图 7 - 1 所示。

（1）监控与调度子系统。该子系统由车载台、无线通信服务器、监控调度中心等几部分组成，通过车载台实现 GPS 位置、行车违章数据（通过数据采集仪，相当于通常所说的"黑匣子"）、客流量等数据的采集，通过 GPRS/CDMA 无线通信发送到监控调度中心，实时刷新车辆位置，存储车辆违章记录，实现调度中心与驾驶人间的文字和语音通信，保证车辆准点到达。

（2）信息服务子系统。该子系统主要为电子站牌、换乘查询台以及公众公

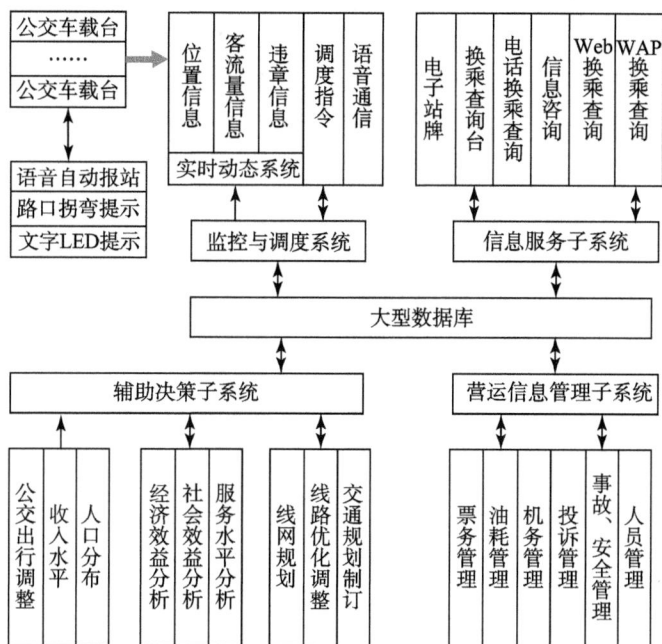

图 7-1 城市智能公共交通管理系统构架

交换乘查询系统，如 Web、电话、手机 WAP 等。它在电子站牌上实时发布下一辆车的到达时间，使乘客可通过在车站的换乘查询台或公交换乘查询系统，根据起止位置和服务要求查询出行线路、换乘点、票价等信息，它还对公众提供高质量的信息咨询服务。

（3）营运信息管理子系统。该子系统基于 IC 卡，对票务、油耗、机务、投诉、事故、行车安全、人员等信息进行单人、单车的量化管理，然后再按照线路、车队、公司进行统计分析，对车辆、线路、车队、分公司、公司等各个层次的经济效益、社会效益、服务水平进行统计、评比。

（4）辅助决策子系统。该子系统在对客流量统计、公交出行调查、人口分布、收入水平、公交线网布局、站点布置、发车间隔、票价制定、营运状况等信息进行综合管理的基础上，为管理者提供实时系统状态查询、历史数据分析服务，进行公司经济效益、社会效益、服务水平的综合分析，为公司的发展、改革提供支持；同时在 GIS 平台上为线网规划、线路优化调整以及交通发展政策及规划的宏观信息分析提供辅助决策支持。

7.2.3 先进的公共交通系统应用的典型技术

随着信息技术的发展，许多信息技术成果能够使现代的车辆管理更加高效和可靠。本节结合美国运输部的相关技术报告，简要介绍一些新技术在公共交通车辆管理中的应用。

1）通信技术

在公共交通的各个业务领域都存在通信问题。目前，公共交通主要使用传统的地面移动通信服务，现代通信技术在公交产业中的应用只是时间问题。智能车辆方案的执行和智能运输系统以及先进的公共交通管理系统技术的应用将给公共交通带来新的通信需求。这就带来了新的问题，即目前的通信能力和频谱容量能否满足新的需求，尤其是在智能运输系统尚未全部完成，而现有系统仍在继续使用的阶段。目前可以选择的通信手段有：低轨卫星、调频 FM 结合关系数据系统（Relational Database Service，RDS）、个人通信服务、扩频系统、共享频谱、无线数据服务、商业移动电台以及综合通信系统。

目前许多频谱问题能够对交通电信问题产生影响。一个重要内容就是目前酝酿中的电信频谱分配方案改革，主要包括：将移动电台通信频道重划或细划成更窄的频道；用法律手段控制频谱需求；重新分配频谱。这些改变将给公共交通带来新的挑战和机遇。

2）地理信息系统

地理信息系统（GIS）是一种特殊类型的计算机数据库管理系统。在这个系统中，数据库互相关联并且基于一个共有的位置坐标集合。这种关联允许使用者以地理远近和属性为准则进行查询和选择。

在过去的几年里，在公共交通系统中，地理信息系统的使用显著增长。最普遍的应用就是得到城市公交路线情况并将此信息告知乘客。地理信息系统将应用于已有线路服务评价、未来线路规划以及现有线路改造。

随着更多数据的获取，地理信息系统在公共交通领域的应用将会越来越广。可以肯定，随着计算机和电信的发展以及精确空间数据的获取，在公共交通系统中，尤其是具有特殊要求和需要的地区，地理信息系统的应用和影响将会越来越大。

3）自动车辆定位系统

自动车辆定位系统（Automatic Vehicle Location Systems，AVLS）是基于计算机的车辆跟踪系统，有时候是指自动车辆监视或自动车辆定位控制系统。这些系统无论在军事还是民用领域，都有广泛应用，包括运输车队、警用车辆和救护车，应用这些系统使运输利润有了大幅度增长，同时也促进了这些系统在运输业中的普及。

自动车辆定位系统测量每辆车当前的实时位置并将信息传到中心。使用何种测量和传输技术依赖于既定运输系统和技术手段的需要，每种自动车辆定位系统使用一种或几种定位技术，包括推算定位、地面无线电、路标和里程计以及全球定位系统（GPS）。

以前，自动车辆定位最普遍的形式是路标和里程计系统，尽管目前一些较大规模的公共汽车系统仍在安装新的路标和里程计系统，但是大多数人会选择基于GPS 的定位系统。

4）自动乘客计数器

自动乘客计数器是一种完善的自动采集手段，用来采集乘客上下车的时间和位置数据，但是，只有少数车辆使用此设备。自动乘客计数系统由三部分构成：计数方法、定位技术和数据管理。两种最常见的计数器是踏板垫和红外线。

自动乘客计数器的数据有许多功能，包括实时的和延迟的。这些功能主要指：及时调整调度人员的决策、为实时乘客信息系统提供数据、生成未来时刻表、为乘客提供下班车位置以及车队计划。

可以预计自动乘客计数器能够带来如下好处：降低数据采集的成本、增加可利用的数据类型、减少数据处理的时间和工作量、有助于生成更好的服务计划而提高整个运营系统的效率。

第一代的自动乘客计数器早在 1973 年之前就已经开始使用。其中的一些系统现在仍在使用，只是设备已经更新。20 世纪 90 年代在使用自动乘客计数器的时候，通常将其融入自动车辆定位系统。无论使用者是否采集实时数据，定位和数据传输技术还是使自动乘客计数器系统的成本大大降低，增加了其经济可行性。

5）公交运营软件

公交运营软件能够使许多公交功能和模式实现自动化并有序整合在一起。计算机应用诸如计算机辅助调度、服务监视监控、数据获取、包括提供数据的APTS 技术，能够提高运营调度、时刻表制定、计划、顾客服务等功能的执行效率。

6）交通信号优先策略技术

交通信号优先策略技术是指交通信号绿灯延长或比预定方案启动提前，以便某些特定车辆迅速通过交叉口。对于处理紧急事件的车辆，这种技术已经使用很多年。对于公共交通来说，给予公共汽车和轻轨信号优先有助于它们按时运行和避免拥堵。

公共交通信号优先策略有其特定的内容，有许多交通运输专家关注街道交叉口的堵塞问题。在 20 世纪 70 年代，人们曾经在公共交通领域尝试过很多优先策略。在 20 世纪 90 年代，该技术进展迅速，现代交通信号优先策略通常作为自动车辆定位系统的一部分。这样就可以做到有选择的信号优先，只给那些晚点的公交车辆以信号优先。

7.2.4　智能化调度系统

7.2.4.1　智能化调度系统的现状

公交车辆调度是公交企业最基础、最重要的运营工作，包括公交线路的发车间隔和发车方式。

目前，我国绝大部分城市的公共交通调度工作还是采用传统的调度方法。一般模式是：首先根据客流调查基础数据、时间、季节等因素，凭借调度人员的经验，划定客流高峰期、平峰期和低峰期，在各个时间段内，采用定点发车的方法调度车辆。这种模式主要凭借调度人员的经验进行调度，不仅工作任务繁重，而且由于没有充分考虑实时客流情况，经常出现乘客等车时间过长（发车间隔过大）或车辆满载率过低（发车间隔过小）等情况，从而造成公交服务水平低下，客流日益减少。仔细分析传统的调度方法，不难发现公交车辆（主要指地面公交车辆如公共汽车、小公共汽车、无轨电车等）与调度部门之间没有必要的信息沟通，一旦车辆从始发站发出，便与调度部门失去联系，调度员也无法知道车辆在道路上的运行信息（如车辆位置、承载情况等）。车辆在行驶过程中出现如交通阻塞、事故、交通需求突然增加等紧急情况时，无法与调度部门取得联系，这致使某些公交车辆超员行驶，某些车辆利用率不足，这都会造成正点率下降。因而，没有实时的交通信息，实时调度也就无从谈起。

公共交通智能化调度系统就是利用先进的技术手段，动态地获取实时交通信息，实现对车辆的实时监控和调度，它是公交车辆调度的发展模式，是公共交通实现科学化、现代化、智能化管理的重要标志。公共交通智能化调度系统可以描述如下：

公共交通智能化调度系统是智能公共交通系统的核心子系统。它是在对公交车辆实时调度理论和方法研究的基础上，综合运用通信、信息、控制、计算机网络、GPS/GIS等现代高新技术，根据实时的客流信息、车辆位置信息、交通状态信息等，通过对公交车辆的实时监控、调度指挥，实现对公交车辆的智能化管理，并通过电子站牌及时准确地向乘客提供下班车的预计到达时间，从而使公交车辆运行有序、平稳、高效、协调，提高公交系统的总体服务水平，实现资源的合理配置，提高公交企业的经济效益和社会效益。

中国一些大城市已经注意到城市公共交通智能化调度系统的重要性，开始逐步开发和实施类似系统。杭州市公交总公司在公交线路上安装电子站牌，相应地在公交车上安装定位设备，实现了车辆的实时跟踪、定位，公交车与调度室的双向通信，以及电子站牌上实时显示下班车位置信息等功能，使调度过程有据可依，并实现了计算机辅助管理，节约了劳动力，同时提高了车辆运行的正点率和服务水平，吸引了客流，取得了可观的经济效益。北京、上海、大连、宁波等城市的部分线路也安装有电子站牌，实现了智能化调度，这些系统使中国迈入了公交调度智能化时代。

7.2.4.2 智能化调度系统的构成

公交智能化调度系统主要由公交调度中心、分调度中心、车载移动站和电子站牌等几部分构成。

1）公交调度中心

公交调度中心主要由信息服务系统、地理信息系统、大屏幕显示系统、协调调度系统和紧急情况处理系统组成。信息服务系统负责向用户提供公交信息，如出行前的乘车信息、换乘信息、行车时刻表信息、票价信息。地理信息系统接收定位数据，完成车辆信息的地图映射。其功能包括地理信息和数据信息的输入/输出、地图的显示与编辑、车辆道路等信息的查询、数据库维护、GPS 数据的接收与处理、GPS 数据的地图匹配、车辆状态信息的处理显示、车辆运行数据的保存及管理等。大屏幕显示系统主要是实时显示车辆运行状况。当出现紧急情况时，协调调度系统向分调度中心发出指令，合理调配车辆。紧急情况处理系统接收分调度中心发来的紧急情况信息时，及时与交通管控中心和紧急救援中心联系，完成紧急情况处理任务。公交调度中心的系统组成如图 7－2 所示。

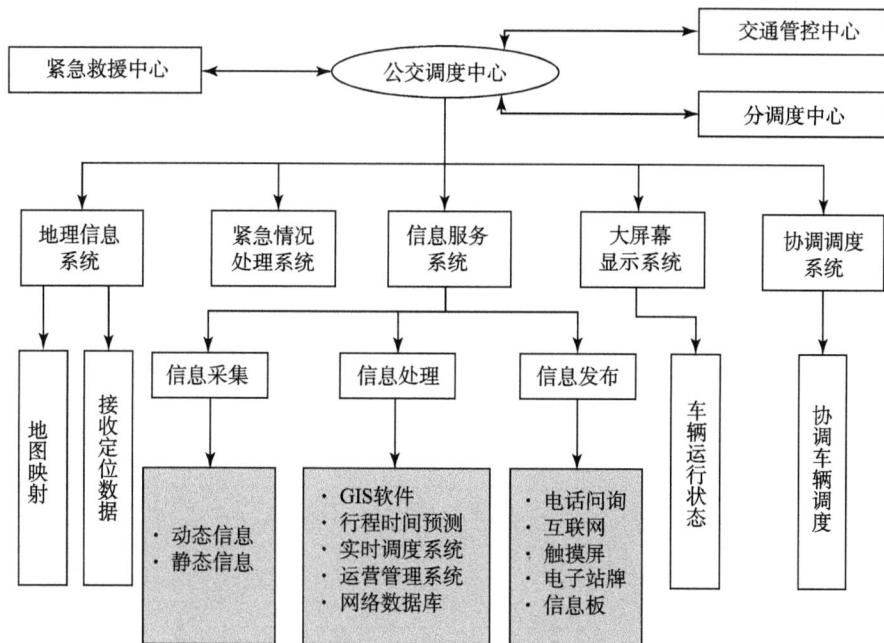

图 7－2　公交调度中心的系统组成

2）分调度中心

分调度中心由车辆定位与调度系统、地理信息系统两部分组成。车辆定位系统负责完成本调度中心所辖车辆的定位与监控、与车辆间的双向通信、向车辆发送调度指令、向电子站牌发送数据等功能。地理信息系统与调度中心中的地理信息系统的功能相同，只是范围要小些。其系统框图如图 7－3 所示。

3）车载移动站

车载专用终端包括 GPS 接收机、单片机、无线 MODEM、数据/语音通信电台等设备，如图 7－4 所示。车载专用终端安装于移动的公交车辆上，可以在无

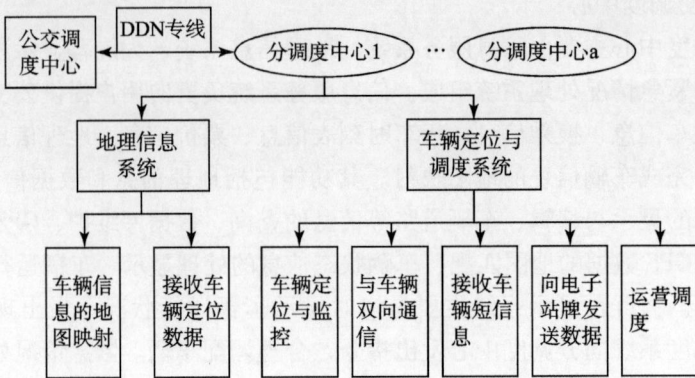

图 7-3　分调度中心的系统框图

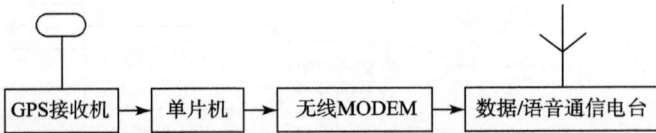

图 7-4　车载移动站框图

人干预的情况下自动完成运动车辆的定位和定位信息的回传。必要时，可以向分调度中心提供短信息。如果需要，可以留出接口用于外接车载显示设备。

4）电子站牌

电子站牌负责接收和显示下班车的到站信息和服务信息，由一套 MODEM、电台、单片机、电子显示站牌组成，如图 7-5 所示。单片机的作用是接收信息，将其处理后送到电子站牌上显示。电子站牌采用滚动信息工作方式，除了可以显示车辆运行信息外，还可以显示其他信息，如日期与时间、气象预报以及广告等。

图 7-5　电子站牌框图

7.2.4.3　智能化调度方法

智能化调度方法是相对于传统调度方法而言的，二者的区别在于智能化调度方法是根据实时客流信息和交通状态，在无人参与的情况下自动给出发车间隔和调度形式的一种全新的调度方法。而传统调度方法是调度人员根据公交线路客流到达规律，凭借经验确定发车间隔和发车形式的一种调度方法。

1）车辆调度形式

车辆调度形式是指营运调度措施计划中所采取的运输组织形式，基本上可有两种分类方法：

（1）按车辆工作时间的长短与类型，分为正班车、加班车与夜班车。

①正班车：主要指车辆在日间营业时间内连续工作相当于两个工作班的一种基本调度形式，所以又称双班车、大班车。

②加班车：指车辆仅在某段营业时间内（如客流早晚高峰时间）上线工作，并且一日内累计工作时间相当于一个工作班的一种辅助调度形式，所以又称单班车。

③夜班车：指车辆在夜间上线工作的一种调度形式，常与日间加班车相兼组织，夜班车连续工作时间相当于一个工作班。

（2）按车辆运行与停站方式，可分为全程车、区间车、快车、定班车、跨线车等。

①全程车：指车辆从线路起点发车直到终点站为止，必须在沿线按固定停车站依次停靠，并驶满全程的一种基本调度形式，因此又称慢车。

②区间车：指车辆仅行驶线路上某一客流量高的路段或区段的一种辅助调度形式。

③快车：是为适应沿线长乘距乘车需要而采取的一种越站快速运行的调度形式，包括大站（快）车与直达（快）车两种形式，其分别指车辆仅在沿线乘客集散量较大的站点停靠和在其间直接运行的调度形式。

④定班车：是为接送有关单位职工上下班或学生上下学而组织的一种专线调度形式。车辆按规定时间，以定路线、定班次和定站点的原则运行。

⑤跨线车：是为平衡相邻线路之间的客流负荷，减少乘客转乘而组织的一种车辆跨线运行的调度形式。

2）实时放车调度

实时放车调度问题（Real - Time Deadheading Problem，RTDP）是目前国际上调度理论方面研究的热点。实时放车调度问题是指车辆空车从始发站出发，经过数个公交站点后，开始按站点次序依次停车的调度形式。放车调度形式主要是解决停靠车站的乘客拥挤问题。当一辆公交车被放车调度时，可以减少在停靠站点的发车间隔。前面介绍的快车调度形式也是越过一些站点，但快车可以在任意站点开始越站。而空车调度开始于终点站，当所有乘客都已下车，且在车辆离开始发站之前发布放车调度指令。这里始发站可以是全线路的始发站或返程的始发站。采取放车调度形式的根本出发点就是减少停靠站点上候车乘客的等车时间，但放车调度形式延长了车辆所越过的站点上乘客的等车时间，同时，放车调度也损失了被越过路段上的客流量。因此，确定是否采取放车调度形式需要权衡利弊，这就需要建立实时放车调度模型的目标函数。实时空车调度就是在给定的时间内决定车辆是否应当放车调度，每辆空车应当越过多少站，以极小化乘客费用。

3）紧急情况实时调度

当公交车在运营过程中遇到交通事故、重大事件等紧急情况时，会出现客流突然增加的情况，致使某班公交车出现拥挤而产生延误。如图7-6所示，第 i 辆公交车由于客流突然增加造成初始延误。在传统调度方式下，调度人员无法知道紧急情况的出现，其他车辆仍然按照固定的发车间隔运行。这样，一方面使得这班公交车出现晚点，特别是由于该车车内乘客明显多于其他车辆，到达后面站点的停靠时间也会多于其他车辆，这样到达终点站时，实际延误会更长；另一方面，由于这班公交车晚点运行，这使得整个车队运行不平稳，导致从第 i 个站点开始的剩余站点上的公交乘客的平均等车时间延长。

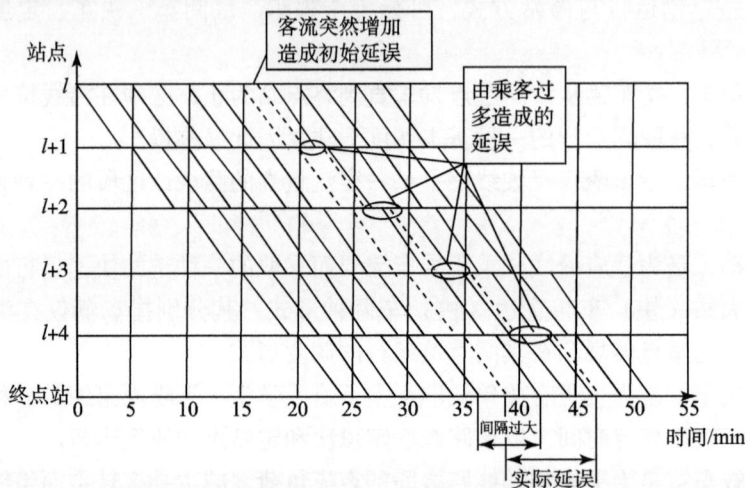

图7-6 某站点客流突然增加造成延误的公交车运行图

面对这种情况，可以采取以下几种调度方案：

方案1：前车加大站点停靠时间法。当出现紧急情况时，调度中心会接收到延误车辆的信息。调度人员可以根据实际情况，调度前两班车加大站点停靠时间。这样不但可以解决后面站点乘客等车时间延长的问题，而且可以使整个车队的运行趋于平稳。

方案2：前车减速方法。调度人员同样可以通知前几班车减速，这样也可以使后面站点乘客的等车时间缩短，而且到达终点站时，间隔趋于平稳。

方案3：后车加速方法。其与方案2效果相同。

方案4：后车缩短站点停车时间方法。其与方案1效果相同。

方案5：放方调度方法。如果紧急事件发生地点与始发站距离很近，可以临时调度一班空车，直接行驶到事件发生地点，缓解客流拥挤的情况。

7.2.4.4 公交优先策略

大城市中交通拥堵，乘车难、行车难等问题是普遍的社会问题。随着我国经济和社会的发展以及城市化进程的加快，城市交通需求量急剧增长，交通需求结构在不断发展变化，交通供给的增长出现了滞后性。而传统的"车多修路，路多车多再修路"的解决办法已难以适应现代化的交通管理要求。采取公交优先策略，鼓励公交出行无疑是缓解一系列交通问题的有效方法。

世界各国政府实行优先发展公共交通的具体政策，主要有以下几个方面：

（1）加大对公共交通的投资，改善公共交通设施，并且为公共交通企业提供经营亏损补贴。政府补贴公共交通已经是西方国家的基本政策，有些甚至以法规的形式强制执行。

（2）对公交企业的经营体制进行改革。我国广州市试行私人企业经营公共交通取得了良好的效果。

（3）开设公共汽车专用线，提高公共交通的服务水平及工作效率。这一措施被许多国家采用。北京于 1997 年 6 月 25 日开通了全国第一条公共汽车专用线。专用线用连续的橘黄线作标示，专用线内写有"公交专用"标记。公交专用线是体现公交优先的最直观的方式。

（4）公共交通企业开展多层次服务，按不同人的需要开展不同质量的服务。选用多种车型，既能为低收入者提供稳定、可靠而便宜的服务，又可以向高薪阶层提供舒适豪华的服务，从而增加公交出行方式的吸引力。

（5）实施切实可行而又有吸引力的票价政策，将其他方式的交通吸引到公共交通上来。

（6）建换乘站或换乘枢纽，并在换乘枢纽修建自行车和轿车停车场，以便于自行车、轿车、公共汽车、电车和地铁等不同交通方式间的换乘。近年来，在欧洲、美国和日本，骑自行车换乘公共交通工具去上班的人越来越多，城市相关部门积极采取措施促进这两种交通方式的协调。

（7）改善公共交通的设施与管理，提高服务质量，例如提供完善的信息服务、为老人和伤残人士提供特殊服务等。

（8）改造城市不合理的结构布局，在城市规划中体现优先发展公共交通的思想。城市规划和建筑设计的纲领性文件《马丘比丘宪章》（1977 年）指出："……将来城区交通的政策显然应当是私人轿车从属于公共运输系统的发展。"这说明了公共交通在城市交通系统中的重要地位。

7.3 危险品车辆运营管理系统

危险品是易燃、易爆、有毒害性、有强烈腐蚀性的物品的总称，主要包括汽油、柴油、雷管、炸药、甲醇、乙醇、硫酸、盐酸、液氨、液氯、农药、黄磷、苯酚等。近年来，危险品的运输数量和运输车辆随着经济的持续、快速发展与日俱增。运输过程中环境、车辆、危险品的不安全状态和人的不安全行为所造成的特重大事故频繁发生，严重危害和威胁到人们的安全并对环境造成污染。例如：2005年3月29日，京沪高速公路发生液氯运输车辆泄漏事故，近30人死亡，400多人中毒，1万多人被疏散，大量家畜和农作物死亡；2005年7月4日，上海市南汇区载有液氨钢瓶的货车违章停靠路边，200kg的液氨钢瓶爆裂，导致液氨泄漏，108人中毒。危险品运输是特种运输的一种，应由专门组织或技术人员对非常规物品使用特殊车辆进行运输。危险品运输必须经过国家相关职能部门严格审核，并且拥有能保证安全运输危险货物的相应设施设备，才能有资格进行危险品运输。但我国目前还存在个体、私营企业擅自从事危险品运输的情况，另外还缺乏对危险品运输全过程实时、动态、有效的监控和管理，这使危险品运输事故和货物丢失频繁出现，为人民的生命和财产带来了巨大损失，严重污染了周边环境，影响了和谐社会的构建。

因此建立和完善危险品车辆运营管理系统，实现对危险品运输全过程中车辆、人员、环境及危险品状态等情况的实时动态监控、预警报警、安全管理与分析和辅助应急救援，可有效减少危险品运输事故，提高危险品运输安全管理水平。

7.3.1 危险品车辆运营管理系统的功能分析

危险品车辆运营管理系统的主要功能包括：车辆运输危险品货物的介质品种及数量监测，车辆运输危险品货物的温度、压力、液位等状态实时监控报警，车辆的位置、速度、行驶路线的实时监控报警，危险品货物被盗、泄漏监控报警，车辆装卸危险品货物过程的实时监测及自动控制管理，车辆出发单位信息、接收单位信息、承运人信息、出发时间、到达时间等运输信息管理，车辆运输危险品货物危险程度、紧急处理办法、事故时间、黑匣子数据记录等应急事故管理，车辆、驾驶员等许可证电子化管理等。

7.3.1.1 实时传感监控功能

系统能实现对所运货物和运输车辆相关传感器信息的实时监测，使用户能够通过网络用电脑、手机随时了解运输货物及车辆在运输过程中的各种实时状态信息，这些信息还将形成历史记录，可以方便查询并形成报表。

（1）货物实时传感信息监控：用户可实时监控运输车辆上货物的详细状态信息，包括温度、槽罐压力、槽罐内的液位，可以扩展的传感信息还有湿度、货柜门开关状态、气体报警、图像、视频等。

（2）车辆实时状态信息监控：用户可实时监控运输车辆的详细状态信息，包括车辆的即时位置（经度、纬度及海拔高度）、速度、行驶方向、加速度等信息。

7.3.1.2 实时报警功能

系统具备多种报警管理功能，能够以灯光及声音进行车内本地报警，以电话、短信、邮件等多种方式进行远程报警，及时通知相关联系人，以保证安全运输，避免发生事故，同时为事故应急处理节约关键性的时间，有效降低事故的危害程度。所有的报警信息同时记录在数据库中，可供查询、统计，形成报表。

（1）危险品异常报警：当所运输危险品发生温度、压力、液位等异常变化或被盗、泄漏等情况时，系统会立刻发出报警信息提示用户。

（2）车辆行驶异常报警：当运输车辆超速、非法停车、非法移动、车辆被盗时，系统会自动报警提示用户。

（3）路线报警：用户可对监控车辆设置预定行驶路线，当该车辆在行驶中偏离预定路线时，系统会自动报警提示用户处理。

（4）区域报警：用户可通过电子地图设置区域的外部边界和报警条件（可设置多个），当有满足条件的车辆驶入或驶出此区域时系统会自动报警提示。

（5）交通事故报警：当运输车辆发生运输交通事故时，系统立刻远程报警，自动通知政府管理部门、托运单位、运输企业等相关人员。

7.3.1.3　信息查询管理功能

（1）车辆基本信息查询与管理：用户通过网络可以查询和管理车辆的基本信息，包括车牌号码、车辆所属单位、车辆型号、载重量、出厂日期等。

（2）货物信息查询与管理：用户通过网络可以查询和管理所运输危险品的名称、类别、危险程度、紧急处理办法等基本信息。

（3）危险品企业信息查询与管理：用户通过网络可以查询和管理危险品相关企业的基本信息，包括企业名称、企业地址、行业、业务范围、管理归属、相关危险品种类、联系方式等。

（4）运输企业查询与管理：用户通过网络可以查询和管理运输企业的基本信息，包括企业名称、企业地址、运输资质、经营范围、车辆数量、联系方式等。

（5）人员信息查询与管理：用户通过网络可以查询和管理危险品相关管理部门、生产企业、运输企业、驾驶员、押运员的身份信息和联系信息，并能管理各种报警提示信息与相关人员的对应关系。

（6）电子证件查询与管理：对危险品运输过程所涉及的各种许可证件进行电子化、信息化管理，从而提高工作效率。

（7）运输线路查询与管理：用户可以查询和管理危险品运输车辆的运输线路信息，包括起止地点，收/发货人，路线，出发、到达时间等。

7.3.1.4　统计汇总管理功能

通过系统，用户对辖区内的危险品运输车辆进行实时监控和统计，可以按照车辆、危险品的基本信息进行检索并分类汇总。统计汇总的主要内容有：

（1）用户可汇总选定区域或指定地点内所有在线车辆运输情况列表；

（2）用户可查询统计一定时间段内指定线路运输情况列表；

（3）用户可统计汇总某地域内各种危险品介质的运输情况；

（4）用户可统计汇总某运输企业各种危险品介质的运输情况；

（5）用户可统计汇总某危险品生产企业一段时间内各种危险品介质的运输情况；

（6）用户可通过多种信息（或条件）的组合，检索查询符合条件的车辆列表。

7.3.1.5　运输区域管理功能

系统可以根据需要对特定地理区域进行管理，例如设定该区域禁止驶入、禁止停车、规定允许进入的时间段、特定的运输速度、特定的停放位置等。

7.3.1.6　安全监管功能

系统可以实现对其管理范围内的危险品运输车辆的安全相关信息实时监控和管理，并可以按要求自动统计生成相关报表。

（1）对辖区内的危险品运输车辆进行实时监控和统计，可以按照行政区域、运输企业、生产企业、危险品介质进行分类汇总。

（2）对辖区内危险品运输过程中的温度、压力、液位的异常变化，液体泄漏等各种实时报警及提示信息进行监控并统计汇总。

（3）对管辖范围内危险品运输过程中的超速、超载、疲劳驾驶、不按规定路线行驶等违规操作实时监控并统计汇总。

（4）对危险品生产企业、运输企业和相关从业人员进行远程监督检查。

7.3.1.7　应急事故管理

危险品运输过程中，一旦发生异常或突发事故，系统自动向相关部门及人员进行电话、短信、邮件报警，相关人员可通过系统了解关于事故车辆、托运单位、运输单位及危险品的详细数据信息以及应急预案，在最短时间内获取更多的有效信息，采取最合理、最高效的救援措施，有效降低事故危害。

同时系统自动保存事故发生前后的所有数据，及事故处理过程中的相关信息，形成事故历史档案，供相关人员查询。

7.3.1.8　远程控制功能

用户可通过系统对运行中的危险品车辆进行远程控制。

（1）遥控断油断电：用户接收到系统的车辆超速、报警信息后，可远程发出遥控断油断电命令，强制控停车辆；用户亦可在确保车辆及驾乘人员安全的条件下，发出恢复车辆油/电路命令，使车辆恢复正常行驶。

（2）驾驶员身份验证：系统具有驾驶员身份验证功能，如果驾驶员身份与预设身份不一致则发出提示或报警信息，用户接收到报警信息后即可远程将车辆锁定，禁止驾驶；同时，用户具有远程解锁功能。

7.3.2　危险品车辆运营管理系统的结构组成

危险品运输车辆监控管理系统主要由危险品状态传感器子系统、车载 3G 视频采集传输子系统、3G/2G 无线公网传输子系统、GPS 定位导航子系统、车辆集中信息管理子系统和监控中心子系统等构成。危险品运输车辆监控管理系统的架构如图 7 - 7 所示。

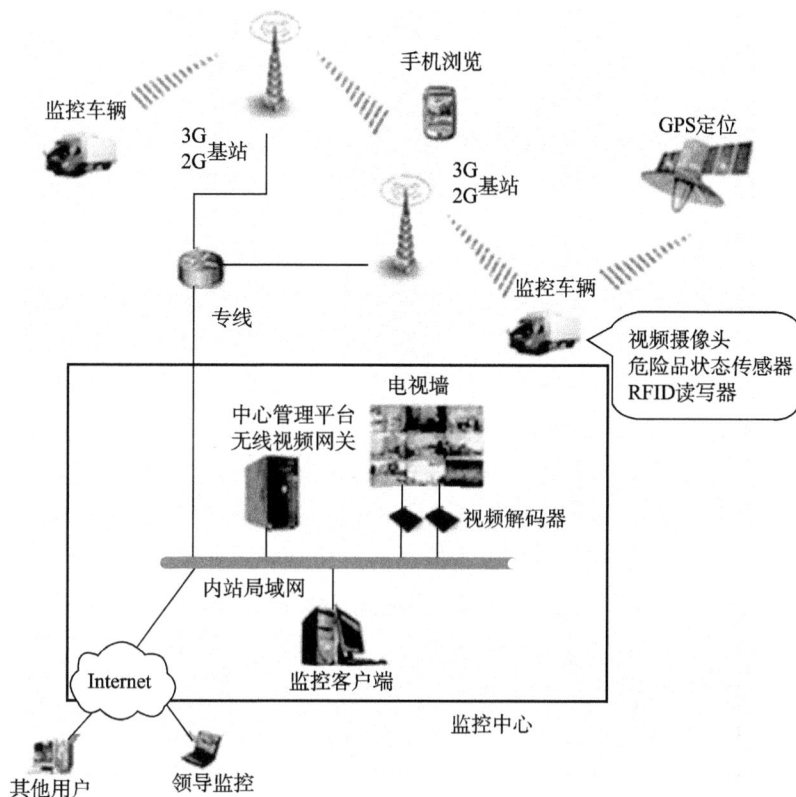

图 7 - 7　危险品运输车辆监控管理系统的架构

由图 7 - 7 可见，整个系统可分为车载终端和监控中心两部分，以 3G/GPRS 等作为无线数据传输形式。其中，在危险品车载终端，同时配备了 GPS 收发器、危险品状态传感器、射频识别（Radio Frequency Identification，RFID）阅读器以及 GPRS/3G 无线模块。其中 GPS 收发器在危险品的运输车载终端以完成运输车辆的定位和导航等功能；危险品状态传感器获取危险品状态信息；RFID 阅读器读取传感标签的危险品状态信息后通过无线网络来完成危险品运输车辆的温度、压力等状态信息采集；车载 GPRS 模块用于完成车辆和监控中心及车辆间的语音和数据的交互。

监控中心的功能包括对车辆的实时监控预测、音视频调度指挥、安全分析和管理、信息发布和辅助规划运输线路、选择最短或优化路径等。在运输车辆发生事故或其他紧急状态时，监控中心实时获取现场状态并对危险品运输车辆的紧急状态进行处理。

1）车辆的车载终端

车载终端包括控制器、GPS 模块、GPRS 模块、RFID 读写器以及供电电源等，如图 7 - 8 所示。

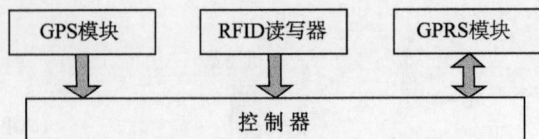

图 7 - 8 车载终端

由图 7 - 8 可见，车载移动单元设备中，GPS 模块在 MCU 的控制下，可以为危险运输监管平台实时提供移动目标的最新定位数据、运行状况和报警信息等，车载移动单元通过 GPS 接收天线接收 GPS 卫星发射的定位信号，经过 CPU 主控器处理，计算出车辆的日期、时间、经纬度、速度和行驶方向等定位数据。RFID 传感标签贴于危险品容器之上（或之内）。标签的传感器感应到危险品的温度、压力等信息后，将信息与标签的 ID 信息打包后通过无线射频一起发送给RFID 读写器，RFID 读写器再将接收到的标签信息进行 CRC - 16 校验并打包处理，通过串口将实时数据直接传输给控制器。控制器处理接收机发来的定位以及环境信息，并控制 GPRS 数据的收发，自动记录这些信息以便事后查询分析，监控中心可以结合 GIS 电子地图，实时地显示出当前监控指挥的车辆的地理位置，以便信息查询，有效监管。

危险品运输车辆监控系统的车载终端具备如下功能：

（1）运输人员可在驾驶室内实时地监控车辆的运行速度及位置等状态和所装载危险品的温度、压力、是否泄漏等各项参数，可及时获得车辆超速驾驶时间等报警信号。

（2）驾驶人员进入不熟悉的地段时，可通过车载终端的导航子系统的指导实现车辆优化路径的行驶。

（3）可通过无线收发模块向监控中心发送车辆的位置信息、ID 号及目前车辆所处状态（如报警、装载危险品监控的参数），同时通过无线发收模块接收从监控中心发来的控制指令，根据指令内容，由微处理器完成指令任务。

2）系统无线通信

系统中的无线通信链路是车辆移动终端和监控中心端实现通信的关键，GPRS 是 GSM 网络向第三代移动通信演变的过渡技术，有覆盖范围广、接入时间短、传输速率高、永远在线和按流量计费等优点，适于频繁传送小数据量和非频繁传送大量数据，比较适合车辆监控系统的数据传输。对于涉及视频等大容量的数据，则采用 3G 等无线通信方式。

（1）无线通信网络设计。系统通过 GPRS/3G 无线 DDN 传输业务来实现车载终端和监控中心的无线数据通信网络，选择中心对多点的组网结构，监控中心以动态 IP 地址方式接入 Internet 网络，车载终端以中国移动互联网（CMNET）方式接入网络，监控中心服务器通过拨号或 ADSL 方式登录互联网，获得动态的公网 IP 地址，同时启动服务器上的动态域名客户端。每个车载终端以中国移动互联网方式连接 GPRS 网络，根据终端参数设置的监控中心域名，从动态域名服务商即可获得平台服务器当前的 IP 地址，最终实现监控中心与多个车载终端之间的数据传输。

（2）通信协议的设计。监控中心要实现对危险品运输车内危险品的实时控制，监控中心与危险品容器标签的数据通信是整个系统互通信息的必经途径，也是维护系统正常通信的关键之一。车载终端与监控中心之间的通信分为车载终端到监控中心的信息和监控中心到车载终端的指令，两者一应一答，可以实现以下功能：

①车载终端给监控中心发送数据包，包含 GPS 信息、传感器标签信息、标签 ID 和车辆 ID，即主数据包监控中心每成功接收一个主数据包就发送一个反馈包给车载终端。

②监控中心给车载终端发送一个当前发送间隔询问指令，车载终端接收后回复一个当前发送间隔包。

③监控中心给车载终端发送一个发送间隔设置命令，车载终端接收并设置成功后回复一个发送间隔设置成功确认包。

3）监控中心

监控中心是整个危险品运输管理系统的重要部分，其架构如图 7-9 所示。

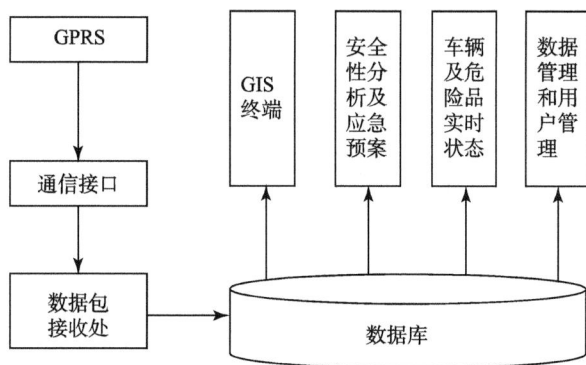

图 7-9　监控中心的架构

由图 7-9 可见，监控中心不仅与危险品运输车上的 GPRS/3G 模块进行通信，还要对监测到/接收到的信息进行存储、加工处理，监控中心采用 VC 等构建前台应用程序，后台数据库采用 SQL Server 来完成。监控中心具有如下功能：

（1）车辆及危险品实时状态：完成车辆的行驶位置、速度，危险品状态及车辆整体情况的监视记录和查询，对驾驶员的疲劳驾驶告警等操作。

（2）安全性分析及事故预警：完成车辆当前运行情况和所装载危险品的状

态分析，同时结合车辆行驶路段的气象情况分析风险。完成车辆结构性能分析和事故预测频率分析，完成运行车辆的安全分析和事故预测与预警。

（3）GIS 终端：为车辆提供导航，为监控平台确定车辆方位，提供电子地图，辅助规划运输线路，选择最短或优化路径，实现地图的缩放漫游等操作以及地理和空间分析。

（4）数据管理和用户管理：对各种信息加以有效组织，根据各类数据需要存储的时间限制，及时删除过时的信息，尤其是进行实时操作的中间信息和临时信息等，同时，还需要备份有价值的信息。

监控中心作为危险品运输管理系统的重要组成部分，需要 RFID/GPS/GPRS 模块的技术支持，在完成数据的采集传送后，最终通过监控中心的数据整合，提供各种服务。

（1）GPS 实时监控。监控中心通过接入在途车辆实时行驶速度、行驶路线、车辆位置等实时信息，对运输危险化学品的车辆进行全程监控，将由危险品车辆 GPRS 终端发来的位置、速度等信息以图形方式显示在地图上，并作详细记录。在电子地图上实时显示车辆位置、轨迹，同时可实时查询行驶车辆的位置信息，包括车辆所在位置、行驶道路、速度、经纬度值、方向、时间、状态等，并以车辆实时状态数据为基础。路径规划功能运用多种路径算法，实现事故分析功能、行车安全管理与预警功能。

（2）RFID 实时掌握危险品的状态信息。管理平台通过 RFID 阅读器采集到的 RFID 标签以及传感器信息，不但能获得危险品的生产日期等具体信息，以供用户查询，还能随时了解危险品的运输情况以及危险品运输车辆的车载容器的温湿度、压力、烟雾、电磁环境及有无泄漏等实时数据及历史数据，系统将这些信息加工处理、储存，并在危险品处于危险临界状态时发出预警信息，在事故发生后及时发出警报信息。

7.4　出租车运营管理系统

7.4.1　出租车运营管理系统的构成

出租车运营管理系统采用全球卫星定位系统（GPS）来对车辆进行定位监控，通过公共移动数字网（GPRS）和语音信道来传输定位跟踪信息，并在监控中心或异地监控终端采用地理信息系统（GIS）把监控目标显示在可视化的数字地图上。车载设备将根据 GPS 定位原理对车辆进行自动定位，同时车载设备的监控装置将与车辆的各种设备互连，完成对车辆的可视图片监控，而在车载设备上的通信单元将完成信息的接受和发生。通过公共移动数字网实现数据传输、语音通话、监听控制等功能。系统主要分为以下三个部分。

1）车载终端部分

车载终端包括 GPS 接收机及相应的天线、GPRS 模块、摄像头、控制单元、LED 显示屏等。其负责接收和回报 GPS 定位信息、上传警情信息和紧急求助信息以及出租车广告发布显示等。该终端可以安装在公路客运、出租车、货运车、长途大巴、私家车以及特种车辆上。其主要承担 GPS 数据的收发、图片处理、车辆控制等功能。

2）无线通信链路

无线通信链路负责车载终端与监控中心间的数据传输，包括车辆定位/求助信息、图片监控信息和监控中心控制指令信息等的传输。该部分主要为 GPRS 公共数据网，只要全球移动通信系统可以覆盖的地方，该系统都可以稳定地运行。

3）监控中心

监控中心是整个系统的"神经中枢"，集中实现监控、调度、接/处警、图片处理和其他信息服务，并对整个系统的软硬件进行协调、管理。

该系统还支持通过全球移动通信系统的短信群发功能，实现车辆调度、行政管理等工作。出租车运营管理系统的结构如图 7 - 10 所示。

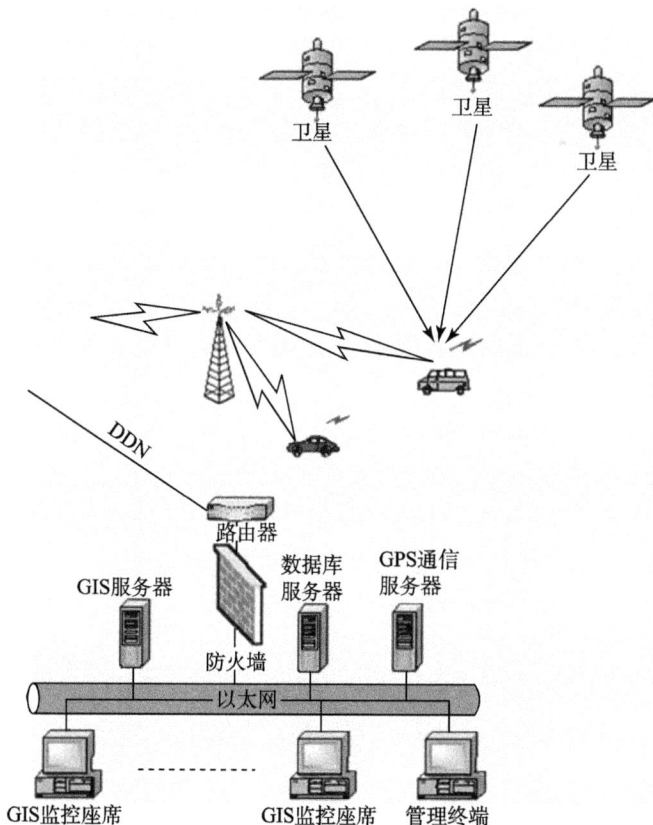

图 7 - 10　出租车运营管理系统的结构

7.4.2　出租车运营管理系统的特点及功能

1）系统的特点

在电子监控系统中，将采用全球卫星定位系统（GPS）来对车辆进行定位监控，通过公共移动数字网（GPRS）和语音信道来传输定位跟踪信息和进行双方通信，在监控中心或异地监控终端采用地理信息系统（GIS）把监控目标显示在可视化的数字地图上，同时将监控中心发出的调度信息或其他信息显示在终端显示屏上。

根据客户的具体要求，该系统主要以监控报警功能为主，包括实时拍照、防劫、防盗、定位、语音通信、智能调度、远程控制、车辆管理等功能。

系统的主要功能特点如下：

（1）组网灵活：系统同时支持 CS/BS 系统结构。

（2）客户端使用方便：可以只需安装 IE 就可以使用本系统。

（3）信道多：根据系统的功能要求和特点，与通信支持系统、服务管理系统及移动站有多种与系统规模相适应的通信信道。

（4）时效好：根据需要实时接收被监控移动站的定位和状态信息，并在 GIS 工作站实时显示跟踪信息；对被监听对象实时监听并进行数字化录音。

（5）监控强：对被控移动站进行实时搜索和控制，遥控监听设备的开/关和车辆电路的切断/连通；对执行任务的移动站进行指挥、调度。

（6）信息广：有充足的信息储备量和丰富确凿的信息内容，提供广泛的信息服务。

（7）服务多：提供可靠、有效的报警功能，同时可提供多种信息服务和通信服务。

（8）资料丰富：存有由监控服务中心管辖的所有移动站的全部相关信息，包括静态数据、图片资料。

（9）维护容易：所有软硬件系统尽量保证协议、数据和接口的标准化，易于进行系统维护、故障排除和技术更新。

（10）效率高：操作系统、数据库和开发平台突出功能强、效率高和技术先进等特点。应用软件的开发保证多用户、分布式、网络化。

（11）操作方便：应用软件操作简便、直观明了，易于推广使用。

2）系统的功能

出租车运营管理系统的功能主要包括 LED 广告发布、车辆实时拍照、车辆安全报警、车辆定位跟踪、车辆信息查询等，具体功能如图 7-11 所示。

（1）LED 广告发布。

①可以编辑 LED 广告信息、编辑显示方式、编辑显示时间等。

②可以对 LED 广告发送信息分组。

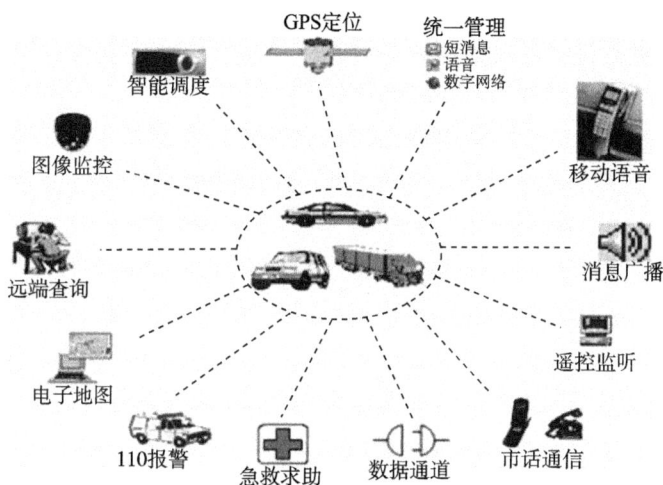

图 7 - 11　出租车运营管理系统的功能

③可以对分组车辆批量发送广告信息。

④可以单独发布单台广告信息。

⑤可以远程控制 LED 显示屏，如黑屏、亮屏、显示亮度、删除某条广告。

（2）车辆实时拍照。

①普通拍照：对指定车辆进行实时拍照（视频传输标准为 VGA、QVGA，有 2 路摄像头）。

②定时拍照：对指定车辆在不同时段，以不同间隔拍照。

③连续拍照：对指定车辆连续拍摄指定张数的照片。

（3）车辆安全报警。

车辆在行驶途中遭遇警情时，车主启动报警开关（手动或脚踏），即向中心发出报警信息和定位信息，同时对车辆进行实时拍照（拍照张数、拍照间隔可以设置）。

中心确认需对车辆进行紧急处理（如断电、断油）时，需要驾驶员提供密码。

（4）车辆定位跟踪。

①定时刷新：终端按照监控中心的指令以一定的时间间隔向监控中心发送 GPS 定位信息（包括经度、纬度、速度、方向）及车辆状态信息。

②车辆跟踪：跟踪车辆运行线路，存储目标车辆的定位信息，并能回放轨迹并打印。可自动对报警等重点车辆进行跟踪，并进行声光提示。

③定位信息显示：可同时跟踪并自动显示多辆车。

④车辆监控控制：在车辆超出事先设定的控制区域、控制路径、控制速度时自动告警，自动弹出报警窗口并发出声音提示。

（5）车辆信息查询。

①静态数据查询：通过业务查询网站对车辆的分类静态资料（包括车辆档案、车主档案、历史信息等）进行查询。

②动态数据查询：通过业务查询网站对车辆的分类动态资料（包括车辆实时照片信息、实时定位信息、当前运行轨迹、状态信息和报警情况等）进行查询。

7.5　小　　结

本章主要介绍了先进的车辆运营管理系统的组成及其基本功能；介绍了先进的公共交通运营管理系统，包括先进的公共交通系统体系结构、智能化调度系统的结构组成、调度方法等；介绍了危险品车辆运营管理系统和出租车运营管理系统的结构组成、系统功能等。

第 8 章

电子收费系统

8.1　电子收费系统概述

电子收费（Electronic Toll Collection，ETC）又称自动收费或不停车收费，是智能运输系统的一个重要组成部分，是在公路收费系统中综合应用无线通信、计算机网络、信息管理及自动控制等多项高新技术以实现不停车收费的新型技术，如图 8-1 所示。

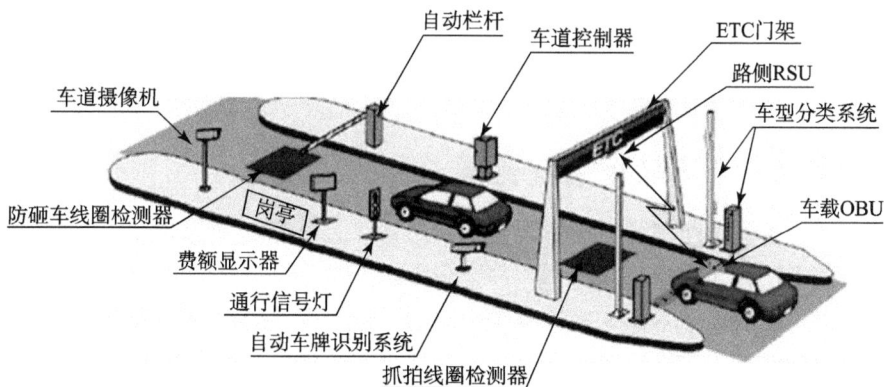

图 8-1　电子收费系统

表 8-1 和表 8-2 所示为不同收费方式的对比。相对于传统收费方式，ETC 的主要优势在于不停车就能够完成车辆收费，能够有效缓解高速公路出入口的拥堵问题，提高高速公路的通行能力，而且还能够加快收费系统的电子化发展，在一定程度上降低了收费系统的管理成本，缩小了收费站的规模，节约了基建费用和管理费用。与此同时，还能够避免人工收费的一些弊端，减少和降低收费站的汽车尾气排放以及噪声。简而言之，能使高速公路管理更有效率，更加规范化和智能化。

表 8 - 1　不同收费方式的通行能力比较（开放式收费系统）

收费车道类型	通行能力/(辆·h^{-1})
找零、开收据的人工车道	350
只发放通勤票的人工车道	500
投币式自动收费机（不用代币）	500
投币式自动收费机（主要用代币）	650
人工、自动收费与 ETC 的混合	700
专用于传统收费站的 ETC 系统	1 200
高速 ETC 系统，使用无障碍专用车道	1 800

表 8 - 2　不同收费方式的通行能力比较（封闭式收费系统）

收费方式	入口车道		出口车道	
	服务时间/s	通行能力/(辆·h^{-1})	服务时间/s	通行能力/(辆·h^{-1})
ETC	3.3	1 090	4.9	730
非 ETC	6.1	590	17.6	200
混合式	4.7	760	11.5	310

8.1.1　电子收费系统在国内外的发展

电子收费系统在国外已被使用了三十多年，欧美等发达国家的电子收费系统已经形成了比较大规模的联网，并产生了规模效益。

美国的联网电子不停车收费系统称为 E - Zpass，该系统采用开放式收费制式构成的网络，收费员值班的专用车道、混合车道模式。欧洲国家在 20 世纪 80 年代中期就开始采用了称为 Telepass 的电子收费系统，它起初仅能在同一高速公路集团公司的路网中通用，采用的是由电子收费系统总处理中心统一管理，先消费后付款的缴费方式。从 1990 年至 1995 年年底欧洲国家实施高速收费改革，采用了新型的电子收费系统，其特征是采用欧盟推荐的 5.8GHz DSRC 频率和可读/写电子标签，该收费方式每分钟可处理 30 辆车，在当时就已经被称为"相当高效的处理"。AutostradeS. P. A 公司的 Telepass 系统曾被认为是世界上最庞大的电子收费网络，不停车收费交易次数达到每日 50 万次，其典型的项目为意大利的米兰至罗马高速公路封闭式电子收费系统。德国的高速路收费系统采用全球卫星定位技术与移动通信技术来实行高速收费，不再设置传统的关卡式收费站。

日本的高速路收费系统采用了接触式 CPU 卡加两片式电子标签和双 ETC 天线方案，车道设双向打开的高速栏杆，无人值守，具有很高的安全性和车道通行能力，有完善的密钥扩散机制和电子标签发行流通体系，同时通过在高速路的关键路段安装扫描器，实现车辆在路网内二义性路径下准确的行驶路径距离识别。但车道系统建设和电子标签的成本很高。2001 年，电子不停车收费在日本投入运营，80% 的高速路出入口都实现了 ETC 收费。

新加坡使用的电子收费系统，包含两道闸门，闸门上装有天线、感应器和自动摄影机等设备。车辆必须安装读卡器，读卡器内附有足够现金的储值卡。当车辆进入收费的第一道闸门时，电子系统的天线就会启动，读取读卡器中的现金卡；车在进入收费的第二道闸门时，感应器就从读卡器中扣除规定的收费，如果没有读卡器，或读卡器的现金卡储存值不足，摄影机就会自动摄下车辆的牌号，并自动将照片等信息传到行动中心，执法人员就可以追查出违章的车主。

ETC 技术在我国的应用开始于 1996 年，先后建设的项目有广东佛山、南海、顺德等地方收费公路，江苏沪宁高速公路，北京首都机场高速公路等的 ETC 车道。1999 年，山东、四川率先提出全省联网收费。为提高高速公路的管理水平和实现高速公路网络化管理和信息化管理的目标，我国交通部于 2000 年 10 月 1 日发布了《高速公路联网收费暂行技术要求》。伴随着众多主线收费站的拆除，我国公路收费系统从各路段独立收费的状态步入了联网统一收费、通行费多业主拆分的时代。但真正投入使用的高速公路联网收费系统是 2003 年广东省的"粤通卡"工程。粤通卡是广东省高速公路联网收费专用缴费卡，分记账卡和储值卡两种，是双界面 CPU 卡，目前不仅可以实现高速公路的缴费使用，还实现了加油缴费、小区停车收费等功能。用户持有粤通卡，将无需缴纳现金即可。刷卡畅行全省高速公路，配合粤通卡专用电子标签使用，还可免停车通行自动收费车道。电子标签采用两片式，是具有微波通信功能和信息存储功能的移动设备识别装置，其利用最新的电子与微波通信技术，采用 5.8GHz 的 DSRC 频段，为用户提供简单灵活的移动信息电子载体。

到 2003 年，广东省将全省高速公路分为 6 个联网收费区域，开通了 88 个 ETC 车道，成功实施 ETC 联网收费技术。广东在全省收费公路采用了兼容电子不停车收费和人工半自动收费的组合式联网收费，用户持公路专用缴费卡在全省范围内缴付通行费。广东在全省高速公路实行"统一收费、系统分账"的收费管理方式。联网收费遵循"统一规划、统一标准、统一发卡、统一收费、统一结算"的原则。截至 2011 年，广东省 84 条高速公路已全部被纳入联网收费，ETC 车道总数已达到 420 条，占全省收费站车道总数的 8.2%，ETC 覆盖率超过 36%，珠三角区域的 ETC 覆盖率达到 60%，ETC 车道上的车流量占全省车流量总额的 16%，占粤通卡车流量的 48%。目前粤通卡用户的数量已接近 150 万，电子标签安装量近 64 万。到 2015 年 11 月 26 日，全国除海南、西藏以外，共有 29 个省份实现了高速公路 ETC 联网。2015 年 10 月底，全国累计建成 ETC 专用道 12 772 条，发展的 ETC 用户已达到 2 515 万个。

8.1.2　电子收费系统的基本构成

不停车收费系统是当今世界上最先进的收费系统，也是收费方式未来的发展方向，它是靠在车前装有作为通行券的电子标签，与装在收费车道上的读写收发器通过无线电进行快速的数据微波通信，验证通行权、判别车辆类型、自动核算记录通行费，车辆无需停车，可直接高速通过，凭借收费数据记录，实现自动收费。从运营主体出发，电子不停车收费系统大致由资金结算中心、客服服务中心、路桥业主、银行、发行代理以及用户六部分构成，如图 8 - 2 所示。

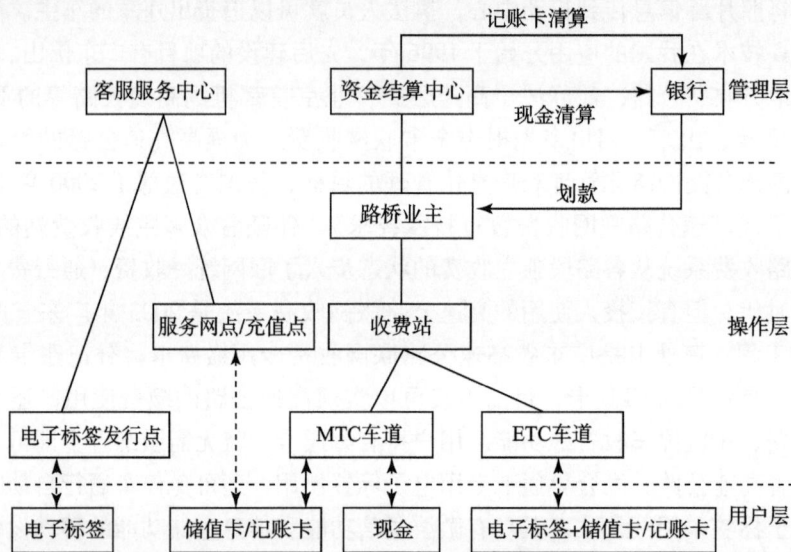

图 8 - 2　电子收费系统的结构

1）资金结算中心

资金结算中心根据物价局制定的费率表，生成系统表格，进行精准核对后录入数据库系统，同时下发至各收费分中心。同时负责统一技术规范和联网收费网络的有关管理条例。资金结算中心是整个系统的运营中心，主要为路桥业主提供结算服务，同时按周期生成划账指令，委托清算银行完成清算的划账业务。

2）客服服务中心

客服服务中心主要负责卡片和电子标签的管理，包括储值卡和电子标签的发行、安装及日常管理，并向用户提供多种客户服务，同时还可以委托发行代理发行储值卡。

3）路桥业主

路桥业主是高速公路道路和电子收费系统的投资方，其负责对高速公路的建设进行投资，同时负责收费系统的运营管理及维护，接受资金结算中心提供的账务清分等系统服务。

4）银行

在电子收费系统中，银行主要是根据资金结算中心提供的转账指令，实现对资金结算中心、路桥业主及记账卡用户间的账务清算。

5）发行代理

发行代理是受结算服务中心委托，发行电子标签，结算服务中心向发行代理支付一定比例的发行代理费。

6）用户

用户是系统的最终使用者，即车主。用户可以在发行代理点或者客服服务中心申请购买电子标签和卡片，以此来接受不停车收费的服务。

从系统的角度来看，电子收费系统的构成如图 8-3 所示。

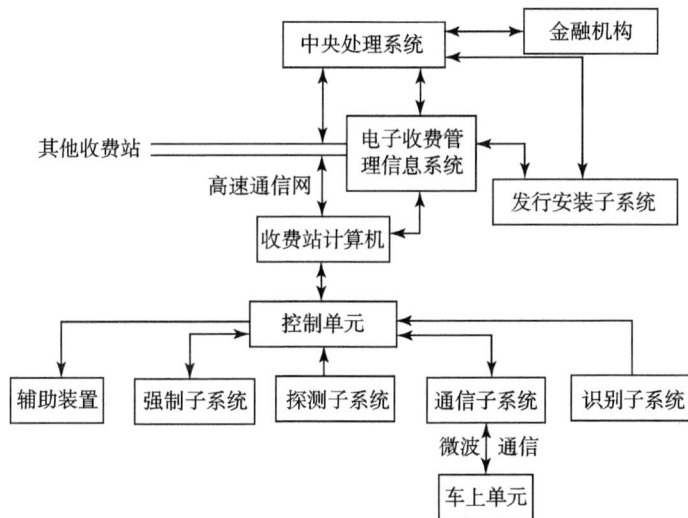

图 8-3　电子收费系统的构成

整个电子收费系统大致的运行过程是：首先用户前往发行安装部门，申请安装车上单元，预缴通行费或设立事后付费账户，相应的信息被存入车上单元，然后该车就具备了不停车交费功能。在进入收费站时，车辆按规定限速通过电子收费车道。识别子系统识别出该车辆所属的类型，报告控制单元。通信子系统通过天线与车上单元进行双向通信，收费操作在通信的过程中同时完成。收费操作的具体步骤包括根据车型按照收费规则确定收费额，核对余额、账号信息、有关结果并通知对方。如果一切无误（剩余金额充足或账号有效时），则正常结束收费操作（改写余额、记账等），否则（剩余金额不足或账号无效时），控制单元将采取措施，启动强制子系统，将车辆拦下或记录其车牌号码，以保证通行费最终能被征收，不致流失。收费操作通常在控制单元上进行，在一定条件下也可以在车上单元完成。

在每次收费操作中，控制单元都将收费操作的相关信息递交给收费站计算机，收费站计算机对这些信息按不同类别分别进行处理。正常收费信息可以积累汇总，产生相应的收入报告递交给中央处理系统，同时，事后付款方式的收费数据将定时（或立即）被传送给中央处理系统，以便生成转账清单向金融机构请求支付。不正常收费的信息将立即被传递给中央处理系统，以确保统一及时处理。中央处理系统除了接收下级呈递的信息外，还向下级发送相关信息，如收费规则、账号"黑名单"等。在系统中，金融机构负责提供金融服务，包括管理事后付款账户及收费账户，处理各种转账、清账事务，其还参与车上单元的发行、安装。同时，它也向系统提供一定的信息，如不良信用账号的"黑名单"、业务结算结果等。

在整套系统中，探测子系统被安装到特定的位置，检测是否有车辆从此经过。当车辆经过时，探测装置向系统发出信号，系统便可以触发一定的操作，如按动强制子系统中摄像机的快门等。辅助装置包括不属于上述子系统的其他设备，例如可变信息牌、自动票据机等，它们多数可以根据实际情况选装。

在中央处理系统、发行安装子系统、收费站计算机以及其他收费站之间还有一个电子收费管理信息系统。从整个电子收费系统的结构图中就可以看出，这套系统起到了一个桥梁的作用，是各个部门联系的纽带，主要处理这几者之间信息的传递和交流，能够使具有权限的部门及时地了解各种信息（包括收费、车辆、收费站情况、IC 卡、电子标签、驾驶人、报警信息等），并且还可以做到收费信息管理的系统化、规范化和自动化。

8.1.3　电子收费系统的分类

电子收费系统的种类比较多，并且还在发展当中，下面介绍三种主要的电子收费系统的形式。

1）ETC 自动收费系统

ETC 自动收费系统主要由 ETC 收费车道、收费站管理系统、ETC 管理中心、专业银行及传输网络组成，不需要驾驶人停车和其他收费人员采取任何操作，即能自动地完成收费全过程。ETC 自动收费系统可以使车道的通行能力提高、能够处理路径二义性问题、能够缓解交通带来的环境污染、能够减少通行卡的投放量、能够节约成本和资源。

2）RFID 不停车收费系统

射频识别技术是近几年发展起来的现代自动识别技术。基本的 RFID 系统由射频标签和读写器组成，两者之间互相不接触并利用感应、无线电波或微波进行数据通信，从而达到识别的目的。RFID 最突出的特点是可以非接触识读（识读距离可从十厘米至几十米）、可识别高速运动物体、抗恶劣环境、保密性强、可同时识读多个识别对象等。当前国际上 RFID 技术发展异常迅速，已深入到很多领域。

通过 RFID 技术获取通过车辆的牌照号、车型、所属用户和银行专用账户等数据，并由车道实时控制子系统，将车道摄像机获取的车辆图像，经数字化处理后核对实际牌照号与车载信息卡的牌照号是否相符，若相符且为合法车辆，则车道实时控制子系统控制指挥车辆通行，其通行费通过计算机网络，从用户在银行开设的专用账户中自动交纳，从而实现不停车自动收费。

3）GPS 不停车收费系统

GPS 不停车收费系统是高速公路不停车收费系统和移动通信、卫星定位等技术的高度融合，可实现无出入口控制的道路联网收费。

该系统包括：①GPS 接收装置，用于接收 GPS 数据，定位车辆；②电子地图及数据库，其中包含所有收费高速公路及其出口的空间位置信息及高速公路段落名称、段落长度、所属业主及收费标准等属性信息；③缴费卡，用户可持卡缴费及传递数据。

通过 GPS 接收卫星信号定位车辆当前位置，定位数据与电子地图结合应用路径辨识算法等判断车辆当前位置是否属于收费高速公路，如车辆位于收费公路，记录虚拟入口时间、入口站号，接着等待出口。通过 GPS 定位，当汽车离开公路时记录出口时间、出口站号，通过入口站号与出口站号到数据库中查询其他属性信息，并增加收费记录。费用支付可采用实时支付或先使用后支付两种方式。使用实时支付方式时可用缴费卡与车载装置相连，当车辆驶离高速公路时，实时扣取缴费卡中的相应费用，余额不足限定值时提示充值；使用先使用后付费方式时可定期到指定机构交纳费用。无论哪种收费方式均可在缴费时传递收费数据，然后依据收费数据通过银行或指定收费机构对收缴费用进行划分。

8.2　电子收费系统的应用技术

8.2.1　专用短程通信

专用短程通信（DSRC）是实现电子不停车收费的核心部分，它实现了车载单元（OBU）与路侧单元（RSU）之间的信息交换，完成收费过程。DSRC 是一种高效的无线通信技术，它可以实现在特定小区域内（通常为数十米）对高速运动下的移动目标的识别和双向通信，例如车辆的"车 - 路""车 - 车"双向通信，实时传输图像、语音和数据信息，将车辆和车道有机连接，通过计算机网络在系统中实现对车辆运动的控制并征收通行费。

为了实现智能运输系统对车辆的智能化和实时动态管理，国际上专门开发了适用于智能运输系统领域的道路与车辆之间的专用短程通信技术。DSRC 是 ETC 车道系统的核心，除了应用于高速公路收费，还可以应用于交通信息服务与管理、信息采集、物流管理等其他应用。目前国际上已投入使用的 ETC 系统中的 DSRC 频率主要有 915MHz、2.45GHz、5.8GHz 三个频段。915MHz 是北美 ETC 系统采用的频段，2.45GHz 是美国、亚洲多数新建 ETC 系统和欧洲一些已建成的 ETC 系统使用的一个频段，这两个频段目前十分拥挤，在使用上已受到了种种限制。5.8GHz 是一个具有很宽频带范围的频段，成为国际电信联盟（ITU）划分给电子收费的专用频段，而且已成为非官方 ETC 的欧洲和日本标准。我国高速公路联网电子收费系统使用 5.8GHz 频段。

DSRC 协议是在小范围内实现 RSU 与 OBU 间双向通信的协议，专用性与实时性很强。DSRC 协议层的基础是参照开放系统互联参考模型 OSI 通信协议的第一层物理层、第二层数据链路层、第七层应用层。

（1）物理层：物理层是 OSI 模型的最底层，提供网络的物理连接。在 DSRC 协议中，规定了无线通信使用的传输介质及上行与下行链路传输介质的通信频带、数据速率、发射功率等物理特性参数，将上层的电气信号变换为在实际物理信道上传输的信号。

（2）数据链路层：数据链路层建立在物理传输能力的基础上，以帧为单位传输数据，它的主要任务就是进行数据封装和建立数据链接。DSRC 的数据链路层包含介质存取控制和逻辑链路控制两个子层，规定了通信帧结构格式、帧封装方式、介质存取控制程序、逻辑链路控制程序等。

（3）应用层：OSI 参考模型的最高层，解决最高层次的程序应用过程中问题，直接面对用户的具体应用，对应用服务数据的分解与重组作出了规定，并为实现各种操作提供了一些服务原语。DSRC 协议中的该层又分为 3 个核心模块，分别为传输核心模块、初始化核心模块和广播核心模块，各层有各自的功能，它们一起为 ETC 提供 DSRC 通信手段。

8.2.2 自动车辆识别和自动车型分类

1）自动车辆识别

自动车辆识别（Automatic Vehicle Identification，AVI）是运用射频识别技术，借助安装在路侧门架或路侧的微波收发天线、信号处理装置以及计算机软件系统来辨别通过车辆。射频识别是一种通信技术，可通过无线电信号识别特定目标并读写相关数据，而无需识别系统与特定目标之间建立机械或光学接触。目前射频识别广泛应用于很多领域，如电子收费系统、物流管理、图书馆管理、城市一卡通等。高速公路收费领域内不停车收费系统的车辆自动识别技术，主要指工作在微波 5.8GHz 频段的短距离通信技术。在车辆自动识别技术的发展过程中，人们试验和实施了多种不同的自动识别技术，如感应线圈识别技术、声表面波识别技术、条码识别技术、红外通信识别技术和射频识别技术等，但最终主流归结到采用射频识别技术作为不停车收费系统的自动车辆识别技术。

AVI 的基本构架是由车载单元、路侧单元和数据处理单元构成。其基本运作流程大致分以下三步：接收来自车载单元发送的电磁波信号；将电磁波信号转译成有意义的信息；将译读出来的信息输入计算机中，进行资料对比、身份验证、收取通行费、文件检查等数据处理工作。

2）自动车型分类

由于高速公路收费的费率与车型有直接关系，所以自动车型分类（Automatic Vehicle Classification，AVC）的引入十分必要。自动车型分类技术是通过自动收费车道上的检测设备，高速自动地检测出通过自动收费车道的车辆的各种特征，如车长、车高、周长、面积等，然后对所得的参数进行核对比较后，算出车辆类型。

车型分类技术主要是基于视频图像的车辆识别技术，通过对动态图像处理获得通过收费车道的车辆的轮廓，进而获取车长、车高、周长、面积、长高比等重要特征。AVC 系统硬件包括电荷耦合摄像机（CCD）、图像捕捉卡与图像处理计算机等。电荷耦合摄像机和图像捕捉卡负责采集视频数据，并把数据转换成数字图像送给图像处理计算机进行处理，图像处理计算机负责视频捕获、运动目标检测与分割、图像预处理、图像特征提取、图像分类等。自动车型分类的工作流程如图 8 - 4 所示。

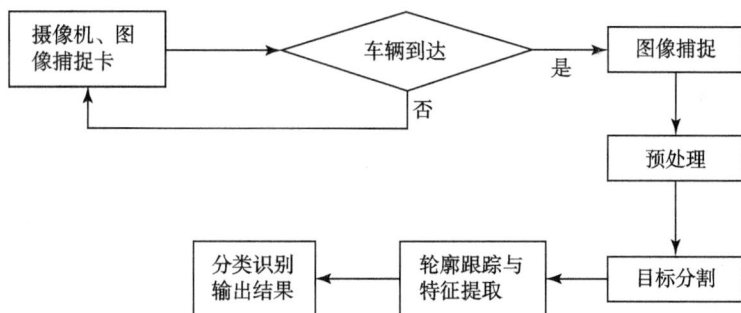

图 8 - 4　自动车型分类的工作流程

8.2.3　视频稽查系统

视频稽查系统是 ETC 车道中颇具特色的一个子系统，是指利用收费系统的各种硬件和处理程序对逃费或未正确付费的通过车辆进行抓拍，并准确提取车辆信息的系统。

早期的视频稽查系统采用的是拍照技术，通过自动照相机拍下逃费车辆的照片。这种方法需要人工从照片中提取牌照信息，劳动强度很大，且容易出现差错，如拍照不清晰或漏拍等，故这项技术没过多长时间就被淘汰。随后出现了数字摄像技术与车牌识别技术。目前视频稽查系统大多是采用数字图像抓拍储存技术的视频系统。采用数字技术的系统的特点是能够将图像数字化，用计算机技术储存并传送给远程存储单元。另外，将数字摄像技术与车牌识别技术（License Plate Recognition，LPR）结合使用能够提高系统的使用价值。LPR 能够自动确定图像中的车牌号码并将其保存，这样就避免了利用人工来处理逃费现象，大大减小了劳动强度，降低了电子收费系统的运行费用。

视频稽查系统的引入主要是为了拍摄高质量的清晰图像，一些制造商已成功开发出 LPR 技术和光学字符识别技术相结合的系统，但造价较高。在某些难以控制的外界因素的影响下，如车牌脏污、损坏、被遮挡，光线不足等造成车牌无法被识别，导致 LPR 在视频稽查系统的使用遇到了很多阻碍。

8.3　电子收费系统应用实例

8.3.1　高速公路不停车收费系统

8.3.1.1　高速公路不停车收费概述

1984 年以来，伴随着国家"贷款修路，收费还贷"等优惠政策的实施，我国高级公路的建设得到飞速发展，使用也趋向商品化，人们在建路的同时也修建了若干收费站，采用人工收费方式不但影响了高速公路的通行能力，而且其弊端也逐一显露，同时还导致环境污染等一系列问题。据统计，仅广州地区，2005年停车等待交费损失的车时就达数百万小时，由此导致的汽油浪费达亿元之多。近十几年来，世界各国交通拥堵、交通事故和环境污染越来越影响社会经济发展和生活。虽然道路运输增长的需求可以靠提供更多的道路设施来满足，但是在资源、环境矛盾越来越突出的今天，道路设施的增长将受到限制，这就需要依靠提供除设施之外的技术方法来满足这一需求。高速路不停车电子收费系统就是解决这一矛盾的途径之一。

和传统的人工收费系统不同，ETC 技术是以 IC 卡作为数据载体，通过无线数据交换方式实现收费计算机与 IC 卡的远程数据存取功能。计算机可以读取 IC 卡中存放的有关车辆的固有信息（如车辆类别、车主、车牌号等）、道路运行信息、征费状态信息，按照既定的收费标准，通过计算，从 IC 卡中扣除本次道路使用通行费。当然，ETC 也需要对车辆进行自动检测和自动车辆分类。

8.3.1.2　高速公路不停车收费系统的构成、工作过程和特征

1）高速公路不停车收费系统的构成

高速公路的不停车收费系统由安装于车辆挡风玻璃上的电子卡、设置于全部出入口匝道门架上的收费设备（包括电子卡读写器、三角定位线、激光扫描车辆分类装置、闪光灯及光杆设备、车道摄像机等外场设备、与之配套的光纤通信系统），以及处于收费管理中心的计算机系统组成。埋设于公路两侧边坡下的光

缆所组成的环形通信结构担负着系统的有线数据及图像传输任务；安装于车辆上的电子卡实际上是一种车辆自动识别电子卡。依据电子卡与路侧电子卡读写器之间的通信功能的不同，可将电子卡分为只读、可读可写及自带微型计算机的智能卡三类。在电子卡读写器发出询问信号后，只读型电子卡只能回答其已固化的信息；可读可写型的不仅有固定的信息而且有可重新写入的记忆模块，因此，它既能传递已有的固化信息，又允许接收新的指令，存储新的信息；智能卡则可与电子卡读写器全方位双向通信。加拿大 407 高速公路采用的是第二类，即可读写式电子卡。使用者上路前可从零售商处购买电子卡，电子片将记录自身编号、使用者存入现金等信息。出于隐私权的考虑，电子卡不记名，也不记录车型，因此，不同车种之间的电子卡可通用，电子卡可挂失。

2）高速公路不停车收费系统的工作过程

（1）外场设备。

在入口车道，车辆进入检测域，激光扫描器以每秒 600～700 次的频率不停地扫描进入车辆，测量车辆的三维尺寸，并按检测到的车辆的三维尺寸判定车型。随后，车辆进入 AOA 检测域，若车辆带有电子卡，AOA 通知摄像机工作，拍摄车辆牌照号码。

（2）收费中心。

对于装有电子卡的车辆，收费中心处理较简单，只是统计些常规报表而已。当然它也可处理电子卡的挂失、跟踪及查询。对于没有电子卡的车辆，中心只需用图像识别技术识别入口及出口摄像机摄录的汽车牌照号码，以判定每辆车进、出系统的位置及时间，并计算应交费用。最后，系统通过与警察局车籍数据库的联网，按月通过邮局给车主寄去账单。

3）高速公路不停车收费系统的特征

（1）保证收费的准确性，最大限度地避免逃费。

（2）正确登录收费，收费工作人员无机会接触现金，最大限度地避免了各种财务漏洞；最大限度地减少了停车收费的延误，提高了高速公路的通行能力。

（3）造价低廉，因为不需要修建昂贵的收费站等土建设施，也不需通行券及收费员的日常开销，所以电子收费系统使低成本的道路收费成为可能。

（4）付款方式灵活，系统直接与银行联网，可由银行直接划拨款项。

8.3.2　德国高速公路电子收费系统

1）系统研发背景

德国有 1.2 万千米高速公路，以往，高速公路对任何车辆都不收费，而法国、意大利、奥地利、西班牙等欧洲国家早就对卡车甚至小汽车征收养路费。德国高速公路质量高且免费，一直是欧洲各运输公司穿越欧洲的首选路段。欧盟东扩后，德国境内卡车剧增，每个工作日平均有接近 200 万辆卡车在高速公路上行驶。德国政府认为，日益增多的卡车对德国公路带来很大损失。每年 12t 以上的大卡车对路面造成的损失达 34 亿欧元，占每年高速公路维修费的 45%，因此重型卡车应多承担对路面损害的责任。为此，德国从 2005 年元旦起对高速公路上的 12t 以上的大卡车收费，费率根据其轴载和排气量分成 6 个等级，每千米 10 ~ 17 欧分，污染环境严重的卡车多交费。

在德国的周边国家中，法国因为高速公路进出口数量不多，因此采用在高速公路上设卡收费的方式，以人工收费为主；奥地利因为国内的高速公路仅 2 000 多千米，因此该国历时 18 个月建成了一套比较简单的微波收费系统；瑞士对高速公路和国道一样收取通行费，但其收费系统不适合计划只在高速公路上对货车进行收费的德国。由于没有其他经验可以借鉴，德国政府决定采用世界上第一个由卫星定位控制的全自动收费系统。德国交通部制定了相关法规，将这个项目在欧洲范围内招标。

戴姆勒·克莱斯勒、德国电信和法国克菲洛特公司组成联合财团，成立 TC 有限公司，赢得德国政府的招标以后，它和联邦货运局形成公共－私有伙伴关系模式（Public Private Partnership－Model），共同开发了一套全自动的收费系统。这套收费系统是基于全球移动通信技术（GSM）和全球卫星定位系统，由电脑网络和计算收费系统共同作业。拥有车辆的运输公司或个人可以自由选择全自动缴费或者手工缴费方式。

2）全自动缴费系统

德国高速公路养路费系统的核心是全自动缴费系统，其运用了目前最先进的全球定位系统和全球移动通信技术。其具体程序如下：运输公司或运营货车向 TC 公司进行注册，每辆车得到一个汽车卡，卡片上存有该车最重要的资料，如车轴数、重量、污染级别、常走路线等，货车凭卡在 TC 公司的特约服务商那里安装车载感应器（On Board Unit，OBU；该设备免费提供，但需预交 300 欧元养路费，安装以及拆卸需付费，需时约 4 个小时，且要事先预约）；以后汽车在高速公路上行驶时，车载感应器与卫星导航系统自动感应，将行驶过的路段和所需付的费用累加通过 GSM 反馈到 TC 公司的中央计算器，然后进行结算，其结果通过移动通信系统传至收费中心，由收费中心向拥有车辆的运输公司开出账单，代收过路费，并转交给德国政府。未配有车内仪器的车辆可选择手工结算的方法，其包括预缴费系统或者网上预缴费两种方式。

（1）预缴费系统。

运输公司通过缴费机或互联网为计划行驶路线事先缴费。通过缴费机缴费不用事先在 TC 公司注册，这比较适合那些不经常行驶高速路的司机。缴费机上有德语、英语、法语、波兰语可以选择，通过电脑触摸屏操作，输入出发地和目的地后，电脑可以自动计算出最短的路程和所需付的费用，可以用汽油卡、信用卡、银行卡或现金交费，如果还有问题，可以按缴费机上的人工服务键，由 TC

公司的客户服务人员提供多语言服务。缴费成功后，用户得到一个收据，上面有车辆资料、预行驶路线、路段长度、所付费用、16 位预定号码和有效期等内容，以备联邦货运局检查。全德国大约有 3 500 部缴费机分布在各个加油站、休息站、边境线等地。

（2）网上预缴费。

使用该方式需要先在 TC 公司注册，网上交费的好处在于它不受时间和地点的限制，每个注册用户有一个"电子钥匙"、用户名和密码，缴费信息和用户资料都是保密的。用户网上交纳养路费不需要安装特别软件，只要登录互联网，连接到 TC 公司的主页即可。后台操作系统由 TC 公司解决。其他步骤与缴费机缴费类似。

3）完善的收费保障制度

TC 公司提供给联邦货运局全套的高效监控系统。联邦货运局和海关官员有权检查各个货车交纳养路费的执行情况。监控系统包括固定式监控（固定站点检查）和移动式监控（沿高速公路线）。

全德国在高速公路上搭建有 300 座监控桥以进行固定式无人监控，桥高 7.5m，车辆通过此桥前 15m 就开始进入监控区。如果货车安装了车载感应器，立即就可以将车辆交纳养路费的情况反馈到监控桥；如果车辆没有车载感应器，桥上的摄像头采集到的数字图片将被发送到数据中心，在数据中心检索所有通过缴费机和互联网交纳养路费的车辆的信息，从而验证车辆有没有按照它的车轴数和污染级别为行驶过的路段缴纳相应的养路费。如证实依法缴纳，图片数据就被删除；如果有违规行为，图片数据就被保存，由联邦货运局继续追究相关人员的责任。

固定式监控还包括在固定地点的人工监控，主要是在监控桥附近的一些路边停车场，联邦货运局的工作人员进行检查。当监控桥发现有违规车辆，通过无线通信方式在 10 秒钟内，把信息传递到固定监控站的工作人员手里，以便进行更为详细彻底的检查，并对证实违规的车辆施以罚款。

移动式监控主要是指联邦货运局的大约 300 辆流动监控车，共有 500 多名监控员负责养路费的流动监控。利用 DSRC 通信技术，监控车可以对所有经过的大货车（装有车载感应器）进行自动监控；车上还加装了电脑设备，利用 GSM 技术可以连到 TC 公司数据中心，从而可以对使用预缴费系统的车辆进行检查。如果货车没有及时交纳养路费，又无法确定真实行车里程，可以事后按照 500 千米的行车里程进行补交。如果货车司机有逃避养路费、不（及时）出示缴费收据、不配合检查等违规行为，可以处以最高 2 万欧元的罚款。

4）系统的主要优点以及系统实施中遇到的问题

（1）系统的主要优点。

德国开发并使用的这一高速公路电子收费系统是目前世界上唯一不设收费窗

口的最先进的道路收费系统，主要优点在于：

①可以自动鉴别高速公路与国道，只计算车辆在高速公路上行驶的千米数。

②车辆通过监测点时，自动与计算中心结算，免除了收费站点前排队堵车的局面。

③收费合理，新型的全自动收费系统以实际行驶千米数为结算基准。

（2）该系统存在的主要问题。

该系统依然存在着一些缺陷并在系统实施过程中出现了一些问题，主要表现在：

①系统的运行离不开美国的 GPS 定位系统。假如美国政府出于某种目的作出决定，关闭 GPS 系统，德国高速公路收费系统将会立即陷入瘫痪。又假如美国人为改变 GPS 导航精度，使定位精度偏差 100m，那么该收费系统便分辨不出被监控的卡车是行驶在高速公路上，还是行驶在联邦公路上。目前，GPS 的导航精度约为 10m，但是在靠近城区的地段，因有建筑物干扰，存在导航盲区。随着欧洲自主的、独立的民用全球卫星导航系统的建设完善，该自动收费系统有望解脱 GPS 的限制，并且将车辆的定位精确到"米"。

②该收费系统的另一个缺陷是每个车载感应器价值 500 欧元，这对经常使用德国高速公路的卡车来说是一个可以接受的价格，但对国外过境车辆来说就会很麻烦，因为这些车辆只是偶尔在德国高速路上行驶，无法承受车载感应器昂贵的价格。

③这套高速公路收费系统与其他欧洲国家的收费系统目前并不兼容。

④对于德国境内的"逃费黑车"可以通过车牌照找到，司机也会收到补交款通知书，但是对于那些匆匆过境而去的外国车辆，目前还没有好的解决办法。

⑤该收费系统投入使用后，部分车流转移到不收费的联邦公路上，为德国的联邦公路带来很大压力，造成更严重的环境污染并且联邦公路周围大多是居民区，日夜兼程的卡车扰乱了居民安静、舒适的生活环境。

5）德国高速公路电子收费系统的重要意义

（1）让大货车承担起建筑、维护、经营德国高速公路的部分费用。据统计，一辆 40t 重的大货车在高速公路上行驶 1 遍，其对路面的损耗程度，相当于一部小轿车在上面行驶 6 万遍。因此德国政府认为，大货车主有义务赞助德国的公路基础建设，取代以往的税收和出售过路票的融资方式，采用与行驶里程数挂钩的新的电子收费系统。

（2）平衡公路交通和铁路交通的比重。高速公路行驶的成本增加了，货物运输必然会转向其他途径。首先是向铁路上转移，德国的铁路和内河航运因此也获得更多的发展机会。而且每千米养路费的高低和货车的车轴数和污染级别成正比，这也支持了德国政府的环保政策。

（3）大货车缴纳养路费带来的额外收入，解决了德国扩建交通道路的资金紧缺的问题,尤其是德国长途公路干线的建设。

(4)德国的全自动高速公路缴费系统为全欧洲乃至全世界树立了一个榜样。它不仅带来了新的商机、新的就业机会,还将推动德国信息技术领域的创新。

6)该系统对于我国发展高速公路电子收费系统的借鉴意义

随着高速公路的快速发展,分期建成的收费高速公路必然有联网需求——高速公路统一的联网收费系统。由于投资渠道不同,本应联网的高速公路被人为分割,各自独立,各自管理、收费,这增加了收费站的数量,降低了车辆通行能力,使投资的效率降低。高速公路统一的联网收费系统可实现多条高速公路的收费、分路结算、集中管理,通行车辆一车一卡、一卡到底、一次缴费。它能最大限度地堵塞收费漏洞,提高收费服务水平和工作效率,降低收费员的工作强度,方便收费结算,规范收费管理。显而易见,在将来实现全国高速公路统一联网收费时,不停车电子收费是最佳的选择。目前,虽然我国高速公路本身已经局部联网,但一些不适宜的机电系统和收费技术已经制约了高速公路服务水平的提高。研究高速公路合理、有效、低成本收费的有效手段和相关技术,对于降低高速公路运营成本、提高服务水平,解决高速公路融资者、运营管理者、道路使用者、社会公众等诸多方面的矛盾将具有重要意义。

8.4 小 结

本章主要介绍了电子收费系统的发展概况、电子收费系统的组成及其应用技术、电子收费系统在交通需求中的应用,并通过引用德国高速公路电子收费系统的例子,比较具体地介绍了电子收费系统的现状、优缺点以及发展状况。电子不停车收费系统,是目前世界上先进的收费系统,是智能运输系统的服务功能之一,国际上正在努力开发并推广普及该系统,它特别适于在高速公路或交通繁忙的桥隧环境下使用,可提高高速公路管理水平、服务水平,促进交通信息化发展。

第 9 章

智能车辆与先进驾驶辅助系统

9.1　智能车辆与先进驾驶辅助系统概述

汽车自 1886 年诞生以来，已经历 100 多年的发展，各种新技术的发明和应用使得现代汽车更快、更安全、更舒适、更节能、更环保，但车辆行驶的控制方式并没有发生根本变化，即由人观察道路环境并操纵控制车辆，车辆的行驶过程离不开人的控制。随着智能车辆的研究和发展，车辆行驶的控制方式将发生巨大的变化，车辆能够无人自动驾驶，人可以从车辆行驶控制中解脱出来。智能车辆（Intelligent Vehicles，IV），又称无人驾驶车辆（Autonomous Vehicle，AV），就是在普通车辆的基础上增加先进的传感器（雷达、摄像机等）、控制器、执行器等装置，能够感知车辆自身以及车外环境的状态信息，根据驾驶人的意愿规划行驶目标路线，自动分析车辆行驶过程中的危险状态并控制自身按规划路线行驶，安全准时到达目的地的机动车辆。

智能车辆在国防军事领域有着潜在的广泛应用前景，同时还因其在道路交通运输中的巨大应用前景受到发达国家的普遍关注。欧洲、美国、日本等发达国家和地区已相继将智能车辆的研究纳入智能运输系统的体系框架，智能车辆已成为智能运输系统的重要组成部分。

智能车辆要完全实现无人自动驾驶，涉及众多关键技术的研究突破，还需很长一段时间的研发，智能车辆的应用将是一个分步骤向前发展的过程。但是智能车辆开发研究中某些已突破的关键技术开始在现代车辆上得到应用，基于这些技术开发的先进驾驶辅助系统能够在复杂的车辆操控过程中为驾驶人提供辅助，以减轻驾驶人的负担，提高车辆的行驶安全，为将来最终实现无人驾驶奠定坚实的基础。目前，全球各大汽车厂商纷纷将先进驾驶辅助系统列为重点研究对象，众多先进驾驶辅助系统开始在车辆上得到应用，并且逐渐从高级豪华车向普通车辆普及。

9.2　智能车辆的研究意义

智能车辆的研究发展轨迹，与科学进步和社会需求密不可分。智能车辆的早期发展动力主要来自国防建设的需求，但由于智能车辆的应用能够大幅提高驾驶安全性，改善道路交通效率，降低能源消耗，其研究应用迅速地从军用领域拓展到民用领域，受到国内外众多研究机构的持续关注。发达国家纷纷将智能车辆列为重点科技研究领域。具体而言，智能车辆主要有以下研究意义。

1）提高交通安全及效率

作为现代主要交通工具的汽车，其以特有的优越性为现代社会的发展和人类生活条件的改善作出了巨大贡献。汽车给人类提供了便利的交通，但同时也产生了交通安全、交通堵塞、环境污染、能源消耗等诸多问题。无论是发展中国家进行的汽车化过程，还是目前发达国家面临的汽车化发展，提高车辆的安全性能、减少道路交通事故一直是人们普遍关注的社会问题和科学技术进步所面临的重要课题之一。目前全球每年道路交通事故死亡人数达 120 万，而其中大部分交通事故是人为因素造成的。智能车辆能够减少驾驶人对车辆的控制，实现车辆的自主驾驶，从而避免由于人的失误引发交通事故。由智能车辆研究形成的先进驾驶辅助系统，可以通过传感器准确、可靠地感知车辆自身状态信息及周边的环境信息，及时向驾驶人提供环境感知结果，在紧急状况下辅助驾驶人采取正确的驾驶操纵或自主完成规避危险任务，以避免交通事故的发生。智能车辆基于先进的环境感知和控制技术，可以以很小的间距跟随其他车辆安全行驶，从而能够有效提高道路通行能力。因此，研究智能车辆，对提高行车安全、减少交通事故、提高交通效率、减少交通拥堵具有重要的经济和社会价值。

2）具有国防应用价值

现代军事的变革对武器装备的发展提出了新的要求，无人化代表了世界军事装备的发展方向，"快速、精确、高效"的地面智能化作战平台是未来陆军的重要力量，无人驾驶车辆将能代替人在高危险环境下完成各种任务，在保存有生力量、提高作战效能方面具有重要意义，也是无人作战系统的重要基础。无人驾驶车辆可以提高战场环境态势感知能力、情报侦察与监视能力、爆炸物或危险品探测与处理能力、通信导航支援能力、目标攻击能力，适应未来复杂战场环境的作战需求。据估计，到 2030 年，无人平台将成为未来战场的主要装备，因此，开展智能车辆（无人驾驶车辆）的研究对满足未来军事发展需求，提高国防实力具有重要的应用价值。

3）促进产业创新

汽车工业作为国家的支柱性产业，具有综合性强和经济效益高等特点，其制造和销售不仅涉及第二产业，而且涉及第三产业。我国虽然已连续多年成为世界汽车产销第一大国，但汽车工业只是大而不强，我国汽车工业与国外相比还存在较大的差距，核心技术主要还是由世界各大国际汽车厂商掌握。目前，国内外众多汽车厂商都一致认为车辆的智能化是汽车发展的重要方向之一，智能车辆的研究将有力推动汽车工业的发展。尽管我国与国外在智能车辆的研究方面存在一定的差距，但国外的智能车辆还未成熟，仍处于研究阶段，因此，我国如果能加强智能车辆的研究，通过对智能车辆的理论、技术研究，突破国外汽车行业专利壁垒，掌握具有核心竞争力的关键技术，就可以为我国汽车产业自主创新和产业发展提供强有力的支撑，进而带动其他行业以及整个国民经济的发展，改善产业结构，促进整个国家的信息化水平。

4）具有理论研究价值

汽车是衡量一个国家社会文明和科技进步的重要标志之一，智能车辆是"信息化""智能化"的汽车，具有重要的应用价值，其必将成为现代社会文明和科技进步的象征。作为一个新型的交叉学科领域，智能车辆的研究涉及车辆工程、图像实时处理、模式识别、人工智能与自动控制、传感器技术等多个学科理论技术的交叉与综合，集成了信息科学与人工智能技术的最新成果，具有广泛的学科发展和理论价值，是国家科研水平综合实力的集中体现，其研究成果必将促进相关学科的迅猛发展。

9.3　智能车辆的发展状况

9.3.1　国外智能车辆的发展状况

西方发达国家对于智能车辆方面的研究起步较早，最早的研究是探索采用电缆或磁诱导等方式实现车辆的自动控制，20 世纪 70 年代初至 80 年代末主要开展基于视觉的智能车辆导航方式的研究，20 世纪 90 年代初至 2000 年，世界主要发达国家都面向军事应用和交通安全的实际需求大力开展智能车辆的研究工作，2000 年后，智能车辆以美国军方无人战争的迫切需求和全球汽车电子方面的巨大市场潜力为发展的驱动力和导向，在军用和民用领域都处于迅猛发展的高潮阶段。智能车辆在美国、欧洲、日本的研究具有自身的特点，总体而言，美国是世界上研究智能车辆水平最高、数量最多的国家。下面分别介绍美国、欧洲、日本智能车辆的发展状况。

1）美国

美国开展智能车辆或室外移动机器人的研究已有 30 多年的历史，最早就起源于军事技术领域。早在 1983 年，美国国防高级研究计划局（DARPA）就计划在 10 年内研制出自主地面车辆，重点研究车辆的自主地面导航能力。1984 年，DARPA 启动了自主地面车辆（ALV）计划，其目的一方面在于开发能够在战场漫游并发现敌军部队或设备的陆地车辆，另一方面在于通过研发 ALV，促进人工智能技术、控制技术、计算机技术等学科的相互交叉和协作。其中计算机视觉技术是 ALV 研究中的重点，其主要目标是在计算机科学和人工智能的协助下，开发室外移动机器人视觉系统专用的计算机软硬件体系结构，使 ALV 能够实现基于视觉的环境感知任务（主要是识别道路与障碍物）。从 1985 年开始，ALV 项目连续三年演示了视觉导航技术的研究成果。1985 年 ALV 在一条 1 千米长的直线道路上实现了 3km/h 的最高跟踪速度。1986 年，ALV 在包括急转弯和直线段的长 4.5 千米的道路上实现了 10km/h 的跟踪速度。1987 年在一条 4.5 千米长的包括转弯、直线、宽度变化并有障碍物的道路上，ALV 的平均速度达到14.5km/h，最高速度达到 21km/h。尽管 ALV 项目演示了自主地面导航技术，但由于车辆自主行驶所涉及的技术太复杂，当时的软硬件技术水平还不能满足系统需求，最终人们所研制的系统太大太慢，不适合未来战术系统的要求，项目于1989 年结束。

1992 年 DARPA 及国防部长办公室联合机器人计划（JRP）处资助了 Demo Ⅰ计划，研究高速遥控及简单的"学习"功能等近期技术，如自动返回能力。1996 年 JRP/DARPA 又资助了 Demo Ⅱ 计划，演示了越野自主机动性，它采用立体视觉探测障碍物，车辆速度达到 12.9km/h。1997 年美国国防部启动了 Demo Ⅲ计划，重点研制第三代半自主机器人，主要研究感知、智能控制及人机接口技术，以便使机器人车辆以 32km/h 的速度自主越野行驶。2000 年 10 月美国进行了 Demo Ⅲ B 的自主机动性鉴定，白天车辆在有植被的崎岖地形上越野导航的速度达到 32km/h，夜间及在湿地上为 16km/h。在不太恶劣的气候条件下，该车可以 64km/h 的速度在道路上行驶。

自 2002 年 DARPA 主持的 DEMO 计划完成以后，美国军方重点支持"未来战斗系统（Future Combat System，FCS）"计划，目标是"将军用机器人系统扩散到 21 世纪战斗系统的每个角落，执行恶劣危险环境下的任务以及单调乏味的工作，同时为一系列的冲突和军事任务提供全新的作战能力"，且主要研制地面机器人，其中最具代表性的系统有：Searcher，Donkey、Wingman 和 Hunter - Killer。预期到 2020 年左右，Hunter - Killer 将达到如下性能：①高毁伤性；②局部的和全局的网络接口；③袋鼠式；④两栖式；⑤机器间互相关联；⑥具有求生本能；⑦自管理功能；⑧基本的自修复功能。美国国防部和联合机器人计划办公室正在逐步实施该计划，且在计划中明确指出，对感知技术的研究是首要的和需长期攻关的技术之一。

在美国政府的推动支持下，智能车辆在民用领域的发展也非常快。美国智能车 - 路系统（IVHS）始于 20 世纪 80 年代，是早期的与智能车辆相关的研究项目，加利福尼亚的 PATH 项目组在自动公路研究上取得了巨大的成就。1991 年，美国颁布了《陆上综合运输效率化法案》（ISTEA，Intermodal Surface Transportation Efficiency Act），确定了自动公路和自动车辆的建设目标，以实现完全自动化的智能车 - 路系统，并要求在 1997 年年底前实现一条试验自动公路。1992 年美国自动公路系统计划（Automated Highway System，AHS）开始启动。1997 年 8 月，美国进行了自动公路系统试验展示（Demo'97），以验证自动公路（AHS）

的技术可行性。试验主要在圣地亚哥到洛杉矶之间的一段 12 千米长的 I–15 州际公路上进行。总共有 92 000 个磁块被嵌入公路表面，为 10 辆别克智能车导引方向。每辆车上都装备有磁铁传感器和高敏感度的雷达装置。磁铁传感器用来检测车辆在公路上的位置，高敏感度的雷达装置用来检测道路上其他车辆的车速和安全距离并避开障碍物。实验演示了车辆在自动公路上的自主行驶，短间距（仅一辆车的长度）车辆编队高速行驶，以及自动横向（方向控制）和纵向（加速/刹车）操作、障碍物侦测和规避和车辆插入编队的情况。

1998 年，美国颁布了《面向 21 世纪的运输平衡法案》（the Transportation Equity Act for the 21st Century，TEA–21），美国运输部为解决日益严重的交通事故开始组织实施 IVI（Intelligent Vehicle Initiative）计划。IVI 计划的宗旨在于通过加速开发、引进、商业化驾驶辅助产品来减少道路交通事故和事故引起的伤亡。IVI 计划致力于改善 3 种驾驶条件（正常条件；驾驶条件恶化——可见度差、天气恶劣、驾驶人疲劳等；撞车极易发生条件——交叉口碰撞、追尾碰撞、脱离道路碰撞、变换车道/汇流碰撞）下、4 种车辆类型（轻型车辆、商用车辆、公交车辆、专用车辆）和 8 个主要领域（防止追尾碰撞、防止变换车道/汇流情况下的碰撞、防止脱离道路情况下的碰撞、防止交叉口碰撞、提高可见度、提高车辆可靠性、驾驶人状况警告、一些服务的安全影响评价——如路线诱导和导航系统、自适应驾驶系统、自动事故警告、无线电话、车内计算和商用车辆诊断系统等的安全影响评价）的交通安全问题。

高校在美国智能车辆研究中占有非常重要的地位，卡耐基梅隆大学、斯坦福大学、麻省理工学院和加州大学伯克利分校、俄亥俄州立大学等都开展了智能车辆的研究，并取得了较好的研究成果，其中卡耐基梅隆大学机器人研究所的 NavLab 系列具有较大的影响。卡耐基梅隆大学从 20 世纪 80 年代开始智能车辆的研究，先后在政府、军方及汽车企业等多方面的资助下，进行了 Navlab 系列多辆智能车辆的研制开发。NavLab–1 于 20 世纪 80 年代末研制完成，它在 CMU 校园网道路的实验速度为 12km/h，在一般非结构化道路上的速度为 10km/h，在典型结构化道路情况下的运行速度为 28km/h。1995 年，CMU 以庞蒂亚克运动跑车为平台研制了 NavLab–5 系统，它在实验场环境道路上自主驾驶的平均速度为 88.5km/h，公路实验时首次进行了横穿美国大陆（东起华盛顿特区西至加州圣地亚哥）距离长达 4 586km 的长途自主驾驶实验，其自主行驶的行程为 4 496km，占总里程的 98.1%，其中包括部分路况复杂的市区公路以及路面条件较差的普通公路，同时还包括清晨、夜晚和暴雨等恶劣条件。虽然实验中计算机仅控制方向，加速和制动由人工控制，但实验结果仍相当令人振奋。

DRAPA 从 2004 年开始举办了三届无人驾驶车辆大奖赛，比赛极大地促进了美国智能车辆的发展，在比赛中取得较好名次的车辆主要都是由高校主导参与研究的，如卡耐基梅隆大学的智能车 Boss（如图 9 - 1 所示）、沙暴和 H1ghlander，斯坦福大学的 Junior 和 Stanley，弗吉尼亚大学的 Victor Tango 等智能车辆。

　　除了高校主导参与智能车辆的研究外，美国的汽车公司、高科技公司等企业近年来也纷纷加入到智能车辆的研究中，如互联网搜索巨头 Google 公司。2010 年，Google 公司研制的无人驾驶车辆（如图 9 - 2 所示）开始了实际道路的行驶测试，总共有 7 辆车参加了这一系列的测试。Google 公司的无人车具有完备的感知能力和高水平的人工智能，可以指引车辆的正确行驶。传感器包括摄像机、三维激光雷达、毫米波雷达等，利用这些设备，车辆可以自动识别出信号灯、行人或者车辆等其他障碍物。安装在车顶上的三维激光雷达是该车的核心，其能够扫描半径 200in（约 70m）范围内的环境，在高速旋转时向周围发射 64 束激光，计算机系统根据距离数据描绘出精细的 3D 地形图。车载 GPS 用来在 Google 地图上进行全局定位。车内后视镜附近安装了一个摄像机，用于检测红绿灯。在汽车的前后保险杠上有 4 个雷达，用来探测远处障碍物的位置。车轮上还装有惯性传感器，用来检测车辆的运动信息。同时，Google 公司的无人车可以运用谷歌地图对车辆进行导向。经过 3 年多的测试，无人车已安全行驶了 100 多万 km。

图 9 - 1　卡耐基梅隆大学的智能车 Boss

图 9 - 2　Google 公司的无人车

　　2）欧洲

　　欧洲的智能车辆研究具有鲜明的特点，其重点在于结构化道路（特别是高速公路）上的自主驾驶。欧洲各国在智能车辆方面作了很多研究工作，走在世界前列，"欧洲高效与安全交通规划"（PROMETHEUS）计划、PREVENT 计划等在世界范围内的影响很大。

　　PROMETHEUS 计划的全名是 Programme for European Traffic with Highest Efficiency and Unprecedented Safety，该计划始于 1987 年，是作为 EUREKA 计划的一部分提出来的。EUREKA 计划是"欧洲联合研究开发计划"，目的是通过发展诸如信息技术、通信技术、机器人技术和运输技术来提高欧洲的竞争能力，而PROMETHEUS 计划是以车辆为主体的研究项目，其组合传感、通信和人工智能技术于一个系统中，目的是改进汽车的安全性、有效性和经济性。PROMETHEUS 计划是 1987 年至 1995 年欧洲智能车辆领域最大的研发项目，其中慕尼黑联邦国防军大学的 Ernst Dickmanns 教授开发的智能车辆是该项目的重要研究成果。Dickmanns 教授是 20 世纪 80 年代动态计算机视觉与智能车辆研究的先驱者，1994 年他主持研制的智能车辆 VaMP 和 VITA - 2 在巴黎的多车道高速公路上行驶了 1 000 多 km，在车流繁忙的情况下最高车速达到 130km/h，并能自主完成跟踪行驶、换道和超车。1995 年 Dickmanns 重新设计了 S 级奔驰自主驾驶车辆（如图 9 - 3 所示），完成了从德国慕尼黑到丹麦哥本哈根 1 600 多 km 的旅程，最高时速超过 175km/h，最长的自主驾驶里程达到了 158km，约 95% 的行驶里程是自主驾驶。与现代智能车辆不同的是，该智能车辆并没有安装使用 GPS 和导航电子地图，但车内安装了多台专用计算机用于完成车辆自主行驶控制的实时计算处理。PROMETHEUS 取得的成功是之后欧洲开展智能车辆研究的基础。

意大利帕尔玛大学的 ARGO 智能车辆是欧洲智能车辆研究的先驱之一，该车由帕尔玛大学的 Alberto Broggi 教授主持研究，其采用了一种低成本方案，利用主频为 200MHz 的奔腾计算机处理安装在车上的低成本摄像机所拍摄的立体图像以实现自主行驶。该实验车的核心是视觉检测车道线技术，采用的是 GOLD（Generic Obstacle and Lane Detection）系统，检测原理是单目视觉的反透视变换，使用立体视觉系统检测道路前方的障碍物。1998 年该车在意大利完成了长达 2 000 余 km 的自主驾驶试验，最高车速达到了 112km/h，其中自主行驶里程占总里程的 94%。2010 年 10 月 28 日，帕尔玛大学研制的无人驾驶太阳能电动车（如图 9 - 4 所示）历时 98 天完成了从帕尔玛到上海世博园全程 13 000 多 km 的无人驾驶测试。4 辆无人驾驶车分为 2 组参与了测试，每组中有一辆作为引导车，另一辆是跟随车，两组车交叉进行充电。这次无人驾驶测试并非完全不靠人，第一辆车由人驾驶，在驶过许多没有地图的地区时，通过 GPS 导航系统，向第二辆车报告定位，以便第二辆无人驾驶车避开障碍。

图 9 - 3　S 级奔驰自主驾驶车辆

图 9 - 4　帕尔玛大学的无人驾驶太阳能电动车

3）日本

日本是最早开始研究智能车辆的国家之一，日本智能车辆技术的研究主要侧重于将智能车辆的关键技术运用到现有的交通系统中，对于车辆的自主决策、智能路径规划则关注较少。

1977 年日本名城大学的 ITS 研究团队（Tsugawa 教授）成功研制第一辆自主转向车辆。作为全面自动交通控制系统（Comprehensive Automobile Traffic Control System，CATCS）工程的一部分，它基于嵌入式硬件的简单控制系统，能够完成 50m 左右的转向运动。将电机连接到转向轮，利用 "P" 控制来实现。Tsugawa 教授一直致力于自主车辆的研究，他基于 DGPS 和车辆之间的通信网络，设计出了纵向和横向控制器，实现了汇入车流、车队跟随和避障控制等。

丰田汽车公司在 2000 年开发出无人驾驶公共汽车。这套公共汽车自动驾驶系统主要由道路诱导、车队行驶、追尾防止和运行管理等方面组成。安装在车辆底盘前部的磁传感器将根据埋设在道路中间的永久性磁石进行导向，控制车辆行驶的方向。

日本政府先后提出了 ASV 项目和 SSVS 项目以推动智能车辆相关技术在汽车上的开发和应用。日本运输省主导的 ASV 项目由各大汽车厂商参与，分阶段实施。第一阶段是 1991—1995 年，由各大汽车企业进行乘用车四大类 20 项先进安全系统技术的研发，此阶段主要考察在车辆上安装高科技装置的可能性、如何应用这些技术及它们减少交通事故的程度；第二阶段是 1996—2000 年，适用对象增加了商用车，系统技术也增加了六大类 32 项，人们开始对 ASV 车辆实用化进行开发研究，开发出 35 辆 AVS 车辆进行展示，对安全理念进行整理，确认了开发的方向，对事故降低程度进行了验证；第三阶段是 2001—2005 年，这一阶段主要对 ASV 车辆的普及化进行探讨，并开发新技术，主要表现在提高 ASV 车辆的社会可接受程度，开发先进的自动驾驶车辆，并将先进的通信技术应用到 ASV 中；第四阶段是 2008—2010 年，该阶段除将正式普及此前就投入使用的基于摄像头和雷达等的主动事故预防系统之外，还力争实现上一阶段实施的利用车间无线通信技术来防止事故的 "信息交换型驾驶辅助系统" 的部分实用化。日本通产省主导 SSVS 项目中的汽车自动驾驶系统包括基于车间通信和车间距离控制的协调型自动驾驶系统和基于电动汽车的自动驾驶系统。

9.3.2　我国智能车辆的发展状况

我国在智能车辆的研究上相对而言起步较晚，但也已取得了很大的进展。20 世纪 80 年代末我国智能车辆研究开始发展，早期是以地面智能机器人模式进行研究的。由国家 "八五" "九五" 计划支持的 "军用地面智能机器人 ATB" 系列代表了早期国内智能车辆研究领域的最高成就。参研单位包括南京理工大学、北京理工大学、国防科技大学、清华大学、浙江大学等重点高校。1995 年进行了第一辆样车演示。2000 年，对 "九五" 期间研制的第二代智能车辆进行了项目验收测试和演示。2005 年，我国完成了 "十五" 期间的第三代智能车辆的研究，参与单位有南京理工大学、国防科技大学、浙江大学、清华大学等。该实验车研究的核心内容主要有基于多传感器的全天候自主导航技术，全天候目标检测、识别和跟踪技术等。此外，国防科技大学研究的 CITAVT - Ⅳ 自主轿车、清华大学研制的 THMR - Ⅴ、吉林大学研制的 JLUIV 等标志着我国智能车辆的研究全面展开。2008 年国家自然科学基金委员会设立的重大研究计划"视听觉信息的认知计算"先后资助了多个无人驾驶研究平台的立项，并通过组织系列中国智能车未来挑战赛，吸引了更多研究单位参与智能车辆的研究，极大地促进了我国智能车辆的研究发展，使我国智能车辆的研究进入到一个新的发展阶段。目前我国从事智能车研究单位不仅有早期参与"八五""九五"计划的研究单位，还有军事交通学院、中国科学院合肥物质研究院、武汉大学、同济大学、上海交通大学等单位，我国自主品牌汽车企业如比亚迪、奇瑞、广汽也开始与国内外的研究机构合作开展智能车或智能辅助驾驶技术的研究。以下简单介绍我国智能车辆发展过程中的一些成果。

1）早期研究成果：ATB 系列

在"八五"期间，由南京理工大学、国防科技大学、浙江大学、清华大学和北京理工大学联合研制的军用室外移动机器人——7B8 系统，于 1995 年 12 月通过国家验收。7B8 系统车体选用国产跃进客货车改制。车上集成了二维彩色摄像机、三维激光雷达、陀螺惯导定位、超声等传感器。计算机系统采用两台 Sun Spark 10 完成信息融合、黑板调度、全局、局部路径规划，两台 PC486 完成路边抽取识别和激光信息处理，8098 单片机完成定位计算和车辆自动驾驶。其体系结构以水平式结构为主，采用传统的"感知 - 建模 - 规划 - 执行"算法。实际演示表明，该车能在非结构化及结构化的野外道路上自主行驶、跟踪道路、避障、越野及岔路转弯，在直路上自主行驶的最高速度达 21.6km/h，弯路及避障速度也达 12km/h。

"九五"期间，我国继续组织研究了第二代室外移动机器人 ATB - 2 系统，于 2001 年 1 月通过国家验收。ATB - 2 系统车体选用德国奔驰公司生产的 Sprinter414 厢式货车，具有面向结构化道路环境和越野环境的自主行驶功能，同时还具有临场感遥控及夜间行驶、侦察等功能。实验结果表明，该车在结构化道路中的最高行驶速度为 74km/h，一般速度为 30.6km/h；越野环境下白天行驶的最高速度为 24km/h，夜间行驶的最高速度为 15km/h，遥控驾驶速度达到 50km/h。

2）国防科技大学的智能车辆

20 世纪 80 年代末，国防科技大学就开始了智能车辆研究，研制了 CITAVT 系列智能车。国防科技大学 1991 年研制的汽车自主驾驶系统实现了低速自主驾驶。20 世纪 90 年代末期，国防科技大学开始研究面向结构化道路环境的无人驾驶车辆。2000 年，以 BJ2020 为平台的 CITAVT—Ⅳ型智能车在长沙市的绕城公路上进行了自主驾驶实验，最高车速达到了 75.6km/h。2003 年，国防科技大学与中国第一汽车集团合作，成功研制红旗 CA7460 智能车辆，该车装备了摄像机、雷达，可以自动检测道路与障碍物，在高速公路上行驶的最高稳定速度为130km/h，最高峰值速度为170km/h。2011 年 7 月，国防科技大学研制的红旗HQ3 智能车，完成了从长沙到武汉 286km 的高速无人驾驶实验。整个实验历时3h22min，途遇降雨、雾等复杂天气，智能车自主驾驶平均时速为87km/h，完成自主超车 67 次，实验中人工干预的距离仅为 2.24km，占自主驾驶总里程的 0.78%。

3）清华大学智能技术与系统国家重点实验室的 THMR 系列车辆

清华大学从 20 世纪 90 年代开始研究智能车辆，"八五"期间以 BJ1022 面包车为平台研制了 THMR－Ⅲ室外移动机器人系统，计算机系统采用 1 台 SunSpark 10、2 台 PC－486 和数台 8098 单片机，并集成了二维彩色摄像机、磁罗盘－光码盘定位、GPS、超声等传感器。其体系结构以垂直式为主，采用多层次"感知－动作"行为控制及基于模糊控制的局部路径规划及导航控制。其速度在自主道路跟踪时达到 5～10km/h，避障速度达 5km/h。"九五"期间清华大学以道奇 7 座厢式车为平台研究了有面向高速公路和一般道路的功能，而且还包括临场感遥控驾驶功能的 THMR－Ⅴ系统，该系统装备有彩色摄像机、差分 GPS、磁罗盘－光码盘定位系统、激光测距仪 LMS220 以及 2 台信息处理计算机和 4 台IPC 工控机。2002 年 10 月，THMR－Ⅴ在北京市北清路和八达岭高速公路上进行的基于视觉导航技术的侧向控制实验中，最高速度超过了 150km/h，在 2003年 6 月由教育部组织的技术鉴定中，视觉导航速度最高达到了 154km/h。

4）军事交通学院的猛狮智能车

军事交通学院研究的猛狮系列智能车参与了多次"中国智能车未来挑战赛"，"猛狮三号"在 2012 年举办的第四届"中国智能车未来挑战赛"中获得冠军。该车主要安装了 5 台雷达、3 台摄像机，3 个摄像机分别观测车辆前方与左右的情况，雷达用于障碍的探测。2012 年 11 月 24 日，该车进行了从北京至天津的高速公路实验，测试智能车在高速公路上实现跟踪、自主换道、邻道超车、自主超车等功能。这次测试全程 114km，耗时 85min，平均速度为 79.06km/h，最高速度达 105km/h。

9.4　智能车辆的关键技术

智能车辆是一个综合多学科、多领域的大型系统性的研究课题，是多种科学交叉的结果，涉及多种理论及工程技术，其研究课题可分为传感器及多传感器信息处理、多传感器融合的环境理解、车辆运动规划、导航与驾驶模拟、体系结构；在实用化方面其更涉及微电子，人机接口技术等方面。具体地说，涉及智能车辆的关键技术主要包括以下内容。

9.4.1 环境感知技术

对环境的感知和判断是智能车辆自主行驶的前提和基础，感知系统获取周围环境和车辆状态信息的实时性和稳定性，直接关系到后续规划决策的成败。目前，环境感知的方法主要有以下几种。

1) 雷达探测技术

雷达是一种主动式传感装置，其具有良好的空间数据获取能力，受光照的影响程度较低，能够昼夜工作。其缺点是视野范围小、价格昂贵，在某些天气如雨雪等环境中无法工作。智能车辆常用的雷达包括激光雷达、毫米波雷达、超声波雷达等。激光雷达具有大范围的扫描角度和较高的分辨率，可以直接获取距离信息，基本不受光照影响，能够昼夜工作，但探测的距离较短，目前激光雷达在智能车辆上的应用非常普遍，主要包括单线、二维及三维激光雷达。基于激光雷达关键技术主要有云聚类、帧匹配、特征提取和可通行区域分析等。毫米波雷达具有探测距离远（最远可达 250m），穿透雾、烟、灰尘的能力强，可全天候（大雨天除外）全天时工作的特点，而且可以准确获取障碍物相对于毫米波雷达的距离和速度，与其他传感器相比，它具有探测能力强、目标鉴别能力强、性能稳定等优点，但其扫描角度较小，非常适合前方车辆的检测。

2) 机器视觉技术

视觉是人类观察世界、认识世界的重要功能手段，驾驶人驾驶车辆过程中所需要信息的 90% 来自视觉。因此，基于机器视觉的环境感知技术也被公认为智能车辆最具发展潜力的技术之一。近年来机器视觉技术是智能车辆较为常用的环境感知技术之一，和雷达系统相比，机器视觉技术具有信息量大、成本低廉等优点，通过在智能车辆上安装多个摄像机，可以从不同的角度获得车辆周围的环境信息。机器视觉在智能车辆上主要应用于道路跟踪和障碍物检测等任务，经过多年的研究开发，基于机器视觉的结构化道路跟踪技术已基本成熟，机器视觉的研究重点开始转向低速复杂的城市交通环境以及偏僻地区的越野环境，城市交通环境中交通信号和路标检测已成为机器视觉研究的热点。尽管机器视觉在智能车辆上的应用研究已取得了较大的成果，但当前计算机对视觉信息的处理和感知能力还远逊于人类，而在智能车辆应用环境下，这一差距显得尤为明显。由于视觉感知计算本身具有数据量大、图像干扰较多的特点，而且智能车辆需要面对各种复杂多变的外部环境，再加上强实时和高可靠的应用需求，对光线及气候环境的适用性以及算法的可靠性与鲁棒性仍是机器视觉面临的重大挑战。机器视觉的进一步发展一方面在于软件算法方面的深入研究，包括对路面区域的算法（颜色、纹理识别）、基于知识的图像理解的道路识别算法方法的深入研究，另一方面也有赖于硬件条件的发展，包括高动态能力的环境感知传感器、更强的微处理器系统等的发展。

3）定位导航技术

定位导航用来确定智能车辆的行驶位置和航向，其包括相对定位和绝对定位两种方式。相对定位由光码盘、惯性陀螺、里程计、加速度计等传感器实现，不用依赖外界信号，工作频率高，但存在漂移误差，长时间工作时必须采用绝对定位数据进行修正。绝对定位包括磁罗盘定位、卫星定位等。磁罗盘能够根据地磁场测量车辆的绝对航向，但容易受到电力线、钢结构等外界磁干扰。卫星定位主要包括 GPS、GLONASS、北斗等定位导航系统，其中 GPS 是目前应用广泛、成熟完善的定位技术，普通 GPS 的定位精度为 10m，采用差分技术可以将精度提高到 0.5m，但 GPS 定位技术依赖卫星信号的接收，容易受到建筑物、山地产生的干扰，无线电波也会对 GPS 信号产生干扰，即使在良好的环境中，GPS 也会周期性的失效。针对 2 种定位技术的优缺点，智能车辆的定位一般同时采用两种方式，以精确地测量车辆的位置、航向。军用车辆目前多采用惯性导航系统（由陀螺和加速度计组成）和 GPS 的组合定位方式，其中 GPS 用于对惯性导航系统进行修正。

4）多传感器信息融合技术

智能车辆进行环境感知需要用到各种类型的传感器，而获取这些数据的实时性与稳定性直接影响整个系统的性能。智能车辆常用的传感器可分为主动式的雷达系统和被动式的视觉系统两类，主要包括光学摄像机、红外摄像机、激光雷达、GPS 等。由于行驶环境的复杂性和单一传感器的局限性，智能车辆需要结合使用多种类型的传感器，以充分利用不同传感器数据间的融合和互补特性，获得充分、准确的环境信息。因此，如何将多个传感器的信息进行融合，以形成对关键特征的综合描述是智能车辆研究中的关键技术之一。多传感器数据融合的实质是对多元不确定信息的处理，由于信息表示形式的多样化，需要融合的数据既可以是原始的传感数据，也可以是经过计算后的某种高级形式（如车道线坐标、障碍物形状等），因此多传感器数据融合技术也是智能车辆研究所面临的一个非常具有挑战性的课题。

9.4.2　规划决策技术

规划决策是智能车辆智能化水平的一个重要体现。规划决策包括路径规划和行为决策两部分。路径规划是智能车辆信息感知和车辆控制的桥梁，是智能车辆自主驾驶的基础，可分为全局路径规划和局部路径规划。全局路径规划是根据先验环境模型找出从起始点到目标点的符合一定性能的可行或最优路径，在已知地图的情况下，利用已知局部信息如障碍物位置和道路边界，确定可行和最优的路径，它把优化和反馈机制很好地结合起来。局部路径规划是在全局路径规划生成的可行驶区域指导下，依据传感器感知到的局部环境信息来规划车辆在前方路段所要行驶的轨迹。智能车辆的行为决策主要是根据环境（如交通、车况等）完成行为任务的决策。在此基础上根据一定的准则和策略对车辆作出最优决策，达到规划、加减速、超车、跟随及停车等功能的优化选择。

9.4.3 车辆控制技术

智能车辆的运动控制一般分为横向控制和纵向控制，智能车辆运动控制的任务是根据规划决策的结果和当前的车体位移、姿态、车速等信息作出决策，并分别向油门、制动及转向对应的执行系统发出控制指令。横向控制主要研究智能车辆的路径跟踪能力，即如何控制车辆沿规划的路径行驶，并保证车辆的行驶安全性、平稳性与乘坐舒适性。纵向控制研究主要包括控制车辆按照预定的速度巡航或与前方动态目标保持一定的距离。由于智能车辆为非完整运动约束系统，且具有高度非线性动态特性以及参数不确定性等特点，如何设计可有效克服车辆非线性和参数不确定性等特性的横向及纵向运动控制策略，是智能车辆关键技术的重点和难点之一。

9.4.4 智能车辆的体系结构

智能车辆的体系结构是智能车辆信息处理和控制系统的总体结构，其涉及智能车辆系统软硬件的组织原则，集成方法及支持工具，是整个系统的基础。智能车辆的体系结构分为分层递阶结构、行为响应结构以及混合式体系结构。

1）分层递阶结构

分层递阶结构按"感知－建模－规划－执行"的模式实现智能车辆的导航控制（如图9-5所示）。智能车辆包括感知、建模、规划、执行等模块，各模块之间的关系是顺序的，并且是依次排列的。首先智能车辆感知外部环境、建立全局环境图。然后停止感知，规划模块规划出所有达到目标所需的指令。最后，智能车辆开始执行第一条指令。当智能车辆完成"感知－建模－规划－执行"序列后，再开始下一个循环：感知模块开始工作，智能车辆感知前面执行的结果，重新规划指令（尽管指令可能并未发生变化）并执行。分级式体系结构中感知模块是独立的，所有传感器数据被融合进一个全局的数据结构中，提供给规划器处理。全局数据结构通常指环境模型，它既包含外部环境也包含智能车辆所处环境中蕴含的任何信息。建模和规划模块是这种体系结构的瓶颈，在每个更新周期，智能车辆不得不更新全局环境模型，然后作某些规划，而感知和规划的速度往往不能适应智能车辆行驶速度的要求。另外，感知部分与执行部分总是分开

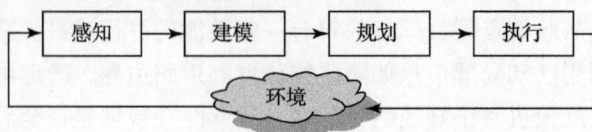

图9-5 分层递阶结构

的，这样智能车辆就不能适应需要紧急响应的情景，如紧急避障等。

2）行为响应结构

行为响应结构是按照"感知 – 执行"的行为模式来实现的，如图 9 – 6 所示。该结构的基本特征是所有动作都是通过行为来完成的。从图 9 – 6 可以看出，该体系结构剔除了建模和规划部分。这样，感知部分和执行部分就可以紧密地耦合起来，共同构成行为。该体系结构最主要的特点就是其有快速执行能力。感知和动作的紧密耦合允许智能车辆实时运行。第二个特点是其没有记忆，许多行为都显示出了一种固定动作模式的响应类型。在这种情况下，行为在没有受到直接激励的情况下也要持续一段时间。为了实现反应式系统，设计者必须确定完成任务所必需的行为集合。这些行为可以是新的，也可以是已有的行为。智能车辆的运行控制产生于多个并发的行为。

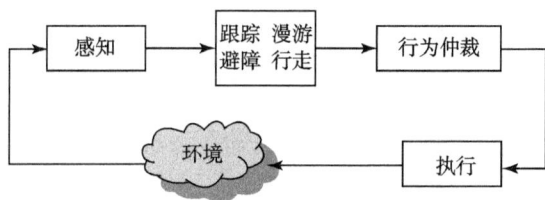

图 9 – 6 行为响应结构

行为响应结构中最具代表性的是 Brooks 的包容体系结构。包容体系结构解决了行为之间如何组合的问题。行为是完全反应式的，并且不使用记忆。行为被分配在不同能力的层中，较低的层级封装了更多的一般能力。层之间的协调是由较高层完成的，这些较高的层有更详细的、更有目的性的行为，包含了较低的层。一个层中的行为用有限状态自动机协调，它们可以很容易地在硬件中实现。

行为响应结构的优点在于系统可以对未知障碍和环境的变化及时作出反映，具有灵活的环境交互能力和实时特性，但是现有的传感器技术很难使实时性的优点体现出来，并且这种结构很难产生复杂的智能行为。

3）混合式体系结构

分层递阶结构在不确定和未知环境中建模困难、实时性和适应性差；行为响应结构的系统没有规划能力，没有任何关于环境全局状态的记忆和推理能力，无法规划最优路径、无法生成地图、无法监督自身性能，甚至无法选择完成任务的最适当行为（任务规划）。为实现对已有环境信息进行有效表示和利用，完成单一结构无法实现的复杂导航任务，综合分层递阶结构和行为响应结构的特点形成了混合式体系结构。该结构可以用规划（P）然后"感知 – 执行（SA）"来描述，如图 9 – 7 所示。规划不只是任务和路径规划，还包含所有的全局环境模型的构建。智能车辆首先规

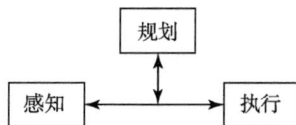

图 9 – 7 混合式体系结构

划如何完成任务（使用全局环境模型），然后初始化或者构建一个行为集来实现规划（或规划的一部分）。行为将一直执行到规划完成，然后规划器再生成一个新的行为集，如此循环往复。混合式体系结构是智能车辆体系结构研究的重要发展趋势，在智能车辆的导航控制中的应用越来越广泛。

9.5 智能车辆的发展方向

智能车辆在众多领域中具有强烈的需求和广泛的应用前景，已成为 21 世纪车辆发展的必然方向，而各国竞相发展智能车辆技术的需求可以概括为军事应用和民用领域两个方面。在军事应用上，无人化、智能化代表了世界军事装备的发展方向。智能车辆或无人驾驶车辆能够适应爆炸物等危险品的探测与处理、战场侦察与监视、目标搜索与定位、后勤运输和物资装卸、工程作业、清除障碍物、危险区伤员救援后送等任务，在环境复杂、危险性极高的战场大显身手。无人驾驶车辆将成为未来陆军的重要力量，美国国防部就规划到 2015 年 30% 的地面军用车辆为无人车辆，预计到 2030 年，美国陆军装备无人驾驶车辆也将达到地面车辆总数的一半。为了胜任未来战场的需求，无人驾驶车辆还应在以下方面不断改进：无人驾驶车辆应具有复杂结构和多种功能，提高其实战的应用能力，能够在危险地域执行任务和直接作战；增强交互能力，实现与其他无人作战系统、有人作战平台之间的智能交流，融入由各种信息系统、武器系统集成的"多系统的大系统"中；进一步提高自主能力，使得在不能有效通信的危险环境下，像人一样出色地完成任务。无人驾驶车辆能够在变化莫测的未来战场上保存有生力量、提高作战效能，它将成为世界各国未来军事发展的重要方向。

在民用领域，由于系统的可靠性及立法等原因，智能车辆要真正在道路上实现完全自主驾驶还需要很长的一段发展时间，但智能车辆技术会促进先进驾驶辅助系统的应用。智能车辆将来首先会应用在环境相对简单的结构化的高速公路上，可以将人们从枯燥的驾驶行为中解脱出来。由于城市道路环境更为复杂，对感知和控制提出了更高的要求，智能车辆的应用则需要更长的时间。美国高速公路安全管理局将智能车辆定义为以下五个层次：①无智能化（层次 0）：由驾驶人时刻完全控制汽车的原始底层结构，包括制动器、转向器、加速踏板以及启动装置。②具有特殊功能的智能化（层次 1）：汽车具有一个或多个特殊自动控制功能，通过警告预防事故的发生，该层次可称为"辅助驾驶阶段"。③具有多项功能的智能化（层次 2）：汽车具有将至少两个原始控制功能融合在一起实现的系统，完全不需要驾驶人对这些功能进行控制，该层次可称为"半自动驾驶阶段"。④具有限制条件的无人驾驶（层次 3）：汽车能够在某个特定的交通环境下让驾驶人完全不用控制汽车，汽车可以自动检测环境的变化以判断是否返回驾驶人驾驶模式，该层次可称为"高度自动驾驶阶段"。⑤全工况无人驾驶（层次

4）：汽车完全自动控制车辆，驾驶人只需提供目的地或者输入导航信息，在任何时候都不需要对车辆进行操控，该层次可称为"完全自动驾驶阶段"或者"无人驾驶阶段"。总体而言，智能车辆在民用领域的应用将分为两个阶段，第一阶段是智能车辆的初级阶段，即辅助驾驶；第二阶段是智能车辆发展的终极阶段，即完全替代人的无人驾驶。

9.6　智能车辆比赛

9.6.1　美国 DARPA 的比赛

为了推动美国军方"未来作战系统（Future Combat System，FCS）"计划中无人驾驶车辆的研究发展，鼓励美国大学、科研机构开发无人驾驶的人工智能汽车，DARPA 于 2004 年组织了首次无人驾驶车辆大奖赛，在 2005 年和 2007 年又分别举办了第二届 Grand Challenge 大奖赛和第三届 Urban Challenge 大奖赛。这些比赛吸引了来自美国以及其他国家（队伍中至少要有一名美国公民）的高校、商业公司和其他组织的无人驾驶车辆参与比赛，比赛有力地推动了美国无人驾驶车辆的研究水平，也促进了其他国家和地区无人驾驶车辆比赛的发展。

1）2004 年 DARPA Grand Challenge

第 1 届 DARPA Grand Challenge 于 2004 年在美国的莫哈韦沙漠举行，比赛沿着长达 240km 的 15 号州际公路进行（如图 9-8 所示），从加利福尼亚的巴斯托到加利福尼亚与内华达边境的普里姆。比赛要求车辆在 10 小时内穿越 200 多 km 长的崎岖多变的地形，其中包括沙漠地带、沼泽地、泥泞的沟壑等。除了可以发

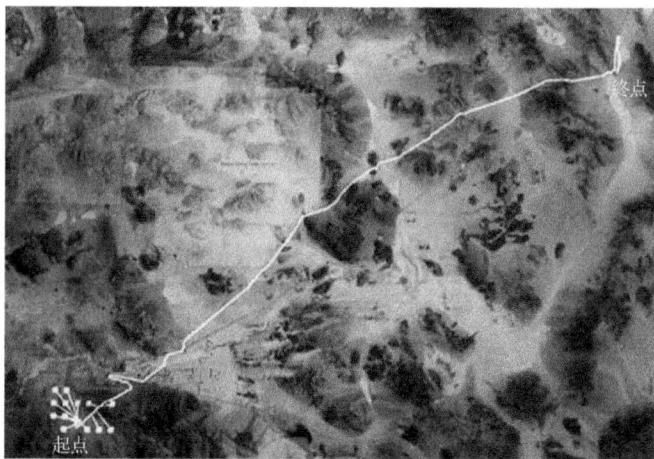

图 9-8　2004 年 DARPA Grand Challenge 的比赛线路（左下角的
亮点是靠近起点巴斯托的各参赛车辆的最终比赛位置）

布指令让车辆进行紧急停车和重新启动，不允许对参赛车辆进行遥控等任何干预辅助操作，参赛车辆必须完全凭借自身的能力穿越沙漠，爬过沟渠，绕过其他种种障碍。美国研究机构、公司和个人爱好者组成的共 15 支队伍参加了比赛，但没有车辆能够自主完成比赛，其中卡耐基梅隆大学红队的参赛车辆 Sandstorm 的自主行驶距离最长，达 11.78km，没有队伍获取 100 万美元的奖金。

2）2005 年 DARPA Grand Challenge

第 2 届 DARPA Grand Challenge 于 2005 年 10 月 8 日举行。比赛路线全长 212km，主要是由 3 个窄的隧道和 100 多个急转弯组成的越野环境，并且要穿越一条陡峭的、弯曲的山间小路（如图 9 - 9 所示）。有 195 支队伍报名参加了本届比赛，但最终参加决赛的只有 23 支队伍。23 支队伍除了一支外，其余全部超越 2004 年第一届比赛时的最好成绩 11.78km。在比赛中，斯坦福大学和卡耐基梅隆大学展开了激烈的竞争。卡耐基梅隆大学的无人车 H1ghlander 发生了机械故障，而被斯坦福大学的无人车 Stanley 超越。最终斯坦福大学的无人车 Stanley 以 6h54min 完成比赛获得了冠军，项目组获得了 200 万美元奖金。卡耐基梅隆大学的"沙暴"和 H1ghlander 无人车分别以 7h4min50s 和 7h14min 完成了比赛。由格雷保险公司资助的杜兰大学 KAT - 5 无人车在 7h30min16s 的时间里完成了比赛。这 4 辆无人驾驶车辆的平均时速分别为 30.8km、29.9km、29.3km、28.2km。奥什科什公司（Oshkosh Corporation）的无人驾驶卡车 TerraMax 在 12h51min 的时间里完成了比赛，但超过了规定的比赛完成时间。

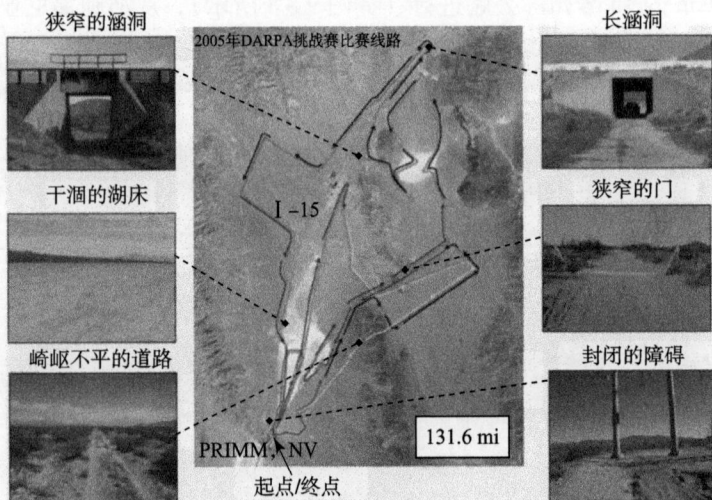

图 9 - 9　2005 年 DARPA Grand Challenge 的比赛线路及部分场景

3）2007 年 DARPA Urban Challenge

第三届 DARPA Urban Challenge 于 2007 年 11 月 3 日在加州胜利谷的前乔治空军基地举行。比赛环境是模拟的城市道路环境，全长 96km。比赛环境首次引入了有人驾驶的车辆，要求参赛的无人驾驶车辆能够遵守所有的交通规则，和道路中的有人及无人驾驶车辆正确交互，完成合流、超车、在指定区域停车、通过交叉口等复杂的交通行为，并在 6h 内完成比赛。Urban Challenge 重点考核无人驾驶车辆的基本导航行为、基本交通行为、高级导航行为、高级交通行为，要求无人驾驶车辆在遇到其他车辆时实时作出智能决策，与其他车辆进行复杂的交互。本次比赛在互联网上进行了实况转播（如图 9 - 10 所示），共有 53 支队伍参加了本次比赛，最终卡耐基梅隆大学的智能车 Boss 以 4h10min 完成全程，其最高行驶速度达到 50km/h。斯坦福大学的 Junior 位于第二，其成绩是4h29min，弗吉尼亚大学的 Victor Tango 获得第三名。

图 9 - 10　2007 年 DARPA Urban Challenge 的比赛路线及场景

9.6.2　欧洲机器人汽车试验赛

2006 年 5 月，欧洲也举办了第一届类似 DARPA Grand Challenge 的以军方为背景的机器人汽车试验赛（European Land - Robot Trial，ELROB），有来自德国、法国、英国、葡萄牙和瑞士 5 国的大学和公司组成的共 20 个参赛队伍参与了在德国哈墨尔堡军方训练场举行的比赛。与美国的 DARPA 挑战赛中无人车辆主要沿着一系列的 GPS 点连接的轨迹行驶不同的是，ELROB 不允许使用密集的卫星导航，车辆主要通过图像处理判断行驶路径，但允许车辆以自主或遥控方式行驶。

2007 年 9 月，第二届 ELROB 在瑞士的提契诺举行，来自 5 个国家的 13 个队伍参赛。比赛主要考察机器人在安全、消防、民防和灾难控制领域的应用。此次比赛设置了 4 项比赛方案：8 支队伍参与了非市区环境下寻找危险品区域，10 支队伍参与了城市环境下在拥挤集市搜寻简易爆炸装置，2 支队伍参与了与无人机、无人车联合作战，7 支队伍参与了城市自主侦察、治安巡逻。

2008 年 6 月，第三届 ELROB 由德国联邦武装部队主办，来自德国、法国、芬兰、意大利等 10 个国家的 20 多支队伍参赛。此次比赛主要考察无人驾驶系统的短期作战能力，比赛场景尽可能接近实战环境。

2009 年 5 月，第四届 ELROB 比赛在波兰举办，仍以考察机器人在安全、消防、民防和灾难控制领域的应用为主。此次比赛也设置了 4 个比赛项目：在乡村环境下收集环境信息，检测并报告目标信息；在城市环境下搜索预先指定的区域，发现、报告并监测运动物体；沿着预先指定路线自主导航；在两个已知地点间往返运输。

2010 年 5 月，第五届 ELROB 比赛在德国哈墨尔堡举办，此次比赛以考察军事应用为主，并着重考察车辆在夜间的表现。比赛项目包括在目标位置进行侦察和监视、在混合地形条件下移动、在混合地形条件下往返运输等。

目前欧洲的 ELROB 已成为系列比赛，M-ELROB（军事）和 C-ELROB 比赛交替举行，分别在 2006 年、2008 年、2010 年、2012 年举办了 M-ELROB 比赛，在 2007 年、2009 年、2011 年、2013 年举办了 C-ELROB 比赛。

9.6.3　中国智能车比赛

国家自然科学基金委员会于 2008 年 8 月启动了重大研究计划"视听觉信息的认知计算"（研究期限：2008—2015 年）。研制具有自然环境感知与智能行为决策能力的无人驾驶车辆是该重大研究计划的总体目标之一。为了促进"视听觉信息的认知计算"计划的研究进展，国家自然科学基金委员会于 2009 年开始，组织了"中国智能车未来挑战赛"（Future Challenge），其目的就是通过在真实的物理环境中比赛，检验视听觉认知机理的研究进展，探索高效计算模型，提高计算机对复杂感知信息的理解能力和对海量异构信息的处理效率。从 2009 年到 2013 年，中国智能车未来挑战赛已经连续举办了 5 届，比赛获得了巨大的成功，有力地促进了我国无人驾驶车辆的研究水平，扩大了无人驾驶车辆的社会影响。中国智能车未来挑战赛从最初的 4 台车辆参赛发展到近 20 台车辆参赛，基本涵盖了国内所有的在研无人驾驶车辆，甚至意大利和韩国等国的无人驾驶车辆也先后参与了比赛。比赛难度越来越高，比赛环境从封闭道路走向了真实的城区和乡村道路。参赛车辆的水平也越来越高，从最初没有无人驾驶车辆能够完全自主完成比赛发展到多台车辆能够在规定的时间内自主完成比赛。

1）第一届智能车未来挑战赛

2009 年 6 月 4 日，首届中国"智能车未来挑战赛"在西安浐灞生态区举行，西安交通大学及上海交通大学、北京理工大学、湖南大学、清华大学、国防科技大学、意大利帕尔玛大学国内外 7 所大学的无人驾驶车辆参与了本次赛事。此次赛事包括指定路线的规定动作测试Ⅰ与规定动作测试Ⅱ、挑战性测试以及特色表演四部分。其中，规定动作测试Ⅰ包含两项无人驾驶车辆基本行驶能力测试任务；规定动作测试Ⅱ包含在遵守交通规则的情况下的交通信号、交通基础设施的识别和障碍物自动规避等 5 项性能测试任务；挑战性测试为指定路线、规定动作的综合测试和指定模拟交通场景内无人驾驶车辆的行驶性能测试。特色表演主要为参赛车辆的自由展示。比赛环境位于封闭的场馆道路停车场及公园,其中封闭场馆道路路线长度仅为 1.6km。由于这是国内首次举办的无人驾驶车辆比赛,仅有 4 台车辆参加了比赛,但都未能顺利完成任务,且车辆的自主行驶速度非常低,但这次比赛所制定的测评体系为规范我国无人驾驶车辆技术的研究建立了基础。

2）第二届智能车未来挑战赛

第二届"智能车未来挑战赛"于 2010 年 10 月 16 日至 18 日在西安市长安大学举行。此次比赛包括基本能力测试和复杂环境综合测试两部分,基本能力测试包括静态交通标志识别能力测试和基本驾驶能力测试,其中基本驾驶能力测试又分为曲线弯道行驶和定点泊车两部分;复杂环境综合测试主要测试无人驾驶车辆在运动过程中识别交通标志、综合控制机动车、正确使用灯光等装置以及正确感知道路交通情况、超越车辆等各种能力。复杂环境测试的场地位于长安大学渭水校区部分校园道路及试车场,比赛路线长约 4km。与国外研发的无人驾驶车辆主要依赖 GPS 信息和电子地图不同,我国"智能车未来挑战赛"则要求参赛车辆依靠其所搭载的摄像机等传感器完成自然环境感知,并检验计算机代替人处理视听觉信息的能力及效率。因此为了考核并促进参赛车辆对视觉识别技术的研究,本次比赛禁止参赛车辆使用 GPS,这大大提高了比赛的难度。北京理工大学、湖南大学、清华大学、国防科技大学、西安交通大学、军事交通学院、装甲兵工程学院、中国科学院合肥物质科学研究院先进制造技术研究所、武汉大学、南京理工大学的 10 支队伍参加了本次比赛。虽然仍然没有参赛车辆能够在规定的时间内自主完成比赛,但比赛中车辆的自主行驶速度已经有了显著的提高。中国科学院合肥物质研究院"智能先锋"获得冠军,武汉大学车队、南京理工大学车队分获亚军和季军。

3）第三届智能车未来挑战赛

2011 年 10 月 20 日至 21 日,第三届"中国智能车未来挑战赛"在内蒙古自治区鄂尔多斯市举行。本届比赛是继在西安举办两届"中国智能车未来挑战赛"之后的第三届无人驾驶车辆比赛,也是首次从封闭道路环境走向真实道路环境的比赛。比赛在约 10km 的真实城区道路上进行,设有交通标志识别、障碍物避让、汇入有人驾驶车流和 U 型转弯等自主驾驶行为测试内容,综合测试无人驾驶车辆的环境感知能力和智能决策行驶能力。为了考核比赛车辆的路径规划能力,从本次比赛开始不再限制参赛车辆使用 GPS,但比赛的测试内容要求参赛车辆具有较高的视听觉计算能力才能顺利完成比赛。国内智能车辆研究领域的主要单位,包括军事交通学院、西安交通大学、南京理工大学、武汉大学、国防科技大学、中国科学院合肥物质科学研究院、清华大学、上海交通大学、北京理工大学 9 支代表队参加了本次比赛,最终国防科技大学车队获得了比赛的第一名。

4）第四届智能车未来挑战赛

第四届"中国智能车未来挑战赛"于 2012 年 10 月 31 日至 11 月 1 日在内蒙古自治区赤峰市翁牛特旗举行。本届比赛是在真实城区道路和乡村道路环境中进行的公开比赛，包括城区道路（6.9km）和乡村道路（15.8km）两个赛段。在现有城区道路环境的基础上，设置静态车辆干扰、假人通行、U 型调头、有人驾驶车辆干扰等测试无人驾驶车辆避让或汇入简单车流的能力，以及在包含弯道和坡道等路段的乡村道路上设有雾天天气模拟装置，以检验无人驾驶车辆在复杂路况和恶劣天气环境下自主行驶的能力。该届比赛汇聚来自北京理工大学、清华大学、国防科技大学、西安交通大学、军事交通学院、中国科学院合肥物质研究院、南京理工大学、同济大学、上海交通大学、厦门理工大学、长安大学、武汉大学等国内多所高校及科研机构的 14 支参赛车队。最终军事交通学院、西安交通大学二队、中国科学院合肥物质科学研究院车队获得了比赛的前三名。

5）第五届智能车未来挑战赛

2013 年 11 月 2 日至 4 日，第五届"中国智能车未来挑战赛"在江苏省常熟市举办。该届比赛全部在真实道路环境下进行，城郊比赛路线长约 18km，途经拱桥、村庄、路口等，测试内容包括动态车辆干扰、交通信号灯识别、施工绕行、避障、任务终点停车；城区比赛路线长约 5km，途经体育中心、学校、路口等，测试内容包括路口通行、学校门前减速慢行与行人停车让行、终点停车，比赛按照安全性、智能、平稳性和速度 4 个标准来评价无人驾驶车辆完成测试任务的情况。来自西安交通大学、军事交通学院、北京理工大学、清华大学、武汉大学、中国科学院合肥物质科学研究院及韩国的 18 辆无人驾驶车，在城郊和城市道路上进行角逐，最终北京理工大学车队获得总冠军。

9.7　先进驾驶辅助系统

先进驾驶辅助系统（Advanced Driver Assistance Systems，ADAS）是利用安装在车辆上的各种传感器，实时采集车辆状态、驾驶人状态以及周边环境信息并进行辨识和处理，进而发出警示使驾驶人察觉可能发生的危险，或在必要时介入车辆操纵的一系列主动安全技术的总称。先进驾驶辅助系统能够有效减少交通事故的发生以及减轻驾驶人的操作强度，目前已成为世界各大汽车厂商的研发热点，其在车辆上的应用也日益普及。先进驾驶辅助系统的组成非常广泛，根据系统的特点和功能，其可分为状态监测、视野改善、操控避险三种类型。状态监控类主要包括胎压监测系统、车道偏离预警系统、驾驶人疲劳监测系统、智能限速系统等，视野改善类主要包括自适应照明系统、夜视系统、盲区监测系统、倒车辅助系统等，操控避险类主要包括电子稳定系统、制动辅助系统、自适应巡航系统、智能泊车辅助系统、防撞预警系统等。本节主要介绍部分先进驾驶辅助系统的功能、组成及关键技术等内容。

9.7.1　自适应巡航控制系统

1）简介

汽车自适应巡航控制（Adaptive Cruise Control，ACC）系统是在传统的定速巡航控制系统的基础上发展而来的，其通过车载雷达传感器或基于机器视觉技术等实时监测前方行驶环境，测量本车与前方车辆之间的相对距离、相对速度等信息，通过控制加速或制动来自动调节车辆速度，使车辆按设定的速度匀速行驶或使本车与前车保持设定的安全间距安全行驶。

ACC 系统主要通过控制车辆的纵向运动，始终保持本车与前车的间距为安全间距，增强了行驶的安全性和乘坐的舒适性。ACC 系统具有如下优点：

（1）ACC 系统根据驾驶人设定的巡航车速，在距离前方车辆较远的情况下，自动控制车辆以设定速度行驶，驾驶人不用操纵油门和制动，只需控制方向，从而在一定程度上减轻了驾驶人的操作负担。ACC 系统控制速度的精度高于驾驶人的操纵控制，控制效果不受汽车行驶条件的影响，能够始终保持汽车速度平稳，从而提高了乘坐的舒适性。

（2）ACC 系统根据雷达等传感器检测本车与前车的间距，控制单元通过调节加速和制动，实现与前车保持安全距离行驶。由于电子控制系统的反应时间比人类的反应时间短，因此在紧急情况下它可提前使制动系统发挥作用，从而缩短制动距离，减少交通事故的发生，提高行驶的安全性。美国交通运输部门曾经对ACC 系统的效果进行了评估，在高速公路上当配置 ACC 系统的车辆接近一辆慢速行驶或正在减速的车辆时可以减少 17% 的追尾事故；在超车、换道等其他情况下，配置 ACC 系统的车辆同样也能有效地减少追尾事故的发生。

（3）装有 ACC 系统的车辆可以根据交通流的状况或驾驶人的指令精确控制本车与前车的间距，车间距的控制效果比驾驶人控制更稳定，通过设定较小的车头时距，在 ACC 普及率达到 40% 左右时，能显著提高道路交通通行能力，缓解交通拥堵。

2）ACC 系统的发展及分类

根据系统的功能，ACC 系统可分为定速巡航控制系统、自适应巡航控制系统、具有"走-停"功能的自适应巡航控制系统和协同自适应巡航控制系统。

（1）定速巡航控制系统。

汽车定速巡航控制系统只能实现车速的自动控制。巡航控制系统可以追溯到20 世纪 50 年代，最初的巡航控制系统只是用机械装置将油门保持在固定位置而没有其他功能。在 20 世纪 50—60 年代后期巡航控制系统引入比例反馈，当车速比设定速度低 10~16km/h 时，系统会调节节气门全开加速。直到 20 世纪 70 年代巡航控制系统才能够维持本车的速度，增加了汽车的安全性和舒适性。到 20

世纪 80 年代，基于微处理器的定速巡航控制系统开始出现，其通过调节节气门实现车速的恒定控制，系统已趋于成熟，变得易于操作，更可靠、鲁棒性更高。但由于定速巡航控制系统只对汽车节气门进行控制，当遭遇突发情况时，如前车速度过慢或制动减速，或相邻车道的车辆以较小间距从侧前方切入时，此时需要自车进行制动减速以免发生碰撞事故，定速巡航控制系统对这种情形并不能作出相应的反应，此时只能由驾驶人踩下制动踏板进行人工干预，因此定速巡航控制系统只适用于交通量较小的高速公路，传统定速巡航控制系统的这一局限性，以及人类对汽车安全性和乘坐舒适性要求的不断提高，促使研究人员开发出更加智能化的汽车纵向控制系统，即汽车自适应巡航控制系统。

（2）自适应巡航控制系统。

20 世纪 80 年代，欧洲、美国、日本几乎同时开展对自适应巡航控制系统的研究。如欧洲的 PROMETHUES 计划、美国的 PATH 计划、日本的 ASV 计划，这些计划针对汽车自适应巡航控制及汽车纵向控制作了大量的研究和实车实验，推进了汽车自适应巡航控制系统的研究与应用。1995 年，三菱公司第一次在市场上推出了基于激光雷达的自适应巡航控制系统，该系统没有自动制动控制，仅通过油门和换挡控制车速。1998 年，奔驰公司在其 S 级轿车上推出自己的自适应巡航控制系统 Distronic。在北美，伊顿公司于 1998 年推出的 SmartCruise 同时集成了自适应巡航控制系统和碰撞预警系统。目前，各大汽车生产商都在其高级车上配置了 ACC 系统，并已开始在中级车上配置 ACC 系统。ACC 系统通常采用毫米波雷达作为距离传感器，驾驶人通过人机交互界面设定巡航车速和间隔时距，系统根据传感器获取外部环境信息控制车辆匀速行驶或与前车保持安全间距。

（3）"走 - 停"（Stop&Go）巡航控制系统。

传统的自适应巡航控制系统主要适应交通量较小的高速公路或城郊公路环境，只能在速度在 30km/h 或 40km/h 以上才能使用，当车速在 30km/h 下时 ACC 系统将自动关闭，这样的 ACC 系统就不适合在城市内道路或交通拥挤地方使用。20 世纪 90 年代末期研究人员对 ACC 系统进一步研究开发，完善了对 ACC 系统在车速低、车距近的行驶情况的控制，开发出具有"走 - 停"功能的全速自适应巡航控制系统。此系统增加了车辆的自动起步和自动停车功能，能够对其他车辆从相邻车道切入本车道的情况进行舒适的控制，"走 - 停"ACC 系统可以适应城市中低速、高车流密度道路环境，在堵车情况下也无需驾驶人参与控制车速，只需操纵车辆的转向，驾驶人可以从烦琐的停车、起步驾驶操作中解脱出来，极大地提高了驾驶的舒适性。

（4）协同自适应巡航控制系统。

随着车联网研究的日益深入，协同自适应巡航控制（Cooperative Adaptive Cruise Control，CACC）已成为车 - 路协同研究的重要研究领域。CACC 指装配自适应巡航控制系统的汽车通过车 - 车或车 - 路通信组成协同自适应巡航控制系统，车辆不仅可以根据自身的雷达传感器感知前方环境，还可以通过无线通信获得前方车辆和其他相关车辆的信息，使彼此"相连"的车辆协同完成控制操纵。这种 CACC 系统可以使车辆保持更小的间距高速行驶，从而提高道路通行效率、行车的安全性和乘坐的舒适性。

3）系统的结构组成及工作原理

ACC 系统一般可以分为信息感知单元、ACC 控制器、执行单元、人机交互界面四大部分，如图 9 - 11 所示。信息感知单元主要用于向 ACC 控制器提供自适应巡航控制所需的车辆行驶状况及驾驶人的操作信号。它包括以下几种传感器：雷达传感器、车速传感器、节气门位置传感器、制动踏板传感器等，其中雷达传感器安装在汽车前端，用来获取车间距离信号。ACC 控制器是系统的核心单元，用于对行车信息进行处理，输出车辆的加速、减速等控制指令，或通过人机交互界面向驾驶人发出警报，提醒驾驶人采取相应的措施。目前它对车速和车间距进行控制。由于现代车辆普遍采用电子控制系统，且通过 CAN 总线相互连接，因此 ACC 控制器只是将速度控制指令通过 CAN 总线发送，由发动机控制系统和制动控制系统具体执行加速和减速控制，以实现车速或安全车距控制。人机交互界面包括操作开关、显示面板、警告设备，用于驾驶人设定系统参数及系统状态信息的显示等。驾驶人可通过操作开关启动或清除 ACC 控制指令，以及设定本车在巡航状态下的车速和与前方车辆间的安全距离。显示面板和警告设备可以显示 ACC 系统的工作状态，在紧急情况下给予驾驶人声音报警和显示报警信号。

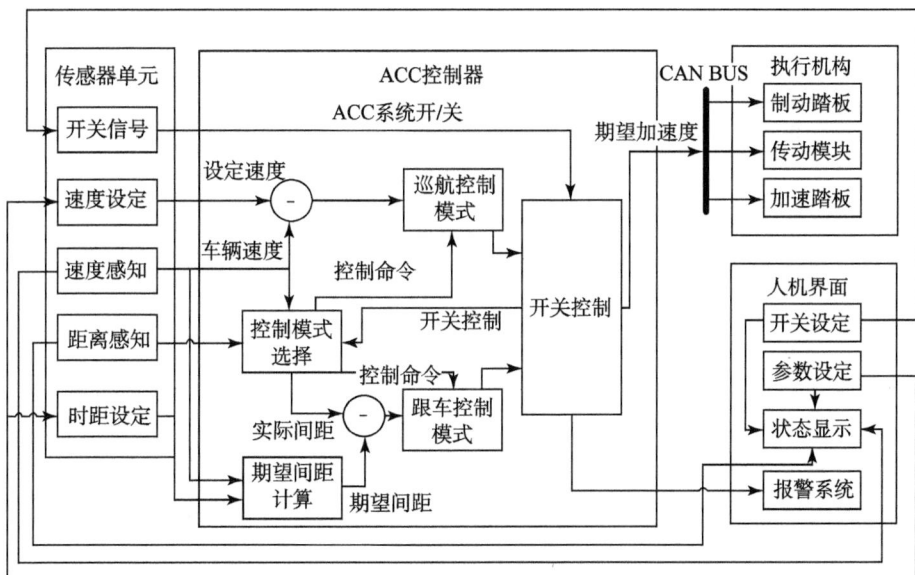

图 9 - 11　ACC 系统的结构组成

ACC 系统的具体工作流程如下：首先由驾驶人决定是否使用 ACC 系统，如使用则通过操作开关启动 ACC 系统并设定好相关参数，包括巡航速度以及安全车距。传感器单元收到并传送 ACC 系统启用信号，由开关控制模块激活 ACC 系统。雷达传感器则开始检测本车与前车的间距及相对速度，如果没有前车或前车距离很远，控制模式选择模块就会激活巡航控制模式，ACC 系统将根据驾驶人设定的速度和车速传感器采集的本车速度，发送速度调节指令，由发动机控制系统调节节气门等使车辆达到设定的巡航速度并匀速行驶；如果本车与前车的间距小于设定的车距，控制模式选择模块就会激活跟车控制模式，ACC 系统将根据驾驶人设定的车距和本车速度计算出期望间距，并与实际间距比较，发送加速或制动控制指令，由发动机或制动控制系统自动调节节气门或制动系统的压力，使车辆以设定的间距稳定地跟随前车行驶。同时，ACC 系统会把车辆目前的一些状态参数等显示在人机交互界面上，方便驾驶人判断。ACC 系统在无法避免碰撞时会及时警告驾驶人介入操纵以处理紧急状况，从而避免发生碰撞事故。

9.7.2　车道偏离预警系统

1）简介

统计资料表明，因驾驶人瞌睡和注意力不集中导致的车道偏离事故约占整个公路交通事故的三分之一。美国每年因单车驶离车道造成的交通事故导致大约1.3 万人死亡和近 1 000 亿美元的损失。欧洲的一项调查显示，在 5 万起重型卡车发生的交通事故中，97% 是驾驶人注意力不集中导致车辆偏离车道所致。车道偏离预警系统（Lane Departure Warning System，LDWS）是一种通过报警的方式辅助驾驶人避免或减少汽车因偏离车道而发生交通事故的系统，该系统通告检测车辆在车道中的横向位置及行驶状态，根据前方道路环境和本车位置的关系，判断车辆偏离车道的行为并对驾驶人进行及时的提醒，从而防止由驾驶人疏忽所造成的偏离车道事故的发生。Federal Highway Administration（FHA）的研究表明，偏离车道预警系统可以避免 30% ~ 70% 的车道偏离交通事故的发生。车道偏离预警系统在车辆上的普及应用对提高道路交通安全，减少交通事故引发的人员伤亡和经济损失意义重大。

2）分类

车道偏离预警系统主要可以分为基于道路基础构造的系统和基于车辆的系统两大类。基于道路基础构造的系统需要在道路上预先铺设导航磁钉，在车辆上安装磁传感器，通过磁传感器检测车辆在道路上的位置，该方法对于车辆横向位置的估计精度很高，能达到几个厘米。美国的 PATH 项目就采用了这种方式研究车辆的自动行驶、车道偏离预警等。但这种系统需要对道路等基础设施进行改造，工程费用高，因此只应用于部分特殊道路。

基于车辆的车道偏离预警系统，主要利用车载机器视觉来识别车道线的位置并进行危险预警。根据传感器的安装位置，车道偏离预警系统分为俯视系统与前视系统。最典型的俯视系统是美国卡耐基梅隆大学开发的 Aurora 系统。该系统使用安装在车辆单侧的俯视相机检测该侧车轮是否靠近、接触或超出车道线，通过数字转换器采集图像，并输出在便携工作站上处理。俯视系统的优点是简单易行，在结构化道路上效率高，定位精度高；其缺点是应用范围有限，只适用于存在清晰标识的结构化道路。

相比俯视系统，前视系统使用安装在汽车挡风玻璃后的前视摄像机，可以获得更多的道路信息，并且在车道线不清晰的道路上也可应用，因而得到了更加广泛的关注。各大汽车厂商均非常重视车道偏离预警系统的研究，很早就开始了系统的研发，并已将研发得比较成熟的车道偏离预警系统安装在某些高端车型上，车道偏离预警技术开始逐渐进入批量应用阶段。

3）系统的结构组成及工作原理

车道偏离预警系统主要由道路和车辆状态感知模块、LDWS 控制器、人机界面等组成。状态感知模块主要包括摄像头、车辆运动参数传感器等，实现道路几何特征和车辆的动态参数的采集，LDWS 控制器的核心包括车道检测算法和车道偏离预警算法，根据车道检测算法确定当初车辆的位置，依据车道偏离预警算法对车道偏离的可能性进行评价，必要的时候通过人机交互界面向驾驶人报警。人机交互界面包括设置开关、声音报警器、振动报警器、状态显示屏等，可分别实现声音、振动、状态显示等报警方式，驾驶人可进行系统工作参数的设置。

车道偏离预警系统的基本原理可以用图 9-12 表示。其基本原理是：系统通过摄像头获取车道的几何结构，通过车辆运动参数传感器获取决策算法所必需的车辆运动参数，如车速、车辆转向状态等。同时系统读取人机交互界面上驾驶人对决策相关参数的设置。以这些基本的信息为基础，系统通过一定的决策算法分析判断车辆是否会发生车道偏离。

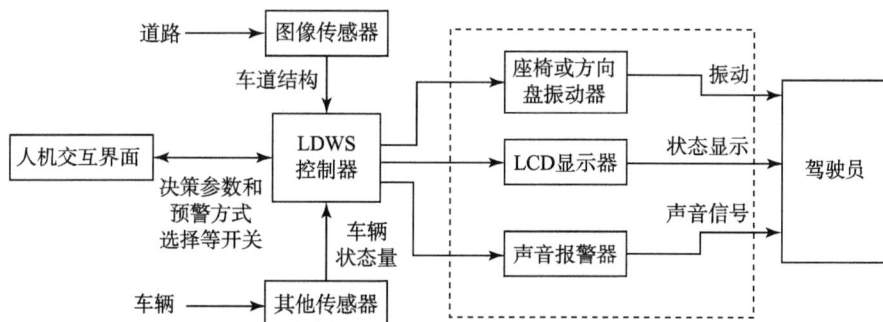

图 9-12　车道偏离预警系统的基本原理

车道偏离预警系统研究的核心内容集中在两个方面：一是道路视觉感知系统，二是车道偏离决策系统。道路视觉感知系统的主要功能是对车辆前方行驶道路区域进行感知，主要获得车道边缘线的曲率、宽度等几何结构信息。视觉感知系统的核心算法是车道识别算法，因此道路视觉感知系统的主要研究内容是对车道识别算法的研究；车道偏离决策系统的功能主要是根据当前车辆的运动状态、前方道路的几何结构等信息确定一个合适的预警时间，在预警时间内既要保证给驾驶人预留合适的反应时间来采取补救措施，又要保证不会因频繁误报警而给驾驶人造成太大的干扰。

4）关键技术

车道偏离预警系统研究的核心内容包括道路视觉感知和车道偏离决策，对应的关键技术为车道检测技术、车道偏离预警算法等。

（1）车道检测技术。

车道偏离预警系统大都依赖道路中的车道标识线或道路边界信息，车道检测技术是系统快速、准确地提取道路中的车道标识线或道路边界信息的关键。

车道检测的方法较多，但基本上可归结为两大类，一类为基于特征的识别方法，另一类为基于模型的识别方法。基于特征的识别方法主要是结合道路图像的一些特征（颜色特征、灰度梯度特征等），从所获取的图像中识别出道路边界或车道标识线。基于特征的识别方法可分为基于灰度特征的识别和基于彩色特征的识别。目前应用较多的是基于灰度特征的识别方法。

基于模型的道路边界及车道标识线识别方法主要是基于不同的道路图像模型（2D 或 3D 模型），采用不同的识别技术（Hough 变换、模板匹配技术、神经网络技术等）来对道路边界及车道标识线进行识别。

大多数车道检测方法在解决一些特定环境下的道路边界或车道标识线识别问题上具有很好的效果，但它们或多或少具有一定的局限性。车道检测的方法应能适应不同形状的车道标识线、各种道路环境、恶劣气候、光照的阴影变化和阴影遮挡等，才能使车道偏离预警系统具有很强的鲁棒性。

（2）车道偏离预警算法。

车道偏离预警算法确定系统向驾驶人报警的具体时刻，是车道偏离预警系统的最关键的部分，其既要保证适时准确地报警又要保证不会对驾驶人造成干扰，算法的优劣性直接决定系统的性能。目前，常见的车道偏离预警算法主要包括基于车辆当前位置的预警算法、基于预测轨迹的预警算法、基于虚拟停车振动带的预警算法和基于车辆跨道时间的预警算法（Time to Lane Crossing，TLC）。

基于车辆当前位置的预警算法主要通过检测车辆在车道中的当前位置来作出预警决策，车辆在车道中的当前位置可由车道检测算法得到。

基于预测轨迹的预警算法主要根据车辆的预测轨迹与实际行驶轨迹之间的偏差评价车道偏离，如果偏差大于设定阈值则系统报警。一般假设驾驶人能够很好地跟随车道的曲率变化，因此预测轨迹为车道曲线的中心线。

基于虚拟停车振动带的预警算法模拟真实道路两侧的振动带，通过在车道两侧设置具有一定宽度的虚拟振动带，检测车辆的当前位置是否接触或超出虚拟振动带，从而进行预警决策。

基于车辆跨道时间的预警算法是目前广泛使用的算法，该方法通过建立车辆运动模型，预测车辆的行驶轨迹，从而计算车轮接触车道边缘所需要的时间，即跨道时间。当这个时间小于某一特定阈值时，就进行预警。TLC 的计算方法为：$TLC = L/V_x$，其中 V_x 表示车辆的纵向速度，L 表示从当前车辆位置开始到车辆前轮接触车道为止的沿车辆纵轴方向的纵向距离。因此 L 值的确定是计算 TLC 的关键。根据不同的预测车辆运动规律方法，L 值的确定方法主要分为以下三种：

①假设偏离过程中车辆的航向角始终保持不变，车辆的侧向和纵向速度也都保持不变，依据车辆质心偏离车道时刻确定的纵向距离确定 L 值。

②假设偏离过程中车辆的航向角始终保持不变，车辆行驶轨迹能够追踪车道曲率变化而变化。在车道曲线为回旋曲线时，根据车辆行驶轨迹是回旋曲线的情况确定 L 值。

③假设偏离过程中车辆的航向角始终保持不变，车辆行驶轨迹由车辆动力学模型确定。对于常用的二自由度车辆动力学模型，根据由车辆速度和加速度共同决定的二次曲线确定 L 值。

9.7.3 换道辅助系统

1）简介

换道是一种常见的比较复杂的驾驶行为，驾驶人需要在很短的时间内进行判断、决策以及实施换道行为，这不仅要求驾驶人对自车的各项状态参数有着清楚的认识，还要求驾驶人对自车周围的区域进行仔细的观察，判断这些区域中是否会存在其他车辆、这些车辆与自车的相对位置关系以及这些车辆是否会影响自车换道等。在多车道的道路上变换车道时，由于险情往往隐藏在后视镜的死角和盲区内，如驾驶人在没有有效觉察盲区及侧后方区域内的危险情况下变换车道，则极易发生碰撞事故。欧盟统计资料表明，由换道引起的交通事故约占总交通事故的 4% ~ 10%，换道事故中的人为原因约占 75%，虽然由其引起的交通事故的死亡人数仅占总死亡人数的 0.5% 左右，但是由其引起的交通延误却占交通事故总延误时间的 10%。换道辅助系统是利用传感器获得车辆后方及两侧的环境信息，通过声光等报警信号向驾驶人提示潜在危险的驾驶辅助系统。换道辅助系统能够弥补驾驶人在驾驶过程中换道时感官能力的不足，在换道存在危险的情况下给予驾驶人提示预警，甚至通过直接控制车辆来防止危险的进一步发生，从而减少换道碰撞事故的发生。

根据预警的范围，换道辅助系统可分为两种：一种仅对位于后视镜盲区内的车辆进行预警，即盲点监测系统，另一种则通过检测本车和侧后方车辆的相对位置和速度关系，对潜在的换道危险情况进行预警，其预警范围并不局限于后视镜盲区，可能延伸至本车后方 50m 处，从而能够更有效地避免换道碰撞事故的发生。

2）组成

换道辅助系统主要包括环境感知传感器、控制器、人机交互界面等。环境感知传感器对车辆两侧的盲区及侧后方区域进行探测。目前常用的传感器有超声波雷达、2.4GHz 雷达、摄像机等，不同的传感器具有不同的安装位置及检测性能。

超声波雷达普遍应用于倒车报警系统，超声波一般指频率在 20 kHz 以上的机械波，具有穿透性强、衰减小、反射能力强等特点。工作时，超声波发射器不断发射出一系列连续脉冲，信号处理装置对接收的信号依据时间差进行处理，计算传感器与障碍物之间的距离。超声波测距的原理简单，成本低，制作方便，但其传输速度受天气影响较大，不能精确测距；另外，超声波能量与距离的平方成正比衰减，因此，距离越远，灵敏度越低，这使超声波测距方式只适用于较短的距离。因此，超声波传感器只能检测较近区域内的车辆，仅适用于盲区监测系统，且应使用多个传感器才能可靠检测盲区内的车辆。

24GHz 雷达具有成本低、抗环境干扰能力强、稳定性高、对保险杆的穿透性好的特点，可以测量其他车辆的速度、运动方向、相对于雷达中轴线的角度，探测距离可长达 50m，适用于盲点监测和辅助换道预警。目前，很多汽车厂商都选用 24GHz 雷达作为换道辅助系统传感器。

摄像机通常安装在侧边后视镜上，其能够对本车的盲点区域和后方接近的车辆进行适时的探测，其探测的距离可以达到 50m，但在雨雾、雪天等恶劣天气条件下，或摄像机镜头被尘土覆盖时，系统将无法工作。

控制器的核心是换道预警策略，根据传感器的采集信息判断本车与相邻车道的其他车辆的相对关系，识别换道危险状况，发出报警指令，通过人机交互界面向驾驶人报警。

人机交互界面包括设置开关、警告灯、声音报警器等，可分别实现灯光、声音等报警方式，通常警告灯设置于侧方后视镜上，通过不同的闪烁频率给予驾驶人不同等级的报警。为避免系统在交通量繁忙的道路上频繁报警，干扰驾驶人的正常驾驶，驾驶人可通过设置关闭系统。

3）关键技术

（1）传感器检测技术。

换道预警系统中传感器往往能同时检测到多个目标车辆，如何根据自车与周围车辆的相对位置关系，将对自车换道存在威胁的目标车识别出来是一个关键问题。目前的一些换道预警系统在道路曲率半径较小，道路较直时可以很好地识别目标车，但是当道路曲率半径增加到一定程度时就不能准确地识别出目标车辆，甚至会自动关闭。

（2）换道预警策略。

　　目前换道预警装置的预警判断主要依靠雷达等传感器识别判断周围车辆与自车的相对位置关系是否会发生换道危险而产生预警指令，但这种方式容易造成过多的预警，从而对驾驶人的正常行驶造成一定的干扰。依据转向灯的开启，在换道预警中综合考虑驾驶人的换道意图可以提高预警的有效性，但由于存在驾驶人在换道过程不开启转向灯或较迟开启转向灯的情况，目前的换道预警策略与驾驶人的驾驶习惯和主观判断之间存在较大的差异，容易产生误警率以及漏警率较高的问题。如何有效综合考虑驾驶习惯以及本车与其他车辆的相对关系，设计有效的换道预警策略仍然是换道预警系统研究的关键问题。

9.7.4　驾驶疲劳预警系统

　　1）简介

　　疲劳驾驶是造成交通事故的重要原因之一。驾驶人疲劳时，其对周围环境的感知能力、形势判断能力和对车辆的操控能力均会有不同程度的下降，很容易引发交通事故。美国国家公路交通安全管理局从 2002 年以来的数据表明每 100 000 起车祸中有 1 500 起是与驾驶人疲劳有关的。据澳大利亚联邦议会统计：在 2000 年，驾驶人疲劳驾驶造成的交通事故占所有交通事故的 20% ~ 30%。法国国家警察总署的事故报告表明，因疲劳瞌睡而发生车祸的，占人身伤害事故的 14.9%，占死亡事故的 20.6%。据德国保险公司协会估计，在德国境内的高速公路上，大约有 25% 的导致人员伤亡的交通事故都是由疲劳驾驶引发的。2008 年我国因疲劳驾驶共导致 2 568 起道路交通事故，共造成 1 353 人死亡，3 129 人受伤，直接财产损失为 5 738 万元。为了遏制驾驶疲劳引发的交通事故，国内外诸多学者和研究机构都纷纷开展驾驶疲劳的检测技术研究，驾驶疲劳预警技术也被列为世界各国先进的汽车安全技术研究的重点。经过多年研究，驾驶疲劳检测技术的研究日趋成熟，部分成果已实现商业化，驾驶疲劳预警系统已开始在高级车辆上配置。

　　2）驾驶疲劳检测方法

　　驾驶疲劳是指由于驾驶环境的单调性或长时间、超强度行车，驾驶人因体力或脑力过多消耗而产生生理、心理机能衰退，造成反应水平、操控效率下降的现象。驾驶人处于疲劳状态时，其生理参数、眼部状态、操纵行为表现等都会发生变化，进而影响车辆的行驶状态，这些表现特征是研究驾驶疲劳检测方法的基础。根据检测方法所选用的表现特征，驾驶疲劳检测方法主要分为基于生理指标的检测方法、基于驾驶人的行为特性分析的检测方法和基于面部表情识别的检测方法。

　　基于生理指标的检测方法根据驾驶人的脑电波、心电图、皮阻皮温、呼吸频率、血压、脉搏等生理指标的变化对疲劳状态进行识别。脑电波是目前应用最多、性能最优的生理指标，被誉为疲劳检测的黄金标准，脑电波由不同频率的 δ、θ、α、β 等节律性的波组成，人们清醒或处于疲劳状态时，各种波在脑电波中所占的比重会发生变化，δ、θ 波属于脑电波中的慢波，在人们处于疲劳状态下它们的成分会提高，α、β 波则是人们清醒状态下的脑电波的主要成分。因此，通过分析脑电波频谱中各节律成分的绝对或相对变化可以检测驾驶人的疲劳状态。在长时间夜间驾驶或疲劳驾驶的情况下，心率会严重下降，心电图（ECG）也可作为判别参数来对驾驶人的疲劳状态进行推断。基于生理指标的检测方法客观性强，能比较准确地反映人体的疲劳状态，但通常需要被测者佩戴相应的装置（如电极贴片等），这会给驾驶行为造成极大干扰，不适合在实际行车环境下应用。因此，目前该类方法主要用于实验室或模拟驾驶环境，作为其他疲劳检测方法的对照组。

基于驾驶人的行为特性的疲劳检测方法，是通过分析驾驶人的转向盘、踏板操作特性或车辆行驶轨迹特征来推测驾驶人的疲劳状态，其中驾驶人对转向盘的修正操作特性被认为与疲劳状态存在较强的相关性。驾驶人处于疲劳状态时，其操纵转向盘的频率会降低，甚至会长时间保持不动，之后转向盘又可能出现幅度较大的修正。由于车辆在道路上的行驶轨迹与转向盘的操纵密切相关，车辆可能会出现偏离车道或轨迹呈"S形"的情况。因此，根据转向盘的变化规律、车辆行驶轨迹的变化可以对驾驶疲劳进行检测。虽然基于驾驶人的行为特性的疲劳检测方法能够达到一定的识别精度，且测量过程不会给驾驶人带来干扰，但驾驶人的操作除了与疲劳状态有关外，还受道路环境、行驶速度、个人习惯、操作技能等的影响，故该方法的准确性与鲁棒性仍有待提高。

基于面部表情的疲劳检测方法是以机器视觉为手段，利用图像传感器采集驾驶人面部的图像，通过对驾驶人面部表情特征的分析来对疲劳状态进行判定。驾驶人的眼睛特征（如眨眼幅度、眨眼频率、平均闭合时间等）、嘴部运动特征（如打哈欠）都可直接用于检测疲劳，其中与眼睛状态相关的信息——眼睛闭合时间占特定时间的百分率（Percentage of Eyelid Closure Over the Pupil overtime，PERCLOS）是目前应用最为广泛的检测指标。1998 年美国联邦公路管理局通过在实验室中进行模拟驾驶实验，对多种疲劳检测方法进行比较，认为 PERCLOS 方法的准确率最高。基于面部表情的疲劳检测方法具有直观性、非侵犯性，检测装置简单小巧且易于安装，检测成本较低，故其很容易得到驾驶人的接受和认可。目前，基于 PERCLOS 的疲劳检测方法是应用最广泛的检测方法。

3）疲劳预警系统的产品介绍

20 世纪 90 年代，疲劳程度测量方法的研究有了很大的进展，许多国家已开始了疲劳驾驶车载电子测量装置的开发研究工作，尤以美国的研究发展较快。研究成果中具代表性的产品如下：

（1）美国 Attention Technologies 公司推出的 Driver Fatigue Monitor（DD850）是一款基于驾驶人生理反应特征的驾驶人疲劳监测预警产品，产品外形如图 9 - 13 所示。该产品通过摄像头采集驾驶人的眼部信息，采用 PERCLOS 作为疲劳报警

指标，可直接安装在仪表盘上，报警的敏感度和
报警音量均可调节。

（2）美国的 Electronic Safety Products 公司在
1999 年开发的转向盘监视装置（Steering Attention
Monitor，SAM）是一种检测转向盘非正常转动的
仪器，适用于各种车辆，其结构组成如图 9 - 14
所示。SAM 被固定在车内录音机旁，转向盘下面
的杆上装有一条磁性带，用以监测转向盘的运动。
转向盘正常转动时传感器装置不报警，若驾驶人

图 9 - 13　Driver Fatigue
Monitor（DD850）

在 4s 内没有对转向盘进行任何修正操作，SAM 就会发出警报提醒驾驶人，直到
转向盘继续正常转动为止。另外，SAM 与录像机配合使用可以为保险公司提供
证据。

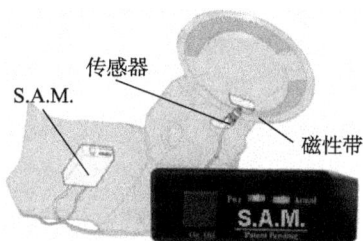

图 9 - 14　转向盘监视装置（SAM）的结构组成

（3）美国 AssistWareTechnology 公司推出的驾驶人疲劳检测产品 SafeTRAC，
利用摄像头识别车辆行驶前方的车道线位置，从而判断车辆在车道内的横向位置
和行驶方向，并结合转向盘运动信号推测驾驶人的疲劳状态。

（4）梅赛德斯 - 奔驰公司在 2009 年推出的新 E 级车上首次装配了驾驶人注
意力支持系统——"ATTENTION ASSIST"系统，其通过汇集 70 多组操控动作
参数（如转向盘转角和转速的变化），来监测驾驶人的注意力状态。

9.8　小　　结

智能车辆是各国智能运输系统的重要组成部分，先进驾驶辅助系统是智能车
辆研究成果在车辆上的具体应用，同时其发展也将为智能车辆实现无人驾驶奠定
坚实的基础。本章首先阐述了智能车辆的概念和研究意义，介绍了国内外智能车
辆的发展概况，在分析智能车辆的关键技术的基础上，总结了智能车辆的未来发
展趋势，通过介绍国内外的智能车辆比赛，总结了智能车辆比赛对智能车辆研究
的巨大推动作用，最后阐述了先进驾驶辅助系统的概念，详细描述了部分先进驾
驶辅助系统的功能、组成及关键技术等内容。

第 10 章

车联网及车－路协同系统

10.1　车联网及车－路协同系统概述

近些年来，随着城市交通拥堵、环境污染、能源消耗、交通事故等诸多问题日趋严重，世界各国对车联网及车－路协同系统的研究日益重视。车联网技术的快速发展，为解决上述城市交通问题提供了新的思路和手段，它不仅赋予智能交通更多的科技内涵，也在技术手段和管理理念上引起了革命性变革。尤其是车联网技术与车－路协同系统相结合，进一步为车路协同系统的应用搭建了一个宽阔的技术平台，提供了强有力的技术保障，极大地提升了智能运输系统的协调性和安全性。

车联网通常是指以车内网、车际网和车载移动互联网为基础，按照约定的通信协议和数据交互标准，在车－车、车－路、车辆与互联网之间进行无线通信和信息交换，以实现智能交通管理控制、车辆智能化控制和智能动态信息服务的一体化网络，它是物联网技术在智能运输系统领域的延伸。

车内网是以 CAN、LIN、TTCAN/FlexRay 等车内总线通信为基础的车内网络，其将车辆底盘和动力等电子控制装置、车载娱乐装置、导航装置等连接起来，实现了汽车众多传感器信息、车辆控制信息等的共享。车际网是以 DSRC、RFID、WiFi、Bluetooth 等短程无线通信为基础的 V2V（Vehicle to Vehicle）、V2I（Vehicle to infrastructure）、V2D（Vehicle to Consumer Device）网络。车载移动互联网主要指以 GPS/GLONASS/北斗等卫星定位导航及 GPRS、3G、4G 等远程无线通信技术为基础的车载信息服务系统（Telematics）。车内网为车际网和车载移动互联网提供车辆的运行状态及周边环境等信息，是实现车际网和车载移动互联网的基础。从近年来国际上 Telematics、V2V/V2I、车内网技术的发展趋势来看，三者在技术上逐渐融合，在体系上向 V2X 发展。车联网通过集成多种通信技术将车辆内部各部件、车辆内部与外部世界之间连接成网络，形成融合车内网、车际网、车载移动互联网的一体化网络。汽车是车联网的关键载体，信息化是车联网的核心，基于车辆信息化的应用是车联网的本质，便捷、舒适、高效、安全、节能是车联网的基本功能。

10.2　车载信息服务系统

10.2.1　Telematics 的产生与发展

车载信息服务系统的英文名称为 Telematics，它是远距离通信的电信（Tele-communications）与信息科学（Informatics）的合成词，指通过无线通信技术、卫星导航系统、网络通信技术和车载电脑等为驾驶人提供信息的服务系统。也就是说它通过无线网络，随时给行车中的人们提供驾驶、生活所必需的各种信息。Telematics 兴起于 20 世纪 90 年代末的北美市场，是汽车产业继 20 世纪 50 年代高压缩比引擎和 20 世纪 70 年代汽车电子技术应用后的又一次革命。

Telematics 的产生是源于汽车消费者对汽车安全性、舒适性等多方面不断增长的需求，无线通信技术、定位导航技术等的不断成熟与广泛运用，以及全球汽车工业竞争激烈的背景。各大汽车公司为了提高汽车产品的竞争力，不断满足消费者的各项需求，将无线通信技术引入汽车行业，为驾驶人提供导航定位、交通信息、娱乐服务等。

1）美国

Telematics 服务最早起源于美国，1996 年，通用公司组建了第一个 Telematics 系统，即通用 OnStar 系统，并首先在 1997 年凯迪拉克车型上应用。OnStar 将无线通信模块、车辆定位（GPS）技术及服务中心综合为一体，为驾驶人提供先进的通信服务。OnStar 把汽车 Telematics 终端机上的三个按键和卫星导航装置、中央信息服务中心相互连接起来形成一个网络，提供道路问询、远程解锁、远程车辆诊断、失窃车辆定位、安全气囊打开报警、撞车自动报警、道路救援等在内的车载智能通信服务。车内的无线网络可以收发 E－mail 和查寻天气、股票和体育新闻等多种信息。为了不影响安全驾驶，OnStar 选择了语音操作，并为驾驶人员提供转换成语音的内容以及 500 万条以上附近便利设施的信息。OnStar 系统是目前美国最大的 Telematics 服务提供商，由通用汽车公司控股，目前在北美建有 5 个呼叫中心，为超过 500 万的客户提供内容非常丰富的服务。

福特汽车公司与高通公司于 2000 年合资成立 Wingcast 车载信息服务公司，其中福特汽车公司占 85% 的股份，高通公司占 15% 的股份。Wingcast 系统的目标是把所有小汽车和卡车连接成一个互联网，组成一个庞大的汽车门户，其为安全驾驶配备了语音操作系统。此系统通过 200 条语音指令进行操作，执行指令的详细过程显示在液晶屏幕上。在此系统里，屏幕取代传统的仪表盘，提供各种信息，它还可以收发 E－mail，获得新闻、股价、天气、购物、金融等信息。安装在车上的 "Traffic View" 系统会在紧急时刻，派急救车赶往事故地点。但是，Wingcast 项目的进展并不顺利，福特汽车公司于 2002 年宣布 Wingcast 计划失败，转而与 ATX 公司合作，为福特的车型提供 Telematics 服务。2007 年，福特汽车公司联合微软推出了新一代的车载信息服务系统——福特 SYNC 系统，这是一款专为手机和数字媒体播放器配备的车载多媒体通信娱乐系统。它摈弃了传统车载信息系统固定的模块化设计，采用了近乎全开放式的平台为车主提供服务。2008年福特汽车公司正式推出了 SYNC，受到消费者的欢迎，仅美国市场前三个月的销量便突破了 3 万台。福特 SYNC 属于娱乐性人机交互平台，重点强调了车辆与手机通信器材的无线通信，其具有适用范围广泛、兼容性强、准入门槛低等突出优势。而在最新版本的 SYNC 上，福特汽车公司顺应潮流也增加了诸如安全气囊启动检测、紧急援助（拨打求援电话）服务，增加了定制交通报告、实时交通信息、汽车导航以及定制各种信息服务等功能。另外，SYNC 也具备车辆体检报告功能，能从主要的车载控制模块中收集信息，不过它会通过经由用户设置匹配的移动电话拨打 800 免费电话，并将信息传送给福特汽车公司，让车主在第一时间内获知车辆的信息。对比通用和福特两大汽车公司的 Telematics 系统，其设计理念不同，各有特色。通用公司强调极简的设计，注重安全、救援、导航等与驾驶关联性高的应用，为了让系统操作简便，也大量采用呼叫中心来辅助提供服务；福特汽车公司则是凭借软件系统的强化，以语音辨识来简化系统操作，结合手机等来满足驾驶人及乘客的需要。因为采用软件系统整合，SYNC 系统便于持续升级，包括原本不具备的双向通信/语音导航、实时信息陆续出现在 SYNC 的新版本中。

北美地区提供车载信息服务系统的不仅有通用、福特等汽车公司，还有 ATX 以及 Hughes Telematics 等独立于汽车公司之外的第三方公司。ATX 从 1996 年开始与福特、摩托罗拉合作，为林肯车系开发车载信息服务系统 RESCU 系统，目前仍然与许多高级汽车品牌合作（如宝马、奔驰、劳斯莱斯、迈巴赫），提供定制化的 Telematics 服务。日本丰田汽车公司也在 2009 年选择与 ATX 合作在北美推出 Telematics 服务，以降低如系统建设维护、客服人力、信息内容采集等的成本。目前 ATX 可提供紧急救援、事故报警、实时路况与导航、远程诊断、互联网、信息娱乐等各种应用服务。ATX 在与各大汽车厂家合作时，会根据汽车厂家的需求，提供量身打造的系统界面和功能，因此欧洲厂家的车辆和日本厂家的车辆相继选择与其合作，以降低自身运营 Telematics 系统的成本。Hughes Telematics 是美国提供 Telematics 服务的另外一家第三方公司，其在通信技术上具有一定的优势，并独资拥有 Networkcar 公司（提供车队管理和服务）。自 2007 年起，Hughes Telematics 与克莱斯勒公司合作提供 Telematics OEM 服务，2009 年成功与奔驰公司达成协议，从 2009 年 11 月开始为奔驰新车提供 Telematics 系统，原奔驰用户可继续使用 ATX 服务，亦可选择更换为 Hughes Telematics 系统。Hughes Telematics 除了为汽车厂家提供 OEM 业务外，也经营后装市场，如协助车队构建 Telematics 系统，提供车队管理解决方案。

2）欧洲

欧盟对智能运输系统历来非常重视。Telematics 产业发展也得到了欧盟政策的有利推进，特别是紧急救援与安全服务。2001 年欧盟启动 eSafety 计划，参与者包括欧盟、各国产业协会及各部门，目的在于利用通信技术，加速智能化安全系统（Intelligent Integrated Safety Systems）的发展，以降低事故发生率与伤亡率。eCall 计划是 eSafety 计划的一部分，该计划的目的是，发生事故后，利用无线通信技术，协助有关部门提供实时性道路救援以降低伤亡率。

eCall 系统的主要服务包括：①在车辆上安装黑盒子，当安全气囊引爆时，结合车上的卫星定位装置，自动将求救信号与车辆定位信息透过无线通信网络，传送至当地紧急事故处理中心；②当事故发生（但气囊未引爆）或车辆临时抛锚时，可通过车上的通信按钮，联络当地紧急事故处理中心或维修中心。

2010 年 11 月，欧洲完成了跨欧洲的 eCall 试验。三辆分别从马德里、雅典和赫尔辛基出发的汽车历时 2 周，先后穿越 16 个欧洲国家，最终到达布鲁塞尔，总里程达 1.6 万 km。在两周试验过程中，车载远程信息处理单元通过德国电信及其漫游合作伙伴的移动网络共发出 1.5 万次 eCall 信号。这些 eCall 由 IBM、安联无线电定位服务和宝马服务器或呼叫中心接收并处理。该试验旨在证明 eCall 无需依赖当地的在用标准，即能在全欧洲范围内跨国界进行可靠的运作，且车用通信解决方案与欧盟现有的 eCall 标准兼容。

在 eCall 试验获得成功的基础上，2014 年欧洲议会宣布，2015 年 10 月份前，在欧盟境内出售的所有型号的家用车和轻型乘用车都必须安装一种名为 eCall 的自动紧急呼叫系统，以提升道路交通安全，减少事故伤亡。eCall 紧急呼叫系统能够在发生撞车事故后自动拨叫欧洲统一的紧急救援电话 112，并报告事故车辆所处的位置。

欧盟积极推动的 eCall 服务，将极大地推动 Telematics 在欧盟区的发展，为 Telematics 设备及服务提供商带来巨大商机，也将带动整个欧洲步入 Telematics 服务时代。为了响应欧盟的 eCall 计划，各主要汽车制造商提供的紧急救援服务日臻成熟。同时，Telematias 系统服务领域也在积极扩张，从紧急救援和导航服务扩展到道路支援、信息咨询等更广阔的领域，新的 Telematias 服务品牌也在不断涌现。

3）日本

日本 Telematics 的发展表现出与北美和欧盟区不同的特点。日本 Telematics 的发展是以汽车导航系统为主，交通信息服务次之，内容服务由移动运营商完成。日本车载导航的市场规模超过北美和欧盟区，居全球第一位。

日本很多消费类电子设备厂商纷纷投入到车载导航系统的研发，包括松下、先锋、三洋、三菱等。随着 Telematics 的发展，车载信息服务在导航系统的基础上不断扩展，服务更加多元化。丰田、本田、日产、马自达等汽车公司也先后推出 Monet、G – Book、Internavi、Compass Link、Mazda Telematics Center 等系统，但目前仅存 G – Book 和 Internavi 两套系统，其中 G – Book 占有绝对优势，成为日本最大的车载信息服务网络。

4) 中国

我国 Telematics 的发展应用与国外存在着较大的差距。2009 年号称中国 Telematics 元年，2009 年 3 月丰田率先将 G – Book 引入中国，其采用中国电信 CDMA 网络，能够向车主提供北京、上海、广州、深圳的交通信息服务，最早在雷克萨斯 RX350 配置，5 月开始装配于凯美瑞，随后逐渐拓展至雷克萨斯全系，及皇冠等车型。上海通用在 2009 年 12 月开始向凯迪拉克车主提供安吉星服务，同样使用了中国电信的 CDMA 网络，并迅速向下覆盖至别克和雪佛兰品牌，不仅中高端的君越、君威可以装配，甚至连凯越、英朗这类紧凑型车的车主都可以享受到安吉星的服务。其他在国内的国外汽车公司也纷纷宣布旗下某一款汽车将进行 Telematics 定制。福特汽车通过手机蓝牙为 SYNC 车主提供量身定制适合在车内环境使用的应用服务。奔驰汽车加载 Telematics 系统后，车主通过手机客户端应用可实现车辆的远程控制。宝马未来将开发宝马 App 应用，车主可以把应用下载到自己的车里。奥迪在未来推出的产品将强调个人信息、通信技术应用（Personal ICT）。在国外公司将 telematics 服务引入中国之后，国内的众多自主品牌汽车公司、汽车服务公司、通信公司也开始介入车载信息服务系统的研发和推广。广东好帮手电子科技股份有限公司于 2009 年 11 月在广州发布了好帮手电子"E – CAR 车载网络信息平台"；上汽于 2010 年 4 月在荣威 350 车型上推出了首个基于联通 3G 网络的前装 Telematics 服务——INKANET。更多的自主品牌汽车公司也纷纷推出了 Telematics 服务：华泰汽车公司 TIVI、长安汽车 inCall、吉利 G – Netlink、比亚迪 I 系统、华晨 E – drive 等。

10. 2. 2　Telematics 的系统构成及业务功能

1) Telematics 的系统构成（图 10 – 1）

Telematics 系统主要由车载信息服务终端、无线通信网络和后台服务中心组成。用户操作车辆按键提出需求，车载信息服务终端获得用户输入的内容后通过内置无线通信模块发出服务请求，无线通信网络将请求传送到后台服务中心，后台服务中心根据服务类别提供人工语音服务，调用相应的应用软件，生成服务数据，将数据发送回车载信息服务终端，车载信息服务终端解析数据后可通过与整车的接口在车载屏幕上显示，或使用内置 TTS 软件将数据合成为语音，通过车载音响娱乐系统播放。

车载信息服务终端包括系统控制单元、无线收发器、GPS 定位装置、车辆总线接口和人机交互接口等。

后台服务中心由呼叫中心、数据中心组成，其中呼叫中心负责提供人工服

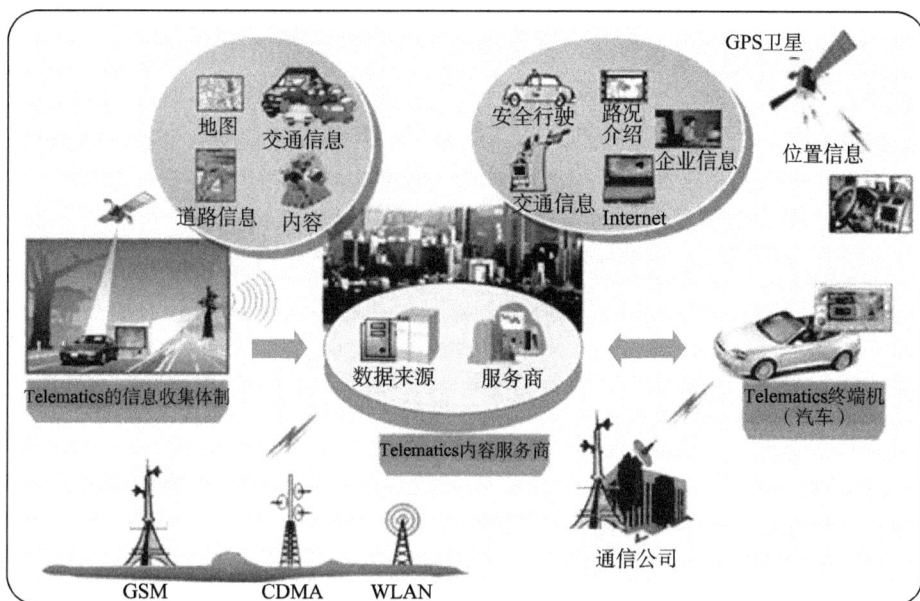

图 10－1　Telematics 的系统构成

务、调用应用软件，数据中心负责应用软件的运行及所有数据的获取、处理和储存。呼叫中心主要完成用户接入、服务受理、数据采集及部分信息预处理工作。用户通过电话或互联网接入企业呼叫中心进行咨询、查询以及投诉建议等活动。数据中心集成所有应用服务程序与多个数据库，与所有内容提供商或服务提供商的服务器建立连接，从数据库中调用数据或通过规定的协议获取数据，由应用服务程序处理后封装发送至呼叫中心或车载信息服务终端。无线通信服务包括数据、语音通信服务，数据通道利用无线通信技术，在车载信息服务终端和服务中心业务层之间进行数据传输，而语音通道则应用车载信息服务终端的电话功能与呼叫中心进行语音通话。语音通道是由呼叫中心平台提供，为终端用户拨打呼叫中心的服务电话号码的通道，话务员通过电话与终端用户沟通，了解服务需求后可以为用户提供兴趣点查询、天气预报、路况咨询、事故救援等服务功能。

2）Telematics 的业务功能

Telematics 的业务功能主要包括以下几种：

（1）辅助导航。辅助导航是指由车载终端为驾驶人提供路线导航，帮助其顺利到达目的地的功能。与普通的 GPS 导航设备不同，汽车信息服务业务的辅助导航路线不仅可由驾乘人员直接操作车载终端来进行路线设置，也可通过一键呼叫人工坐席，由坐席人员为其进行远程路线设置。此外还可由驾乘人员通过互联网登录后端汽车信息服务平台系统进行路线设置，并经由后台系统将导航信息下发至车载终端。两种方式都能为驾乘人员的导航信息设置带来很大便利，避免了行车过程中操作车载终端的不便和潜在的安全威胁。

（2）紧急救援。紧急救援功能包括人工和自动碰撞通知两种方式，是指在车辆发生事故或其他紧急情况时，驾乘人员通过车载终端或由车载终端自动发起到后台呼叫中心的紧急救援电话，以得到救援机构的快速救助。自动碰撞通知功能不同于普通的紧急救援电话服务，在车辆发生碰撞时，一旦安全气囊弹开，先进的自动碰撞通知的功能可以自动发送车辆信息（如车辆型号、车辆的当前位置、车主信息等）和从汽车总线获取到的车辆状态信息（如碰撞程度、碰撞位置、车辆故障原因等）到呼叫中心，方便救援机构在第一时间获取事故现场的情况，选择合适的救援设备和人员，从而快速有效地救援。在出现严重交通事故等特殊原因导致驾乘人员昏迷的情况下，紧急救援自动通知功能将会对及时有效的救援起到至关重要的帮助作用。

（3）车况及安防。车况及安防功能包括车况信息通报、车辆异常告警、车辆远程位置跟踪和车辆维修保养通知等。

①车况信息通报功能。车况信息通报功能是指车载终端通过与行车电脑、车载总线的互联，实时获取车辆运行状况并将其上传至后台系统，除车主可随时查看车辆的各种车况数据外，车厂也可及时方便地对车况数据进行提取，对车辆的相关特性进行统计分析，以改进车辆缺陷。

②车辆异常告警功能。车辆异常告警功能是指车载终端通过与行车电脑、车载总线的互联，实时获取车辆异动情况（如车门异常开启、异常位置移动等）并将其上报至后台管理系统，及时进行短信、电话呼叫等形式的告警；也可根据车主的远程遥控指令进行鸣笛、闪灯等提醒操作。

③车辆远程位置跟踪功能。车辆远程位置跟踪功能是指车载终端实时进行车辆位置GPS定位并将其上报至后台系统，根据授权情况，被授权人员可实时查看车辆的当前位置和历史位置踪迹。

④车辆维修保养通知功能。车辆维修保养通知功能是指当车载终端从行车电脑、车载总线获取车辆已有或潜在的故障信息（如车辆冷却液过少、胎压过低、车辆需进行维修保养等）时，及时提醒车主进行车辆维护和保养。

（4）实时交通信息。车载终端可通过3G、4G等无线网络实时获取交通信息并在车载终端上展示，以供驾乘人员选择行车路线时参考。

（5）位置服务。位置服务主要是通过车载终端进行POI信息、生活资讯信息等的查询和获取。该功能除在车载终端上进行查询外，也可通过语音方式让后台坐席人员查询后通过无线网络同步至车载终端进行展示。

（6）娱乐资讯。娱乐资讯服务主要包括天气预报、股市交易、实时新闻、移动社交网络、移动办公、在线电台、在线音视频等内容。娱乐资讯服务可通过车载终端实时向服务平台请求获取。为保证驾乘人员的行车安全，在车辆行驶状态下，车载终端还可为客户进行文字类信息的语音播报。

（7）基础通信。当驾乘人员有通信需求时，可一键接通呼叫中心，由呼叫中心坐席人员提供语音呼叫、代拨服务、短信服务和客户通信录管理服务等。

10.3　车－路协同系统

车－路协同系统是指应用先进的通信技术、传感器技术等获取车况和交通信息，在相邻车辆之间、车辆与路侧交通基础设施及交通控制中心之间实现信息的互通、共享及协同配合的系统，它可以充分利用和优化系统资源，提高道路交通的安全性，缓解交通拥堵。

10.3.1　车－路协同系统的产生与发展

传统以修建或扩展道路解决交通问题的方法随着城市发展和土地资源越来越紧缺已变得不再可行，在这种背景下，把车辆和道路整合起来，以计算机、通信及自动控制等先进技术为手段，旨在系统高效地解决交通拥堵、交通安全、交通环境等问题的车－路协同系统应运而生。另一方面，车辆安全技术，尤其是主动安全技术得到了快速发展，ABS、ESP 等安全稳定控制已非常普及，碰撞预警、车道偏离预警等安全预警技术日益成熟并开始大量在车辆上得到应用，各国安全法规及技术的不断推动，进一步促进了车辆安全技术从主动安全向协同式安全及系统安全发展。

车－路协同系统涉及车辆与道路基础设施间的信息交互，单一的汽车厂商无法开展系统的研究和部署，故与主要是由汽车厂商推动的 Telematics 系统相比，车－路协同系统主要是由政府主导推动相关的研究。世界各国实施的车－路协同系统项目主要有美国的 Intelli Drive 项目、Safety Pilot 项目，日本的 Smartway 项目，欧洲的 DRIVE C2X 项目，中国的 863 项目"智能车路协同关键技术研究"等。

1）美国

美国运输部于 1998 年提出了 IVI（Intelligent Vehicle Initiative）计划，并开始组织实施。该计划的基本目标是，提高出行人员的安全系数，减少由交通事故造成的人员伤亡，重点是降低交通事故中的人为因素、加强车辆安全保障系统的研发。美国于 2001 年开始组织实施车辆安全通信项目（VSC）。2005 年，美国提出了汽车与道路设施的集成（Vehicle Infrastructure Integration，VII）计划，该项目的核心是构建能够在车辆与车辆，以及车辆与基础设施或手持设备之间实现高速信息交换的网络环境。2007 年，VII 项目被重新命名为 Intelli Drive 项目。Intelli Drive项目由美国联邦公路局、AASH－TO、各州运输部、汽车工业联盟、ITS America 等组成的特殊联合机构共同实施。Intelli Drive 包含安全性、交通机动性以及对环境的友好性等多项特点，其重点强调了安全性指标。该项目通过多种车载/路侧设备以及相关无线通信技术的开发以及系统集成，为驾驶者提供更多的信息，支持驾驶者作出更加准确与安全的策略，从而提高道路的安全与效率。这些设备将不仅仅提供相关的信息，也将与车载的自动安全系统联动，当驾驶者在危险状况下没有或没有及时作出避险操作与响应时，车辆将自动采取合理措施以避免交通事故的发生。与此同时，由于交通系统联网运作，系统管理者、驾驶者、出行者以及各种交通方式的运营者都能够及时获取其需要的信息，从而提升人员和货物的移动效率，减少运输成本，提升交通系统的安全性。

2011 年，美国运输部提出了 Safety Pilot 项目，该项目旨在测试车－路协同安全技术、应用程序和系统在真实道路交通环境中的性能，评估系统的人因特征和可用性，并通过数据分析来呈现这些技术的潜在安全效益，并为美国国家公路安全管理局制定在车辆上部署车间通信装置的决策提供数据支持。Safety Pilot 项目由密歇根大学运输研究所负责实施，项目组在安娜堡的城市道路和周边的高速公路上部署了信号发射装置，将近 3 000 辆车参与了该项目，参与车辆安装的试验设备能够采集车辆行驶的位置、速度等信息，能够与路侧设备、其他实验车辆进行信息交换，其中有约 300 辆车辆安装了预警装置，能够根据路侧设备、其他实验车辆发送的信息向驾驶人发出预警信息。Safety Pilot 项目的实验部署原计划为 2 年，2014 年，美国运输部同意进一步深化 Safety Pilot 项目的实验部署，延长了实验部署计划，并将实验车辆增加到 9 000 辆。

美国国家公路交通安全局拟根据 Safety Pilot 项目的最终实验结果，确定是否最终颁布车辆部署车间通信装置的法规，该法规拟要求全美出售的汽车和其他小型车辆必须安装车－车通信系统，使相邻车辆能够利用 DSRC 等无线技术相互交换车速和方向等基本数据，从而提供车距等安全信息，及时为驾驶人报警，以有效阻止交通事故的发生。

2）日本

日本在车－路协同的研究上起步较早。在 1995 年，日本开始开发道路交通情报通信系统（VICS），该系统是车－路协同在日本交通领域的首次尝试，它主要通过安装在全国道路上的信标和 FM 多路广播，实时地将交通信息和路况信息传送给车辆上的 VICS 导航装置，驾驶人根据导航装置显示的交通堵塞、旅行时间、交通事故、道路施工、停车场及空位等实时交通信息，选择合适的路径，从而大大地提高了车辆的通行效率。该系统已经在日本开始全面实施，80% 的地区可以收到 VICS 信息，极大地方便了人们的出行。日本从 2001 年开始从事电子不停车收费系统（ETC）的研究与开发，其标准化统一以及其他前期准备工作非常充分。日本国内采用全国统一标准，同样的系统全部是在同一个标准下，每一个路口实现一卡通。ETC 在日本的普及率很高，装车率已超过 50%，利用率将近 90%。从 2007 年开始，日本将 VICS、ETC、DSRC、ASV、AHS 及其他通信技术，与道路的基础设施进行整合，推出 Smartway 系统。该系统遵循日本对 ITS 研究所一贯遵循的系统集成理念，以道路和车辆作为研究的基础，以信息采集、信息传递和信息处理作为研究核心，以提高出行的安全和效率作为研究目的，不断加快道路基础设施的智能化和车载终端设备的一体化进程，最终实现车路之间的协同运行。Smartway 系统提供的功能主要包括辅助安全驾驶信息提醒服务、静止图像信息服务、浮动车信息采集服务、道路紧急援助服务以及停车场电子付费服务等。

3）欧洲

欧盟于 2003 年开始启动 eSafety 项目，其主要内容是，充分利用在信息处理和无线通信领域的先进技术，加快保障车辆安全系统的研发工作，并制定出车辆安全便捷出行的解决方案。在对保障车辆安全的系统进行研发时，除了孤立的车载安全保障设备，还需考虑动态的车－路协作式的车辆安全系统的开发，即通过高效、准确的车路间信息共享，预评估车辆出行的潜在危险，从而提高人们的出行安全。从 2004 年开始，欧盟又先后确立了智能安全车－路系统(SAFESPOT)、基于合作的智能安全道路（COOPERS）和基于合作的车－路系统（CVIS）三大项目，来加大对车－路协同技术的研究力度，并对车－路协同的通信技术进行开发、标准化和推广。SAFESPOT 项目的主要研究内容是，安全车速和安全车距维持、交叉口安全辅助、危险区域警示和避免碰撞行人及非机动车辆；COOPERS 项目的研究内容是，车－路通信功能、车辆作为移动探测器和安全高速的通信；CVIS 项目的核心是车－路多种方式混合通信解决方案。近年来，欧洲在车－路协同技术的研发工作逐渐成熟的基础上，开始致力于车－路协同技术的大规模道路运行测试项目（DRIVE C2X）。DRIVE C2X 项目涵盖了欧洲 7 国（德国、法国、荷兰、意大利、西班牙、芬兰、瑞典）的车－路协同系统测试项目，测试的主要目的为，针对 5.9GHz 的车－路协同系统的关键技术进行标准适应性和性能测试、车－路协同系统在现有道路运行的适应性以及多方面应用的性能评价、创建泛欧洲车－路协同项目的统一测试架构与评估平台。推动 DRIVE C2X 项目的组织除了欧盟有关机构外，欧洲车－车通信联盟（Car－2－Car Communication Consortium，C2C－CC）也是重要的组织者。欧洲车－车通信联盟是由欧洲主要的汽车制造厂商发起，由设备供应商、研究机构和其他伙伴支持的非营利性、行业驱动的组织，其致力于建设由车－路通信支持融合车－车通信的协同智能运输系统，以进一步提高道路交通的安全性和效率。

4）中国

和国外发达国家相比，我国在车－路协同技术领域的研究尚处在起步阶段。在"十五"和"十一五"期间，国家科技计划对车－路协同相关技术进行了部署，清华大学、北京航空航天大学、同济大学、北京交通大学、国家 ITS 中心等高校和科研单位已经在车－路协同技术中的车－路协同通信、交通信息提取、车辆主动安全控制、交通协同控制和车－路协同仿真等方面开展了探索性研究。

2011 年我国启动了国家 863 计划主题项目"智能车－路协同关键技术研究"，该项目的研究目标是，实现智能车－路协同的交通信息采集，车－车/车－路信息交互，集成智能车载、路侧设备和系统；建立智能车－路协同系统测试验证环境，实现关键技术与系统的仿真测试验证；初步建立我国车－路协同技术框架体系，抢占智能车－路协同前沿技术制高点，为智能运输系统产业升级提供技术保障。2014 年该项目顺利完成，搭建了我国首个智能车－路协同集成测试验证实验系统，演示验证了所开发的智能车载系统与智能路侧系统。

10.3.2　车－路协同系统的关键技术

从系统的角度，车－路协同系统可分为智能车载、智能路侧、交通监控中心等子系统。智能车载系统主要由车载信息获取、车载通信和车载警示与控制子系统组成，智能路侧系统由路侧信息获取、路侧通信、信号及信息发布子系统等组成，交通监控中心由数据处理、分析、决策等子系统组成。车－车通信、车－路通信技术是车－路协同系统的核心。车－路协同系统的关键技术主要涉及智能车载系统关键技术、智能路侧系统关键技术、车－路/车－车通信技术、智能信息处理及车－车/车－路控制技术等。

1）智能车载系统关键技术

智能车载系统主要是将各类传感器获得的车辆行驶状态信息、周围的环境信息以及车辆本身的信息等，经过车载单元的分析和处理向驾驶人提供信息服务。智能车载系统还能通过与路侧系统之间的通信，接受控制中心发送的信息和指令。智能车载系统技术可划分为车辆精确定位技术、车辆行驶安全状态及环境感知技术和车载一体化系统集成技术。

（1）车辆精确定位技术。

在车－路协同系统中，车辆的位置信息是最重要的一环。只有知道车辆对象所处的位置，才能进一步实现车辆监控、辅助驾驶、在线调度和路径优化等相关功能。目前对车辆定位技术的研究较多，但是如何对车辆进行精确定位，尤其是在复杂的城市环境下进行定位仍是难点。城市是高楼大厦林立的地方，多路径效应导致卫星导航信号质量下降，定位精度降低，无法满足车辆精确定位的需求，研究基于多种卫星定位导航系统、惯性传感器、通信网络等多种手段的环境感知技术，以及高精度多模式车载组合定位、惯性导航和航迹推算、高精度地图及其匹配等技术，实现车辆的无缝全天候高可信精准定位，这将是车辆精准定位技术发展的主流方向。

车辆在运动过程中，常伴有跟随、换道等行为。车－路协同系统应用中重要的一项为辅助驾驶乃至自动驾驶。辅助驾驶需要获得车辆在车道内的位置、与前后车的相对距离、与邻近车道内同向行驶车辆的相对位置、与对向车辆的相对位置等，对位置信息的精度要求很高。而由于卫星定位信息精度不够，仅靠绝对定位不能满足辅助驾驶的需求，因此需采用车载传感器来进行相对定位。常见的用来进行相对定位的传感器有两种，一种是以激光雷达、毫米波雷达为代表的距离传感器，另一类是视觉传感器。激光雷达和毫米波雷达这类距离传感器的原理都是依靠发射信息来测距，因此可以测量车与车之间的距离、车与障碍物之间的距离，但对于车辆在车道上的位置识别却无能为力。视觉传感器可用来进行位置识别，通过对车道线进行识别以获取车辆在车道中的横向位置信息，甚至可以测量其与周边车辆的相对位置信息。

（2）车辆行驶安全状态及环境感知技术。

车辆行驶安全状态及环境感知是发展智能车辆的基础，也是基于多传感器机器感知的车－路协同系统车辆辅助安全驾驶的核心问题。其涉及的主要技术有：车辆制动、转向、侧倾等自身运行安全状态参数的实时获取和传输技术，驾驶人危险行为的在线监测技术，基于多传感器的行驶环境（他车信息、障碍物检测等）检测技术。综合以上技术实时监测、获取与感知复杂路况下车辆的危险状态信息、驾驶行为和行驶环境状态，从而更有效地评估潜在危险并优化智能车载信息终端的功能。

（3）车载一体化系统集成技术。

该技术包括行车安全预警与控制、基于智能交通信息服务的安全控制等相关技术。在车－路协同系统应用中，车辆将自身感知到的信息、车－车之间通信交互得到的信息和车－路通信得到的（路侧设备采集到的）信息进行处理，进而提供危险状况预警、对车辆运动状况进行辅助控制、动态交通诱导、停车诱导等相关服务。对危险状况进行预警是最基础的安全保障方法，通过对各个来源的信息进行分析，对危险状况进行量化并分级，根据不同的级别提供不同的预警信息，并给出解决建议。车辆状态辅助控制则是更高一级的安全保障措施。在对车辆运动状况进行辅助控制的过程中，既要考虑对车辆的运动状态进行调整以达到紧急避险的效果，还要保证在调整的过程中车辆状态的改变对驾驶人和乘客的影响尽可能小。基于智能交通信息服务的安全控制则综合本车传感器获得的车辆运行状态、周边环境信息，以及周边车辆和交通信息，控制车辆的运行状态，以保证车辆的行驶安全。

2）智能路侧系统关键技术

多通道交通状态信息辨识与采集是智能路侧系统的核心技术，智能路侧系统利用道路设置的各种监测系统，获取道路状况、路面状况、交通堵塞情况、旅行时间等信息。多通道交通状态信息辨识与采集是智能路侧系统的核心技术，可分为多通道交通信息采集技术、多通道路面状态信息采集技术、路侧设备一体化集成技术等。

（1）多通道交通信息采集技术。

实时、准确的交通信息采集是实现车－路协同系统主要应用的前提和关键。

在车－路协同中交通信息采集最关注的是动态交通信息中的交通流信息，如车流量、平均车速、车辆定位、行程时间等。目前交通信息采集方式主要有感应线圈检测、微波检测、红外线检测、视频检测以及基于 GPS 定位的采集技术、基于蜂窝网络的采集技术、基于 RFID 的采集技术等。但每种采集技术都有其优势和不足，应根据应用需求，结合各种采集技术的优点，对多种信息采集技术进行融合，提高路网交通状态的实时检测精度。

（2）多通道路面状态信息采集技术。

路面状态良好是保证车辆安全运行的基础条件之一，对于路面状态需要采集的信息主要包括：道路路面状况（积水、结冰、积雪等）、道路几何状况（车道宽度、曲率、坡度等）、道路异常事件信息（违章车辆、发生会车、碰撞事故、非法占用车道的障碍物）等。单一的传感器无法满足多路面状态信息实时采集的要求，因此，必须通过融合多传感器信息，如雷达、超声波、计算机视觉以及无线传感器网络等，实现车辆间、车路间的信息交换，才能实现道路路面状况信息的实时采集。

（3）路侧设备一体化集成技术。

智能道路基础设施涉及路况信息感知装置、道路标识电子化装置、基于道路的各种车－路协调装置、信息传送终端等。为了满足车－路协同系统的需求，可集成多种信息采集技术，从而实现路侧设备无线通信和数据管理一体化功能。

3）车－路/车－车通信技术

车－车、车－路基础设施间的无线通信是实现车－路协同系统的各种具体应用的基础，由于车辆移动速度快，这导致隐藏点问题、信道捕获问题等问题更严重，故要求车辆/车路之间的通信具有高可靠性和可扩展性。同时由于车辆高速移动，这导致网络拓扑结构变化快，因此，车－路/车－车通信技术应能适应通信时延要求低，提供快速信道接入与对等通信的要求，以满足道路安全应用的短时数据交换的需求并避免对通信基础设施的依赖性。目前国际上选用 IEEE 802.11p 协议作为车－路/车－车通信的协议，以符合智能运输系统中相关应用的需求。IEEE 802.11p 协议是由 IEEE 802.11 标准扩充的无线局域网标准，是对 802.11 协议的物理层和 MAC 层提供功能上的增强。

车－路协同系统的通信安全也是车－路/车－车通信技术重点要考虑的方面，通信安全技术和公共基础设施是车－路协同系统保护用户隐私数据和防止通信攻击的必要手段。车－车/车－路网络具有无中心、自组织等特点，传统有线网络中成熟的安全保障机制无法得到直接应用，这使得车－车/车－路网络更容易受到来自恶意节点的安全威胁。为了保证车－车/车－路网络的安全，需要考虑合法用户认证、合法公共安全车辆身份认证、防止消息截获、消息加密等，同时系统还需要具有一定的鲁棒性，以保证系统在存在攻击的情况下仍然可以正常工作以及对个人隐私进行保护。

4）智能信息处理及车 - 车/车 - 路控制技术

车 - 路协同系统不仅涉及众多节点，而且可能存在各种各样的业务在并发运行，因此车 - 路协同系统需要考虑采用云计算或并行处理方式以提高运算能力。车 - 路协同系统所收集到的交通信息量非常巨大，如果不对这些数据进行有效的处理和利用，就会迅速被信息所淹没。因此需要采用数据挖掘、人工智能等方式提取有效信息，同时过滤掉无用信息。考虑到车辆行驶过程中需要依赖的信息具有很大的时间和空间关联性，因此有些信息的处理需要非常及时。另外，很多车 - 路协同系统的应用与车辆行驶的速度和当前的位置有密切的关系，因此如何基于速度和位置作移动预测，并建立业务自适应的触发机制显得非常必要。

车 - 车/车 - 路控制技术能够利用全时空交通信息进行交通系统的协同控制，为交通管控提供了新的技术方法，主要分为面向效率和面向安全的控制技术。面向安全的控制技术包括弯道侧滑/侧翻事故预警、智能车速预警与控制、无分隔带弯道安全会车、车间距离预警与控制、临时性障碍预警等技术。面向效率的控制技术包括基于车 - 路协同信息的交叉口智能控制技术、基于车 - 路协同信息的集群诱导技术、交通控制与交通诱导协同优化技术、动态协同专用车道技术、精确停车控制技术等。

10.3.3 车 - 路协同系统的体系结构

车 - 路协同系统总体上由车辆子系统、路侧子系统、数据传输子系统、交通监控中心子系统等组成，如图 10 - 2 所示。

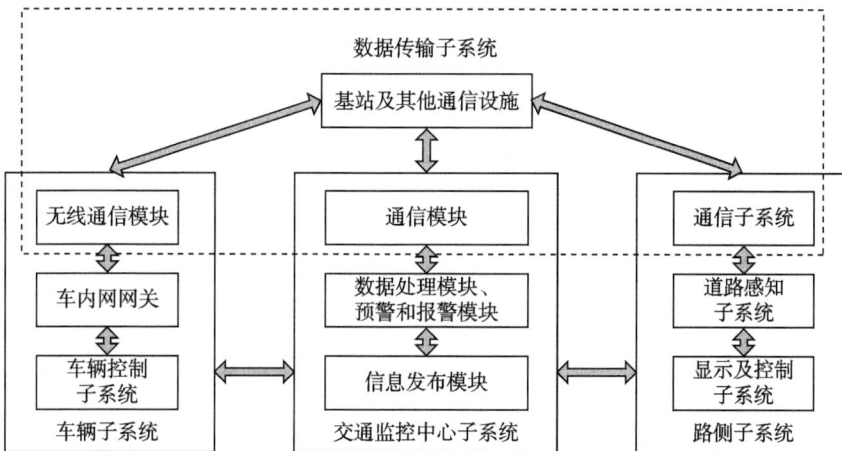

图 10 - 2 车 - 路协同系统的体系结构

1）车辆子系统

车辆子系统主要由无线通信模块、车内网网关、车辆控制子系统组成。无线通信模块分为短程通信模块和远程通信模块，短程通信模块实现车辆和路侧子系统、车辆与周边车辆间的信息交换，远程通信模块则实现车辆与交通控制子系统间的信息交换。无线通信模块向外发送车辆控制子系统采集的信息，接收外部车辆、路侧子系统、交通监控中心子系统发送的信息。车内网网关实现车辆内部的控制网络和无线通信模块之间的互联。车辆控制子系统根据车载传感器检测的车辆运行状态信息、周边环境的道路交通信息及路况信息，以及所接收的外部信息对车辆的运行进行控制或通过车载信息显示装置向驾驶人发出预警和提示信息，以保证车辆的安全行驶。

2）路侧子系统

路侧子系统主要由通信子系统、道路感知子系统、显示及控制子系统组成。通信子系统分为短程通信模块和远程通信模块，短程通信模块实现路侧子系统和周边车辆的信息交换，远程通信模块可采用无线和有线通信两种模式，实现路侧子系统和交通控制子系统之间的信息交换。

道路感知子系统车辆由安装在道路上的地磁、超声波、红外、RFID、信标、视频检测器和道路气象站、路面路况检测器等组成，该子系统又分为道路交通感知模块、道路气象感知模块和路面状况感知模块3部分。道路交通感知模块主要通过各种道路交通检测器采集交通流量、速度、占有率、车头时距等交通流参数及车辆运行状况信息，也可以采集车辆的行程时间、行程速度等交通参数。道路交通感知模块的主要功能是通过获取道路上的交通流信息，实现对交通流的宏观监控。道路气象感知模块主要用于采集道路沿线的气象信息，如冰、雪、雨、雾、冻、大风等。道路路面状况感知模块主要用于感知道路路面的结冰、湿度、凹凸、障碍物等信息。它们一方面为驾驶人提供实时的道路与气象信息，另一方面为道路管理者的交通监控与管理提供可靠的气象分析依据。路侧感知子系统可接入多种交通和路况检测设备，能够感知动态的道路交通环境，快速识别突发交通事件或可能出现的交通拥挤。

显示及控制子系统由安装在道路沿线的信号控制装置、可变信息板、路旁广播等组成。该子系统能够通过通信子系统自动接收来自监控中心的交通控制信息，实现对道路上车辆的交通信号的实时控制；也可接收来自监控中心的各种预警、报警信息或交通诱导信息，实现对特定路段或特定区域的各种预警、报警和交通诱导信息的发布。信息发布的对象可以是该路段或区域内的群体车辆，也可以是指定车辆。信息发布的途径可以是路侧各种信息发布装置，也可以直接传送到车载信息显示装置上。

3）数据传输子系统

车载通信模块、路侧通信模块、移动通信基站以及其他通信设施共同组成了信息传输子系统，用于实现短距离无线通信及远距离有线或无线通信与数据传输。

车载通信模块主要用于车－车通信和车－路短距离通信与数据交换，路侧通信模块则主要用于车路、路路间的信息通信以及与基站间的数据传输。通过车－车通信可以将前车行驶状态的突变信息实时传送给后车，提醒后面的跟驰车辆及时减速并保持安全距离。通过车－路通信可建立车辆与路侧装置之间的联系，首先便于实现车辆对前方道路交通与环境路况等信息的实时获知，即车辆能及时接收到路侧装置发送的前方路况信息，再次能够将车辆自身感知的交通环境信息有选择性地反馈给路侧装置。通过路－路通信可以将前方的交通与路况信息逐个向后方的路侧通信模块传递，继而显示在路侧信息发布装置上或传输给后方的其他车辆。通过路侧与基站间的通信，或车辆与基站间的直接通信，可将道路交通及路况信息上传至监控中心，或把监控中心的控制和诱导指令下传给路旁发布设施或道路上的行驶车辆。

移动通信基站是无线通信网络中的重要节点，其主要功能就是接收与发送无线信号以及将无线信号转换成易于传输的光/电信号。它既可以接收车载通信模块或路侧通信模块的信号，将其传输给监控中心，也可以将监控中心传来的信号发送给路侧通信模块或车载通信模块，从而建立前端与中心之间的通信联系与数据交换。

4) 交通监控中心子系统

交通监控中心子系统由数据处理模块、预警和报警模块等组成。数据处理模块主要用于海量交通数据的处理，通过云计算，综合分析交通与空间、气象与道路等信息以及与 GIS 匹配，及时发现道路上的交通异常或潜在的交通危险，实现对道路交通状态的实时监测；通过对区域交通数据的综合分析，提出科学合理的交通组织与优化对策，实现对全路网交通的有效组织与疏导；通过对单个车辆运行轨迹和运行参数的分析，实现对个别违章车辆的预警或交通事故车辆的报警；通过对特定车辆的监视及行驶参数的分析，实现最优路径的诱导；通过对气象条件与道路路况信息的综合分析，实现对道路路况条件与恶劣气象条件的提前预警；通过对交通数据存储、管理、编辑、检索、查询和分析等的综合应用，实现各子系统间的信息协同、数据共享与互通，提高交通信息的综合利用度。

预警与报警模块主要用于对道路交通异常状态、单车运行异常状况、恶劣天气与路况异常变化等情况提前预警和实时报警，以便最大限度地减少交通异常所造成的损失。交通监控中心可根据监测目标数目的多少采用单屏多窗口或者多屏幕显示方式，分别监测不同的目标和区域。一旦发现或预测到可能发生的交通异常或交通危险，则以声光报警方式发出预报或报警信息，并锁定和显示报警目标，提示中心工作人员及时处理警情。

系统的上述 4 个子系统紧密联系，相互协调，使人、车、路、环境和谐统一，共同形成一个基于车－路协同关键技术的、有机的车－路协同整体，从而实现车－路协同系统的总体目标与功能。

10.3.4 车－路协同系统的应用

车－路协同系统通过实现人、车、路三者之间的信息共享、协同与交互，可为车－路协同控制、主动交通安全、智能公交、车辆联网系统等提供技术支撑。车－路协同系统的应用主要体现在三个方面，一是车辆协同安全，包括人车主动避撞、车－车主动避撞、危险路段预警与控制；二是交通协调控制，包括交通信号协调控制、实时路径诱导、公交优先控制；三是综合信息服务，包括交通需求管理、实时交通信息查询。下面针对典型应用场景列举车－路协同系统向车辆用户和交通管理部门提供的服务。

1) 在交叉口车－路协同技术的应用

对于图 10－3 所示的道路交叉口，基于车－路协同系统可提供以下应用：

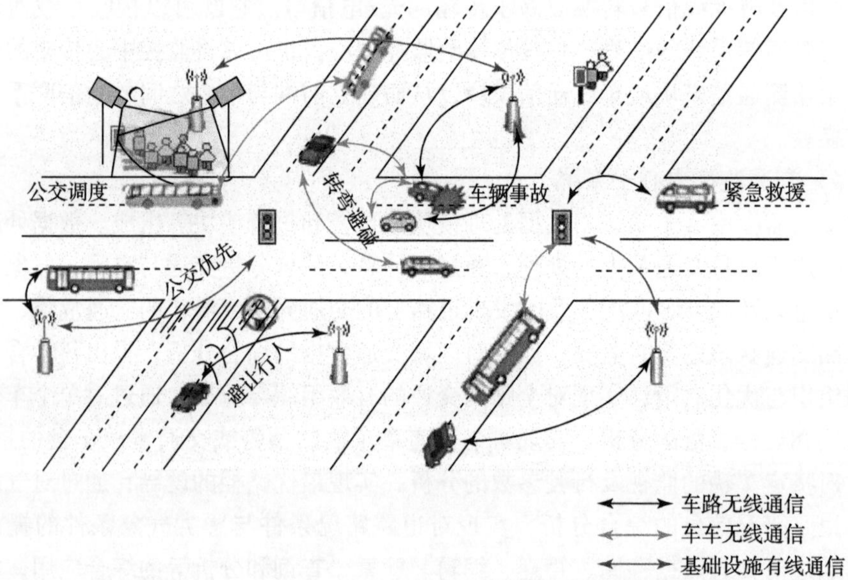

图 10－3　交叉口应用场景

（1）交通信号信息发布。

通过车－路通信，向接近交叉口的车辆发布信号相位和配时信息，判断自车在剩余绿灯时间内是否能安全通过交叉口，提醒驾驶人不要危险驾驶（例如闯红灯），并协助驾驶人作出正确判断，避免车辆陷入交叉口的"两难区"，防止信号交叉口的直角碰撞事故。另外，通过车－路协同技术还可实现公交优先信号控制。

（2）盲点区域图像提供。

通过车－路通信，向交叉口准备转弯或者准备在停止标志前停车的车辆提供盲点区域的图像信息，防止由转弯车辆视距不足引起的事故和无信号交叉口的直角碰撞事故。

（3）过街行人检测。

通过车－路通信，向接近交叉口的车辆发布人行道及其周围的行人、自行车的位置信息，防止机动车和非机动车之间的事故。

（4）交叉口通行车辆启停信息传输。

在交叉口，通过车－路通信，前车把启动信息及时传递给后车，减少后车的起步等待时间，从而提升交叉口的通行能力；在同向行驶中，前车把紧急制动信息快速传递给后车，以避免追尾事故的发生。

（5）先进的紧急救援。

在车辆发生故障或交通事故时，会自动向急救中心及管理机构发出有关事故地点、性质和严重程度等的求助信息，并通过车－路通信调度信号灯优先控制，让急救车辆先行，及时救援受伤人员。

2）在危险路段车－路协同技术应用

图 10-4 所示为危险路段应用场景，车－路协同系统在危险路段可为车辆用户提供以下信息服务：

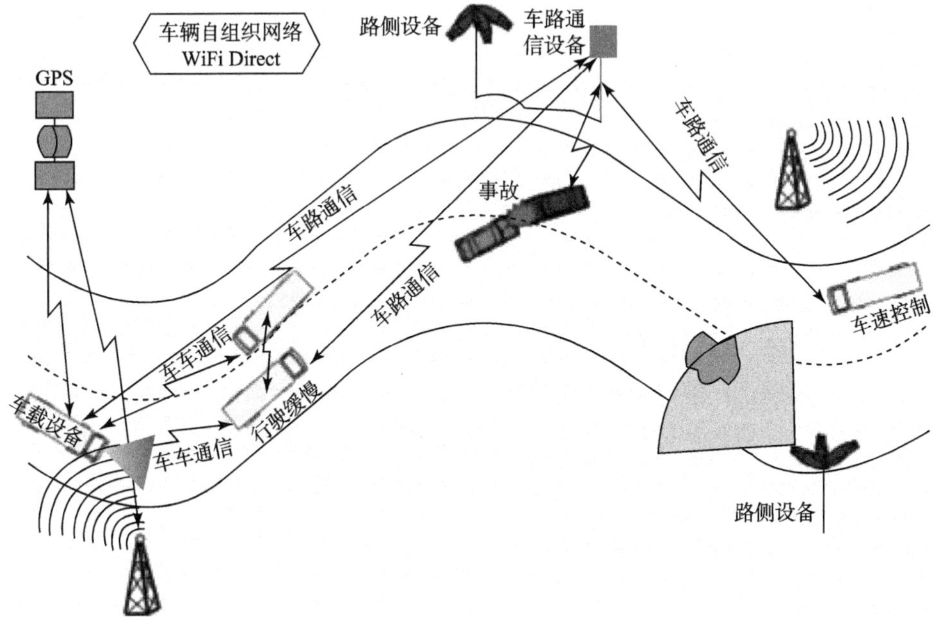

图 10-4　危险路段应用场景

（1）车辆安全辅助驾驶信息发布。

在路侧设置的多传感器检测前方道路转弯处或线死角区域是否发生交通阻塞、突发事件或存在路面障碍物等，并通过车－路通信系统向驾驶者提供实时道路信息。

(2) 路面信息发布。

向接近转弯路段的车辆发布路面信息（例如是否冰冻、积水、积雪），提醒驾驶人注意减速，防止追尾事故。

(3) 最优路径导航。

路侧设备检测到前方道路拥堵严重，通过车-路、车-车通信系统以及车载终端显示设备，提醒驾驶者避开拥挤道路，并为其选择以最短时间到达目的地的最佳路线。

(4) 前方障碍物碰撞预防。

通过车-路、车-车通信，向车辆传递危险信息（如障碍物的绝对位置、速度、行驶方向等），帮助避免发生车辆之间或车辆与其他障碍物之间的前撞、侧撞或后撞等，还能够使车辆避免与相邻车道上变更车道的车辆发生横向侧碰。

(5) 弯道自适应车速控制。

向车辆传递前方弯路的相对距离、形状（曲率半径、车线等）等信息，车辆会结合自身的运动状态信息，给予驾驶者最优车速，避免车辆在转弯时发生侧滑或侧翻。

10.4　小　　结

车联网是融合车内网、车际网、车载移动互联网的一体化网络。Telematics是车载移动互联网的一种具体实现，车-路协同系统则是车际网及车-路协同网络的综合。本章主要介绍了 Telematics 和车-路协同系统的概念和发展，分析了Telematics 的产生和发展，及其系统构成和主要功能；介绍了车-路协同系统的发展、关键技术、体系结构和应用方向。Telematics 侧重于为驾驶人员提供便捷的服务，车-路协同系统重点解决道路行车安全，基于车内网、车际网、车载移动互联网融合而成的一体化网络对于提升交通安全主动保障和交通管理控制水平具有重要意义，有望成为下一代智能交通的拓展方向并具有突破性的应用领域。

第 11 章

综合智能运输系统

目前，世界各个国家所面临的一个重大难题就是交通事故和交通拥堵问题。提高路网的通行能力是解决交通拥堵的最直接的办法，但对于国家来说，目前用于修建道路的空间越来越少，资金的筹集也越来越困难。与此同时，单独考虑一种运输方式不足以从根本上解决问题，因此需要对多种运输方式综合考虑。此外，能源和环境问题的严重性也日益为人们所了解，在这个大背景下，综合各种因素统筹考虑，运用高新技术系统地解决运输效率低、成本高等问题逐渐被提上日程，这就是智能运输系统（Intelligent Transportation Systems，ITS）。经过 30 余年的发展，ITS 取得了长足进步，不仅在道路运输领域得到了有效应用，而且在铁路运输、航空运输、水路运输及管道运输等综合运输领域也取得了实效。

11.1 铁路智能运输系统

在传统的铁路智能运输系统中，子系统相互独立，缺少相互之间的联系，而铁路智能运输系统更能突出系统高效率的特点。根据当前的前沿科学技术研究，列车和车站、车站与旅客、旅客与列车之间都可以进行信息的共享、交流，从而使每一个子系统之间的联系得到加强。例如，采用国际先进的调度技术、计算机技术，建立车站、旅客、铁路综合调度中心，实现运营管理、行车指挥的综合化管理等。

11.1.1 铁路智能运输系统概述

铁路智能运输系统是对新一代智能铁路运输系统的总称，它又被称为新一代列车控制系统。其主要特征如下：在传统功能的信号设备的基础上综合利用国际上各学科高新的科学技术，实现智能化综合铁路运输系统。铁路智能运输系统包含三个子系统：

（1）铁路智能运输管理系统（Advanced Transportation Management Systems，ATMS），通过智能化制定运输管理系统，对车辆何时装卸和列车自动化运行进行精确的控制与指挥，通过信息综合对车流分布进行规划、调整，智能化地提出预防的策略和建议，保证运输过程的畅通和运输任务的完美完成。

（2）用户信息系统（Advanced User Information Systems, AUIS），这个系统包含先进的货运服务系统、客运预售票系统以及旅客指导系统等。

（3）列车控制与安全系统（Advanced Train Control and Safety Systems, ATCSS），包括智能列车控制系统、司机导航系统、道旁接口单元系统等，这个系统可以分析和采集列车外界环境的数据，实现自动化或者半自动化的列车和铁路岔路控制，使列车保持高速度和短时间间隔的安全行驶。

11.1.2 铁路智能运输系统的国内外研究现状

整个铁路智能运输系统的核心是管理机制，国外发达国家从铁路出现之日起就一直进行管理机制建设方面的研究和探索。特别是在高速铁路诞生之后，各国运营管理机制面临更为严酷的挑战，这促使各国将各个时期最先进的科学技术不断地融入铁路运营管理机制中，使铁路运营管理机制更加智能化、现代化。其中以欧洲、美国、日本等国家和地区的研究最为引人注目。

为了建立全欧洲铁路网统一的铁路信号标准，保证各国列车在欧洲铁路网内的互通运营，提高铁路运输管理水平，欧洲共同体于 1989 年 12 月设立了欧洲铁路运输管理系统项目（European Rail Traffic Management System, ERTMS），作为欧洲 21 世纪干线铁路总体解决方案。ERTMS 以欧洲列车控制系统（European Train Control System, ETCS）为标准，以欧洲点式应答器为定位手段，包括 ETCS、GSM – R（GSM – Railway）和运输管理 3 个子系统，其主要功能包括：①列车行进中的指挥，确保列车在铁路中的安全行驶；②运输管理，处理车辆和基础设施管理问题，保证对线路能力和车辆应用的优化配置。

ERTMS 的主要优点体现在：

（1）与当今铁路状况兼容性强，可以满足各国对于铁路运输系统的特殊需求。

（2）系统比较易于更新、加强，可以在第一代的基础上增加无线网络装置升级到第二代，在第二代的基础上将列车完整性检测的功能加到车载设备上升级到第三代。

（3）增加了铁路运输的通过能力。ETCS 的第三代可实现移动闭塞运行，更好地利用了列车和固定的基础设施，从而增加铁路上最大运营量的列车数量。

（4）减少旅客的旅行时间和列车的运营成本。

英国西屋公司开发的伦敦地铁朱比利新线的行车安全设备采用了基于无线通信技术的移动闭塞技术，实现了高密度的列车运行，保证铁路上的行车间隔在 100 秒以内。该系统有以下几个特点：

（1）保留了既有固定闭塞设备，使得没有安装移动闭塞车载设备的、由其他路线驶来的列车也能在原线路运行。

（2）在旧线固有闭塞设备的基础上叠加了移动闭塞设备，使得装有移动闭塞车载设备的列车能在全线运行，从而实现列车的高密度运行。

为了实现高质量的铁路运营管理，日本新干线列车开发了一套先进的列车运行管理系统，以有效地辅助调度员的日常工作和决策，系统于 1972 年投入使用，其间经过不断完善，一直使用至今。1995 年东日本铁道公司又开发了功能更强的新型列车运行管理系统 COSMOS。COSMOS 由运输计划、运行管理、维护作业管理、设备管理、电力控制、集中信息监视、车辆管理、站内工作管理 8 个子系统组成。历时 5 年开发成功的 COSMOS 的显著特征是以列车运行计划管理为中心，对所辖各站进行集中式的进路控制，形成了围绕列车运行的、周密的运输计划制定程序，从宏观上规定了全线运输的秩序。COSMOS 的最新目标是：

（1）提高指令业务的功能性。例如直接将行车指令传达给乘务员，指挥车辆运行，甚至直接指挥维修人员进行设备维修，从而简化信息传递的程序，充实用户接口，实现信息的一致化、共享化。

（2）建立现代化的业务体制。对车辆装配数据、设备数据、检查数据、处理数据等的管理，运输计划的制定，道路控制等全部实行系统化管理。

（3）提高服务质量。例如当运行出现故障时，能及时地向乘客提供开车或延迟的时间。

我国铁路的智能化、信息化建设始于 20 世纪 80 年代末，在经过 20 多年的发展和演变后，在 TMIS、DMIS、PWMIS、ATIS、客票发售和预订系统的开发以及应用方面取得了显著的成绩。但随着时间的推移，各个系统也出现了许多意想不到的问题，主要表现在以下几个方面：

（1）由于各个子系统都是互相独立开发的，这些子系统自成体系，各个子系统之间的连通性和兼容性很差，大量的基础数据需要各个子系统自行维护，大量的管理信息不易为其他系统及其管理人员及时知晓、利用，这造成信息资源的浪费。

（2）现在开发的各个子系统尽管也提供了信息查询的功能，但各个子系统分别都设有查询终端，这给互相的信息共享造成使用上的不便。

（3）系统信息化建设中缺乏整体的体系结构，系统应用比较散乱，由于没有系统统一的规划和目标，没有参照的技术标准和规范，各单位各个系统按各自的方式划分功能，缺乏整体系统设计以及开发的整体性。

（4）管理机制有待改进。综合对比国内外铁路运输系统的发展现状，可以发现我国铁路信息化现状与国外发达国家的智能化建设水平仍存在较大差距，主要体现在服务、安全、效率 3 个方面。

11.1.3 铁路智能运输系统的组成

智能铁路列车控制与管理系统（又称智能铁路列车速度联控系统、移动闭塞系统），是用于列车运行和铁路管理的综合指令、控制和通信的系统，其构成要素包括各种硬件设施及相应的运行组织模式，对列车控制和网络管理作出全部决定并表示出来的各种行车组织原则、优化方法、列车运行制度及软件工具。

铁路信息化建设是铁路智能运输系统的发展基础，而铁路智能运输系统则是铁路信息化的高级发展阶段，是从更高的层次指导铁路信息化的发展。铁路智能运输系统应当由两部分内容组成：一部分内容是在崭新的框架体系指导下对现有的铁路信息化系统进行整合和优化，另外一部分内容是铁路信息化中未涉及的、充分具有智能运输系统特色的全新的组成部分。

铁路运输系统的最终产品就是服务，实质上就是获取、识别用户需求并制定相应的计划来充分运用、配置相关资源以满足用户需求的过程，其在逻辑结构上相应地划分为需求获取与识别层、需求实现层、需求实现支持层 3 个层次。需求获取与识别层通过为用户提供信息导航、电子商务、综合运输等服务，不断地获取并识别旅客、货主、生产厂商、流通（运输）商、零售商、金融机构、公路运输部门、水运管理部门、航空管理部门等对铁路运输的需求，并将该需要向下传递给需要实现层。需求实现层根据需求获取与识别层提供的不断变化的用户需求，动态地建立与用户需求相适应的智能化行车控制系统与综合调度系统。智能化行车控制系统是将 ATC（Automatic Train Control）、ATP（Automatic Train Protection）、ATS（Automatic Train Supervision）进行有效整合和优化后形成的全新模式，可在较小的人工干预下工作，甚至是无人干预的自动运行系统。综合调度系统是从系统的角度将现有的分立进行的行车调度、机车调度、供电调度等系统进行综合优化和提升，最终形成的调度系统。它将实现资源利用的最优化、综合化。

在智能化行车控制系统和调度系统之上，建立综合营运管理系统和紧急救援与安全系统。综合营运管理系统是对现有的客货运输、行包、集装箱进行优化和整合，并在其中增加客货营销这一新的内容，实现铁路营运的综合化、高效化。紧急救援与安全系统在现有的行车安全监控系统、紧急救援系统的基础上，增加综合防灾系统这一新内容，并从系统的角度进行综合集成，以全面保障铁路行车的安全在综合营运管理系统和紧急救援与安全系统之上，建立全路运输资源管理系统，该系统由移动资源管理系统、固定资源管理系统、财务资源管理系统、维修决策支持系统构成，对全路各类资源的状况进行统一管理，并通过智能决策技术为全路各类设施的维修、购置、使用、安全等提供决策支持及评估建议。同时需求实现层将实现用户需求所需的基础资源的要求传递到需求实现支持层。需求实现支持层根据需求实现层所提出的资源要求，采集并传输来自移动资源、固定资源及其他方面的信息，通过铁路智能运输系统通用平台实现资源的共享。

铁路智能运输系统除了有上述各层次自上而下的纵向关系外，各层次间还存在着许多动态信息交互、反馈。总体上看，系统的总输入是用户对铁路智能运输系统的需求，总输出是铁路智能运输系统已实现的需求，经过上述需求获取与识别层、需求实现层、需求实现支持层等各个层面的不断动态优化，铁路智能运输系统在不断优化自身的资源配置和运营管理的前提下，使得所其实现的用户需求不断逼近用户提出的需求，为实现"高效率、高安全、高品质服务"的铁路运输提供根本保障。

需求获取与识别层与铁路的对外服务功能相对应，其主要功能在于根据用户提出的需求，综合考虑当前铁路运营管理能实现的用户需求程度及铁路运输资源能满足用户需求的程度，从用户的原始需求中识别出在当前铁路运营管理及运输资源的配置约束下，铁路运输系统应该实现的需求，并将之作为外部用户需求确认下来。

需求实现层与铁路的业务组织与管理功能相对应，主要任务是在资源支持程度的约束下实现用户的需求，这里的需求既包括路外用户的需求，也包括路内用户的需求，如根据旅客的实际出行计划的需求编制列车运行计划和列车运行调整计划、根据铁路安全部门的需求进行行车安全监控、根据铁路调度部门的要求实施综合调度等，并将用户需求的实现程度反馈到上一层。

需求实现支持层也称为资源层，它与铁路的固定资源、移动资源、信息资源等相对应，其主要任务是根据资源需求提供相应的资源支持，如根据需求实现层中列车运行计划的要求提供机车、车辆等资源支持，并将由此产生的内部需求、资源的支持程度反馈到需求实现层，将资源的满足程度反馈到需求获取与识别层。

11.1.4　铁路智能运输系统的工作原理

由于铁路智能运输系统可以看作一个复杂的信息系统，因此其体系框架的开发方法就可以参照信息系统的开发办法来进行。开发信息工程系统的方法大致有两种：面向过程的方法和面向对象的方法。其中面向过程的方法自上而下，自外由内地对系统结构进行分析，确立系统的主要功能以及数据分布状况。面向对象的方法对需要研究的对象进行抽象分析，将同一对象的数据和所具有的属性统一地结合起来，使研究的对象具有继承性。美国和欧盟考虑到面向过程设计方法具有易用性强、可理解性强和精确性好等特点，故在进行智能运输系统体系框架设计的时候，果断采用了面向过程的设计的方法。然而日本智能运输系统体系框架则是在美国和欧盟的智能运输系统体系框架的基础上，经过适当减少和添加而形成，智能运输系统的功能需求更加明确。根据这种情况，采用灵活性强的面向对象的设计方法更为实用。我国"九五"国家科技攻关项目——"中国铁路智能运输系统体系框架研究"就采用了面向过程的方法。当众多工程人员一起开发相同的运输系统时，面向过程的方法更能够被大家理解和认同，所以一般都使用这个方法。

由于我国的铁路智能运输系统体系框架的研究还处在初级阶段，没有之前的经验、文献可供参考，同时在铁路智能运输系统体系框架的研究之初，我国对于智能运输系统的需求并不十分明确，并且参与研发的专家中缺少对面向对象技术熟练的专家或学者，根据这些实际情况和当时中国的实际情况，我国铁路智能运输系统体系框架的研究采用了面向过程的方法。

一种面向过程的方法——结构化方法是在 20 世纪 70 年代形成的一种可以结合实际的系统研发方法。结构化方法的基础是功能分解设计系统结构，结构化方法是一种面向系统结构、基于数据分析和功能的建模方法。与此同时，系统所实现的功能结构是结构化模型的侧重方向，它应用问题分割提取的思想，自顶向下将系统分解为具有各种层次、可以执行一定特定功能的逻辑应用，这些应用按一定的层次结构有机组合起来，形成实现系统的总体功能的各个结构。它的基本思想是运用系统的思想、系统工程的方法，依照用户至上的原则，层次化、类别化，自上而下地对信息系统进行分析与解读。主要原则有：

（1）用户参与原则；

（2）严格划分工作阶段原则；

（3）自顶向下原则；

（4）成果标准化原则。

具有代表性的结构化方法有结构化分析和结构化设计。结构化分析及设计方法是根据研究过程来构造运输系统，在面向过程的结构化系统分析与设计中，采用了数据分析的方法、数据字典等方法来描述构建的逻辑模型，并且通过系统设计，把构建的系统逻辑模型转化为系统的物理模型。

结构化系统分析（SA）是结构化方法的基本思想和主要原则在系统分析中的应用所形成的一系列具体方法和有关工具的总称。SA 阶段也称为系统的逻辑设计阶段，这个阶段的主要工作有：系统初步调查、可行性研究、系统详细调查和系统逻辑方案的提出。SA 阶段的目标就是根据系统规划阶段提出的用户系统需求来确定系统的任务，提出系统的逻辑方案。SA 方法是一种强烈依赖数据流图的自顶向下的建模方法，数据流图是一种描述分解的结构化过程建模工具，能以直观的图形清晰地描述系统中数据的流动和数据的变化、系统所执行的处理等，画数据流图的过程就是分析的过程。画数据流图的总原则是由外向内、自顶向下去模拟问题的处理过程，通过一系列的分解步骤，逐步表达出整个系统的内部关系。铁路智能运输系统逻辑框架的数据流图是根据用户服务需求，在系统功能层次表的基础上建立起来的。

逻辑框架是从逻辑角度描述铁路智能运输系统的内部结构，即针对铁路智能运输系统确定的各类用户服务，从系统内部对输入数据流、输出数据流及处理过程进行结构性的组织。采用结构化分析方法建立铁路智能运输系统逻辑框架大体分为 3 个步骤：

（1）通过对系统功能需求的分析，建立相应的功能层次表。功能的需求分析是人们从系统的角度进行分析，从而得出用户服务所需的铁路智能运输系统。在功能需求分析的基础上，对需求分析的结果进行整理汇总，合并那些相同和类似的、针对不同用户主体的功能，对服务领域进行功能域的划分，这将是逻辑框架构建的主要依据。

（2）根据智能运输系统的功能层次分析，建立系统的数据分布层，根据运输系统和外面环境之间的关系确定数据分布中的实体及其与系统之间的数据关系。

（3）结合上文所说的功能层次，按照"强内聚、松耦合"的原则对智能运输系统各部分的数据和处理规则进行细化，使得细化出来的各子系统的功能之间的联系比较宽松和简便，子系统内部各部分之间的关联相对严谨和复杂。同时，在细化过程中尽量保持该系统之间的平衡，从而逐步确立各系统的职责。

11.1.5　铁路智能运输系统案例

20 世纪 80 年代末，欧盟的许多国家一同组织开发了专门适用于欧盟的铁路智能运输系统（ETCS），而后又在此基础上建立了属于欧盟的铁路智能运输系统的管理系统（ERTMS），在此之后，人们将这两部分统称为 ETC S/ERTMS，这个系统适应了 21 世纪欧盟铁路运输的发展情况，提出了更好的办法解决日益发展的铁路运输压力。ERTMS 包括 ETCS 和铁路专用全球移动通信系统（GSM - R）。ETCS 具有可以跨国运行的权利和规范。规范的技术以欧洲车载设备（Europa）为核心，以欧洲查询/应答器（Euro bellies）为列车定位修正基准，以欧洲查询/应答器、欧洲环线（Euro loop）及欧洲无线通信（Euro radio）为车 - 地信息传输的通道，以 CBTC 为欧洲列车运行控制系统的发展方向。

为了满足各种用户对铁路运输系统的功能和操作的需要，ETCS/ERTMS 系统通过技术和功能的规定分为不同的等级。首先这个系统原有的智能信号系统采取了固定闭塞的方式。通过与车站的有效配合，铁路信号采集将铁路上列车的运行情况、运行速度及时传送给车站的信息终端，车站通过对信息的处理和计算，得出了列车将要行驶的方向和速度。

在第二阶段中，第一阶段所采取的信息收集方式，即在铁路上安放信号收集器的做法被弃用，代替而来的是在第一阶段的基础上，在列车上安装无线系统，使列车可以发射和接受无线信号，与车站信息终端实现实时信息交流。车站信息终端关于列车行进的命令通过无线闭塞中心（Radio Block Center，RBC）这个无线发射和接收系统传递给列车，并且信息终端还可以控制和掌握列车的位置和速度。

在系统的第三阶段中，系统取消了车站信息终端，切断了车站信息终端与列车的联系，即采用移动闭塞模式，列车处于独立的运行状态，同时在其他列车上也安装此系统，实现列车之间的信息传递与信息采集，实现更加智能化的行车系统。

日本开发了新干线列车运行管理系统（COMOS）、计算机和无线电辅助列车控制系统（Computer And Radio Aided Train Control System，CARAT）、先进列车管理和通信系统（Advanced Train Administration and Communication System，ATACS）等系统。伴随着铁路智能运输系统研究的不断深入，日本开始认识到原有的运输系统的不足，开始从总体上综合各个因素明确智能铁路运输系统的重要性，日本也开始了新一代铁路智能运输系统的概念及其体系框架的研究。2000年年初日本铁路技术研究所正式提出了面向铁路的运输系统——智能铁路系统。这个系统定义了 Cyber Rail 的系统架构，并且针对不同的铁路状况和信息制定了一致并且通用的旅客信息共享服务，用来实现高效、便捷的智能运输系统。Cyber Rail 构成了智能运输系统的电脑运输空间。智能运输系统的该运输电脑空间的作用是能够不间断地观测道路、铁路中移动目标的速度、状态以及将要前进的方向，并在这个电脑空间中进行跟踪和记录，以确保整个系统的协调统一。这些有用的信息可以提供指挥和控制的建议和方法。其运用了连续定位、及时高效的通信、智能化处理，类别管理和用户服务等高新科学技术。因此 Cyber Rail 是一个功能很强大的铁路智能运输系统，其运用国际上先进的信息和通信技术手段，为旅客提供了安全、高效、一体化的服务，因此个性化服务也成为此系统的根本理念。

提供给旅客路线选择的权利、列车行驶的实时信息，让旅客可使用换乘导航系统，以上这些服务统称为用户服务。Cyber Rail 要成为旅客出行中的有力工具和行车安全的保障，它就必须明确认识用户对系统的需求，因此它的用户服务包含以下几个方面：

（1）多式联运信息和个人导航；

（2）列车行驶中发布和交换相关信息的共享信息平台；

（3）全面的运输规划调度；

（4）智能列车控制。

当前的 Cyber Rail 系统的目标是实现以下两个层次的服务：

（1）给在外的旅客提供实时的旅游信息，即为旅客提供关于旅行总时间、总路程、路况信息、导航等服务，以及道路受堵时旅行计划调整方案，以令旅客得到更可靠、更具体，更及时的信息。

（2）使铁路列车运营模式更灵活，列车运营更安全、更可靠，列车的运营管理更具竞争力，即采取全面、及时的列车运营模式和基于通信功能的智能行车指挥系统。

除了这几个系统外，相关案例还有美国的列车控制系统（ATCS）、北美的先进铁路电子系统（ARES）、法国铁路的连续实时追踪自动化系统（ASTREE）和美国旧金山港湾铁路的先进列车控制系统（AATC）等。

这些系统在铁路智能运输系统中发挥着至关重要作用。尽管这些系统尚且不能称为完整的铁路智能运输系统，但这些系统一定是为未来高效铁路智能运输系统的基础。

11.2 航空智能运输系统

11.2.1 航空智能运输系统概述

航空智能运输系统是指运用先进的卫星导航技术、无线通信技术、有线通信技术、信息技术、控制技术、人工智能技术、航空运输技术以及系统工程技术等进行综合集成，实现航空运输航线优化，飞机起降运行安全、可靠，机场作业及客货运输信息服务一体化的安全、可靠、高效的客货运输系统。

11.2.2 航空智能运输系统的国内外研究现状

随着航空运输需求的不断增长，当前的运输系统不足以满足未来航空运输的需要。因此，近年来美国制定了一个航空运输系统的新计划——智能化的航空运输系统。此系统的核心是提高系统的综合航行能力，将现有的各类航空信息和前沿技术进行整合划分，给各个航空公司提供一个公平的平台，使它们既可以提供信息，同时也可以共享信息，充分发挥信息在当今世界航空产业中的重大作用，使网络平台透明化、开放化。在气象信息共享上该系统尤为重要，此套系统可以使由天气原因引起的航班延误减少 60%，使损失减少大约 40 亿美元。该系统把各种气象观测结果和信息整合到一个虚拟的国家航空气象信息中心，发布更加准确，更加权威的气象预报，使飞行员可以灵活地改变航线。同时在安保系统方面，和其他领域中的安保系统进行联网，通过网络将安保工作分层进行，减少了旅客因为安保所浪费的时间。

在欧美国家，航空智能系统的组成部分主要有商业航空运输系统和非商业航空运输系统。商业航空运输系统主要采取民航或者出租飞机的形式，也就是目前的航空公司，它们收取旅客的资金提供给旅客航空运输业务，航空运输业务不仅限于对人进行运输，还包括对货物、资源等的运输，根据其重量、体积运输的难易程度来度确定最后的价钱。还有一种就是非商业化的航空运输系统，非商业化的航空运输系统主要指的是私人飞机、小型飞机等运输形式。这种小型飞机不受机场以及航班时间的影响，可以根据天气情况随时随地地实现门对门的运输，具有一定的个性化，深受公司以及成功人士的青睐，但是其具有一定的危险性。小型飞机的运行需要专门的机组人员对其控制与维修，再有就是小型飞机的航线与民航公司的航线不一致，尽管民航公司的航线都在万米高空之上，而小型飞机飞行的最高高度为几千米，仍然存在安全隐患。

对于美国来说,其情况并不是这样,公共航空运输系统的航空运输系统和通用航空运输系统构成了整个美国航空智能运输系统。从事公共航空的航空运输公司拥有在美国 500 个机场的起飞和降落的权限,然而通用航空运输公司可以拥有5 000 个以上机场的起飞和降落的权限。公共航空运输系统和通用航空运输系统的配合度就成为美国整体航空智能运输系统能否高效运作的关键。美国的航线主要是由短途航线和中远途航线这两部分组成。航空公司还提供出租飞行服务,这种服务基本可以做到随叫随到,使旅客不再担心赶不上航班从而耽误重要的事情。这种出租飞行可以提前预约,旅客需要根据飞机型号、飞行时间、飞行距离、燃油等情况支付费用。这种飞机与陆地上的出租车很相似,都可以进行即时的点对点、门对门的运输,并且飞机较汽车具有速度快、效率高等优势。通用航空运输系统,特别是国家政府机关、企事业单位拥有的飞机用于非商业用途的运输系统,这种运输系统成本高,需要专门的人进行维护,但通用航空系统在美国航空运输系统中占有很大的比重,具有重大的作用。

美国的经济离不开航空系统的发展,其中小型飞机的发展更是占有很重要的地位。通过小型飞机可以实现短时间的点对点的运输,并且运输量较民航客机更加能够满足美国对航空运输系统的需要。

我国目前的航空智能运输系统从理念、模式和技术上都较原有的运输系统有较大的改变,主要体现在以下三个部分:

一是航空运输系统的能力和飞行效率有明显的提高;

二是航空运输系统的安全性能得到了显著的提高,使航空安全保障能力达到了世界水平;

三是航空运输系统对旅客服务的能力和竞争能力得到了明显的加强,大幅度减少了旅客在旅游道路上浪费的时间,为广大旅客提供了更安全、更舒适、更快捷的服务。

11.2.3 航空智能运输系统组成

航空智能运输系统主要包括经营系统、客货服务、乘务组织、机群组织、空中管制、机场设施、客运系统和货运系统等。

其中经营系统包括服务设施系统、考核系统、开发系统、结算系统和售票系统;客货服务包括机场服务、市区服务和运行服务;乘务组织包括乘务人员考核、乘务计划调整和乘务计划编制;机群组织包括事故与救援系统、飞机运行组织、飞机运行计划;空中管制包括通道组织、通道控制和安全监控;机场设施包括候机楼管理、飞机起降设施、救援子系统、道路管理和与其他运输方式的衔接;客运系统包括乘客服务、航线与航班和货运组织。

航空智能运输系统中的经营系统是航空运输系统的资金来源,其中的服务设施一部分是对于机场而言,机场具有好的服务、好的服务人员会使旅客对航空运输公司的印象更加良好，增加潜在性的收入；另一部分就是对于飞机上的服务系统，飞机上的服务系统可以缓解旅客旅游时的疲惫感，让旅客更好地享受旅程。经营系统中的考核系统，是为了激励员工而设置的，在航空系统服务的员工需要一种考核系统，这种考核系统可以保证员工的质量，挑选出符合服务对象和服务模式的员工，让员工的整体素质更高。开发系统就是研发人员的系统，研发人员根据航空系统运行时得到的反馈数据进一步挖掘，分析处理，明确航空智能运输系统将来的发展方向，进一步提供适合航空智能运输系统发展的建议和计划。

售票系统的高速运作可以提高整个运输系统的效率，另外结算和售票系统需要简洁的操作，给乘客提供快捷高效的结算与售票服务。机场服务、市区服务和运行服务密不可分。市区中应该具有专门的机场通行道路，并且保证全天开放，专门的机场道路可以使旅客免于赶不上航班的麻烦，进一步提高整体的运行效率。另外，通往机场的道路需要专员管理，定期地进行清理与维护，提高道路的通行能力，以免发生交通事故。旅客经过市区到达机场，紧接着就是运行服务的部分，飞机会选择安全并且快捷的航线。这样首先将人民群众的财产安全放到了首位，保证安全是所有的前提；另外就是舒适性，在保证安全的前提下，为旅客提供舒适的环境，这样不仅会提高整体的服务质量，也会让乘客喜欢乘坐飞机，更多地选择航空运输系统作为首选系统。

事故救援系统是为了保证事故发生之后能进行及时救援的计划。飞机起飞后，有着良好的飞行组织和航线计划，这样可以做到有条不紊和半自动化飞行，但是有时会有一些突发状况。航空事故一旦发生，将严重威胁人们的生命财产安全，对此必须早有准备，早发现、早预防。对于航空系统中的事故救援系统，其组成部分不仅仅是在天上的飞机，更重要的是机场的支持。首先机场需要给有关单位发送消息，明确各部分的责任，呼叫救护车和消防队，另外机场需要给飞机提供有效的解决方案，保持交流与沟通。当发生突发情况时不要慌乱，及时与机场取得联系是最好的办法，同时还需要保持乘客的情绪，不能使恐慌蔓延。

11.2.4　航空智能运输系统的工作原理

航空智能运输系统是利用卫星通信、定位，数字通信、计算机通信网等技术，实现民用航空领域通信、导航、监视和空中交通管理的自动化系统。航空智能运输系统是一个适应民用航空发展，符合国际标准和国际民航发展战略要求的，安全、高效和空地一体化的空中交通服务系统，它能够为民航管制区域内的飞行提供全航程、全方位的服务，保证空中交通的畅通和有序进行。

11.2.5　航空智能运输系统案例

以美国为例，美国选择了小型飞机作为扩大航空运输系统能力的媒介，小型飞机作为智能航空运输系统的骨干承担着除了道路和水运运输以外的大部分运输任务，并且很好地缓解了民用飞机机场的拥堵问题。这种小型飞机提供了个性化的道路选择，不再受航道与机场的控制，在很大程度上受到了农民的青睐。

航空智能运输系统在美国的发展十分迅猛，近几年来美国建立了新一代的智能航空系统，目的在于满足美国未来的航空发展需要。

11.3　水运智能运输系统

水运智能运输系统是除了铁路、航空以外的第三大智能运输系统。水运系统通过复杂多变的水路，运送大量的物资或货物历时已久。智能化对于水运运输系统来说主要是对水路的合理规划，使船舶能够有效、快速地到达目的地，并且在船舶行进过程中，水运智能运输系统可以测量和收集水路状况，将信息共享到系统中，从而让船舶更灵活地选择航线，保证船舶的安全。随着社会经济的高速发展，交通系统的压力越来越大，世界各国将大量的人力和物力投入到交通运输系统的建设当中，但是随着道路交通和铁路交通的高速发展，环境问题渐渐地浮出水面，环境污染问题为社会和政府带来很大的困扰。因此各国政府努力寻找一种清洁的，并且能有效解决道路拥挤的交通方式，就是水运智能运输系统。水运智能运输系统能够有效地解决道路拥挤的情况，还能够有效地解决港口周边的道路拥挤情况，并且随着水路运输量的增加，智能化的水运运输系统也就越来越重要，这时如何增加水运运输系统的效率就成为各国政府的一大难题。

11.3.1　水运智能运输系统概述

水运智能运输系统是运用了先进的卫星导航技术、无线通信技术、有线通信技术、信息技术、控制技术、人工智能技术、水路运输技术以及系统工程技术等进行综合集成的一种高效、可靠的客货运输系统。

水运智能运输系统主要分为港口智能运输系统以及水路智能运输系统。港口智能运输系统中，资源与土地不能无限扩展，这也成为港口建设的瓶颈。港口智能运输系统主要是负责港口的建设和水运货物的运输、装卸。其在各国的生产生活中占有很重要的地位。

11.3.2　水运智能运输系统的国内外研究现状

在科技日益发展的今天，运用智能运输系统来提高水运运输的效率、水路行驶的安全程度，已经成为世界各国发展水运智能化运输的方向。

美国运用的是自动化水路系统，这个系统可以显著提高现有港口的利用率，代替原来通过大量修建港口来满足需要的方法。这个系统运用敷设在水面上下的浮标来引导船舶的行驶，开辟了专用的航道，确定了水面上船舶的位置；通过雷达控制船速，保证船体不与水下或水上的障碍物相撞，并且可以保证两船间的距离，避免事故。船舶采用自动化行驶的方式，没有人为干预，可以更好地适应复杂的水路环境。自动化的水路行驶系统极大地体现了智能化特点，减少了人工的损耗。美国采取自动化的水运运输系统，其原因在于美国的人工成本比较高，使用大量工人对于美国来说不是现实的，因此采用更加自动化、更加智能的手段来代替人工上的消耗，并且自动化的系统综合了电子、通信、传感器等方面的高新科学技术，极大地提高了水运运输系统的效率。另外水运智能运输系统具有节约能源、保护环境的优势。水运智能运输系统不像铁路智能运输系统和航空智能运输系统那样消耗资源与燃料，水运智能运输系统使用的是清洁的能源，并且消耗少，这是其他系统不可替代的重要原因。

对于欧洲来说，鹿特丹港、安特卫普港、汉堡港等大型港口采用的都是自动化的码头作业。这样做使港口的管理模式更加灵活、港口的物流信息系统更加全面、港口的物流服务更加便捷。这在很大程度上推进了水路运输系统的发展。大的港口在欧洲的水运运输系统中起着重要的作用。

鹿特丹港是欧洲水运货物的集散地，有欧洲门户之称。这个港口创造了许多世界之最。鹿特丹港的年吞吐量高达 5 亿吨，是当之无愧的世界第一港口。鹿特丹港不仅有水运运输这一种运输形式，其运输形式多种多样，例如公路集装箱运输或者铁路集装箱运输，这使得水运智能运输系统和铁路智能运输系统有机地结合起来，更能体现出智能运输系统综合化的特点。鹿特丹港实行的是当今世界上最先进的集装箱装卸系统，集装箱的整个装卸过程全部由电脑自动控制，其集装箱装卸量也处于世界顶尖位置。

安特卫普港是欧洲的第二大港，其集装箱吞吐量仅次于鹿丹特港，并且在世界上安特卫普港也处在第四的位置上。这个港口利用了其独特的地理位置，建立了完善的智能交通网络，这个交通网络囊括了道路智能运输系统、铁路智能运输系统和航空智能运输系统，并且这个港口拥有全面的硬件设施，如飞机、汽车、集装箱码头等设施。其保障了智能运输系统有效地运行。另外其智能运输系统的中心数据库还和比利时铁路智能运输系统的中心数据库相连，实现了铁路运输系统和水运运输系统的信息共享。

对于我国来说，水运智能运输系统也在不断发展，尤其是在远洋运输和港口建设方面。我国的水运行业由于智能化运输系统的发展在国际海运市场中更具有竞争力，我国的对外贸易装卸运输需求也得以满足。我国的智能化水运系统主要体现在这几个方面：港口物流管理、指挥调度和运营管理。

我国的几个大集团，如中远集团、中外集团和中港集团等，都是从运营管理和指挥调度的智能化开始发展。其中船舶动态管理、船务管理系统、箱务管理系统等都获得了良好的发展。

我国许多大港口的装卸调度系统、水运客票系统、货运信息系统和堆场信息系统的智能化水平都得到了显著的提高。

随着经济的全球化发展，智能水运运输系统越来越重要。港口的智能化、信息化建设也越来越受到各个国家的重视。因此，智能化是未来港口运输发展的大趋势。

11.3.3 水运智能运输系统的组成

水运智能运输系统包括服务与经营系统、疏运系统、乘务组织、船舶组织、航道系统、港口系统、客运系统、货运系统。

其中，服务与经营系统包括考核系统、开发系统、结算系统、售票系统和服务设施系统；疏运系统包括疏运组织与管理、与社会经济系统的衔接和与其他运输方式的衔接；乘务组织包括乘务人员考核、乘务计划调整和乘务计划编制；船舶组织包括事故与救援系统、船舶运行组织和船舶运行计划编制；航道系统包括通道组织、安全监控和航道控制；港口系统包括转运系统、仓储系统、装载系统、船舶转运系统和港口管理；客运系统包括乘务服务、航线与航班和客流组织。

货运系统包括货流集疏、航班组织和货运组织。

水运智能运输系统中的服务与经营系统，是整个水运智能运输系统的核心部分，其中的考核系统是对员工选拔和升职的重要依据，这个系统实行了科学高效的考核机制，对员工的工作能力、学习能力、办事效率和培训成果等进行了全方面的考核，并且考核中将定性的能力定量地表达出来，准确地把握员工的综合能力水平。对于水运智能运输系统中的开发系统，需要对水运运输系统有实际经验的人员参与其中，以使系统的适应性更强，效率更高。

结算系统和售票系统是水运智能运输系统的经济来源，票价的高低、购票的难易程度都会影响售票系统以及整个水运智能运输系统能否继续运行，因此售票系统从旅客的角度出发，这样整个系统的运行才有动力。至于水运智能运输系统的服务设施系统包括设备的设计生产、安装、运行以及设备的维护等。服务设施是旅客对整个水运运输系统评价的关键，只有人性化的服务设施才会给顾客带来良好的感受。因此，水运智能运输系统不仅仅要考虑运输的效率以及安全性，更重要的是旅客的舒适度。水运智能运输系统的乘务组织系统是评价乘务人员是否称职的系统。乘务组织系统中的乘务人员考核具有量化的标准，将具有定性特质的标准通过层次分析法，分析其中各个特质影响因素的比重，最后算出各个特质所占有的对于最后评价的影响比重，再经过模糊数学的方法，对乘务人员进行综合评价。

船舶组织中事故与救援系统承担着保障旅客生命财产安全的责任，船舶出现故障后事故与救援系统会及时启动，对船舶进行定位，进而派出直升机以及救援船舶前往事故地点，对出事船舶进行排查救护，尽最大的可能营救遇难的旅客。同时事故与救援系统还承担着航行安全预警的责任。其通过对船舶安装红外设备，及时将水路的情况分享在平台上，让更多的船舶可以及时了解水路状况并且尽早采取措施规避风险，保证旅客的生命财产安全。船舶运行组织和船舶运行计划编制是为了合理规划船舶运行线路和时间，合理安排水路分配情况，更是为了能更加合理地运用水路资源，提高整个水运智能运输系统的运行效率。水运智能运输系统的航道系统与船舶计划与船舶运行计划编制有相同之处，它们都是为了让船舶更安全、更高效地在航道中运行。

同时航道系统中的安全监控，是在水路中设立监测点，实时地检测水路的状况和环境，再经过无线发射装置将环境信息传输到信息处理终端，信息处理终端对传输过来的信息进行处理、分析，再分享给正在运行的船舶，这样做可以使船舶及时规避风险，避免遇到恶劣的环境以及水路的危险，永远把旅客的安全放在第一位。

另外水运智能运输系统中的港口系统提供了港口货物的转运、储存以及装载等功能，世界上许多有名的水运智能运输系统都具有高效、安全的港口系统。港口系统保证了来自船舶水运运输货物的高效运输，保证地区货物运输的需要和一定的吞吐量。吞吐量不仅是衡量一个港口系统效率的标准，也是当地经济发展的一项重要指标。

11.3.4　水运智能运输系统的工作原理

水运智能运输系统主要是对船舶的船员、生产者、所有者、港口服务者、管理者以及各种服务提供者、航运安全机构的信息进行综合，实现水运系统自动化、智能化的特点。

水运智能运输系统应用在与航运链整合、内部运营的海运船舶交通信息和环境服务、船舶安全域管理信息系统和船舶导航与通信服务方面。

其中在与航运链整合方面，水运智能运输系统具有车辆司机自动识别、物资的跟踪与监视、乘客信息共享以及货运系统自动化的功能。

在内部运营的海运船舶交通信息和环境服务方面，水运智能运输系统可以识别、发现并且跟踪船舶，实现船与港口信息共享，合理安排船舶通过的顺序与时间。

在船舶安全与管理信息系统方面，水运智能运输系统可以预测和维修船舶的推进器，提供水路状况信息等。

在船舶导航与通信服务方面，水运智能运输系统可以根据船舶的运行状况，船舶的大小、型号等计算出船舶将要行进的方向和速度，从而防止船舶发生碰撞事故，保证船舶航行的安全。

11.3.5　水运智能运输系统案例

水运智能运输系统的功能包括以下几个主要方面：信息提供、安全服务、计收费和减少港口堵塞等。系统向道路管理者和用户提供的主要是道路交通情况的实时信息及相关的其他信息，如天气等；安全服务的内容有危险警告、人船事故预防、航行辅助等，它们通过不同的方式帮助减少港口事故；费用收取主要是以电子方式自动地向用户收取水域使用费或港口停泊费等。当然，系统还可以根据人们的需要提供更多的服务。

在欧洲，Telematics 水运系统备受关注，此系统主要作用在于船舶的导航、船舶的安全系统、水路状况的共享与采集和运输链的一体化这四个方面。

中国香港具有智能化、自动化的大型港口运输系统。中国香港水运智能运输系统是中国乃至于世界最大的智能化运输系统，它具有得天独厚的地理条件。中国香港紧挨着中国大陆，有着大量的进口与出口运输的需求，并且中国香港具有链接各大洲的独特位置，可以完成各大洲货物运输的重要任务，中国香港俨然成为世界的货物运输中心，是各国水路货物交流的命脉，因此，中国香港智能运输系统面对的不仅是中国，更是全世界的水运运输。

中国香港是世界最大的集装箱港口，其港口物流的基础设施建设投入大，起点高，先进的港口设备堪称世界一流，其物流运作的速度和效率也是首屈一指。中国香港一直重视物流业的发展，提出要把中国香港建成国际及地区首选的运输及物流枢纽中心。中国香港成立了物流发展督导委员会和香港物流发展局，强化与港口物流匹配的服务功能，健全法律制度，提供金融与保险等一系列物流援助或服务及快捷高效的海关通关服务等。

11.4　管道智能运输系统

11.4.1　管道智能运输系统概述

管道智能运输系统作为综合智能运输系统中不可分割的一部分，承载着运输石油和天然气的任务，是保证油气运输安全，实现油气管道运输资源多样化、资源供应网络智能化、调配制度自动化的保证。

11.4.2　管道智能运输系统的国内外研究现状

管道运输是油气运输的主要运输方式。美国拥有 15 万 km 的管道设置，其中油气管道占全体油气输送比例的 47%。油气是美国能源资源的主要组成部分，然而对于美国本土，油气资源储备量不足以满足美国的需要，因此油气资源就需要从国外通过管道智能运输系统来获得。美国的管道智能运输系统首先要做的就是管道的铺设。为了配合美国地区的地貌特征和油气管道的最短路程，需要运用智能化的设备，计算油气管道的利用率和效率，以保证运用最小长度的管道，产生最大的效益。

我国油气运输管道就少得多。我国油气运输主要靠的是铁路运输，这样会导致油气分配不均、不灵活，无法适应国民对油气的使用需要。目前我国油气管道普遍老化，有一半以上的管道运行了 20 年以上，存在较大的安全隐患，一旦出现泄漏或者爆炸的情况，会对国民的生命及财产安全构成重大的威胁。

我国的油气管道主要分布在东北、华北地区。东北地区资源消耗大，华北地区缺少油气资源。这两个油气管道区域相隔很远，不进行相向的运输，另外，我国的油气管道十分稀少，没有广泛的覆盖到中国的各个角落，有些偏远地区还依赖于煤矿等资源，没有天然气等清洁能源，使用煤矿等资源对环境的伤害比较大，并且煤矿是不可再生资源。中国的油气储备量很足，但目前人们无法有效地利用。油气管道铺设不足，导致某些地区油气资源供应不足。与此同时，通过其他方式运输油气资源（例如铁路智能运输系统、航空智能运输系统等）不能达到管道智能运输系统速度快、运输量大等特点。另外管道智能运输系统还具有占地面积小、能抵抗恶劣的自然环境、污染小等得天独厚的优势。因此，未来中国管道智能运输系统的建设还任重而道远。中国应该加快管道的铺设，让越来越多的人可以享受到油气等清洁能源给大家带来的方便。

11.4.3 管道智能运输系统的组成

管道智能运输系统是铁路智能运输系统、航空智能运输系统、水路智能运输系统以外的第四大智能运输体系。管道智能运输系统包括原油运输、成品油运输、天然气管道运输和其他介质管道运输四个方面。随着经济的不断发展，管道智能运输系统也迅速发展起来，在我国以及国外管道运输中占有的比重越来越大，在经济发展中的作用也越来越明显，因此智能化的管道运输能够极大地提高管道运输的效率，减少能源消耗。越来越多的人用上清洁的能源，地球的环境就会越来越好。

11.4.4 管道智能运输系统的工作原理

管道运输是使用管道输送气体和液体介质货物的现代化运输方式。管道智能运输系统具有铁路智能运输系统和航空智能运输系统不可比拟的优势，管道智能运输系统是专门输送石油、天然气等油气资源的运输系统。因为其具有一定的局限性，因此管道智能运输系统具有运输量大、高效快速、可以抵御恶劣的环境等特点。

11.4.5 管道智能运输系统案例

俄罗斯的管道智能运输系统近几年来发展得十分迅速，俄罗斯在很短的时间内建成了可以输送大量天然气、原油和成品油的管道智能运输系统。其长度、运输量和复杂程度都在国际上处于领先地位。管道总长达到 218 万 km，为世界之最。

11.5 智能型综合运输系统

11.5.1 智能型综合运输系统概述

智能型综合运输系统是人们将当前国际上先进的信息技术、数据通信传输技术、电子控制技术、传感器技术以及计算机处理技术等有效地综合运用于整个运输体系，从而建立起的一种在大范围内全方面发挥作用的实时、准确、高效的运输综合管理系统。其主要目的是使人、车、路有机地统一起来，尽最大的可能提高道路的运输效率、保证道路通行的安全、改善环境的质量并提高能源的利用率。

智能运输系统，从字面意思上来看分为智能和运输，即系统中既要有智能化的模式和技术还要有完整的运输体系。如今智能化运输系统主要分为铁路智能运输系统、航空智能运输系统、水运智能运输系统和管道智能运输系统。各个智能运输系统分工合作，密切配合才能使智能型综合运输系统更加完善，适应所有的国家和国情。

随着社会的不断发展，产品的多样性也不断地提高，智能型综合运输系统也随着社会的发展越来越完善，人们对铁路、水路、航空和管道的运输要求得到了满足。

11.5.2 中国智能型综合运输系统的组成

中国智能型综合运输系统主要由用户主体、服务主体、用户服务、系统功能、逻辑框架、物理框架和技术经济评价这几部分组成。主体服务指的是服务对象，同时也是在某个服务领域内指定需求的主体；服务主体指服务的提供者；用户服务指明确系统能够提供的服务；系统功能指智能运输系统为完成用户服务必须具有的处理能力；逻辑框架指提供用户服务所需的智能运输系统功能的组织化；物理框架指具体提供服务的方式。

除此之外还有其他的技术经济因素。想要建立完整的智能运输系统，首先需要对用户主体和服务主体进行分类，然后重新对 ISO 服务领域进行划分。根据这两项工作明确用户的需求，接着定义用户服务和用户子服务，以上属于用户服务定义。

接着需要对综合智能运输系统的逻辑框架进行构建，其中包括确定系统的功能和建立逻辑框架。建立完逻辑框架后就轮到建立智能运输系统的物理框架，首先初步划定子系统，这个步骤特别关键，它是建立整个物理框架的基础。最后就是建立物理框架。

11.5.3　智能型综合运输系统的功能

随着科技的进步和社会的发展，智能交通运输的需求快速增长，特别是出生在西方国家的人们，在享受到智能社会所带来的舒适和便捷的出行方式的同时，也为这些付出了沉重的代价。道路拥堵、交通事故不断、环境越来越恶化、能源出现危机，这些问题威胁着人类的生存环境。

人类想要持续发展，就必须改善自己的交通运输手段，建立智能运输系统。道路交通可以运用高新技术来缓解车辆所带来的严重交通问题。当然其他运输方式，如铁路、航空、水运、管道也能运用高新技术，进一步发挥它们自身的优势，改进它们的服务，为人类社会的可持续发展创造一个更加良好的环境。显然，不仅要实现道路运输的智能化，而且要使综合其他运输方式的整个运输系统更加智能化，即人类社会提供更有效、更安全、更少污染的智能型综合运输系统。

另外，综合型智能运输系统还可以提高整体的运输效率。尽管各种运输方式都在尽最大的可能提高自身的工作效率，但由于不同的运输设施和技术水平发展不协调，自有的均衡性以及能力发挥的充分性，导致整个系统效率低下并有进一步发展的趋势。尤其多种运输方式的结合部分，是整个综合运输系统中最薄弱的部分。由于各种运输方式结合得不协调，这些结合部常常成为运输过程中的瓶颈，造成运输系统不连续、不通畅，降低了旅行和货运运输的效率，对需要辗转的旅客和货物，其辗转过程极为烦琐，效率低下。

对于同样的基础设施，采取不同的运输方式，其效率也有很大的差别。例如对于同样的道路，使用公共汽车与私家车相比，前者的使用效率比后者低许多倍。因此，为了提高运输效率，必然要从孤立的运输方式，走向多种运输方式相结合的智能型综合运输系统，以优化整体效益。

随着社会的进步，越来越多的人开始思考运输的个性化。正因为如此，自家使用的私家汽车以其方便、舒适的乘坐环境和随时随地的及时性运输而风靡全世界。这也产生了严重的负面效应。无论是从效率还是从环保的角度看，目前市面上的公共运输工具的效率都高于自家使用的汽车。但传统的公共运输系统不能够实现及时性运输，不能满足一些用户的个性化需求，缺乏吸引力。因此借助智能化手段实现，像自家用的汽车一样舒适、快捷、及时的公共运输或者两者相结合的综合性运输便成为当前运输系统发展的一项主要任务。

11.5.4　智能型综合运输系统案例

国外的智能型综合运输系统的发展、研究和实践主要集中在多种运输方式综合，以及运输系统的智能化管理上。美国、俄罗斯和加拿大等发达国家十分赞同可以综合多种运输方式的运输公司出现。例如美国的铁路公司兼并了一家卡车公司，在铁路运营的同时兼营卡车运输业，有的水运运输公司购买了铁路运输公司，兼营铁路运输业务。加拿大的太平洋铁路公司在经营公路运输业务的同时还运营航空、通信等交通运输业务。

美国、欧洲和日本等对智能型综合运输系统的智能化管理有着较为丰富的经验，如德国运用了多种运输方式综合的办法，实现了公路运输、铁路运输、航空运输、管道运输与城市交通的有效衔接；柏林中心火车站和杜塞尔多夫火车站，均与地铁和有轨电车实现了良好的配合和衔接；杜塞尔多夫国际机场与火车站也实现了城市轨道衔接。各种运输方式通过智能化的交通运输系统有效衔接，提高了综合运输系统的效率。

总而言之，智能型综合运输系统的智能化、信息化建设，依然还有待于进一步研究与发展，各种运输方式之间的信息集成与共享利用将是未来综合运输系统智能化的重要发展方向。

11.6 小　结

智能运输系统经过 30 余年的发展，不仅在道路运输领域取得了有效应用，而且在铁路运输、航空运输、水路运输及管道运输等综合运输领域也取得了实效。本章较详细地介绍了铁路运输、航空运输、水路运输及管道运输等综合运输领域的智能运输系统的研究现状、系统组成、系统功能和应用案例，其成果可供进一步研究参考。

第 12 章

智能运输系统的评价

12.1　智能运输系统的评价概述

评价用来衡量项目的目标或目的达到的程度。项目评价对项目本身的实施可以产生一个有益的反馈作用，就是项目评价的结果可以对项目适时地提出一些建议来最终达到甚至超过原来的目标。智能运输系统项目投资巨大，带来的影响也是广泛的，因此评价是其必要和关键的部分。一个好的评价方法是定性分析和定量分析相结合的，对能够定量的给予量化，为决策者提供充分的依据。然而有些影响是难以量化的。只有当评价的主体和目标明确才能取得最有效的评价。

引进 ITS 系统的效果研究才刚刚开始，但是应该意识到对 ITS 进行评价并不是容易的事情。下面把从事这方面研究的难点列举如下：

第一，ITS 所包含的系统是多种多样的，而且各系统之间是相互影响。在其发展初期，主要内容是交通信息提供、路径诱导和车辆运行管理等，后来又考虑公共交通部门的联合、自动费用、防撞装置、自动驾驶、检测事故、预约停车场等。可是所有关于这些问题的评价过于复杂，并有一定的难度。

第二，即使 ITS 的效果只限于路径诱导，也缺乏关于正在行驶的驾驶员的反应行为的研究，并且正在行驶的驾驶员的类型也是多样的，既有已经在路段上的，也有刚刚上路的。另外，驾驶员对所提供的诱导信息的反应的灵敏度也不同，灵敏度又与提供信息的质量有关，对交通信息提供的反应也是复杂的。

第三，是网络交通流的问题，为了用交通模型评价信息效果，必须采用能够再现交通流变化的动态模型，而且要把交通流按驾驶员、发生时刻等分为不同的类型，这样就使得运算量增大，或者使运算发生障碍。

第四，是对突发交通事件和事故等的异常状态进行管理的交通管理系统的评价问题。一般认为，当发生异常事件时，应用 ITS 具有更大的意义，但是现在关于发生异常事件时的交通行为和交通现象的未知的东西还比较多，没有达到可以评价的阶段。

安德伍德和杰林（Underwood and Gehring）认为对 ITS 评价，必须将效益分为社会效益、个人效益、企业效益三种类型。社会效益主要是从社会整体看 ITS 给社会带来的效益，如减少交通堵塞、提高安全性、改善环境、减少能源消耗等；个人效益是从个人角度看这些有利效益给自己带来的好处；企业效益是指由于 ITS 应用提高了客货运输服务效率和质量，开拓出新市场而提高运营效益等。效益的估计又可分为潜在效益、期待效益、目前效益、将来效益四种。

评价方法有实地调查法、费用效果比较分析法和数理模型法。对于较大的网络效益进行评价时，通常使用交通模型。但以往的评价手段多基于静态交通需求和均衡交通状态。假设所有车辆处在最佳行驶状态，交通流量的表现是宏观的，无法实现实时动态的交通诱导和恰当的交通控制。因此，有必要进一步开发能区别驾驶员特性的微观动态模型。

12. 2　智能运输系统评价的目的和意义

12. 2. 1　评价的目的

智能运输系统的评价是智能运输系统研究的一项重要内容，其目的是对智能运输系统项目的经济合理性、技术合理性、社会效益、环境影响和风险作出评价，为实际的 ITS 项目提供一个综合、全面的评价结果，为项目的可行性研究、实施、效果以及方案的优化、决策提供科学依据，对已有的系统运作优化提供依据，还可以帮助投资者对将来的投资做决定。

ITS 评价是指对 ITS 项目进行的评价，项目可以是规划中的、实施中的、完成后的。本书中不限定评价使用的阶段，既可以是项目前评价，也可以是项目后评价，或是项目实施中的评价。ITS 评价与建设 ITS 项目要达到的目的有重要关系，在评价中首先要明确建设 ITS 项目的目的。下面介绍 ITS 项目要达到的 6 点目的：

（1）提高交通系统的安全性

其主要包含以下内容：减少伤亡的数量及其严重程度、降低撞车的严重程度。

（2）提高路面交通系统的运行效率及其容量

其主要包含以下内容：减少由交通事故所引起的局部交通系统不能正常运作的情况、改善提供给出行者的服务水平及其方便程度、提高道路通行能力。

（3）减少由交通拥堵造成的能源和环境消耗

其主要包含以下内容：降低单位出行造成的有害物质排放、降低单位出行造成的能源消耗。

（4）提高目前的和将来的生产能力

其主要包含以下内容：降低快速行驶的成本、减少出行时间、改进交通系统规划和管理。

（5）提高交通系统使用的方便性和舒适度

其主要包含以下内容：为出行前和出行中的信息获得提供途径、提高出行安全度、减轻出行者的压力。

（6）为繁荣 ITS 的发展和实施创造环境。

其主要指支持 ITS 产业（硬件、软件和服务）的建立。

12.2.2　评价的意义

正确合理的评价，可以指导 ITS 朝正确的方向发展，建立和完善先进的 ITS 系统。从总体来看，ITS 评价的意义主要体现在以下 4 个方面：

1）ITS 潜在影响的评估

ITS 评价是为了能够更好地了解项目本身和与其相关的交通条件的改善之间的关系。对交通系统及其使用者产生的影响，以及对社会、经济和环境的影响，综合起来构成了 ITS 评价的内容。而且，对 ITS 产生的影响有一个更好的认识也有助于相关 ITS 项目的决策和实施。

2）对 ITS 带来的效益进行量化

投资者决定要投资一个项目，就必须能够量化自己投资的效益，也就是量化 ITS 的效益，从而决定采用 ITS 还是不采用 ITS，并且评价 ITS 要全面考虑它所涉及的各个领域。

3）有利于投资者的投资决策

ITS 评价所提供的信息（关于具体实施的理想条件和可能产生的影响因素等）可以帮助政府部门优化投资，同时也可以使人们对将来项目的投资和实施作出决定。

4）优化已有的 ITS 系统

通过 ITS 评价，可以使人们对已实施的交通设施和交通系统存在的问题和需要改进的方向产生明确认识，从而使管理者和设计者能够更好地管理、调整、改进和优化系统运作和系统设计。

评价复杂的交通系统的常用方法包括确定达到预定交通目标所需的过程、影响因素以及各因素在此过程中的作用，而人们对这些因素又通过使用不同的评价方法来加以量化，进而指导 ITS 系统下一步的发展。

12.3　智能运输系统评价的内容

12.3.1　智能运输系统的评价指标

ITS 评价的内容通常包括技术评价、经济评价、社会评价、环境评价 4 个方面，评价指标也通常从这 4 个方面选取：

1）技术评价指标

ITS 的技术评价主要可从两方面进行：基于体系结构各部分特征的系统性能评价，即定性分析为主的评价；基于 ITS 各部分系统所设计的运行性能评价，即定性与定量结合的评价。系统性能评价指标包括对 ITS 用户的支持、系统的灵活性和可扩展性、车辆性能、系统功能的多级性、实施的递进性等。运行性能评价指标包括交通预测模型的精确性、交通监测和控制的效率、交通管理中心的效率、定位的准确性、通信系统容量的充分性、系统安全性能等。

2）经济评价指标

ITS 的经济评价指标主要有两个方面：静态指标和动态指标。静态指标主要包括投资回收期、投资利润率、投资利税率、资本金利润率等。静态指标主要包括财务内部收益率、财务净现值等。此外还可选择 ITS 系统的投资对相关产业产生的带动作用，项目投资的增长对国民收入、税收、工资等指标产生的倍增作用和随着 ITS 项目产业投资的增长而最终需要投入的就业人数方面的一些指标。

3）社会评价指标

ITS 属于交通运输的一部分，具有一定的社会服务性质，所以社会评价指标通常选择居民对 ITS 系统的满意程度、减少出行成本和出行时间的程度、降低交通事故发生概率的程度等相关方面的指标。

4）环境评价指标

环境评价主要是评价 ITS 的环保性和节能性，通常选择的指标是关于污染物的排放和 ITS 系统运行的能源消耗。

12.3.2　智能运输系统的评价方法

目前，常用的智能运输系统评价方法有很多，但每种评价方法都各有利弊，本节主要介绍费用效益分析法、德尔菲法、DHGF 算法三种评价方法。

1）费用效益分析法

在美国和欧盟，费用效益分析法在 ITS 项目评价中占据了主导地位，费用效益分析法的过程可分为 3 个阶段：确定备选方案、影响分析、评价。下面分别予以阐述。

（1）确定备选方案。

基础方案：不严格地说，基础方案就是现状或"作最少"方案。

备选方案：可供选择的方案，例如建设 ITS 设施，还是采用其他方案如拓宽道路等。

辅助设施：不管哪一个备选方案被选中，都有与之相关的一套辅助设施以确保该投资获得最大效益。

（2）影响分析。

所有的影响都可归为费用、效益和转移。费用和效益已为人们所熟知，这里主要就转移略作说明。实际上，大量的影响都是转移，这意味着个人可能在其中有得有失，而社会总量却未变动，例如由于 ITS 设施建设和运行导致的利用者付费和税率的变化和土地利用的变化等。社会总量不会因为转移而提高或降低，然而转移会影响公平和行为，由此产生费用和效益。

实际上，一个特定的费用是否称为费用或效益也不是固定的，在实际操作中，费用一般由 ITS 项目的直接费用组成，它应该包括首期投资，但可以包括或不包括运行和维护费用。

ITS 项目的效益来源于建设 ITS 项目的目标，它包括正效益和负效益，通常包括：①时间的节约；②用户费用和外部费用的减少；③安全性的提高；④质量的提高，例如客运的舒适度、准时性的提高，货物破损率的降低；⑤消费者剩余的增加。上述效益都可归为交通费用的降低，当此交通费用的降低以一般化费用呈现给用户时，将会诱发更多的交通量。诱增交通量的效益可以用价格与需求曲线间的面积来计量，称为消费者剩余。

（3）评价。

计算各备选方案的总效益和总费用并对它们进行比较，计算效益费用比或效益费用差，确定项目的可行性和最佳方案。

采用费用效益分析法进行 ITS 评价，首先需要明确的问题是 ITS 项目是否明显不同于其他传统运输项目（例如新建、扩建道路），因而导致常规的费用效益分析法无法应用或需要做大量的修改呢？问题的答案是复杂的。其实以往的费用效益分析法仍然可使用，但是传统运输项目的费用效益分析是建立在良好的历史数据积累的基础之上的。然而 ITS 项目经常是缺乏费用和效益的历史数据的，因为很多项目可能是头一次实施，根本没有别的已建项目的数据可供参考。因此 ITS 项目评价的数据主要基于模型（包括仿真），而非来源于历史数据的收集。

相对于费用估计而言，效益估计是一个非常困难的工作，ITS 效益估计需要复杂的假设和仿真技术提供估计的输入，于是不同的假设和仿真技术将导致效益计算不同的输入，最终导致评价结果的差异，因此 ITS 评价人员应该充分意识到这些问题。如何为估算费用和效益作出合理的假设需要 ITS 评价人员作出艰苦的努力，为了精确预计 ITS 项目的费用和效益，现在亟须建立 ITS 项目的费用和效益的数据库（数据来源于仿真和现场实施监测），这个数据库应该包括工程、经济、社会、环境等方面的费用和效益等方面的数据。

2）德尔菲法

德尔菲法是对智能运输系统进行评价的一种定性分析方法，它是为了避免集体讨论时有可能发生屈从于权威或盲目服从等现象而采用的一种方法。它主要运用匿名方式进行意见的征询与交流，专家之间互不知晓，意见及看法代表了各自的真正想法。这样得到的汇总也比较能反映群体意志。这种方法的优点主要是简便、易行、快速，具有一定科学性和实用性，可以避免会议讨论时"权威影响"及"大多数效应"的弊端。其缺点是该评价分析主要属于专家的主观定性判断，个人的观点对评价起着关键作用，具有一定的局限性。

3）DHGF 算法

DHGF 算法是将德尔菲法、层次分析法、灰色关联法、模糊评判法集合而成的一种综合性算法。其具体步骤如下：根据需要确定的评价指标种类，得出每类指标的权重；根据专家的意见得出评价量矩阵；根据需要设定的评价等级得出评估灰类；根据模糊评判矩阵得出评价结果。

（1）根据需要确定的评价指标种类，得出每类指标的权重。

交通运输的发展在环境与能源方面有一定的影响，而智能运输系统对交通运输解决环境与节能两大问题具有积极的作用。目前世界各国都很关注气候变暖问题，根据哥本哈根会议的精神要求，为适应"低碳时代"的需要，目前指标体系的可以从安全性、环保性、节能性、经济性、准时性、及时性 6 个方面来考虑。

假定设置的指标体系包含以上 6 个方面（可以根据实际需要进行不同的设置），那么可确定这 6 类（$A_i, i = 1, 2, \cdots, 6$）智能运输系统的评价指标集合为：

$$A_i = A_1, A_2, \cdots, A_6 \qquad (12-1)$$

由于各个指标在专家看来对智能运输系统的影响程度不一样，所以有必要对这些指标加权重并进行归一化处理，得到比较权重矩阵：

$$\boldsymbol{F} = (F_1, F_2, \cdots, F_6) \qquad (12-2)$$

式中，F_i 为指标 A_i 所对应的权重，且

$$\sum_{i=1}^{6} F_i = 1, (0 < F_i < 1) \qquad (12-3)$$

以下为某实例资料：经过专家对指标的比选，某智能运输系统的指标权重如下：

$$\boldsymbol{F} = (F_1, F_2, F_3, \cdots, F_6) = (0.15, \quad 0.22, \quad 0.21, \quad 0.17, \quad 0.11, \quad 0.14)$$
$$(12-4)$$

（2）根据专家的意见得出评价量矩阵。

设有 m 位专家参与上述 6 类指标的评价，将第 i 位专家对指标 A_l 给出的评分记为 h_{li}。综合各位专家得到评价样本矩阵 $\boldsymbol{H}$，为了便于专家评定，规定使用 5 分制打分，最高分为 5 分。

现假设请 5 位专家为该智能运输系统进行评分，形成如下评价样本矩阵 $\boldsymbol{H}$：

$$\boldsymbol{H} = \begin{bmatrix} 3 & 4 & 5 & 3 & 2 & 4 \\ 3 & 3 & 4 & 4 & 3 & 4 \\ 4 & 4 & 2 & 3 & 4 & 4 \\ 3 & 4 & 4 & 3 & 3 & 3 \\ 4 & 3 & 4 & 4 & 2 & 2 \end{bmatrix} \qquad (12-5)$$

（3）根据需要设定的评价等级得出评估灰类。

设智能运输系统评价标准集合 U 为：

$$U = (U_1, U_2, U_3, U_4) \tag{12-6}$$

根据评价等级集合 U，可确定评估灰类也为 4 类：

$$C = (C_1, C_2, C_3, C_4) = (4, \quad 3, \quad 2, \quad 1) \tag{12-7}$$

式（12-7）中，C_i 为灰数的等级，设 $f_j = (h_{li})$ 为根据 h_{li} 得到的第 j 灰类的白化权函数，则白化权函数如下：

第 1 灰类，灰数 $C_1 \in [4, \infty]$，其白化权函数如下：

$$f_1(h_{li}) = \begin{cases} h_{li}/4 & h_{li} \in [0,4] \\ 1 & h_{li} \in [4,\infty] \\ 0 & h_{li} \in [-\infty,0] \end{cases} \tag{12-8}$$

第 2 灰类，灰数 $C_2 \in [0,3,6]$，其白化权函数如下：

$$f_2(h_{li}) = \begin{cases} h_{li}/3 & h_{li} \in [0,3] \\ 2 - h_{li}/3 & h_{li} \in [3,6] \\ 0 & h_{li} \in [0,6] \end{cases} \tag{12-9}$$

第 3 灰类，灰数 $C_3 \in [0,2,4]$，其白化权函数如下：

$$f_3(h_{li}) = \begin{cases} h_{li}/2 & h_{li} \in [0,2] \\ 2 - h_{li}/2 & h_{li} \in [2,4] \\ 0 & h_{li} \in [0,4] \end{cases} \tag{12-10}$$

第 4 灰类，灰数 $C_4 \in [0,1,2]$，其白化权函数如下：

$$f_4(h_{li}) = \begin{cases} 1 & h_{li} \in [0,1] \\ 2 - h_{li} & h_{li} \in [1,2] \\ 0 & h_{li} \in [0,2] \end{cases} \tag{12-11}$$

（4）根据模糊评判矩阵得出评价结果。

求出灰色统计数、灰色评估权值及模糊权矩阵：设所有 m 位专家对评价指标 A_i 第 j 灰类的灰色统计数为 b_{ij}，总灰数统计数为 b_i，灰色权向量记为 p_{ij}，则有：

$$b_{ij} = \sum_{l=1}^{r} f_j(h_{li}), b_i = \sum_{j=1}^{4} b_{ij} \tag{12-12}$$

$$p_{ij} = \frac{b_{ij}}{b_i} \tag{12-13}$$

可得由 p_{ij} 构成的模糊权矩阵 P：

$$P = \begin{bmatrix} p_{11} & p_{12} & \cdots & p_{14} \\ p_{21} & p_{22} & \cdots & p_{24} \\ p_{31} & p_{32} & \cdots & p_{34} \\ p_{41} & p_{42} & \cdots & p_{44} \end{bmatrix} \tag{12-14}$$

结合本例，对于指标 A_l，该智能运输系统属于第 1 灰类至第 4 灰类的统计数分别为：

$$b_{11} = f_1(h_{11}) + f_1(h_{21}) + f_1(h_{31}) + f_1(h_{41}) + f_1(h_{51}) = 4.25 \qquad (12-15)$$

同理：

$$b_{12} = 4.33, b_{13} = 1.5, b_{14} = 0 \qquad (12-16)$$

对于指标 A_l 的总灰数统计数为：

$$b_1 = b_{11} + b_{12} + b_{13} + b_{14} = 10.08 \qquad (12-17)$$

则有

$$p_{11} = \frac{b_{11}}{b_1} = 0.42, p_{12} = 0.43, p_{13} = 0.15, p_{14} = 0 \qquad (12-18)$$

同理可得 $\boldsymbol{p}_{ij}$。

$$\boldsymbol{p}_{ij} = \begin{bmatrix} 0.42 & 0.43 & 0.15 & 0 \\ 0.47 & 0.42 & 0.11 & 0 \\ 0.51 & 0.38 & 0.11 & 0 \\ 0.42 & 0.43 & 0.15 & 0 \\ 0.33 & 0.38 & 0.29 & 0 \\ 0.46 & 0.38 & 0.16 & 0 \end{bmatrix} \qquad (12-19)$$

计算模糊综合评判矩阵及评价结果：对上述指标权重矩阵 $\boldsymbol{F}$ 和模糊权矩阵 $\boldsymbol{P}$ 进行复合运算，得到模糊综合评判矩阵 $\boldsymbol{X}$：

$$\boldsymbol{X} = \boldsymbol{F} \times \boldsymbol{P} = (x_1, x_2, x_3, x_4) \qquad (12-20)$$

先对 $\boldsymbol{X}$ 进行归一化处理，再令：

$$\boldsymbol{Y} = \boldsymbol{X} \times \boldsymbol{U}^{\mathrm{T}} \qquad (12-21)$$

式中 $\boldsymbol{Y}$ 为智能运输系统的综合评价值。综合评价值越高，说明智能运输系统的应用效果越好。相对本例，根据上述已计算出的资料可得：

$$\boldsymbol{X} = \boldsymbol{F} \times \boldsymbol{P} = (0.45, \ 0.40, \ 0.15, \ 0) \qquad (12-22)$$

归一化处理后仍为：

$$\boldsymbol{X} = (0.45, \ 0.40, \ 0.15, \ 0) \qquad (12-23)$$

则：$\boldsymbol{Y} = \boldsymbol{X} \times \boldsymbol{U}^{\mathrm{T}} = 3.3 \qquad (12-24)$

因此，根据以上所给定的"优""良""中""差" 4 个等级的标准可知，该智能运输系统的综合评价等级属于良好的水平。

DHGF 算法的主要优点是该评价方法比较科学与直观，不足之处是采用的专家评分仍然具有一定的主观性，且分析过程相对于其他算法来说也比较烦琐。

以上所介绍的三种评价方法都有自己的利弊，当然除了上述的评价方法外还有层次分析法、多目标分析方法等其他评价方法，具体选择哪种评价方法需要根据实际情况和要求进行选择。

12.4　智能运输系统项目评价

12.4.1　智能运输系统经济评价

12.4.1.1　经济评价的目的

智能运输系统经济评价就是从经济角度分析计算 ITS 项目所需投入的费用和获得的效益，以及 ITS 系统将对国民经济产生的影响。经济评价包括国民经济评价和财务评价。国民经济评价是从国家整体的角度，研究 ITS 项目对国民经济的净贡献，以判断 ITS 项目的合理性。财务评价是从 ITS 项目的财务角度，分析测算 ITS 项目的财务盈利能力和清偿能力，对 ITS 项目的财务可行性进行评价。对 ITS 系统的经济评价应以国民经济评价为主。

12.4.1.2　经济评价的原则

智能运输系统的经济评价应遵循以下五个原则。

1）整体性原则

ITS 系统是一个复杂的大系统，它的经济效果是在系统各个组成部分的共同作用下产生的，因此，对 ITS 系统的经济性评价应从总体出发，进行系统总体评价。

2）层次性原则

对 ITS 系统的经济评价要从不同的层次上进行，这主要是从不同的角度来对 ITS 的不同投资主体的经济效果分别进行评价，即国民经济评价、项目财务评价和用户投资效果评价。

3）实用性原则

对 ITS 系统的经济评价必须具有可操作性。

4）一致性原则

对 ITS 系统的经济评价，主要是分析、比较系统的投入与产出之间的关系，因而，对于收益与费用的汇集应保持范围一致。

5）定性与定量相结合原则

ITS 系统的效益是全方位的，有些可以定量评价，而有些只能定性说明，因此在定量评价的同时还必须作定性评价。

12.4.1.3　ITS 经济评价的对象和内容

ITS 系统的经济评价可以从国家投资、企业投资、个人投资三个层次上进行。个人投资效果的评价与企业投资评价类似。

1）国民经济评价的内容

国民经济评价是按照资源合理配置的原则，从国家整体角度考虑项目的效益和费用，用货物影子价格、影子工资、影子汇率和社会折现率等经济参数分析、计算项目对国民经济的净贡献，评价项目的经济合理性。对于国民经济评价来说，重要的是评价 ITS 项目的投资将对国民经济产生多大影响。因而，它应包括以下几个方面的内容：

（1）波及效果分析。

所谓波及效果分析就是分析 ITS 系统的投资将对相关产业产生多大的带动作用。在投资 ITS 之前，了解其对国民经济各部门产生的影响，即由此而引起的各产业部门的增产需要达到什么程度，这无疑是非常必要的。

（2）投资乘数分析。

投资乘数分析主要是分析项目投资的增长将对国民收入、税比、工资等指标产生的倍增作用。对 ITS 进行投资乘数分析是要确定 ITS 的投资对国民收入等的提高有多大影响。

（3）综合就业分析。

分析、计算随着 ITS 产业投资的增长而最终需要投入的就业人数，其中包括直接需要和间接需要。

2）财务评价的内容

财务评价是根据国家现行财税制度和价格体系，分析、计算投资者或项目直接发生的财务效益和费用，编制财务报表，计算评价指标，考察项目的盈利能力、清偿能力以及外汇平衡等财务状况，据以判别项目在财务与商业上的可行性。

项目财务评价的服务对象主要是具体的 ITS 项目的企业投资者，而对于国家投资来说，其更注重整体效益。项目财务评价的内容主要包括以下几个方面：

（1）经济效益分析。

①静态指标：投资回收期、投资利润率、投资利税率、资本金利润率等。

②动态指标：财务内部收益率、财务净现值等。

（2）清偿能力分析。

①借款偿还期；

②资产负债率；

③流动比率；

④速动比率。

12.4.1.4 ITS 经济评价的方法

1）国民经济评价方法

ITS 系统的国民经济评价主要用来分析 ITS 系统的发展将对国民经济产生的总体影响。可以采用投入产出分析法，它是利用投入产出表及相关系数表进行产业关联及产业间相互影响分析的一种常用方法。

ITS 作为一种高新技术产业，它的发展势必对其他相关产业造成一定的正面影响，带动其他产业的发展，从而拉动整个国民经济的发展。那么，各产业间的相互变动关系如何定量地衡量，就为投入产出分析法提供了发挥作用的机会。

投入产出分析在使用手法上大致可以分为两类：一类是结构分析，另一类可称为因果分析。所谓因果分析就是把握产业之间的相互影响，因此，其又称波及效果分析。具体到分析 ITS 产业与其相关产业的相互影响，可以进行如下几个方面的分析：

（1）投资乘数分析。

乘数是说明某一经济变量对另一经济变量的倍增作用的一个参数指标。乘数分析的概念和方法被引入到投入产出分析中，主要包括：

①净产品乘数效应分析。净产品乘数可解释为，在现在的产业结构条件下，某部门每增加 1 个单位最终产品，为整个国民经济带来的国民收入。

②最终产品乘数分析。最终产品乘数是指每一个部门单位最终产品需求所要求调入产品的数量。它表明了不同产品部门最终产品需求量变化时，整个国民经济系统对调入产品在总量和结构方面的依赖程度。

（2）波及效果分析。

对波及效果进行分析和计算，需要使用三个基本的工具：投入产出表、投入系数表、逆阵系数表。

大规模建设工程项目进行之前，了解它们本身对国民经济各部门产生的影响是非常必要的。这种影响包括直接和间接影响，可以用波及效果分析模型来计算，即 $X = (I - A)^{-1}$。

（3）就业效果分析。

利用逆阵系数表可以计算随着各部门生产的增长而最终需要投入的就业人数，即综合就业系数。

综合就业系数 = 就业系数 × 逆阵系数

综合就业系数的意义是，某产业为进行 1 个单位的生产，在本产业部门和他产业部门有多少人就业，也就是直接和间接地总共需要有多少人就业。

2）财务评价方法

财务评价是确定项目盈利能力的依据，是项目资金筹措的依据，是国民经济评价的基础。财务评价主要为企业投资者和个人投资者服务。财务评价的方法主要是费用效益分析法。对于具体的 ITS 项目来说，财务评价与国民经济评价的出发点是不同的，因而它们的费用以及效益的汇集范围也是不同的。

3）费用与效益的估算

不论是国民经济评价还是财务评价都需要进行费用与效益的汇集。

（1）费用的估算。

费用即用于项目的所有投资。费用估算的主要依据是各子系统的物理要素的详细定义，据此汇总出一次性投资和营运费用。费用构成结构如图 12 - 1 所示。

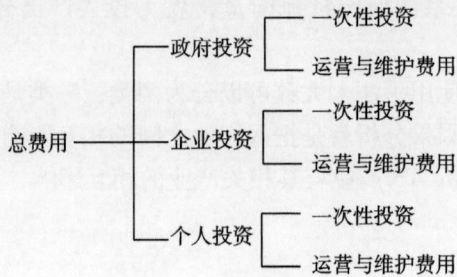

图 12 - 1　费用构成结构

（2）效益的估算。

效益的估算采用有无对比法。国民经济评价的效益包括直接效益和间接效益，而财务评价只考虑项目投资的直接收益情况。总收益构成如图 12 - 2 所示。

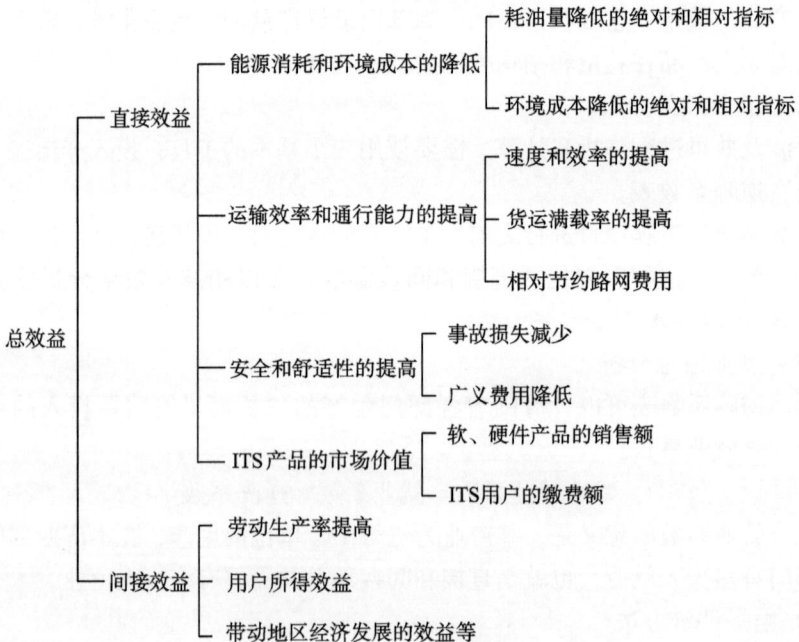

图 12 - 2　总收益构成

费用与效益分析是国民经济评价和财务评价的主要依据，因此，对费用和效益的估计应尽可能全面、准确。

12.4.2　智能运输系统的技术评价

关于 ITS 的技术评价，是从技术的角度出发，试图通过对项目各技术指标的分析和计算，从系统的功能和技术层面对智能交通运输系统的科学性、合理性、可发展性以及适用性和可实现性等方面进行综合的评价。评价可采取系统与单项结合、定量与定性结合的方法。系统与单项结合评价法，即关于 ITS 整个系统的综合评价和各子系统的评价，前者是对整个系统的把握和综合评估，而后者是前者的基础，更多地影响到系统的实现，因此，两者是相关的。

另外，评价对象所含内容广泛，这里仅侧重于 ITS 关键子系统的技术评价。

12.4.2.1　技术评价的基本前提条件和原则

1）基本前提条件

ITS 技术评价的基本前提条件是，ITS 系统和子系统基本框架（逻辑框架、物理框架）的建立、系统和技术的存在性等。

2）基本原则

为了达到评价的目的，ITS 技术评价应遵循以下基本原则：

（1）科学性。

ITS 应建立在科学的原理和技术之上，因此，科学性是系统技术评价的首要原则。

（2）实用性。

直接或间接地解决（或缓解）交通问题的实用性是对 ITS 的基本要求。同时，系统的实用性还表现在系统适用性方面，如 ITS 及其子系统能否适应于中国（或特定城市）的实际情况（实际的交通情况和建设系统的条件）等。

（3）可测性。

系统的评价将通过若干具体的指标体现，为了能清晰地对系统作出评价，所选取的评价指标必须能够通过某些直接或间接的方法得到定量的值。

（4）独立性。

智能运输系统是一个复杂的、多层次、多因素的系统。为了能准确地评价系统特定的功能和技术，应避免评价指标的相互关联和重叠。

（5）可比性。

可比性原则反映了系统及其评价指标的敏感程度。所选用的评价指标应具有较高的敏感性，能客观地反映出不同方案下所取得的效果的差异，从而为提高系统的技术水平提供决策支持。

（6）整合性。

此原则反映了系统及其子系统和技术间的匹配与协同程度，相关指标的取用应能反映这一原则。

（7）扩展性。

由于 ITS 广泛地集成了先进的高新技术，且系统庞大，因此，系统的兼容性和扩展性原则对于确保系统的可发展性具有极其重要的意义。

（8）完备性。

该原则体现了评价指标所反映的系统技术性能的全面性。评价指标体系中各个评价指标所评价的内容应尽可能地涵盖智能运输系统的各种属性，如方便、有效、经济、安全等。

12.4.2.2 评价对象及其技术评价体系

1）评价对象

ITS 的评价对象可按技术领域划分。根据中国 ITS 框架研究大纲，智能运输系统的技术领域可划分为以下几个部分：

（1）通用技术平台。

主要领域：通用地理信息平台（桌面、车载）及其与定位结合的技术、环境和尾气排放管理。

（2）通信信息。

主要领域：出行前信息、行驶中驾驶员信息、行驶中公共交通信息、个性化信息服务、路线诱导及导航。

在物理框架中，考虑信息服务商与交通管理中心、紧急事件管理中心的接口，帮助整体完成广域有线通信、广域无线通信的工作。

（3）车辆。

主要内容：视野的扩展、自动车辆驾驶、纵向防撞、横向防撞、安全状况（检测）、碰撞前的保护措施和智能公路。

与通信信息组协调考虑信息终端等车载设备的交叉问题。

（4）运输管理。

主要内容：商用车辆的管理、路边自动安全检测、商用车辆的车载安全监测、商用车辆的车队管理、公共交通管理、公共交通需求、共乘管理，也可分为货物运输和旅客运输两个组成部分开展工作。

（5）交通管理和规划。

主要内容：交通控制、紧急事件管理、需求管理、交通法规的监督和执行、交通运输规划支持、基础设施的维护管理。

在物理结构中，考虑交通管理中心与其他中心的接口，考虑道路、铁路、水运、航空管理中心接口。

（6）电子收费。

主要内容：电子交通交易等。

（7）紧急事件和安全。

主要内容：紧急情况的确认及个人安全、紧急车辆管理，危险品及事故的通告，出行安全，对易受袭击道路使用者的安全措施和智能枢纽。在物理结构中，考虑紧急事件管理中心换型和对外接口。

（8）综合运输（枢纽）。

主要内容：综合枢纽、多式联运管理。

（9）智能公路。

主要对象：先进的车-路信息与运行系统等。

2）ITS 技术评价体系

ITS 的技术评价主要可从两方面进行：基于体系结构各部分特征的系统性能评价，即以定性分析为主的评价；基于 ITS 各部分系统设计的运行性能评价，即定性与定量相结合的评价。ITS 技术评价体系如图 12 - 3 所示。下面对指标层的每一项加以解释。

（1）系统性能评价。

①对 ITS 用户的支持：该指标是为了评价 ITS 体系结构的系统功能是否满足不同用户的需求。在中国的大部分城市，应充分考虑自行车交通用户及公共交通用户的需求。

②系统的灵活性和可扩展性：该指标主要指体系结构在技术上是否具有灵活性和可扩展性。灵活性指体系结构对不同类型技术的兼容和限制程度，评价指标及其描述如图 12 - 3 所示。

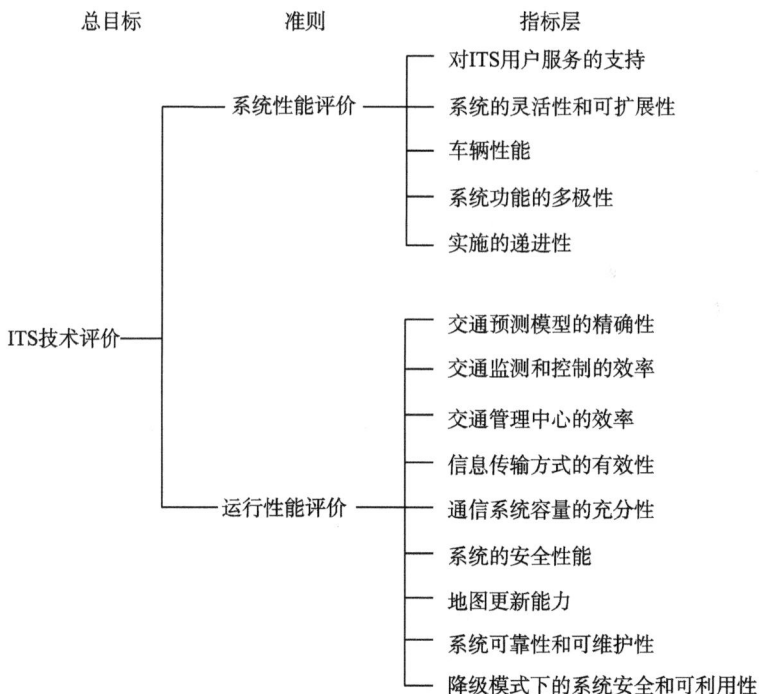

图 12 - 3　ITS 技术评价体系

③车辆性能：可分三种情况表示——高收益、中等或低收益、极少或无收益。

④系统功能的多级性：为达到系统功能的多级性的目的，体系结构首先必须模式化，以便于把不同的功能分配到体系结构中不同的领域。在评价系统功能的多级性时，可以从下列两个子指标进行评价：

a. 技术水平的兼容性：在体系结构的每一市场包内和市场包之间，结构功能能够兼容从低级到高级、差异变化大的各类技术；

b. 界面的标准化：为了鼓励 ITS 产品和服务的多级化，必须使 ITS 的产品具有可互换性和兼容性，从而界面的标准化显得至关重要。

⑤实施的递进性：该指标主要包含以下两方面：ITS 体系结构与现有设施的包容性和可协调性；随着 ITS 相关技术的进步，ITS 体系结构的可发展性。

（2）运行性能评价。

①交通预测模型的精确性：ITS 的目标之一是更好地理解交通模式，以便预测交通流量和拥堵条件。为了达到这一目的，通常需要解决以下三个问题：哪些数据可以用来预测交通模式；如何实时处理交通数据，提供即将到来的交通条件的重要信息；交通预测能力对运输系统效益的影响。针对以上三类需求，给出该指标的三个子指标：数据采集技术、交通预测中交通数据的处理和算法、对运输系统效益的影响。

②交通监测和控制的效率：在该指标体系结构中，交通管理子系统实时收集、处理和发布大量的出行方式和系统运行信息，包括以下两个子指标：数据的收集和实时传输的能力、数据的实时处理能力。

③交通管理中心的效率：该指标指交通管理中心（TMC）之间的协调水平，以及交通管理中心（TMC）和其他相关的管理中心之间（如信息提供者、公共交通管理中心、紧急事故管理中心等）的协调和协作水平。

④信息传输方式的有效性：信息传输方式一般可以分为两种：有线通信和无线通信。由于有线通信相对于无线通信不存在传输容量的限制，也很少会发生传输障碍（除非线路被截断），所以评价的重点是无线通信方式。对于无线通信可以用以下主要指标进行评价，即总流量、线路平均流量、线路延误统计。

⑤通信系统容量的充分性：主要评价有线通信与无线通信中所能容纳的最大的信息通信量及信道总数，容量越大，可以供给覆盖范围内更多的用户进行通信及数据下载。

⑥系统的安全性能：该指标主要包含两方面：通信安全和数据库信息安全。人们将不同系统的安全级别划分为 4 个等级：D、C、B、A，安全级别依次升高。更高一级的安全等级除了包含低级级别的条款之外，还包括额外的条款。

⑦地图更新能力：该指标指 ITS 体系结构中，用户通过一些方式定期进行地图更新的便利性和快捷性。

⑧系统可靠性和可维护性：系统的可靠性及可维护性指标主要指在体系结构内是否会出现一些风险，导致服务和系统性能的不稳定。在系统结构中，许多情况是很可能的，但在实际中可以通过好的设计来降低这种风险。

⑨降级模式下的系统安全和可利用性：该指标主要指 ITS 体系结构中，在系统实施的过程中降级服务的能力。在降级服务模式中，不仅有服务的降级，还有

到达最终用户时错误信息的升级。当系统在降级模式中有毫无意义和错误的信息通过时，其运行的可靠性会有较大变化。这将影响服务损失的风险，或者会影响服务设备的可靠性。

12.4.2.3 评价指标体系

单项评价指标用于评价系统技术的可行性。综合技术评价用于不同方案的比选。

1）综合技术评价指标体系的结构

根据以上 ITS 技术评价的原则，以及相关技术所应当提供的服务种类，可以按照系统的技术要求来选择评价指标。

2）综合技术评价指标体系的结构

针对综合评价的对象以及智能运输系统的模块划分，可以将智能运输系统划分为若干个子系统进行分析，综合技术评价指标的结构如图 12-4 所示。

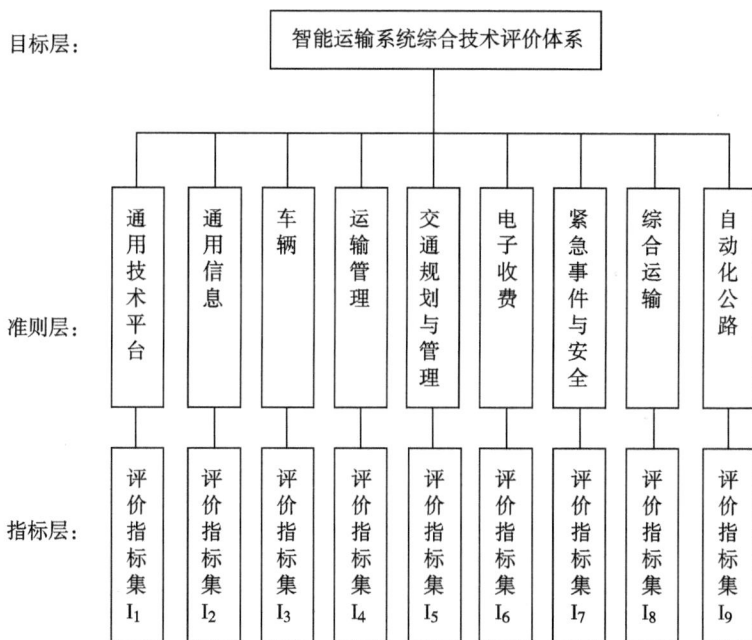

图 12-4 综合技术评价指标的结构

以上结构体系将有利于用层次分析法对系统进行分析与评价。

3）评价指标集

按照图 12-4 所示的评价体系结构，在每一个子系统下面可选取适当的评价指标集，对该子系统的技术水平进行评价。关于指标集可基于技术评价的系统性能评价和运行性能评价的基本考虑来加以确定。其中定性评价内容可通过描述来表现。

12.5　小　　结

　　本章在阐述智能运输系统效果评价的目的、意义的基础上，重点介绍了 ITS 技术经济评价的目的，经济评价的原则，经济评价的对象、内容和方法，技术评价的基本前提条件和原则、评价对象及其技术评价体系，然后介绍了智能运输系统综合技术评价及其评价指标的确定。

参 考 文 献

［1］ 川岛弘尚 . ITS 道路智能化 ［J］. 道路交通经济，1993，2.

［2］ 蔫田纪雄 . ITS America ［J］. 道路交通经济，1993，1.

［3］ Richard Whelan. Smart Highways, Smart Cars. Norwood MA：ARTECH HOUSE，1995.

［4］ 金篆芷、王明时 . 现代传感技术 ［M］. 北京：电子工业出版社，1995.

［5］ 陆化普，史其信 . 智能交通系统发展动向与启示 ［J］. 科技导报，1996，10.

［6］ Li, Yun, et al. Genetic algorithm automated approach to the design of sliding mode control systems. International Journal of Control. 1996，64 (3)：721 – 739.

［7］ 陆化普，史其信 . ITS——新一代道路交通系统 ［J］. 公路交通科技，1997 (14).

［8］ 史其信，陆化普 . 中国的 ITS 的研究现状与发展趋势 . 第二届亚太地区 ITS 会议（澳大利亚），1997.

［9］ （社）交通工学研究会 . ITS——インテリジエクト交通システム. 东京：丸善株式会社，1997.

［10］ Shigixin, LuHupu. The conceivability of the ITS development strategy in China ［A］. 5th World Congress on ITS ［C］, Seoul, Oct, 1998.

［11］ ASAHI ORIGINAL ［SCIaS 编］, ITS——21 世纪的车辆和道路 ［J］. 东京：朝日新闻社，1998.

［12］ 陆伟民 . 人工智能技术及应用 ［M］. 上海：同济大学出版社，1998.

［13］ 史其信，陆化普 . 中国 ITS 发展战略构想 ［J］. 公路交通科技，1998，15 (3).

［14］ 陆化普 . 城市现代化管理 ［M］. 北京：人民交通出版社，1999.

［15］ 张志清，张鹏，谢常仁，等 . 智能交通系统研究综述 ［J］. 中国林业大学学报，1999，27 (2).

［16］ 蒋冰蕾，译 . 美国智能公共交通领域发展近况 ［J］. 国外城市规划，1999，(1).

［17］ 李珏 . 美国 1998 年的跨世纪运输效率法案（TEA – 21）简介 ［J］.

北美交通信息，1999，9（2）．

[18] 陆化普．日本智能公共交通系统开发应用现状与展望［J］．国外城市规划，1999，（1）．

[19] 赵亦林．车辆定位与导航系统［M］．谭国真，译．北京：电子工业出版社，1999．

[20] 黄卫，陈里德．智能运输系统（ITS）概论［M］．北京：人民交通出版社，1999．

[21] 王承恕．通信网基础［M］．北京：人民邮电出版社，1999．

[22] 廉师友．人工智能技术导论［M］．西安：西安电子科技大学出版社，2000．

[23] 卞晨光．智能交通让出行更便捷［J］．科技日报，2000．

[24] 李淦山，译．日本智能交通（ITS）研究综述［J］．国外公路，2000，20（4）．

[25] 杨晓光．中国交通信息系统基本框架体系研究［J］．公路交通科技，2000，17（5）．

[26] 杨冰，等．智能运输系统［M］．北京：中国铁道出版社，2000．

[27] 云庆夏．进化算法［M］．北京：冶金工业出版社，2000．

[28] The TEA－21 ITS Deployment Program Interim Report 2000. Report FHW-AOP－00－019. FHWA，U. S. De－partment of Transportation，2000．

[29] KimE. Richeson. Introductory Guide to CVISN，POR－99－7186. Preliminary VersionP. 2. February，2000．

[30] Tracking State Deployments of CVISN. National Report 1998，FHWA，U. S. Department of Transportation，2000．

[31] Intelligent Vehicle Initiative Brochure. U. S. Department of Transportation，2000．

[32] Deploying the Integrated Metropolitan ITS In Frastructure FY2000 Report，FHWA，U. S. Department of Trans－portation，2001．

[33] Intelligent Vehicle Initiative 2001 Annual Report，FHWA，U. S. Department of Transportation，2002．

[34] Jerry Bastarache. Defeating Terrorism with ITS. ITS Inter-national，Jan/Feb，2002．

[35] 2002 Intelligent Transportation Systems（ITS）Projects Book. HTML Version. U. S. Department of Transporta－tion ITS Joint Program Office，FHWA，FTA，NHTSA，FMCSA，2002．

[36] 陆键，项乔君．美国中国智能交通运输系统（ITS）产业化发展方向的思考［J］．东南大学学报（自然科学版），2002，33（3）．

［37］陆化普．智能运输系统［M］．北京：人民交通出版社，2002．

［38］贾利民，李平，铁路智能运输系统：体系框架与标准体系［M］．北京：中国铁道出版社，2004．

［39］FARRADYNEPB. VII architecture and functional requirements version1. 0［R］. Washington：ITS Joint Program Office，US Department of Transportation，2005．

［40］王培宏．城市交通事件应急管理系统及其理论问题的研究［D］．天津：天津大学出版社，2005．

［41］徐珺．美国智能运输系统体系框架发展模式解析及对中国的借鉴［J］．华中师范大学党报（自然科学版），2006，40（2）．

［42］王笑京，沈鸿飞，马林，等．中国智能交通系统发展战略［J］．北京：人民交通出版社，2006．

［43］严新平．智能运输系统——原理、方法及应用［M］．武汉：武汉理工大学出版社，2006．

［44］宋晓峰，亢金龙，王宏．进化算法的发展与应用［J］．软件技术，2006，20（3）．

［45］余琴．破解城市交通发展困局之二——智能交通篇［J］．交通建设与管理，2007，12．

［46］交通部公路科学研究院国家智能交通系统工程技术研究中心．中国智能交通的现状和发展［J］．高科技与产业化，2008，6．

［47］王笑京．智能交通系统研发历程与动态述评［J］．城市交通，2008，6（1）．

［48］王涛．中国 ETC 往前走，往散走［J］．中国交通信息产业，2008，6．

［49］江运志．中国高速公路收费技术的发展历程［J］．中国交通信息产业，2008，8．

［50］杨光．中国收费高速公路建设的若干问题回顾［J］．中国交通信息产业，2008，8．

［51］隽志才．智能运输系统项目社会经济影响评价方法［M］．北京：清华大学出版社，2008．

［52］陈茜，等．全国智能交通系统示范城市建设示例［J］．城市交通，2008，16（1）．

［53］徐锦栋．我国高速公路管理体制的现状及改革建议［J］．特区经济，2008（07）：142-143．

［54］王笑京．智能交通与道路交通安全——发展动态及建议［C］.2008第四届中国智能交通年会，2008：15-26．

［55］TOULMINETG，BOUSSUGEJ，LAURGEAUC. Comparative synthesis of the 3 main European projects dealing with cooperative systems（CVIS，SAFESPOT and COOPERS）and description of COOPERS demonstration site 4［C］//Procofthe 11th IEEE International Conferenceon Intelligent Transportation Systems，2008：809 – 814.

［56］姚影，欧国立. 美国智能交通政策的发展变迁及启示［J］. 综合运输，2009，5.

［57］张国伍. 智能交通十年发展的回顾与展望——"交通 7 + 1 论坛"第十三次会议纪实［J］. 交通运输系统工程与信息，2009，9（1）.

［58］吴兵，李晔，交通管理与控制（第四版）［M］. 北京：人民交通出版社，2009.

［59］管丽萍，尹湘源. 交通事件管理系统研究现状综述［J］. 中外公路，2009（03）：255 – 261.

［60］李宏郑. 高速公路监控系统设计与应用［D］. 西安：长安大学出版社，2009.

［61］i – Japan strategy 2015：striving to create acitizen – driven，reassuring &vibrant digital society［R］.［S. l.］：Headquarters ITS Strategic，2009.

［62］宁焕生，徐群玉. 全球物联网发展及中国物联网建设若干思考［J］. 电子学报，2010，38（11）：2590 – 2599.

［63］孙其博，刘杰，黎羴，等. 物联网：概念、架构与关键技术研究综述［J］. 北京邮电大学学报，2010，33（3）：1 – 9.

［64］刘强，崔莉，陈海明. 物联网关键技术与应用［J］. 计算机科学，2010，37（6）：1 – 4，10.

［65］Michigan Department of Transportation. Lessons learned：deployment of publicsector infrastructure for VII/Intelli Drive［R］.［Michigan］：MDOT，2010.

［66］Research and Innovative Technology Administration. Achieving thevision：from VII to IntelliDriv［EB/OL］.［2010 – 04 – 13］. http：//www. its. dot. gov/ press/2010/vii2intellidrive. htm.

［67］WANG Jing – hui，YAN Ya – wen，YANG Xiao – guang，etal. Situations and tendency of intelligent transportation system in Europ［C］//Proc of International Conferenceon Opto electronics and Image Processing，2010：396 – 401.

［68］MAKINOH. The Smartwayproject［R］. SanFrancisco：National Institute for Landand Infrastructure Management in Japan，2010.

［69］ZHANGFei. The current situation and development thinking of the intelligent transportation system in China［C］//Proc of International Conferenceon Mechanic Automation and Control Engineering. 2010：2826 – 2829.

［70］谢辉，董德存，欧冬秀. 基于物联网的新一代智能交通［J］. 交通科技与经济，2011，13（1）：33 – 36，46.

［71］王云鹏．车路协同系统的关键技术与发展趋势．中国智能交通协会网，2011.

［72］BASKARLD，DeSCHUTTERB，HELLENDOORNJ，etal. Traffic control and intelligent vehicle highway systems：asurvey［J］. Intelligent Transport Systems，2011，5（1）：38－52.

［73］AN Sheng－hai，LEEBH，SHINDR. A survey of intelligent transportation systems［C］//Proc of the 3rd International Conference on Computational Intelligence，Communication Systems and Networks. 2011：332－337.

［74］Publications Office of The European Union. Road map to a single European transport area towards a competitive and resource efficient transport system［R］. Luxembourg：European Commission，2011.

［75］EasyWayITS. Traffic management plan service for corridors and networks Deployment guide line［EB/OL］. http：//www. easyway－its. eu/userfiles/docs/ew_ deployment_ guidelines _ brochure. pdf.

［76］EasyWayITS. Project overview［EB/OL］. http：//www. easyway－its. eu/ organisation/project－overview.

［77］TSUGAWAS. The current trends and issues on ITS in Japan：safety，energy and environment［C］//Proc of IEEE MTTS International Microwave Workshop Series on Intelligent Radio for Future Personal Terminals，2011：1－2.

［78］肖雪岗．高速公路监控中心软件系统的设计与实现［D］．西安：西安电子科技大学出版社，2011.

［79］［美］戈什（Sumit Ghosh），［美］托尼（Tony S. Lee）．智能运输系统：智能化绿色结构设计（原书第2版）［M］．北京：机械工业出版社，2012.

［80］中华人民共和国国家发展和改革委员会．"十二五"综合交通运输体系规划［EB/OL］．［2012－07－23］. http：//www. sdpc. gov. cn/nyjt/fzgh/ t20120723_ 493135. htm.

［81］刘小洋，伍民友．车联网：物联网在城市交通网络中的应用［J］．计算机应用，2012，32（4）：900－904.

［82］丁治明，高需．面向物联网海量传感器采样数据管理的数据库集群系统框架［J］．计算机学报，2012，35（6）：1175－1191.

［83］王意洁，孙伟东，周松，等．云计算环境下的分布存储关键技术［J］．软件学报，2012，23（4）：962－986.

［84］刘正伟，文中领，张海涛．云计算和云数据管理技术［J］．计算机研究与发展，2012，49（S1）：26－31.

［85］王国锋，宋鹏飞，张蕴灵．智能交通系统发展与展望［J］．公路，2012（5）：217－222.

［86］陈康，郑纬民．云计算：系统实例与研究现状［J］．软件学报，2012，20（5）：1337－1348.

［87］罗军舟，金嘉晖，宋爱波，等．云计算：体系架构与关键技术［J］．通信学报，2012，32（7）：3－21.

［88］张继红，陈小全．海量交通安全数据的元数据管理研究［J］．计算机研究与发展，2012，48（S1）：74－77.

［89］PINAM. Transforming transportation through connectivity：ITS strategic research-plan，2010—2014（progressupdate，2012）［R］．Washington：USDOT's Volpe Center，2012.

［90］PIAOJ，MCDONALDM，HOUNSELLN. Cooperative vehicle – infrastructure systems for improving driver information services：an analysis of COOPERS test results［J］．Intelligent Transport Systems，2012，6（1）：9－17.

［91］SORIANOFR，TOMASVR，PLA – CASTELLSM. Deploying harmonized ITS services in the framework of EasyWay project：traffic management plan for corridors and networks［C］//Proc of the 6th Euro American Conferenceon Telematics and Information Systems，2012：1－7.

［92］European Road Transport Telematics Implementation Coordination Organization. eSafety［EB/OL］．［2012－08－14］．http：//ec. europa. eu/information_ society/activities/esafety/index_ en. htm.

［93］王超．高速公路交通智能管理信息系统的设计与开发［D］．济南：山东大学出版社，2013.

［94］PINAM. Transforming transportation through connectivity：ITS strategic research plan，2015—2019（progressupdate，2015）［R］. Washington：USDOT's VolpeCenter，2015.

［95］Japan Vehicle Information and Communication Center. How VICS works ［EB/OL］．http：//www. vics. or. jp/english/vics/index. html.